U0902223

泰山学者工程专项经费资助
教育部人文社科基地重大项目“两宋时期易学流衍与哲学发展”（16JJD720011）前期成果

主编　林忠军

历代易学名著整理与研究丛书

周易时论合编导读（上）

［明］方孔炤 撰　许伟 导读

责任编辑：董　巍
责任印刷：李未圻

图书在版编目（CIP）数据

周易时论合编导读 / (明) 方孔炤撰. -- 北京 : 华龄出版社, 2019.1
ISBN 978-7-5169-1366-6

Ⅰ. ①周… Ⅱ. ①方… Ⅲ. ①《周易》—研究 Ⅳ. ①B221.5

中国版本图书馆CIP数据核字(2018)第300663号

书名：周易时论合编导读
作者：[明] 方孔炤 撰　许伟 导读

出 版 人：胡福君
出版发行：华龄出版社
地址：北京市东城区安定门外大街甲 57 号
邮编：100011
电话：010—58122241　　传真：010—58122264
网址：http://www.hualingpress.com

印刷：鸿博昊天科技有限公司
版次：2019 年 1 月第 1 版　2019 年 8 月第 1 次印刷
开本：710 × 1000　　1/16　　印张：56.5
字数：802 千字
定价：128.00 元（上下册）

总 序

《周易》本为卜筮之书。然而生活在春秋末的孔子，从卜筮入手，以“观亓（其）德义”为宗旨，首次把《周易》纳入学术视野，以儒家独特的语言和思维对《周易》文本成书、主要概念、符号系统、卦爻辞、筮法和治易的方法等系列问题进行了系统的解说和阐发，从而实现了《周易》话语的转变，由卜筮解释转向德性的解释，以德占取代了筮占，《周易》由原来卜筮之书变成了一部内涵了博大精深内容的儒家哲学著作。《易传》成书是《周易》儒学化的重要标志。《易传》虽然未必是孔子亲作，但它与《论语》一样，代表孔子的思想。就解《易》方法而言，《易传》偏重义理兼顾象数。所谓象数方法，即以象数解易。《周易》有一套独特的阴阳符号系统，这套符号系统就是卦爻象。按照《系辞》解说，卦爻符号不仅是人们用于占筮的标记，也是系辞的重要依据，即《周易》成书，先有卦爻符号，后有文辞，文辞依易象符号而作，这就是所谓的“观象系辞”。既然卦爻辞本于卦象，表达卦象的意义，那么理解和诠释卦爻辞，则必须揭示文辞背后的易象符号、探寻象辞之间的联系。这就是所谓的“观象玩辞”。所谓义理方法，即以义理解《易》，是用现成的儒家理念解说《周易》文辞，或借《周易》文辞阐发出儒家的人文精神。依《系辞》之见，与天地合德的圣人之意，深奥玄妙，用语言无法穷尽，故圣人用模拟世界万物而画出的阴阳符号可以尽意，即所谓“立象尽意”。此“意”是“立象”之根本，“象”以“意”而立，以象尽意是《周易》解释的终极目标。由于《易传》本身包含这两种解易的思路与方法，形成了易学史上象数和义理两大不同的治《易》之路向与方法。

汉儒易学解释，以探求《周易》文本固有意义为目标，运用训诂兼顾象数方法解释《周易》。就其象数而言，他们以《易传》所提出的“观象系辞”和“观象玩辞”为据，笃信《周易》中每一个话、每一个字并非圣人随意而作，皆源于象。这是汉儒所理解的“观象系辞”。既然《周易》文本是“观象系辞”，那么，联系训诂，以象解释《易》的每一句话每一个字，成为他们易学解释的诉求，即他们所理解的“观象玩辞”。然而，《周易》作者并非以“辞”“象”一一对应而作易文本，即用已有的卦象不可能融通易辞。为了化解易文本与解释者之间的矛盾，他们极力张扬象数符号在卦爻辞形成中的主导作用，最大限度地挖掘、开显《周易》文辞背后的象数，不遗余力地探求其卦爻辞与卦爻象之间的内在联系。他们除了继承以《易传》象数解易之方法外，又多发明象数：或根据推演《说卦传》现成的八卦之象，以增加象的数量，即所谓的“以象生象”；或改变取象的方法，如互体法、卦变法、纳甲法、爻辰法、升降法、旁通法、爻体法、消息法等皆是取象常用的方法，如王弼所言“互体不足，遂及卦变，变又不足，推致五行，一失其原，巧愈弥甚”(《周易略例·明象》)，即所谓的“象外生象”。若数之不足，则又取五行之数、九宫之数、纳甲之数、历律之数等，即求数于《易》外。

与此相反，以魏晋王弼为代表的玄学易，从《易传》“立象尽意”出发，关注的是《周易》文本的意义（或称义理），认为象本于意，辞本于象。故卦爻辞的作用在于说明卦象，卦象的价值在于它彰显《周易》的意义，解释《周易》的目的不是揭示系辞根据，更不是解说《周易》的文字意思，而是通过解读易辞，把握卦爻象符号，最终追求圣人之意。宋儒虽然解释易学所用的资料不同于王弼，王弼以老庄解《易》，宋儒以儒学释《易》，但是无论在解释其目标，还是解释的方法，与王弼一脉相承。即他们不同意汉儒把揭示文辞背后的象数符号和解释文字意义作为易学解释的目的，反对过分夸大象数在《周易》文本中的作用。在他们看来，这样做的结果不但不能解释出文本所包含的意义，反而掩盖或者背离了易作者的思想。宋儒将玄学易的意象关系转换为理象关系，认为理是无形的、抽象的，是宇宙之本。从先后言之，先有理后有象，有象而后有数。理和象的关系又是不分离的，二者是显微、体用、动静的关系。因理无形，故可因象以明理，假象显义。“理见乎辞，可由辞观象”，有象后有数，可以由象知数。故得其义象数在其中矣。基于此，宋儒在恢复儒学道统的背景下，提倡以理解《易》，以心解《易》，以史证《易》，其旨开显易学当中的圣人之道。当然，宋儒反对汉儒象数，不是不讲象数，相反，而是把象数置于义理之下，以象数作为工具，阐发义理。宋儒的象数，不是汉儒的象数，其内容主要指图书之学、先天后天之学、太极图之学等。元明易学主要沿袭了两宋易学传统，则属于“宋易”；清代易学重训诂与考证，则以恢复汉易为旨归，故属于“汉易”。

素有“五经之首”“大道之原”之称的《周易》，经过历代学者的阐释，在与其他文化的碰撞中融合、发展与完善，形成了博大精深、气势恢宏的易学文化之流，对中国古代政治、哲学、思想文化、科技、宗教、民俗、民族心理和价值取向等的形成与发展，产生了重大作用。不仅如此，它以其独特的魅力深深地影响了东亚、东南亚乃至整个华人世界，成为世界文化不可或缺的重要组成部分。时至今日，易学中的三才之道、变通趋时、阴阳交感、居中守位、自强厚德、进德修业等思想观点在现代的管理学、生态学、伦理学等具有重要的学术价值。

为了深入开展对古代经典的学术研究，弘扬中国传统的优秀文化，以服务于当下多元化经济发展和新文化建构的需求，我们以历史发展为线索，着眼于象数、义理、训诂三个层面及其易学特色和影响力，从《四库全书》和《续修四库全书》等典籍中选择了 15 种易学名著为整理和研究对象，邀请国内几十位著名的易学专家组成学术团队，保证了此丛书水平达到预期效果和按时完成。对于这些经典加以整理和研究。每一本易学名著由“导读”和“校勘”两部分构成。“导读”，是总论性质的文字，既有一般常识介绍，又有一定学术性。内容方面，在陈述古人易学观点的同时，重点反映当今包括自己成果在内的研究成就。“校勘”是选用最好的版本作为底本，参照其他版本对易学名著进行点校和校勘，力求尊重文本，不随意改字，文字确有不同者和错误者，以“注”

的形式处理。力图通过对这些易学名著的整理与导读，客观地再现易学发展的全貌，为学术研究者和广大易学爱好者提供参考。

华龄出版社社领导高度关注本丛书的出版，从选题立项到出版，给予大力支持。诸位编辑在丛书策划、出版推进和编辑等方面付出了艰辛劳动，在此一并谢忱！

林忠军于山东大学

2018 年 4 月

目 录

《周易时论合编导读》前言

一、方孔炤生平

方孔炤（1591—1655），原名若海，字仁植，号潜夫，万历四十四年（1616）进士，二甲二十五名，方大镇独子，方以智之父。他自称“潜老夫”，门人称“中丞公”“鹿湖老人”；因私谥“贞述”，后世学者又称“贞述公”“贞述先生”，安徽桐城人。

其著述颇丰，有《周易时论合编》二十三卷、《〈尚书〉世论》二卷、《〈诗经〉永论》四卷、《〈春秋〉窃论》二卷、《〈礼记〉节论》二卷、《全边略记》十二卷、《环中堂诗集》六卷、《环中堂集》十二卷、《环中堂文集》十四卷、《四书当问》《学易中旁通》《职方旧草》《环草》《知生或问》《抚楚疏稿》四卷、《抚楚公牍》《西库随笔》《刍尧小言》《过庭实录》《庸书广》《石言》《抱一斋当问》《不佞集》《畿辅屯垦节要》《保障二议论》《堪楚节钞》《知言鉴》《明善述》《金陵训子书》《治师篇》《出师中表》《屯抚垦荒节要》《古文诗集》《潜草》等。

桐城一地，文风昌盛，人才辈出；方氏一族，累世敦儒，濯于忠节，以厉文章，一脉相承。永乐元年（1403），明成祖即位，诸藩官员，皆贺表登极；其五世祖方法，因不署名而被逮，后自投皖江，殉难表节。自方法始，桐城方氏，明哲辈出，忠孝仁义；其后辈方佑、方向、方克、方印、方大任、方大镇等人，更是忠于职守，敢于担当，笃守节气，临危不惧。彭迎喜说：“他们认同先祖笃守节义、忠贞、孝悌的价值取向，其中一些人在政治上遭受打击、生活上发生重大变故时，往往便从祖先的范例中吸取精神力量。”[①]马其昶说：“方氏累代，著忠贞之节，渐渍既久，至于女子亦然。”[②]他在《桐城耆旧传》卷十二，列《方贞女传》《方孝妇传》《张夫人传》《姚清芬阁传》《孙恭人传》。

方孔炤笃守先辈节气，性格刚毅，耻于以周旋当世为务。1617年，

①彭迎喜．方以智与《周易时论合编》考［M］．广州：中山大学出版社，2007:20

②（清）马其昶．桐城耆旧传［M］．毛伯舟点注．合肥：黄山书社，1990:454

授四川嘉定知州，在任期间，曾救高孝廉出冤狱，未免自喜，其父方大镇告诫曰："《谦》之'平称'一言，而可终身者也。"[①]1618年，离开嘉定，任职福建福宁，有德政，士民德之，当地为其建生祠。1622年，他被擢升为兵部职方员外郎，时当辽东边事吃紧，但中央一些掌握人事大权的枢曹们，却以贿赂选将晋帅。他上书明熹宗，弹劾王威、候世禄等将弁十五人；无奈朝局昏聩、奸臣当道，不但谏言未被采纳，还受到"不谙事体"的斥责。1625年，他因反对宦官魏忠贤封其兄之子为伯爵，忤逆阉党权奸魏忠贤，被削夺官职，祸且不测，始自痛省。其父方大镇，以《周易·系辞》"而知三陈九卦之'生于忧患'乎？"[②]一语，砥砺之。1628年，明熹宗驾崩，魏忠贤等伏诛，他被明崇祯帝重新起用，任兵部员外郎。其父方大镇令其"毋旷职，必以正色立于朝"（《全边略记自序》）。1629年，他擢升尚宝司卿，但任职第五天，得曾祖母去世的消息，旋告假归。

1630年，方孔炤父方大镇因母丧庐墓，哀伤过度而亡。他因父死，庐墓白鹿山三年，晨夕诵咏《孝经》，研读家传易学，而著成《周易时论》初稿。1634年，桐城民变，黄文鼎、汪国华等"聚党倡乱，巨室无得免者"，大姓纷纷迁徙，其子方以智驰赴桐城，欲迎父之南京，不果。他留桐助守，假言招安，暗中助县官筹措兵饷，不一月而平定。又防农民军攻城，捐资守城。未几，农民军果真攻城，因早有防备而未果。1637年，方孔炤复官，任南都尚宝司卿。1638年，任右佥都御史，巡抚湖广，镇压张自忠农民军。但其策略，与"主抚"的熊文灿不合。熊文灿主张纳张献忠降，处之谷城，授以副将，令楚豫抚臣赏以十万。方孔炤"主剿"，上条陈力言"主抚"之误，不被采纳。同时，他详悉敌情，筹饷募勇，整装治械，为守战计；又与包风起谋杀张献忠，未果。是年12月，闻辽东女真犯境，奏请率部支援，崇祯下旨"不必"。1639年2月，又奏请驰部入援；崇祯帝旨复"不必"。五月，张献忠反于谷城，知方孔炤有备，引兵西去。方孔炤在荆门、当阳阻截农民军，在剿匪中八战八捷，立下赫赫战功，献陵无虞。崇祯帝闻张献忠叛乱，削熊文灿官职，命杨嗣昌代之。杨嗣昌分调军队驻襄阳、荆州，又命军队会同川、沅三路围剿农民军。方孔炤认为，荆州、襄阳相距八百里，调度不及，不可深入，遂命军队驻扎洋坪。但杨嗣昌仍命军队深入四百

①（明）方孔炤．周易时论合编［M］//续修四库全书·经部·易类（第十五册）．上海：上海古籍出版社，2002:14

②（明）方孔炤．周易时论合编［M］//续修四库全书·经部·易类（第十五册）．上海：上海古籍出版社，2002:14

里，又遇七大股农民军，鏖战八天八夜，而川、沅军队又不来援助，导致全军溃败。方孔炤率麾下千余人急援，但深入之军队早于六日前溃败，于是也被围，失利于香油坪。杨嗣昌以方孔炤为异己，遂以香油坪失利之事，弹劾方孔炤。

1640年1月，方孔炤因去岁之败，被逮捕下狱。其子方以智中二甲五十四名进士，请代父罪，不获准。是年秋，黄道周、解学龙，廷杖下狱。方孔炤于西库狱中识黄道周，并与之终日论《易》、衍《图》。方孔炤易学思想发生转变，以邵雍象数易学为主。他在《周易时论合编·凡例》中说："自在西库，与石斋公论易，表法邵子，举概而已，细差殊未合也。故衍二十四图，易历相追，今十余年，究之本无追不合者，其有待乎！"[①]方孔炤说："琅当西库者两年，遂与黄石斋摹据，亦一幸也。"[②]其子探监狱中，多获教益。方以智说："我自少好诗书，尝云'旷达行其谨曲，实自便耳'。通籍后侍西库者二年，始自猛醒刻厉，然好与升庵、元瑞辨考务博，专穷物理。"[③]

1641年5月，方以智怀血书，呼号朝门外，求百官上达父冤，终感朝廷。崇祯帝有"求忠臣，必于孝子之门"之叹，遂于七月令其戍绍兴，案结。1642年冬，方孔炤赴京陛见崇祯帝，痛陈时弊，上《刍尧小言》，直言"愚忠事"，因"大犯时忌"，不为崇祯帝采纳，跼促官邸一年多。1643年，方以智作《周易时论·后跋》，自恨为词章所误，致力于学《易》。方孔炤命儿侄辈，编录《几表》。1644年3月，方孔炤以右佥都御使，屯田山东、河北，当其赴任赶到济南时，京师被农民军攻陷。方孔炤在济南闻变后，并未归桐城，而是决心誓死抵抗，随败北将领一起投靠凤阳总督马士英。马士英、阮大铖等拥戴福王，建立弘光政权。方孔炤"请使北"，丞相马士英以为其"邀功"，不准。方孔炤因受排挤、迫害，对昏庸政权心灰意冷，于是在其子方以智被迫南奔后，携老母归隐白鹿山前。

1644年后，归桐后潜心学问。他说："归颜环中草堂，且天隤海竭矣。此生忧患便为家常，奉北堂以守此山，终老墓侧，筮得潜龙，自称潜老夫，固其时也。衰病之余，供薪举火，合编往哲之语，以为蓍龟，

① （明）方孔炤．周易时论合编［M］//续修四库全书·经部·易类（第十五册）．上海：上海古籍出版社，2002:12

② （明）方孔炤．周易时论合编［M］//续修四库全书·经部·易类（第十五册）．上海：上海古籍出版社，2002:14

③ （明）方孔炤．周易时论合编［M］//续修四库全书·经部·易类（第十五册）．上海：上海古籍出版社，2002:8

荒乡僻处，兵燹书残，远借甚苦，是以此编，未得卒业。”[①]可知，其卒之前《周易时论合编》未完成。1654 年，方孔炤作《周易时论合编·凡例》[②]。夏，方中德持《周易时论》至竹关，省侍方以智。方以智读后，甚得启发，感叹“公因反因”论，为千古所未发。1655 年，秋卧病，一日而逝。其坚贞品格，获得时人很高的评价。方鲲在《时论·序》中说：“其节，概以忧患见其坚贞，故有本也。”[③]门人谥为“贞述先生”。其子方以智，破关奔丧桐城。冬，营葬父柩于东乡合山，结桼庐于墓侧，名之曰“不择地”。方以智评价其父，说：“言及‘忠孝’，气魄凛如，声誉动天下。”[④]

彭迎喜说：“然则有明一代，桐城方氏竟有六代人，皆为权珰之仇敌，多遭陷害，他们的政治命运，也多与此相关联。”[⑤]此评论，不仅体现了明朝政治腐败，还反映了桐城方氏一脉相承的节操，更体现了方氏所代表的中国士大夫的“天下兴亡，匹夫有责”的责任担当，彰显了坚贞不屈的精神气节。

二、成书原因、资料渊源、成书过程

1. 成书原因

明朝末年，宦官专权，政治黑暗；土地兼并严重，农民起义风起云涌；边防废弛，异族入侵。一批士大夫敢于担当，反对空谈玄妙，主张经世致用、崇实力行，企图力挽狂澜，救国救民。思想上，王畿“无善无恶”说，重视先天本体，忽视后天诚意工夫，造成空疏清谈的学风、颓废士风，甚至有空谈误国之嫌。何心隐之流，更有冲决名教之患。黄宗羲说：“泰州之后，其人多能以赤手搏龙蛇，传至颜山农、何心隐一派，遂非复名教之所能羁络矣。”[⑥]方孔炤作《周易时论合编》，有针砭时

①（明）方孔炤．周易时论合编［M］//续修四库全书·经部·易类（第十五册）．上海：上海古籍出版社，2002:14

②“鹿湖潜老夫孔炤，生万历辛卯，奄忽六十四卦之岁，且记此以付子孙云。”见（明）方孔炤．周易时论合编［M］//续修四库全书·经部·易类（第十五册）．上海：上海古籍出版社，2002:14

③（明）方孔炤．周易时论合编［M］//续修四库全书·经部·易类（第十五卷）．上海：上海古籍出版社，2002:5

④任道斌．方以智年谱［M］．合肥：安徽教育出版社，1983:13

⑤彭迎喜．方以智与《周易时论合编》考［M］．广州：中山大学出版社，2007:114

⑥（清）黄宗羲．明儒学案（卷三十二）［M］．沈芝盈点校．北京：中华书局，2008:703

弊，反对邪说，革弊救亡之担当。

明代易学方面，亦是得到巨大发展，出现蔡清、杨时乔、陈明卿、郝敬、朱升、熊过、来知德、黄道周、钱士升、黄端伯、郭子章、何楷、张献翼、焦竑、高攀龙、孙淇澳、王宣等诸多易学家。这也为《周易时论合编》之“合编往圣之语”，提供了可能。朱伯崑认为，《周易时论合编》一书是“站在象数学派的立场，对汉唐以来易学所做的一次总结。”①

方孔炤作《周易时论合编》，对资料保存有重要价值，也体现了对人类文明成果的重视与传承。他在《周易时论合编·凡例》中说：“衰病之余，供薪举火，合编往哲之语，以为蓍龟，荒乡僻处，兵焚书残，远借甚苦，是以此编。”②此书共二十三卷，集几百家易学思想，但不是一本易学资料的堆积，而是一本为解决社会问题、学术问题而“折衷”诸家思想的易学大作。他说：“为之删烦成约，使后世学者易明差别，亦自消其饱食之一端也。此编较《全书》，止有四分之一，而所收者十倍，正以前贤各有发明，集之则条理成矣。”③

《合编》之目的，在于“随时拾薪”。每个时代的思想，定有不同于前代之创见。他认为古今圣贤没有相因袭的，后之圣贤只有不惮于改前圣之所为，才能创未有之事。他以伏羲画《易》，彖、象、系辞三圣人各极其致，阐明后世之人要各随其时、添薪传火。他在《周易时论合编·凡例》中说：“行窝潜老，家学忘食，方悚荷薪，合编今古，亦曰：‘随时拾薪。’云尔”④余飏评价说：“不胶先圣之柱，自诚后圣之明，千变万化，总环一中而止。”⑤

方孔炤著述《时论》之目的，是以“《易》律身”“因时觉世”之大用。余飏说：“观先生之以《易》律身，则知先生之以《易》垂训，意深虑邃，合于圣人忧患之怀，而尽变极通。山梁之叹时，《中庸》之时措，孟子之赞圣之时，先生直以全篇括之。盖历四圣之时，而后有邵朱之时；更历邵朱之时，而后有先生之时也。先生之为继《易》之传人

①朱伯崑．易学哲学史（第三册）[M]．北京：昆仑出版社，2009:384—385

②（明）方孔炤．周易时论合编 [M] //续修四库全书·经部·易类（第十五卷）．上海：上海古籍出版社，2002:14

③（明）方孔炤．周易时论合编 [M] //续修四库全书·经部·易类（第十五册）．上海：上海古籍出版社，2002:12

④（明）方孔炤．周易时论合编 [M] //续修四库全书·经部·易类（第十五卷）．上海：上海古籍出版社，2002:11

⑤（明）方孔炤．周易时论合编 [M] //续修四库全书·经部·易类（第十五卷）．上海：上海古籍出版社，2002:6

也，又何疑焉？”[①]

合编《周易时论》，为继父辈之志。其父方大镇，性至孝，传父学，以“荷薪”名馆，曾著《荷新义》一书，取“其父析薪，其子弗可负荷”之意，“继承父辈的道德文章”[②]。方孔炤庐墓尽孝，并缵承其父“荷薪”之志，研读家传易学。他说：“忽忽庐白鹿之墓三年，重读祖、父之书，述成《时论》。”[③]1655年，方孔炤卒，方以智庐墓守孝于桐城合山，并遵父命，着手重编《周易时论合编》。

《时论》一书，坚定了方氏坚贞的品质，是面对社会危局的精神支撑。明亡后，一大批遗民不仕清朝，在社会动荡之时，如何面对社会变革，如何彰显自己的节气风范，也成为重要的问题。方氏以“冬炼三时”“贞一以善天下之动”，成为坚贞品质的重要理论支撑。方孔炤在《周易时论合编·凡例》中说：“此生忧患便为家常，奉北堂以守此山，终老墓侧，筮得‘潜龙’，自称‘潜老夫’，固其时也。”[④]彰显了方氏一门面对困难时的坚贞品质。

方孔炤在家传易学基础上，又“循康节而遵考亭”[⑤]，会通诸家而建立了一个会通理学与心学、象数与义理、科学与易学的庞大理论体系。

2. 资料渊源

《周易时论合编》一书，是对方学渐、方大镇易学思想阐发而作。此书大量引用方学渐《易蠡》、方大镇《易意》《野同录》等著作。

此书，又以邵雍、周敦颐、程颐、张载、朱熹为主要理论来源。李世洽在《周易时论合编·鉴定》中说：“邵、周、程、朱是为正铎，而理寓象数、中旁皆通。近代王阳明、焦弱侯、管东溟、郝楚望、孙淇澳、高景逸、黄石斋、倪鸿宝诸先生之说，万派朝宗矣。”因此，征引了大量的“邵周程朱”的著作。

本书又是对宋明易学的总结，因此集合了宋明以来大量易学家的著作。如吴应宾《三一斋稿》、方鲲《易盪》、黄道周《易象正》、王宣《风姬易遡》、杨时乔《周易古今全书》、焦竑《易筌》、郝敬《周易

①（明）方孔炤. 周易时论合编［M］//续修四库全书·经部·易类（第十五卷）. 上海：上海古籍出版社，2002:6

②（清）马其昶著，毛伯舟点注《桐城耆旧传》［M］. 合肥：黄山书社，1990:127

③（明）方孔炤. 周易时论合编［M］//续修四库全书·经部·易类（第十五册）. 上海：上海古籍出版社，2002:14

④（明）方孔炤. 周易时论合编［M］//续修四库全书·经部·易类（第十五卷）. 上海：上海古籍出版社，2002:14

⑤（明）方孔炤. 周易时论合编［M］//续修四库全书·经部·易类（第十五卷）. 上海：上海古籍出版社，2002:2

正解》、关朗《关氏易传》、来元成《读易隅通》、杨万里《诚斋易传》、苏轼《东坡易传》、杨简《杨氏易传》、胡炳文《周易本义通释》、钱士升《易揆》、项安世《周易玩辞》、冯椅《厚斋易学》、吴澄《易纂言》、倪元璐《儿易内仪以》《儿易外仪》、何楷《古周易订诂》、黄端伯《易疏》、张献翼《读易纪闻》、来知德《周易集注》、郭京《周易举正》、蔡清《易经蒙引》、朱升《周易旁注》、钱志立《易见》、杨慎《丹铅录》、孙慎行《周易明洛义纂述》、邹德溥《易会》、朱震《汉上易解》、魏校《六书精蕴》、萧汉中《读易考原》、邓元锡《易绎》、胡一桂《易学启蒙翼传》等。

李世洽在《周易时论·序》中说："近代名儒巨公、穷经博物诸君子，不下十百余家，综合全豹，征几析义，纲举目摘，亡虑数十万言，亦何灿然？"[①]可见，此书征引之多。

3. 成书过程

方孔炤于1630年开始编著《周易时论合编》，至1654年逝世前仍未完成，其间几易其稿。

第一阶段：会通祖、父家传易学时期。1629年，方孔炤祖母因病去世；其父方大镇因母丧而庐墓，但终因哀伤过度于1630年去世。方孔炤因父死，亦庐墓白鹿山三年，晨夕咏诵《孝经》，并对祖父方学渐、父亲方大镇的著作进行梳理和阐释，完成《时论》初稿。他在《周易时论合编·凡例》中说："忽忽白鹿之墓三年，重读祖、父之书，述成《时论》。"[②]方以智在《时论·后跋》中说："家君子自辛未（1631）庐墓白鹿三年，广曾王父《易蠡》、先王父《易意》而阐之，名曰《时论》。以六虚之归环中者，时也。"[③]方学渐易学，有重要的义理特色；而方大镇则会通义理与象数，提出"《易》以象数征理"[④]，为方孔炤之象数学的发展提供了可能。

第二阶段：会通象数易学时期。1640年1月，方孔炤因香油坪战败失利之事，遭杨嗣昌弹劾而逮捕下狱。同年秋，黄道周因疑与解学龙结党而下狱。二人同处白云库监狱，朝夕论《易》衍《图》。方以智在

① （明）方孔炤.周易时论合编［M］//续修四库全书·经部·易类（第十五册）.上海：上海古籍出版社，2002:2

② （明）方孔炤.周易时论合编［M］//续修四库全书·经部·易类（第十五卷）.上海：上海古籍出版社，2002:14

③ （明）方孔炤.周易时论合编［M］//续修四库全书·经部·易类（第十五卷）.上海：上海古籍出版社，2002:10

④ （明）方孔炤.周易时论合编［M］//续修四库全书·经部·易类（第十五卷）.上海：上海古籍出版社，2002:340

《时论·后跋》记载："又八年（1640 年）抚楚以议剿谷，忤楚相。被逮。时黄石斋先生亦拜杖下理，同处白云洞中。阅岁有八月，两先生悠然相得，盖无不讲《易》朝夕也。"[①]方孔炤受黄道周影响，开始对邵雍象数学产生兴趣。他说："自在西库，与石斋公论《易》表法，邵子举概而已，细差殊未合也。故衍《二十四图》，易历相追。今十余年，究之本无追不合者，其自有待乎。"[②]于崇祯十四年（1641）年肆赦之后，方孔炤用两年的时间在黄道周的象数思想基础上，又融会贯通扬雄、关朗、京房、邵雍等人思想，对《周易时论》进行丰富。《时论·后跋》记载："两年中，又会扬、京、关、邵，以推见四圣，发挥旁通，论诸图说。"[③]

1643 年，方孔炤命儿侄辈编录《图象几表》。他说："谨因杨本，推广诸家。俟人引触动会通，神而明之，命儿侄辈编录，题曰《几表》。谓'费隐交轮之几，难以指示，不得不于时位旁罗之以象数，表其端耳。'崇祯癸未（1643）方孔炤识"[④]可见，方孔炤于 1643 年曾命儿子和侄子辈编录《图象几表》部分。他说："惟此《图象》，为格通万一之约本。无言语无文字，而天下之理得。"[⑤]可见，此编之中已有《图象几表》部分。

李世洽在作于 1660 年的《周易时论合编·序》中说："潜夫方先生缵承家学，著为《时论》。《绍闻》，则祖明善而祢廷尉。《集说》，则循康节而遵考亭，而又精搜扬、京、王、郑、周、程、张、蔡之奥，以汇及近代名儒巨公、穷经博物诸君子，不下十百余家，综合全豹，征几析义，纲举目攡，亡虑数十万言，亦何灿然！"[⑥]《绍闻》，可以看作第一阶段的成果。《集说》，即第二阶段及其以后的成果。

第三阶段：归桐研《易》时期。1644 年，明朝灭亡，方孔炤因在弘光政权受排挤、迫害，心灰意冷，归隐桐城白鹿山庄环中草堂，潜心

①（明）方孔炤. 周易时论合编［M］//续修四库全书·经部·易类（第十五卷）. 上海：上海古籍出版社，2002:10

②（明）方孔炤. 周易时论合编［M］//续修四库全书·经部·易类（第十五卷）. 上海：上海古籍出版社，2002:12

③（明）方孔炤. 周易时论合编［M］//续修四库全书·经部·易类（第十五卷）. 上海：上海古籍出版社，2002:10

④（明）方孔炤. 周易时论合编［M］//续修四库全书·经部·易类（第十五卷）. 上海：上海古籍出版社，2002:18

⑤（明）方孔炤. 周易时论合编［M］//续修四库全书·经部·易类（第十五卷）. 上海：上海古籍出版社，2002:8

⑥（明）方孔炤. 周易时论合编［M］//续修四库全书·经部·易类（第十五卷）. 上海：上海古籍出版社，2002:2

学问，修改《周易时论合编》。方以智说："老父晚径一纪，《时论》三易稿矣。中德持《系传》来，高座关中，拜而读之，诚万法之统御包决也，午会当明，后世幸甚。甲午中夏日在参九不肖男以智谨记。"[①]方以智在《药地炮庄》中亦说："老父在鹿湖环中堂十年，《周易时论》凡三成矣。甲午之冬寄示竹关。"[②]可见，方孔炤在1643年至1654年十二年间，又三易其稿。1654年，方孔炤在《周易时论合编·凡例》中说："随处表法，俱显生成。故此编以图居首，全无文字，而万理万变具焉。"[③]可见，此时《周易时论合编》中，已经有《图象几表》部分，可能没有今天所见版本之宏大规模。

第四阶段：子侄辈编录时期。1655年，方孔炤去世时，《周易时论合编》仍未完成。方以智说："合编未竟，遗命谆谆"[④]。1656年，方以智庐墓桐城合山，着手重编先父《周易时论》。他由于身体原因不能亲自编录，而"命儿子德、通、履，合前后稿而编录之，自泯薪火而已。"[⑤]

方以智在《周易时论合编》的编录中，起到重要作用，并增加大量自己的思想。他在《图像几表》说："故作《冒示》《密衍》《极倚》诸图，依然辟喻耳。在研几者自得之，不肖智记。"[⑥]他在《小过卦》末，曰："兆涒（1656）九月二十日，合明山孤哀子以智泣血识于栾庐。"[⑦]他在《未济卦》末曰："圉噩（1657）冬，除浮山之孤智记"[⑧]。此书，也就成为研究方以智思想不可缺少的著作。方中德在《数度衍序》中说："初，大人（方以智）庐墓合山，重编《时论》时，衍《极数》，以示德等。"[⑨]可见，方以智对原书思想作了阐发，即方大镇"父薪子荷"、方孔

①（明）方孔炤.周易时论合编［M］//续修四库全书·经部·易类（第十五卷）.上海：上海古籍出版社，2002:521

②（明）方以智著.药地炮庄［M］//张永义、邢益海校点.北京：华夏出版社，2011:148

③（明）方孔炤.周易时论合编［M］//续修四库全书·经部·易类（第十五卷）.上海：上海古籍出版社，2002:11

④（明）方孔炤.周易时论合编［M］//续修四库全书·经部·易类（第十五卷）.上海：上海古籍出版社，2002:10

⑤（明）方孔炤.周易时论合编［M］//续修四库全书·经部·易类（第十五册）.上海：上海古籍出版社，2002:11

⑥（明）方孔炤.周易时论合编［M］//续修四库全书·经部·易类（第十五卷）.上海：上海古籍出版社，2002:18

⑦（明）方孔炤.周易时论合编［M］//续修四库全书·经部·易类（第十五卷）.上海：上海古籍出版社，2002:508

⑧（明）方孔炤.周易时论合编［M］//续修四库全书·经部·易类（第十五卷）.上海：上海古籍出版社，2002:520

⑨任道斌.方以智年谱［M］.合肥：安徽教育出版社，1983:219

炤“随时拾薪”之义。

文中“智曰”“智按”“浮山闻语曰”“不肖智记”，即是方以智之思想。《周易时论合编》编录时，征引了大量方以智的著作，举例如下。

其一、《浮山文集前编·曼寓草》中的《明堂说》[①]，与《周易时论合编图象几表》中《方图明堂表法说》[②]，虽标题有所不同，内容完全相同。

其二、《参两说》，在《浮山文集前编·曼寓草》[③]和《周易时论合编图象几表》[④]中，标题完全相同，内容则《周易时论合编图象几表》开篇部分多“智曰”二字，结尾处多“宓山曰”一段，中间除个别词语变换外，大体相同。

其三、《人体呼吸合天地卦气说》，在《浮山文集前编·曼寓草》[⑤]与《周易时论合编图象几表·卷六》[⑥]中题目相同，开始部分内容完全相同；而《浮山文集前编·曼寓草》，无“经络共长十六丈二尺，手三阳之脉从手至头长五尺”[⑦]以后的所有文字。

其四、《星土说》，无论标题还是内容，《浮山文集前编·曼寓草》[⑧]与《周易时论合编图象几表·卷二》[⑨]完全相同。

其五、作1643年的《周易时论·后跋》，于崇祯癸未，收入《浮山文集前编·曼寓草》。而作于1658年的《周易时论合编·后跋》，则收入《浮山文集后编·卷一》。

彭迎喜认为：“至少是，凡明确标以‘智曰’‘智按’之类者，我们都可以放心地把它作为密之的议论来加以研究、引用。”[⑩]

除方以智思想外，其子侄、学生之言论在编撰过程中，也有被征引

① （明）方以智．曼寓草（下）•明堂说［M］//浮山文集前编（卷六）．此藏轩本。

② （明）方孔炤．周易时论合编［M］//续修四库全书•经部•易类（第十五卷）．上海：上海古籍出版社，2002:51

③ （明）方以智．曼寓草（下）•三两说［M］//浮山文集前编（卷六）．此藏轩本。

④ （明）方孔炤．周易时论合编［M］//续修四库全书•经部•易类（第十五卷）．上海：上海古籍出版社，2002:166

⑤ （明）方以智．曼寓草（下）•人体呼吸合天地卦气说［M］//浮山文集前编（卷六）．此藏轩本。

⑥ （明）方孔炤．周易时论合编［M］//续修四库全书•经部•易类（第十五卷）．上海：上海古籍出版社，2002:126

⑦ （明）方孔炤．周易时论合编［M］//续修四库全书•经部•易类（第十五卷）．上海：上海古籍出版社，2002:126

⑧ （明）方以智著．曼寓草（下）•星土说［M］//浮山文集前编（卷六）．此藏轩本。

⑨ （明）方孔炤．周易时论合编［M］//续修四库全书•经部•易类（第十五卷）．上海：上海古籍出版社，2002:60

⑩ 彭迎喜．《周易时论合编》的作者问题［M］//清华大学学报（哲学社会科学版）（第4期）

添入，如“德曰”“蛟峰曰”“竹西曰”“移孝曰”“虞稷曰”“藏一曰”等。彭迎喜说：“《时论》，是一部众人通力协作的产品。”[1]因为，除方以智及其三子外，方中泰、方鸦立、方兆及，方氏亲属曹台岳、左国鼎，方以智弟子游艺、左錞、揭宣、方兆兖、余飏之子余佺也都参与编校审定中。

1660年，李世洽作《周易时论·序》、余飏作《方潜夫先生时论·序》。

1667年，《周易时论》《药地炮庄》《物理小识》刻成，方以智在建宁与书商、印坊诸友相会后，返青原山。

三、主要的易学思想

无论是一个哲学命题的提出，还是思想体系的建立，都是基于解决某一时代问题的需要。王畿“无善无恶”说，认为善恶皆由后天意念产生，所以注重先天至善本体，以保证良知发用流行；但过分强调先天之体，对于无至善心体担保的中下根之人来说，忽视后天无惩戒慎独之功，流弊甚大。泰州学派“日用常行，皆是良知”，杂私欲于良知，忽视对功夫的检视。方孔炤建构了一个贯通先后天、有无、一多、顿渐、寂历的易学体系。

1.“虚空皆象数”“理寓象数”。方孔炤认为告子“无善无不善”之说，容易使缺乏道德修养的中下根之人变得肆无忌惮；王畿“无善无恶”说，容易陷入玄谈空理，流入禅学，造成学风颓废、士风低下。他反对把“虚空”解释成不可言说的“虚无”、把“理”解释成不可捉摸的“玄理”，提出“虚空皆象数”“理寓象数”，肯定了宇宙个体及其过程性之价值。他认为，客观事物变化之理，不孤悬于事物变化过程之外，而是存在于事物变化过程中的固有联系。他认为，“虚空”不是空无一物的抽象范畴，不是排除万物的独立空间，不是孤悬于外的独立化境，而是万事万物充塞其中、通贯古今、律动不息的宇宙时空，更是充塞于宇宙空间中实物、实事中的客观之理。这样，方氏把对本体的探求，转向对现实世界的考察、对个体事物的关注；在易学上也就转向对具体卦爻时位、易学图式的考察。需要说明的是，方氏易学中的“象数”，是大宇宙有机体的律动之实存，宇宙万物鲜活的律动之展现，以及圣贤摹略和符示客观世界之运动规律而得的图式。

2.“象数即虚空”。方孔炤通过“虚空皆象数”，肯定了世界的物质

①彭迎喜．方以智与《周易时论合编》考［M］．广州：中山大学出版社，2007:207

性，又通过“象数即虚空”，阐明人对客观世界的认识。《周易》之象数、卦爻，是古之圣贤对客观世界之律动的真理性认识。“象数即虚空”命题，阐明了主体对客观世界的尊重与探索，也阐明了主客观世界的统一的认识和实践目标。方以智认为，圣人只是天地一“佣书客”，阐明圣人作卦爻象数之旨。方孔炤重视对宇宙间万事万物的考察，而不拘泥于易学图式，学易者须明图式背后所符示和表法的宇宙律动之理。

3.“河洛，为一切生成之公证”。方孔炤认为，《河》《洛》二图，皆出于天地之数五十五；天地之数，又以中五统率四方之数；二图，贯通于“中五四运”处。他认为，“中五，用三藏一旋四，此易之准也。”[①] 他以“中五四运”，来解释天地万物的运动变化，将天地万物联结为一个有机统一的整体。他以象数学为进路，阐明了宇宙万事万物之间的关联。

4.“太极，不落有无”。他认为，“有极”，是卦画已具之状态；“无极”，是卦画未形之状态；太极不落有无，是“即有即无”之状态，是两者兼有，是有无一体。太极，不离乎阴阳，故“有”；不杂乎阴阳，故“无”。他认为“太极”，不能落于“有”，不能落于“无”，不能落于“不落”，而是通贯有无之“大一”。“不落有无”，是一种对“有、无”的兼有，并不是独立存在的实体，是为了解决“偏有、偏无之弊”的一种方法。虽然，方氏不否定无极，但是认为“有极”是“无极”的根基，重视世界物质性和运动规律的客观性。

5.“止尽后天，即是先天”。王畿“无善无恶”说，过分强调先天之体，致使中下根之人尚未开悟良知，却又忽视后天诚意、戒慎之功，而肆无忌惮，对社会秩序破坏极大。他通过对先后天关系的探讨，提出“先天，不能不后天”“止尽后天，即是先天”，重视宇宙有机体中的个体及其过程性价值，为“为善去恶”的道德修养论、“即物穷理”的认识论、经世致用实践论提供了理论支撑。方孔炤在邵雍易学思想基础上，通过图式、太极、卦变思想，阐明“先后天并用”的观点，建构了一个贯通先后天的象数学体系。他认为，先天，不能离开后天而别有发用；后天发用，也不能离开先天本体，建构了一个“一在二中”“一多相贯”的哲学体系。

6.“寂历同时”。方孔炤重视对世界多样性及其运动过程的考察，认为“寂历同时”，不相妨碍。“寂然不动”之体，并非“虚无”，是无形无象、幽微难见的客观之理，其贯通万事万物律动全过程中，与万物

① （明）方孔炤．周易时论合编［M］//续修四库全书·经部·易类（第十五册）．上海：上海古籍出版社，2002:12

“同时”“同体”“同处”。“历然”，是指有形有象、可睹可闻现实世界，其运动变化有固有规律。他反对“粥高流遁”“扫理诃贤”，重视教化之功用，主张“以贤化愚”。他说：“《易》，即以治天地。其‘智力不及’之‘寂然’，即在‘以贤化愚’之‘历然’中；舍历无寂，是谓‘寂历同时’。”[①]可见，方氏重视文明之传承、知识之传播，重视认识对实践的指导作用。“寂然”，是客观“贞一之则”所在，是人认识和实践所要达到的终极目标；“历然”，是人改造主观世界和客观世界的历程。

7.“互藏统辨”说。方孔炤重视万事、万物、万数个体性之考察，但是反对隔截事物之间的关联，为此提出“互根”“互藏”说。但是相互关联的万物万事万数之间，不能笼统论之、等齐视之，而是有“贞一”之则统贯其中。在“阴阳”关系上，他提出“阳统阴”下的“阴阳互根”说。方以智认为“一二藏”，概括宇宙万数的律动，但一切又统摄于一，肯定变化之中有规律贯通始终。他认为“统辨相贯”，“《易》，统而辨，即辨是统，无体藏用者也。”[②]这样，既注重对万物个体的考察，也注重对事物整体性和共性的考察。他说：“杂者，必至于纯；纯者，必至于极；极则变，变则又杂,此之谓‘互根’也。”[③]

8.“贞一，以善天下之动”。方孔炤认为，儒家强调道德修养，不是对“善”的否定，而是对“恶”的否定。“恶遏”，即是善；“善扬”，即是善。方孔炤说：“恶遏，而善不自名，谓之‘至善’。此无可名之善体，即在‘遏恶扬善’之善用中。遏，神于扬，天地之机也。”[④]“善恶”关系，方氏提出“善统恶”的观点。方氏认为，“至善”并不是对善的否定，而是一种隐藏于众善之中的“寂然不动”的善体。至善，不仅仅是一种道德义涵，更是人对自然、社会规律的掌握和利用。方大镇说：“《大学》知止‘至善’，不废事物；《易》贯寂感，必言功用。观天在山中之象，即知虚在实中，一在万中，德在言行中。”[⑤]“必言功用”，凸显了对认识世界和改造世界行动的重视。“止至善”，体现了方氏“《易》

① （明）方孔炤．周易时论合编［M］//续修四库全书•经部•易类（第十五册）．上海：上海古籍出版社，2002:523

② （明）方孔炤．周易时论合编［M］//续修四库全书•经部•易类（第十五册）．上海：上海古籍出版社，2002:530

③ （明）方孔炤．周易时论合编［M］//续修四库全书•经部•易类（第十五册）．上海：上海古籍出版社，2002:37

④ （明）方孔炤．周易时论合编［M］//续修四库全书•经部•易类（第十五册）．上海：上海古籍出版社，2002:264

⑤ （明）方孔炤．周易时论合编［M］//续修四库全书•经部•易类（第十五册）．上海：上海古籍出版社，2002:325

要无咎”的时用观。他反对心学末流借口“四无说”，否定事物客观规律，否定人对规律的真理性认识。为此，他肯定了规律及其真理性、认识客观性，提出“贞”“贞一”范畴。他说：“而玄士，又藉‘四无’，以诟‘分别’，则磨掊克圣贤，纵舍盗贼之锋传[①]，舍是与非。苟可以免之秘，尚曰：非狂泉乎？此一‘贞’字，真大霹雳。”[②]方氏认为，“贞一”是宇宙万事万物变化过程中固有的规律。人与自然、人与社会交际之时，必须主观尊重客观，发现客观规律，并按规律办事。他说：“贞一善动，至此惧终始、要无咎；而易简决矣。”[③]那么，道德修养上，以善化恶、以正化邪，自然是题中之义。

9.“惧即飞跃”。“戒慎”一词，传统经典多有论述。“戒慎”，并不是对人的恐惧与压抑，而是人对客观世界及其运动规律的尊重，是一种主客体统一的自觉。《系辞下传》曰：“危者使平，易者使倾，其道甚大，百物不废，惧以终始，其要无咎，此之谓易之道也。”可见，圣人“戒慎”，是为了“先天而奉天时，后天而天弗违”，实现主客体的统一。方孔炤认为，“戒慎”是对宇宙之客观性的敬畏，其目的是为了让人能合宜中节，而不是为了让人唯唯诺诺。他说：“曰敬，则无放宕以为善者；曰义，则无畏葸以为敬者；曰中通，则无胶泥以为敬义者。”[④]可见，“戒慎”不是对人的自由意志的压迫，而是人挺立主体人格的彰显。

10.“全《易》，无非教学，无非圣功”[⑤]。《易》，是圣人仰观俯察而作，其符示了宇宙的律动变化。《系辞上传》曰：“《易》与天地准，故能弥纶天地之道。”方孔炤认为，圣人探察宇宙的运动规律而作《易》，并用《易》指导人的认识和实践活动。他说：“此圣人作《易》体天，以宰天之权也，即‘我固有之，非由外铄者也’。”[⑥]方孔炤主张“以《易》律身”。他说：“古人设险，以守其法；三百八十四爻，皆大险关

① 《庄子·胠箧》：“纵舍盗贼，而天下始治矣！”
② （明）方孔炤. 周易时论合编［M］//续修四库全书·经部·易类（第十五册）. 上海：上海古籍出版社，2002:554
③ （明）方孔炤. 周易时论合编［M］//续修四库全书·经部·易类（第十五册）. 上海：上海古籍出版社，2002:577
④ （明）方孔炤. 周易时论合编［M］//续修四库全书·经部·易类（第十五册）. 上海：上海古籍出版社，2002:206
⑤ （明）方孔炤. 周易时论合编［M］//续修四库全书·经部·易类（第十五册）. 上海：上海古籍出版社，2002:214
⑥ （明）方孔炤. 周易时论合编［M］//续修四库全书·经部·易类（第十五册）. 上海：上海古籍出版社，2002:529

也。'惧以终始，其要无咎。'"[①]可见，圣人作《易》，是为了"惧以终始，其要无咎。"[②]方孔炤认为，人在与客观世界交际之时，能够尊重和利用规律，才能不受大自然的惩罚。他在《周易时论·凡例》中说："'其道甚大，百物不废，惧以终始，其要无咎'，是万古之时用也。"[③]

11. 礼者，卫道之藩，居身之舆也。儒家文化，是一种礼乐文化。礼在维系道德人心、维护社会稳定中发挥了重要作用。但礼学的僵化教条、繁琐，有道德动力不足、道德意愿缺失之弊。孔子已经认识到人的主体自觉自愿的重要性。他说："人而不仁，如礼何？人而不仁，如乐何？"[④]王门后学很多人，追求对内在良知本体的探讨，以彰显自觉自愿的主体人格；而忽视外在的规定性约束，甚至冲决名教、否定纲常。许多学者已经意识到，亟需要礼乐文化来重建社会秩序，重拾道德人心。那么，礼乐文化之合法性的确立尤为重要。方孔炤认为，圣人作《易》、制礼，皆是详查物理，尊重宇宙律动的客观性，能时宜中节而已。方孔炤认为，若忽视客观世界的规律性，借口灭理，必受规律的惩罚。方孔炤反对空谈心性，重视"称物平称"，尊重宇宙及其运动的规律性、客观性。他提出"顺理则善"，实际上是对客观规律的尊重。方以智认为，礼使人能成"无咎"之大业。他说："礼所以化险，使人翕然而从风；礼亦所以设险，使人凛然而不犯。"[⑤]他认为，礼是道德修养的重要内容，不可离开礼而纯修上道。最后，方以智提出："天下归仁，莫普乎《礼运》之用。"[⑥]只不过，其礼具有广泛内涵，不仅包括社会人类道德法则，还包括宇宙间万事万物的变化规律。方氏对礼的尊重，实际上已经超越了纯粹道德义涵，而强调对宇宙客观规律的尊重。方孔炤重视礼义之价值，反对"倍谲之流"否定真理性认识。他说："礼义载于六经，明于讲学，而倍谲之流，图衒高幡，利于黑路总杀，以轻六经压礼义，则人受其愚弄耳。"[⑦]可见，对礼的肯定，也是对于真理性认识的尊重，对人

① （明）方孔炤. 周易时论合编 [M] //续修四库全书·经部·易类（第十五册）. 上海：上海古籍出版社，2002:341

②《周易·系辞下传》。

③ （明）方孔炤. 周易时论合编 [M] //续修四库全书·经部·易类（第十五册）. 上海：上海古籍出版社，2002:11

④《论语·八佾》。

⑤ （明）方孔炤. 周易时论合编 [M] //续修四库全书·经部·易类（第十五册）. 上海：上海古籍出版社，2002:492

⑥ （明）方孔炤. 周易时论合编 [M] //续修四库全书·经部·易类（第十五册）. 上海：上海古籍出版社，2002:186

⑦ （明）方孔炤. 周易时论合编 [M] //续修四库全书·经部·易类（第十五册）. 上海：上海古籍出版社，2002:325

类文明的尊重与传承。

12. 即费知隐。方孔炤认为，儒者只言象数不言义理，而流入占术，陷入支离附会；只言义理，而不言象数，对反映自然界变化的象数学一无所知，会落入空谈，走上弃伦物、灭礼乐的道路。在认识论上，方孔炤主张“以象数征理”。他认为，易道无体可执，“历律象数，圣人所以刚柔损益之具也。”[①]他认为，要想穷理不可离开象数，人们可以透过可形可见之具体事物，探求“不睹不闻”之易理。他说：“天地间之万理万事毕于象数，睹闻即不睹闻，诚一极深研几而造化在手矣。”[②]方孔炤提出“即费知隐”的观点，主要为了防止人们落于“有无”一端。方以智指出，人通过对宇宙世界万事万物的考察，而发现隐藏于事物内部变化之理，提出“泯在立中”“费隐一贯”的观点。“即费知隐”“随物征验”的格物说，是当时经世致用之社会思潮在认识论上的反映。

13. 即质知通。方孔炤认为，执总恶别、执统恶辨，皆是忽视事物差别而笼统空言。“通论”，不是“通冒之虚语”。不管“通论”，还是“质论”，皆是对事物变化之理的描述。通论，是整体性概括；质论，是具体论述。“通论”，不离“质论”；“质论”，也不可离“通论”。虽然训诂有拘泥，有不能会通之弊。但是若离开质论追求通论，则走向虚无之弊。要避免落入于两端，方孔炤提出“即质即通”命题。他说：“即质即通，故示以居要，而要以善用。”[③]方孔炤认为，可以通过对质论的贯通，而达到通论。

14. 卜筮守易，藏大于小。关于蓍龟，《易传》多有论述。方孔炤提出“卜筮守易，藏大于小”命题，认为易道藏于卜筮之中。方孔炤反对小术数之“就占言占”，亦反对守高者之“畏数逃玄”，主张以蓍占通易道。方以智认为，真正的卜筮之用，是“归于典礼，用之以道”，使人成“无咎之大业”。方孔炤认为，圣人“以数中天地之节”，以卦蓍明“参伍错综”之变化。蓍占，能极数通理，不轻视之。蓍数、卦爻虽小，实际上蕴含天下“至精、至动、至神”之理。方孔炤说：“圣人，实诏天下以道德、性命之理；而因蓍数、卦爻，以示之。”[④]方以智认为，一

① （明）方孔炤. 周易时论合编［M］//续修四库全书·经部·易类（第十五册）. 上海：上海古籍出版社，2002:162

② （明）方孔炤. 周易时论合编［M］//续修四库全书·经部·易类（第十五册）. 上海：上海古籍出版社，2002:542

③ （明）方孔炤. 周易时论合编［M］//续修四库全书·经部·易类（第十五册）. 上海：上海古籍出版社，2002:574

④ （明）方孔炤. 周易时论合编［M］//续修四库全书·经部·易类（第十五册）. 上海：上海古籍出版社，2002:583

切认识活动和实践活动的目的，是让人按规律办事，而不违背规律。他说："致人之诚，而'成天下亹亹'也，其'要无咎'而已。士君子观玩何所非占？"[①]从这个意义上将，一切认识和改造世界的活动，都可以归结到"极数知来""其要无咎"中。

15. 五行尊火。关于五行之间的关系，方氏认为五行贯通，"五行之生，一行具五，而气始备。"[②]火在五行中的地位，方氏多有论述。"五行尊火"，实际上是肯认了人认识客观实际的能力。方孔炤说："天地之色，寄于日火；山表地理，火灿天文。民宝日用，以明藏幽，南离'相见'，登高视远。心，本火也，以见为缘，能见文理，止于文理。"[③]人"能见文理"，能够认识世界的客观规律；又能"止于文理"，并按规律办事。方氏"五行尊火"说，实际上是对人类文明的重视，人类在认识过程中要"各随其时，添薪传火"。方孔炤作《周易时论合编》，是"添薪传火""供薪举火"之举，使文明薪火相传。方以智在《周易时论·跋》中说："命儿子德、通、履，合前后稿而编录之，自泯薪火而已。"[④]方以智认为，"五行尊火"实际上是"用北于南"。"用北于南"，实际上是对礼乐文化的肯定。因为"五行，火为礼。礼，主敬。"[⑤]方氏反对心学末流恃良知而恣情纵欲，冲击名教纲常。方孔炤说："虽曰：'文者，末也；止者，本也。'[⑥]然纵其'率陋'，岂能止其热焰？惟以'文明止之'，而薪火自相适矣。"[⑦]五行尊火，是对人类文明的重视，更是对礼乐文化的肯定，"圣人时雨，天下文明"[⑧]。

16. 文即质。《系辞上》曰："参伍以变，错综其数。通其变，遂成天地之文。"可见，文是宇宙中固有的变动规律，又是人对客观规律的

① （明）方孔炤．周易时论合编［M］//续修四库全书·经部·易类（第十五册）．上海：上海古籍出版社，2002:91

② （明）方孔炤．周易时论合编［M］//续修四库全书·经部·易类（第十五册）．上海：上海古籍出版社，2002:24

③ （明）方孔炤．周易时论合编［M］//续修四库全书·经部·易类（第十五册）．上海：上海古籍出版社，2002:306

④ （明）方孔炤．周易时论合编［M］//续修四库全书·经部·易类（第十五册）．上海：上海古籍出版社，2002:11

⑤ （明）方孔炤．周易时论合编［M］//续修四库全书·经部·易类（第十五册）．上海：上海古籍出版社，2002:346

⑥ "止"字，应为"质"字。

⑦ （明）方孔炤．周易时论合编［M］//续修四库全书·经部·易类（第十五册）．上海：上海古籍出版社，2002:306

⑧ （明）方孔炤．周易时论合编［M］//续修四库全书·经部·易类（第十五册）．上海：上海古籍出版社，2002:181

认识。“天文”，是自然之文，是大宇宙繁杂多变地律动中固有的规律。“人文”，是人发挥主体性对客观世界包括人类社会、人的认识规律的总称。方大镇重视对世界物质性和规律性的考察，提出“文皆质”的观点。他肯定了人的主观能动性，同时也重视规律的客观性。关于“文质”关系，方大镇提出“以质为主”的观点。方孔炤主张“质其文，文其质”，提出“质统文质”的观点。方氏是在承认世界的物质性、客观性基础上，以实现主观认识客观，达到主客观的统一。方孔炤反对繁文缛节，重视文质相统一，实际上是重视世界的物质性和客观性。若文过其质，则有“文灭质、礼滋伪之忧”[①]

方孔炤重视儒家经典之价值，提出“以文藏质，以历藏数”的观点。“以文藏质”，实际上是承认世界的可知性，承认真理性认识之价值。人在认识世界和改造世界时，不断提高自己的认识能力和实践能力。但人之认识能力的提升，决不是否决真理，别出心裁。有人借罕言、奇言之名，否定真理性认识，否定对万事万物的考察。方孔炤说：“有无忌惮者，窃偏高之奇兵，雄洸洋之巧护，而贪以蓬毂不决之语，误人入阱。”[②]方孔炤反对忽视客观现实，否定客观规律的“已甚”“充类”之学。他说：“吾惟圣人之教，终以学问为庸田。潜于伦物、雅言，是真潜也。”[③]实际上，他是为了维护礼乐文化的合理性。

方氏重视经典之价值，重视文明传承，重视礼乐文化之教化作用。方孔炤说：“岂执‘文章，非性道’乎？欲人极深而神明耳。”[④]方以智解释说，摹略和符示宇宙律动规律的真理性认识，对人认识世界和改造世界的活动有重要的作用。他说：“文章即性道，而文章之弊生矣。文章虽弊，而载道之语言，传道之讲习，象魏之县命，乡里之读法，必不能一日‘不相遇’也。一堂八荒，羹墙千古，皆相遇也。”[⑤]方氏认为，文章是对客观实际及其运动规律的真理性认识，不是违背实际和规律的杜撰。方以智说：“训诂、杜撰，非文章；黑山影事，非默成；无论矣。

① （明）方孔炤．周易时论合编［M］//续修四库全书·经部·易类（第十五册）．上海：上海古籍出版社，2002:307

② （明）方孔炤．周易时论合编［M］//续修四库全书·经部·易类（第十五册）．上海：上海古籍出版社，2002:606

③ （明）方孔炤．周易时论合编［M］//续修四库全书·经部·易类（第十五册）．上海：上海古籍出版社，2002:194

④ （明）方孔炤．周易时论合编［M］//续修四库全书·经部·易类（第十五册）．上海：上海古籍出版社，2002:551

⑤ （明）方孔炤．周易时论合编［M］//续修四库全书·经部·易类（第十五册）．上海：上海古籍出版社，2002:4

其固守制表而执以为一；破象倘佯而不详其二者，皆非真知之鼓舞者也。”[①]

17. 顿渐同门，正变同时。方孔炤探讨了质变与量变的辩证关系，也是对事物变化中之过程的重视。事物之规律，不在是高悬于事物变化发展之外，而是一贯于事物发展过程中的固有联系。他说：“立象系辞，随人通解，卦卦爻爻，皆有三重义、四举例，岂相坏乎？故曰顿渐同门，正变同时。此非三反昼夜、用师万古者，执一字名，便疑矛盾，自难信‘贞一在反对中，有代明错行之妙’。”[②]他重视对大宇宙统一体中万事万物运动过程的考察。他又提出，“下学上达”的观点。方中履在《周易时论·跋》中说：“五世相传，惟重立志不惑。岂敢漫言从心，而执无实法之‘黄叶’，以扫理而荒学哉。”[③]方中履说：“容其森森，理其秩秩，而森森秩秩，乃适享其洞洞浊浊已矣。”[④]重视对具体事物变化之理的考察，物理、宰理、至理。方孔炤门重视实学，主张“藏悟于学”。他说：“诂示下学，固不可少。然胶泥而不能通类会通，久膏肓矣。此编先叙诸本考异，虽属亥豕，存之亦足参考也。”他虽然反对“胶柱之泥时”，但绝不是忽视下学。

四、该书在易学史上的地位、影响

桐城方氏学术渊源于泰州学派，经方学渐，经方大镇、方孔炤、方以智、方中通等人阐发，使其成为明代哲学史上和易学史上重要派别。方孔炤以“邵、周、程、朱为正铎”[⑤]，融汇诸家，调和朱熹理学与王阳明心学，会通儒释道三教，建构了一个颇具特色的象数易学体系。罗炽评价说：“方以智家四代研《易》、传《易》，其先祖由笃信陆王的致虚之学，而随着时代的发展变化，转向藏陆王于朱学，藏理学于经学的重

① （明）方孔炤. 周易时论合编［M］//续修四库全书·经部·易类（第十五册）. 上海：上海古籍出版社，2002:551

② （明）方孔炤. 周易时论合编［M］//续修四库全书·经部·易类（第十五册）. 上海：上海古籍出版社，2002:13

③ （明）方孔炤. 周易时论合编［M］//续修四库全书·经部·易类（第十五册）. 上海：上海古籍出版社，2002:9—10

④ （明）方孔炤. 周易时论合编［M］//续修四库全书·经部·易类（第十五册）. 上海：上海古籍出版社，2002:9

⑤ （明）方孔炤. 周易时论合编［M］//续修四库全书·经部·易类（第十五册）. 上海：上海古籍出版社，2002:1

格致之功，又不忘致虚的质测通几之学。……俨然形成一个方氏学派。”[1]

《周易时论合编》收集众多易学家思想，具有重要的资料价值。方孔炤在《周易时论合编·凡例》中说：“衰病之余，供薪举火，合编往哲之语，以为蓍龟。”[2]但是此书不仅仅是一本易学资料集成，书中更体现了桐城方氏易学的一脉相承的易学主张。李世洽在《周易时论·序》中又说：“《绍闻》则祖明善而祢廷尉，《集说》则循康节而遵考亭。”[3]台湾学者张永堂指出：“所谓‘循康节而遵考亭’，便是‘合编’的根本立场，也就是‘阐邵申朱，著成《时论》’之意思。换言之，方孔炤之《合编》是以邵雍、朱熹易学为基本立场，而不是毫无宗旨的大杂汇。”[4]

方孔炤继承张载“太虚即气”思想，提出“虚空皆象数”“太极不落有无”“两间皆气”等命题，重视对世界的物质性和客观性的考察，扭转了心学末流偏上玄谈蹈虚而不能经世致用之弊。他认为“虚空皆象数”“两间皆《易》”。他认为，《河》《洛》图式和先后天图式，是囊括了宇宙间一切事物律动的法则，是一切生成之公证。因而，构建了一个“以河洛为端几，以有无为极”的象数学体系体系，为易学和哲学的发展做出了重大贡献。

方孔炤反对空谈先天本体，重视个体及其过程性之价值。他说：“后天之学固后天，先天之学亦后天也。止尽后天，即是先天，无先无后，无容辞矣。”[5]他重视后天之学，解决了道德修养上只重先天本体、忽视后天诚意功夫之弊，提出“体在用中”“至善在为善去恶中”的道德修养说。他在《潜草》中说：“悟尽万世之用，总归一时之用。”[6]方孔炤重视“时用”之大义，其易学著作，命名为《时论》即取此意。

桐城方氏推崇象数之学，把对自然现象的探讨和经世致用结合起来，提出“质测即通几”“因物转物”的格物致知学说。方孔炤说：“惟知物之理者，得物之情，故善因物转物，而尽物之性，是谓各正性

①罗炽．方以智评传［M］．南京：南京大学出版社，2006:336

②（明）方孔炤．周易时论合编［M］//续修四库全书·经部·易类（第十五册）．上海：上海古籍出版社，2002:14

③（明）方孔炤．周易时论合编［M］//续修四库全书·经部·易类（第十五册）．上海：上海古籍出版社，2002:2

④张永堂．《周易时论合编》一书的主要思想［M］．台湾：成功大学历史学系历史学报（第12期），1985

⑤（明）方孔炤．周易时论合编［M］//续修四库全书·经部·易类（第十五册）．上海：上海古籍出版社，2002:581

⑥（明）方孔炤．周易时论合编［M］//续修四库全书·经部·易类（第十五册）．上海：上海古籍出版社，2002:504

命。”①

方孔炤认为象数学离不开质测之学，其象数学观可以说是对宋明以来自然科学、西方学说进行总结的产物。方孔炤主张以可睹可闻来认识不可睹不可闻，他继承了朱熹“即物穷理”的格物致知思想，立推“质测”之学，但他亦反对泥于下学而不能上达，他提出“即测知通”，即“质测即通几”之学。其“质测通几”“下学上达”的思想，对明末清初的学风产生重要影响。其“一在二中”“不落有无”“寂历同时”之观点，在中国哲学史上有重要意义。

明代社会思潮和自然科学成就，对方氏思想有重大影响。同样，方氏思想一经形成，对明清社会思潮的转型也有重大意义。台湾学者张永堂所说:“明末方氏学派肇始于方学渐。他曾撰《心学宗》一书阐扬心学。但他意识到阳明心学末流的流弊,因此提出了‘挽朱救陆’的主张,意欲以朱子学矫正阳明学的缺失。三传至方以智则提出‘藏理学于经学’的口号，与顾炎武‘经学即理学’的主张不谋而合,象征宋明理学转入清代经学的里程碑。”②通过几代人的努力，桐城方氏建立了一个会通心学与理学、会通象数与义理、会通儒释道、会通易学与自然科学的庞大体系。

五、当今学界研究和版本状况

1、相关研究论文

1985 年，台湾学者张永堂《方孔炤〈周易时论合编〉一书的主要思想》一文，发表于《国立成功大学历史学报》，1985 年第 12 期。邢益海《冬炼三时传旧火——港台学人论方以智》一书，第 78—90 页有节录。本文探讨了方孔炤生平及忧患意识，《周易时论合编》编撰过程及主旨、影响，并对《周易时论合编》之宇宙论、认识论作了分析。

彭迎喜《〈周易时论合编〉的作者问题》一文，发表于清华大学学报（哲学社会科学版），1998 年第 4 期。他对方孔炤、方以智与《周易时论合编》的关系作了全面梳理。

台湾学者刘谨铭博士论文《方孔炤〈周易时论合编〉之研究》，由

① （明）方孔炤. 周易时论合编 [M] //续修四库全书·经部·易类（第十五册）. 上海：上海古籍出版社，2002:589

②张永堂. 明末清初理学与科学关系再论 [M] //绪论，台湾：台湾学生书局，1994 : 2

花木兰出版社于2013年出版。作者探讨了《周易时候合编》一书的论学背景、方氏易学的渊源、“虚空皆象数”的主张、《周易》的本质，并重点论述了“太极”“河洛”思想。

台湾学者，新竹清华大学徐光台《方孔炤“〈崇祯历书〉约”来源新证》一文，发表于《自然科学史研究》，2010年第4期。他认为，方孔炤“《崇祯历书》约”，不是《崇祯历书》的约略或概要，而是大量引用或改写王英明《重刻历体略》与《崇祯历书》无关。

彭战果《析〈周易时论合编〉“时”的形上学意义》一文，发表于《周易研究》2010年第4期。他着重阐发了，方孔炤对“时”的形而上意义的理解。

2、相关研究著作

朱伯崑《易学哲学史》第三册中《方以智与〈周易时论合编〉》一章，对此书的思想有深入研究，重点探讨了《周易时论合编》的写作背景，阐释了“虚空皆象数”“先天在后天中”“河洛中五说”“阴阳五行观”等问题。

张永堂的《明末方氏学派研究初编》，探讨了明代方氏学派的重要人物。

林忠军《明代易学史》中《桐城方氏父子的“时论”易学》一文，探讨了《周易时论合编》的作者及成书，“寓卦策象数以为体”和“合理象数为费隐一贯”的《周易》观，“不落有无”的太极图说，“图书一理”的象学，“蓍道全用其半的”蓍数观。

彭迎喜《方以智与〈周易时论合编〉考》，从文献学角度，探讨了方孔炤与方以智生平和著述的问题，以及与方以智生平行实、学术活动有关的人物，并探讨了《周易时论合编》的版本、作者问题。

3、版本状况

李学勤说：“研究方以智的学术思想，实不能缺少这部书。可是我们多年找不到《周易时论》，费尽心力四处调查仍旧杳然。我甚至认为此书虽经刊印，世间已无传本，想用籍佚的方法试作钩稽。直到1981年我到英国竟看到台湾影印的《时论》日本藏本。一时惊喜可想而知。不久又获悉，中国社会科学院哲学研究所也藏有一部该书。”[①]1980年，冒怀辛于中国社科院哲学研究所发现《周易时论合编图象几表》。他说：“今年七月在北京因偶然机缘发现了一部《周易时论合编图象几表》。”[②]

①彭迎喜．方以智与《周易时论合编》考·序［M］．广州：中山大学出版社，2007：2

②冒怀辛．关于方孔炤《周易时论合编》的发现［J］．中国哲学研究，1980:1

关于《周易时论合编》藏本，彭迎喜说："据我所知，《时论》在国内目前发现有两部，一藏中国社会院哲学研究所图书室，一藏北京大学图书馆，均为清初顺治刻本。"[1]北京大学图书馆藏本，被《续修四库全书》所收录，由上海古籍出版社于2002年出版。

台湾学者张永堂1977年于日本内阁文库发现顺治十七年（1660）刻本之影印本，后被台湾文镜文化事业公司收入《四库全书存目丛书·经部》第二十一册，并于1993年出版。

北大图书馆藏本与日本内阁文库本，除序言编排顺序不同外，内容大致相同。北京大学图书馆藏本，字迹较为清晰，且多《上谷李溉林先生鉴定》一篇，但比日本内阁文库本多一缺页。本书点校时，参考两个版本。

①彭迎喜．方以智与《周易时论合编》考［M］．广州：中山大学出版社，2007：167

上谷李溉林先生鉴定

方潜夫先生合编周易时论

桐山方氏，四世精《易》。潜夫先生，研极数十年，明此“一在二中、寂历同时”之旨。邵、周、程、朱，是为正铎；而理寓象数，中旁皆通。近代，王阳明、焦弱侯、管东溟、郝楚望、孙淇澳、髙景逸、黄石斋、倪鸿宝诸先生之说，万派朝宗矣。一切生成，天然秩叙，元会呼吸，律历征几，通志成务，体用神明，兼该悉备，实造化人事之橐籥，百家九流之“指归”也。木坊特恳季芦先生，手授秘本，公诸海内。诚古今之奇书，识者珍之。

白华堂藏板。①

周易时论·序

天地，不得不卦爻；虚空，不得不象数。乾端坤倪，肇呈龙马，一部大《易》，充塞古今，启键开关，要在“因时制用”而已。用藏“后天”，即显“先天”。但不明“先天之理”，无以贞“后天之用”。“胶柱”之“泥时”，与“逃冥”之“晦时”，百谬千差，背驰正铎。其能会“存泯”于“一原”，偕“寂历”以共贯“中道”，措宜几神明者，难矣！羑里，殷周之际，志在《明夷》；尼山，春秋之交，学在《大过》。岂非其时为之哉？乃圣人之用，可心悟，不可言诠。天不言，而岁功成，“天何言哉”？夫子，固全身写《易》也。昔人云：“善《易》者，不言《易》。”雅言三经，曷略羲文？《中庸》明《易》之旨，独赞“时中”。邵子谓：“子舆氏，深于《易》，为能知‘时用’。”然而，诵其篇章，无或概见，则《易》之未易名；“言”安在其“不言”也耶？潜夫方先生，缵承家学，著为《时论》。《绍闻》，则祖明善而祢廷尉；《集说》，则循

①原文，缺“白华”二字。彭迎喜．方以智与《周易时论合编》考［M］．广州：中山大学出版社，2007：169，有“白华堂”之论述。本书点校，又参照《四库全书存目丛书·经部·第21册》，济南：齐鲁书社，1997年版。其中《经部第21册目次》有“文镜文化事业公司，影印顺治十七年白华堂刻本”之记叙，但没有《上谷李溉林先生鉴定》一篇。

康节而遵考亭。而又精搜扬、京、王、郑、周、程、张、蔡之奥，以汇及近代名儒巨公、穷经博物诸君子，不下十百余家，综合全豹，征几析义，纲举目攡，亡虑数十万言，亦何灿然其明备也！得毋语之过详，用之或寡要与不知。先生，束发通籍以来，起家循吏，入领职方，出视楚抚，忤珰、忤相，大节嶷嶷。晚丁鼎革之运，嘉遁环中草堂，令嗣密之万里归省。华表一鹤，犹复埋影雪窟；黄叶栖真，更从庐居阡甴。中尽变极研，卒就名山之业。夫先生，以其“高尚可则”之志，堂构鼓钟，世出世为薪火，生平历涉九卦，履忧患而济之“艰贞”，身亲《易》用，莫大乎是。以兹河洛之原委，天人之浩博，洞悉幽微，旁通曲畅。朗“日星”于“午会”，屹“砥柱”以“中流”，斯编也。道未坠地，“存乎其人”。先生，其能已于言乎？且，予闻方氏之《易》，累世遹修，门内诸贤，同心扬搉，皆劭先生所渐摩皇继，序于有翼。予友人竹西，执契盖十余年，是为先生从子，绳其祖德，互相发明，手出秘稿示予，谋授之梓。予忆令皖时，曾觌先生之仪范，高山云邈，音徽如存。披玩往复，未尝不抚卷而三叹也。海内，善读先生之书者，“有言”言《易》，《易》在；“无言”言《易》，《易》无不在。苟有得于“时用”之枢机，忘其“筌蹄”，“思过半矣”。竹西子，请表章之，遂不辞鲜识，因序以行，公诸世之学者。

顺治十有七年岁庚子，夏五端阳日，淮徐兵使者，上谷李世洽，题于水心堂中。

时论·序

河洛既兆，九图用彰，卦画已陈，象变斯备，时至事起，数极变生。圣人有微权焉？周文志在《明夷》，道在《小畜》，其当殷周之际乎！宣尼服膺斯文，龙潜畏匡，乃志在《春秋》，行在《孝经》，岂先后之殊途哉？两圣人之时为之也！《易》之言时者，莫备于《乾》。而假年学《易》，庶无大过，乃始喟然于“变通趋时”。嗟乎！“化而裁之存乎变，推而行之存乎通”！吾党之小子不知裁。“既有典常，苟非其人，道不虚行”，盖难之也。“朋亡”于《泰》，“拔茅”斯吉；“祉离”于《否》[①]，“包承”则羞。君子赴时，能无慎与？吾家中丞公潜夫著《易》:《时论》，其所撰。观天之道，察时之变，尽人之事，备物之情，发挥旁通，

①《否》卦:“九四，有命，无咎，畴离祉。”

引伸触类。“作《易》者，其有忧患乎？”筮《贲》“愀然”，“致饰亨尽”[①]，“穷上反下”，“‘复亨’刚反”[②]。先王“闭关”以息物，君子“斋戒”以“掩身”[③]，因乎其时也。文之《序卦》，《大过》终《坎》《离》，而水火分；《小过》终《既》《未》，而水火合。乾坤阖闢，日月晦明，始始终终，物不可穷。知其解者，故能为龙、为蛇、为见、为潜。“硕果不食”，载之者谁为留之？“包瓜含章”，命之者谁为迎之？际斯时者，然后知处时之难也。惟虎有尾，“履道坦坦，幽人贞吉”；惟龙“无首”，“终日乾乾，与时偕行”。“盈不可久也”，《谦》乃“有终”也。物恶其屈，莫测其伸；身隐于蛰，莫测其存。“《易》之为书也，不可远！”“噫！亦要存亡吉凶，则居可知矣。”而况寝食游咏其中者哉！著图以该其义，设卦以广其象，别爻以尽其变，祖羲皇而郊仲尼。周道伤于幽、厉，舍鲁何适？不能“去父母之邦”！夫亦曰“易象在鲁”，其可以集厥成乎？潜夫居职方，特劾援辽逃将，保任孙枢辅，力争坐府，与逆珰忤；及入楚，“主剿”不“主抚”，又忤杨枢辅。其节概以忧患见其艰贞，故有本也。兹论也，道未坠地，传之其人，后有作者，欲考成焉。则是编之为津梁，功伟矣哉！

龙山方鲲题

方潜夫先生时论·序

自天地，以至人物，有一不范围于《易》中者乎？则有一不范围于时中者乎？故《易》之配“日月”以成字，而时贯其中矣。古今圣贤，未有相因袭者。后之圣人，每不惮于改前圣之所为，创未有之事而不为奇。即以《易》论：庖犧，画之；《彖》《象》《系词》，三圣人各极其致，各随其时，添薪传火，开关启钥。不胶先圣之柱，自诚后圣之明，千变万化，总环一中而止。故不变易，无以为《易》也；不变易，亦无以为时也。《易》之为时用也，大矣哉！且即以学《易》者论：文王时处艰贞，其卦为《夷》；周公时当制作，其卦为《泰》；孔子际“辙环删述”之时，其卦为《睽》；孟子当“异端邪说”之时，其卦为《兑》。至若辅嗣、康成连经合象，邵子明“元会运世”之故，程子融理数一源之妙，晦翁阐“象变占玩”之微，皆因时以觉世，劘切帝王，陶铸天地，

① 《序卦传》：“致饰然后亨则尽矣，故受之以《剥》。”
② 《复》卦，《彖》：“‘复，亨’。刚反，动而以顺行。”
③ 《礼记·月令》：“君子斋戒，处必掩身。”

反对交轮，明代错之至理而已。近代新建、京山、会稽、漳浦，击扬四圣之铎，剥烂程朱之案，愈出愈奇，迭翻迭显。总未有绍述三世、贯彻一中，如桐城方潜夫先生《时论》之为极深研几、至大至广也。先生之学《易》也，以统有无之中为极，以《河》《洛》为端几，而要归于时用。先生之言曰："自天地未分而今，时矣！今时之天地，即未分时之天地也。人人全具卦爻，而时时事事有当然之卦爻。"今又即以先生论：嘉州忤贵，为《讼》之时；职方忤珰，为《壮》之时；抚楚忤相，为《过》之时。至若当《蛊》之时，而以《谦》为用；际《革》之时，而以《遁》为行。盖先生无日而不在《易》中，亦无时而不在卦爻、象象之中。故"居方慎辨"[①]，"忧违乐行"[②]，又悉环于"代错持帱"之中。观先生之"以《易》律身"，则知先生之"以《易》垂训"，意深虑远，合于圣人忧患之怀，而尽变极通。"山梁"之叹"时"[③]，《中庸》之"时措"[④]，《孟子》之赞"圣之时"[⑤]，先生直以全篇括之。盖历四圣之时，而后有邵、朱之时；更历邵、朱之时，而后有先生之时也。先生之为继《易》之传人也，又何疑焉？莆田后学芦中人，余飏赓之撰。

桐城方中丞潜夫先生，讳孔炤，号仁植，万历丙辰进士。其父廷尉公大镇，万历己丑进士。《易》，其家传也。中丞公之嗣，为密之以智，中崇祯庚辰，以己卯出家父之门，天末不受宰相之召，瓢衲以隐，别称"浮山""药地""愚者"。庚子遣其子田伯、中德来候家父，以《时论》求序云。芦中之子，余佺谨识。

方仁植先生每觅易象诗以谢之

古人间关宝古文，寇贼不锄火不焚。欧黄贯械谈《尚书》，一篇《尚书》如一君。忆在少年喜《易》象，束发危襟日相向。于今忽近六十年，九草七笺未得上。真宰恼人尘务多，苇编不得挥阳戈。文臣秦相各排愤，垂老欲坠将如何？白云库中百二日，宛转呻吟裂血碧。玄黄

① 《未济》卦，《象》曰："君子以慎辨物居方。"

② 《乾卦·文言传》："乐则行之，忧则违之。"

③ 《论语·乡党》："色斯举矣，翔而后集。曰：'山梁雌雉，时哉时哉！'子路共之，三嗅而作。"

④ 《礼记·中庸》："成己，仁也；成物，知也；性之德也，合内外之道。故时措之宜也。"

⑤ 《孟子·万章下》："伯夷，圣之清者也；伊尹，圣之任者也；柳下惠，圣之和者也；孔子，圣之时者也。"

初写十二图，龙马已嚼三寸膝。桐城方公受此经，苦无部署同批绳。自言诠经家三世，义理象数向杂缠。黄霸杜林亦人耳，岂有朝闻遂夕死？片楮只字皆收藏，但愿生存毕此理。筐篮一日临吾门，风雨蔽天雷霆尊。回顾白云不可见，经书皆与蝶惊翻。缅想方公食三叹，定谓此书终河汉。丁申欲取神鬼愁，恨见数行未一半。呜呼死生会有时，九原尚有羲文师。庞眉高官人何限，呼理不应如呼豨。肤肉可匮理不夺，自信此心如日月。左手贯锁右袖书，解锁写书尚带血。淹留北寺五月余，仰钻亦已消居诸。二十万岁出指节，欲断不断形摸殊。此书方成未一夜，缰纽又过白云下。方公握发来库门，连衅未施几声詈。小臣叩首称主恩，年来北寺谁能存？已甘垂翼谈北目，何欲开眼谈乾坤？乾坤开朝水火暮，常恐诸儒为理误。缪将水火争炎凉，遂使乾坤键门户。方公好学天下无，手扪北斗生觚隅。拦颐已出羲农背，何必览此增欷嘘？昨日明庭戒吾党，血肉狼藉为开讲。此道既不存诗书，白心致主更清敞。余生仅得还茅斋，闭眼缄书手不开。羲前一画无爻象，啾啾鬼哭何为哉？

崇祯辛巳六月九日，弟黄道周具草。

周易时论·序

逆知先天，而顺理先在后中之天。故可以损益，知百世而“藏密”于“前用”之时义焉①。天地絪缊，自《屯》而《蛊》；男女《咸》《恒》，因《遁》而《革》。《大过》《小过》，共收水火。知忧患者，神明矣。知险于易，知阻于简，卦爻彖象，各极旁通。庖犧、羑里、东山、尼父，时适为之。不知画前而挈瓶者，专画前而镂空者，但言“画后即画前”而荒忽防辨者，皆不知时者也。潜夫方子，以明善为祖，廷尉为父，职方忤珰，抚楚忤相，当屯蛊遁革之末造，观象顺止，盖于《易》，身服膺之矣。故合数千年之说，于定中，知其不定；于不定中，决其一定。以河洛、卦策，通知元会、昼夜、幽明、生死之故。一在二中，要于官天继善。所谓“杂而不越”“旁行不流”者，与此书也，真学《易》者之指南也。

崇祯甲申冬，龙山白瑜安石题。

①“藏密”，即《系辞上》“圣人以此洗心，退藏于密，吉凶与民同患”。“前用”，即《系辞上》“是以明于天之道，而察于民之故，是兴神物以前民用”。

周易时论·跋

不肖德，省侍竹关，敝**屺**粗饘，嗒无古今。德，内切割，不敢慰解。老父训之曰："三世家学，而偷息祇支，罪无逃矣。祖父以朱、邵为饮食，而守雌暗修；所编《时论》，千载津梁。汝辈为敦诗书、说礼义之人，发愤竭才，自可深造，最要者一'毋自欺'而已。我自少好诗书，尝云：'旷达行其谨曲，实自便耳。'通籍后，侍西库者二年，始自猛醒刻厉，然好与升庵、元瑞，辨考务博，专穷物理。忽当崩裂，甄苏矢死，又为仇螫。祖父命我远游，患难之中，乃以少所受之河洛，深研精入，数蹈白刃，以气胜之，其甘荼苦如饴，则生平好学自遣已耳。既以覆掖为大逢，便尝其味微于宗一先生。有入处匡庐，归省见逼，遂以煴火为铁门；痛锥溅血，于轰雷闪电中过身。此盖日日在刀头，感天地之钳锤也。忽然爝破黄叶，重历千差，乃叹：'巧于鍜炼，新建'为将之说'然乎哉？'《易》用震艮巽兑之偏，以行坎离之中，即乾坤之纯矣。无非卦爻，无非太极也。伊周夷惠三仁泰伯，其迹不同，其道则一。《蛊》之"高尚"。孔子曰："志可则也。"岂非万世治蛊之清凉药乎？善于服药，总归正用。不则，蜀梁、公旗受绐不反矣。时乘也，时中也。各人、各土、各时之一爻，皆具三百八十四爻，而不碍其适当此一爻也。我岂慕'白椎'哉？古人餧虎之愿，等于婴杵万世，旦暮又何所望？《礼运》曰：'本于大一，而协于分艺。'可知，各安生理之圣谕，正是百家之会归。古人不以道名，而以艺自食，盖泯于用光得薪者也。邵子藏一，深于表法；陆子推到智勇，直于刀拓心胸；朱子知'损益之同时'，而为后世析薪鼓业。人曾知天地之实法乎？汝等烧'不欺'之火，以学问为茶饭，即可悟'全身是易'矣。"不肖，少罹患苦，枣昏无知，念兹家学，惟有戒惧。谨因编次，略记所闻。

不肖中德，百拜敬跋。

周易时论·跋

《易》，本以象数为端几，而神明其中，道器、费隐不相离也。宋儒惟邵、蔡，因数言理，而后亦无传。故胶腐者，肤泥；掠虚者，袭冒。谁信此"秩序变化之符"耶？胡康侯曰："象数者，天理也，非人力思量之所能为也。"我祖中丞公，与石斋先生同西库，衍此盈虚而研极焉。晚径通黄公之塞，约几备矣。老父会通之曰："虚空皆象数，象数即虚空，神无方，准不乱，一多相贯，随处天状，公因反因。”真发千古所未发，而决宇宙之大疑者也。嗟乎！掠虚易，实学难，贯一切而会通者尤难。世无虑为枯菀穷通所累，或专守训诂，或专嗜词章，或专谈经济。其谈道德性命者，非猥庸践迹，则暗痴匿影；非谈髁倍谲，则荒空莽荡矣。好学不厌，目击几几，即费知隐，格明物则，而与万世享。物物无物者，竟无此旦暮遇耶？且目为象数专门，以隐、以游焉可耳。小子蹇劣，亲承家学，不能荷薪。然信此《方圆图》为统类博物之纲宗，则乌敢不以告同志也乎？午会幸甚，自有知者。

不肖孙中通，百拜谨记。

周易时论·跋

《浮山闻语》曰：新建“三间之喻”，未也。明堂必南，而为天地理其家事者也；北奥者，守黑者也；骑危者，虚空座也。尊主者曰：“屋，以栋为主乎？”辨实主者曰：“屋，以基为主乎？”两扫者曰：“栋与基，皆非也。屋，以虚空为主者也。”人在虚空，如鱼在水，使土其屋中，无寸隙焉。人将何如？是虚空者，人所切切不可离者矣。屋内之虚空，与屋外之虚空，一也；千古上之虚空，千古下之虚空，一也。非大主乎？理者曰：人适时乎筑基构栋之屋，藏坐卧焉。风矣，雨矣。将享峰顶之虚空乎？抑享屋中之虚空乎？故曰：时乎屋而屋处。不必以橧巢营窟之虚空，废四阿两下之虚空也。时乎晦息，则奥；时乎诵读，则牖；时乎治事享客，则堂；时乎出门，而游四方，方皆寓奥、牖、门、堂之基与栋焉。灶也，榻也，几案也，秽则洒扫之，漏则修葺之，缺一不可者也。时其时，位其位，物其物，事其事，是虚空之中节也，是“不落有无”之屋理也。君子明其当、不当耳；各当其当，斯大泯矣。未有屋而有屋，必将毁堂奥、撤栋牖、禁修葺与洒扫，而乃还此虚空耶？虚空岂患其少，而哓哓为？知之亦然，不知亦然。贵知“夫森森秩秩者之无非‘虚空’也”。容其森森，而理其秩秩，乃以适享其洞洞浊浊已矣。有物有则，即无声臭。开物成务，深几藏神。此恶可以不格不致，而藉“不知为不知”以自诿乎？虚空之屋主，适统御于明堂。是明堂之政，乃主中主也。政府立，而统君民矣。傀异，不得以充类畸说炫惑矣。“观会通，行典礼。”[1]“制数度，议德行。”[2]寂历同时，“前用”“藏密”[3]，尽之矣。时为士子，中士子之节。悦礼义，敦诗书，是士子之“明堂”也。季彭山，以经世、忘世、出世分之。经世者，折中之实法也，可以县象魏、顾言行者也。忘之云、出之云者，巧夺之无实法也。说冰欲寒，以消其心，及其至也，何世可出？即世是忘，“无入不自得”之形容焉耳。五世相传，惟重立志不惑，岂敢漫言？从心而执无实法之“黄叶”，以扫理而荒学哉？所悲无水之泽，有言不信。《坎》宫之游[4]，俭德“用晦”[5]。废权，亦“无首”也；异类中行，可矣。自小伶仃，生于忧患，雪地抄录，更愧世昌，然不敢不自终日反复也。

不肖中履伏记。

时论·后跋

家君子[6]，自辛未庐墓白鹿三年，广先曾王父《易蠡》、先王父《易意》而阐之，名曰:《时论》。以六虚之归环中者，时也。又八年抚楚，以议剿谷城，忤楚相，被逮。时，石斋先生亦拜杖下理，同处白云库中。阅岁有八月，两先生修然相得，盖无不讲《易》朝夕也。肆赦之后，家君子特蒙召对。此两年中，又会扬、京、关、邵，以推见四圣，发挥旁通，论诸图说。自晋以后，右王左郑，而李鼎祚集之，依然皮传钩鈲也。至康节，乃明河洛之原，考亭表之。学《易》家，或凿象数以言占，或废象数而言理，岂观其通而知时义者哉？一有天地，无非象数也。大无外，细无间，以此为征；不者，洸洋矣。观玩环中，原其始终，古今一呼吸也。“杂而不越”“旁行而不流”，此《时论》所以折衷诸家者乎！家君子之于学也，不迹于坛坫，不靡于文辞。通籍数十年，职方忤珰，几罹不测；武陵一中，幸感天恩，皆怡然处之，安往而不逍遥环中耶？余小子，少受河洛于王虚舟先生，符我家学，犹恨为词章所废，周章好博，且曰“谨守父师之说”。以晚学《易》，梼昧而文过耳。时乎！时乎！犹恐不及。

①《系辞上》:“圣人有以见天下之动，而观其会通，以行其典礼。”

②《节》卦，《象》曰:“君子以制数度，议德行。”

③“前用”，即《系辞上》“兴神物，以前民用”。“藏密”，即《系辞上》“退藏于密，吉凶与民同患”。

④坎宫游魂卦，为《明夷卦》。

⑤《明夷》卦，《象》曰:“明入地中，明夷。君子以莅众，用晦而明。”

⑥文中多次提到“家君子”，皆指方孔炤。

崇祯癸未冬日，不肖男以智，百拜谨跋于上江小馆。

重览癸未《跋》，忽忽十五年。老夫归卧环中堂，《时论》又再易稿矣。时乎！尚何言哉？小子感天地之钳锤，刀锷百淬，瘴儌归省，复遇煴火，铁限封关，老父则无不以生死相反复也。不耻衣食[①]，“不忘沟壑”[②]，所示“习坎”“继明”“惧终始”矣[③]。痛此终天，古今皆血。既已剥烂黄叶，缘无所避。合编未竟，遗命谆谆，时当病废，墓庐碌趚，命儿子德、通、履，合前后稿而编录之，自泯薪火而已。嗟乎！环中寂历，善用惟时。拂迹者胶柱，窃冥者荒芜。“统”“御”，谓何？“独立”，亦未易也。姑曰：“委化”。闷，“无闷”乎？果不可以“庄语”[④]，而以卜筮象数寓之乎？差别难穷，赖此《易》准，待好学者深几而神明之，“存乎其人”。同时哭笑。

不肖子智，稽首又跋。

周易时论合编·凡例

时之为言也，孔子题之，子思书之，孟子潢之。张二无言：“《易》赞十二时卦。”邹匪石言：“二十四卦赞时。”吾谓：“六十四，皆不息之时也。”时时变；中，不变者也。伏羲约表一切生成之象，文王总表四时藏岁之图，孔子始影写一太极之真，而实归于“顺理同患”之用。春夏秋冬，不可谓岁。欲离春夏秋冬，岂有岁乎？自天地未分而今，时矣。今时之天地，即未分时之天地也，是“有极，即无极也。”可信，时乘此中，所贵正经前用，使民善用其“有极即无极之卦爻”而已矣。故《易》“冒天下之道”，而立仁与义，以宰其阴阳、刚柔。政府既立，构统君民。邵子以年月日时，征元会运世，而曰：“经世者，贵时用也。”“其道甚大，百物不废，惧以终始，其要无咎”，是万古之时用也。一元，尧当巳末，周孔当午初，今当正午，万法咸章。虽遘阴至，而阳必用阴。行窝潜老，家学忘食，方悚荷薪，合编今古，亦曰：“随时拾薪”云尔。

非胶辞训之名字，则溺洸洋之巧言。告之曰：“虚空皆象数也。洋溢

① 《论语·里仁》：“士志于道，而耻恶衣恶食者，未足与议也。”

② 《孟子·万章下》：“志士不忘在沟壑，勇士不忘丧其元。”

③ 《系辞下》：“危者使平，易者使倾，其道甚大，百物不废，惧以终始，其要无咎，此之谓《易》之道也。”

④ 《庄子·天下》：“以天下为沉浊，不可与庄语。”

充塞，皆所以然之理也。”反不信矣。造化同原，此心皆备，随处表法，俱显生成。故此编以图居首，全无文字，而万理、万变具焉。王虚舟、曹白笴、钱尔卓，皆事先祖。虚舟，晚穷河洛；白笴、尔卓，善析名理。家羽南氏[①]，采兼山之近道者，启蒙之学彰彰矣。百原之宗，善于征质，朱子表章之功大哉！然五百余年，罕有知其微者。永叔不耐研极，故不信诸图，并不信《文言》《系词》矣。穆姜所引者，左氏附会填入者也；且夹漈考证“左，非丘明，乃三晋之文士也。”顾以后来之窃拾，而疑圣人之言乎？犹之升菴以“人生而静”四语，为非出于《礼记》，不知“子书伪出，皆后人掇《礼记》之言耳。”近有信《后天图》，而不信《先天图》者，岂知“一切生成，处处皆此图”耶？来矣鲜、黄元公，止以京变言“错综”，岂知“处处皆错综”乎？中五，用三、藏一、旋四，此《易》之准也。先廷尉所云“寓围于范”者也。自在西库，与石斋公论《易》，表法邵子，举概而已，细差殊未合也。故衍《二十四图》，《易》历相追，今十余年。究之，本无追不合者，其有待乎？

张二无尝言：“淇澳公之旨，与焦、管、王、陶、周、陈诸公，皆‘冥心沂源’者也；高、顾、邹、冯、刘、郑诸公，皆‘敦坤载乾立范’者也。”癸未，与鸿宝同北道中，深论昭代，独契新建之所谓“将釃然”。京山之所谓：“窃不深于《易》，终为谲智所欺，终身不反矣。”《易》之秩叙，寂历同时，万古不坏者也。

何羲兆问漳浦先生曰：“圣贤，言理耳。如落象数，则筭手畴人矣。”先生曰：“如此，圣贤事天，当废日星、落日星，亦台官稗史矣。”木上云：“象数则不同，何思何虑，无不同者。”先生曰：“如此，学问止于《中庸》，行事尽于《论语》。《诗》《书》《礼》《乐》《春秋》，何故作乎？吾家最忌笼统，交盘不得。”潜老夫曰：本无增减者，圣人与天地皆不忧者也，何必鸣钟户责乎？藉此匿于云雾，又能夺人，易藏固陋耳。圣人因人而伦之，因物而则之，因声而传之，皆“本无增减”者也。而能使万世善用其“本无增减”者，此所以参赞而统天也。《易》故自碎其太极，以为物物之卦爻。一贯者，即“一是多”，即“多是一”也。真“易简”者，“动”“赜”皆“易简”也。上古未显之法，《易》皆表之；后代继阐之法，《易》皆具之。两间，皆《易》之两间也，以故百家九流无逃于《易》准者。五行七曜、六合七尺之故，历律、呼吸是其征几。《尧典》首言“钦天、授时”[②]，以历数为传导之表。岂容以

① 方鲲（生卒不详），字羽南，号梦明，又作梦名，又称石门以隐，方孔炤从父，著《易盪》。文中“羽南曰”“羽南氏曰”，皆引其著作。

② 《尚书·尧典》：“钦若昊天，敬授民时。”

"委化"之说，荒忽之耶？今各就其法而穷其所以然，为之删烦成约，使后世学者易明差别，亦自消其饱食之一端也。此编较《全书》[①]，止有四分之一，而所收者十倍，正以前贤各有发明，集之则条理成矣。两间物物，皆河洛也。人人具全卦爻，而时时、事事有当然之卦爻，无非象也。卦爻命词所取之象，此小象也。虚舟最精，向令儿辈受之；今其遗书，犹在右錞夏子处。此，至通、至简者也。总之，无所非象，而圣人亦时有不取；无所非义，而圣人亦时有不宣。盖缘爻触变而会通之，随人征理事耳。六虚之位，一爻皆有四千九十六，而仍不碍其为此爻之象也。以为心法，皆心法也；以为治道，皆治道也；以为涉世之物情，占事之先几，皆适当也。"不可为典要"，而有"典常"，故为各正性命之书。

田何，分《十翼》；连经，自费直始，辅嗣因之。淳于俊谓："康成，合《彖》《象》于经，则《文言》自辅嗣合者也。"邹汝先言："吕汲公、王原叔，合《大象》于各卦。而李鼎祚本已如此，知辅嗣先附矣。朱子《本义》相沿，为便学者耳。"论《易》自有大源流，自有表法，自有精义。徒欲"别异经传以为古"耶，无谓也。

诂示下学，固不可少；然胶泥而不能通类会通，久膏肓矣。此编，先叙诸本考异，虽属亥豕，存之亦足参考也。训字之义，古多谐声转借，必如追拟古篆，何必尔耶？子才以意作篆，别借发挥耳。杨桓所统，十半讹矣。此后，载诸取象之说。此后，方集诸家通说：或言心学，或言治教，或引古今事。拘者必曰："四圣人时，岂有汉唐后事乎？"不知《易》包古今，摠此人心，总此气运，摠此物理，正当旁引，方令览者实征，豁然"全身是《易》"也。姑勿言"《羲易》之奇"，文周所系，龙、狐、鱼、虎，是道理乎？是政事乎？可以参前，可以引触矣。"时行物生，天何言哉？"鸢鱼黄鸟，谓"皆马龟之注"，可也。

全禾全种，而日用灌芸。此"因二贞一"之二，即一也。太极，浑全汁为吉凶；皇极，终离明于福祸。今护高者，讳言"庆、殃"乎？讳言"行、曜"乎？圣人本以蓍龟守《易》，藏大于小，不碍其为"无所非占"，亦不碍其"就占言占"也。朱子曰："散之在理，则有万殊；统之在道，则无二致。"[②]"时固未始有一，而卦亦未始有定象；事固未始有穷，而爻亦未始有定位。"[③]旨哉。其《本义》也，"就占言占"而已矣。

---

①杨时乔（1531—1609），字宜迁，号止庵，谥端洁。著《端洁集》《周易古今文全书》《马政记》等，均《四库总目》并传于世。"《全书》曰""止庵曰""《全》曰"皆引其著作。

②程颐，程颢．二程集[M]．王孝鱼点校．北京：中华书局，1981:690

③朱熹．周易本义[M]．廖名春点校．北京：中华书局，2009:1

后必以此訿朱子者，是自未悟“全《易》之用”也。立象系词，随人通解，卦卦爻爻，皆有三重义、四举例，岂相坏乎？故曰：“顿渐同门，正变同时。”此非“三反昼夜，用师万倍”者？执一名字，便疑矛盾，自难信“贞一在反对中，有代明错行之妙。”

《易》，“惟变所适”。本爻所之，《乾》初之《姤》是也。有五爻，变而本爻不变者，《乾》初为《复》是也。有一二三积变而上者，京氏之变，各卦自为七变，不独八宫也。有推变，朱子所列是也。有贞悔变，《屯》《蒙》颠对，旧曰“反对”是也。有互换变，《泰》《损》是也。有伏变，《屯》《鼎》望对，旧曰“正对错卦”是也。有倚变，《横图》相易是也。有叠变，《方图》东北与西南迤对之《夬》《履》《睽》《革》，旧曰“综卦”是也。然触类之几，以始所之为端。《左》《国》诸占，是一征也。故石斋与余，同此观玩，若轨革、卦影，“占事知来”，则故全用之矣。圣人以不动之心，应万变之心，亦犹是也。

在此帱中，代错鼓舞，有开必先，不能违时。异言、卮言，皆此帱中之言也。不收才俊，为渊驱鱼。言“性其情”，利之自转。《易》无弃物，尽入药笼。圣人揔以天地为证据，当然条理，本于生成，称谓一通，何讳之有？学海惕龙，不欺飞跃；官天继善，时义乘权。万法俱明，自能化邪归正；要归“无咎”，“质俟”何疑？他石攻玉，不妨激扬；招归解缚，驰张并用。“慎辨居方”，济之即以集之；“井收”[①]“履旋”[②]，容之即以化之。安“环中因应”之生理，享“尊亲明察”之寂场。精入往来，本何思虑？琴箫革木，异响同和。此编大集，互取兼收，上中下根，随其所受，共此惕大，篮香感火，受命如向，以不闻闻。

少侍先廷尉之侧，负墙而已。篮仕嘉州，锐身解绶，救出一高孝廉，未免自喜。先廷尉示之曰：“《谦》之‘平称’一言，而可终身者也。”天启甲子，以不覆魏良卿之伯，忤珰削籍，祸且不测，始自痛省。先廷尉教之曰：“而知三陈九卦之‘生于忧患’乎？以世道言，后更有甚于此者。”灭理以言天，讳善以夸道，人心之几如此，邪风大行，能毋乱乎？忽忽庐白鹿之墓三年，重读祖父之书，述成《时论》，优游丘壑足矣。贼锋甚炽，江北为墟，居乡守御，不能弢晦，而危楚之任，倏尔在肩。议剿谷城，失执政之指，以将衂致逮。琅当西库者两年，遂与黄石斋摹据，亦一幸也。归颜环中草堂，且天陨海竭矣。此生忧患便为家常，奉北堂以守此山，终老墓侧，篮得“潜龙”，自称“潜老夫”，固其时也。衰病之余，供薪举火，合编往哲之语，以为蓍龟。荒乡僻处，

① 《井》卦：“上六，井收勿幕，有孚元吉。”

② 《履》卦：“上九，视旅考祥，其旋元吉。”

兵燹书残，远借甚苦，是以此编。未得卒业，惟有农夫、幼光、右錞，及从子建诒辈[①]，间过径中，老夫何尝一语人乎？暮年独子，悲韩洄、崔伦之命[②]。万里归省，复缘凿坎自矢，以雪为关，镬汤归实，不出环中。余书诫之，犹是九卦也。

鹿湖潜老夫孔炤，生万历辛卯，奄忽六十四卦之岁，且记此以付子孙云。

①“建”字，北大藏本不清，根据文镜本。
②“命”字，北大藏本不清，根据文镜本。

周易时论合编图象几表卷之一

皖桐方孔炤潜夫授编
孙中德、中履、中通、中泰编录
潭阳后学游艺再较

朱子《启蒙》以“图书、卦画、蓍册、变占”四者约之。《序》曰：“自本而干而支，自不能已。”分合进退、纵横逆顺，无往而不相值，是岂圣人心思智虑之所得为哉？张子所以叹“秩序之天”也。嗟乎！一在万中，至动赜也。泯有无，而约言“太极”，则冒耳。极深研几，惟此图象，为格通万一之约本；无言无语，无文字，而天下之理得。秩序历然，随时随位，开物成务，而於穆其中。此邵子所以终日言而不离乎？谨因杨本，推广诸家，俟人引触会通，神而明之。命儿侄辈编录，题曰《几表》，谓：“费隐交轮之几，难以指示，不得不于时位罗列之象数，表其端耳。”崇祯癸未，潜夫方孔炤识。

训诂习胶，一执名字，则不能会通；虽语之，而不信也。急于破执，因用扫除之权；而巧遁洸洋者，又借扫除之权，以掩其固陋已矣。故以此《河》《洛》象数，为一切生成之公证。全实全虚之“冒本末”具焉，物物互体互用之“细本末”具焉，纲维统治之“宰本末”具焉。圣人随处表法，因形知影；而隐用于费，知“体在用中”乎？知“至体大用，在质体、质用中”乎？则不落，而并不落其“不落”矣。立象极数，摠谓“践形”[a]，犹之目视、耳听、手持、足行也。时序之交轮，可得而数矣；事物之节限，可得而征矣。既不为文字所胶，又岂为“洸洋”所荡乎？故作《冒示》《密衍》《极倚》诸图。依然譬喻耳，在研几者自得之。不肖智记。

①“践形”，出自《孟子·尽心上》：“形色，天性也。惟圣人然后可以践形。”韩愈《答侯生问〈论语〉书》曰：“圣人践形之说，孟子详于其书。”

冒示

太极图说

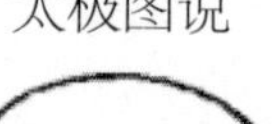

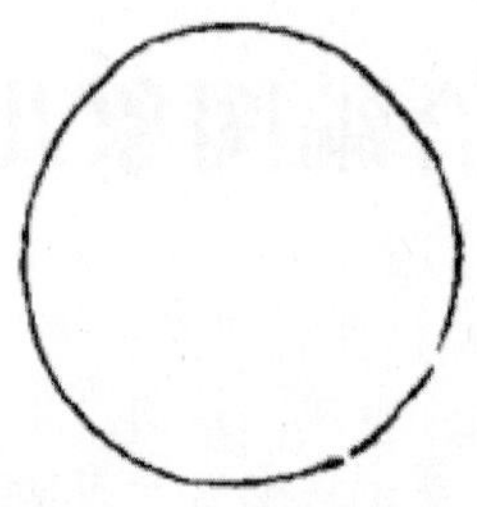

《野同录》曰[①]："不可以'有''无'言，故曰：'太极'。太极，何可画乎？姑以圜象画之，非可执'圜象'为'太极'也。"《中庸》曰："於穆不已，天之所以为天也。"善哉！子思之画太极乎？所以然者，伦序于卦爻时位、宜民日用之当然。当然，即所以然。然不耸之于对待之上，而泯之于对待之中，能免日用不知也。潜老夫曰："不得不形之卦画，号曰'有极'。而推其未始有形，号曰'无极'。因贯一、不落'有''无'者，号曰'太极'。《易》教洁净精微，使人深穷反本，逆溯而顺理之。不至此，岂信所以然之大无外、细无间乎？微之显者，常无常有；费而隐者，即有即无。唯恐人以有为有、无为无，又恐人以有无玄蔓；故正告'微显''费隐'也。"

诸子各高其幢，情伪日出：因有酷塞，以愚民者；因有离畸，以詑民者；匿则大惑，学士巧遁。安得不明此"不落有无"之确征，使人安天地之当然哉？有开必先，时也。周子合无极与阴阳，而明太极，人未亲切也。邵子合无极与有象，而明"道极为无体之一"；又曰"有无之极"，又曰"心为太极"，而人犹未亲切也。程子曰："体用一原，微显无间。"有亲切者乎？朱子曰："自一阴一阳，而五行之变，至不可穷，无适非太极之本然。""太极，不杂乎？阴阳，不离乎？一而二、二而一者也。"有亲切者乎？自有而推之于无，自无而归之于有，此不得不然之示也。然必表"寂历同时"之故，始免"头上安头"之病；必表"即历是寂"之故，始免"主仆不分"之病。于是决之曰："'不落有无'之太极，即在无极、有极中；而无极，即在有极中。"人值此生为"不落有无"之有，犹时值日中"不落日夜"之日。圣教惟在善用其当有者。

① 方大镇（1560—1629），字君静，号鲁岳，著《易意》《宁澹语》《野同语》等。文中"《野同录》曰""野同曰""《易意》曰""鲁岳曰"，皆引其著作。

有物有则，即无声臭，何容作有无之见乎？故深表两间之所以然，曰：“太极”；而太极之所以然，原自历然。止菴以“丨”指其中，惜未畅耳。

驳者曰：“太极即中，而又中其中乎？”曰：“从对待，而显其绝待；又合绝待与对待，而显其寂历焉。无统辨而有统辨，主仆历然，安得不一指其主中主乎？”驳者曰：“谓‘主在中’，而中不定中，定中则执矣。”曰：“中不定中，而不得不因中以指之；犹太极之圆方觚，皆圆也，而不得不以圆指之。”驳者曰：“执生为性，如谓‘指是月外理于气’，如谓‘水非冰’。今犹二之乎？”曰：“不得二之，不得混之；此‘合一万’之大一也。”正谓：“一在二中，二中之主仆历然，则一中之主仆历然，明矣。”一树之根枝历然，则仁中所以为根枝者历然；鸟㲉之首足历然，则卵中之所以为首足者历然。充两间之虚，贯两间之实，皆气也；所以为气者，不得已而理之。则御气者，理也；泯气者，理也；泯理气者，即理也，以泯理气之气。专言气，则人任其气而失理矣。提出“泯理气之理”，而详征之；则人善用于气中，而中节矣。谁非缘？而必尊真心于缘之外。谁非气？而必明其理于气之中。儒者治心治世，一贯始终，正本其所以然之理以正告也。一以贯之，岂莽贯乎？岂莽贯乎？喻以水冰。谓“冰是水”，可；谓“水是冰”，未尝不可也。请更喻之。有水一瓨，水弥此瓨，未有不弥此瓨者矣；水之甘，则未有不弥此瓨者矣。今当称水之甘，使人知味。乌可“但称水”，而禁人之称甘乎？甘在水中，无适非甘。非若太极指点也，不得已而指其极在太中，在人会通焉。而下方所列，总曰:《冒示》。

诸家冒示

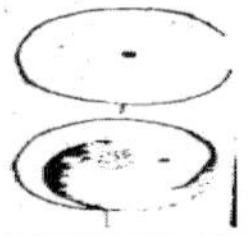	《全书》所载：“旋毛有中脊焉”。郑渔仲已言之：“蔡元定，得于蜀山隐者。”
	杨止菴示人。
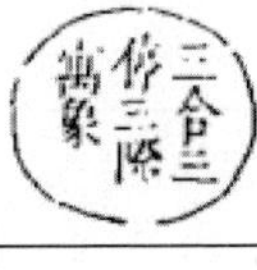	三合、三停、三际寓象。

	奇偶之两，中节藏三。
	奇贯偶中，一纵一衡，即表“直极腰轮之象”，即表“一贯两端之理”。仓帝“十”字，足寓万法。习矣，弗著耳。
	古，四声通；一，即有“依”音。西乾帝目，读之为“依”，盖“三因即一”之表法也。畾、焱、淼、森、蟲、众之类，皆以三状多。可悟：“三为约法。”
	此，古“天”字。故气字作“”，亦以此三重状之；，则直而曲之。益信“非三，不显万法，惟乾统御”。
	论声，以◎为本。今取以象“三极之贯太极，在无极、有极中”，而“无极，即在有极中”。两间之气贯虚实，而凝地之实以成用。人物之神与气，皆凝精成形以用中。一自分为二，用而一与二为三。诸家之图解，用三立象，以范围之三即一也。
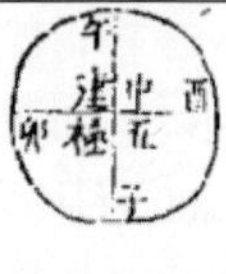	五行四时，中央四方；以至五声、五色、五脏、五志、五常之类，皆此配位而流行矣。四破，而中五即一也。
	四维，即乂，古“五”字也。已八矣，加四为十二，以至无量。
	周濂溪示人。
	《虚舟衍》，可悟“卯酉，藏子午、昼夜”。

	两纵三衡，合二五。为，古“筭”字；魏庄渠，表之。
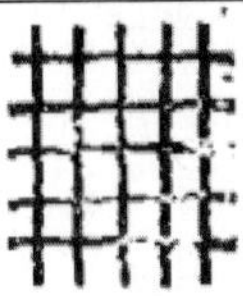	为十者，五其五，而藏十六方分。

智曰:“《礼运》曰:‘礼本于大一，分为天地。’即太极、两仪也。自此两仪为太极，而四象为两仪；四象为太极，而八卦为两仪。虽至四千九十六，亦两仪也；而太极者，大一也。大两即大一，而不妨分之以为用。费，有三象；隐，亦有三象；‘不落费隐’者，亦成三焉。两即藏三，谓‘对错之中藏一，而三为错综之端矣’。二分太少为四象，而一即藏于中五矣。此‘参两、参五，旋四藏一’之旨，所以为万法尽变也。故或丶之、丨之、乂之、十之为太极之‘寂历同时’。不可画，画之不能尽，而姑约指之，使自得耳。‘旋毛甲坼’，尚不知圈点之可通。习见卦画，则知‘一’‘一一’为卦画也。岂知道可点、可注，可直、可曲，可自下而上，可自上而下，可正交、可隅交，可环蟠、可断续，无非卦画也。又岂知‘费隐、理事之皆可点画、约指之’耶？闻之南麓老人。观者深几，不必胶柱。”

《河图》《洛书》旧说

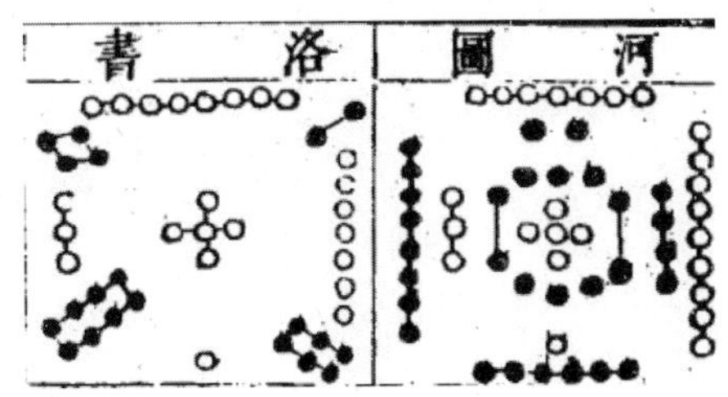

《易》曰:“河出图，洛出书，圣人则之。”《书》曰:“天球《河图》在东序。”《洪范》，有“锡禹九筹”之言。孔安国以“羲时龙马出《河图》，禹时洛龟负书”释之。郑康成曰:“《春秋纬》云:‘《河》以通乾出天苞，《洛》以流坤吐地符。’《河图》九篇，《洛书》六篇。”刘歆曰:“《河图》《洛书》，相为经纬；八卦九章，相为表里。”朱子曰:“读《大戴礼》，其《明堂》篇，有‘二九四，七五三，六一八’之语。郑注云:

‘法龟文也’。然则汉人固以九数者，为《洛书》矣。”关子明、邵康节皆以“十为《图》，九为《书》”。刘牧《钩引图》易置之，言“自范谔昌、许坚、李溉、种放，得于希夷。”邵子，自李之才、穆修得之希夷。刘所传混耳。汉前《图》《书》本具，而中间隐晦，至宋乃显。潜老夫曰：“《图》《书》一理，皆《易》道也。”《九畴》，应《书》。九宫，又何尝非“《图》之中五四运”乎？理藏于象，象历为数。《易》以睹闻传不睹闻，非待马龟而具；特因马龟，而触其征耳。羲时并见，而禹时重见龟文，未可知也。“马毛甲坼”，郑渔仲载之，蔡元定言之。阳中阴，阴中阳，一毛之中，顺逆往来，“甲坼”之文，单合互藏，自然之理，一语足矣。止菴连纸图之，不必也。天眼观之，两间何者非“马龟”、非《河》《洛》乎？天一生水，水附土为五行之始终。“下袭”，即藏“上律”也。《河》源远，故为《图》之体；《洛》源近，故为《书》之用。龙寓于马，以天行托于地行也。龟者，人用北方之灵智也。即此指之，不跃然耶？《系传》举“五十有五”，人以为《河图》也。岂知“除十为《洛书》”，何尝不具《洛书》之用乎？乘除圆方，不出一二三四五六七八九十，而已矣。朱子曰：“一二三四五六七八九十，如兄弟为其有序也。一生一成，从内至外，如夫妇谓其‘有别也’。”一与六，二与七，三与八，四与九，五与十，是“五位相得”也。一合九为十，三合七为十，而并中五，曰“天数二十有五”。五为数主，实系生数，为阳，故属之天。二合八为十，四合六为十，五合五为十，曰“三十”，成数也。是各有合也。相得，以五言；有合，以十言。天之一三七九，统于中之“一五”；地之二四六八，统于中之“二五”。故天地之数，皆曰“数五”也。特以其生数奇，奇属天，故曰“天五”尔。古“五”作“乂”，“四交藏旋”之象。

邵子曰：“《图》圆，而《书》方。”以《图》始四步，而未立隅也；《书》，则八方矣。胡玉斋曰：“《图》，以五生数，统五成数，而同处其方；生成相合，交泰之义也；中为主，则外为客矣。《书》，以五奇统四偶，而各居其所；阳正阴偏，尊卑之位也；正为君，则侧为臣矣。”

蔡虚斋曰：“《图》数偶，偶者静；静以动为用，故行合各奇。《书》数奇，奇者动，动以静为用，故对合皆偶。《图》体藏用，《书》用藏体。《图》左旋生，而对克；《书》右旋克，而对生。”黄《疏》曰：“《图》《书》，俱以五为中数；而内外正隅之数，皆从五推之。《图》有十，《书》无十；细察，‘数，无非十也’。《河图》中宫十五，外郭四[①]十；而

①《易疏》为“三十”。

七八与九六，亦十五也。且《河图》，一、三，奇也，位于东、北；二、四，偶也，位于西、南；此内象也。七、九，奇也，位于西、南；六、八，偶也，位于东、北。此，外象也。内则阳下阴上，外则阳上阴，已有‘刚柔相推、顺逆相错’之变。非特《洛书》之飞伏奇也？《图》则奇偶对，《书》则奇偶乘;《图》明其正,《书》明其变也。然用变而体不变，故八卦各有不变之世爻。一二三四,五之所包；六七八九,五之所衍；然皆太一之气，周流九宫而不休，此京《易》之指也。故《图》《书》之数，始于一，中于五，极于九。九者，气变之究也。”

《解》曰[①]：“赢九缩十，生克则异，而中五则同。《图》偶用奇,《书》奇用偶。《图》之一与六、二与七、三与八、四与九、五与十，合之皆奇，体方而用圆也。《书》之一与九、二与八、三与七、四与六，合之皆偶，体圆而用方也。”潜老夫曰：“旧说：‘《图》法天，故五行顺序；《书》法地，故五行逆施。’实则，天因地偶以立体，而地以天奇而致用。《图》又法地,《书》又法天也。”

《解》曰：“阳左旋，阴右旋,《图》《书》同；五位于中，一位下，三位左,《图》《书》同。七，则《图》上而《书》右；九，则《图》右而《书》上。二四六八,《图》则同居于正,《书》则各安其隅。同居正者，以阴从阳也；列于隅者，别阴于阳也。七上、九右者：以少从少，故三连七；以老从老，故一连九也。九上、七右者，少安其少，让老居尊也。《图》顺行，以次相生；至南离，则火克金，不能生也，故位坤。火金之间，顾母以生其子，使火不克金，而转生金，是裁造化之太过也。《书》逆行，以次相克；至东震，而木受水生，不克水也，故位艮。水木之间，奉君以制其臣，使木得克土，而转克水，是补造化之不及也。”

《图》，西、北是一、四，东、南之二、三；生数，五也。一得五而成六于北，二得五而成七于南，三得五而成八于东，四得五而成九于西，五得五而成十于中；成数，亦五也。阳数积二十有五,五其五也；阴数积三十,六其五也。全数五十有五,十一其五；乃十二，虚其一五也。虚中五为极，则十其五也。西北之太数二十，东南之少数二十,八其五也。以十推之：阴阳相得之数十，相合之数亦十也。一九四六为二太，其数十也；三七二八为二少，其数亦十也。内之“甲丙戊庚壬”，外之“乙丁己辛癸”，五行之数极于十也。中宫二五，合十；内为阴阳

① 郝敬（1558—1639），字仲舆，号楚望，湖北京山人，著《周易正解》。“《解》曰”“郝《解》曰”“郝曰”，皆引其著作，但查《周易正解》无此论述，此处或为其他著作简称。

之位，一四二三合十；外为阴阳之数，六七八九合三十；无之非十。故数以五为母，以十为子。

《图》之全数，十也。自一至十，则五六当数之中。故生数有五,五为生数之终；成数有五,六为成数之始；终于五、六矣。奇数有五,五中于五奇，而为奇主也；偶数有五,六中于五偶，而为偶主也。奇偶之数，枢纽于五六矣。五乘五，得数二十五；五乘六得数三十，“天地之数”也。天干法五，倍之为十；地支法六，倍之为十二。干支之道，用五六也。又以五六各分之：自一至五，前数也；前有五，中之者三；前属阳，故三亦阳。三而三之，则数行矣。自六至十，后数也；后数有五，中之者八；后属阴，故八亦阴。八而八之，则卦立矣。除十，则五六七八九中，以七为中；犹之一二三四五之中，以三为中也。

沈全昌[①]曰：“一，为数始。《图》之五十有五，总此一也。其始于北，天开于子，四时始于冬至也。再一，则为南之二；合二，则为东之三；合三，以生西之四；合四，以生中之五。合五、合六、合七、合八、合九，则为北外之六、南外之七、东外之八、西外之九、中外之十。”智按：“北方之一，乃小一也。”邵子曰：“一，非数也。”合全图、全数，谓之“大一”，即名“太极”。不落中旁，不离中旁，而先儒以中之“五、十”指之。正以莫非太极之中，历然“中统旁”之表也。

五之前，一二三四；五之后，六七八九；皆成四象。何以前为位，而后为数也？盖以五居中，象“太极”；太极动而生阳，静而生阴，而“两仪”具矣。于阳仪上，初加一奇为太阳，次加一偶为少阴；次于阴仪，加一奇为少阳，又次加一偶为太阴。四象之位，以“所得之先后”言也。七、九，阳也。阳主进，自七进九；九为老阳，七则少矣。六、八，阴也。阴主退，自八退六；六为老阴，八其少矣。七八九六之数，以“所得之多寡言”也。且一位太阳，所连者九；二位少阴，所连者八；三位少阳，所连者七；四位太阴，所连者六。数与位，岂有一毫相悖哉？九者，阳之终数，亦《图》之用数；居于外，如天之无不包也。十者，阴之数终，亦《图》之衍数；居于内，如地之无不载也。九，为九矣；一八、二七、三六、四五合之，皆九所包也。十，为十矣；一九、二八、三七、四六合之，皆十所载也。四时，以九为季；五行，以十为纪；历，以十九成章之始。有出于十、九者哉？

用老，而不用少，何也？阳主进，进至九，无可进也，则必变；阴主退，退至六，无可退也，则必化。七，则有九可进；八，则有六可

①沈全昌著《易学图解》，“全昌曰”“《图解曰》”皆引其著作。

退；不能变化，故不用也。一、九，俱老阳；四、六，俱老阴；不用一、四，何也？一、四，生数也；生则体未克，故不用。六九，成数也；成则形已完，故可用也。且一得五而成六，故阴以六为成之始；四得五而成九，故阳以九为成之终；体在用中矣。以中五推之：阳数含一三，合五成九，故生数之阳尽于九；阴数含二四，合而成六，故生数之阴尽于六；用在体中矣。智曰："本以太极为体，《图》《书》为用；究以《图》《书》立体，而以太极为用。只有善用，即用此《图》《书》、卦爻、伦常、时位之体用也。"

中宫之五，环中以应外者也。其下一点生水，是谓"天一"；上一点生火，是谓"地二"；左一点生木，是谓"天三"；右一点生金，是谓"地四"；中一点生土，是谓"天五"。即生矣，外各以五成之。升菴引"雪花六出，太阴玄精，龟文六稜"，以证"一六之水"。智曰："二七，何证乎？盖圆必围六也。"

全昌曰："五行之生，一行具五，而气始备。如一六合而成水：六之第一点，水之水也；六之第二点，火之水也；三点，木之水；四点，金之水；五点，土之水；至第六点，而一之水始成。以推火木金土，皆备五行而成。"智曰："一物一太极也，五常、五志皆各五其五。见未及此，乃'执总恶别'耳。"

阳主生，阴主成；然生数亦有阴，成数亦有阳也。生数，阳多阴少，属气，故象天；成数，阴多阳少，属形，故象地。象天，故生之始终俱阳，而阴不先阳以生也；象地，故成之始终俱阴，而阳不先阴以成也。

《圆图》，阳始于北之子，卦为《复》，故《图》之一居北；长于东之卯，卦为《泰》，故三居之；盛于南之巳，卦为《乾》，故七居南；尽于西之酉，卦为《剥》，故九居西。阴始于南之午，卦为《姤》，故二居南；长于西之酉，卦为《否》，故四居西；盛于北之亥，卦为《坤》，故六居北；尽于东之辰，卦为《夬》，故八居东。犹不悟《圆图》之妙乎？

九，太阳之数也，居西；四，为太阴之位，亦居西。九自西退至南，则七也；而少阴之二，亦在南。是九以太阳居太阴之位，七以少阳居少阴之位也。六太阴之数也，居北；一，为太阳之位，亦居北。自北进至东，则八也；而少阳之三，亦在东。是六以太阴居太阳之位，八以少阴居少阳之位也。太与太、少与少相连者，"方以类聚"；太不与少、少不与太合者，"物以群分"也。

人知“流行之相生，以土而济”，不知“对待之相克，亦得土而不相害也”。如水克火，中有五，则顾火而克水；水不害火，土亦不害水。金克木，中有五，则顾土而制金；金不害木，木亦不害土。火克金，木克土，亦复如是。

五行之生克，皆有其故。如水生木，以木常克土；是克其克我者，而以恩报之也。水克火，以火常克金；是克其生我者，而以仇报之也。生克之理，惟视已之衰旺：旺则我生者生矣，而生我者亦老；我克者克矣，而克我者亦囚。如木旺，则火生、土死、水老、金囚是也。

《儿易》曰[①]：“乾体据金，坤体据土。以金位四，是第二金，非第一金也；以土位五，是第二土，非第一土也。木从水生，因以生火。以木位三，是第二木，非第一木也。第一木，必依水而居；犹第一金，必乘乾而作；第一土，必以坤行也。如儿坠地，五官俱完；如花初开，五瓣齐出。五位君臣，一时并立；比之于印，无有首尾起止也。故曰：‘五行之中，各具五五。’”

《洛书解》曰：“《洛书》，统于中五。以五下一点为水，一进五为六，故六统于一；六附一，而水之用行。五右一点为火，七退五为二，故二统于七；二附七，而火之用行。五上一点为金，九退五而四，故四统于九；四附九，而金之用行。五左一点为木，三进五为八，故八统于三；八附三，而木之用行。中一点为土，五合为十，故四方之十，俱统于五。无不统，斯无不附；故为水之君、木之臣、火之子、金之母，而土之用无不行矣。”又曰：“前数主进，故一三云进；后数主退，故七九云退；阴阳之义也。”

五为中枢。八方之数，一四、二三，固合为五矣。以所列者，总而析之，三其五也。如二四为六，中有九焉；二六为八，而中有七；四八为十二，而中有三；六八为十四，而中有一。俱三析之，孰非五乎？以所附者，合而分之两其五也。如九非五也，而与一对；合其一以分之，则五矣。八与七六，非五；而八与二对，七与三对，六与四对，各以其对者，合而分之，又五矣。以所连者，减而配之，一其五也。如六非五，而连一，减一以配之则五矣；七与八、九，非五，而七连二、八连三，九连四，各以所连减而配之，又无非五矣。

全论数曰：“以中五，加六为十一，加七为十二，加八为十三，加九为十四，加十为十五；合之得六十五。除一，以归体；余，则卦数也。”

① 倪元璐（1593—1644），字汝玉，一作玉汝，号鸿宝，浙江上虞人，著《儿易内仪以》《儿易外仪》。“《儿易》曰”，即引其著作。

总图之全数而各倍之，则一一为一，二二为四，三三为九，四四为十六，五五为二十五，六六为三十六，七七为四十九，八八为六十四，九九为八十一，十十为百；合之为三百八十五。除一，以归体；余则爻数也。

刘云庄[①]曰："《易》画，生于太极，其理至精；《易》画，原于《图》《书》，其数至变。"形之于理，必有所依而后立；故不杂乎数，而不离乎数。太极，为理之原；《图》《书》，为数之祖。理数，本非二也。合观，可也。

《图》数五十有五，除"中五，为五"，实则五其十一也。以生数之极，成数之始，五六合之十一也。班固曰："十一，而天地之道毕。"从五六中间，自四究于一之前，自七推于十之后；则四七合之，十一也。即此而一为数之始，十为数之极，皆不过十一也。曰"一十"，曰"十一"，曰"五十"，曰"十五"，互用而迭见也。一六、二七、三八、四九、五十皆隔五而成也。《洛书》乃五其九，除中五，则八方四十；《河图》，除中之"五与十"，则四方为四十。《正》曰[②]："凡五行之数，去十，则用九；存十，则用十一。用十一，何也？土德之中，十十为百，后加一十，得两《河图》为万物终。九十之御二十，八十之御三十，七十之御四十，六十之御五十，皆得两《河图》。为五百五十，数以五十五进退之，为五德之序。金九十，加一九，为九十九；以五经之，为四百九十五。木八十八，经五为四百四十。火七十七，经五为三百八十五。水六十六，经五为三百三十。共一千六百五十。凡五行之成数，二千二百；其生数，八百二十五；凡三千二十五，为五十五自乘之数也。"智按："八百二十五，乃以一二三四五各乘《河图》数也。二千二百，以六七八九十乘《河图》数也。"

极河洛之合数，曰："五十五，五其十一也；四十五，五其九也。"九与十一相乘，得九十九而会矣。于是九其《图》，而十一其《书》，则四百九十五，而《图》《书》之数会矣；是五百，而虚五也。《图》《书》自乘，为两千四百七十五。乘五六为三十，以乘四百九十五，则一万四千八百五十也。十二，乘四百九十五，为五千九百四十；倍为万一千八百八十，则多具策一通期耳。大衍中之十八其《大衍》，而二十其《书》，则九百而会矣；十一其《大衍》，而十其《图》，则五百五十而会矣。《衍》用四十九，乘四百九十五，

① 刘爚（1131—1216），字晦伯，号云庄居士，著《云庄外稿》《易经说》等。

② 黄道周（1585—1646），字幼玄，一作幼平或幼元，又字螭若、螭平，号石斋，福建漳州府漳浦县人，著《易象正》《三易洞玑》《太涵经》等。"《象正》曰""《正》曰""石斋曰""石斋黄氏曰""石斋云"，皆引其著作。

则二万四千二百五十五而会矣。除扐四十八，三分为十六；又三分四百九十五，为百六十五。以十六乘百六十五，为二千六百四十；于是三之，为七千九百二十；而十六其四百九十五，亦七千九百二十也。通期三分，为百二十；乘百六十五，为万九千八百；于是三之，为五万九千四百，是三百六十与《图书》之合数会矣。具爻三分，为百二十八；乘六十五，为二万一千一百二十；于是三之，合数六万三千三百六十，是三百八十四爻，与《图》《书》之合数会也。

密衍

《全书》析衍诸图，烦矣。而无体有极之故，《易》位生成之故，《图》《书》体用之分合合分，终未剔醒也。此，岂天地必如此剖合次第乎？理寓象数，衍而历之，《易》燎然耳。故因邵子《小衍》，以虚舟子法，衍之曰:《密衍》。智识。

<table>
<tr><td colspan="2">邵子小衍 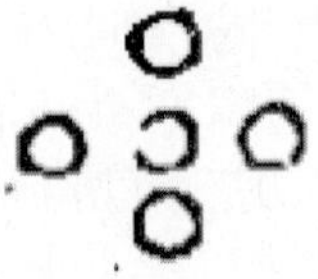</td><td colspan="2">前衍无极即有极图，秩叙寂历，冒如斯也。</td></tr>
<tr><td colspan="2">中五，即中一也。可以藏一，而旋四用三矣。或纵、或横，即三矣；或四用半，即两矣；有此、无此亦两也；有、无、不落有无，亦参也。万法明矣。</td><td colspan="2">朱子曰：“已形、已见者，可以言知；未形、未见者，不可以名求。”故权立《前衍》，使人逆而穷之，顺而理之。开眼者，河洛、卦策，处处弥纶。有何“虚空非象数，象数非虚空”乎？</td></tr>
<tr><td>道家曰：古《河图》 </td><td>十五，是参五也。一切卦象，总用四周之四十。</td><td>秩叙寂历，冒如斯。</td><td>有极即无极图</td></tr>
<tr><td colspan="2">天地之数，尽于十、五。以五乘十，十乘五，皆《大衍》也。故全图皆太极，而不碍以中之十、五为极，又以中五为极，又以中五之一为极。一，又有旋毛之中，则图图皆有太极之正中，明矣。</td><td colspan="2">北即太阳，东即少阳，南即少阴，西即太阴。随处一星，即有“中五四破”，而八卦、九宫、十二盘，三百六十皆具矣。可信:“象即无象，名即无名。‘天下理得，成位乎中。’”</td></tr>
</table>

<table>
<tr>
<td>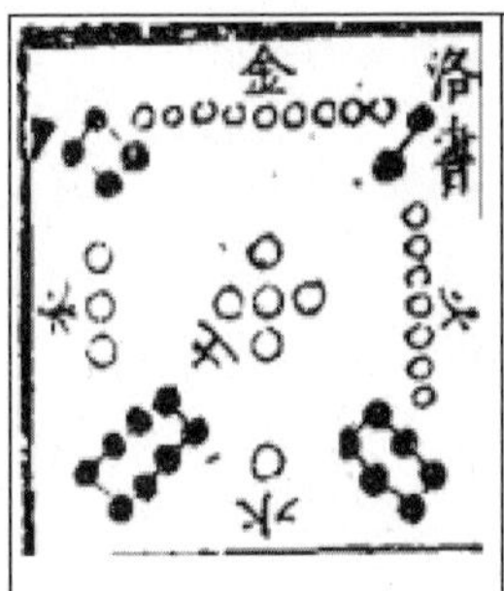</td>
<td>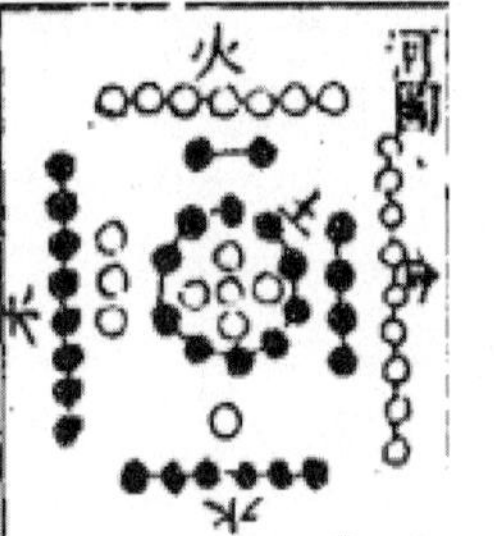
环生对克，矩在西南，巳亥方连，寅申方开。太少应之，四正藏隅，为十五者四。</td>
<td>五生数，即此十五点
三五分之，即五行生数中一五，原不动；而四行，乃二五所分也，四象显矣。</td>
</tr>
<tr>
<td>阳居四正，阴居四隅。八方九宫，《洛书》建极。朱子所云：“中主外客，正君侧臣。圣人‘扶阳抑阴’之道，非有一毫造作也。”环克对生，矩在岁限，巳亥数贯。左旋数生，合五生隅，半边亦生隅。为十五者，八；纵横交午，皆是矣。</td>
<td>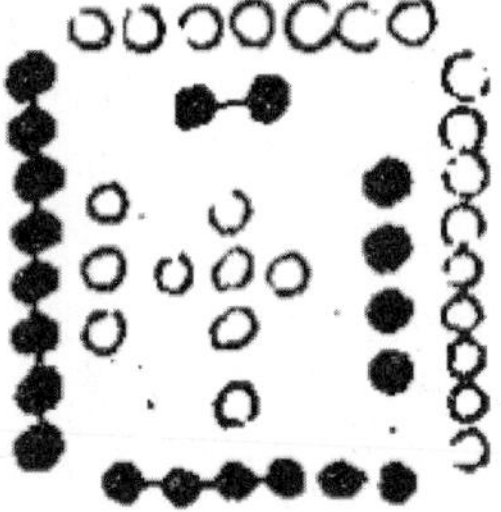
天下之数尽于十，而十不用；以九极，则十复为一也。</td>
<td>有阳即有阴，微固交汁；而显，亦各分也。冬春，阴在外，阳在内；夏秋，阴在内，阳在外。</td>
</tr>
<tr>
<td>中五之一，为中心；中五连心之四，为第一层；随中五之地十，为第二层；一二三四，为第三层；六七八九，为第四层。合中一，谓之五层，可也；犹四方合中，为五方也。《书》，则三层。</td>
<td>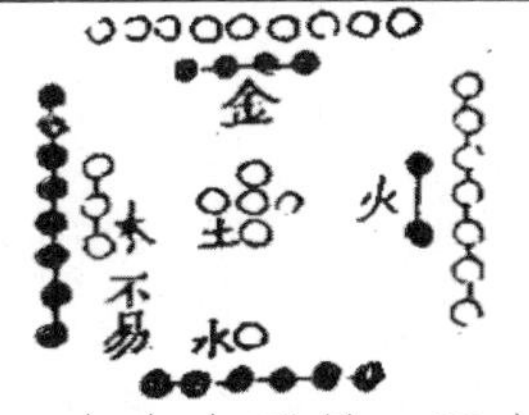
水木土不易，而火金易者，用先阴也。五行，惟金火以阴用阳，详后。</td>
<td>二得中五為七
十爲五中加五
三得中五爲八
四得中五爲九
一得中五爲六
阴阳既配，各以中五加之，即各具五行之成数。</td>
</tr>
</table>

虚舟子曰[①]：天下之数，始于一，终于十，而五为中。言五而兼六者，五为生数之终，而六为成数之始也。言五与十者，合两生成之终

① 王宣（生卒不详），字化卿，号虚舟，著《物理所》《风姬易遡》等。文中“虚舟子曰”“虚舟言”“虚舟曰”“《遡》曰”，皆引其著作。

数也。故五、十者，数之统也。五与十，为数十五；以一五而合二五也，参五也。故《河》《洛》为十五者，十二。原其始，则五行之生数，十五已足。用九、用六，用十五也。即以此作《十圆图》，而五在中，已尽其妙。《大衍》以十乘五，以五乘十，而是矣。《河图》五十五，虚其中宫之五者，亦适合也。潜老夫曰："一切卦象森罗，皆四旁之四十所为，而中之十五若不用焉，乃所以用也。"智曰："邵子言：'小衍者，示五而万备矣。'愚者言：'前衍者，举一而五具矣，万亦具矣。知之全图皆太极也。'知全图之皆太极，又当知中之'十、五'为极。十、五，以'中五'为极；'中五'，以一为极；一，又有其所以然者。则两间之星星仳仳，皆有太极之正中焉。历历常明矣。"

《集象》曰："《洛书》用九，不用十，以阳数自一极于九也。不用十，而十寓于一，何也？算器，逢五寄上位，变而为一；逢十寄前位，变而为一。"《玉海》曰："一固一也，十亦一也，万亿亦一也。"《全》曰："满指屈，则五矣；伸小指，为六。伸至食指，为九；则一尚在也，即十也。但生数则为一，而在中；成数则为十，而在外。"

虚舟子曰："五行，各得中五而成，人皆知之；土自加五，而复倍除之，人不知也。"盖图即已成，当除十而不用矣。寄王于四，虽无五而五存。"正位居体"，故建极焉。建极，以克制为生，以扶阳为经。苟非"金火易位"，何能"左旋相克"耶？一水，三木，五土，皆阳；二火，四金为阴。《启蒙》[①]所谓："阳不易位，而阴易位也。"成数虽阳，盖亦生之阴也。于是，以阳居四正位，以阴居四隅位，而成《洛书》矣。阴易位而隅置者，圣人扶阳抑阴，即所以用阴；此，千古不易之道也。自朱子、刘长民、胡双湖，亦言"金火易位"矣。而《河图》变《洛书》之演，使人豁然，则自虚舟王子始，今从而广之。

《洛书》之数，亦环相生。中五，合北一为六，故左旋西北得六。北一，合六为七，故西方得七。西七，合西南二为九，故正南得九。九，合东南四为十三；除十算三，故正东为三。三，合东北八为十一；除十算一，故正北得一。潜老夫曰："隅，何以生之耶？盖十年而得之。以五合北一例之。五合西七，为十二；除十，得西南二。以五合南九，为十四；除十，得东南四。以五合东三为八，故东北得八。又合八一六七，为二十二；除二十，得西南二。合六七八九为二十四；除二十，得东南四。合二九四三，为十八；除十，得东北八。合四三八一，为十六；除十，得西北六。又有妙义焉。"一二三，

① 《易学启蒙》，（南宋）朱熹、蔡元定合撰，由蔡氏起稿。

与七八九，三合也，而四五六穿；亥巳以中三乘两头，象限周期，天巧哉？

潜老夫曰："天下之道，必相制乃可用。制杀之道，先起金方；金火不易位，则不相制矣。所以但易金火者，正'阳以用阴'也。"五行以金火之性独烈，水木不变，而金火通变。盖金入于火，而不别于火；火能炼金，乃能别其金。妙哉。火用暖光，金主生气，人用之最先者。人身则心肺操呼吸之地。《内经》所谓："鬲肓之上，中有父母者也。"五味，则先制辛苦；言声，则齿舌相通。论音律，则林钟徵与南吕羽；为事物，则音相通焉。西南之间，坤土本位，而离兑二阴用事之地，故变动从此始。刘牧曰："一三五不易，七九位易者。北东，阳始生之方；西南，阳极盛之方；阳主进，进极而变也。"董天台曰："成随生数，如子者，父之阴；臣者，君之阴。"

智曰："凡生则始水，而用则首金；如人以精始，而下地即有声，此一理也。火有相火，金曰燥金。火为土寄位所欝，故以相火足之；金为燥金，分火体也，此一理也。南方、西方，阴而用阳。暑即藏寒，为万物之用地、成地；坤土居间，故易位在此。以一岁言之，为四时之中间，此一理也。"

又曰："闻之先辈云'金生水'。五金，岂能生水乎？"盖因土中有石，石即金体；金之生于土中也，本一石也。五金八石，土之精也，石则生水矣。此邵子所以表"水火土石"，而"四大之金"即地也。古人又云："金，即天星。"《史记·天官书》曰："星者，金之散气。"是以星应金。金生水也，又有说焉。金为气母，在天为星，在地为石；天垂象，地赋形，故石上云而星降雨。天地气交，星者气之精；石者气之形，精气合而水生焉。《天文志》以"星摇动，为风雨之候；石津湿，为雨水之应"。此非"金生水，为气化之义"欤？五行，以气为主。是天地之生数，水为首；而五行之成序，金为首也。金以石为体，而以火为用者也。金能生水，而又能出火。阳燧取火，阴遂取水，皆以鉴燧之剂，得明水、明火之用，岂非有至理乎？火之体，全无而用有也；金之体，半自天、半自地也。火由木而见行，以土而附质，遇水而作声，无体寄体者也。金得火气，燥坚土中；又得火制，足以制物。故曰："火以用无而传神，金以凝有而用精。"乾刚居西北六，以南位用离之九；"金火易位"，其旨微哉。

既已二七与四九易位，而一坎为"五行"[①]，以六奉"三德"之乾，

① "五行""三德""五福""八政"，详见《尚书·洪范》。

居天门为阴阳之始。三震以八让艮，于人门为成卦之限。故震以坎三用“八政”，而艮以八“庶征”用五；若所以辅五行，受“五福”，应“五事”，符“五纪”，而征其极也。“五行”之一，“八政”之三，《河》《洛》不易；而“三德”之六，明“三才”之章于六爻也。所易之数，四妙连三，七妙连六，九妙冲一，二妙冲八。八，为易之明用；故立寅方，而暗用其九。征之《图》，而生数四、成数四，是八也；征之《书》，而五前之一二三四，与五后之六七八九，亦八也；征之《横图》，而乾一坤八合九，六子皆然。是八数藏九也。方围必九，是八方藏九也。《象正》曰：“四正皆乾，四隅皆坤。”智以为：“八方，皆交错也。藏于全图，而建于五中者，是为真乾。征之参两，不用五，盖无非五矣。”

龙江林尔虚作《先衍》曰：“先，能生天、生地、生日、生月、生人。人惟得其先也，故能衍天、衍地、衍日、衍月。而天地日月，各足于人之先，而人莫之知也。始以天上地下，日东月西，而人中；继分纵衍、横衍，加隅为九，故有心天、心日之衍。”潜老夫曰：“先在后中，惟知善用而已。”

四象卦数	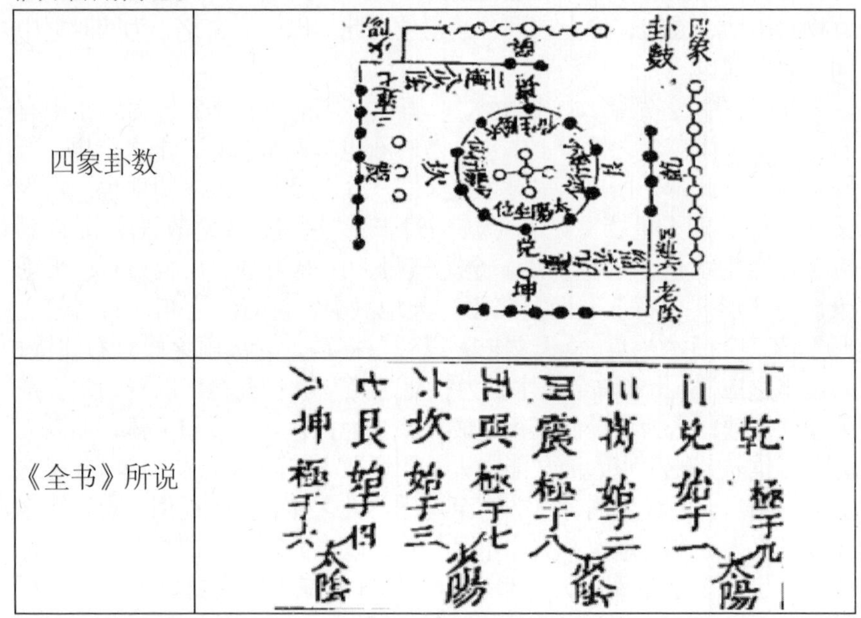
《全书》所说	

吕中石说	地　　　　天 太陰坤六　少陽艮七　少陰坎八　太陽巽九　太陰震四　少陽離三　少陰兌二　太陽乾一 此，本邵子四卦。天四卦。地一二三四顺数，六七八九逆数配合。
韩苑洛说	九四老陰　七三少陽　八二少陰　六一老陽
何玄子说	坤　艮　坎　巽　震　離　兌　乾 六　四　七　三　二　八　一　九

先儒谓："虚其中五与十，'太极'象也；四周奇数二十，偶数二十，'两仪'象也。中五四布，即四象本位也。"北为太阳生位，东为少阳行位，南位太阴生位，西为少阴行位，正对者也。化用，则东南用少，西北用太。细分之，则一二三四,四象用位也；六七八九,四象用数也。以用位言，老阳一，少阴二，少阳三，老阴四；以用数言，老阴六，少阳七，少阴八，老阳九。在《图》，则一六共宗，而太阳又居北一，连四九矣；二七为朋，而少阴又居南二，连东八矣；三八同道，而少阳又居东三，连南七矣；四九为友，而太阴又居西四，连北六矣。所谓"二老二少，互藏其宅也。"用位与本位，亦互藏也。冬春合岁限，夏秋合岁中；与东南合气辟，西北合气翕，亦互藏也。卦分如上诸列，各有所取；今所折中，再图于后。

《蠡》曰[①]："大氐浑而四分，不过以一二三四为四象。而或以合十之余配之，或以相得之数配之，亦何不可通？皆自然也。"《启蒙》曰："析四方之合，以乾坤坎离居四实，兑震巽艮补四虚，则先天八卦是已。"幼清以为"羲观两间，无非奇偶。故因《河》《洛》作八卦，不必拘拘以图配卦"。此，撮其概约之通论也。既知通论，何碍质核？

① 方学渐（1540—1615），字达卿，号本庵，人称明善先生，著《易蠡》。"明善公曰""蠡曰"，皆引其著作。

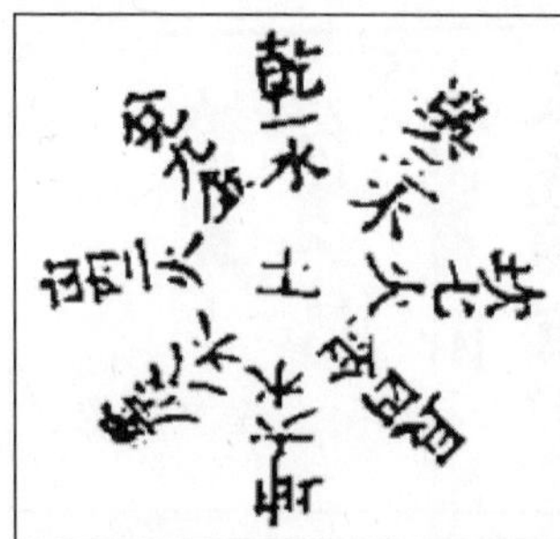

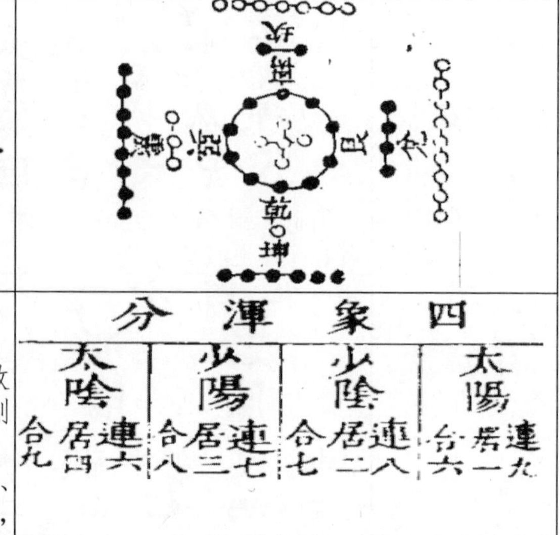

智按：“一二三四，天地之阳，故顺数；六七八九，天地之阴，故逆数。犹之自左而右，则坤第一，而艮二、坎三、巽四、震五、离六、兑七、乾八，逆数也；自右而左，则乾第一、而兑二、离三、震四、巽五、坎六、艮七、坤八，顺数也。适与配数相符，要其至理；阴阳互根，数亦互用。以一六水，二七火，三八木，四九金，环而配之，则四正皆水火，四隅皆金木，而土在其中。通环本水木火金，而二土重于丑未。此更明东南自为一周，西北自为一周，而辰戌之二土居其间矣。”

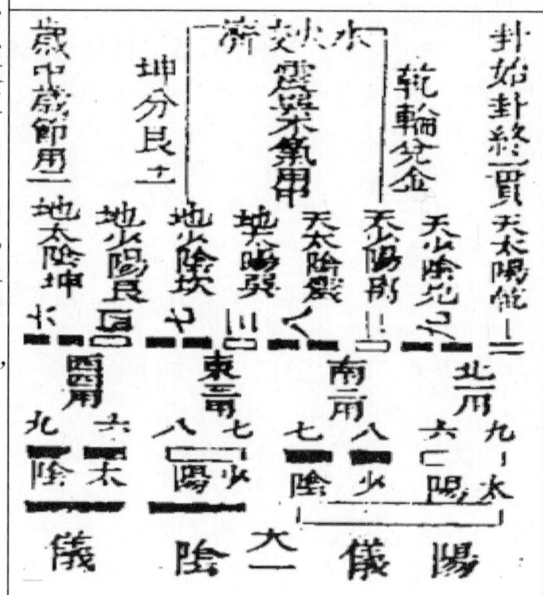

潜老夫曰：“一用于二，必分阴阳；中五四旋，必分太少；四正为象之主，四偏从之。阳仪乾离，顺数得一二；而阴仪坤坎，回数得六七。图布四方，则乾坤坎离四正卦，当南北之极；巽震二长在东，艮兑二少在西，则四隅卦，当日月出入之腰轮焉。表以四时，春夏秋正用，而冬为不用之用；故乾坤主于北，而坎离济于南。坎水济于七火，而先天位西对三，故以七予后天之兑。离用二火，以热天一之水，而先天位东，故以八连后天之震。中明本于中刚，故后天乾以一予坎，而坤以六奉乾。乾藏用九于六，而以九予用二之离。离既居九，而以二奉坤养矣。坤连四之艮，则以予巽，巽以三让震，震以八予艮，而震春、兑秋，遂主二分之用，故外包焉。用巽对乾，用艮对坤；此，'内运'所以合乾坤、补四维也。盖震与兑夹离，先天乾命之以继离之明，故曰'外包'。巽与艮夹坎，先天坤命之以习坎之体，故曰'内运'。凡此，皆足以穷朱子所谓'阴阳互根'之理，自不必执一訿一也。"李一菴曰："后天惟乾一用中五为六，而处先天一九之间，故位西北；坎七用乾之一，藏坤之六，故位正北。"始终在艮，而启寅方，故倍四为八；以合震而居东北，"帝出乎震"，故八付于艮；三取于巽，始得乾三，中分坤半，藏五用三。木表生气，法水土而生火，居正东方，范布政焉。四阳卦之德也。巽巳乾亥，对司阴阳；加乾之一为四，而实得坤三分之二也。对震为兑，本同乾九，而除四之半，以坎之七自居；以所除之二加离，而自东南巽，至正西兑，是阴用之首位也。离适居南，合坎之七成乾之九。图惟北东有一八连九，三六连九，而南之二七则自九也；西则明九，而四则与中五合九矣。故南为正九之位，《洪范》于此藏十焉。坤若得离之二，而实自藏六之四；倍予分土对冲之艮，藏五之三；而合三四，以助克制归乾之兑。此，四阴卦之德也。

智按："以数言之：参，以两为体。九，参法也；八卦，两法也；六爻，则参两之始交也。以损益言之：九而三分，倍实为全六；六而三分，四实为全八者也。以序言之：四象尊太阳，而乾兑为二老；六子之始终，宜乾一、兑九矣。以德言之：用九无首，乾刚妙于用柔，故藏九于六。《先天》以九予兑，《后天》以九予离；离'明'、兑'说'，皆二柔也。汉人泥'乾用九'，而以'兑为一'耳。震巽同八，男之始终，卦反对也。坎兑同七，共西北是水泽也。二老同六，明九六皆藏于六也。巽艮同四，先后共上下之偏维也。巽震同三，二长共东及南之木也。坤离同二，乾坎同一，四正互飞伏，示'纯中之阳一，用纯中之阴二'也。五，则无非五也。再观《先天八卦》，水火四正，金木四隅，可谓吻合。若依旧说，太乱无谓。"

洪范九畴图

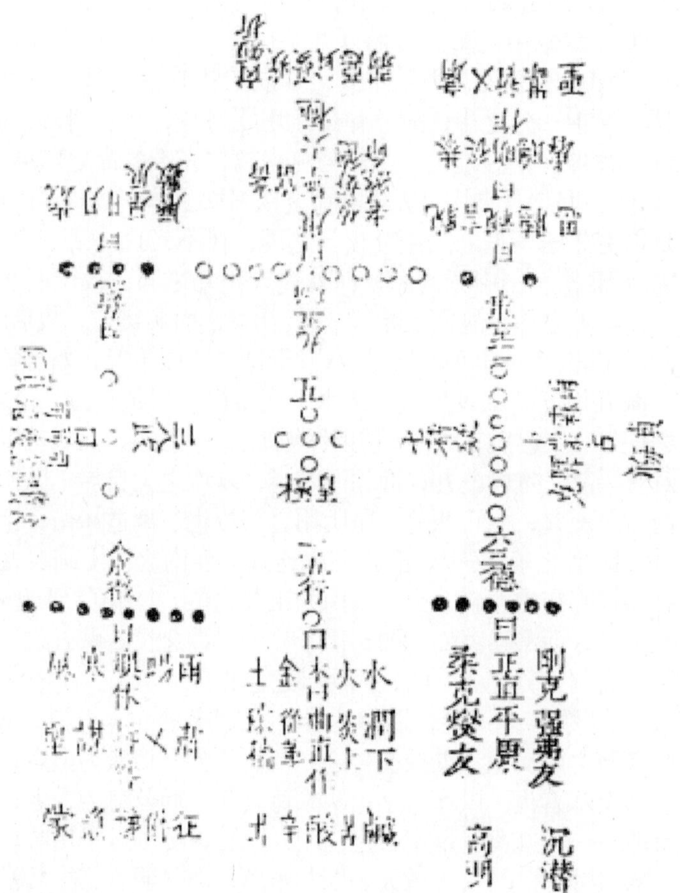

朱子曰："九畴之序，顺而言之，则'五行'为始终；故'五行'不言用，乃众用之所自出。错而言之，'皇极'为统；故'皇极'不言数，乃众数之所由该。"

《旁注》曰[①]："九畴，统于'皇极'。一与九对，故天之'五行'，与人之'福极'对。'皇极'之建，本于造化之'五行'，而验于民生之'福极'也。二与八对，故八之'五事'，与天之'庶征'对。'皇极'之建，修于吾身之'五事'，而醒于天时之'庶征'也。三与七对，故

① 朱升（1299—1370），字允升，安徽休宁人，学者称"枫林先生"，著《四书旁注》《五经旁注》《书传补正》《卦传》等。"旁注"，即《周易旁注》。文中又有"朱升曰"，亦引用其书。姚文蔚（生卒不详），字养谷，明代钱塘人，撰《周易旁注会通》。

人之‘八政’与天之‘稽疑’对。‘皇极’之建，明则行诸‘政事’，而幽则听诸卜筮也。四与六对，天之‘五纪’，与人之‘三德’对。‘皇极’之建，上以‘五纪’顺天奉时，而下以‘三德’抚世酬物也。故《洪范》之枢，在于中五之‘皇极’，实天人之统会。此则其中数统外数者也。”《全》曰：“九畴之细目，‘五行’五，‘五事’五，‘八政’八，‘五纪’五，‘皇极’一，‘三德’三，‘稽疑’七，‘庶政’五，‘福极’十一，亦五十也。‘皇极’，居中不用，为四十九。”《图解》曰：“畴者，因九宫之数，别差等而系之事，此人之所以合天也。‘初《一》曰五行’，原始也。一六水，‘润下作咸’；二七火，‘炎上作苦’；三八木，‘曲直作酸’；四九金，‘从革作辛’；五十土，‘稼穑作甘’：天之‘五行’也。‘次二曰敬用五事’，立人也。貌泽水，‘恭作肃’也；言扬火，‘从作乂’也；视散木，‘明作哲’也；听收金，‘聪作谋’也；思通土，‘睿作圣’也：人之‘五行’也。‘次三曰农用八政’，养民也。三八，原民生‘食’与‘货’也；一六，享鬼神祀也；二七，主礼教‘司徒’也；四九，典兵刑‘司空’‘司寇’也；五十，奠民居‘宾’与‘师’也。其五行之生成乎？‘次四曰协用五纪’，明时也。一，为一周之岁次，水之一也。二，为十二月之辰建，火之二也。三，为三百六十日，木之三也。四，为四千三百二十时，金之四也。五，则为无不统之历元焉，土之五也。其五行之终始运乎？‘次五曰建用皇极’，居于九之中，尊为八之主，太极也。皇建其有极，而君道立矣。‘次六曰乂用三德’，权治体也。太上阴阳合德，‘平康’而‘正直’者也；其次阳克阴，‘高明’而‘柔克’也；阴克阳，‘沉潜’而‘刚克’也。太极而阴阳者乎？‘平康’与‘沉’‘高’、二‘友’，亦五也。‘次七曰明用稽疑’，定吉凶也。水兆‘雨’象，火兆‘晴’象，木兆‘蒙’象，金兆‘绎’象，土兆‘克’象。数之不变曰‘贞’，数之既变曰‘悔’。贞悔，统于前五者也。‘次八曰念用庶征’，求观省也。‘肃’时征‘雨’，貌泽水也；‘乂’时征‘旸’，言扬火也；‘哲’时征‘燠’，视散木也；‘谋’时征‘寒’，听收金也；‘圣’时征‘风’，思通土也。五气之时，为‘休征’。五气之不时，为‘咎征’，而‘狂’也、‘僭’也、‘豫’也、‘急’也、‘蒙’也，各相因而从之矣。其‘五行’‘五事’之符乎？‘次九曰响用五福’，时感应也。有得气之常而为‘寿’者，有得气之厚而为‘富’者，有得其之休而为‘康宁’者，有得气之正而为‘攸好德’者，有得气之全而为‘考终命’者，福也。反之，则为‘凶短折’、为‘疾病’，为‘忧’，为‘贫’，为‘恶’与‘弱’。‘威用六极’，所以申‘五福’也。”潜老夫曰：

“‘六极’，终以‘五福’统之；明道之人，几先惟有一吉；安理无咎，福祸所不能论矣。‘敬’‘农’‘协’‘建’‘乂’‘明’‘念’‘响’‘威’，皆曰‘用’；而初一曰‘五行’，以无非‘五行’也。人之于天，无非用‘五行’也。八‘次’，皆一‘初’也；《九畴》，皆一中也。一中环八方，君也，心也，合天人者也。八宫，天人相对，左天夹人，右人夹天。实则，天赐人《范》；时乎此人，人即天也。此，《九畴》之所以‘围于范’乎？藏十事于九宫，旁行因应，互征中五之宜，时中之用大矣哉。”《稗编》[①]有载“《洪范》非《洛书》”者，谓“不过九数相应”耳。以今观其天人交应，理位适符，乌有燮理治平之经，不合图者乎？但曰：“《书》不必专属之《范》，《范》具图理，以《书》之即图理也。”《易》，用《图》于《书》者也。就其已成之数，列而分之，理则何尝分乎？

《太玄》“用九”。九，正取《洛书》以明《易》。西山衍九畴之数，正以明“《易》《范》之合”也。《易》之“围其范、范其围”也。卦，以八列体；蓍，以九藏用。故四象之策，进退于老阳十二者，立体之统也。三十六者，藏用之统也；为其二六，而四九也。天五、地六，合于三十，而两之为六十；用三十六，则余二十四，即藏三十六矣。此五其十二，而乾坤分之也。两其三，二其两为六爻[②]；而又两之为十二，则四分用三之九藏焉；加六为十八变，则九六之会藏焉。故《洛书》坤以“五事”居二，而八予艮冲；乾以“三德”居六，而四予巽冲。一坎九离，司其上下之极，而所尚者，木三、金七之东西轮也。是西北之金而刚者，乾以三兼六而藏九者也。律，贵黄钟之九矣。而林钟之六，未冲居丑；太簇之八，寅开八卦。曾知人统之，统天地为“坤乾之义、夏时之等”乎？子云，但法三统之历；西山，止用两加九位；《潜虚》，惟知用五之尊。而实则，五合参两，用九六；但布四六，即藏五九。所以然者，一在二中，天用于天地之器体，而无体之道用寓焉。

河洛析说

朱升曰：一数至十，环列为图；平衡取，而八宫。交午相对，则为《书》也；交午取，而五位内外相合，则《图》也。圆方赢缩，相与为用，原出于此。

①（明）唐顺之编《荆川稗编》，共一百二十卷。
② 应为“三其两为六爻”。

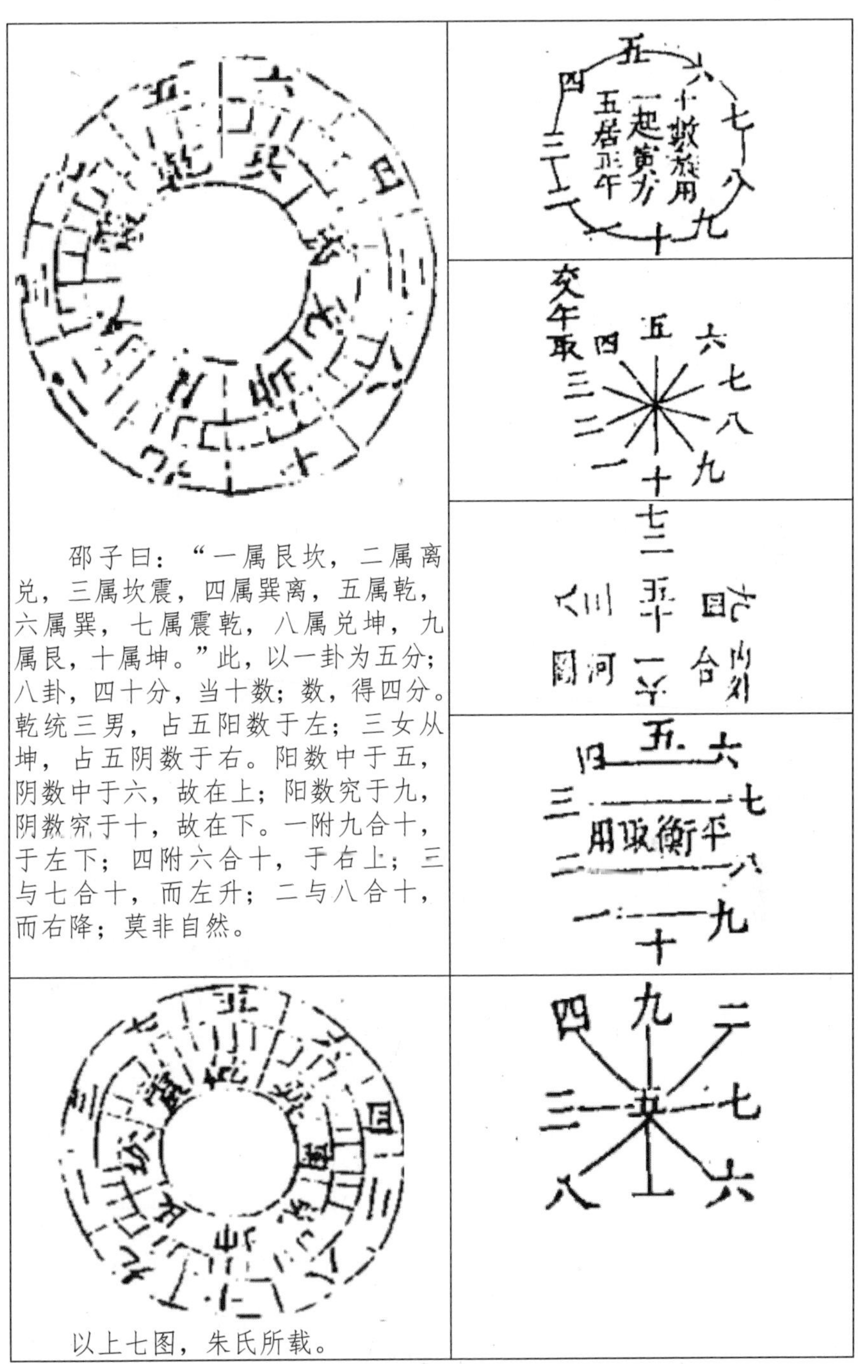

邵子曰："一属艮坎，二属离兑，三属坎震，四属巽离，五属乾，六属巽，七属震乾，八属兑坤，九属艮，十属坤。"此，以一卦为五分；八卦，四十分，当十数；数，得四分。乾统三男，占五阳数于左；三女从坤，占五阴数于右。阳数中于五，阴数中于六，故在上；阳数究于九，阴数究于十，故在下。一附九合十，于左下；四附六合十，于右上；三与七合十，而左升；二与八合十，而右降；莫非自然。

以上七图，朱氏所载。

<table>
<tr><td>幼清曰：“乾正五，坤正十。则雷风，以气附天；山泽，以形附地；水火，以质居天地间。又父上母下，男女顺序，列于左右。”</td><td>八宫交对，为《洛书》。</td></tr>
</table>

<table>
<tr><td>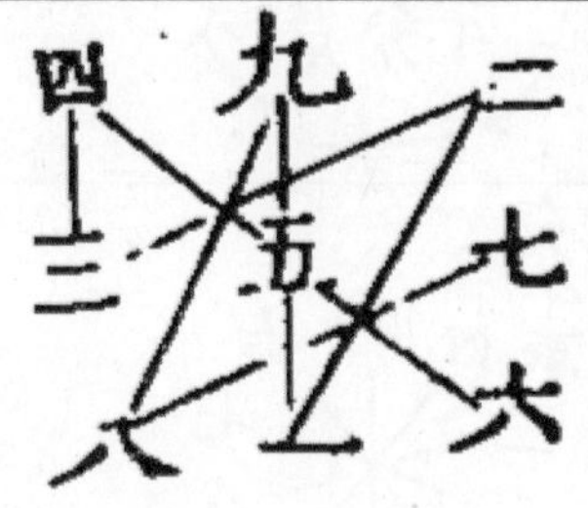</td><td rowspan="5">潜老夫曰：“《图》生右旋规之，矩在未申；《书》克左旋规之，矩在丑寅。规生于矩，折中四直，所以挈也。《图》，内，一四合五，二三合五。外，一九为十，四六为十，六九为十五，俱西北合；二八为十，三七为十，七八为十五，俱东南合。二太、二少，亦因之。可知，春夏为阳用，秋冬为阴用，而夏季与岁限有交籥焉。矩曲之用，天地自然之数乎？”〇又曰：“用生数中围之东三、南二，而合成数外围之西九、北六也。三六，而二九，合为十八。”又曰：“四季之土，丑未为职；河汉之维，穿乎坤艮。”</td><td></td></tr>
<tr><td rowspan="4">潜老夫曰：“《书》数飞宫，亦循环也。‘禹步’者，秘传八十一变，其本此乎？三合相用，亦本此也。人不知耳。”〇又曰：“《洛书》一九相贯，直极相交，数亦居其首尾。数一至五，则三为中；数五至九，则七居中；故三、七，为平用之轮。四六者，阴阳之正介也；二八者，入用之方体也。”</td><td></td></tr>
<tr><td>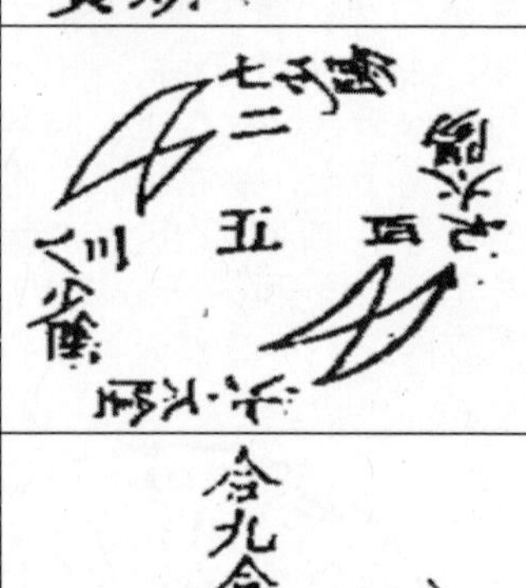</td></tr>
<tr><td>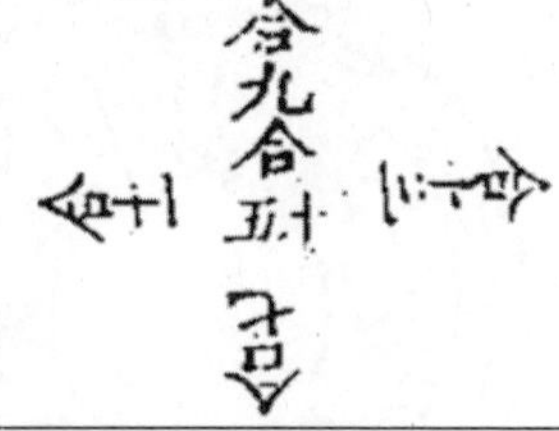</td></tr>
<tr><td>北七，南九，东十一，西十三，中十五，每加二。</td></tr>
</table>

 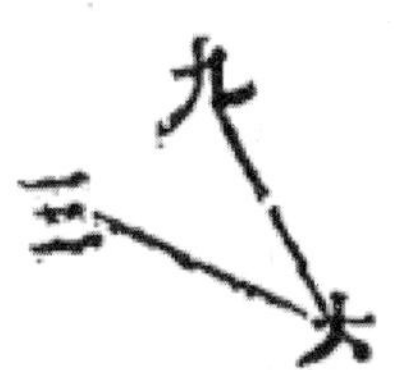 关子明《洞极》，以“一四七，共十二，为天；二五八，共十五，为地；三六九共，十八，为人。”皆以三加。	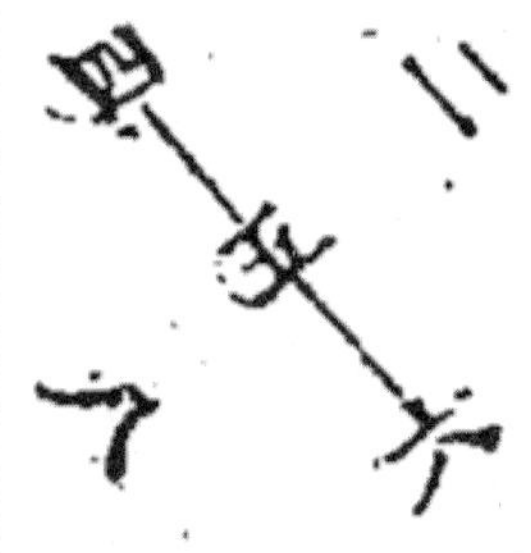 《洛书》九数，惟四五六，从巽一直顺数向乾，故贯天门、地户之籥。后天八卦，亦以乾巽巳亥分阴阳，《易》明用八，八即四，四即二也。此明四交，与《方图》合参。	申子辰之三合即 亥卯未之三合 以中通四五六為 十五乘六為通 期四分之一 九 七 八 寅午戌之三合即 巳酉丑之三合 以中通四五六為 十五乘廿四為 通期
 详见《参两说》。	 三四六七，他方亦不得比，以震兑为东西，卯酉之衡，故常言“甲”“庚”，而藏于子午。春秋之义，金木之用也。一三五七九为阳数，除中与两头，而用其前后之中焉。西金克东木，实三木生七火也。	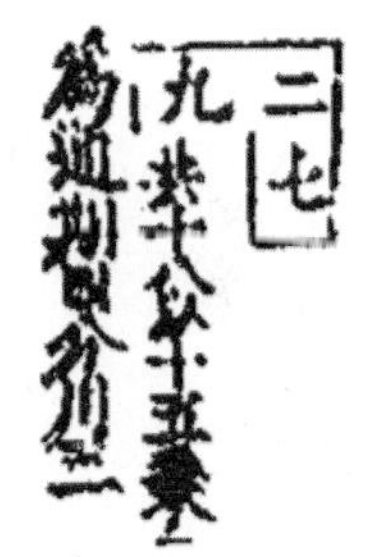 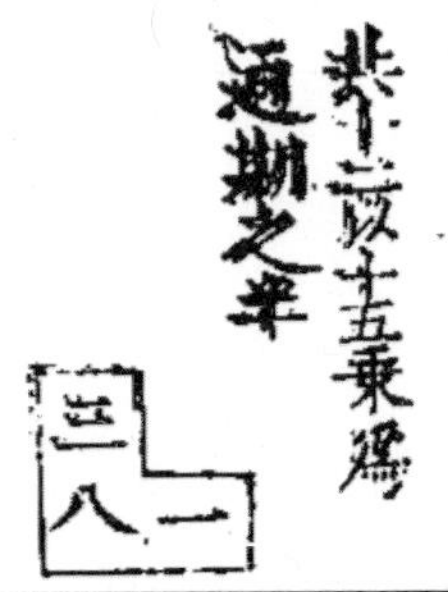

<table>
<tr><td>徐四　扬九　荆三
青三　豫五　梁七
兖八　冀一　雍六</td><td>四　四　四
四　九　二
四　四　四
三　五　七
四　四　四
八　一　六</td><td>九　九　九
四　九　二
九　九　九
三　五　七
九　九　九
八　一　六</td><td>二　二　二
四　九　二
二　二　二
三　五　七
二　二　二
八　一　六</td></tr>
<tr><td rowspan="3">禹之治水、治地，皆用九为规矩，如“奠九州”“刊九山”“涤九川”“陂九泽”是也。
郑仲渔曰：“《禹贡》九州，法《洛书》，而先北冀，次东北兖，东青，东南徐，南扬，西南荆，乃入中豫，次西梁，次西北雍。岂非法水木土金，布四时而用生乎？”</td><td>三　三　三
四　九　二
三　三　三
三　五　七
三　三　三
八　一　六</td><td>五　五　五
四　九　二
五　五　五
三　五　七
五　五　五
八　一　六</td><td>七　七　七
四　九　二
七　七　七
三　五　七
七　七　七
八　一　六</td></tr>
<tr><td>八　八　八
四　九　二
八　八　八
三　五　七
八　八　八
八　一　六</td><td>一　一　一
四　九　二
一　一　一
三　五　七
一　一　一
八　一　六</td><td>六　六　六
四　九　二
六　六　六
三　五　七
六　六　六
八　一　六</td></tr>
<tr><td colspan="3">潜老夫曰：“方分则九，交道十六。此方分八十一，而交道则百也。开方、开立、半圭、三角，皆本诸此。乘除之，幂积之，各有取用。”《正》曰：“裹五之文，八十一；游五之文，七十二；环五为文，五百七十六。以五裹之，有正距、反距、隅夹、反夹、正股、反股、间勾、反勾、圭黍，固各类也。”《周礼》“玉兆”，如四正十五，或周环十五，方圭□堂之文。“原兆”，如方田布弓，通五曲直，远近《周髀》之法。“瓦兆”，如一五六、六五一、一六五、五六一之类。以此三兆，密御九畴，不用灼而文灿然。故以“五行”而辨“福”“极”，以“庶征”，而证“五事”；以“五纪”，而省“三德”；以“稽疑”，而定“八政”；亦，此意也。</td></tr>
</table>

阴符遁甲洛书说

《握奇经》曰："八阵四为正，四为奇，余奇为握奇。"取象于天、地、风、云、龙、虎、蛇、鸟，即八卦之象也。星家、形家、历家皆祖之。震不与巽对，而与兑对，何也？阳以穿于地下者为专气，阴以透于地下者为专气也。或曰："男尊长，女贵少。"潜老夫曰："《奇门》贵阳之奇，而逆居西北天门之乾始；故三白位北方寒凝之地，阳之所生也。东方，茁甲而碧矣；东南，绿而茂发矣；正南，紫而华盛矣。西南之坤，役养正盛，而即为死门，以当黑色，此先几也。《老子》曰：'万物并作，吾以观其复。'邵子观牡丹开，叹其败，即此故也。兑正西收，故用乾之赤，而熟成之；成则果藏仁，而复化为白矣。'开''休''生'，当北方三白；震初出，即具'伤'几；既出，必'杜'而后用；南方正用，故为'景'门；一盛即其'死'几，至西归而始'惊'。惊则觉，觉则还通不觉而'开'矣。中无所名，是为奇统奇偶。术家不知其理，故'二遁逆布之说'，皆讹。今为正之，盖取其乙丙丁，而与戊己庚辛壬癸六仪，环顺为九也；而甲则遁于六仪中矣。今以'丁丙乙逆，则丁丙乙戊己'云云，岂相续乎？"智曰："《洛书》遁十，而《九畴》遁一；其用九，而初一不言用也。藏十并藏一，所以用九，即所以神于用十数中间之八数也，即神于用四周之八数也。'遁甲'者，遁一也。"

皇极老人图，即洛书符也。纵横皆十九行，应一至九之数序。磏菴，取之以图声。

干支维正河图

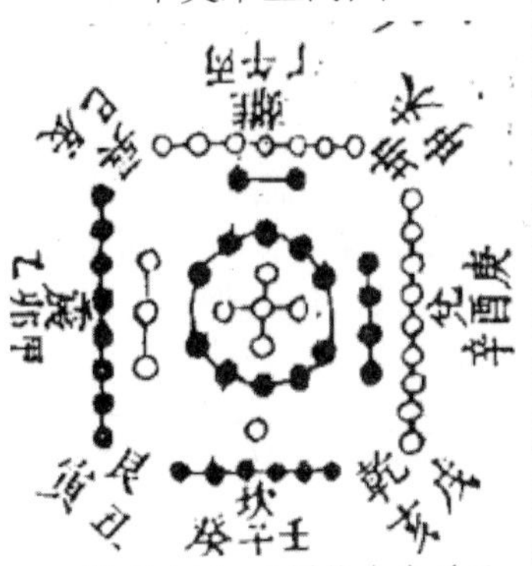

潜老夫曰："刘牧合先后天，而十支维之。蜀才谓之'遁正用维之图'。熊衮，以八卦、八干、八支，用天于地，谓之'《归藏》之盘，要之本于《河图》'。《图》四布；《书》八环，二其四也。十二支加八卦，而阳正当一支，阴隅当二支，此三其四也。加隅卦以任维，此四为十六方也。五其四，为《方图》之三层，用《河图》外郭四十之半；《洛》之参两，外郭四十亦用半也。六其四维，为二十四向；以八干夹四正，而四季藏戊己，则旁维之经也。环为八者三，则三合五行，三卦五行也。环为六者四，则四经五行也。二十四，各具阴阳顺逆，为四十八局，而总不出于'十二折半之六'。围方之四，相冲相害，相合相破，惟此'因二之几'而已。故曰：'顺五兆、排六甲、布八门，推五运，定六气，要以明地纪，立人极，而成化始也。'"

图书五行

《白虎通》曰："行者，为天行气。水，准也。水在黄泉，养物平均有准。火，化也。阳气用事，万物变化。金，禁也。秋时万物，阴气禁止。木，触也。阳气动跃，触地而出。土，吐也。土居中央，总理万物。"古，以声训也。王氏曰："五行者，往来行于天地之间，而不穷，故曰'行'。"

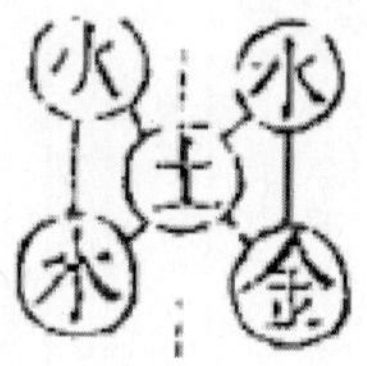

周子此图，夏火、秋金，土在中央；冬水、春木，土亦中央；斜交二行，则所重在春秋之间乎？水生木，土生金，皆自上生下，气化也。故水系交木，火系交金，皆有土在中焉。横列三层，则水下系金，火下系木。金生水，木生火，皆自下生上，无待于土矣。形化而藏气化者也，故先水火，次金木。邵子曰："水者，火之地；火者，水之气。"火金相守则流，水木相得则然，"从其类"也。水生于有，故木生于土者亦有；火生于无，故金生于土者亦无。是邵子亦"以金木附水火"也。盖一六、二七，在中五之上下，其气可以直上直下；三八、四九，横贯中五，故形相资。横渠曰："水火，气也；故炎上、润下，与阴阳升降，土不得而制焉。金木者，土之华实也。木得土之浮华，于水火之交；金得土之精实，于水火之际。"

朱子曰："阴阳之气，一湿一燥，而为水火；湿极、燥极，而为木金。"或曰："人物始生，亦精与气耳。精湿而气燥，精沉而气浮。"故精为视，而气为言；究则成精，皆气所为也。以气候言之，则水湿、火燥，木温、金凉。由此论之，五行实二行；而二，本一也。

子瞻曰："五行始一，至五足矣[①]。六以往者，相因之数也。水火木金，得土而成。"故一二三四得五，而为六七八九；得水一、火二、木三、金四，而为十。言十，则一二三四在其中；而六七八九，则五在其中矣。"大衍五十"者，五不特数，以为六七八九之中也。一二三四，在十之中，然而特数之，何也？水火木金，特见于四时，而土不特见；言四时足以举土，而言土不足以举四时也。"水曰润下"，"火曰炎上"，

①"五足"二字，北大本缺，根据文镜本。

"木曰曲直"，"金曰从革"，皆有以名之。而"土爰稼穑"，曰"于是稼穑而已"。故曰："土五定位，无成名，无专气。"又曰："阴阳之始，交天一为水。凡人之始造形，皆水也，故一水，得暖气而生，故二火。生而后有骨，故三木。骨而坚；坚者，金也；故四金。骨坚而肉生；肉为土，故五土。"又曰："人之在母胎，母呼亦呼，母吸亦吸，口鼻皆开，以脐达。故脐者，生之根。"

朱子曰："太极分两仪。一变一合，而五行具。质具于地，气行于天者也。以质而语其生之序，则曰'水火木金土'；而水木阳也，火金阴也。以气而语其行之序，则曰'木火土金水'；则木火阳也，金水阴也。统言之，气阳，质阴也；错言之，动阳，静阴也。"其实，一时俱生、俱成。然，亦不碍于次第、质论也。诸儒曰："水火体虚，而用常羡，得气先也；木金体实，而用常啬，得气后也。"土收终气，故体厚而用博，亦其序也。又曰："阴阳上下升降不可见，于五行可见。"是故太极动而生阳，阳降生水；阳不自降，交于阴之升而后降，降即水成矣。故其性"润下"，所谓"天一生水，地六成之"。静而生阴，阴升生火；阴不自升，交于阳之降而后升，升即火成矣。故其性"炎上"，所谓"地二生火，天七成之也"。动而生阳，阳生主发散，即木生；得阴降而畅达，即木成矣。故其性"曲直"，所谓"天三生木，地八成之也"。所谓"静而生阴"，阴降主收敛，即生金；得阳生而融结，即金成矣。故其性"从革"，所谓"地四生金，天九成之也"。土，则阳降阴生，阳散阴敛。阳之降而生，即土生；阴之生而敛，即土成矣。故其德"稼穑"，所谓"天五生土，地十成之"也。

《启蒙曰》："生数，阳居下左者，阳始也。生数属阳，故阳先之。成数，阴居下左者，阴始也。成数属阴，故阴先之。"刘云庄曰："阴阳之数，生数为主，而成数配之。东北阳方，则主之以奇，而与合者偶；西南阴方，则主之以偶，而与合者奇。"

朱子曰："阴阳无端，而互为其根，未可截然分也。"诸儒曰："杂阴而未纯，是谓少阳；阳极而生阴，是谓太阴。杂阳而未纯，是谓少阴；阴极而生阳，是谓太阴。"杂者，必至于纯；纯者，必至于极；极则变，变则又杂,此之谓"互根"也。阳自北生，由左至南而止；故木阳，火亦得为阳也。而阳之根，在于水中；水生于金，金性下凝，水未离其体。此，阳根阴，生生不已也。阴自南生，由左至北而止；故金阴，而水亦得为阴也。而阴之根，在于火中；火生于木，木性上达，火未离其体。此，阴根阳，生生不已也。水一生，木三生，所谓"根阳也"。而水以六成，木以八成，是阴也；是水木，皆阴根阳也。火二生，金四生，所谓“根阴也”。而火以七成，金以九成，是阳也；是火金，皆阳根阴也。徐渭不信数序，是仍执通冒、颟顸，而未明“离微罗轮之几”。

朱子曰：“质曰‘水火木金土’，盖以相间者言；犹言东西南北，所谓‘对待者’也。气曰‘木火土金水’，盖以相因者言；犹曰东南西北，所谓‘流行者’也。”九峰曰：“流布四时，曰‘五行’；人所取用，曰‘五材’，乃质也。”舒子溪曰：“七政，成象于天，乃质之在地者，升腾于上；万物，成形于地，乃气之在天者，降委于下。此，所谓‘气质’也。”潜老夫曰：“可见之质，皆地也；不可见者，皆天气也。又可指者，气也；不可指者，所以为气者也。”朱子曰：“金，一从、一革互变，而体不变也。”张子曰：“‘曲直’者，能既曲而又伸也。‘从革’者，一从革而不反也，然皆互用。”

吕中石曰：“水象分，金象合，火象分而合，木象合而分。水虽可合可分，而其原则分也；金虽可合、可分，而其质则合也。”

《全》曰：“夏火用事，暑气酷，而火焰减；火气盛，火体衰也。冬水用事，寒气盛，而水流涸；水气盛，而水体衰也。木克火，火克金；置金于水火之间，则相济。木克土，土克水；置木于水土之间，则相资。”又曰：“贪心动则津生，哀心动则泪生，欲心动则精生。心一动而水生，即可以为‘天一生水’之证。神为气主，神动则精气随；气为水母，气聚则水生。”

又曰：“《河图》各‘五、十’居中。北一与西四，合为五；南二与东三，合为五。北、西者，金水之合也；东、南者，火木之合也，皆主生数也。外之，二其十五，皆合乎中之‘十五’也。”张子曰：“养生家，重金水合处，木火为侣。”窃用乎是也。

又曰：“水之一六者，木之始也；木之三八者，水之终也。”所谓：“木根在水，水至木而尽发也。”根者、发者，皆从土中来，故术家谓：“火木土，会成一局。”火之二七者，金之融也；金之四九者，火之结也。所谓：“火焰见于金，金至火而尽敛也。”焰者，敛也，皆从土中过，谓之“金火相会而从土”。

李希濂曰：“土旺四季，惟阳能生。”丑戌阴也，辰未阳也。然辰不如未。春，木气盛则土伤；夏，火气盛则土熄。夏季土旺，加火尤旺，故能生金为秋。安得依黄勉斋“生序即行序”之说乎？舒梓溪曰：“夏火得土，可生秋金；冬水得土，可生春木。”止菴曰：“旺四，非丑未辰戌也。一年交际，在夏秋；两年交际，在冬春。”邵子所谓“交际之会也，而皆有土”。土所以交会也，万物出机在夏秋间，入机在冬春间，而皆有土；土，所以成出入之机也。《月令》“中央”，《素问》“长夏”，于夏秋间之土见之；“天地节而四时成”，于冬春间之土见之。

《见》曰：“东北之阳方，生方也。不惟相生之《河图》，至此合；‘生即相克’之《洛书》，至此亦不能不生。故知‘天地之大德曰生’也，得中五以制之。不惟克者随其克，即生者亦济以克；不克，不能生也。”此，皆用中五以成功也，故曰“成言乎艮”。

水火一日不交，则天地之生机息矣；然非土为和合，则不交。今星家既曰“丙戊生在寅”；又曰“水土长生居申”，殊不解所谓。以吾观后天卦，坤居申方，离火正炽，而申宫之土与水并生；是故火不至于太燥，则土以水气暗与火交，而火不知也。艮居寅方，坎水犹旺，而寅宫之土与火并生；是故水不至于太寒，则土以火气暗与水交，而水不知也。水不太寒而物生，火不太燥而物成，则皆土为之也。潜老夫曰：“命术，亦分四库；而土只重于未丑二宫。盖未丑与寅申合，而《图》《书》之二矩曲也；坤补不足，艮制有余者也。”

智曰：“《河图》，内连五，外连十。连十五者，皆于寅申分际。然而寅生于亥，申生于巳，则辰戌丑未之四附，亦未可谓‘无土也’。琴中徽之外，一二角，而三为宫；四五徵，而六为宫；八九为商，而十为宫；十一二羽，而十三为宫。腭舌齿唇之忍收声，皆宫喉也，可征也。无非冲气也，则无非土也。合观《洛书》，四五六之独顺后天乾巽为门户，而艮坤乃其中之分节也，是之谓‘乂’。”

五行尊火说

《梦笔录》曰：“火为五行之至神，非同木土金水之成形也。”世但知火能生土，不知火能生金、生水、生木。盖金非火不能生成，水非火不能升降，木非火不能发荣。《易》称“乾为龙”。龙，火之精也。五行之精，惟龙神变；故有火龙、土龙、金龙、水龙、木龙。今之土中、石中、金中、海中、树中，敲之、击之、钻之，无不有火出焉。则此火能藏神于万物，而又能生万物也。或曰：“《坎》卦在子宫，所谓‘天一生水，以阴先阳也。’”还知“坎中一画之真阳，为天地之心”乎？表冬至子半者，正以《坎》中一画真阳，为天地之根、火之宗也。阳在阴中，即龙宫之在海藏，神龙之潜九渊。所谓“阳在下”而“勿用”，即大

《易》“寂然不动”之宗也。《复》卦“以至日闭关”，道家藏火、伏火之诀，正谓此也。在胎之前，非三元之火，不能结搆；身既生后，非丹田之火，不能养成。故百骸、五脏、六腑、十二经络，独以心火为君、命火为臣，始能传生、化食、以资长其骨肉。此火不调，则百病生；此火一散，则百骸废。人初死时，百骸俱在，独此暖气一去，则四大皆溃散矣。所谓“法界，圣凡同心”，是此心。所造，须当辨其邪火、真火。能知“性空真火、性火真空”，则知薪尽为火传、灯传为命续矣。五德，有形有神。形也，土分之则崩，金分之则缺，水分之则绝，木分之则折。独火为神，愈分愈多，愈聚愈胜，愈与愈有，愈传愈久。此“向上不传”之秘，所以分灯列焰而传乎？

潜老夫曰：“火，是阳转阴风之燥气。必知其所以然之公理，而适用于中节当然之理；则能转气，而不为气所转。此有毫厘之辨，何尝不泯于气中？而混不能历然知其处，则此火燎原灭裂也。”

周易时论合编卷之一终

周易时论合编图象几表之卷二

皖桐方孔炤潜夫授编
孙中德、中履、中通、中泰编录
宋山后学左锐再较

八卦横图

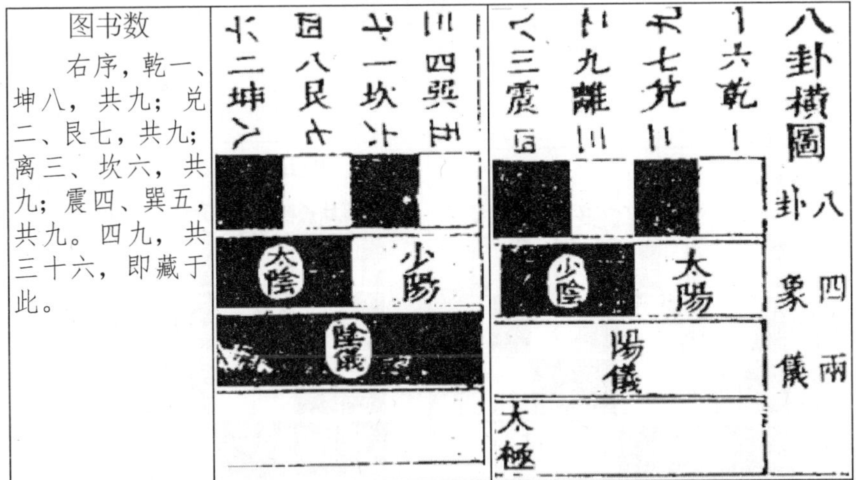

图书数

右序，乾一、坤八，共九；兑二、艮七，共九；离三、坎六，共九；震四、巽五，共九。四九，共三十六，即藏于此。

《启蒙》曰：“两仪之上，各生一奇、一偶。奇上加奇者，阳之纯，故象太阳；奇上加偶者，阴杂于阳中，故象少阴。偶上加奇者，阳杂于阴中，故象少阳；偶上加偶者，阴之纯，故象太阴。”潜老夫曰：“纯在杂中，於穆不已。玄黄，天地之杂也。两仪，已不得不杂矣。故曰‘纯统纯杂’。少适用，而老能变，故太包少于其中。”朱子又云：“以流行之体统而言，则但谓之‘乾’。以动静分之，然后有‘阴阳、刚柔’之别也。”斯言，尽也。

大横图

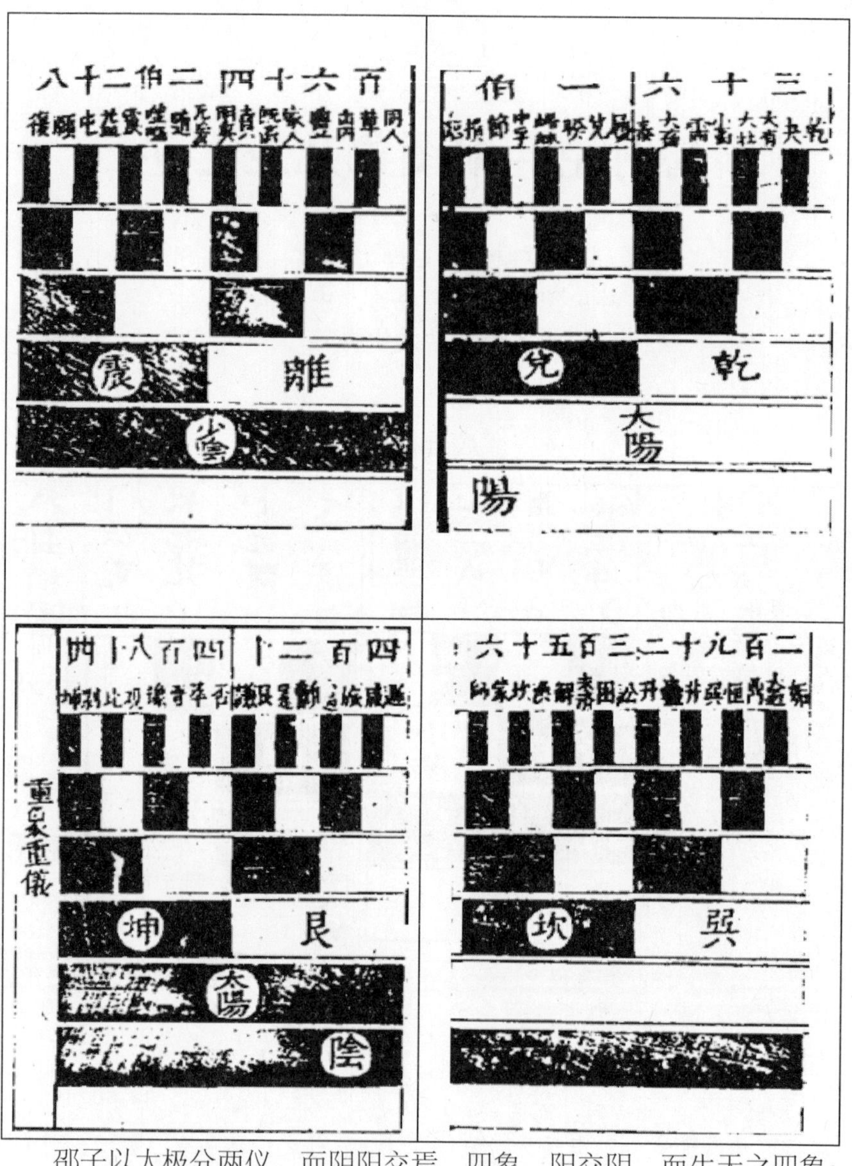

邵子以太极分两仪，而阴阳交焉。四象，阳交阴，而生天之四象；刚交柔，而生地四象；八错，而万物生焉。一分二，二分四，四分八，八分十六，十六分三十二，三十二分六十四；犹根之干，干之枝也。朱子曰："盈天地间，莫非太极、阴阳之妙。圣人俯仰远近，固有超然默契于心者。自两仪未分，浑然太极，而六十四卦之理，已粲然于中；分，则百千万亿之无穷。虽篡画，若有先后；而浑然之中，不容毫发思虑作为于其间。”程子谓之“加一倍法”。邵子所谓：“画前有《易》，洵不妄矣。”〇《篡言》，因《启蒙》，而衍为四画之卦、五画之卦。四画为重仪，奇三十二，偶三十二；五画为重象，奇八十，偶八十。潜老夫曰：自太极而两仪，仪为极，则四象为仪；四象为极，则八卦为仪；八卦为极，则十六卦为仪；十六卦为极，则三十二卦为仪；三十二卦为极，则六十四卦为仪。“一阴一阳之谓道”，皆仪、皆极也。以重仪为四画，以重象为五画，姑以称谓，便人指耳。积数:《乾》，三十六；《兑》，一百;《离》，百六十四,《震》二百二十八，阳仪共五百二十八；《巽》，二百九十二,《坎》，三百五十六,《艮》，四百二十,《坤》，四百八十四，阴仪共一千五百五十二；合积两千零八十。盖以三十六为始，而七加六十四。

两亿零七百四十二万零四百八十九		二十六万二千一百四十四	十八
六千九百一十四万零一百六十三	六爻	十三万一千零七十二	十七
两千三百零四万六千七百二十一		六万五千五百三十六	十六
一千四百三十四万八千九百零七		三万二千七百六十八	十五
四百七十八万一千九百六十九	五爻	一万六千三百八十四	十四
一百五十九万四千三百二十三		八千一百九十二	十三
五十三万一千四百四十一		四千零九十六	十二
十七万七千一百四十七	四爻	两千零四十八	十一
五万九千零四十九		一千零二十四	十
一万九千六百八十三		五百一十二	九
六千五百六十一	三爻	二百五十六	八
两千一百八十九		一百二十八	七
七百二十九		六十四	六
二百四十三	二爻	三十二	五
八十一		十六	四
二十七		八	三
九	初爻	四	二
三		二	一

潜老夫曰:“《启蒙》，已有十二画之说。焦氏，四千九十六；《林》，即其法也。”《象正》谓:“一卦具四千九十六，即十八变所积之二十六万二千一百四十四也。”凡爻具三变，以初爻、二爻，当地之六

画；三爻、四爻，当人之六画；五爻、六爻，当天之六画。此即黄钟律亥分六万五千五百三十六，而四之也。律历损益，尽此通几，而约为六爻。故虽至赜，理自易简。

以“两即藏三”言之，言“两仪”，而“三仪”寓；言“四象”，而“六象”寓矣。阳，奇一也；阴，偶二也。八卦，二十四爻，即三十六爻；十六卦，三十二爻，即四十八爻；三十二卦，一百六十爻，即二百四十爻；六十四卦，三百八十四爻，即五百七十六爻；则四千九十六爻，即藏六千一百四十四爻。“引而伸之，触类而长之。”何谓“不可以十二爻、十八爻引申”耶？六爻，自两仪起，连太极，则七也；十二连一，则十三也；十八连一，则十九也。史绳祖，以三法说《易》图，而不知“其一切，本自如此”。

陈策分六层为六图

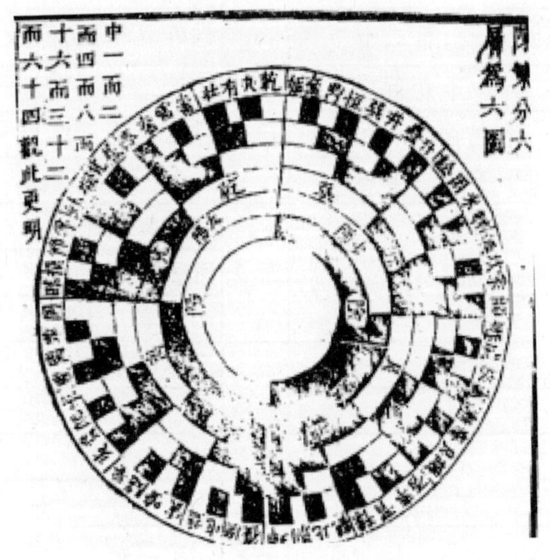

中一，而二，而四，而八，而十六，而三十二，而六十四。观此，更明。

邵子见先天心法也，“图皆自中起，万化万事生于心也”。又曰：“乾以分之，坤以翕之，震以长之，巽以消之。长则分，分则消，消则翕也。乾坤定位也，震巽一交也；离兑、坎艮，再交也。故震，阳少而阴尚多也；巽，阴少而阳尚多也；兑离，阳浸多也；坎艮，阴浸多也。”“无极”之前，阴含阳也；有象之后，阳分阴也。阴为阳之母，阳为阴之父。故母孕长男，而为《复》；父生长女，而为《姤》。是以阳起于《复》，而阴起于《姤》也。震，始交阴而阳生；巽，始消阳而阴生。兑阳长也，艮阴长也。震兑，在天之阴也；巽艮，在地之阳也。故震兑，上阴而下阳；巽艮上阳而下阴。天，以始生言之；故阴上而阳下，"交泰"之义也。地，以既成言之；故阳上而阴下，"尊卑"之位也。乾坤，定"上下之位"；坎离，列"左右之门"。天地之所合辟，日月之所出入。春夏秋冬，晦明弦望，昼夜长短，行度盈缩，莫不有乎此矣？乾四十八，而四分之一分，为阴所克也；坤四十八，而四分之一，为所克之阳也。故乾得三十六，而坤得十二也。《复》至《乾》，凡百一十有二阳；《姤》至《坤》，凡八十阳。《姤》至《坤》，凡一百一十有二阴；《复》至《乾》，凡八十阴。阳在阴中，阳逆行；阴在阳中，阴逆行。阳在阳中，阴在阴中，则皆顺行。此真至之理。按：图可见之矣。坎离者，阴阳之限也。故离当寅申，而数常踰之者，阴阳之溢也，然用不过乎中也。朱子曰："一日有一日之运，一月有一月之运，一岁有一岁之运。""大而天地之始终，小而人物志生死，远而古今之事变"，皆不外此。止一"盈虚消息"之理，小变成大，大又变成小。又曰"坤复之间，乃为无极。乾坤为大父母，复姤为小父母"，此就阴阳之起处而言也。邵子所谓"四分一为阴克"者。乾至泰八卦，坤至否八卦，各四十八画，以四分之分也。坤至否，阴占四分之三，而一分为所克之阳也。乾固以阳为主，坤亦以阳为主也。朱隐老曰：阳行阴中，自第三画始。第二画阳，至第十六而止；第三画阳，一断一续而得十六；第四画阳，再断再续，而得十六；第五画，八断八续，而得十六；第六画，十六断续，而得十六；所谓"逆也"。阴行阳中，亦然。

胡云峰曰："左自《复》一阳，至《临》二阳，所历十六卦；《临》二阳，至《乾》六阳，所历之卦，八而四，四而二，二而一。右之阴，亦然；始极缓，终极速。盖震离，生于少阴；乾兑，生于太阳。震一阳动而为《复》，即其初少阴中之一阳也。阴中之阳，其进也缓。此《复》之后，所以历十六卦而为《临》也。《临》下体兑，自一阳进而二阳，已得其初太阳之阳矣。阳中阳，其进也速。此《临》之后，所以不越十六卦，而为《泰》、为《壮》、为《夬》、为《乾》也。右之阴，亦然。"又曰："《复》《姤》历十六卦，而成《临》《遁》二阴、二阳者，以其间有《坎》《离》也。"《坎》《离》，虽二阳、二阴，未能便至三阳、三阴者。盖《离》中有少阴，而二阳分；必至于《兑》，则阴在外而二阳合；合，遂可进而成二阳之《乾》。《坎》中有少阴，而二阳分；必至于艮，则阳在外而二阴合，遂可进而成二阴之《坤》。《见》曰："坎离得中，不在消长之列。而火炎上，故阳气附之，上腾而速；水润下，故阴气附之，下渗而捷也。"

《全》曰："内体自《震》一起，外体自《乾》一起。"盖由内体而生，初不得不踈；合于外体，生极不得不密。盖天气在内暗生，恒先时而人不觉。若见其缓，一到成后，则人始得而见，乃曰"造化之骤如此"；而不知其在内暗生者，固积久而一旦忽然昭著者也。潜老夫曰："一阴一阳，隔十六，而二阴二阳为《临》《遁》，故两《象》皆言'浸长'。重之也，重其始过坎离之限，而阴阳进据内卦之中，司二仪三十二卦之中者也。《泰》《否》，《圆》当巳亥，《方》当寅申；方圆，皆八卦而进转，司四象十六卦之中焉。《壮》《观》，又司八者之中；《夬》《剥》，又司四者之中，急骤于盛寒暑之际，而舒徐于春秋之分。董子，中和表法，其几微乎？"又曰："有疑'巽坎艮离折半'者，此不知'八卦非此，则不相错矣。'"以六爻配十二数：一与七在初爻，二与八在二爻，三与九在三[①]爻，四与十在四爻，五与十一在五爻，六与十二在六爻。若轮之，则七、八、九、十、十一、十二，自上而下矣。十二律前半，子下生未，未上生寅，寅上生酉，酉上生辰，辰下生亥，亥上生午。至午，则先上生丑，丑下生申，申上生卯，卯下生戌，戌上生巳，巳下生子，是后半与前半相折也。造轮，必矩而合之；轮成，则无首尾矣。太阴、少阴，皆在北；太阳、少阳，皆在南；南故阳多，北故阴多。一在二中，正神于折半相错。爻爻交准，一毫不容人力。邵子发明之，朱子尊信之，而人犹不悟，总为"执一，不肯深几"耳。如此画出，从中而显，阴阳交午，历历分明，有何疑乎？邵子谓："离当寅申者，春秋卯酉，始于寅申也。"阴阳消长，以一而二，而三；而坎离得中气，故春秋主之。八卦以半际合际，当二至、二分、四立，故复表《八际交互图》。智曰："曾知横而八卦，折而六爻，方圆先后，同时俱备耶？由温以大暑，而寒已逆相迎而至；由凉以大寒，而暑以逆相迎而至。若横列寒暑，必以大寒、大暑当两头，而温凉居中，则呼为'冬秋春夏'矣。徒执一熟呼之数耶？则乾九兑一，何以称焉？熟呼'金木水火土'矣。不许称'水火木金土'耶？不许称木火土金水耶？"谓"此表'前半御后半'之理势，而藏其'无前无后'之用也。"谓"此表'半顺半逆'之理势，而藏其'全逆全顺'之用"，可也。请以解郝、何二公之疑。

① 原文是"二爻"，根据上下文，应该是"三爻"。

八际峙望中分互取图

<table>
<tr>
<td>潜老夫曰：“凡有一象，必中其四方；凡值一轮，亦旋为四时。是中旁、前后，皆有八际之几；则一卦立，而对面左右相望。四射，犹行营之前朱雀、后玄武、左青龙、右白虎也。《乾》尽酉中，而本盪各占寅申巳亥之位。故知正向之各为八卦，犹四分以《坤》《震》二盪，十六卦为不用之用也。《坤》《复》际冬至，《乾》《姤》际夏至，《临》《同人》际春分，《遁》《师》际秋分，《无妄》《明夷》立春，《升》《讼》际立秋，《泰》《履》际立夏，《否》《谦》际立冬，皆乾坤之交也。《震》《益》际小大寒，《巽》《恒》际小大暑，《壮》《小畜》际满、芒，《观》《豫》际小大雪，《家人》《丰》际雨、惊，《涣》《解》际处、白，《归妹》《中孚》际清、谷，《渐》《小过》际寒、霜，皆震巽之交也。玩正隅八际之中八，又玩其中六、中四焉。四望，则必正方；峙，则纵横或揃矣。随人会占，不假思虑。”</td>
<td>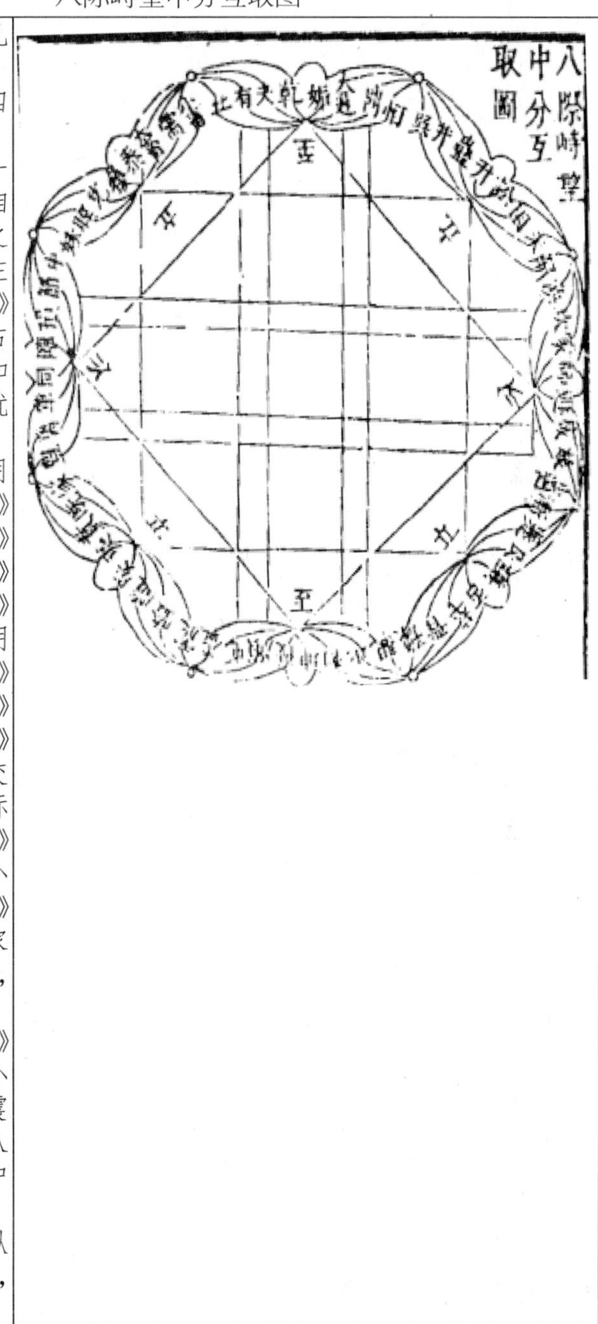
</td>
</tr>
</table>

<table>
<tr><td>此，邵子本图。朱子，分出而析论之。横而参之，使人豁然于一本；规而圆之，使人豁然于无端；叠而方之，使人豁然于“方之即圆”也。</td><td>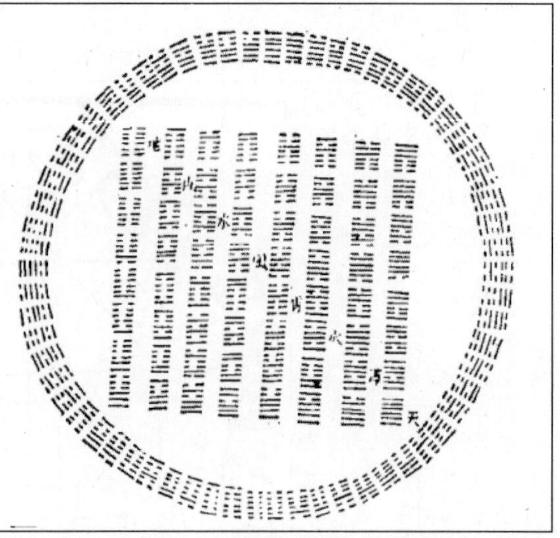</td></tr>
</table>

《解》曰：“《圆图》，阳生子中，顺而左旋，象天也。《方图》，阳生寅丑间，逆而右旋，象地也。”何潜斋曰：“《圆图》，见天地之顺；《方图》，见天地之逆。天地之运，不顺不行；天地之交，不逆不生。”《见》曰：“自一而二加倍，至六十四，‘顺往’也；规图，自外多，以至中一，‘逆来’也。”潜老夫曰：“半顺半逆，而阳逆阴中，阴逆阳中，已示‘全逆全顺’矣。就象数以为征，而至理森然，即其浑然。此，张子所以叹‘天秩天叙’乎？方圆卦爻，总一太极，总此秩序。证知‘扫秩序以言太极’者，诐邪之偏词也。”

《圆图》，乾坤在中，“天地定位”。后以风泽之相错者，附天；以山雷之相错者，附地；以水火之相错者，交贯于左右也。《方图》，震巽在中，雷动、风散后，长之以水火之既未《济》，收之以山泽之《咸》《损》，终之以《乾》《坤》之君藏。以天地之《否》《泰》，包罗于上下也。阳生于子，至巳而极；阴生于午，至戌而极。其未极也，曰“增其所无”；其已极也，曰“减其所有”；一彼一此，适均而已。故日之一南一北，天道也；海之一潮一汐，地道也；世之一治一乱、时之一得一失，人道也。或谓“治日少，乱日多”。不知“治有大小，乱亦有大小，合千百年乘除之，适均而已”。犹之“岁或有余于气，或不足于朔，合章润纪蔀，适均而已”。日行南陆而寒，日行北陆而暑，然而西北极陬，六月履霜；东南极岛，三冬裸体。人且致凝于寒暑，合宇宙而盈缩之，亦适均而已。智曰：“《周髀》推之，极下之国，半年夜，半年昼；赤道下之国，两度春秋。在天视之，适均耳。邵子惟立恒法，即岁差亦三万年而齐者也，大则自均；然小中之别，不坏也。"《见》曰："阴者，阳之影也；黑者，白之影也；偶者，奇之影也。《横图》之影，紧相随；《圆图》之影，遥相印；《方图》之影，斜相熠耳。"

以序按之：《横图》全顺，《圆图》半顺半逆。右自《姤》起，五六七八，顺也；左自《复》起，四三二一，逆也。朱子以"起《复》者，阳生为顺；起《姤》者，阴生为逆也。"若《横图》，由《坤》至《姤》，阴尽阳生，至《乾》谓"顺"，可也；从《乾》渐消至《复》，阳尽阴生，至《坤》谓"逆"，可也。是《横图》，亦"全顺全逆"也。《圆图》，自一阳而六阳，自一阴而六阴，皆顺也。阳之气顺，则阴处后；阴之气顺，则阳处后。所谓："阳行阳中、阴行阴中，皆顺；阳行阴中，阴行阳中，皆逆。"是《圆图》总顺总逆也。然而，不逆则不顺，阳逆行于阴中，至《坤》而逆极矣，而后有一阳之《复》；阴逆行于阳中，至《乾》而逆极矣，而后有一阴之《姤》。是以不重全阴，而重一阴一阳之《姤》《复》也；不重顺，而重逆也。《方图》，以《乾》《坤》居亥巳之方，以《泰》《否》居寅申之方，左旋亦逆，右旋亦逆。其左旋也，由六阳《乾》退而至一阳《复》，六阴《坤》而退至一阴《姤》。是亥子之交，阳极微，而以为全阳；卯辰之间，阳极盛，而以为阳将尽也。巳午之交，阴极微，而以为全阴；酉戌之间，阴极盛，而以为阴将尽也。其右旋也，《复》以《圆图》之冬至，转为《方图》之春分；《姤》以《圆图》之夏至，转为《圆图》之秋分。则自春而溯冬，自夏而溯秋；自秋而溯夏，而溯春也。是以春藏于冬，冬藏于秋，秋藏于夏，夏藏于春也，故曰"《方图》总逆"。

星象，以阳干之死，为阴干之生；以阳干之生，为阴干之死。死即逆，生即顺也；而特主于阳，以阴无所为生死也。视"阳生而即谓之'死'，阳死而即谓之'生'"耳。

三十六宫合元会图

乾一至坤八，积为三十六。盖四九而六六者，即四十八策之“四分之三”也。邓绮曰：“《乾》一为三十六，《兑》二为七十二，《离》三为一百八，《震》四为百四十四，《巽》五为百八十，《坎》六为二百十六，《艮》七为二百五十二，《坤》八为二百八十八；共积一千二百九十六。此，横数也。以坤纵数一百乘之，得十二万九千六百，为天地万物一元之数。日数三十，月数十二，凡二十四变而符元数。未有太极，已存此数；前无说者，邵子发之。乾先生天圆，一周径也。径一而围三，重之则六，故爻属天。乾之命坤，后分地方，两勾股也。径一而围四，重之则八，故卦属地。‘蓍圆而神’，故揲则用四十八爻；‘卦方以知’，除四正则用六十卦。故蓍去一，而卦去四，天地之体用也。”

邵子曰：“图，皆自中起。”《方图》，中起震巽之一阴一阳，然后有坎离、艮兑之二阴二阳，后成乾坤之三阴三阳；其序，皆自内而外。内四卦，四震四巽，相配而近，有“雷风相薄”之象。震巽之外十二卦，纵横坎离，有“水火不相射”之象。坎离之外二十卦，纵横艮兑，有“山泽通气”之象。艮兑之外二十八卦，纵横乾坤，有“天地定位”之象。四而十二，而二十，而二十八，皆有“隔八相生”之妙。又其中为震巽者各四，自是而为坎离者各八；而坎离之上下，四震、四巽存焉。自是之外，为艮兑者各十二；艮兑之上，震巽坎离，各四焉。又自是之外，为乾坤各十六；乾坤之上下，则六子又各四焉。以交言，则乾坤《否》《泰》也，兑艮《咸》《损》也，坎离《既》《未》也，震巽《恒》《益》也，为四层之四隅。

《方图》，八卦不相隔而交者，左右各七。如兑次乾，乾与兑，即交于其次。如此者，凡七。隔一卦交者，六，如乾与离。隔一卦相交：同人、大有，亦隔一卦相对；兑与震，离与巽，震与坎，巽与艮，坎与坤，皆然。隔二卦相交者，五。如乾震，隔二卦相交；无妄、大壮，亦隔二卦相对；兑与巽，离与坎，震与艮，巽与坤，皆然。隔三卦交者，四：乾与巽，兑与坎，离与震，艮与坤也。隔四卦交者，三：乾与坎，兑与艮，离与坤也。隔五卦交者，二：乾与艮，兑与坤也。隔六卦交者，一：乾与坤也。不相隔者，其交最多，上下各七；交之最远者，其交最少，上下各一。西北与东南二隅交，西南与东北二隅不交。无他，东北阳方，西南阴方。西北东南，阴阳之交；故二隅，其交最密。而经世之数，独于其交者有取焉。

邓绮曰："先天八卦，乾坤坎离四正，反复不变，为万物之主。生万物者，四维也。故左有兑震，右有艮巽。其兑震互用，为《随》、为《归妹》；艮巽互用，为《渐》、为《蛊》；震艮互用，为《小过》、为《颐》；兑巽互用，为《中孚》、为《大过》。乾坤交、不交，为《否》《泰》；坎离交、不交，为《既》《未》。凡十六卦，天地万物，体用尽矣。故先天，皆相对；后天，皆相次也。《先天》离东、坎西，为'日月之门'；《后天》离南、坎北，为'阴阳之限'。其在《圆图》,《中孚》《归妹》居东,《小过》《渐》在西；其在《方图》,《中孚》《归妹》在北,《小过》《渐》在南。《圆图》,《随》《颐》在北,《大过》《蛊》在南;《方图》,《颐》《蛊》在东,《大过》《随》在西，皆自然相对、相次者也。"邵子曰："《圆图》，其阳在南，其阴在北;《方图》，其阳在北，其阴在南。"此尤造化之妙处，天地万物之理，尽在其中矣。四正，上经；四维，下经。乾后八为《泰》，坤后八为《否》，此天地交不交，为《上》之中；离后三为《既济》，坎前三为《未济》，水火交不交为《下》之终[①]。四维互为八卦，在《上》《下》之后半。四正，为二至二分，属天；四维，为四立，属地。又曰："二仪，生天地之类；四象，定天地之体。四象，生日月之类；八卦，定日月之体。八卦，生万物之类；重卦，定万物之体。"类者，生之序也；体者，象之交也。体类者，必本乎生；观体者，必由乎象。生则未来，而逆推；象则既成，而顺观。是观日月一类也，同出而异处，异处而同象也。天变时，而地变物。时，则阴变而阳应；物，则阳变而阴应。故时可"逆知"，物必"顺成"。是以阳迎而阴随，阴逆而阳顺。语其体，则天分而为地，地分而为万物，而道不可分也。乾八变而至《泰》，天在下也；又八变而至《否》，天在

① 先天八卦之乾一、坤八，相合为《泰》《否》。离三、坎六，相合为《既济》《未济》。

上也。《否》八变而至《坤》，地在下也；又八变而至《泰》，地在上也。夫《否》《泰》者，天地“交、不交”也；故当天地之中，各得其阴阳之半。《泰》虽行阳，坤实在中;《否》虽行阴，乾实在中；故《否》之与《泰》，长在天地之中也。故“乾一”统三十六，天阳也;“坤八”统六十四，地阴也。乾一至泰八，凡三十六；其下各有“乾之一”，故得四十四。上至否，亦如之，凡八十八。否一至坤八，亦三十六；其下各有坤之八，凡一百。下至泰，亦如之，凡二百。故二百八十八者，乾坤之本数也。乾坤生六子，其六子之爻，亦二百八十八。每卦八变，八八积之，亦二百八十八。自乾一，为三十六宫；至坤八，亦二百八十八。倍坤之策，亦二百八十八。於三百八十四爻内，除去乾坤九十六爻，为昼夜之刻，外生万物者，亦二百八十八。二百八十八，以太阳、少阳、太刚、少刚之数，四十乘之，即为万有一千五百二十，当万物之数。

邵子衍义曰:“除八正卦外，有五十六卦为子，乃天地万物之用数也。”自变言之，日数三十，月数十二，总四十二，为一变；日月十二变，即五百单四也。一卦之数，皆极于九；五十六卦之极，亦得五百单四，当日月十二变之用也。通期外，有五日四分日之一者，乃六十三时也。一时八刻，积五百单四刻；以三百六十日分之，一日一刻，先除三百六十刻，外有一百四十四刻；通作一千四百四十分，又以三百六十分之，各得四分。每一日，当得一刻四分。自一日，差一刻四分；三十日，即为五时二刻。每月之节气，但加五时二刻。历法家，皆不知是理。又如月有四大三小，历代纷纭，以其大小余，有盈缩也。此但知其数尔，且如二十九日半，月与日会者概也。当会之时，盈六时，则会于三十日之初，即月大尽；缩六时，则会于二十九日之末，为月小尽。每月上下盈缩十二时，即为大、小尽数，故五十九日而再会。凡一年，大小尽，各有六日，阴阳历停也。故乾坤策，成一岁者概也，周加五日四分日之一。盈六日，则期三百，有六旬，有六日。缩六日，则除六日小尽，故得三百五十四日。一年上下盈缩十二日，消息盈虚之道也。故六十四卦，除乾坤坎离四正，凡六十卦，得三百六十爻数，当期之日也。“五岁再闰”，兼用四正，故得三百八十四爻，以闰成岁也。若言“四大三小”，即有三百八十五日，又多一爻矣。智，故以“三小、四大”征之。

四介分之，各得十六。或以“天地人物”配之，或以“春夏秋冬”配之。

邵子曰：“‘天地定位’，‘《否》《泰》反类’；‘山泽通气’，《损》《咸》见义；‘雷风相薄’，《恒》《益》起义；‘水火相射’，《既济》《未济》。四象相交，成十六事。”此，《方图》之义也。

中外分之：中十六卦，以“四分用一”；外四十八卦，为“四分用三”。若环分十二宫，则各四也。可分五方，可分九宫，则井田、建国、明堂、八阵寓象矣。

叶兼山，表“后、先王、君子”，亦一说。

四，而十二，而二十，而二十八，以四层分，每加八焉。或以中心，而人、而物，而天地包之。

一从四起，次为四三，次为四五，次为四七；故天以二十八宿经之。再阐之，则四九矣。

<table>
<tr>
<td>此，旋交相望，而错对者也。</td>
<td>

即以“内一外三”之环，表之。朱子《明堂图》，正此表法。</td>
</tr>
<tr>
<td>此，八经卦，介于巳亥；其余，西南与东北相向，皆叠对也。叠者，内卦、外卦，交相叠易者也。总是一切现成秩序，天然不容人力，在深几者观玩会通之。</td>
<td>

此，以八阵表法。中握机者，变化莫测，营阵为游。居其北三方者，重三白也。</td>
</tr>
</table>

《艮》《兑》为边，井字。乾坤包之，可不必衍。

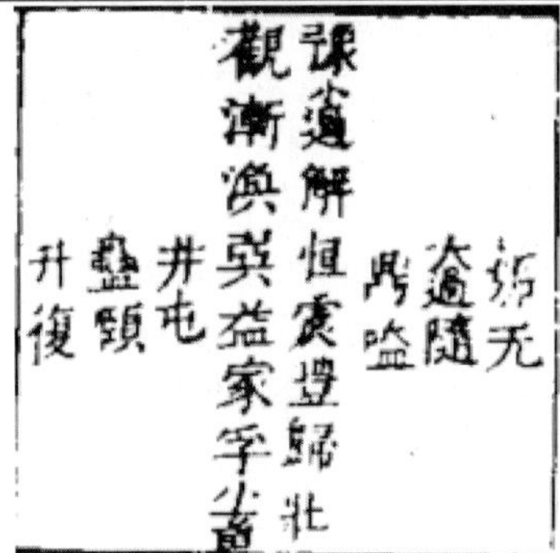

每卦横荡八，而直荡八；此，惟《方图》可观。《震》《巽》在中，双交十字。其余四隅，各为方九。

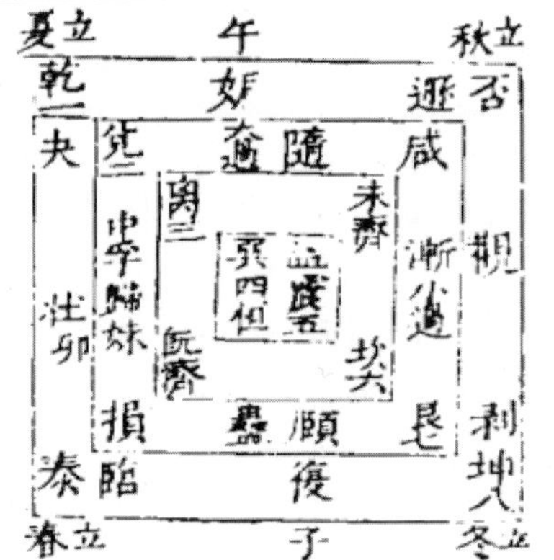

张理《倒方图》，而元公易震巽焉。乾统三女，坤统三男，本《凿度》、京《传》《元包》也。

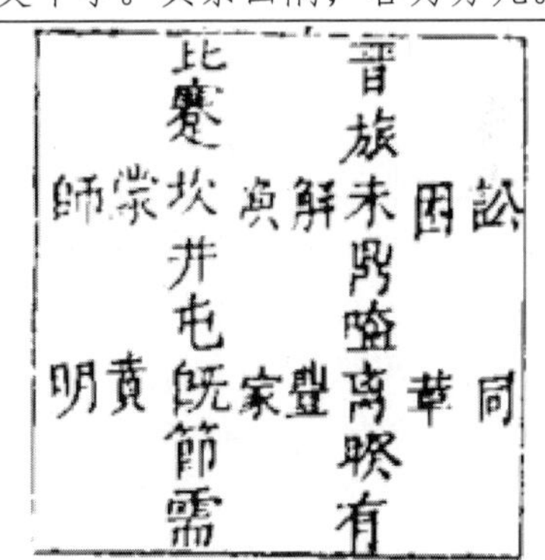

《坎》《离》，井字正交；余各九方，方为四卦。二老包六子，坎离为中气，震巽起初气，而艮兑究气成之。故坎离双交，其分最均。

《乾》位东南，《坤》位西北；《复》为冬至，位北子中；《姤》为夏至，位南午中。且《复》，根于《师》之《坎》；《姤》，根于《同人》之《离》。水火之交，阴阳气转，此河洛宗也。卦气所行，每间两位，四立交际，两卦相连，犹四正卦专子午卯酉，四隅卦兼四卦四孟也。乾至坤，八正错卦为经；泰至否，反错兼颠卦为维；循环相接，各以类从。妙哉！乾坤、否泰，序上篇；艮震、巽兑、咸恒、损益，序《下篇》。随、蛊、颐、大过，次《上经》末；渐、归、孚、小过，次《下经》末。坎、离居中，交为二《济》，故二篇之化气终焉。

自坤至乾，顺也；自乾至坤，逆也。《易》为逆数，故自乾一左旋，以至坤八。京房，以震坎艮，顺乾而行；巽离兑，顺坤而行。此，易震巽，而知“兑离巽震坎艮者，乃‘乾坤逆行’之几也”。《剥》变为《坤》，阳尽矣。而《坤》内一阳，自《谦》三、《师》二，以反于《复》初，于是艮坎震继焉。《夬》变为《乾》，阴尽矣。而《乾》内一阴，自《履》三、《同人》二，以反于《姤》初，于是兑离巽继焉，亦“归根”“复命”意也。乾坤统“四时、八节”之始终，分布为十五卦，合并为三十卦。月望、月满，其昉于此乎？

四分四层说

《易》，以一用二。二，旋分太少，为四；以四因四，为十六。《易》之八八，四此十六也。此，天地人物之数本也。四用，而五隐矣，一亦隐矣。圆用于方，圆图亦方，图之四四也。故方圆从中起，中何见乎？起于“初阴、初阳”之震巽《恒》《益》也。生受天地之中者，人得全灵。坎离得天地之中，环中十二卦，故以象人。此十二卦，以“八坎、八离”之中气，用“四震、四巽”之初气者也。物得其偏，艮兑得天地之究。环坎离为二十卦，故以象物。此二十卦，以十二艮、十二兑，资“四震、四巽”以受始，得“四坎、四离”以用中。合内外，共四十卦，当《图》《书》四周之全数者也。大围，乾坤藏二十八卦，是天地之气包之也。乾坤各用十六，而六子各效其四；纯体居亥巳，交《否》《泰》以司寅申，周流洋溢，人物并行不悖矣。通而言之，谁非“天地之心”？而以中为极，中统四卦，即统三四之卦，统五四之卦，统七四之卦。浑沦之中，秩叙不乱。此人道所以贵用中，以善其动用，安其止悦，享其君藏也。或以四介分之：西北之十六，为天，以阳仪所生也；东南之十六，为地，以阴仪所生也。东北之十六为物，西南之十六为人：以寅方始生萌妹，而象物；申方成仪立事，而象人也。或以位上、位下分之：东北阳生用阳者，质刚而直；西南阴生而用阴者，文柔而巧。《礼运》曰：“人者，天地之心。阴阳之交，鬼神之会，五行之秀气也。”七尺之身，顶天履地，负北面南，心运于中，得《方图》《圆图》之全，伦伦常常，天然之理。但灵蠢清浊，禀有殊耳。旧言“近东多仁，近西多义，北方刚劲，南方文柔”，亦其概也。人直生，兽旁生，植物倒生。旁生者，首西向而背天；禽虽横，而首昂，与兽微异；鳞甲毛螺之类，又气之渐入于地者也。子夏“言物”，邵子“观物”，亦以“阴阳类分”知之而已。

方图明堂表法说

《戴记》曰："明堂，九室，十二堂，三十六户，七十二牖；以茅盖屋，上圆下方。外水，曰'辟雍'。月令，施十二月之令。赤，缀户也；白，缀牖也。"二九四，七五三，六一八，"法龟文"也。"夏后世室"，"殷人重屋，四阿"，"周明堂，度九尺之筵"，盖渐文矣。《黄帝明堂》："中一殿，四面无壁，茅盖通水，複道有楼，从西南入。"则公玉带所上汉武者也。朱子曰："意当九室，如井田制。东中，为青阳太庙；东之南，为青阳右个；东之北，为青阳左个；南之中，为明堂太庙；南之东，即东之南，为明堂左个；南之西，即西之南，为明堂右个。'总章''玄堂'，仿此；中，为太庙、太室，只是三门九架屋而已矣。"康成谓："明堂、太庙、路寝，异实同制。"伯喈谓："明堂、太庙、辟雍，同实异名。"陈旸取袁准之辨，殊未尽然。智按："'庙'者，貌也。"前庙，后寝。古以前室，通谓之"庙"；如后世之呼"殿"、呼"厅"，皆"廷"转声。"霆，即电"，可证也。后此，乃分别"宗庙""明堂"之称耳。《礼》，天子无事不于庙中，以朝诸侯，则天子永无南面之日矣。士礼迎于庙门外，即厅事之门外也。所称渐熟，故各执以为常；古，则犹统称也。所谓"明堂"者，表"向明而治"之堂也。齐之明堂，犹行在所，归然灵光也。由是论之，祭祀之殿，亦可谓之明堂；朝会之轩，亦可谓之明堂；辟雍教士之宫，亦可谓之明堂。四阿九室，自然之理，其制大同小异，随时增损，何必以《考工》之"五室"，《大戴》之"十二室"为疑也？堂，必轩其三楹；而室，或来焉、奥焉。则通为九方分者，何不可各而呼为"三间"耶？以八八之《方图》，合《洛书》之九宫，其论自确。画州建国，井地制兵，莫不法之。"上栋下宇，取诸《大壮》"，岂有"祀帝祀祖、国治与兴教"之宫室，草草不和表法者哉？《月令》，分居配位，大氐"制器尚象"之意，非必定如此也。《黄帝明堂》，中一室，寓"藏一"也；楼从西南入，寓"巽方"也。此，即汉说，已证"古有八宅之精义"矣。今之中极殿、大亨殿，亦上圆而下方，是其遗也。俗儒泥迹，往往执名，虚谈通冒，先并精义而荒之。乡饮偶射，皆有天地阴阳之义。何谓"明堂，不法《洛书》"？

日月运行图

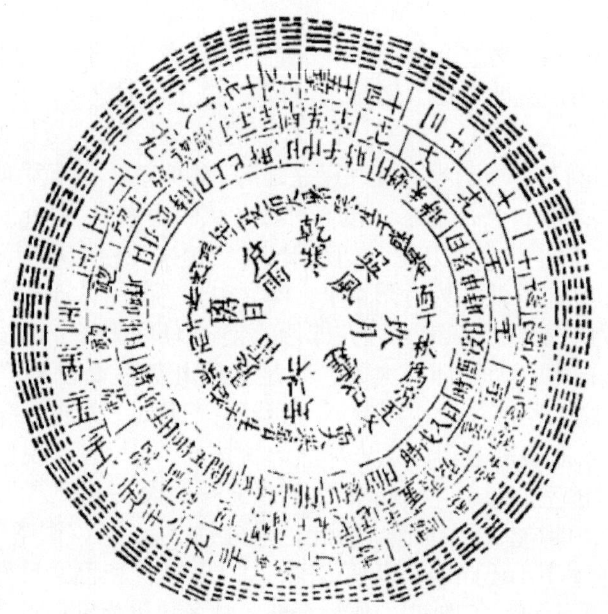

《蒙引》曰[①]：“朱子所贴月卦，甚符。所不同者，天行健，故均；月行迟，又多亏少盈。盈才一日为望，故当乾；晦才一日为朔，故当坤。晦之生明甚难，生至有弦渐盛，故上弦当二卦。上弦，多在初八，或初七、初九间，月惟此数。日为盛，正兑卦之次，邵子所谓‘兑为月’也。过则月盛，而盈易见；故初十至十五，各当一卦。望后之亏，有渐；故十六、七，当二卦。十八而亏者，渐减。十九以下，各当三卦。至二十三而下弦，或在二十三、二十四间，正当艮次。艮与兑对，上弦盛兑者，至艮而藏；月下亏者，不可见矣。故二十五，当二卦。二十六渐晦矣，故当一卦，至《剥》而终。若以月宿之次言之：则晦正当《坤》，以渐生明近《艮》，上弦在《坎》；望正当《乾》，以渐生魄近《兑》，下弦在《离》。《圆图》竖立，而分南上、北下观之，正如绕地腰轮。阳在上多，阴在下多，此理象显然者也。”潜老夫曰：“天用地凝水火，以为日月；而一阴一阳之道，昭然。实则，天惟有时，时惟有寒暑。一寒一暑，则日用月之所为也。《汉书》引《星传》曰：‘月为风雨，日为寒温。’可知，阴受阳感，而为风雨；阳激阴出，而为雷霆；则，皆水火日月也。故《大传》收之曰‘日月运行，一寒一暑’，毕矣。

① 蔡清（1453—1508），字介夫，别号虚斋，明晋江人，著《易经蒙引》。

万形相禅，各自屈伸达者，一鷇历其元会。”

明生岁成纳甲气朔之图

纳甲，本以父母包六子，而亦可以月行循先天；然必如此图之，其象乃符，坎离不用者。十二辟，自一阳，而二阳三阳；阴生，亦然。坎离不与，而皆坎离也。乾离、坤坎，飞伏；故离又用壬，坎又用癸也。 坤 乾 乙 甲 兑 丁——丙 艮 離 己——戊 坎 巽 辛——庚 震 癸 壬 坤 乾	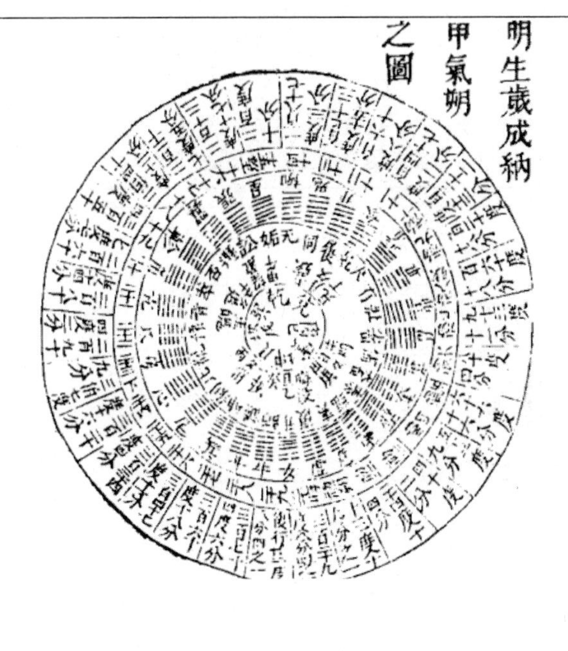
震巽，得初画；坎离，得中画；艮兑，得究画。父母包之，伦序森然。此，浑天纳甲也。 京氏卦爻，用此。形家，不纳坎离。《洪范》大五行，离纳“壬”，坎纳“癸”。虞翻，取《参同》配月；道家，以坎月为阳。	《全书》曰：“《圆图》，冬至日，与天会为《复》；夏至日，与天遇为《姤》。《方图》，冬至日，与地会为《复》；夏至日，与地遇为《姤》。”今取君藏四七，与星次围旋焉。月率三十，与十二宫相旋，即元会也。旧图，皆以读者顺布，如观浑天，从外视内，若仰而观之，乃其昔也。日月左旋，而次宿右纪，故皆取其图而覆之；如从纸背视纸上之图，易于省较。理，则一也。

卦起中孚归奇象闰图

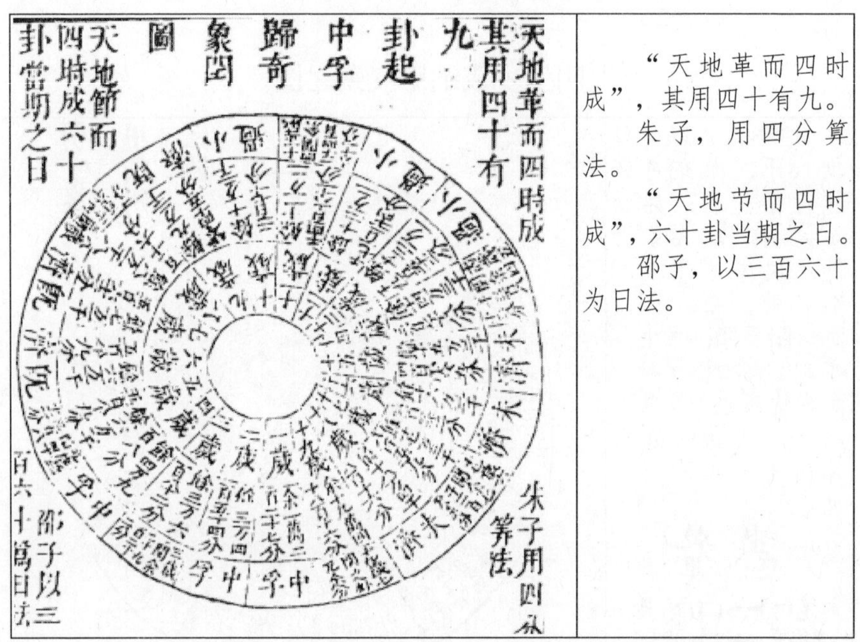

“天地革而四时成”，其用四十有九。

朱子，用四分算法。

“天地节而四时成”，六十卦当期之日。

邵子，以三百六十为日法。

潜老夫曰：“‘十九岁七闰’一章，终天地之数。则‘五岁再闰’‘归奇’之象，举成数也；乾坤当期，亦成数也。《尧典》所云‘六日’，何在乎？《孚》《过》、两《济》，亦卦气之闰法也。‘卦气起于中孚’，果无谓也？《彖》曰‘四时成’者，二焉。四十九，而‘天地革’；六十，而‘天地节’。则藏四，以为恒周；存四，以为纳虚；专取四以象闰余，皆自然之故也。”

朱子以《四分历》定冬至，气朔同日一章之岁。古历法，四章为“蔀”；至、朔，同在甲子日。二十蔀，为纪；至、朔，同在甲子时。三纪为元，日月时皆值甲子，谓之“历元”。及《太玄》历“二十七章为会”，月食尽三会为统，朔分尽三统为元。六甲尽，皆起于闰分之章也。孟氏喜之法，自冬至初《中孚》用事，卦以地六，候以天五，五六相乘，消息一变；十有二变，而岁复初。四象之变，皆兼六爻，而中节之应备；是以《孚》《过》《既》《未》，有交周之义焉。日道距赤道，二十有四。月道出入日道，不踰六度；出黄道外为阳，入黄道内为阴。阴阳一周，分为象限者四。月当黄道，为正交；出黄道外六度，为半交。复当黄道中，为中交；复入黄道内六度，为半交。是为四象限，限为七交，凡二百四十九，退天一周有奇，终而复始，此月行之取于四卦也。冬至，日行一度强，出赤道外二十四度弱；夏至，日行一度弱，入赤道内二十四度强；此，日行之取于四卦也。故夏至，《中孚》入《小过》；二分，既、未《济》居焉。此其《革》于四十九，《节》于六十；而余四象，为置闰之统也。

《礼运》言："和而月生，三五盈、阙。"人身，以验呼吸；《参同》，以为丹书。故言变化，必以月表法焉。日行黄道，月出入为九行，历家以八卦图之。深几者，取而玩之，其行必环，其环必交，要不出于"二环相交"而已矣。故，以先后天二环象之。

潜老夫曰："盈息之机，天日表其全；而虚消之象，日月轨其半也。《上经》阳卦，而《剥》后终六；《下经》阴卦，而《丰》后终九；阴阳互藏其宅也。《乾》君，起《泰》而《遁》；《坤》藏，起《否》而《临》：以《泰》为'哉生之时'，以《否》为'哉生之魄'。乾主望，而夕出；坤主晦，而日没。六卦居其中，二十八卦包其外，共一百六十八爻。每卦主爻，二十有八。太阴之一六，运少阳之四七。举其成数，凡二十八日，而天度一周；积二十九日余四百十九，而日月会朔。凡二十九会，得三百五十四日，九百四十分。日之三百四十八分，与天会为一岁。其有大尽、小尽者，则‘疾运、盈缩’之致也。”按：“先天《圆图》，《乾》历五位为《小畜》，七位为《归妹》，八位为《中孚》，三著“月几望”之象也。”而君藏二仪，则《小畜》在上弦之际，《归妹》《中孚》隐而不见。然历其数，则十四、十五，正望朔也。夫太阴之从黄道也，有三度焉：一曰“平度”，则十三度十九分度之七也；一曰“极疾度”；一曰“极迟度”。其迟疾，各有初末二限焉。初为益，末为损。疾初、迟末，则过于平行矣；迟初、疾末，则不及于平行矣。自入转初日，其卦《明夷》行十四度半强，渐杀；历七日，其卦《大壮》，适及平行，谓之“疾初限”。其积度，比平行余五度四十二分，自是其“疾”日损。又历七日，其卦《姤》，行十二度微强，向之益者，尽损而无余，谓之“疾末限”。自是复行迟度，其卦《讼》。又历七日，其卦《观》，适及平行，谓之“迟初限”。其积度，比平行不及五度四十二分，自是其“迟”日损。行度渐增，又历七日，其卦《复》，复行十四度半强，向之益者，又尽损而无余，谓之“迟末限”。八转一周，实二十七日五十四刻四十八分，迟疾极差，皆五度四十二分。旧历，为一限，皆用二十八限；此，贴卦之大约也。《洪范》云，“日月之行，则有冬、夏”，从其常也；又云，“月之从星，则以风雨”，从其变也。夫日行，不可指而定也，稽之以月之晦、朔；月行，不可泥而准也，验之以星之昏、旦；日月之交，不可以执而殚也，核之以斗柄之建、合。若夫“日中星鸟”之移而柳也；“日永星火”之移而氐也；“宵中星虚”之移而牵牛也；“日短星昂”之移而奎也。自唐及汉已然矣。《小正》“月令仲春，日在奎”，比之《尧典》“在胃”而异；“仲夏日在井”，比之“在柳”而异；“仲秋日在角”，比之“在房”而异；“仲冬日在斗”，比之“在虚”而异。是则月令之躔次，已差《尧典》隔一月矣。消息盈虚，岂有极哉？夫月之不敢当黄道也。一岁之中经天者，斜行其间，凡十有三次；而四象之交，六出七八，七出六八，凡二十六次。大约一百八十三日，有奇；而与日一交者，祗二次而已。其食与不食，在乎此也。日月相会为一月，约二十九半零二十九分。盖以四百七十分，为半日；以七十八分三里三毫，为一时也。南北纵，谓之“度”；东西横，谓之“道”。其合朔也，日月之纵，同其度；而横，不同其道。其对望也，日月之横，对其道；而纵，不对其度。如其朔而横向，则月掩日；如其望而纵对，则日夺月。凡日过中，则疾；月弦前、弦后，则疾之极而食也，有然矣。日月两道如环；一象其“天首”也，为罗；一象其“天尾”也，为计。月行最迟之度为孛，朔不及中，成闰而闰生炁。凡二十八年于闰，而炁一周，是交食之积算也。金水附日，岁一周天。火，三月而改，故二岁一周。木，一岁而凋，故十二岁为一周。土，博厚而不迁，岁填一宿，故二十八岁而一周也。斗分七星，复指七宿，而命四时；故二十八舍，秉于斗辰，而各居其所，以听二曜、五行之旋。盖有“不盈不虚、不消不息”者，而后盈虚消息相推而无已。此，坐宿之大约也。

宿度图

<table>
<tr>
<td>王曰俞曰：“万历四十三年冬至，日在黄道箕三度，一十九分一十九秒八十微；赤道箕四度四分二十五微。故内道口，在壁一度；外道口，在轸初度。距今丙戌，历三十四年，岁差一分三十五秒。则今年之冬至，其内道口，已不在壁，而在室；外道口，已不在轸，而在翼。”潜老夫曰：“圆奇必差，约三万年一周。其黄赤交，十二次分，皆岁差同移。《易》，以方节圆；故以具爻、通期爻、贞悔爻，析分以核之。此，一几微也；惜无神明者，难与语此。”</td>
<td>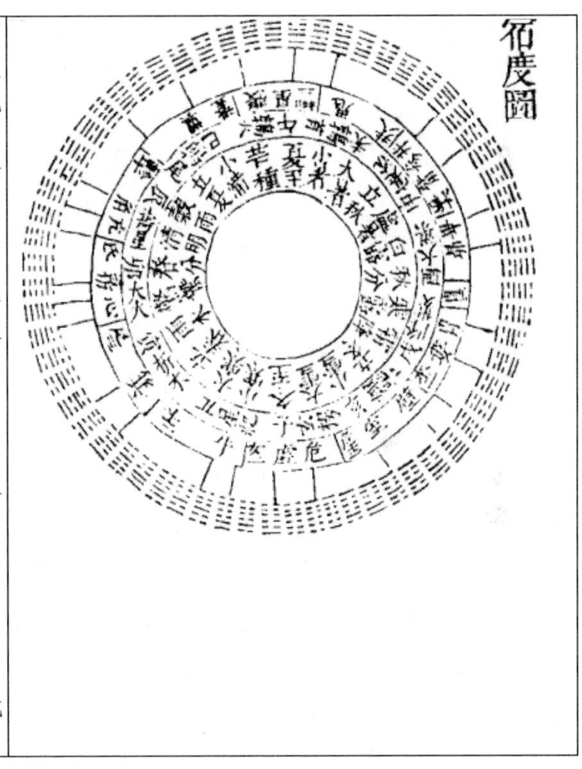
</td>
</tr>
</table>

王述古[①]《授时历筌》

赤道宿度

角十二一十 亢九二十 氐十六三十 房五六十
心六五十 尾十九一十 箕十四十 東方七宿七十九度廿分
斗二十五二十 牛七二十 女十一三十五 虛八九十五太
危十五四十 室十七一十 壁八六十 北方七宿九十三度八十分太
奎十六六十 婁十一八十 胃十五六十 昴十一三十 畢十七四十
觜初五 參十一一十 西方七宿八十三度八十五分
井三十三三十 鬼二二十 柳十三三十 星六三十 張十七二十五
翼十八七十 軫十七三十 南方七宿一百八度四十分

黃道宿度

角十二八十七 亢九五十六 氐十六四十 房五四十八 心六二十七
尾十七九十五 箕九五十九 東七宿七十八度一十二分
斗二十三四十七 牛六九十 女十一一十二 虛九少太 危十五九十五
室十八三十二 壁九三十四 北方七宿九十四度一十分太
奎十七八十七 婁十二三十六 胃十五八十一 昴十一〇八 畢十六五十
觜初〇五 參十二十八 西七宿八十三度九十五分
井三十一〇三 鬼二一十一 柳十二七十 星六三十一 張十七七十九
翼二十〇九 軫十八七十五 南七宿一百九度八分

節氣	次	辰	起度	
日雨水後六日	入娵訾次	亥	起危十二度二十六分十二秒太	[illegible]六十四分九十一秒
春分後九日	降婁	戌	奎一度五十九分九十四秒少	七十三分六十三秒
穀雨後十日	大梁	酉	胃三度六十三分七十五秒少	七十四分五十六秒
小滿後十日	實沈	申	畢七度一十七分一十七秒少	六度八十八分五秒
夏至後十日	鶉首	未	井九度〇六分三十八秒少	八度三十四分九十四秒
大暑後九日	鶉火	午	柳四度〇〇二十〇秒少	二度八十六分八十六秒
處暑後十日	鶉尾	巳	張十五度八十四分〇二秒太	十五度二十六分六十六秒
秋分後十三日	壽星	辰	軫十度二十七分八十三秒少	十度七分九十七秒
霜降後十四日	大火	卯	氐一度一十一分六十四秒太	一十四分五十三秒
小雪後十二日	析木	寅	尾三度二十五分四十六秒少	一分一十五秒
冬至後九日	星紀	丑	斗四度〇九分二十七秒太	二度七十六分八十五秒
大寒後十日	玄枵	子	女二度一十三分〇九秒	六分三十八秒

① "古"，原为"右"字。

磨羯子	冬至十一月中 小寒	日躔子中初度起	箕三
寶瓶亥	大寒 立春	[illegible]	牛初
雙魚戌	雨水 驚蟄		危三
白羊酉	春分 清明	內道口	壁初
金牛申	穀雨 立夏		婁五
陰陽未	小滿 芒種	太	昴七
巨蟹午	夏至 小暑	西	參末
獅子巳	大暑 立秋	法	井三
雙女辰	處暑 白露		張七
天秤卯	秋分 寒露	外道口	軫初
天蝎寅	霜降 立冬		亢初
人馬丑	小雪 大雪	亥中子初	房三

《全》曰:“地应天，以时行；月附日，而得会遇。天与日会，地与月会，皆同度；即远近、迟速不同，而其度同，卦爻即同也。至于一年之冬至，则天地日月皆会于复，是为一岁之期矣。冬至，日与天会，月与地会，为《复》；天地皆在坤，故坤不用。春分，日在卯，为《大壮》；日月皆八离，故离不用。夏至，日与天遇，月与地遇，为《姤》；天地皆在乾，故乾不用。秋分，日在酉，为《观》；日月皆入坎，故坎不用。《圆图》，冬至日与天会，为《复》；天在《坤》，日在《颐》，始于《震》。夏至，日与天遇，为《姤》；天在《乾》，日在《大过》，始于《巽》。冬至，日出《中孚》，入《坎》，终于《兑》。夏至，日出《离》，入《小过》，终于《艮》。天行进，日行退。冬至，日与天会，为《复》；天丑、日子，天寅、日亥，天卯、日戌，天辰、日酉，天巳、日申，天午、日未，天未、日午。夏至，天与日遇，为《姤》；天申、日巳，天酉、日辰，天戌、日卯，天亥、日寅，天子、日丑，天丑、日子。天，复与日会，为《复》。二至者，天日、阴阳之交也。日，禀天气而行；月，禀地气而行。然天圆而地方，方者既立，独天与日月行焉。天包地外，天行于地之中，即地之行。日月，无昼夜，以人居地上所见也。故知天无体，日月无方，以地为之体、为之方耳。历家，惟以天与日月之行见之。自《复》十一月，历十六卦为《临》，在《先天图》曰‘春分卯中’。在辟卦，《临》为十二月。而‘春分卯中’，则二月中气也，谓‘阳自复，而《复》长于《临》《泰》，至二月之《大壮》，而阳大盛矣’。是故，《临》本十二月之卦，而自此阳长。则为‘春分卯中’者，此阳也；为《泰》之立夏巳初者，此阳也；皆阳浸长者，致之也。又自《姤》五月，历十六卦为《遁》，在《先天图》曰‘秋分酉中’。在辟卦，

《遁》为六月。而‘秋分酉中’，则八月中气也，谓‘阴自《姤》，而浸长于《遁》《否》，至八月之《观》，而阴大盛矣’。是故，《遁》本六月之卦，而自此阴长。则为‘秋分酉中’者，此阴也；为《否》之立秋亥初者，此阴也；皆阴浸长者，致之也。夏至后，井水便凉。凉者，寒之变，此坤气上升之渐也。故小暑、大暑，为坤暑之中；小寒、大寒，为乾寒之终。”

邵子曰：“天不可测，观斗占天。斗之所建，天之行也。魁建子，杓建寅，星以寅为昼也。斗有七星，是以昼不过七分也。”日以迟为进，月以疾为退。日月一会，而加半日、减半日，是以为闰余也。日一大运而进六日，月一大运而退六日，是以为闰差也。日行阳度则盈，行阴度则缩，宾主之道也。月远日则明生而迟，近日则魄生而疾，君臣之义也。相食，数之交也，水火之克也。日随天而转，月随日而行，星随月而见。故星法月，月法日，日法天。天半明半晦，日半盈半缩，月半盈半亏，星半动半静，阴阳之义也。天，昼夜常见；日，见于昼；月，见于夜而半不见；星，半见于下；贵贱之等也。此，言“星半见于地下”也。天官言：“斗重建。”盖以斗为纲，四方之宿各七。星家，以七曜细配之，岂无所自乎？《方图》，外围亦二十八也。“十二次舍”，举半言周，则谓“七襄”。襄者，古人所谓“旁参”也。故，卫朴立“日襄”“斗襄”法。邵曰“斗有七星，昼不过七分”，正谓此也。阳，主舒长；阴，主惨急。日入盈度，阴从于阳；日入缩度，阳从于阴。有物于此，分半而用之：前一半，则方用而有余；后一半，则过用而不足。此盈缩之变，亦即“舒”“惨”之辨。以上，皆言天地之用，惟此“日月运行，一寒一暑”。

朱子曰：“横渠说‘日月，皆左旋’，甚是。历家，以退数易算，故谓‘右行’。地，本气之渣滓聚成形质者，束于劲风旋转之中，故兀然浮空而不坠。”黄帝曰：“地有凭乎？”歧伯曰：“大气举之。”则“豆在脬中”之喻，岂待今日始明也？《全》曰：“天与日月左旋，至地下皆右旋。地之山水，皆从右发脉，向东南者，皆从天气至地下右转，实左旋也。”潜老夫曰：“以全地之球，如蓏论之：蒂应者，极也；其稜理，自蒂渐至于脐。其气，皆从地中起；地中，正天中也。地气自旋，而地质不旋，止有四游而已。”

朱子尝言：“唐书有人至海，见南极下数十大星甚明。”设使今遇泰西之士，何为不若孔子之问郯子耶？汉《艺文志》，有“海中星占”矣。古，未信耳。今二图已合，天河首尾相环，与地自应，但应非一端也。可信，二极，为不用之至用。世皆以《圆图》为地平，扁轮耳。当知此为“卯酉、日月”之轮，即可以此为“子午直极”之轮；则《复》《姤》，亦可象二极也。《先天》乾坤应极，故六子交午中之轮；《后天》坎离应极，故震兑东西转轮。巽艮偏东，乾坤偏西；犹今晷测，言“北海顶线，林邑顶线也”。然应极之间，气自相交。天以地为中心，人直立于地球之上，所在以气外升为上，足履为下。故上下交者、东西旋者，同时不乱。自非神明，乌能信得极乎？

分野图

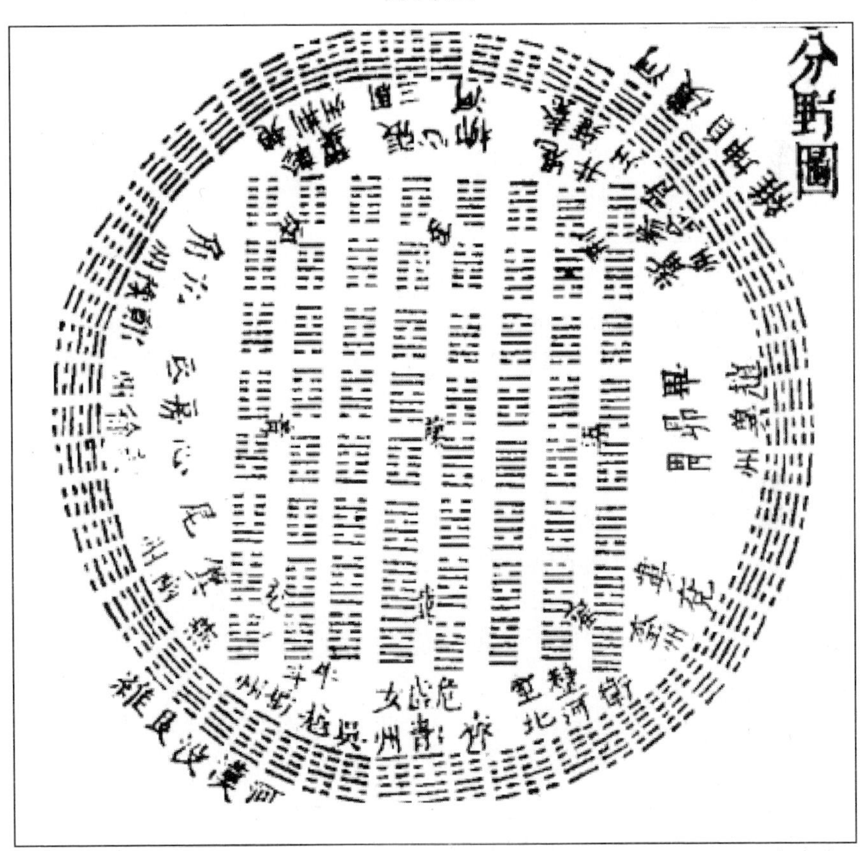

《天官书》曰：“北斗杓携龙角，衡殷南斗，魁枕参首。用昏建者，杓杓自华以西南；夜半建者，衡衡殷中州河济之间；平旦建者，魁魁海岱以东北也。”《汉志》曰：“角、亢、氐，兖州；房、心，豫州；尾、箕，幽州；斗，江湖。牛、女，扬州；虚、危，青州；室、壁，并州；

奎、娄、胃，徐州；昂、毕，冀州；觜、参，益州；井、龟，雍州；柳、星，三河；翼、轸，荆州。甲乙，海外，日月不占；丙丁，江淮海岱；戊己，中州河济；庚辛，华山以西；壬癸，常山以北。”一曰：“甲齐，乙东夷，丙楚，丁南夷，戊魏，己韩，庚秦，辛西夷，壬燕赵，癸北夷。子周，丑翟，寅赵，卯郑，辰邯郸，巳卫，午秦，未中山，申齐，酉鲁，戌吴越，亥燕代。秦之疆，候太白，占狼、弧。吴楚之疆，候荧惑，占鸟横。燕齐之疆，候辰星，占虚、危。宋郑之疆，候岁星，占房、心。晋之疆，亦候辰星，占参、罚。及秦吞中国于四海内，则在东南为阳，阳则日。岁星、荧惑、填星，占于街南，毕主之。其西北则胡、貉、月氏旃裘引弓之民为阴。阴则月，太白、辰星占于街北，昂主之。秦、晋好用兵，复占太白，而辰星趮急，胡貉独占，其大经也。”《春秋传》曰：“武王伐纣，岁在鹑火。”岁之所在，即周之分野也。许芝曰：文王为西伯，岁亦在鹑火。王奕曰：星次黄帝，因日月会而名耳。历者，以日行知度，当黄道之星，则记之，止此二十八宿。后因据此，以距度分野。《世纪》云：“一度，为而千九百三十二里。周天，积一百七万一千三里；径，三十五万六千九百七十一里。”此，表影推耳。今南京视北极出地三十六度，至北京出地四十度。地相去二千里，则五百里地，当天一度。鸟道计之，则二百五十里也。泰西征地周九万里，亦此故也。《庄子》寓言“扶摇九万里”，亦三百六十度之全数也。班固所载与费直所列，蔡邕《月令》所分，次度已自不合罗经。据授时次之，而王述古所考，又异。盖既有岁差，地亦四游，宜其各列耳。刘青田《分野秘传》，皆本《晋志》。洪容斋谓：“卫而列凉州，雍秦而列太原上党。”此，岂出李淳风之手乎？由《史》《汉》所集《三统》《甘石》之说，古人所用，不执一说，明矣。故，录之于后。

角、亢、氐，郑，兖州：东郡入角一度。东平、任城、山阴，入角六度。泰山，入角十二度。济北、陈留，入亢五度。济阴，入氐一度。东平，入氐七度。

房、心，宋，豫州：颍州，入房一度。汝南，入房二度。沛郡，入房四度。梁国，入房五度。淮扬，入心一度。鲁国，入心三度。楚国，入房四度。

尾、箕，燕，幽州：凉州，入箕中十度。上谷，入尾一度。渔阳，入尾三度。右北平，入尾七度。西河、上郡、北地、辽西东，入尾十度；涿郡，入尾十六度；渤海，入箕一度；乐浪，入箕三度；玄菟，入箕六度；广阳，入箕九度。

斗、牛、女，吴、越，扬州：九江，入斗一度；庐江，入斗六度；豫章，入斗十度；丹阳，入斗十六度；会稽，入牛一度；临淮，入牛四度；广陵，入牛八度；泗水，入女一度；六安，入牛六度。

虚、危，齐，青州：齐国，入虚六度；北海，入虚九度；济南，入危一度；乐安，入危四度；东莱，入危九度；平原入危十一度；淄州，入危十四度。

室、壁，卫，并州：安定，入室一度；天水，入室八度；陇西，入室四度；酒泉，入室十一度；张掖，入室十二度；武都，入壁一度；金城，入壁四度；武威，入壁六度；燉煌，入壁八度。

奎、娄、胃，鲁，徐州：东海，入奎一度；瑯琊，入奎一度；高密，入娄一度；城阳，入娄九度；胶东，入胃一度。

昴、毕，赵，冀州：魏郡，入昴一度；巨鹿，入昴三度；常山，入昴五度；广平，入昴七度；中山，入昴一度；清河，入昴九度；信都，入毕三度；赵郡，入毕八度；安平，入毕四度；河间，入毕十度；真定，入毕十三度。

觜、参，魏，益州：广汉，入觜一度；越巂，入觜三度；蜀都，入觜一度；犍为，入参三度；牂牱，入参五度；巴郡，入参五度；汉中，入参九度；益州，入参七度。

井、鬼，秦，雍州：云中，入井一度；定襄，入井八度；雁门，入井十六度；代郡，入井二十八度；太原，入井二十九度；上党，入鬼二度。

柳、星、张，周，三辅：弘农，入柳一度；河南，入星三度；河东，入张三度；河内，入张九度。

冀、轸，楚，荆州：南阳，入翼六度；南郡，入翼十度；江夏，入翼十二度；零陵，入轸十一度；桂阳，入轸六度；武陵，入轸十度；长沙，入轸十六度。

孔子曰：“仰以观于天文，俯以察于地理。”邵子曰：“圆者，星也。”历纪之数，其肇于此乎？“方者，土也”。画州、井地之法，其放于此乎？郑仲渔曰：“‘河出图’，有自然之象；‘洛出书’，有自然之理。”盖谓：“《河图》之如星点者，为诸图形象之祖；《洛书》之如字画者，为六书、文字之宗也。”时运之轮，象天；列位之方，法地。二十八宿，当《方图》之外围。星图相占，掌诸耽方；文理互显，方圆互用者也。禹之治水、治地，皆用九为规。“奠九州”“刊九山”“涤九川”“陂九泽”，固有取尔矣。图编，取中豫、北冀、南扬、东青[1]、西凉、西北雍、东南徐、东北兖、西南荆，以配《洛书》，其概也。《唐志》“山河两戒”之释星土也，然乎？否耶。今泰西合二图，补金鱼、火鸟。天河，坤维续参井，艮维续箕斗，首尾相环，此何以分焉？尝考地球之说，如豆在脬；吹气，则豆在其中，此其理也。然未言“其如蓏有脐带”。而赤道之腰，分南北、东西，与二极，为六合矩也。卯伏必分上下，圆物水浮丝悬，便自定分。三轮五线，证知“中国当胸，西乾当左乳”。中土，以卦策定礼乐，表性命、治教之大成，独为明备中正，岂偶然乎？当此极之下者，无用之地也。黄道之下，人灵物盛；而中国在腰轮之南，天地人相应，其几自应，地势符天。全地应之，一方之地，亦应之。可以平列，即可以环列；古人因民之所知，而列之。惜今无神明，不能重订中土之分野，而犹守隋晋之《志》，更今郡县名耳。

三天图

① “青”字，原文缺。根据九州方位补。

内圆，先天也。中图，中天也。外图，后天也。先天、中天，各以数言；而后天卦，坎则出于文王所序。

此，《全书》所载《三天图》也。李象山，以“羲图，先天也；羲序内卦、外卦。以乾坎艮震、巽离坤兑序之，中天也。内外皆后天，则后天也”。石斋，则“羲《易》为先天，而三成之。中天，则乾巽离兑、坤震坎艮为内卦序，而复以此序加之。后天，则震巽离坤、乾兑坎艮为序，而加之；又以兑为首，而序加之”。详具《象正·估俾易说》。《革》，居《序卦》之四十九，当大衍之数；《节》，居《序》之六十，当周天之数。六十卦，三百六十爻；一爻，主一日。夫《上经》三十卦，始于《乾》《坤》，终于《坎》《离》；《下经》三十四卦，始于《咸》《恒》，终于既未《济》。且乾配甲而起于子，坤配乙而起于于丑。故六十四卦，《上经》《乾》起甲子，《泰》甲戌，《噬嗑》甲申，至三十卦一百八十日，而“三甲”尽。《下经》《咸》起甲午，《损》甲辰，《震》甲寅，至《节》癸亥而终，亦三十卦，一百八十日，而年一周。所以，京、焦用以直日，“天地节、革而四时成”是也。《节》后，继以《中孚》《小过》、既未《济》者，所以先《坎》《离》《震》《兑》四卦，应子午卯酉，为春夏秋冬四时；两之，以为八节，是为分至启闭。每爻，值十五日，以应七十二候。先儒言“卦起中孚”，非也。《中孚》，复起于甲子耳。《乾》，为十一月之卦，而起甲子；《节》，为十月之卦，而得癸亥。由是，知“《上经》三十卦，是阳生于子，而终于巳；《下经》三十卦，是阴生于午，而终于亥”。至《中孚》，而阳气复生于子，故亦为十一月之卦。自《乾》起甲子，至《节》六十卦而终，是四其《河图》十五之数。为三百六十爻，爻当一日；而为六十卦，一年之候也。《中孚》起甲子，至《未济》，四卦而终，是四其六子之数。凡二十四爻，而爻当一气；为二十四气，应一年支候也。四其六子之数者，何也？盖《中孚》巽上兑下，《小过》震上艮下，并既未《济》坎离变体为六子。少阳、少阴，六子之气，分布于四时。故四之，以应二十四气耳；亦应“四其《河图》十五数”。而日当一卦，凡六十日为二十四气，一年之候也。

潜老夫曰："五行本位，西方属金。五行有声，而最清者金，故纳音首金，所谓'甲子乙丑，海中金也'。五声，宫商角徵羽。既轮之后，回轮以应天地之生数，则起于西方羽。与宫相接，而乾居于前为金。故纳音之理，起于西；而支干始于甲子，则仍起于北，乾统之也。凡气始于东方，而右行；木传火，火传土，土传金，金传水也。音起于西方，而左行；金传火，火传木，木传水，水传土也。"沈存中谓："纳音、纳甲，皆乾始而坤终也。"音始西方，起金西左旋，故金三元终；左行传南方火，火三元终；左行，传东方木也。自子至巳，为阳；故自黄钟至中吕，皆下生。自午至亥，为阴；故自林钟至应钟，皆上生。以六十支干，应六十律，犹之旋相为宫法也。按："支位，隔八相生，分三合、三原，依序排列。观天气依乎地，则十干顺布。用地支六气，尊六甲，以为头。逐地而右转，察地位负乎天；则十二支逆排，用天干五运，列五子以为首，随天而左旋。凡三十名，名当二律、当十日，与七十二卦同旋。直日卦影用之，非仅堪舆家所用遁演也。盖气从右行，而声从左应；时以运转，而律以音中，皆以征自然相应之理也。"王逵曰："'同位娶妻，隔八生子；此，律吕相生法也。五行，先仲而后孟、季；此，遁甲三元纪也。’甲子金之仲，为黄钟商。同位娶乙丑，为大吕商；隔八下生壬申，金之孟，为夷则商。壬申，同位娶癸酉，为南吕商；隔八位生庚辰，金之季，为姑冼商。此，金之三元终也。庚辰，同位娶辛巳，为仲吕商；隔八下生戊子，火之仲，为黄钟徵。戊子娶己丑，为大吕徵；生丙申，火之孟，为夷则徵。丙申，娶丁酉，为南吕徵；生甲辰，火之季，为姑冼徵。甲辰，娶乙巳中吕徵，生壬子，木之仲，为黄钟角。如是左行，至丁巳，中吕之宫，五音一终。复自甲午，金之仲，娶乙未，隔八生壬寅，一如甲子元法，终于癸亥，谓‘蕤宾娶林钟，上生太簇’之类[①]。”

周易时论合编卷之二终

① 胡煦著，程琳点校：《周易函书》，北京：中华书局，2008年版，第434页，引“潜老曰：五行本位，西方属金；五行有声，而最清者金”，至“终于癸亥，谓‘蕤宾娶林钟，上生太簇’之类”一节，与本章“潜老夫曰：五行本位，西方属金；五行有声，而最清者金”一节，相同。《周易函书》对经传解读，更与《周易时论合编》有颇多相似处。

周易时论合编图像几表卷之三

皖桐城方孔炤潜夫授编

孙中德、中履、中通、中泰编录

父母图说	
坤母 ☷	乾父 ☰
巽長女 ☴ 得坤初	震長男 ☳ 得乾初
离中女 ☲ 得坤中	坎中男 ☵ 得乾中
兑少女 ☱ 得坤究	艮少男 ☶ 得乾究

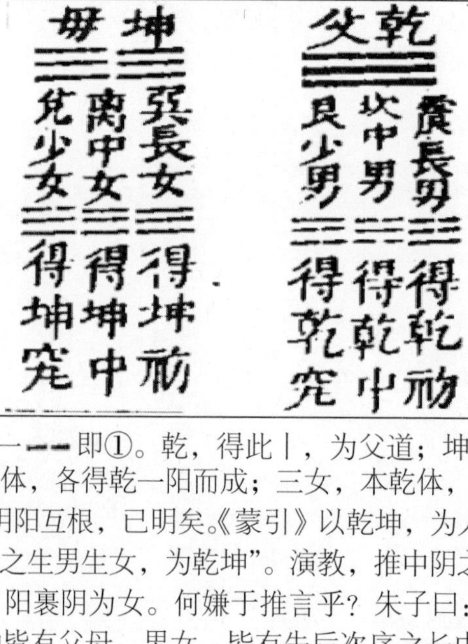

《全》曰："一 ╍ 即①。乾，得此丨，为父道；坤，得此丨，为母道。三男，本坤体，各得乾一阳而成；三女，本乾体，各得坤阴而成。"谓之"索"，而阴阳互根，已明矣。《蒙引》以乾坤，为人物始生之父母。《存疑》，以"今之生男生女，为乾坤"。演教，推中阴之索父母；褚氏，推阴裹阳为男，阳裹阴为女。何嫌于推言乎？朱子曰："竹有雌雄，麻有牝麻，是物物皆有父母、男女，皆有先后次序之长中少也。"统言天地万物，而惟言人者："天地之性，人为贵；万物，皆备于人也。"《宗一》曰[1]："夫妇者，阴阳之显者也；阴阳者，夫妇之微者也；是'虚空皆夫妇'矣。察乎此'天地与我并生，万物与我同体'，复何疑惑焉？"《集成》曰："物物，自为父母；而生，即天地之生也。岂于父母之外，

① 吴应宾（1564—1635），字尚之，亦名吴观我，人称宗一先生，桐城人，著《宗一圣论》十卷、《古本〈大学〉释论》五卷等。文中"观我公曰""吴观我公曰""观我氏曰""三一稿曰""三一斋曰""三一曰""先外祖曰"，皆引其著作。

别有天地之生乎？圣教，视亲‘长长，而天下平’[1]。伐一草木，杀一禽兽，非其时，谓之‘不孝’。故仁人视天如视亲，孝子视亲如视天。”《野同录》曰：“万物同体之体，正在‘有物有则’之显用中。一必因二，神于伦序，故就人而以‘父母’之名呼之。明伦顺序，即天地之孝子也。宁有叛悖矜高，谓之道乎？《易》，为天下人不知天然秩序而作。岂为天下人不茫茫混混而作乎？孔子，于卦象自明父母、君臣。又特以一章，明其称焉、谓焉。‘正名’，盖凛凛哉！”

先天八卦

《说卦》曰：“天地定位，山泽通气，雷风相薄，水火不相射。”“八卦相错”，即此图也。《旁罗解》曰：“阳生于子，极于午，故正南为乾；阳尽则一阴生，故西南为巽；阴生则包阳，则正西为坎；阴长则乾渐消，故西北为艮。阴生于午，极于子，故正北为坤；阴尽则一阳生，故东北为震；阳生则包阴，故正东为离；阳长则阴将尽，故东南为兑也。”《图解》曰：“四象，最先太阳。奇乾、偶兑相连；乾南，则兑东南矣。次，少阴。奇离、偶震相连；离东，则震东北矣。次，少阳。奇巽、偶坎相连；坎西，则巽西南矣。最后，太阴。奇艮、偶坤相连；坤北，则艮西北矣。”又曰：“《图》数十，《书》数九，皆极于五。此，八卦之源。”即八卦推之，又无不十焉，又无不九焉、五焉。论其十：则乾一、兑九，为太阳十也；离二、震八，为少阴十也；巽三、坎七，为少阳十也；艮四、坤六，为太阴十也。论其九：乾一，与坤八对，老与

①《孟子·离娄上》：“道在迩而求诸远，事在易而求诸难。人人亲其亲，长其长，而天下平。”

老合也。画，则乾三、坤六；画，亦九也。兑二，与艮七对，少与少合也。画，则兑四、艮五；画，亦九矣。离三，与坎六对，中与中合也。画，则离四、坎五；画，亦九矣。震四，与巽五对，长与长合也。画，则震五、巽四；画，亦九矣。论其五，则三两相依为主。乾纯奇，三也；坤纯偶，两也；是乾坤之数，五也。三交两，坎之中也；两交三，离之中也。震巽，两三之初交；艮兑，两三之末交。孰有离五者哉？或曰："羲《易》，固本《河图》；而卦位，自合《洛书》。"乾南、兑东南，则老阳四九之位；离东、震东北，则少阳三八之位；巽西南、坎西，则少阴二七之位；艮西北、坤北，则老阴一六之位；是《洛书》也。后天，亦合《河图》：离，当二七之火；坎，当一六之水；子午两卦，各当一象。外此，则两卦共当一象矣。故震当三，生木于东；巽当八，成木于东南。兑当四，生金于西；乾当九，成金于西北。艮阳土之生，当天五于东北；坤阴土之成，当地十于西南；土寄皆在，故坤艮独当中宫"五、十"。是《河图》也。总之，卦位既成，自然默合;《图》《书》乃天地之灵，而圣人则理所同然者。

潜老夫曰："'八卦相错'，妙于阴阳爻爻相错也。半折为用，即'围全，在用半中'之理。由《横图》一起右，而左行至八，不顺逆布之，则不交错正对矣。人身上半、下半，亦半折相对也。先生肾，肾生脾；脾生肝，肝生肺；肺生心，以生其'胜己者'。其次，心生小肠，小肠生大肠，大肠生胆，胆生胃，胃生膀胱，膀胱生三焦，以生其'己胜者'。先从木而上，后从火而下，折半相对也。此，子午平分也。三女本乾体，随父归东南；三男本坤体，随母归西北。此，又以寅申平分也。故，邵子又以'坎离为寅申，艮兑为卯酉，震巽为子午，乾坤为巳亥'。罗盘用两层相差，天气先十五度，即此理也。"《闻语》曰："自一至八，即列之后，人数之，自右起耳。适自右起，即至理也。阳必分阴，以对用，共此阴阳两仪。而阳中阴、阴中阳，皆分太少；一有俱有，俱相对，俱相错。横列而生之，折半而圆之，亦是观玩法。岂可执定'先横、后圆'哉？然，非此不能尽'观玩'之变[①]，即至理也。"

①《系辞上》："是故，君子居则观其象，而玩其辞；动则观其变，而玩其占。"

后天方位

孔子曰："岁三百六十日，而天气周。八卦用事，各四十五日，方备岁焉。故艮渐正月，巽渐三月，坤渐七月，乾渐九月：各以卦之所占，为月也。乾者，天也，终而为万物始；北方，万物所始也，故乾位十月。艮者，止物者也；故在四时之终，位十二月。巽者，阴始顺阳者也；阳，始壮于东南方，故位四月。坤者，地之道也，位六月。"此以八卦各得《洛书》之数，以司十二月；而奇方当一，偶方当二，明四维之用也。《凿度》又载，孔子曰："乾坤，阴阳之主也。阳始于亥，形于丑。乾位在西北，阳祖微据始也。阴始于巳，形于未，据正立位；故坤位在西南，阳[①]之正也。君道倡始，臣道正终。是以乾位在亥，坤位在未。所以，明阴阳之职，定君臣之位也。"《参同契》曰：坎离者，乾坤之用，天地之中气也。孤而无偶，水火专王于一宫。兑金震木，皆以乾巽相之，天地之和气也。董子曰："东，和北之起；西，和南之养；故用春秋。"《汉志》曰："历春秋者，天时也。列人事而因之以天时。《传》曰：'民受天地之中以生，所谓命也。礼以定命，故以阴阳之中制其礼。'春为阳中，万物以生；秋为阴中，万物以成。月，所以配分、至也。启闭者，节也；分至者，中也。节，不必在其月；故时中，必在正数之月。以事举其中，礼取其和；历数，以闰正天地之中，以作事厚生，皆所以定命也。""合三体而为之原，故曰'元'。""经元，一以统始，太极之首也；春秋二，以目岁，两仪之中也；于春每月书王，三统之极也；四时，必书时月，四象之节也。分、至、启、闭之分八卦之位也。""故《易》与《春秋》，天人之道也。无始有象，一也；春

① 应为"阴"字。

秋，二也；三统，三也；四时，四也；合而为十，成五体。以五乘十，大衍之数也；而道据其一。”此数条语，最宜合玩。邵子曰：“其得天地之用乎？乾坤交，而为《泰》；坎离交，而为《既济》也。”此，言“先后天，皆神于交”。乾生子，坤生午，坎终寅，离终申，以应天之时也。置乾于西北，退坤于西南；长子用事，而长女代母。坎离得位，兑震为偶，以应地之方也。坤统三女居西南，乾统三女于西北。《上经》起于三，《下经》终于四，皆交泰之义也。乾用九，坤用六，《衍》用四十九，而“潜龙勿用”也。大哉用乎！吾于此，见圣人之心矣。《解》曰：“阳以在上为正，阴以在下为正。震兑，反其正；故，邵曰‘交之始，当朝夕之位’。坎离贯中相间，自上至下，无不交者，故曰‘交之极，当子午之位’。巽阴原在下，艮阳原在上，皆未尝交；而以其杂，故当用中遍位。”乾坤纯，而当不用之位。西南半用，西北全不用。概曰：“不用，以坤配乾也。”朱子曰：“震东、兑西者，阳主进，故以长为先，而位乎左；阴主退，故以少为贵，而位乎右也。坎北者，进之中也；离南者，退之中也。男北而女南，互藏其宅也。四者，皆四方之正位，而为用事之卦。然震兑始，而离坎终；震兑轻，而坎离重也。”“乾西北、坤西南者，父母既老，而退居不用之地。然母亲而父尊；故坤犹半用，而乾全不用也。艮东北、巽东南者，少男进之后，而长女退之先，故亦皆不用。然男未就传，女将有行，故巽稍向用，而艮全不用也。四者，皆居四隅不正之位。然居东者，未用；而居西者，不复用也。”中曰：“用者，适用矣；未用者，随用矣；不用者，乃所以大用也。”

项平庵曰：“《后天》，‘播五行于四时’。二木主春，震东，而巽次之。离火主夏，故正南方。二金主秋，故兑西，而乾次之。坎水主东，故正北方。土寄旺，而坤土居西南，夏秋之交；艮土在东北，冬春之交。木金土各一者，以形旺也。水火各一者，以气旺也。坤阴土，故在阴地；艮阳土，故在阳地。震阳木，故在正东；巽阴木，故近南，而接乎阴。兑阴金，故正西；乾阳金，故近北，而接乎阳也。”《集成》曰：“《先天》，乾下交坤，成坎，袭坤位；故天气下降，而乾位西北。坤上交乾，成离，袭乾位；故地气上腾，而坤位西南。《先天》，离下交坎，成兑，袭坎位。故离居南，为夏；兑居次夏，为秋。坎上交离，成震，袭离位。故居北为冬；震居东，次冬为春。《后天》，乾既居西北，当艮位；则艮进于东北，而袭震位。艮，亦震之反也。《后天》，坤既位西南，当巽位；则巽退于东南，而袭兑位。巽，亦兑之反也。”

《归藏说》曰:“《圆图》,以流行为用;经,以反对为义。乾纯阳,顺流于坎,上乎艮;坤纯阴,逆流于离,入于巽。震之阳,则由下而生;兑之阴,则由上而降。”

《象正》曰:“《后天图》之妙,非世所窥。河汉首尾,垂于斗井,为两《济》之端。七纬之所出入,坤艮两土,终始其际,为地道之纲纪。凡《易》所称,‘西南’‘东北’,皆以坤艮为义;‘先甲’‘先庚’,皆以震兑为义。故以震始者,归之于坤;以兑始者,归之于艮。木生火,而还生土;坤土,遂生兑金。金生水,而水又合土;水土合,而生木。震,为青帝之府,万物嘉生;兑,为文武世室,万物嘉成。故震虽称木,而雷火出焉;兑虽称金,而水泽钟焉。体木以用火,故震能兼离,而离不为独火;体金以用水,故兑能兼坎,而坎不为独水;五行兼备,八卦乃行。故貌出于水,而说于兑;言出于火,而声于震;视出于巽,而明于火;听出于乾,而辨于水。思,则无所不之也。土,行于水火之间,折衷于金木;故以恭从明聪,合发其睿。河汉所直,日月五星,所为向背也;穷理格物,必自此始矣。‘出’‘齐’‘见’‘役’‘说’‘战’‘劳’‘成’,孔圣以是治后天之体。‘敬’‘农’‘协’‘建’,又‘明’‘念’‘向’‘威’,箕子以是正《洪范》之用。立意不同,其本于斋戒诚敬,以开物成务,则一也。水土平,而相协出。得坤者,以为坤;得艮者,以为艮;兑者,以兑;震者,以震。乾巽坎离,则函夏宅土之所同用也。今为图,内首震、终艮,外首兑、终坤,彼此分驰,令加三乘。可悟:‘《连山》首艮,《归藏》首坤。’《后天》,首震与兑,又何疑焉?”

黄《疏》曰:“后天卦位,非文王定也。庖羲氏,以木德王,正人统,而建寅。”《月令》曰:“春三月,其帝太昊,德在木。”“帝出乎震”,其昉于庖羲乎?帝舜以二月东巡,然后五月南巡,八月西巡,十一月北巡,所以大法天而象《易》也。潜老夫曰:“天地之理,本自如此。先后并用,圣人随时发明,其制度行事,自然符合,非可执‘何者,为何圣人之《易》也。’文王发明后天之用,故以归之耳。旧谓:‘《先天》主《乾》,称君,所重在正南;《后天》主《震》,称帝,所重在正东。’吾谓:‘举上下以立体;而用,则木之生气主之。’明君尊、臣卑之体,正所以为‘统御安分’之用;立仁与义之用,正其所以享其‘阴阳刚柔’之体。以统临,则谓之‘君’;以主宰,则谓之‘帝’。可执分乎?《先天》,即《横图》也,惟震巽之相连于中。先天八卦,折而司对起焉。故《先天》乾连兑,而《后天》兑终、乾始;乾,即继兑。《先天》

坤连艮，而《后天》坤冲艮为岁限，即先天之震冲巽也。故《后天》‘出震’‘齐巽’；巽，即继震。其补《横图》之中用，兼《方图》之中起乎？坎离之中，《先》《后》皆宗之。一东西，一南北；其机一也，其极一也。”

后天三纵一横图 	先天三纵一横图 
《旁注》曰：“卦画之对，乾三阳与坤三阴，一对也；坎中阳与离中阴，一对也；震初阳与兑末阴，一对也；艮末阳与巽初阴，一对也。先天、后天，所同也。先天八卦，乾坤坎离，以纯气、中气居四正。外其四隅卦，必而纵相对，不特阴阳对，亦且长少对。然后二卦合，而为纯气、中气，而造化进退升降、自然交互之法象著焉。若以交午射角取对，而长少不对，可合为纯气，不可合为中气。若以六子横对，则长少对，而阴阳不对；可合为中气，不可合为纯气也。”潜老夫曰：“先天定体，后天交用；邵子《纵》《横》举概耳，俱不相碍也。”	

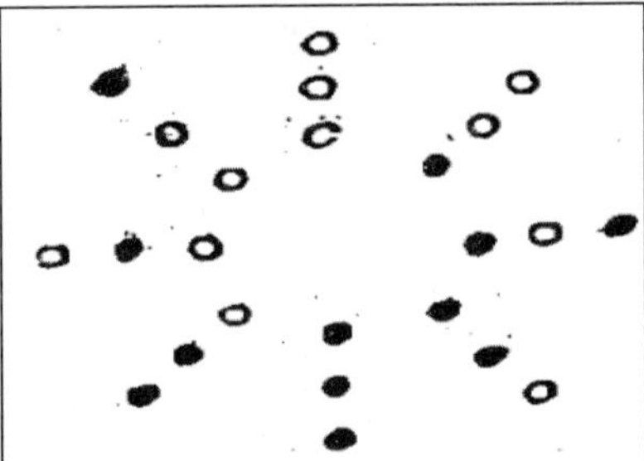

纯阴阳，当子午，为乾坤；而东西，为日月、水火。隅为金木，旁交六子，即先天八卦。

始为四阳、四阴。四阳，南正居其盛满，而用起于东；阴，北正居其盛满，而用起于西。以寅申卯酉，分仪。

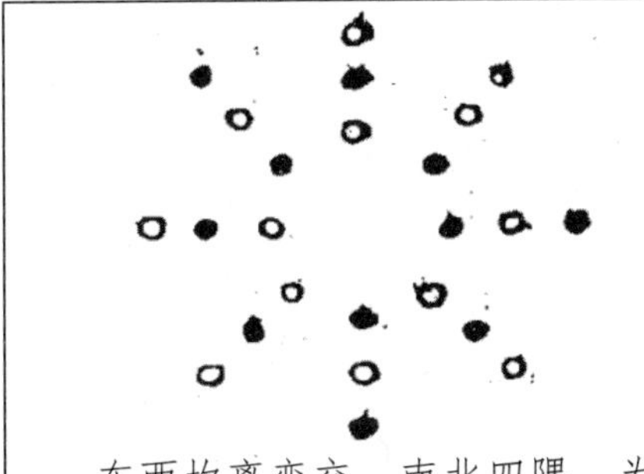

东西坎离变交。南北四隅，为四水、四火，是曰“中天”。

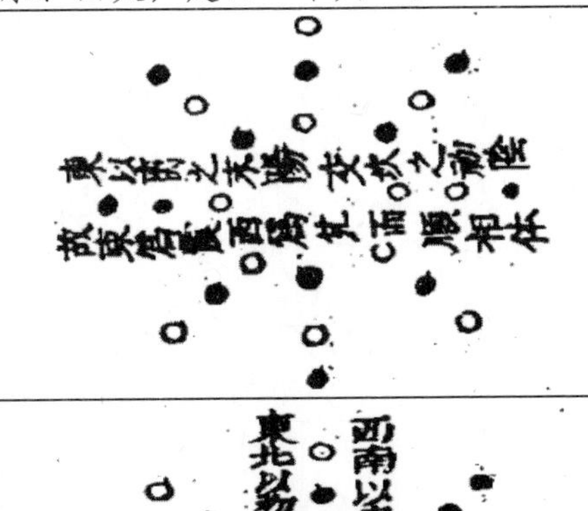

西南以中陽交西北中陰爲乾坤

東北以初陽交東南之末陰爲巽艮

蜀山李老人曰：“中天者，明天地之用中；而万物，缘坎离以为用也。”日月水火，运行不息，何非是乎？乾坤自交子午，为坎离。东北震之末阴，交东南兑之初阳，而为坎离。东西本位，出入门户。故先天坎离不变，而三纵并化，皆水火矣。卯酉水火，直为子午；而东以末阳，交西初阴，为震春、兑秋，则二分和平之候也。西南以中阳，交西北之中阴，为乾坤；东北以初阳，交东南之末阴，为巽艮，则后天也。阴阳生化，始于子午，衍者研几，因此指出。潜老夫曰：“邵子以‘交泰既济，叹先、后天’。微哉！交者，变化之几也。”

潜老夫曰："《先天》，四正居四方，四偏居四隅；而以纯正主南北，以正之用中者，主东西焉。《后天》，以二正之用中者，主南北；以二偏者，主东西；而震兑，乃六子之初、终也。八卦，本六卦：以乾坤坎离四正，不易；而四偏颠倒，止二卦耳。故以巽艮二偏，夹卯震之开；而以乾坤二统正者，夹酉兑之收。艮巽，即震兑之位；乾坤，即艮巽之位。四偏合为二全，而主正以用偏焉，重此'出入之门'也。《先天》，乾合三女于南，而以中者主东；坤合三男于北，而以中者主西。其介，在乎寅申；而坎离，以东西平分。《后天》，乾统三男于西北，坤合三女于西南。其介，在乎巳亥；而震兑，以东西平分，重此'出入之门'也。"

智曰："四面之坐，礼表法焉。严凝，始于西南，盛于西北；尊严气也，义也。温厚，始于东北，盛于东南；盛德气也，仁也。是以仁义介僎，为春秋也。大寒、大暑，岁不数日；余，皆可以谓之春秋，以其和平也。《周髀》推北极之下，半年无光；而中横左右，五谷一岁再熟。此，天道用腰轮之验也。人声旋韵，环配四时；惟春秋之真文庚青，和平之气，声状备焉；他，则迮矣。董子，以'二至为中，二分为合'，岂非'中，在和之中'乎？《汉志》，发明'春秋之二，即太极之一'，贵"前用"也。"

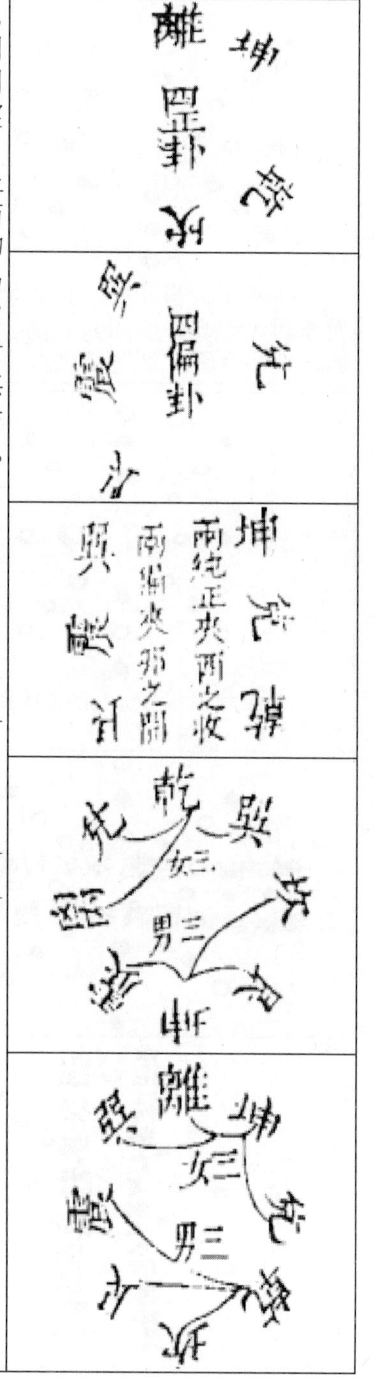

唐尧朔易图

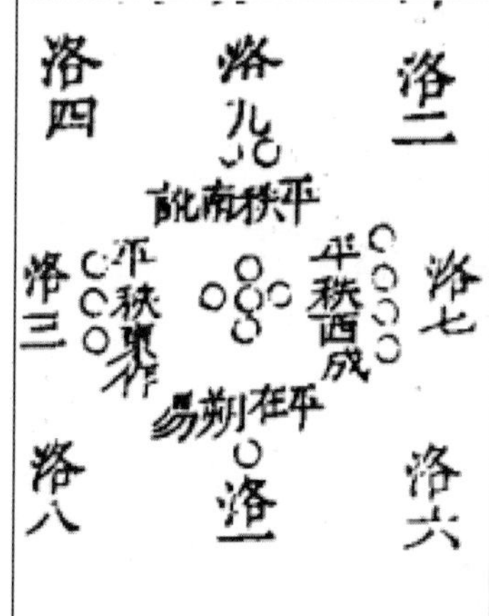

邵子曰:“《朔易》,以阳气自北方而生,至北方而尽,谓‘变易循环’也。”隐老曰:“平在朔易。”此,见先天之学,始于羲,成于尧也。潜老夫曰:“《尧典》‘钦天授时’。表法,皆在日用。东南西,曰‘平秩’;而北,独曰‘平在’,岂漫然乎?孔子曰:‘北方,万物所始也。’北方,曰‘朔’;月初,曰‘朔’。《礼运》曰:‘室堂牖户,醴酪麻丝,以养生送死,事鬼神上帝,皆从其朔。’‘朔易’者,明天一之无始;而其几,始于北一也。箕子九用,而北曰‘初一’,论‘五行’之始终。智信,袭乎水土;故《图》《书》之小一,皆在北方。北极者,天之枢;‘艮背’者,人之枢,皆北也。邵子,标尧之‘朔易’;朱子,指‘坤复之间’。知其循环,则时时‘朔易’矣。”

天门据始图说

潜老夫曰:“环中,无非大始。而环十二宫,必始于子;子之前,

则亥矣。两艮夹坎，天门迎《洛书》之顺数。”孔子曰：“乾祖微而据始。”深几，其神乎？自亥至辰之六位，犹子月《复》至四月《乾》之六阳；自巳至戌之六位，犹午月《姤》至十月《坤》之六阴也。《后天》之乾，《先天》艮位，其辟则《坤》，故曰：“三代之《易》，在此天门。”智曰：“孔子曰‘坤乾之义，夏时之等，吾以是观之’。孔子徵监二于《易》乎？”“帝出乎震”，三统用于人统。元，为四德之一；而元统四德，是万古之《周易》用“夏时”也。《河图》四布，《洛书》维成。人用于地，分坤艮之二土，以司寅申矩曲，节岁中与岁限，为天门之左右翼；而地户方藏，转风制权焉。是万古之《周易》，用《连山》《归藏》也。木气，生气也。邵子曰：“五行之木，万物之类也。”土生四行，受木克，而贯木。人身寸口，脉会寅时；地上用九，《方图》开泰，艮当寅位。夏首《连山》，即“夏时”也。太阴，艮四、坤六。《洛书》，坤以六奉乾；而《河图》，乾以九合四。乾金、艮石，金石同体，石出火而生水，静而托地，物产于山。故隐老曰：“五行用金，而石可隐矣。”此，明征也。乾合兑金，而刚领四阳于西北；亥冲为巳，而巽起四阴于东南。立夏辟[①]《乾》，《方图》《坤》藏；战地辟《坤》，号为阳月。应钟，为阳九之始变；中吕，终六间而续变，以冲居亥藏晦极为黄钟之忽。此，继变之籥也，明征也。丑寅，地开人统；未申，林冲“丧朋”；《汉志》言之矣。皇极数，用甲己子午九，乙庚丑未八，丙辛寅申七，丁壬卯酉六，戊癸辰戌五。天干已尽，而地支独余巳亥；故巳亥，为四。此，巳亥之不同也。形家贵亥，亦一征也。十二支究于亥，天数究于九，八维究于艮，艮符洛八；盖艮本阳画之究也。《后》，艮之在岁前；犹《先》，艮之在冬至前也。元公，于《先天》“易震巽”、《后天》“易乾艮”，引《凿度》《元包》、京《传》以相征，总明“雷风之合，乾艮之合，重随维之义也”。维皆坤也，坤藏乾也，震藏艮也。“建寅”之用亥子，犹“平旦”之用“夜气”也。故曰：“坤乾之义，夏时之等。”造化深几，随处可玩。

元公曰：“考《乾坤凿度》及《阴符遁甲》，立坎离震兑为四正，乾坤艮巽为四隅；则《河图》卦位，原与《洛书》相符，非文王始定也。但兑之少阴，与震之初阳相对，似与先天卦位不齐。今以《震》《兑》竖观之，则乾坤、坎离、艮巽，左右相对。与文王卦序、京氏卦变参同，然后知《洛书》之妙也。兑为西方，天下山川之祖；乾为太阳金，坤为太阴金，夹而辅之；故，形家有‘分金’之说焉。孔子谓‘兑，为

① 辟，十二辟卦，巳月，为《乾》卦。

日月出入之门，天地之和气’，信矣。今不称‘水火木金土’，而称‘金木水火土’，其先兑之义乎？”智按：“孙文介，衍金精鳌极，亦‘纵金木’云。”

三轮六合八觚图

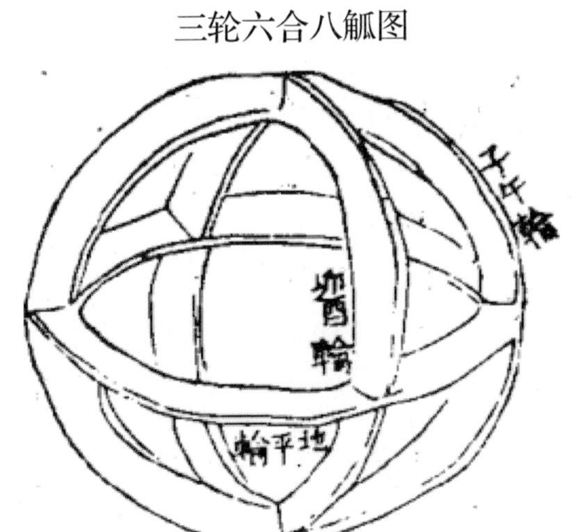

凡设三轮，水而臬之，则知地平；针而丙之，则知子午；绳而垂之，则知上下。轮，皆有先后天、八卦、十二宫周期之度，是为六合，是为八觚。此大舜“璿玑”之始图约法也。

于是，出入地平，可定二极；腰旋黄赤，形如双环。日月交分，经纬皆可距度。四破取一，是为象限。欲求一星，立地可得。今“以有征无中之理”，借此弥纶。以世言圆，皆画球如镜之“扁圆”也，非“圆圆”也。

潜老夫曰：“邵子曰‘乾坤，定上下之位；坎离，列日月之门’。则《先天圆图八卦》，当拱架而亻真观之，非但平瘅而论南北也。学者观玩之，而得‘双旋向北’之象焉。自乾兑离震，而旋左，是向北也；自巽坎艮坤，而旋右，亦向北也。故，邵子以坤震十六卦，为不用，言‘四分用三’也。《后天图》，则日月之腰轮也；以人身水火言，则坎离亦亻真圆矣。故曰：‘线绕而折围之，枝根而经络之，无非圆者。一在二中，无非轮，无非交。’则，何不可‘纵午平直观之’耶？”

《见》曰[1]：“《河图》，下水上火；《系词》，‘天一地二’。画，则一

---

① 钱志立（1567—1640），字尔卓，号镜水，著《易见》《周易火传》。“《见》曰”“尔卓钱氏曰”，皆引用其著作。

下、二上。伏羲，颠倒《河图》；文王，还旧耳。天地交为坎离，而委蜕退处矣。震兑，居坎离之旧位，男重长，女重少也。震兑之旧位，合以艮巽居之。”潜老夫曰：“《礼运》曰‘转而为阴阳’。神哉，转乎！邵子曰‘人，阳在上，而阴在下；既交，则阳下而阴上。’请畅之。三阳脉在首，三阴脉在足；首上足下，正也。然肾阳在下，心阴在上，既曰‘负阴抱阳’，又曰‘背阳腹阴’；两间混辟、费隐，皆然。天阳本无，而转以可见之有，为阳实；地阴本有，而转以不可见之无，为阴虚。体本无，而入用立体，反有定位；用本有，而正用之时，反无形拘。所可决者，无在有中。无在非极，而有北极之居所；不落阴阳，而止有‘一阴一阳之谓道’耳。”

十六卦环中交用图说

	塞乎两间，止此“健”“顺”之理。“健”中有“动”“陷”“止”之理；“顺”中有“入”“丽”“悦”之理。合而言之，“习明”自“易简”也。以“习明”，为“易简”；自不任其苟且，而托言荒忽。本“易简”，而“习明”；自不惑于诐僻，而滞于纷纭。万几、万变，约以先后天之八德，交用而毕矣。譬之镜子焉，两镜相照，彼中有此，此中有彼；彼此，复有彼此；穷极幻眇，不可殚见。况八镜，《先》《后》因重乎？然，虽以无万数之镜，光光相摄，同时不相碍也。一在二中，错综格践，交用交泯，其象如此。圣人随卦举之，而皆得也。《易》“前民用”，惟在中其“时宜之节”“发即未发”之中，适当“无过、不及”之中。一阴一阳之道，“继善成性”而已矣。

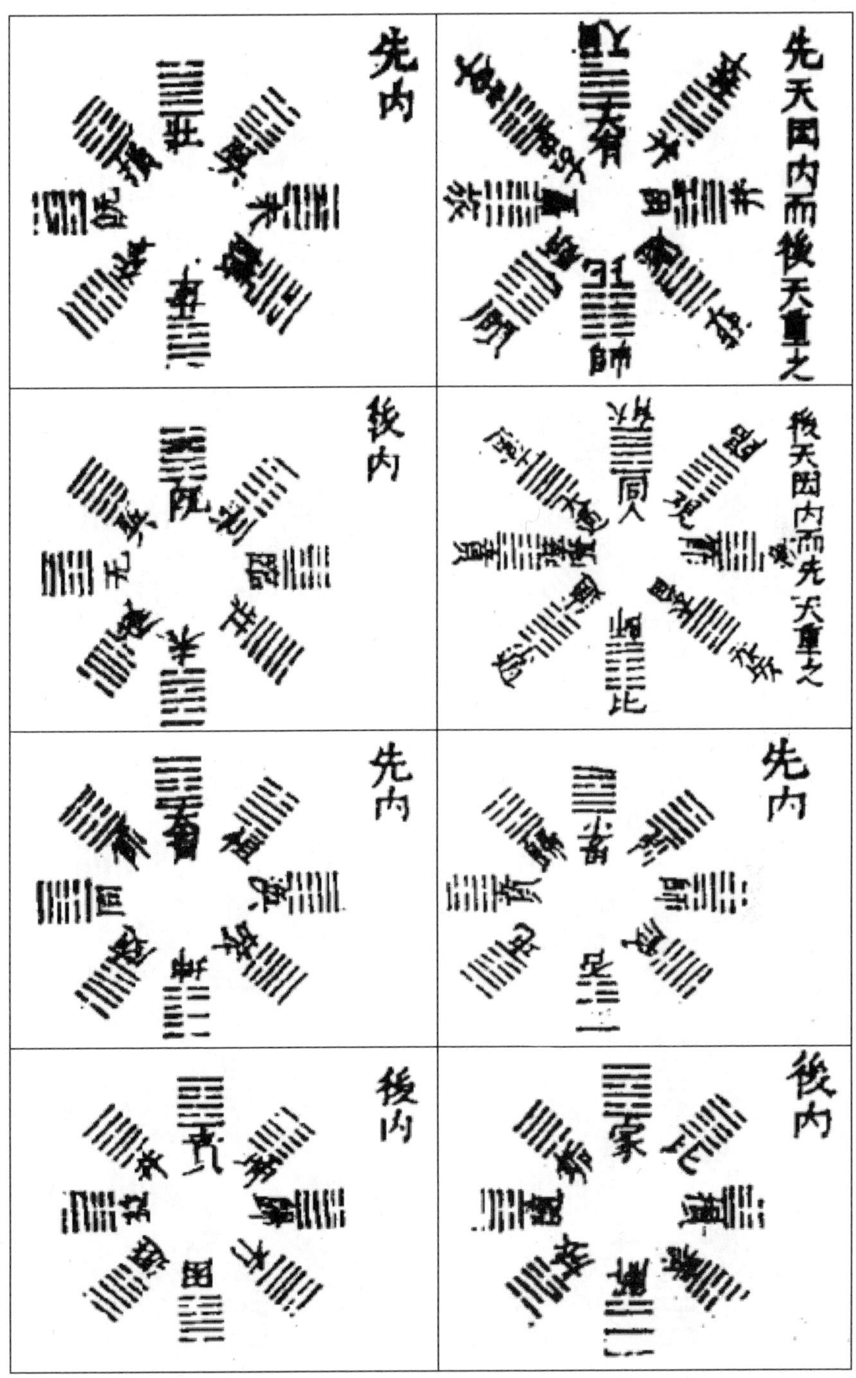

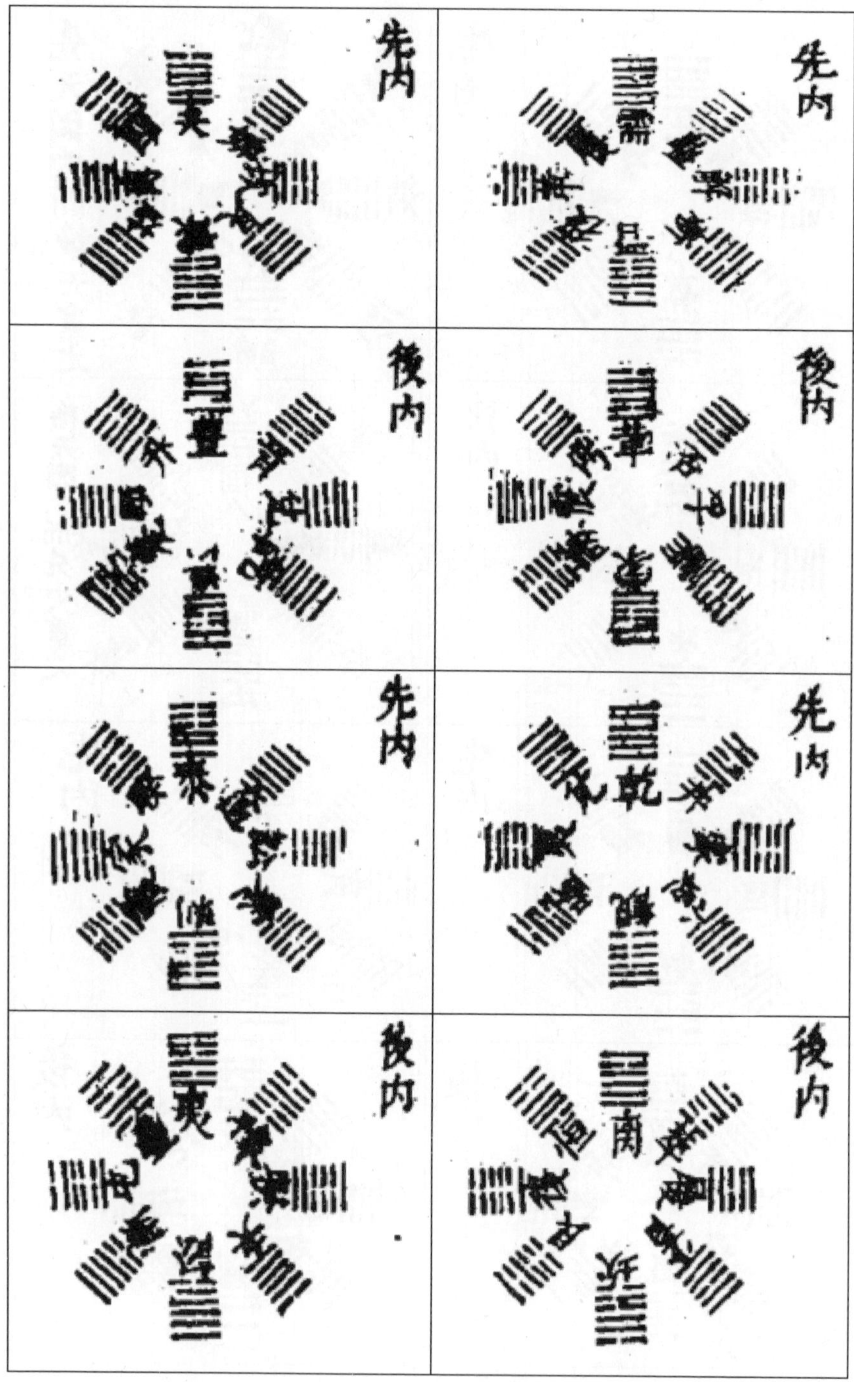
先内
先内
後内
後内
先内
先内
後内
後内

潜老夫曰：“《先天》内，而因《后天》，得《有》《孚》《丰》《颐》《升》《困》《遁》《比》，立其体也。《后天》内，而因《先天》，得《同》《过》《噬》《小》《观》《节》《畜》《师》，流其用也。邵子，以‘乾坤坎离，不用也’。其始也，乾金用之，而坎离半用之，以兑巽艮震半用也；其究也，全用之，何也？乾坤者，日月之所急；坎离者，日月之所缓也。十二辟之为宫也，乾占其四，兑震占其二，阳气上行，而离不与焉；坤占其四，巽艮占其二，阴气下行，而坎不与焉。《后天》，于是乎取离居天，取坎居地，运其缓，以调其急。故曰：‘六十子半，而二老不用也。’除中男女，积卦四十有八，而以《否》《泰》掌其职。故四十八者，阴阳之中气；六十四者，两仪之完气也。三十六者，天太阳，乾也。三分之，倍其实，得二十四者，天少阴，兑也。三分之，四其实，得三十二者，天少阳，离也。三分之，倍其实，得二十一分二里奇者，天太阳，震也。二十四者，地太阳，巽也。三分之，倍其实，得十六者，地少阴，坎也。三分之，四其实，得二十一分二里奇者，地少阳，艮也。三分之，倍其实，得一十四分一里二毫者，地太阴，坤也。四正数异，则不相交；四隅数同，则颐、孚、两《过》，遍行其交也。故曰：‘兑巽艮震，半用；而坎离，不用也。’奇偶之爻，各一百九十二。而太少之数，共一百九十九分五里有畸者，卦各余一分而缩也。故十二卦经之：复、姤、夬、剥各六，壮、观、临、遁各十五，否、泰各二十，则一百二十四卦纬之[1]。八卦经之：乾、坤、坎、离、颐、孚、两《过》，则五十六卦纬之。极于三千八百四十，包于四千九十六，而先后天一周焉。于是，历旋而推之。”

① 6×4+15×4+2×20=124。

启蒙卦变图

一卦，可变六十四卦，为四千九十六卦。朱子，以此表之。			
姤一卦 图之图右阴分卦；同至夬五卦左阳分卦；乾；夬 大有 小畜 履 同人 姤；此五卦右阴分 大过 鼎 巽 讼 遁；无妄至革十卦 革 离 家人 无妄；右阴分 兑 睽 中孚；大壮 需 大畜；否至观十卦右 咸 旅 渐 否；阴分；益至泰十卦左 困 未济 涣；阳分；恒 井 蛊			
乾坤中	三阴三阳，自《泰》《否》来，各二十互变。	二阴二阳，自《临》《遁》来，各十五互变。	一阴一阳，自《复》《姤》来，各六互变。
复一卦 图之图左阳分卦；师至剥五卦右阴分卦；坤；剥 比 豫 谦 师 复；此五卦左阳分 颐 屯 震 明夷 临；升至观十卦右 蒙 坎 解 升；阴分 艮 蹇 小过；观 晋 萃；泰至益十卦左 损 节 归妹 泰；阳分；恒至否十卦右 贲 既济 丰；阴分；益 噬嗑 随；前十卦 至贞			

<table>
<tr><td rowspan="2">此图，以乾坤衍，然即乾坤尽矣。</td><td colspan="4"> 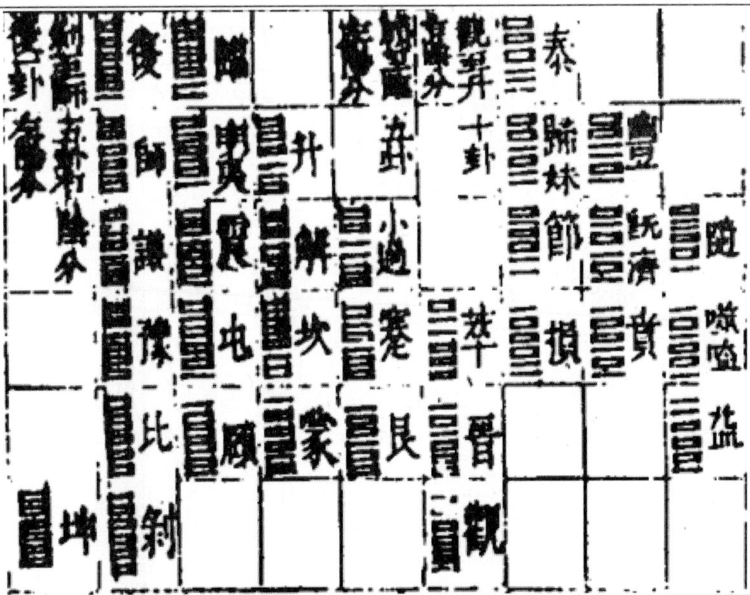</td></tr>
<tr><td>全变。</td><td>五阴五阳，自《夬》《剥》来，各六互变。</td><td>四阴四阳，自《大壮》《观》来，各十五互变。</td><td>乾坤中，风雷《恒》《益》起意，与《方图》符。</td></tr>
<tr><td>颠倒观之，即为后天贞悔变。</td><td colspan="4"> </td></tr>
</table>

 噬嗑	 随①	 泰	 訟
自《益》。 来曰：《嗑》，以《贲》上刚，来居初，为刚分于下；以《贲》二，柔往居五，为柔分于上，为“刚柔分”。《贲》，以《嗑》五，柔来居二，为“柔来文刚”；初刚往上，为“分刚上而文柔”。 沈曰：离柔本中，特“上下”殊耳。《同》《有》，以乾上下；《旅》，以离艮曰“顺刚”。《嗑》，以离居震上，曰“柔得中而上行”。《贲》以文，言“艮刚上，离柔下也”。分者，即《节》与《嗑》之“刚柔分”也。	自《归妹》。 来曰：《随》，以《蛊》上刚来居初，故曰：“刚来下柔”。《蛊》，以《随》初刚居上，上柔居初，故曰：“刚上柔下”。 沈曰：《随》，兑柔上，而震刚下来。《蛊》，艮阳上，而巽阴下。	自《归妹》。 沈曰：纯阳、纯阴，故曰“大”“小”。 上卦，曰“往”；内卦，曰“来”。蛊、咸、恒，皆此类。在乾坤，则曰“大小”；在六子，则曰“刚柔”。	旧说：“自《遁》变”。 来曰：以《需》九五，来居九二，故曰“刚来得中”。 沈曰：坎中刚，居乾下，曰“来”。

① 此图有误，应为䷐。

睽　家人	晋　明夷①	咸　恒②	无妄　大畜
自《离》《孚》。 来曰:《家》二，柔进五，而九二应之，曰“柔进而上行，得中应刚”。沈，就“离柔居五”言之。	自《观》。 来曰:《夷》二，柔进上行至五，曰:“柔进而上行。”沈曰：离阴，坤纯阴，曰“柔”而已；离进坤上，曰“上行”。	自《旅》。 来，以初柔居上，为兑；四刚居三，为艮。《咸》曰:“柔上，而刚下。”《恒》，亦如是，故曰“刚上柔下”。 沈，以“震艮刚，巽兑柔”，言“上下”。	自《讼》。 来曰：以《畜》上刚，外来居初，故曰“刚自外来，为主于内”。 《大畜》，以《无妄》初刚居上，六二进居六五，故曰“刚上而尚贤”。沈曰：《无妄》之主，在初，自外乾来；《大畜》之主，在上刚，以笃艮而贤也。

渐　归妹③	鼎　革	升　萃	蹇　解④
自《涣》《旅》。 来曰:《归》三，柔进居四，曰“进得位”。 沈曰:《渐》进四，“得位”也。凡震初、离二、艮三、巽四、坎五、兑上，曰“得位”。故《小畜》之四，“得位”。	自《巽》。 来曰:《革》二进五，下应九二，故曰:“柔进上行，得中应刚。”沈，就“离柔居五”言。	自《解》。 来曰：以《萃》内三爻之柔，升居上三爻，故曰:“柔以时升。”沈，就“离柔居五”言。	自《小过》。 沈曰：九坎得中在上，曰“往”。故《蹇》“往得中”。《解》之二阳：震在上，阳居四，入于坤体，曰“往得众”；坎在下，阳居二，为《解》，主曰“来得中”。盖，坎在《蹇》，则谓之“往”；在《解》，则谓之“来”。

① 此图有误，应为䷢。
② 此图有误，应为䷞。
③ 此图有误，应为䷴。
④ 此图有误，应为䷦。

 既济	夬	 损	 渐
《既》三、《未》四，皆曰“伐”。可征，颠对互取。	《夬》四、《姤》三，皆訾“无肤”。	《损》五、《益》六，二皆“十朋”。	自《渐》。 来曰：《节》五，刚来居二，而“得中”；三柔居四，而“得位”；四柔居三，而上同。故曰“刚来而不穷，柔得位乎外而上同”。 沈曰：坎阳在下，曰“来”；以居二，曰“不穷极也”。巽阴在上，曰“外”；居四，曰“得位”。

潜老夫曰：“‘化裁’之变，‘推行’之通，‘趣时’者也。朱子，自贞趣悔，谓之‘往’；从悔趣贞，谓之‘来’；则上下、进退，概可识矣。来梁山，取反对为变；而不知《本义》与反对，皆尝舛也。因而广之，《大横》《圆》《方》，莫不燎然。自乾之坤，往也，退也，下也；自坤之乾，来也，进也，上也。又自复之乾，阳进阳也；自姤之坤，阴进阴也。有卦，即有变，自有诸变。自《彖》举之，而可以引触矣。况轨革、卦影之无所不用，而蓍策应机如神乎？”智曰：“沈全昌、何玄子，尽废斜葛，而‘以本卦取义’；谓之一说，可也。后学苟简，遂欲废卦变矣。推变也，颠倒也，往来变也，互变也，伏变也。六虚，岂有先后哉？不离阴阳，即不离此无穷之变矣。圣人视之，无所不可执。如沈言，则《否》何不曰‘刚上而柔下’？《随》何不曰‘柔上而刚下’耶？谓‘近观贞悔，为捷’，则可；谓‘虚转阴阳，为更捷’，可耳。”

八宫游归卦变图

乾天　天風姤　天山遯　天地否　風地觀　山地剝　火地晉　火天大有

坤地　地雷復　地澤臨　地天泰　雷天大壯　澤天夬　水天需　水地比

坎水　水澤節　水雷屯　水火既濟　澤火革　雷火豐　地火明夷　地水師

離火　火山旅　火風鼎　火水未濟　山水蒙　風水渙　天水訟　天火同人

震雷　雷地豫　雷水解　雷風恒　地風升　水風井　澤風大過　澤雷隨

巽風　風天小畜　風火家人　風雷益　天雷无妄　火雷噬嗑　山雷頤　山風蠱

艮山　山火賁　山天大畜　山澤損　火澤睽　天澤履　風澤中孚　風山漸

兌澤　澤水困　澤地萃　澤山咸　水山蹇　地山謙　雷山小過　雷澤歸妹

下图以六爻衍

兌　謙　小過　蹇　歸妹　咸　萃　困

震　井　大過　升　隨　恒　解　豫

坎　豐　明夷　革　師　既濟　屯　節

坤　夬　需　大壯　比　泰　臨　復

亥巳　戌辰　酉卯　申寅　未丑　午子

乾　剝　觀　晉　否　大有　遯　姤

離　渙　蒙　訟　未濟　同人　鼎　旅

巽　噬嗑　无妄　頤　益　蠱　家人　小畜

艮　履　睽　中孚　損　漸　大畜　賁

上方，八宫，各八变。自下而上，五变；而上世不变，乃下变游魂、归魂。凡三变后，乾坤、震巽、艮兑互变，老从老，少从少，不混也。六变后，乾火，离天；坤水，坎地；震泽，兑雷；艮风，巽山；正错正，偏错偏，不杂也。

下方，爻以六成，当十二时。《图》《书》中五，故位贵五。上，为不迁宗庙，是五十六卦所出也。五，为大宗，上承祖考；五服教亲，五世遗泽，皆是义也。四，以继别为宗者也，是一表法。

郑氏曰："《乾》进一，得《姤》，为《乾》一世；《姤》进二，得《遁》，为二世；《遁》进四，得《否》，为三世；《否》进八，得《观》，为四世；《观》进十六，得《剥》，为五世。上爻，不变；故三十二数，不用[①]。彼三十二阴阳，皆六十四卦上爻耳。游魂、归魂，亦以八与十六为法。《游》，自《剥》退八，得《晋》；《归》，自《乾》进十六，得《大有》。《坤》，亦然。"按："此，《横图》言之，以《方》《圆》数，正偶皆合。"孔子曰："《易》始于一，分于三，盛于五，终于上。"又曰："《易》变而为一，一变而为七，七变而为九。九者，气变之究也，乃复变而为一。"又曰："有四易：一世、二世，为地易；三世、四世，为人易；五世、六世，为天易；游、归为，思易。"八卦，以鬼为系爻，财为制爻，天地为义爻，福德为宝爻，同气为专爻。此，虽见于京列，《元包》宗之，《火珠林》用之。然，实《易》本然之理。

内卦，一世、二世、三世，亦参变也；外卦，四世、五世，亦五变也；内外卦，法"两仪"也。内外卦，各得四卦，法"四象"也。五世，法"五行"也。游魂、归魂，法"鬼神"也。

元公曰："八纯卦，为命宫变卦之祖也；子孙，禅也；五行，化也。儒言'一气之传'，释演'多身之变'，道家'九还之丹'，皆表之矣。六游八归，则神反于内，而天命还元矣。《元命包》，其祖京乎？横对四，纵对四，即四正、四隅也。而飞于宾卦者，伏于上卦。有明有暗，有消有息，造化玄机，咸泄于《阴符》内矣。且五变之中，三世为平衡之位；而一变与五变对，二变与四变对，往顺来逆，神机鬼藏。子曰：'知幽冥之故，死生之说，鬼神情状。'不昭如乎？七变之中，艮与巽交，震与兑交，乾与坤交，坎与离交。而艮巽与震兑，互为飞伏；乾坤、坎离，互为飞伏。乃信'《离》为天体，地气生之；《坎》为地体，天气生之；我之敌体，即我之寄体。'《庄子》云：'万物皆种，相禅若环。'然哉。七变之中，有生有克，有比和，顺往逆来，敌成亲害。而

① 一、二、四、八、十六、三十二。是以"太极、两仪、四象、八卦"之法，言初爻、二爻、三爻、四爻、五爻、上爻。

一卦之中，贞体四卦，敌体四卦，佐体六卦，又藏‘正对为奇，反对为偶’之义，斯神圣心传也。上爻不动，千变不失；吾宗神旅形而常住，明矣。《凿度》，以上为‘宗庙’，《礼》之‘不迁主’也。《礼》，为之明；《易》，为之幽。”

潜老夫曰：“孟、焦所明，儒或外之。然而，参伍卦策，皆符尚占取焉。纳甲之取于朔望也，归游之取闰余也，子父之取生克也，卦气之取二十四、七十二也，皆‘屈伸’‘情伪’之所必资也。一宫，纵七、横七，其用广矣。阳宫五，而参以阴宫三；阴宫五，而参以阳宫三；尽脱本宫，收其相错而纵横之三不入焉。乾宫无雷水泽，坤宫无风火山，震宫无天火山，巽宫无地水泽，坎宫无天风火，离宫无地雷泽，艮宫无坎雷水，兑宫无天风山；其不备者，取诸四互而包焉。乾金而有老土，坤土而有老金，震木而有老土，巽木而有老木，坎水而有老水，离火而有老火，艮土而有老木，兑金而有老土；宗庙既立，万化乃生。先天贵初，后天贵上。虚其六，而世其八；典其一，而世其七。四变而三交，七变而四游，五变而对宫往；七变藏九变，而本宫归。归也者，归于二五之中也。游其悔也，归其贞也。游于四者，‘两地’也；故再变，而用其半。归于三者，‘参天’也；故三变，而用其全。一游、一归，总于一交，而‘杂物撰德’备矣。”

归游相综之图

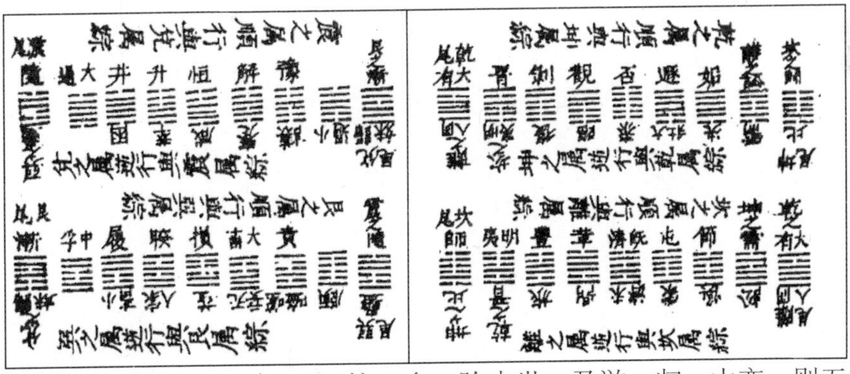

《图解》曰：“一变八，八皆一矣。除本世，及游、归；中变，则五也。乾与坤对，坎与离对，震与兑对，艮与巽对，即《先天》四正隅之义也。游、归二变，乾之晋，即坎之明夷；乾之大有，即离之同人；坤之需，即离之讼；坤之比，即坎之师。乾坤，既为坎离综；坎离，亦与乾坤综焉。震之大过，艮之中孚，巽之颐，兑之小过，无可综也。震尾之随，即巽尾之蛊；艮尾之渐，即兑尾之归妹。震艮，与兑巽综；兑巽，亦与震艮综；为四正与四正相综，四隅与四隅相综。然四正，则乾坤之中，皆有坎离；坎离之中，皆有乾坤。变中，无不综之卦。四隅，则震惟一巽，巽惟一震；艮惟一兑，兑惟一艮，而无综者。各一纯杂之体，偏全之用，不同也。”

乾坤至纯，无可反，无可互也；坎离得中，虽可互，无可反也。故四正本卦，俱无反对。一变，则本体全藏，渐变渐远，故卦卦可综。四隅卦，偏阴、偏阳；一反，则上下成两卦必变，而偏体渐消。五变，而偏体尽；六变，而偏者正，无可综矣。震之大过，艮之中孚，巽之颐，兑之小过是也。颐与大过，坎离之似；中孚、小过，坎离之复也；惟效法坎离，故无综焉。文王以坎离，终上下篇；又以似坎离者，以先坎离之体；以先复坎离者，先坎离之交。坎离之用，大哉！

四正四隅正对颠对合文王卦位

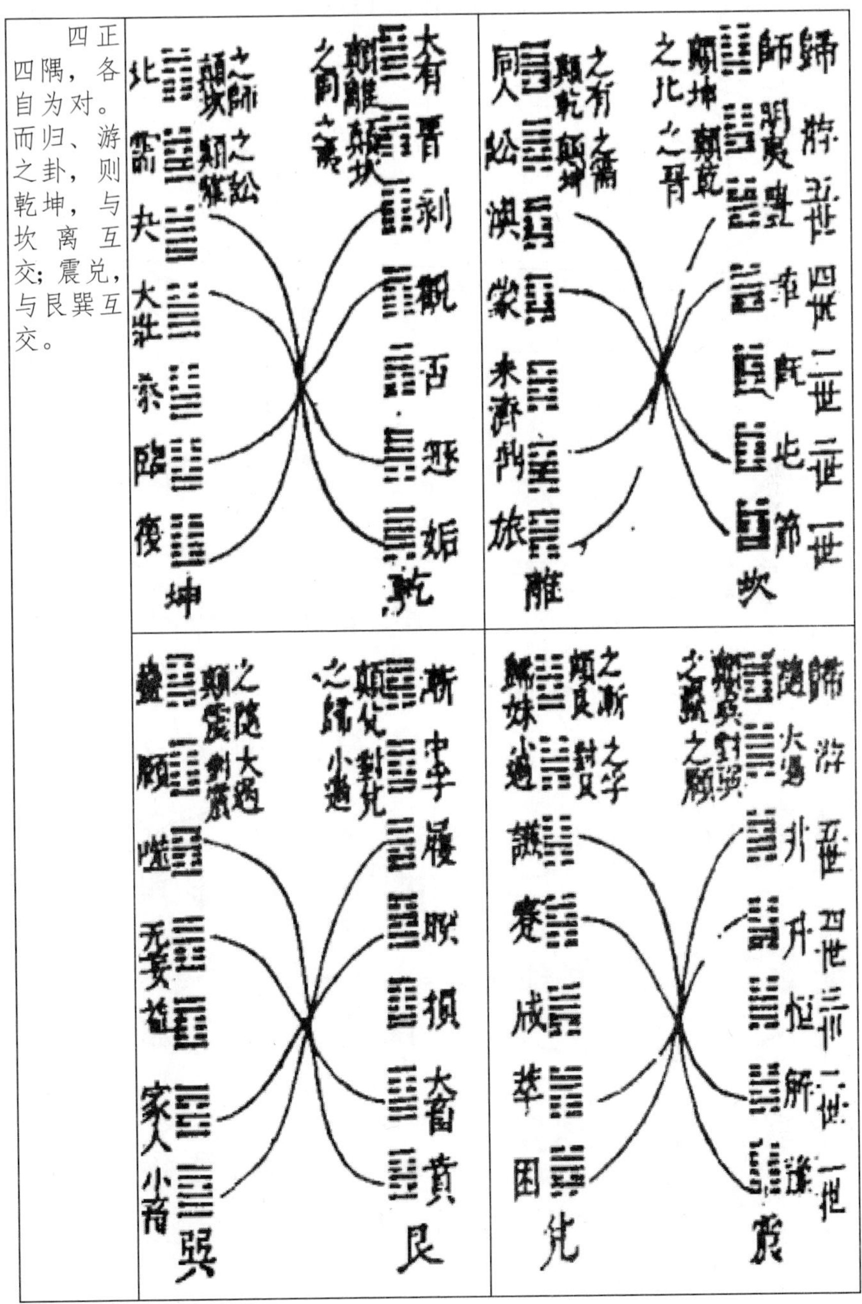

四正四隅，各自为对。而归、游之卦，则乾坤，与坎离互交；震兑，与艮巽互交。

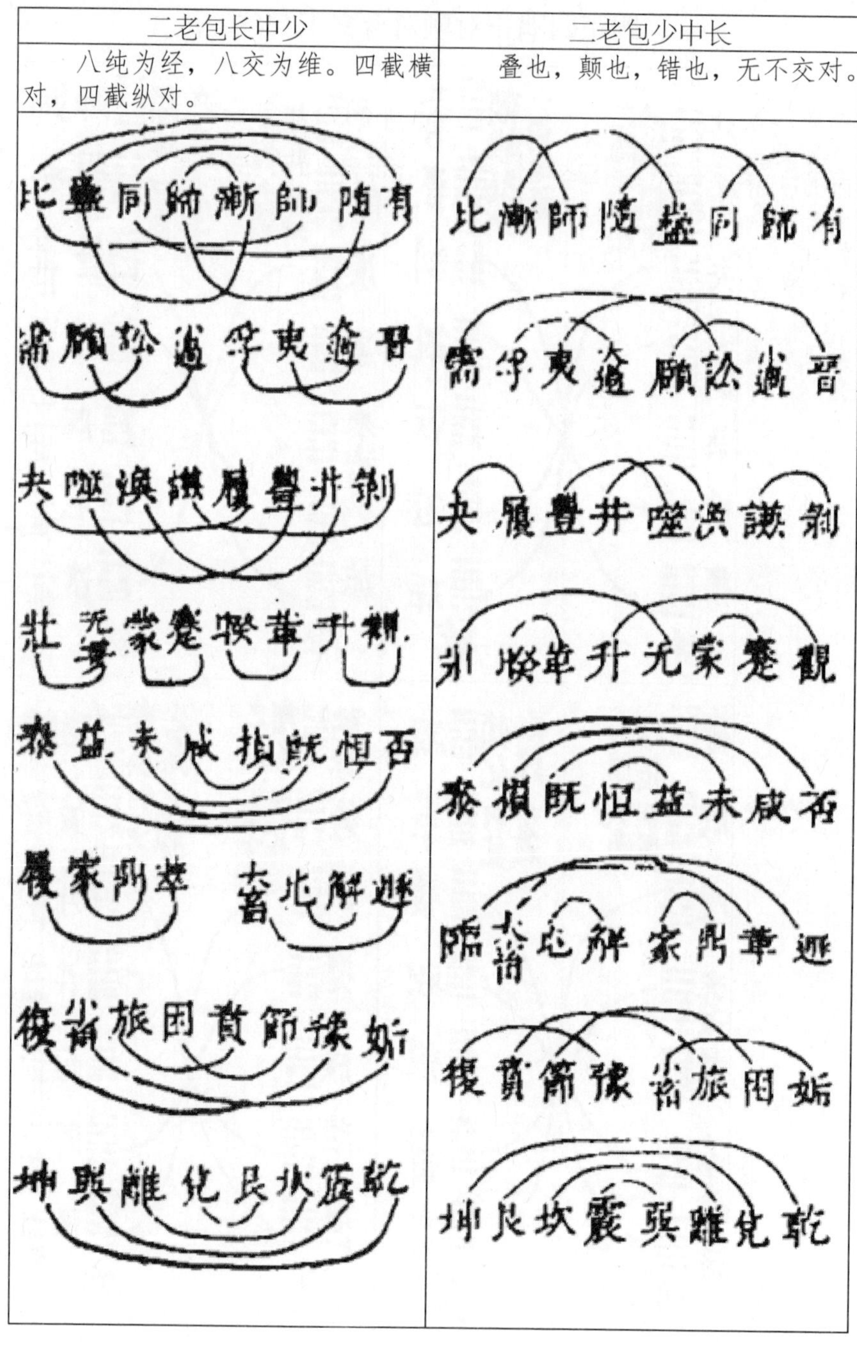

二老包长中少	二老包少中长
八纯为经，八交为维。四截横对，四截纵对。	叠也，颠也，错也，无不交对。

兑宫八卦	乾宫八卦
正视，为先天兑宫卦，以天少阴兑交，而各生天地四象，是为兑宫八卦。除兑为本宫卦，自履以下余七卦，皆生于兑，所谓：“居兑宫，统于兑者也。” 反视，为后天巽宫卦，以中孚之不变，统七卦之变。所谓：“小畜、巽、家人、渐、临、观，皆自中孚而来也。”	正视，为先天乾宫卦，以天太阳乾交，而各生天地四象，是为乾宫八卦。除乾为本宫，自夬以下七卦，皆生于乾，所谓：“居乾宫，统于乾者也。” 反视，为后天乾宫卦，以乾之不变，统七卦之变，所谓：“姤、同人、遁、履、讼、无妄、否，皆自乾而来也。”
震宫八卦	离宫八卦
正视，为先天震宫卦，以天太阴震交，而各生天地四象，是为震宫八卦。除震为本宫卦，自无妄以下，余七卦，皆生于震，所谓：“震宫，统于震者也。” 反视，为后天艮宫卦，以颐之不变，统七卦之变。所谓：“大畜、蛊、贲、艮、损、蒙、剥，皆自颐而来也。”	正视，为先天离宫卦，以天少阳离交，而各生天地四象，是为离宫八卦。除离为本宫卦，自同人以下，余七卦，皆生于离，所谓：“居离宫，统于离者也。” 反视，为后天离宫卦，以离之不变，统七卦之变。所谓：“大有、离、旅、睽、未济、噬嗑、晋，皆自离而来也。”

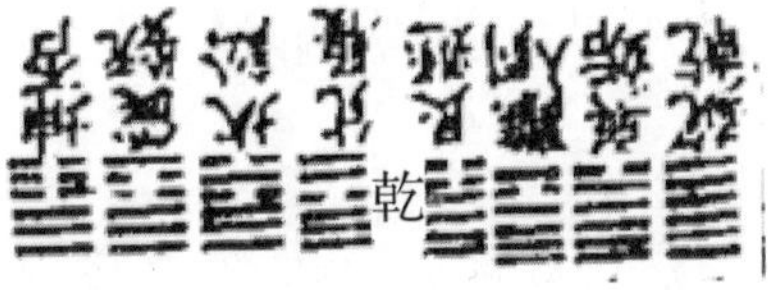

坎宫八卦	巽宫八卦
正视，为先天坎宫卦，以地少阴坎交，而各生天地四象，是为坎宫八卦。除坎为本宫卦，自讼以下，余七卦，皆生于讼，所谓：“坎宫，统于坎者也。” 反视，为后天坎宫卦，以坎之不变，统七卦之变。所谓：“需、升、既济、蹇、井、屯、比，皆自坎而来也。”	正视，为先天巽宫卦，以地太阳巽交，而各生天地四象，是为巽宫八卦。除巽为本宫卦，自姤以下，余七卦，皆生于巽，所谓：“巽宫，统于巽者也。” 反视，为后天兑宫卦，以大过之不变，统七卦之变。所谓：“夬、革、咸、兑、困、随、萃，皆自大过而来也。”
坤宫八卦	**艮宫八卦**
正视，为先天坤宫卦，以地太阴坤交，而各生天地四象，是为坤宫八卦。除坤为本宫卦，自否以下，余七卦，皆生于坤，所谓：“坤宫，统于坤者也。” 反视，为后天巽坤卦，以坤之不变，统七卦之变。所谓：“泰、升、明夷、谦、师、复，皆自坤而来也。”	卦以少阳艮交，而各生天地四象，是为艮宫八卦。除艮为本宫卦，自遁以下，余七卦，皆生于艮，所谓：“艮宫，统于艮者也。” 反视，为后天震宫卦，以小过之不变，统七卦之变。所谓：“大壮、恒、丰、归妹、解、震、豫，皆自小过而来也。”

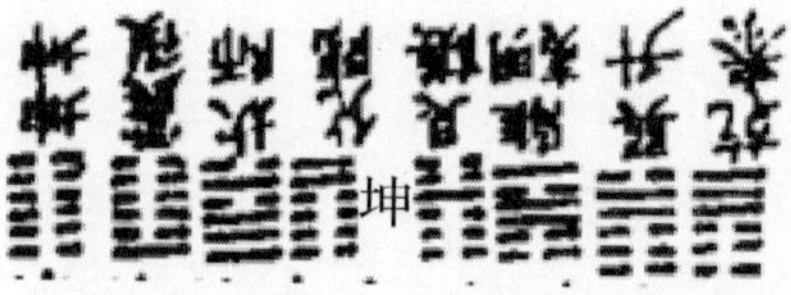

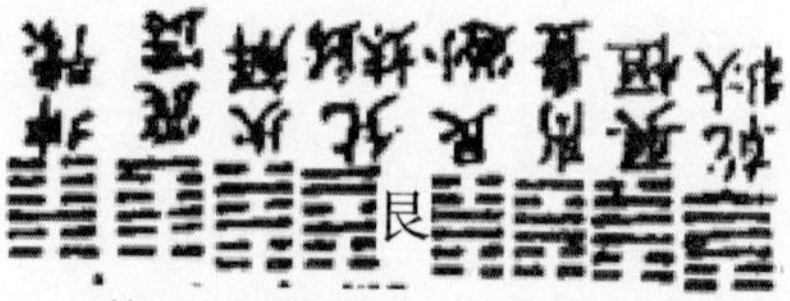

后天八卦宫变图

坤宫卦变	乾宫卦变
坤不变，其变乾。	乾不变，其变坤。
坤 小過 坎 大過 頤 離 中孚 乾	坤 小過 坎 大過 頤 離 中孚 乾
坤 剥 比 觀 豫 晋 萃 否	泰 大畜 需 小畜 大壮 大有 夬 乾
坎宫卦变	**离宫卦变**
坎不变，其变离。	离不变，其变坎。
坤 小過 坎 大過 頤 離 中孚 乾	坤 小過 坎 大過 頤 離 中孚 乾
師 蒙 坎 涣 解 未 困 訟	夷 賁 既 家 豐 離 革 同

兑宫卦变 中孚不变，其变小过。	巽宫卦变 大过不变，其变颐。
艮宫卦变 小过不变，其变中孚。	震宫卦变 颐不变，其变大过。
邵子曰：天有四正，谓“阳仪中，乾、中孚、离、颐也”。地有四正，谓“阴仪中，大过、坎、小过、坤也”。今，颠转交互推之，无非此八卦，为关钥会通。	

此图，八互变卦，变八宫之卦，皆有乾、中孚、离、颐、大过、坎、小过、坤在中，而一本“乾一、兑二”之序。可见，《周易》后天八卦，实本羲《易》先天而设也。希夷曰：“八正卦，对体不变，乃生死、寿夭、造化之枢机。”邵子曰：“乾坤坎离，四正卦不变；故兑震巽艮，四维卦半变。”是故，正视下半为兑，反视上半为巽，则《大过》也；正视下半为巽，反视反半为兑，则《中孚》也；正视上半为震，反视下半为艮，则《小过》也；正视上半为艮，反视下半为震，则《颐》也。故在兑震巽艮四宫，以颐、小过、中孚、大过，与坤坎离，并为八

卦。又曰："《颐》为艮之震，《大过》为兑之巽，《中孚》为巽之兑，《小过》为震之艮，以其变也。后天主变，故以变言。"不变之四卦内，除本宫一卦不变外；其余三卦，上下互变。如乾宫，离之乾《大有》，变乾之离《同人》；坎之乾《需》，变乾之坎《讼》；坤之乾《泰》，变乾之坤《否》，其类是也。半变之四卦，亦除本宫一卦不变；其三卦，上下互相为变。如兑宫，兑之兑《兑》，变巽之巽《巽》；震之兑《归妹》，变巽之艮《渐》；艮之兑《损》，变巽之震《益》，其类是也。诸卦皆然。独正体一卦不变，是用大变。阳极变阴，阴极变阳。如乾之乾，不变；一变，而为坤之坤。兑之巽《中孚》，不变；一变，而为艮之震《小过》也。

乾坤之交，夬与剥变，大壮与观变，临与遁变，复与姤变；而泰否居中，不与诸卦同变。颐、大过之变，复与姤变，夬与剥变，屯与蒙，革与鼎三变；而随、蛊居中，不与诸卦同变。坎离之交，涣与节、旅与丰交变；蒙与屯、鼎与革交变；而既未济，居中不与诸卦同变。中孚、小过之交，节与涣、丰与旅交变；临与观、壮与遁交变；而归妹渐居中，不与诸卦同变。乾坤坎离八卦变，而中不变；屯蒙五十六卦变，而中不变，其道也。

乾坤，两仪之正位也，故统始、统终之变。坎离者，两仪之中也。而《中孚》为兑之中，《颐》为震之中，交于乾离者也；《大过》为巽之中，《小过》为艮之中，交于坤坎者也。是故，《中孚》《大过》皆二阴四阳，自《大壮》《遁》而来，近于离中而统于乾也。《颐》《小过》皆四阴二阳，自《临》《观》而来，近于坎中而统于坤也。八卦，皆不变；其极，亦变。坎与离变，颐与大过变，中孚与小过变，一同乾坤之变。

乾坤坎离之不自变者，体之体也。颐、大过、中孚、小过之不变，其用之体乎？自其以阳变阴、阴变阳言：复与姤变，临与遁变，泰与否变，大壮与观变，夬与剥变，乾与坤变也，错变也。自其以阳变阳、阴变阴言：剥与复变，临与观变，泰与否变，大壮与遁变，夬与姤变，颠转而变也。吕中石曰："乾坤之变，'天地'所以'定位'也；中孚、小过之变，'山泽'所以'通气'也；颐、大过之变，'雷风'所以'相薄'也；坎离互变，'水火'所以'不相悖'也。"

《上经》，首《乾》《坤》，终《坎》《离》，先天四正卦也。《下经》，首《咸》《恒》，四维卦也；终二《济》，即坎离之交也。《否》《泰》，天地交，在上六对；《损》《益》，为四维交，在下六对。	依先天，顺逆数之，如此。乾伏坤，兑伏艮，离伏坎，震伏巽，巽伏震，坎伏离，艮伏兑，坤伏乾，亦如此。 
以先天序，而颠转之。如反对卦，则为《乾》《大过》[①]《离》《小过》《中孚》《坎》《颐》《坤》。 以先天序，而颠转之，又错变之，则为《泰》《否》《随》《蛊》、二《济》《渐》《归》。	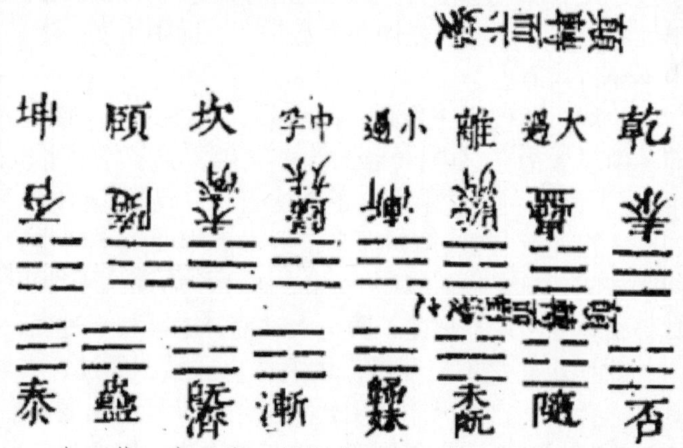 上一截，先天序，倒视之。下一截，适成兑震相易，居二；震兑相易，居四；艮巽相易，居五；艮巽相易，居七。合倒视与顺视，则为二长相变，二少相变，二中相变，二老相变。

邵子曰："天有二正，地有二正；共二变，以成八卦。天有四正，地有四正；共用二十八变，以成六十四卦。小成之卦，正者四，变者二；大成之卦，正者八，变者二十八，共三十六。乾坤坎离，三十六卦之祖也；兑震艮巽，二十八卦之祖也。爻止于六，卦成于八。""策，穷于三十六；而重卦，极于六十四也。"吕中石曰："正体不变，互体半

① 原为"通"，根据卦象改。

变，宫变为源（以先天同荡八卦为宫），卦变为委（以内外三爻，颠转互换，为卦变），爻变为流（以每卦爻变所之名，为爻变）。”

䷀ 中二陽上下皆二陽重乾也

䷜ 中二陰上下各一陰陽重坎也

䷼ 巽交兌中孚中二陰上下二陽

䷽ 震交艮小過中二陽上下二陰

四者正之丌四者互之正

☰ 中一陽而上下皆陽天太陽乾

☵ 中一陽而上下皆陰地少陰坎

☱ 中一陽而上陰下陽天少陰兌

☶ 中一陰而上陽下陰地少陽艮

䷁ 中二陰而上下皆二陰重坤也

䷝ 中二陽上下各一陰陽重離也

䷛ 兌交巽大過中四陽上下各一陰

䷚ 艮交震頤中四陰上下各一陽

☷ 中一陰而上下皆陰地太陰坤

☲ 中一陰而上下皆陽天少陽離

☴ 中一陽而上陽下陰地太陽巽

☳ 中一陰而上陰下陽天太陽震

重乾自互乾[1]，重坎互震艮[2]，《中孚》互震艮，《大过》互乾，重坤自互坤，重离互巽兑，《小过》互巽兑，《颐》互坤。

① “重乾”“重坎”“重坤”，即上下皆是乾，上下皆是坎，上下解释坤。

② 重坎，即上下皆坎。二三四爻，互震；三四五爻，互艮。

天太陽乾之乾為重乾　夬姤乾大過交　有同乾離交　壯遯乾小過交

小畜履乾中孚交　需訟乾坎交　大畜无妄乾頤交　泰否乾坤交

地太陰坤之坤為重坤　否泰坤乾交　萃升坤大過交　晉明夷坤離交

豫謙坤小過交　觀臨坤孚交　比師坤坎交　剝復坤頤交

天少陰兌地太陽巽為中孚　履小畜孚乾交　兌巽孚大過交　睽家人孚離交

歸妹漸孚小過交　節渙孚坎交　損益孚頤交　臨觀孚坤交

地少陽艮天太陰震為小過　遯壯小乾交　咸恒小大過交　旅豐小離交

漸歸妹小孚交　蹇解小坎交　艮震小頤交　謙豫小坤交

天少陽離之離為重離　同有離乾交　革鼎離小過交　豐旅離小過交

家人睽離孚交	既未濟離坎交	賁噬嗑離頤交	明夷晉離坎交
地少陰坎之坎爲重坎	訟需坎乾交	困井坎大過交	未既濟坎離交
解蹇坎小過交	渙節坎孚交	屯蒙坎頤交	師比坎坤交
天太陰震地太陽艮爲頤	无妄大畜頤乾交	隨蠱頤大過交	噬嗑賁頤離交
震艮頤小過交	益損頤孚交	蒙屯頤坎交	復剝頤坤交
地太陽巽天少陰兌爲大過	姤夬大乾交	鼎革大離交	恒咸大小過交
巽兌大孚交	井困大坎交	蠱隨大頤交	升萃大坤交

除本卦八，为百一十二卦；连本卦八，为百二十卦。八卦，自变为百二十八卦，重倍贞悔，为百四十四卦。

序卦互见图

全赐曰：“夬剥复姤，肖乎乾坤；中孚小过，肖乎坎离。阴阳，三五见乎上，二四根于下。所谓‘二与四同功’①‘三与五同功而异位’之象，皆可知矣。二必合四，四必合八，八归于内，其数愈约。本体十六，分为两仪。臣辅乾坤，次缔坎离。此，大极之所以有四象；二篇，之所以为首末也。”	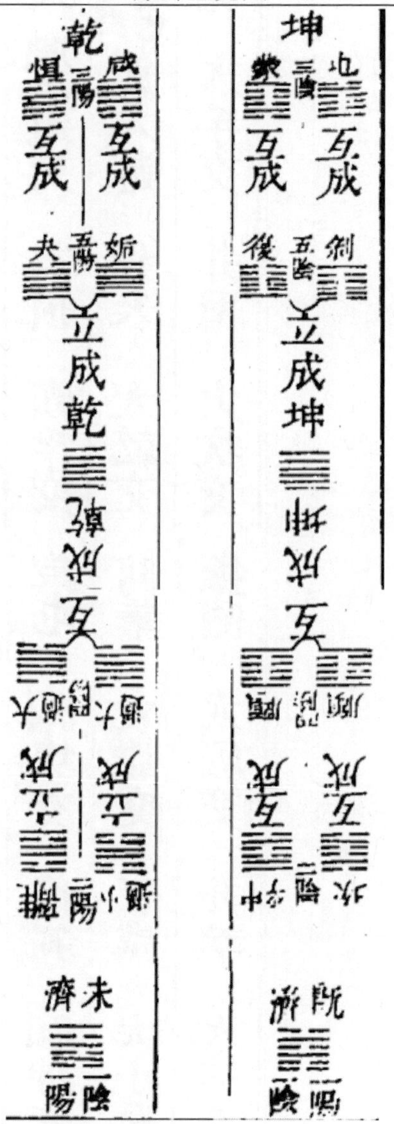 序卦互见图

①“二”字，原为“一”字。根据《系辞下》“二与四同功而异位，其善不同”改。

后天用《易》之法，年月日时，无处不得“卦爻彖象”之用。前图，以卦变而衍：以乾兑离震一变之卦，属午，为姤，为豫、旅、困。以巽坤一变之卦，属子，为节、贲、小畜，为复。又以八卦二变之卦，分属丑未；有以八卦三变之卦，分属寅申；而归魂之卦，各附之。又以八卦四变之卦，分属卯酉，而以游魂之卦各附之。又以八卦五变之卦，分属辰戌。又以八卦本位之卦，分属巳亥，而从乾坤相对待焉。是十二辟卦，各司一月；而一月，得一卦之用。每月三卦，分主三十日；而一旬，得一卦之用矣。寅申卯酉，人之所有事也。故八卦之用，皆备也。

后图，以卦序而衍，天地覆载，日月运行。中孚、小过，为“朔”；颐、大过，为“望”；实有至理，非臆说也。二十八卦，分主二十八日；而一日，得一卦之用。观象玩词者，其法与“日月为易”。此，其理欤？

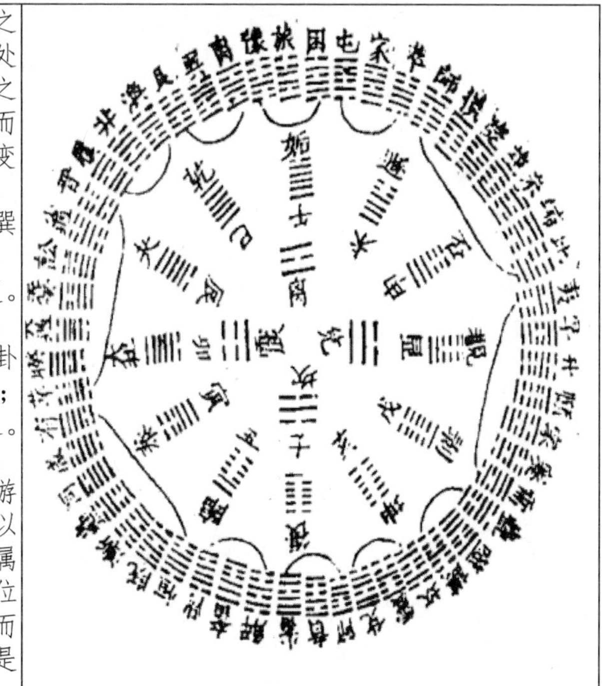

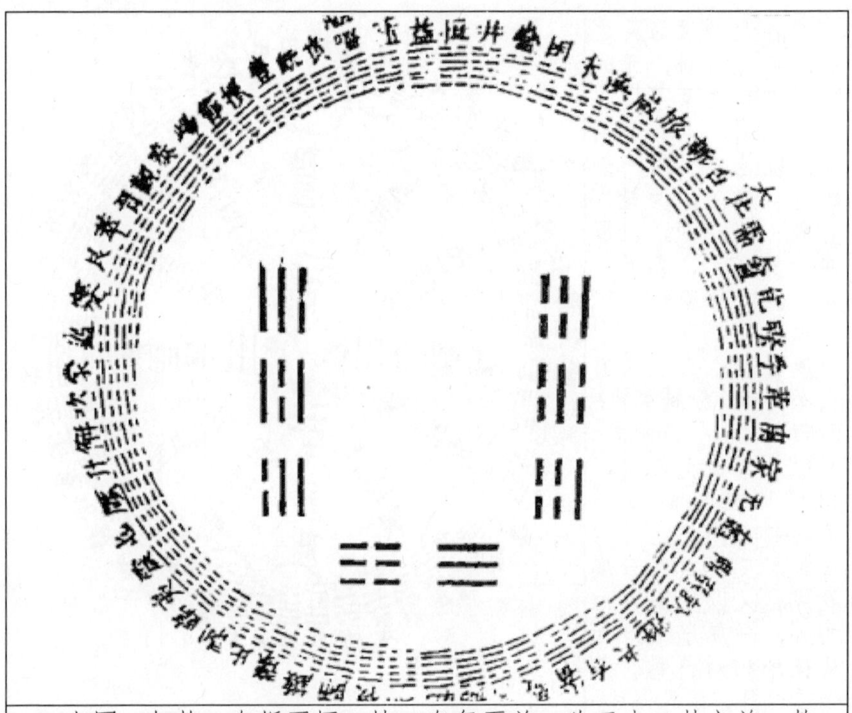

上图，如乾，自姤至恒；坤，自复至益，为三十二卦之前。乾，自益至坤；坤，自恒至乾，为三十二卦之后。余，放此。益一爻、二爻变，必在前，则占本卦爻辞。四爻、五爻、六爻变，必在后，则占之爻辞。独三爻变者，凡二十卦：前十卦，主贞象；后十卦，主悔象；必以三十二卦为限者，取其中也。

三互图说

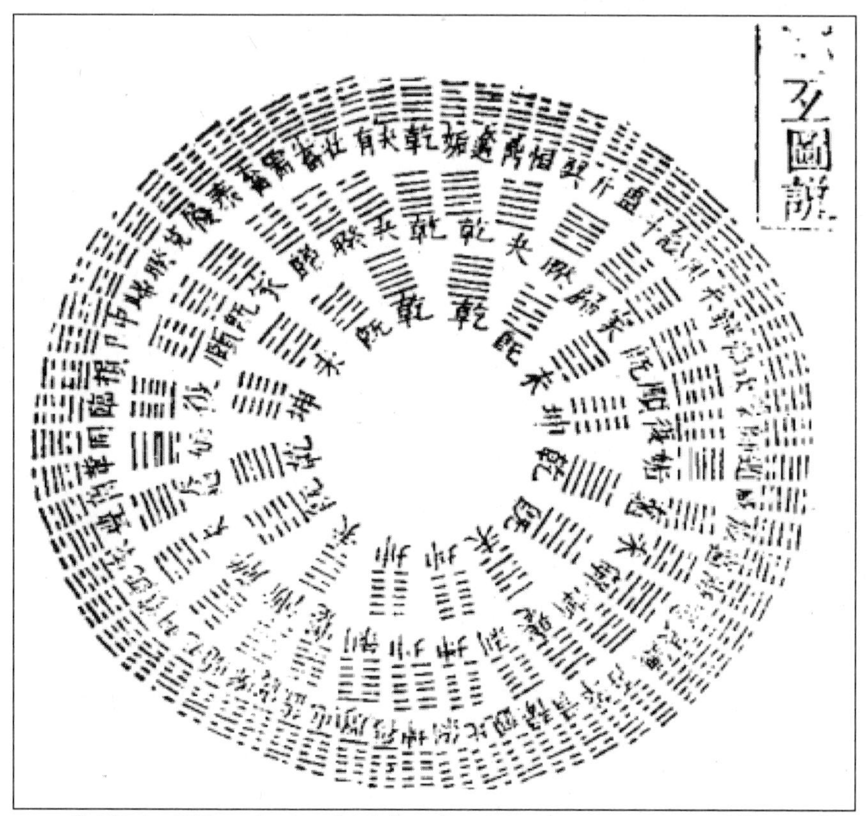

朱子曰："弼，破互；朱子发，用互。"自二至五，互两卦；两卦，又伏两卦。林黄中推成四卦；四卦，又伏四卦。王弼《注》，睽六三曰："始虽受坤，终获刚助。"[①]自初至五，为《困》；此，亦互也。钟会排互，而荀顗难之。洪迈、吴澄，皆言"互易"。以天然象数征理，何处不可取也？《全》曰："'杂物撰德，辨是与非，则非中爻不备。''中爻'者，即中四爻。自二至四，自三至五，《春秋传》所谓'互体'也。"今观所互之十六卦，则以"乾一、坤八"之序，而两比之。上体，则以"乾一、坤八"之序而四周之，左右适均也。复以所互之卦，而再互之，皆缩四而得一，只成乾、坤、既未济。其下体，则乾离坎坤为序；上体，则乾坎离坤为序。《周易》所以首乾、坤，而终既济、未济也。

夬也，姤也，大过也，互皆二乾。剥也，复也，颐也，互皆二坤。二乾之卦，皆南；二坤之卦，皆北。此，乾坤独异于六子也。潜老夫

① 原为"六二"。见王弼：《周易集校释》，北京：中华书局，1980年版，第406页。

曰:“此以征乾坤、二济，所以用坎离也。孔《易》,《大过》以下八卦，正取中层。”

卷之三终

周易时论合编图像几表卷之四

皖桐方孔炤潜夫授编
侄鸦立、竹西、兆及参订，
孙中德、中履、中通、中泰编录

《启蒙·蓍衍》

<table>
<tr><td>变初之</td><td>三象，两象</td></tr>
<tr><td> 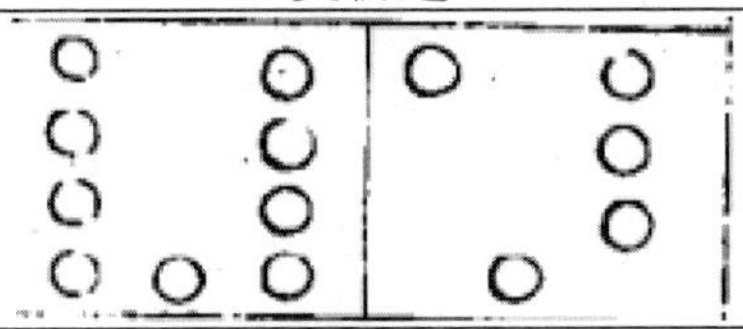</td><td> 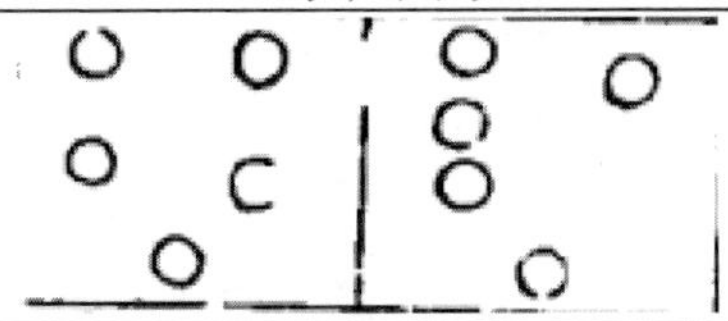</td></tr>
<tr><td>偶一</td><td>奇三</td></tr>
<tr><td colspan="2">朱子曰："奇者三、偶者一，言'初变之奇，有三状；偶，止一状也'。左三，则右一；左一，则右三；左二，则右二；左四，则右四。去挂一计之，则五者，为四而奇；九者，为八而偶。"潜老夫曰："此，《三统》《大衍》所谓'《易》，三微而成著也'。"</td></tr>
<tr><td>偶之变三二</td><td>奇之变三二</td></tr>
<tr><td> 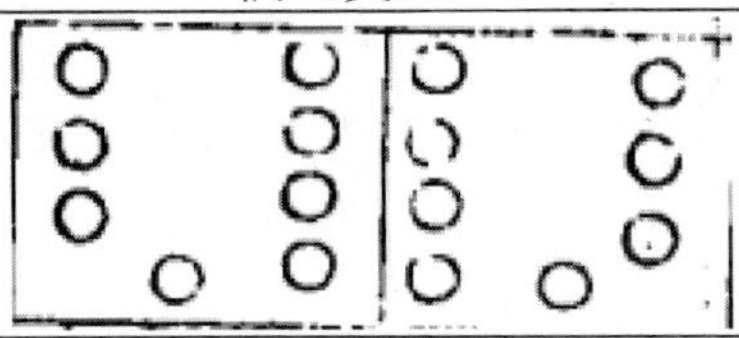</td><td> 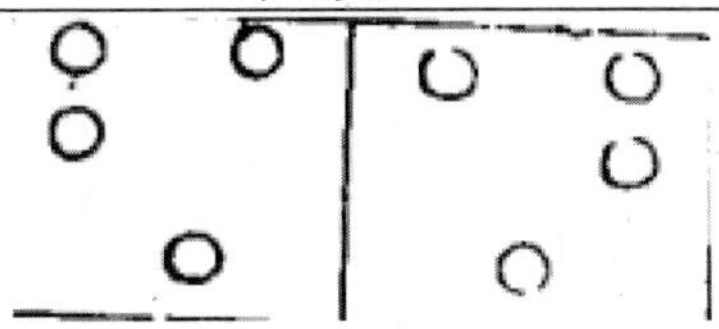</td></tr>
<tr><td colspan="2">再变，三变。左二则右一，左一则右一，左三则右四，左四则右三。合挂一计之，则三者为四，而成奇；七者为八，而成偶。初挂则除，而再三合挂，已寓损益盈虚。</td></tr>
</table>

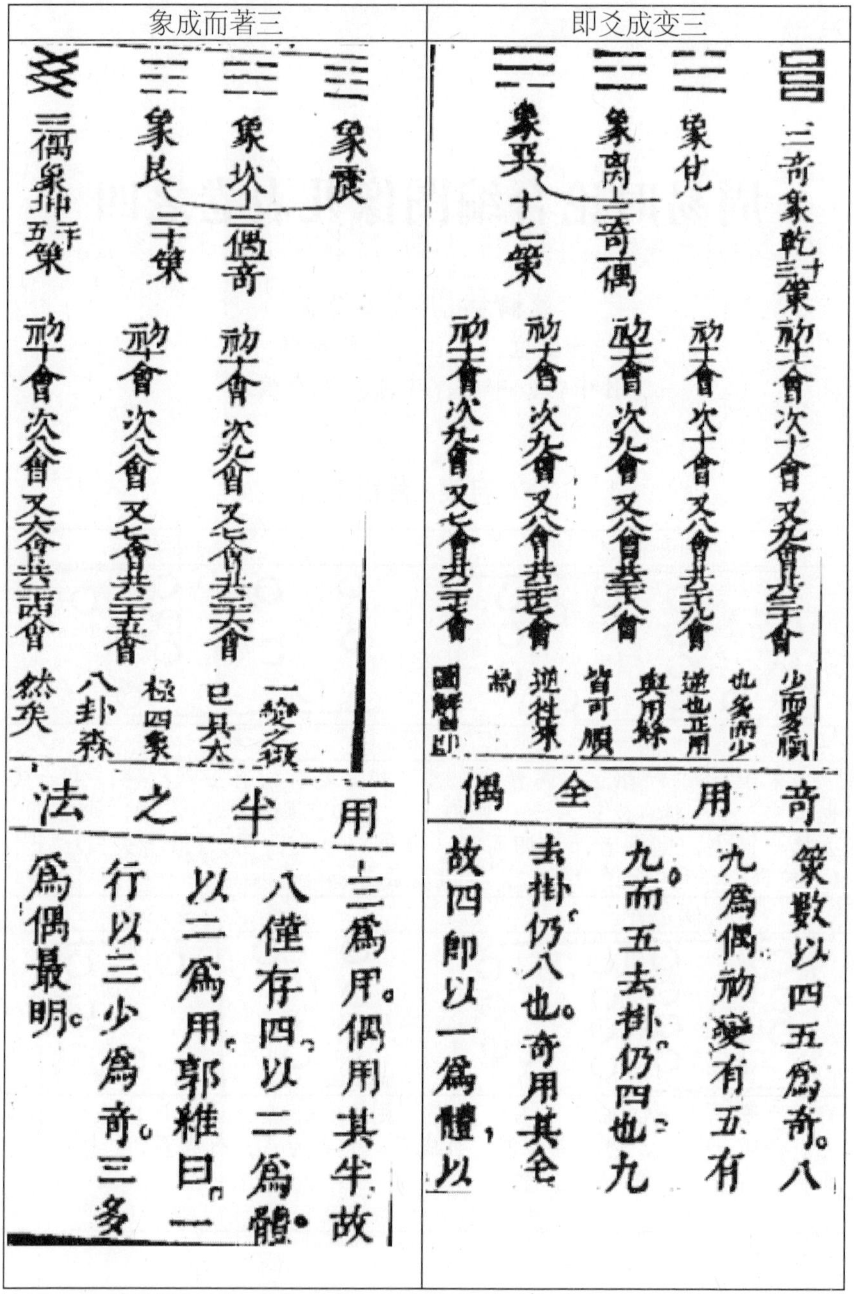

象成而著三	即爻成变三
象震 象坎 二偶一奇 初十會 次九會 又七會 共二十六會 象艮 二十策 初十會 次八會 又七會 共二十五會 三偶象坤二十五策 初十會 次八會 又六會 共二十四會 一變之後已具太極四象八卦森然矣	三奇象乾三十六策 初十二會 次十二會 又九會 共三十三會 象兌 初十二會 次十二會 又八會 共三十二會 象離 二奇一偶 初十二會 次九會 又八會 共二十九會 象巽 十七策 初十會 次九會 又八會 共二十七會 初十二會 次九會 又七會 共二十八會 少而多順也多而少逆也正用與用餘皆可順逆往來焉圖解曰
用半之法	奇用全偶
三爲用。偶用其半，故八僅存四。以二爲體。以二爲用。郭雍曰：一行以三少爲奇，三多爲偶最明。	策數以四五爲奇。八九爲偶。初變有五有九。而五去掛，仍四也。九去掛，仍八也。奇用其全故四即以一爲體，以

少而多顺也，多而少逆也。正用与用余皆可，顺逆往来焉。《图解》曰："策数，以四五为奇，八九为偶。初变有五有九，而五去挂，仍四

也。奇用其全，故四即以一为体以三为用。偶用其半，故八仅存四，以二为用。”郭维曰：“一行以‘三少为奇，三多为偶’，最明。”

二十三揲过六十阴少	六十三揲过二十阳老
四約三分爲一者二爲二者一。 言爲奇者二。 爲偶者一也。本十七策去初掛得十六。 二一各有三。二二復有二。爲八之母。 二一同前。一二謂于八策中去四不用。于四策中置二于上爲體以領二用也。 四約得八爲八之子 四其八而八 其四爲三十二。故此過揲者八之子也。以三十二爲母則二伯五十六爲子。	四約三分爲一者三。 本十三策去初掛 一止得十二以三分之爲四者三。凡四爲奇謂爲奇者三也。 三一各復有三。爲九之母。 于四策中而 置一于上爲體則三于下爲用。三其一。即三其三也。 四約得九。爲九之子。 四其九而九其四。爲 三十六。故此過揲者九之子也。以三十六爲母則三百二十四爲子。極千萬皆子也

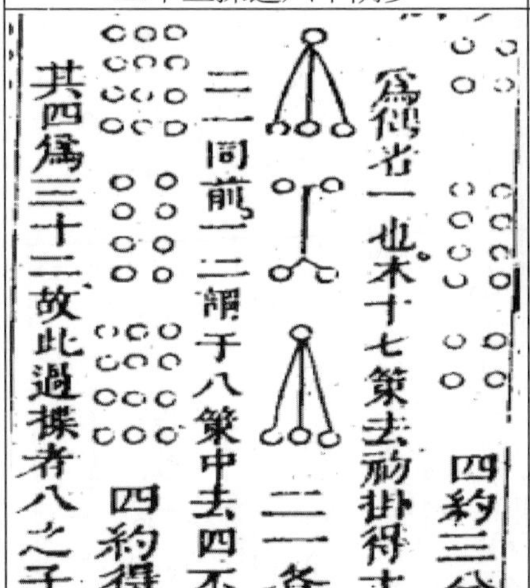

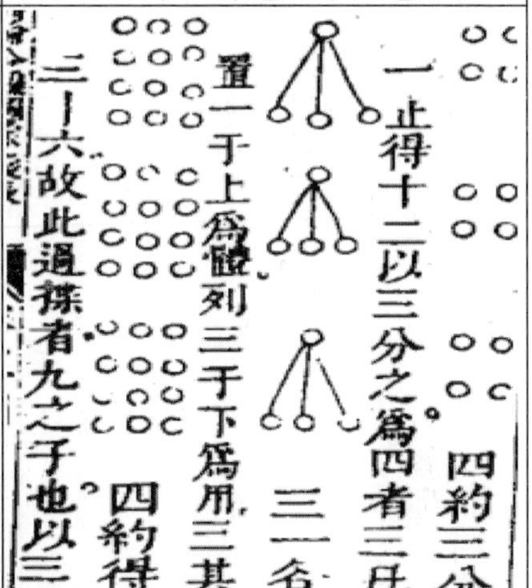

四廿揲过四廿阴老	八十二揲过十二阳少
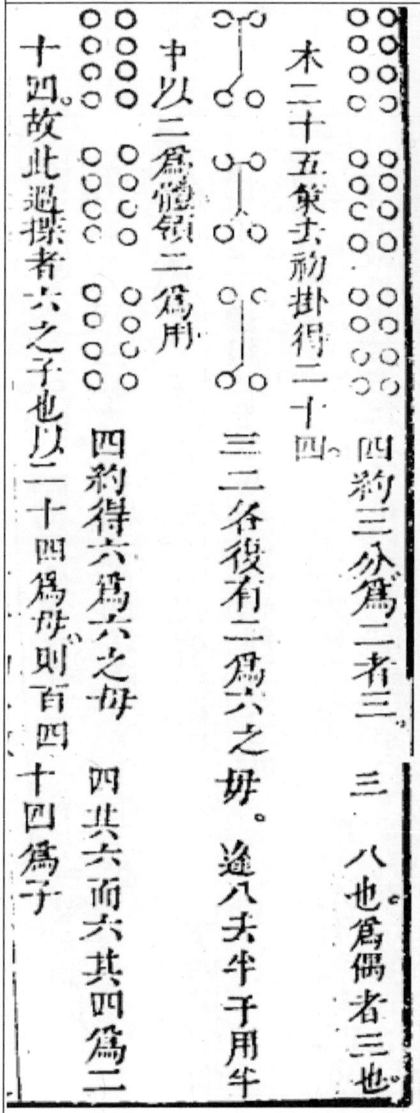 四約三分爲二者三 三八也爲偶者三也 本二十五策去初掛得二十四 三二各復有二爲六之毋。 逄八去半于用半 中以二爲體領二爲用 四約得六爲六之毋 四其六而六其四爲二 十四故此過揲者六之子也以二十四爲毋則百四十四爲子	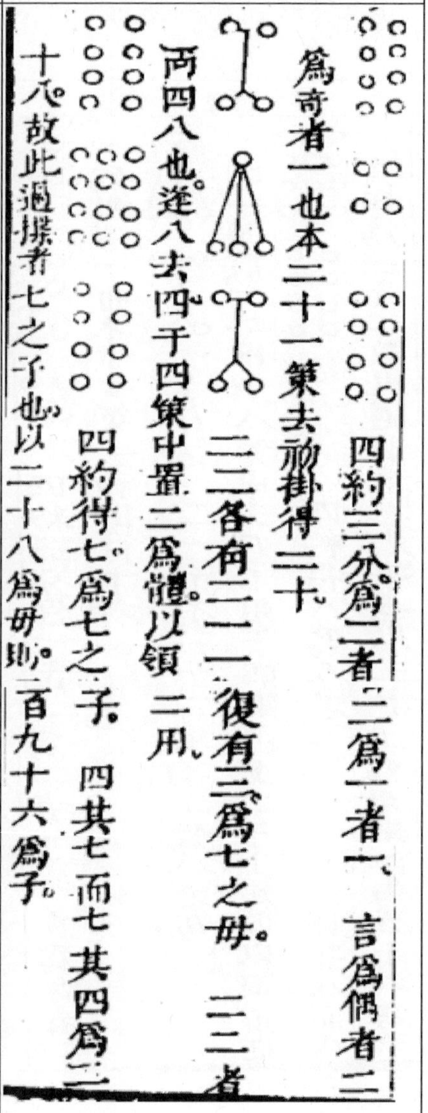 四約三分爲二者二爲一者一、 言爲偶者二 爲奇者一也本二十一策去初掛得二十 二三各有二一復有三爲七之母。 二三者 兩四八也逄八去四于四策中置二爲體以領二用 四約得七爲七之子 四其七而七其四爲二 十八故此過揲者七之子也以二十八爲毋則一百九十六爲子

老阳十二，过揲三十六。

四约三分为一者，三。本十三策，去初挂一，止得十二。以三分之，为四者三。凡四为奇，谓“为奇者三”也。三一各复有三，为九之母。

于四策中，而置一于上，为体；列三于下，为用。三其一，即三其三也。

四约得九，为九之子。四其九，而九其四，为三十六。故此过揲者，“九之子”也。以三十六为母，则三百二十四为子；极千万，皆子也。

少阴十六，过揲三十二。

四约三分，为一者二，为二者一，言“为奇者二，为偶者一也”。本十七策，去初挂，得十六。

二一，各有三；一二，复有二；为八之母。二一，同前。一二，谓:“于八策中，去四不用；于四策中，置二于上为体，以领二用也。”

四约得八，为八之子。四其八，而八其四，为三十二。故此过揲者，“八之子”也。以三十二为母，则二百五十六为子。

少阳二十，过揲二十八。

四约三分，为二者二，为一者一。言“为偶者二，为奇者一也”。本二十一策，去初挂，得二十。

二二各有二,一一复有三，为七之母。二二者，两四八也。逢八去四，于四策中，置二为体，以领二用。

四约得七，为七之子。四其七，而七其四，为二十八。故此过揲者，“七之子”也。以二十八为母，则百九十六为子。

老阴廿四，过揲廿四。

四约三分，为二者三。三其八也，为偶者三也。本二十五策，去初挂，得二十四。

三二各复有二，为六之母。逢八去半，于用半中，以二为体，领二为用。

四约得六，为六之母。四其六，而六其四，为二十四。故此过揲者，“六之子”也。以二十四为母，则百四十四为子。

十八变策六十四状图

四阴老　二十阳老 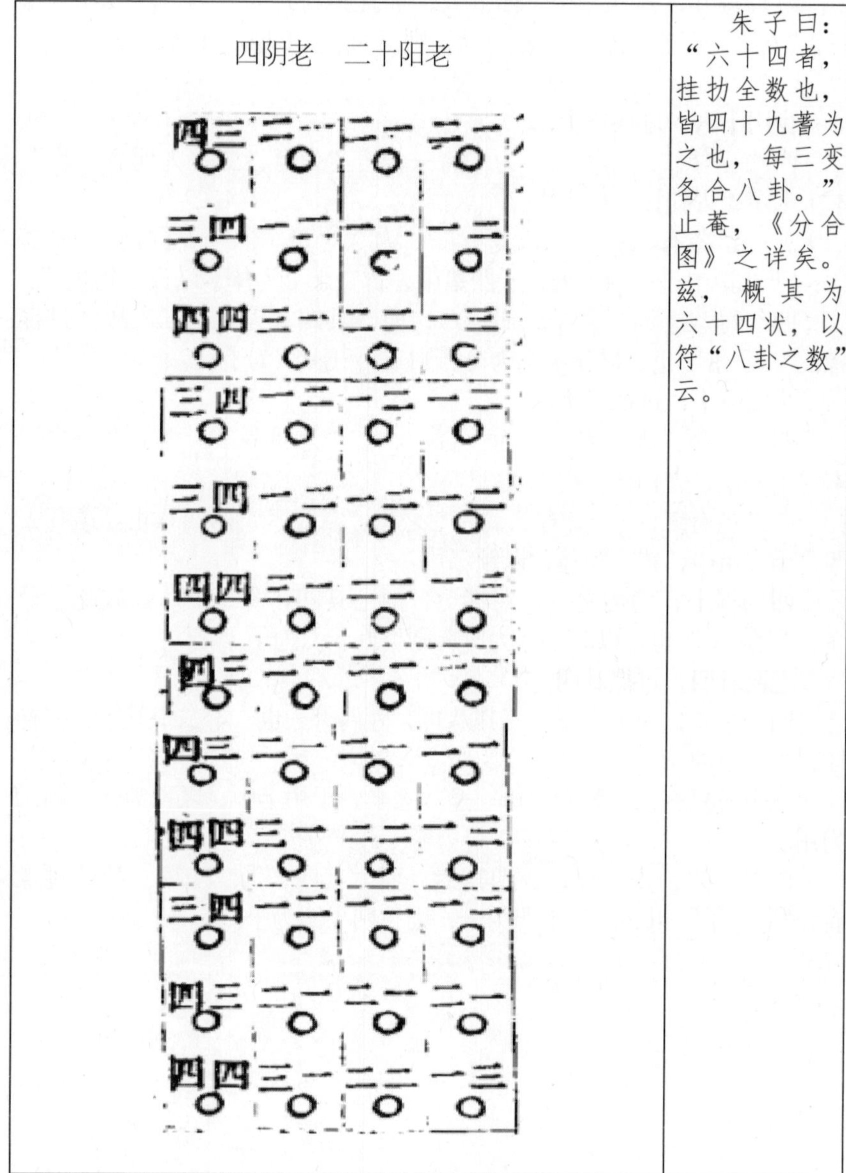	朱子曰："六十四者，挂扐全数也，皆四十九蓍为之也，每三变各合八卦。"止菴，《分合图》之详矣。兹，概其为六十四状，以符"八卦之数"云。

八十二阴少　十二阳少

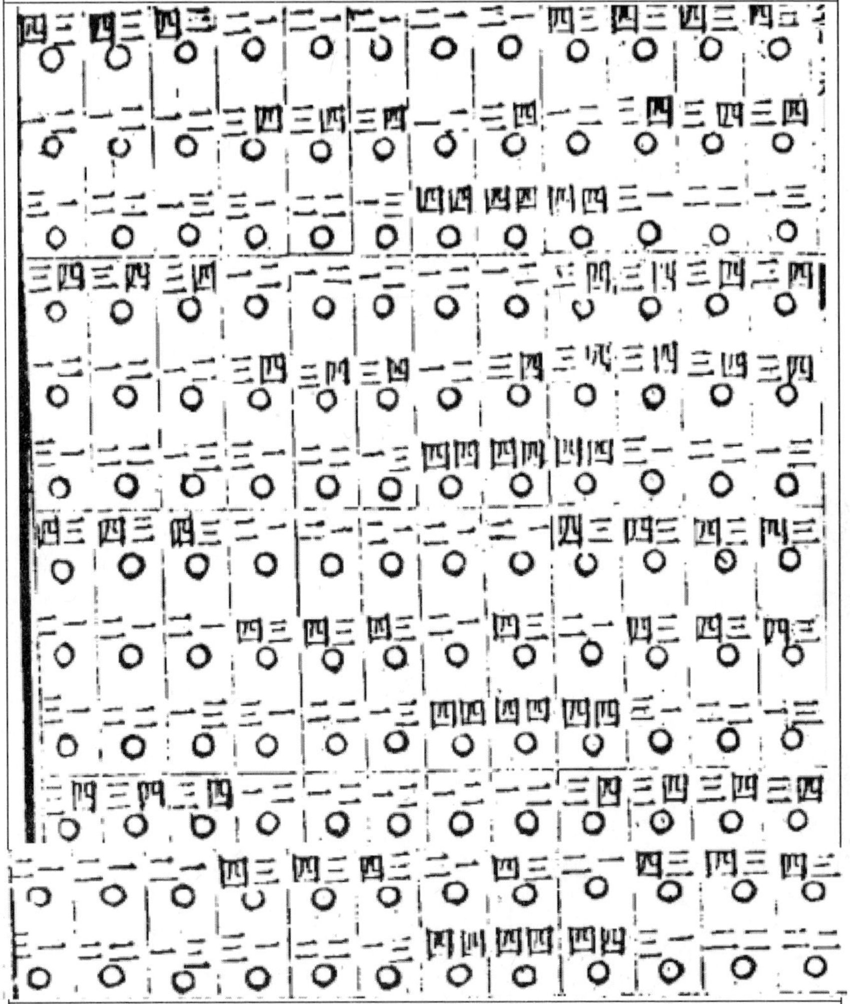

三变皆奇，为老阳，成小三画乾卦，凡十二状。三变皆偶，为老阴，成坤四状。

爻画，由下而上，三变。奇偶偶，成震，凡十二状。合震坎艮，为少阳，共二十状。

偶奇偶，成坎，四状；偶偶奇，成艮，四状；奇偶奇，成离，十二状；奇奇偶，成兑，十二状。合巽离兑，为少阴，共二十八状。

乾兑离震，各得十二状；巽坎艮坤，各得四状。盖减阴仪之四，以益阳仪之四；“阳饶而阴乏”之义也。取六十四，四分之，每分各得一十六。乾十二，合坤四，为十六；长男震十二，合长女巽四，为十六；中男坎四，合中女离十二，为十六；少男艮四，合少女兑十二，为十六；皆造化自然之巧，不可思议。潜老夫曰：“阴阳之数，盈缩互用。几，在初之‘用挂’而已。‘用挂’者，四十九为之也。初奇，则知十二状矣；初偶，则知止四状矣。”

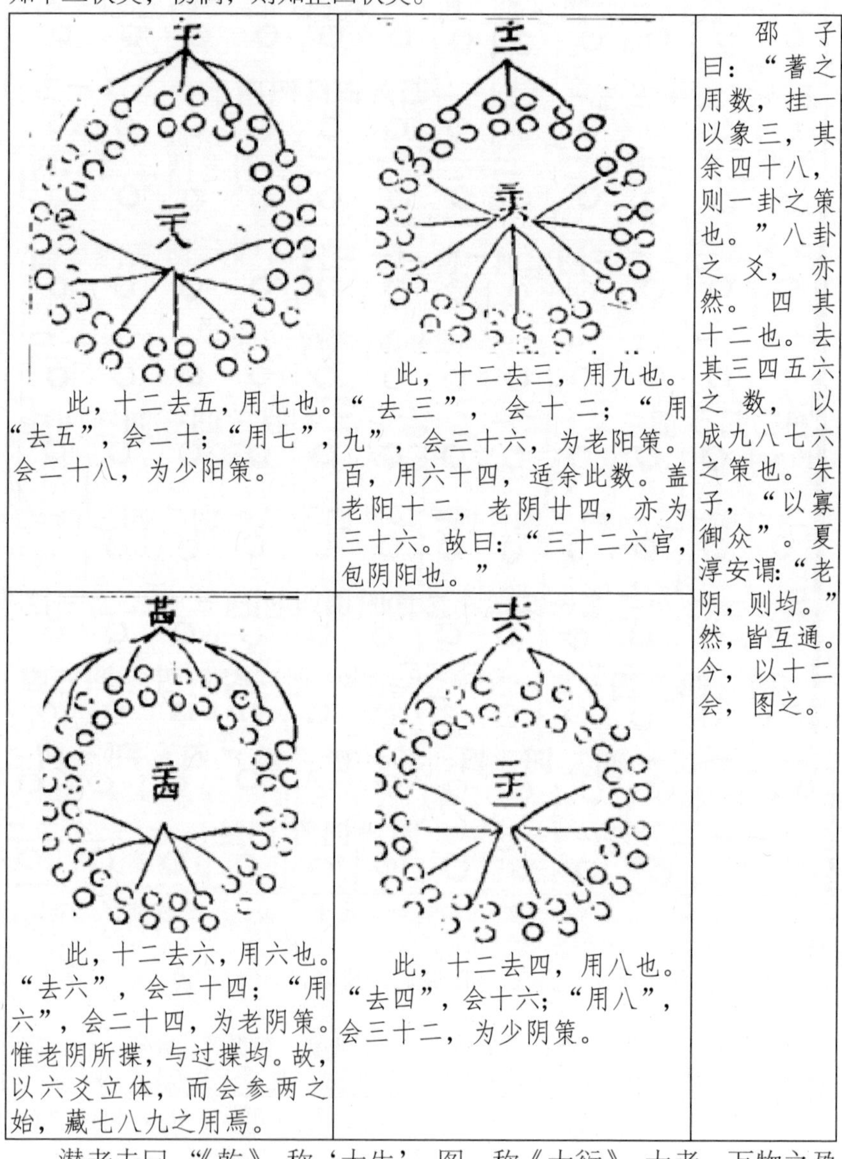

此，十二去五，用七也。“去五”，会二十；“用七”，会二十八，为少阳策。	此，十二去三，用九也。“去三”，会十二；“用九”，会三十六，为老阳策。百，用六十四，适余此数。盖老阳十二，老阴廿四，亦为三十六。故曰：“三十二六宫，包阴阳也。”	邵子曰：“蓍之用数，挂一以象三，其余四十八，则一卦之策也。”八卦之爻，亦然。四其十二也。去其三四五六之数，以成九八七六之策也。朱子，“以寡御众”。夏淳安谓：“老阴，则均。”然，皆互通。今，以十二会，图之。
此，十二去六，用六也。“去六”，会二十四；“用六”，会二十四，为老阴策。惟老阴所揲，与过揲均。故，以六爻立体，而会参两之始，藏七八九之用焉。	此，十二去四，用八也。“去四”，会十六；“用八”，会三十二，为少阴策。	

潜老夫曰：“《乾》，称‘大生’；图，称《大衍》。大者，万物之盈数也；衍，贵用也。圣人之裁成，即生成也。奇者，倚之而得实；偶

者，倚之而得虚。进者，倚之而得长；退者，倚之而得消。倚也者，损益而已矣；其法不外于‘参天两地’。参，犹鼎立也；两，犹权平也。鼎，载物用其全；权，称物用其半。蓍之为道全也，而半限焉。太阳十二象，少阴二十八象，少阳二十象，老阴四象，是六十四也。挂扐之数，太阳十二，少阴十六，少阳二十，太阴二十四，是七十二也。过揲之数，太阳三十六，少阴三十二，少阳二十八，太阴二十四，皆视太阳以递减，而得一百二十者也。象宫变，共得二百五十六；以三乘之，得七百六十八。此，《大衍历》所由本也。围全用半，贵‘以方用圆’也。太阳纯全，故十二者，凡十二见，用其三，不用其一；则悬其三奇之一，而得九也。九，生三十六矣。太阴纯半，故二十四者，凡四见。八存其四,四用其二；则悬其三偶之二，而得六也。六，生二十四矣。少阴两奇一偶，为十六者，凡二十八见；则悬其两奇之一,一偶之二，而得八也。八，生三十二矣。少阳两偶一奇，为二十者，凡二十见；则悬其两偶之二,一奇之一，而得七也。七，生二十八矣。此，所谓‘奇实、偶虚也，自阴而进阴也’。二十四，进为二十八；再进，为三十二；极进，为三十六；是坤之乾，挂扐减、过揲增也。自阳而退阴也，十二退为十六，再退为二十，极退为二十四，是乾之坤，挂扐增、过揲减也。此，所谓‘进长退消也’。《皇极》曰:‘天有四时，二时四月，一月四十日。四分去一用三，是以一时三月，一月三十日也。’一不用，立极也；二不用，偶半也；十不用，归九也。数，至四其九而止，不至十也。约为十二其四，总归二六，故用六八。老阴之倚于老阳，前增而后减；少阳之依于老阴，前减而后增。二老相距，十有二焉。二少，则阳进四，阴退四；相距于二老，亦十有二焉。此，应十二月、十二时之数也。”

智曰:“阴阳正用十二,三四相乘也；三五损三，而二五益二也。本于参两之会六，而兼之。九，不会；而会于二九，即三六也，即十八变，与十二会之三分损益也。蓍策，皆因阳之十二，以为进退；而过揲，归于老阴，乃均分二十四焉。岂非‘三四之会于二六，而并参两，必以六会参两哉’？六十四状，合为十六者四,六十四卦之藏四也。除十六分之一，而用十五也。《大衍》之虚一，置挂也。除二十五分之一，而用二十四也。用四，即用五也；用六，即用九也。”

大衍蓍原

四层藏五层	大衍蓍原
中“一五”之一，为中心。	中为一五，随围二五，共为“三五”一十五。
随中五之四象，为第二层围。	十 十 十 十
随中五之地十，为第一层围。	共二十
一二三四，为第三层围。	五 四 三 二 一 九 八 七 六 五
六七八九，为第四层围。	
四层，连中心之一，即五层；犹之四方，即五方也。《洛书》，止用二层，而藏三层。	老在外，少在内，犹之《横图》四象也。四周老少合，为三五者，二。四周生数，合为五者，二。

 成數 六七八九十 互相乘 生數 一二三四五	一二三四五 生数，两阴间三阳。
	六七八九十 成数，四阳间三阴①。
约以十五，与四十相乘，各六百。故《大衍》序曰：“天地中积，十有二百。”图中十五，生数十五，六与九为十五，七与八为十五，共六十。倍，为百二十。而十之，此千二百之本。本于六十，应六甲也。故老阳、老阴策，共六十；少阳、少阴策，亦六十。以九，合三七，为三十；以六，和三八，亦三十；而六甲之数包焉。	《衍》曰：“四周之四十，中十、五之所用也；中之十，又五之所用也。故以五用五十；而五十之用，又以一用四十九。约言之，五与十相乘而得矣。”《河图》虚五，藏中也；《大衍》虚一，藏大一也。虚初挂一，藏万物之初一也。三变成爻，而太阳一九、太阴四六、少阳三七、少阴二八，合之缩于策八者，藏挂之初一也。故曰：“图者，造化之蓍。蓍者，圣人之造化其图也。”

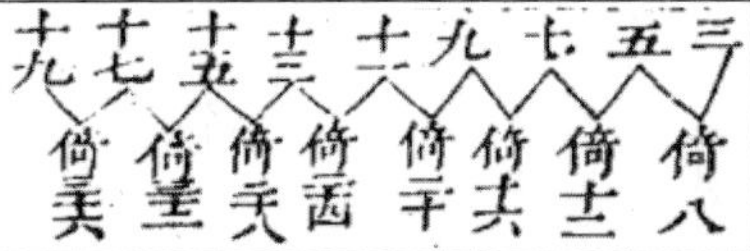 十九 十七 十五 十三 十一 九 七 五 三 倚三十六 倚三十二 倚二十八 倚二十四 倚二十 倚十六 倚十二 倚八	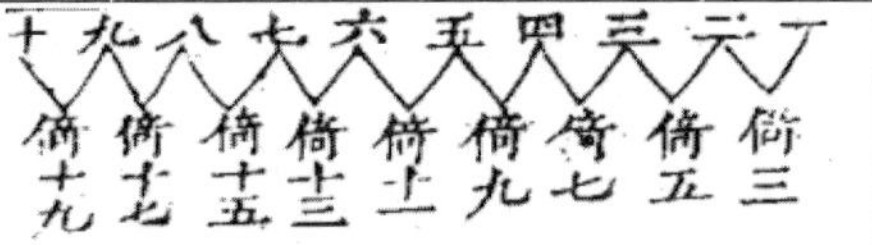 十 九 八 七 六 五 四 三 二 一 倚十九 倚十七 倚十五 倚十三 倚十一 倚九 倚七 倚五 倚三
智，为引伸之。始于八卦，而揲策、过揲之数皆具矣。始奇偶并列，中倚纯奇，三层而藏奇于偶。始十，次九，次八，即“虚一去挂”之象也。此下再倚，皆偶矣，故表此三层为端。余详《极数》。	丁易东曰：“共九十九，藏五十，则用四十九矣。一居中者，‘挂一’之象；左右同者，‘分二’之象；各四位者，‘揲’象。除中，则左右各二十四。”京山曰：“纯奇之和也，一居中，则五退位，以百计之，自然虚一。然，此一端也。京山曾知‘数之所合，一切生成乎’？则《先天图》，何以议焉？”智按：“《河图》，十一其五；此，十一共九也。一时之中，皆有十一时，‘余一、用一’之表也，‘用五藏六、用六藏五’之表也。乘除损益，无所非依。此曰‘并倚倚至百，为九千九百九十九，亦虚一也。’”

① 应为“二阳间三阴”。

<table>
<tr><td>《书》，五其九 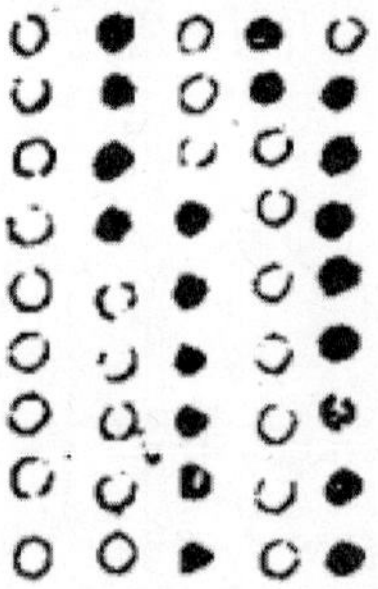
一与八，二与七，三与六，四与五；九，无与。</td><td>《图》，五其十一 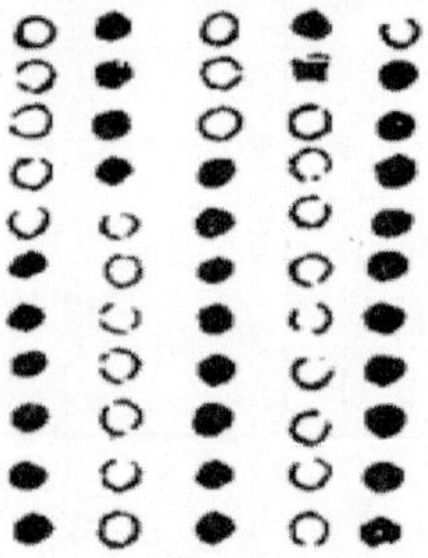
一与十，二与九，三与八，四与九，五与六。</td><td rowspan="2">《河》《洛》合，为一百而方矣；用半，即《大衍》也。《图》四布，连中为五，藏中则为四。此，四、五为奇之象也。《书》八布，连中为九，藏中为八。此，八、九为偶之象也。《图》《书》，皆重五。而《图》，十一其五，藏五兼六之用也。《书》，九其五，专示“初挂之奇偶”也。盈五、虚五，即盈虚之表也。故就蓍策，表其用余之用。</td></tr>
<tr><td>老阳一连九，用而一与六合为七。
老阴四连六，用而四与九合为十三。
少阴二连八，用而二与七合为九。
少阴三连七，用而三与八合为十一。
合七与十三，为二十；九与十一，为二十。
黎氏，以此证一行之“二微”。五乘八，为四十也。</td><td>《正》曰：五行之数，去十，则用九；存十，则用十一。盖百加一十，得两《河图》，为万物终。九十御二十，八十御三十，七十御四十，六十御五十，各两《河图》也。始九十者，两《洛书》也。</td></tr>
</table>

生数八百二十五，成数二千二百。即自乘一与八、二与七、三与六、四与五，则四象无九，而为三千二十五也。虚天数，为三千。天五、地六，无非九也；故，阳九为究用。老阳三十六策，为百互乘。为三十，而大衍之，为千五百，即百其三中六十四之余焉。五十五，益阳九，则六十四也，五也。又两之，为三千。盖十五与三十相乘，各得四十五，损阳九，则三十六也。天数二十五，益阳七百五十，是古历所谓“天地出符千五百也。”九，则三十六也；损阳九，则十六也①。

① 45—9=36。25—9=16。

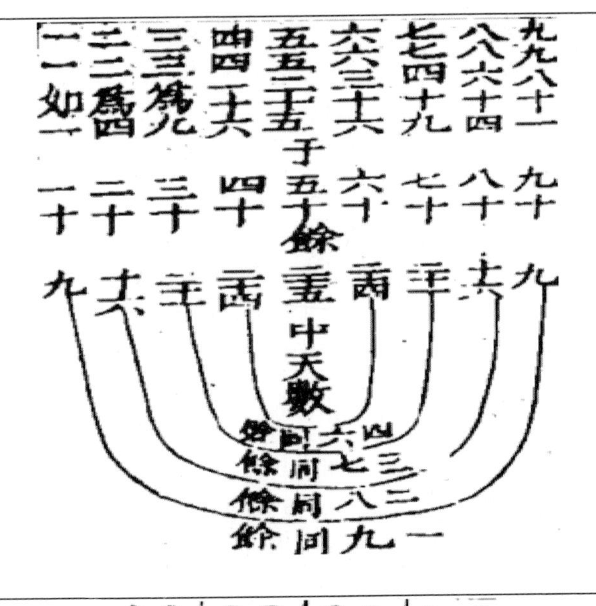

百中。老阳，余六十四；老阴，余七十六；共，百四十。少阴，余六十八；少阳，余七十二；共，百四十。以此藏五百五十，为通期之四分三；以此藏天地中积，为九百六十。

五除老阳三十六策，余一，本北余一也。五除少阴三十二策，余二，本南七余二也。五除少阳二十八策，余三，本东八余三也。五除老阴二十四策，余四，本西九余四也。是阳九，本用六；阴六，本用九也。

关子明《易传》曰[①]："兆于一，生于二，成于三。此，天地人所以立也。衍于五，成于六，偶于十。此，五行、六爻、十日（支统于干），所以错综也。天一，数之兆也；虽乎其兆，未可用也。地二，数之生也；有生则滋，乃可推也。天三，数之极也。极乎中，则反乎始，'兼两'之义[②]，'三极之道'也。独阳不生，独阴不成，故生必待成。五行，皆然。其体虽五，而成必六。六者，'天地生成'之谓也；五者，'参天两地'之谓也。地二、天三，合而为五，其一不用者。六

① 关朗（生卒不详），字子明，河东解州人，北魏隐士、易学家，著《关朗易传》。
② 《系辞下》："兼三才而两之，故六。"

来，则一去也；既成，则无生也。有生于无，终必有始（五者，生数之终；六者，成数之始）。既有，则无去矣。故‘大衍五十，用四十九’者，‘入有去无’之谓也。（智按：“‘天地未分’之无，即在‘天地已分’之有中。阴阳相转，实不可离，即‘二是一’者也。”）天生于阳，成于阴，阴成则阳去；生于阴，成于阳，阳成则阴去。六爻初上无位者，阴阳相去者也。天数以三兼二，地数以二兼三；奇偶虽分，错综各等，五位皆十衍之极也。问：‘一，将不用乎？’曰：‘物有两大，必曰‘盈虚’。日往月来，昼极则夜进，盈于此则虚于彼，盈于小必虚于大。此，用所以不穷也。’蓍，以五行运于中焉。‘大偶’而言，则五十也；‘小奇’而言，则五也。‘凡天地之数，五十有五’。奇偶小大，具言之耳。若举大而去小，盈奇而虚偶；则小奇之五、大偶之一，皆盈而不用也（共去其六，故每岁藏减六日也）。问策曰：‘三天两地，举生成而六之也。三六，而又二之（二者倍也，即六六也）。故三十六策，为乾。二六，而又二之。故二十四策，为坤。三其二十四，与二其三十六，皆得七十二焉。三其七十二，乾策也；二其七十二，坤策也。’阴阳三五（阳三、阴二，相参成五也）。每一五，而变七十二候；二五，而变三十六旬；三五，而变二十四气。凡三百六十五，周而复始。日月轨度，积于余分（谓分度之一也。），六十出六，以六五行，所以成闰。三百六十六者，岁功之用也。奇六者（出六者气盈，奇六者朔虚。），虚一之义也。夫生于一，成于六；一六相虚，三五为用，自然之道也。圣人立策数，必举其三，两于六，行于五，合于十，参天两地。先三十，而六之，得一百八十；又二而六之，得一十有二，合百九十二。阳，每爻三十六策，六爻二百十六。先三十其六，凡百八十爻，得六千四百八十；又二其六，凡十二爻，得四百三十二；共，六千九百一十二。阴，每爻二十四策。六爻，百四十四。先三之，凡一百八十爻，得四千三百二十；又二之，凡十二爻，得二百八十八；共，四千六百八。合，万一千五百二十；盖，举盈数而溢之也。万溢千，千溢百，百溢十，十溢一。溢，过算也，谓‘过虚也’。凡过盈，为溢；不及，为虚。问‘何为盈虚？’曰：‘当期之数，过者，谓之‘气盈’；不及者，谓之‘朔虚’。’故七十二为经，五之为期；五行六气，推而连也。七百二十为起法，七千二百为统法，七十二万为通法。气朔之下，收分必全尽，为率。七千二百万，为大率，谓之‘元纪’。岁月日时，皆甲子。日月五行，在子位之宿，当盈缩先后之中焉[1]。”

---

[1] 自“关子明《易传》曰”至此，皆是引用关子明《易传》。

<table>
<tr><td rowspan="4">智按："子明曰：'象以数五，参天两地。'先三十而六之，得一百八十；又二而六之，得一十有二；合百九十二。盖三十者，五其六也；十二者，二其六也；共四十二，用七其六；于四十八策中，余六焉。百九十二者，三十二其六也。全爻，六十四其六也。九则四十二其九，则仍余六也。益知'六，为参两之会；玄洞虚畴，不若此之适矣'。观此七六与八六之盈虚：三十益一六，为老阳；二六益二六，为老阴。半六，为三；倍半，为九，何适而不藏乎？邵子，取诸年月日时，以为'元会运世'，何谓'不同符'耶？隐老曰：'蓍法，六，居五后、七前，为升降进退之交也。'"</td><td>三十，与十二互用</td></tr>
<tr><td>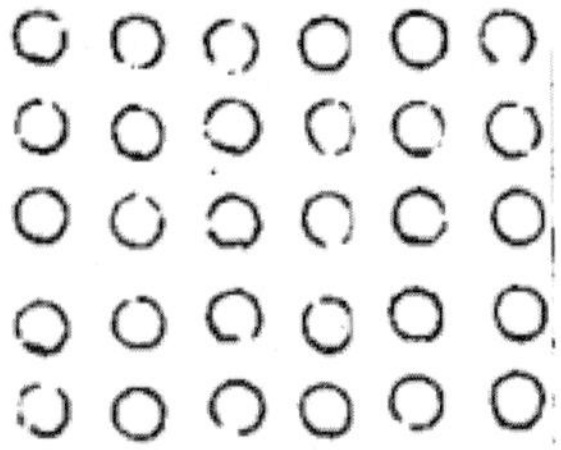
三十者，五其六。</td></tr>
<tr><td>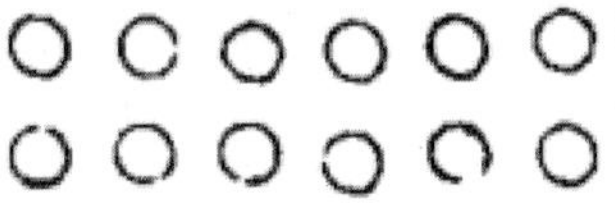
十二者，二其六。</td></tr>
<tr><td>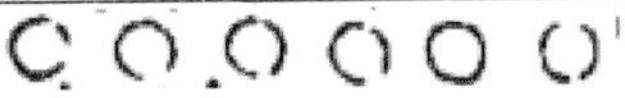
四十八，余六。</td></tr>
</table>

大衍蓍原 三五错综说

子夏曰："一不用者，太极也。"郑玄曰："五行减五，大衍又减一。"马融曰："北辰，不动也。"

姚信、董遇曰："五十五，虚其六，象六画也。"邵子曰："五十，蓍数。六十，卦数。五者，蓍之小衍；故五十，为大衍。八者，卦之小成；故六十四，为大成。'蓍德圆'，七七况天；'卦德方'，八八况地。蓍，用数也；卦，体数也。用以体为期，故存一；体以用为本，故去四。圆者本一，方者本四。"刘敞曰："一者，乾坤所不用。积三为九，为老阳；积二为六，为老阴。少阳七，益一于老阴；少阴八，损一于老阳。"朱子曰："《河图》中五，乘地十，而得之。"

潜老夫曰："此取《汉志》之说，其理至矣。曰'藏五'，曰'藏一'，曰'藏六'，曰'合《图》《书》，而半其百'，曰'衍九十九，而藏五十'，皆适符之数也。"《汉志》曰："九六之变，登降六体。三微而成著，三著而成象，十有八变而成卦，四营而成《易》。为七十二，参三统，两四时，相乘数也，言九八也。参得乾策，两得坤策。以阳九之，为六百四十八；以阴六之，为四百三十二。凡一千八十（三其通期，亦然。），各卦之微算策也。八之，为八千六百四十，而八卦小成。引而伸之，又八，为六万九千一百二十（即六乘具策也。）；倍，为十三万八千二百四十，为大成。五星会终，触类而长之，以成章岁，为二百六十二万六千五百六十，而与日月会。三会，为七百八十七万九千六百八十，而与三统会。三统两千三百六十三万九千四十，而复于太极上元。九章岁而六之，以为法（按："九章，百七十二；而六之，为千二十六。"）。太极上元为实，实如法，得一阴一阳，各万一千五百二十，当万物气体之数，'天下能事毕矣'。"又曰："蓍以为数，以象两两之，又以象三三之，又以象四四之又以归奇，象闰十九，及所据以加之，因以再扐两之，是为月法之实。"刘牧曰："两其四十九，得九十八；而三之，得二百九十四；又四之，得一千一百七十六。象闰以所据一，共二十；而加之为一千一百九十六；两之，为二千三百九十二。"智按："此三统日法，得二十九日四十三分也。"

《唐志·历本议》曰："天地中积，千有二百，以五十约之，则四象周六爻也；二十四约之，则太极包四十九用也（二十四其五十）。数象，微于三、四，而章于七、八。卦有三微，策有四象；故二微之和，在始中之际焉。蓍以七备，卦以八周；故二章之合，在中终之际焉。中极居五六间，由辟阖之交，而在章微之际者，人神之极也（妙论）。千二百，揲四，为爻率三百；以十位乘，而二章之积三千。以五材乘八象，为二微之积四十。兼章微之积，则气朔之分母也。以三极乘之，倍六位除之，凡七百六十，是为辰法，齐于代轨。以十位乘之，倍大衍除之，凡三百有四，是为刻法，齐于德运。半气朔之母，千五百二十，得天地出符之数；三之，为四千五百六十，当七精还初之会也。"智按："此，《河图》生数一二三四五，与成数六七八九十，相乘起耳。"又曰："一策之分十九，而章法生；一揲之分七十六，而蔀法生。一蔀之日，二万七千七百五十七，而气朔定。以通数约之，凡二十九日余四百九十九，而日月相及；此，六爻之际也。以卦当岁，以爻当月，以策当日；凡三十二岁而小终，二百八十八而大终。"又曰："策以纪日，象以纪月。乾坤之策，三百六十，为日度之准；乾坤之用，四十九象，为月弦之简。日之一度，不盈全策；月之一弦，不盈全用。故策余万五千九百四十三，则十二中所盈也；用差万七千一百二十四，则十二朔所虚也。综盈虚之数，五岁再闰。中节相距，皆当三五；弦望相距，皆当二七。升降之应，发敛之候，皆纪之以策，而从日者也。"是皆本《易》历天，而因历明蓍之故者也。然，犹一端也。如此而合，如彼亦合；惟在研极，明其理，得其几耳。《易》无不统，而阴阳象数为几。彼徒数者，不知也。然，又非“畏数逃玄”者所能知也。圣人随处表法，随处深几，挂扐象闰，岂附会之文乎？以蓍，为占卦之用。就蓍言蓍，而会通藏用，可也。竟以蓍止占卦，是“日用而不知”者也。

《汉志》引《易》“参五错综”，而以“三辰”“五星”“三统”“五行”“三德”“五事”，合举言之。《大衍历》言：“中积，皆起中之十、五。”故，朱子取五、十相乘，以为《大衍》是也。“五十以学易”，岂漫然乎？夫四象、八卦，因重重八八，皆四周之数所为。此中五与十者，天地之中、终也。十统于五，大一之枢也，无实、无虚之至用也。合为十五，乃三五也，生数也。近周，围一二三四，乃“二五”也，而统于中之一五。外周，围六七八九，乃“六五”也，合统于中之“三五”。此，“三五”之本论也。天以地立方体，而以圆用之；故举二即藏参矣，布四即藏五矣。约而称之，六七八九，皆“一二三四，得五而成者”言也。言一、言五，而二四在中，参两在中矣。故曰：“参五以变，错综其数。”前儒纷纭，详系传注。即以蓍言，“分二”“象三”，三也；合“分二”与“象三”，即五也。四揲藏一，即五也。凡极数以参两，而以五纪之。十，乃五之节也。老阳，以五除而余一；少阴，以五除而余二；少阳，以五除而余三；老阴，以五除而余余四。天地中数，五除余一；钟律冲穴，亦余一也。时，以五除，余二；全候半调，亦余二也。损挂之四十八，以五除，而余三；变十八，而以五除，亦余三也。衍用之四十九，以五除而余四；全卦、全爻，与章岁，亦以五除，而余四也。总之，本于《河图》六余一、七余二、八余三、九余四。则一二三四之余，正与一三九七之“参”，二四八六之“两”，同为亿兆之几者也。

蓍用七七，有说乎？曰：《素问》“男以八齓”，以至八八。女以七如之；是七数，阴也。《大衍》，以奇为阳；则七，阳也。此，阴阳互根也。除十而九，五为正中，三为前中，七为后中。用七，即用三也。术家，令人枚数，三之、五之、七之；言其余，而知其数矣。盖三五七相会而损一者，即当其数积而百则损五，则衍用“藏一”之几也。三与七，为春秋之平衡，七克三木。十干，三生七克。《洛书》，一而三，而九，而七；七，居九之后。二四，而八，而六；六，居八之后。故八卦用六爻，而爻连太极，则为七；故周而复始，著“七日”焉。九以老变用，七以始变用，八定维四之体，六会参两之体。蓍用也：虚一，用之体也；去挂一，用之用也。曰四、曰六、曰八、曰十，皆二倍所律也。九即三法，以三三即九也。五，为中纪。而七，则非三所律，必两三而一二，然后得焉；必合三分益一,四分损一，而后得焉。何以藏一？曰："无非大一也，是大藏也，且征中节之小藏一焉。"惟七之变，"圆而神"矣。卦，以八用。极八至八十，为满节，而九九益一；故，钟律玄畴用之。蓍，以七用，极七七四十九；而极五十之满节，则损一焉。百数内之自乘，无此损一、益一比者。就七言之，二七为十四，于三五损一；三七为二十一，于四五损一；七五三十五，于老阳损一；九七六十三，于卦损一。诸数，无与七比者。惟差一之追倚，必满自乘；余，则皆参两也。可半会，可觚会矣。引触，偶及一端。

蓍占

《启蒙》曰："六爻不变，占本卦彖辞。一爻变，占本卦变爻（九为重，六为交，以老变也。七为单，八为折，不变）。二爻变，占本卦二变爻，而以上爻为主（王太古，以"初变爻，为贞；次变爻，为悔。"韩苑洛，从之占下。《易遡》，从朱子主上）。三爻变，占本卦及变卦彖词；乃以"本卦为贞，变卦为悔"。前十卦，主贞；后十卦，主悔（捷法，以"初变，为前十卦；无初爻变者，为后十卦"。王太古曰："先变爻，为贞；后两变爻，为悔。"韩苑洛，"占本卦动爻之上"。杨止庵，欲用"不动之上"。《易遡》，定"前十卦，占本卦动之上一爻；后十卦，占之卦不动之下一爻"）。四爻动，占之卦不动之下爻（苑洛，"从上，用悔"）。五爻动，占之卦之一不动爻（止庵，欲"互用"）。六爻俱动，占之卦之彖"（季彭山，作《蓍法别传》，执定四十八策，以为简径。是，岂知"圣人'用初挂，藏初挂'之深几乎？"竟欲改经文之"四十有九"，为"八"字，妄矣。但取奇偶鸡骨折草，可耳。又何用此"四十八"乎？宁以裁笛有声，而废黄钟龠容损益之表法哉？）。

章俊卿曰："非必揲蓍，然后有'贞、悔'二名也。箕子发之，尚在周初；发明《羲易》，而《周易》亦同之。朱子曰：'贞始、悔终，贞主、悔客，贞近、悔远；贞则事在我，悔则事在人'。盖贞悔，犹之正变也。可以内卦贞，外卦悔。秦伯伐晋，得《蛊》，曰'贞风悔山'是也。可以本卦，贞之卦悔。重耳蓍得国，'贞屯悔豫'，是也。则屯蒙颠对，互为贞悔；屯鼎望对，亦互为贞悔，明矣。"

陆鲁望曰："季札以乐卜，赵孟以诗卜，襄仲、归父以言卜，子游、子夏，以威仪卜；孔成子，以礼卜，其应如响。故占者，精诚而已。君平卜筮蜀市，以为卜筮贱业，而可以惠众人：与人子，言'依于孝'；与人弟，言'依于顺'；与人臣，言'依于忠'。关子明之占，必先人事，而后语卦，归于典礼，用之以道，其善占者乎？"《闻语》曰："'圣人因二济民，以为得失之报'。'响''威'之用，莫逃乎理。师保家谕，犹有屑者，不若蓍龟之洋溢。致人之诚，而'成天下亹亹'也，其'要无咎'而已。士君子观玩，何所非占？然'以卜筮者尚其占'，岂忽此'三兆八筮、就占言占'之典哉？故表其法，使后世遵之；而深几神明，即卦策为至深矣。至诚如神，不碍感触。"

文王卦序横图

交泰后，坤主乾从，有离无坎。	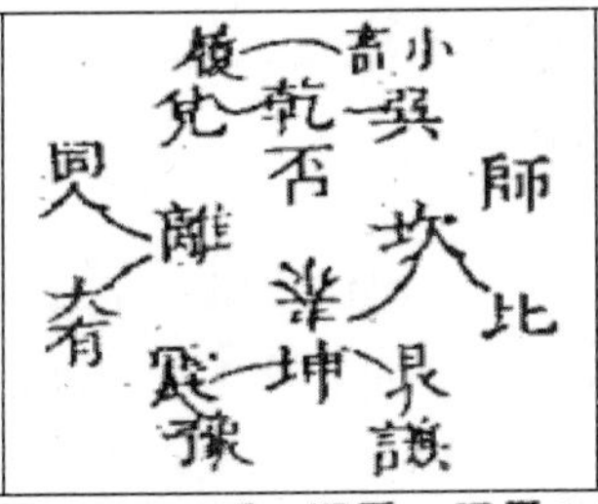 履 兑 乾 小畜 巽 否 同人 离 师 坎 泰 比 大有 震 坤 艮 豫 谦	交泰前，乾主坤从，有坎无离。	文王卦序横图
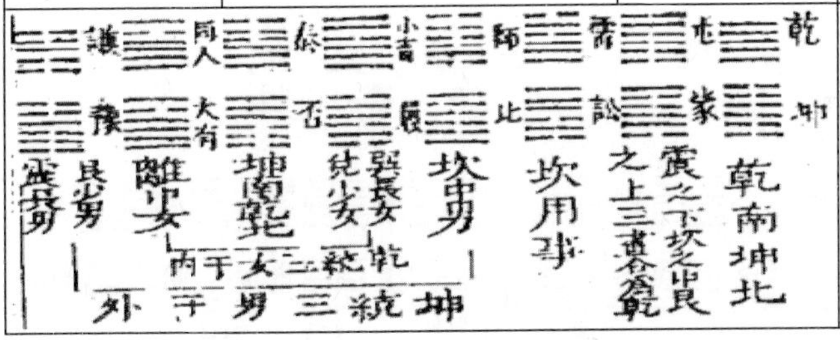 谦 同人 泰 小畜 师 需 屯 乾 豫 大有 否 履 比 讼 蒙 坤 震长男 艮少男 离中女 坤用乾 兑少女 巽长女 坎中男 坎用事 之上三震之下坎之中艮 乾南坤北 内于女三統乾 外于男三統坤			泰和萧汉中景元，作《考原》。郑潜谷、沈全昌、何玄子，皆因以发明。

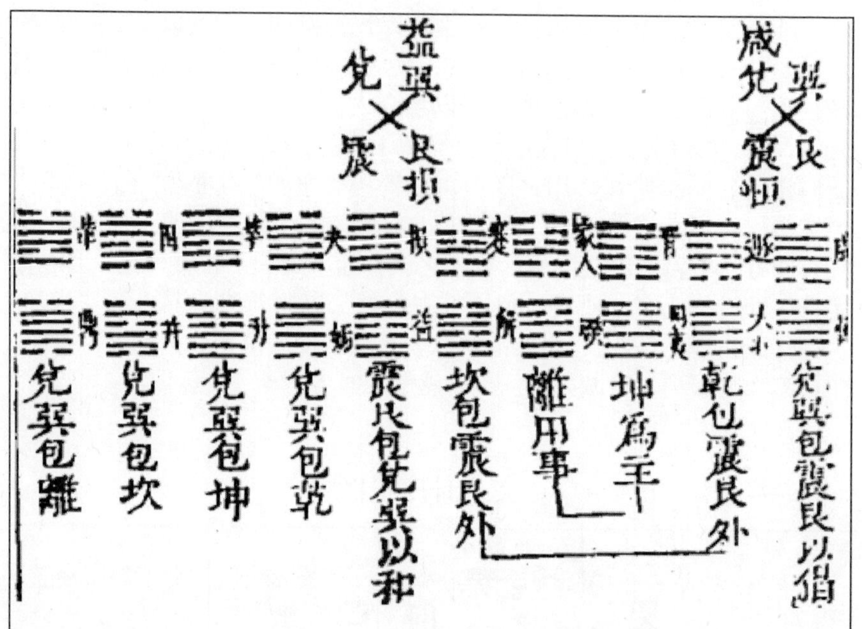

《上经》，乾坤坎离，为主；兑巽震艮，为客。主卦中，乾坤为君。	震艮兑巽，包括于外，参错于内。客来襄主，分成上经之终，启下经之始。

《下经》，兑巽震艮，为主；乾坤坎离，为客。主卦中，兑巽最贵。	阳前，长幼，非其偶；震艮，包离。阴后，巽兑包坎；阴阳，不相合。

序卦说

全昌纂景元说，曰："六十四卦，以乾坤为体，坎离为用。乾坤，居《上经》之首，而交于《上经》之用；其体全，其用中也。坎离，居《上经》之终，而交于《下经》之终；其体中，其用全也。震兑艮巽，偏体也；宜下，不宜上。即《下经》不以之始终者，偏故也。偏必合偏，而阴阳始全；故四子交卦先，而本卦后也。上经，阳；下经，阴；至下经之终，阴之阴也。玄工寂若时，非坎离一交，则乾坤息矣。若艮兑震巽，非不各见于上下二篇之末。上篇，先艮震之《颐》，而后巽兑之《大过》，先阳也；下篇，先巽兑之《中孚》，而后震艮之《小过》，先阴也。皆阴阳各自为体，不及坎离之功用也。然则，《下经》胡不以乾坤之交终也？夫乾坤交，则乾体入坤，坤体入乾，只成坎离耳。坎离，至中而不偏；故《上》《下》皆用之为终。《既济》一交，则坎之中体入离，离之中体入坎，依然又一乾坤矣。此，《下经》之复转而为《上经》也。《上经》，阳升而上。故，《屯》以震阳之下，连于坎阳之中；《蒙》以坎阳之中，连于艮阳之上；先《屯》，后《蒙》也。《下经》，阴降而下。故，《家人》以上体之巽阴，入于离阴之中；《睽》，以离阴之中，入于下体之兑阴；先《家人》，后《睽》也。"

八卦分体说，曰："邵子曰：'用者，三；不用者，一。'朱子曰：'阴阳之体数适均。用数，则阳三而阴一。'朱子，虽为揲蓍发；而其义，则无不同。适均者，均以四计也；四其四，为十六。阳三者，用其三，而不用者一也。乾体十六，用者三，所以十二体居《上经》；不用者一，余四体居《下经》。乾不自用，而用阴也。坤体十六，《上经》十二，分《下经》四。盖，阴数用者，一。故以四分《下》，坤所用也；以十二分《上经》，坤不自用，为阳所用也。坎体十六，《上经》八，《下经》八。盖坎体之阳在中，故分卦亦中；他卦，偏多偏少，皆不中也。诸卦，视坎离为赢缩；而离，又视坎为进退。圣人于八卦，独称‘习坎’，微哉！震体十六，《上经》七，《下经》九；夫震，长男也。上篇，视坎减一；下篇，视坎多一。盖震虽长，其体偏；坎，犹嫡也。故用于阳，则震减于坎；用于阴，则坎减于震也。艮体十六，上经七，下经九。震艮，俱阳卦也，俱偏体也。《上经》，以坎为主，震艮为客。故《上篇》，震艮减于坎；《下篇》，坎减于震艮；客，不敌主也。增减各以一者，阳数奇也；此，震艮视坎为赢缩也。离体十六，《上经》六，《下经》十。离坎，俱主卦，俱中体。在《上》俱为主，而离减二；在《下经》俱为客，而离增二。盖离虽中阴也，阴必效法于阳，故视坎为进退。减二于上者，以阴体退居坎下也；增二于下者，以阴体进居坎上也。增减各以二者，阴偶数也。《上经》阳，故坎多离少，坎先离后；《下经》阴，故离多坎少，离先坎后，一定之进退也。巽体十六，《上经》四，《下经》十二；兑体十六，《上经》四，《下经》十二。兑巽，皆阴卦，偏体也。视离之中，已不相及，况《上经》以正卦为主，偏卦为客；故巽兑，视离减二。《下经》，则以偏卦为主；偏卦，又以阴为主。故巽兑，皆得十二，与上之乾坤并焉。”

乾坤坎离，四正卦也。故以居四正者，居《上经》，而为《上经》之主。乾坤，又为主于坎离；而乾，更为坤主也。兑巽震艮，四偏卦。故以居四隅者，居《下经》，而为《下经》之主。兑巽，又为主于震艮；而兑，更为巽主也。故在《上经》，则乾坤十二，递减而坎之八，震艮之七，兑巽之六，合之共六十体；而乾坤，最尊也。在《下经》，则兑巽十二，递减而离之十，震艮之九，坎之八，乾坤之四，合之共六十八体；而兑巽，最贵也。

或曰：“乾为坤主，是矣。兑，胡以为巽主也？”曰：“此，自《先天图》得之。兑与乾，同为太阳，位相联于东南；后天同为金，位相联于西北，与乾敌体，乌得不为巽主乎？”故《上经》客卦中，兑居《随》之先；《下经》主卦中，兑为《咸》之首也。

乾坤坎离之体，正；兑巽震艮之体，偏。正，则全；偏，则不全。

惟其偏也，故所用之卦，止居《下篇》，不居《上篇》。居其下，失其上，偏也。就《下篇》言之，止居始，不居终。居其始，而失其终，亦偏也。乾坤坎离，所用之卦，则贯上下、该始终，而包其全矣。正，故也。

《上经》，首《乾》《坤》，“天地定位”也。《下经》，首《咸》，“山泽通气”也；次《恒》，“雷风相薄”也。终《既》《未》，“水火不相射”也。

《上经》，父母交，六子不交，至《下经》始交。然乾坤之交，居《上经》之中；而六子之交，则居《下经》之前后。犹父母居中堂，而六子夫妇对，列乎堂下之左右也。以一岁论:《上经》之初，坎震用事，春也;《上经》之末，离火用事，夏也;《下经》之初，兑泽用事，秋也；《下经》之末，坎水用事，冬也。然《未济》，坎之下体；圣人已属意于《屯》之上体矣。上下经，循环一气也。

乾，《上经》十二体。此以下，言八卦合体。

乾、泰、否、需、讼[1]、同人、大有、无妄、履[2]、小畜、大畜[3]。

以二体，成本卦《乾》；二体合坤，成《泰》《否》；二体合坎，成《需》《讼》；二体合离，成《同人》《大有》。于主卦，各以二体合，兼上下也。余四体，以一合巽，成《小畜》；以一合兑，成《履》；以一合震，成《无妄》；以一合艮，成《大畜》。于客卦，则各以一体合震兑，阳在下，故合于下；艮巽，阳在上，故合于上；贵阳也。

《下经》四体，与《下经》四主卦合。

夬、姤、大壮、艮。

一合兑，成《夬》；一合巽，成《姤》；一合震，成《大壮》；一合艮，成《遁》。震兑，阴在上，故合于上；艮巽，阴在下，故合于下；贵阴也。阳不自用，为阴所用也。

坤，《上经》十二图。

坤、泰、否、师[4]、比[5]、豫[6]、复、谦、剥、观、临。

① 原图有误，应为乾上坎下。
② 原图有误，应为乾上兑下。
③ 原图有误，应为艮上乾下。
④ 原图有误，应为坤上坎下。
⑤ 原图有误，应为坎上坤下。
⑥ 原图有误，应为震上坤下。

以二体，成本卦《坤》；二体合乾，成《泰》《否》；二体合坎，成《师》《比》；二体合震，成《豫》《复》；二体合艮，成《谦》《剥》。于阳卦,各以二体合，兼上下也。余二体，以一合巽，成《观》；以一合兑，成《临》。于阴卦，则各以一体合。巽阳在上，故合于上；兑阳在下，故合于下，贵阳也；亦以阳包阴也。离，阴在阳中，故不合离。此坤十二之体，不自用，为阳用也。

《下经》四体，俱与三阴卦合。

䷢晋、䷣明夷、䷭升、䷬萃。

二体合离，成《晋》《明夷》。一合巽，成《升》；一合兑，成《萃》。以巽离兑三女，即坤之三画也，坤之用四体也。独不合阳卦者，贵阴，不贵阳也。按：坤《上篇》不合离，而《下篇》再合者。《下篇》，阴为主；故再合之，而非兑巽敢望。亦犹《上篇》阳为主，故乾再合坎，而非震艮敢望也。离虽客卦，而坤视为主。

坎，《上经》八卦。

䷜坎、䷄需、䷅讼、䷆师、䷇比、䷂屯、䷃蒙[①]。

二体，合本卦；二体合乾，成《需》《讼》；二体合坤，成《师》《比》。于主卦，独不合离者，以离为之配也。余二体，以一合震，成《屯》；以一合艮，成《蒙》。艮阳在上，震阳在下；故合亦因之，为上下也。于客卦，独不合巽兑者，合阳、不合阴也。其不合之故，则以乾坤交泰父母之象也。六子不交，依然男女耳。至《下篇》，始交为夫妇；故咸、恒、损、益、既济、未济，俱在《下经》也。

坎之体，居上诸卦之最后；而坎之用，居上诸卦之最先。《屯》《蒙》二卦，震长男，坎中男，艮少男。《上经》诸卦，惟此一对，具乾之三男，无阴体之杂。

阳，自震之下，达于坎之中；又自坎之中，连于艮之上；阳升而上之序也，合成乾三画之纯阳。此，《屯》《蒙》，所以继《乾》《坤》而用事也。

《下经》，亦八体。

䷻节、䷮困、䷯井[②]、䷺涣[③]、䷾既济[④]、䷿未济[⑤]、䷧解、䷦蹇。

---

① 原图有误，应为上艮下坎。
② 原图有误，应为上坎下巽。
③ 原图有误，应为上巽下坎。
④ 原图有误，应为上坎下离。
⑤ 原图有误，应为上离下坎。

二体合兑，成《节》；二体合巽，成《井》《涣》；二体合离，成既、未济。《下经》重阴于主卦中，固各以二体巽兑矣。离虽阴，客卦也，亦以二体合者，以离为坎之配也，六子交也。余二体，以一合震，成《解》；以一合艮，成《蹇》。震阴在上，艮阴在下；而合亦从而上下者，贵阴也。

离，《上经》六体。

☲离、☰同人、☲大有、☲噬嗑[①]、☶贲。

二体成本卦《离》；二体合乾，成《同人》《大有》；一体合震，成《噬嗑》；一体合艮，成《贲》。夫主不合坤，客不合兑巽，而合震于下、合艮于上，合乾上下兼之；合阳，不合阴也。

《下经》十体。

晋、明夷、鼎、家人、睽、革[②]、既济、丰、旅。

二体合坤,成《晋》《明夷》。离，在《上经》，则合乾；在《下经》，则合坤也。二体合巽，成《鼎》《家人》；二体合兑，成《睽》《革》；二体合坎，成既、未济。以巽兑，俱下经之阴。坎，为离配，故以二体合之。余二体，以一合震于上，而成《丰》；以一合艮于下，而成《旅》；贵阴，不贵阳也。

乾坤体全，而用也中；坎离中，而用也全。故乾坤，居《上经》之始；为否泰，居《上经》之中。坎离，居上下之中；交而为《既》《未》，居《下经》之终。

震，《上经》七体。

复、豫、无妄、屯、噬嗑[③]、颐、随。

二体合坤，成《复》《豫》；一体合乾，成《无妄》；一体合坎，成《屯》；一体合离，成《噬嗑》；一体合艮，成《颐》；一体合兑，成《随》。震，在《上经》为客，故无本卦。《上经》，六子不交；故不合巽，以巽为之配也。下卦，倣此。

按:《上经》，震与坎艮，俱再合坤，亲母也，得坤体多也。二卦，不敢如坎再合乾者，逊嫡也。

① 原图有误，应为上离下震。
② 原图有误，应为上兑下离。
③ 原图有误，应为上离下震。

《下经》九体。

震[1]、恒[2]、益、归妹[3]、小过、大壮、解、丰。

二体，成本卦《震》；二体合巽，成《恒》《益》。《下经》，六子交，除本六卦外，独以二体合巽。余五体，以一合兑，成《归妹》；以一合艮，成《小过》；以一合乾，成《大壮》；以一合坎，成《解》；以一合离，成《丰》。然俱以震为上卦；以《下经》贵阴，震之阴画在上，故合于上也。独不合坤者，坤在《下经》，只四体，俱合阴卦。坤，不合震；故震，亦不合坤也。

艮，《上经》七体。

谦、剥、大畜、蒙、贲、颐、蛊。

二体合坤，成《谦》《剥》。余五体，以一合乾，成《大畜》；以一合坎，成《蒙》；以一合离，成《贲》；以一合震，成《颐》；以一合巽，成《蛊》。而艮，皆居上卦；以艮阳在上，故从上也。

《下经》，九体。

艮、损[4]、咸、渐[5]、小过、旅[6]、蹇[7]、遁。

二体，成本卦《艮》；二体合兑，成《损》《咸》。除本卦配卦外，余俱以一体合之。一合巽，成《渐》；一合震，成《小过》；一合离，成《旅》；一合坎，成《蹇》；一合乾，成《遁》。艮，皆居下卦，以艮阴在下也。《上经》再合坤，《下经》不合坤，皆与震同义。

巽，《上经》四体。

小畜、观、蛊、大过。

一体合乾，成《小畜》；一体合坤，成《观》；一体合艮，成《蛊》；一体合兑，成《大过》。合主卦，则乾坤为尊；合客卦，则惟艮兑，以上经不合震也。合主卦则居上，合客卦则居下，以合巽之阴阳也。

---

① 原图有误，应为上震下震。
② 原图有误，应为上震下巽。
③ 原图有误，应为上震下兑。
④ 原图有误，应为上艮下兑。
⑤ 原图有误，应为上巽下艮。
⑥ 原图有误，应为上离下艮。
⑦ 原图有误，应为上坎下艮。

《下经》，十二体。

巽、益、恒[①]、中孚[②]、渐、涣、井[③]、姤[④]、升、家人[⑤]、鼎。

二体合成本卦；二体合震，成《恒》《益》；一体合兑，成《中孚》；一体合艮，成《渐》。为其配，故合以二；非其偶，故合以一也。二体合坎，成《涣》[⑥]；二体合离，成《家人》《鼎》。《下经》，坎离各以二体合巽，故亦以二体合之。一体合乾，成《姤》；一体合坤，成《升》。《下经》，乾坤只四体，各以一合巽；故巽，亦以一合乾坤也。然上于主而下于客者，亦以合巽之阴阳也。

兑，《上经》四体。

履[⑦]、临、随[⑧]、大过[⑨]。

一体合乾，成《履》；一体合坤，成《临》；一体合震，成《随》；一体合巽，成《大过》。巽合兑，故兑亦合巽。兑不合艮，与巽不合震，同义。

《下经》，十二体。

兑、咸、损、中孚、归妹、革、睽、困、节、夬、萃。

二体，成本卦《兑》；二合艮，成《咸》《损》；一体合巽，成《中孚》；一体合震，成《归妹》；二体合离，成《革》《睽》；二体合坎，成《困》《节》；一体合乾，成《夬》；一体合坤，成《萃》。除本卦兑，及兑与巽易、兑与艮交外；余，俱与巽同义，足见"《下经》之重阴也"。

上篇，为阳；下篇，为阴。然则，坤何以与乾同居上篇？不知《易》之阳，皆乾之阳；《易》之阴，皆坤之阴。必乾上、坤下，偏阴偏阳，岂成造化？从乾居《上经》者，坤不自用，而为乾所用，坤亦阳也。故坤在《下经》之四体，惟合兑离巽之阴卦。而巽之下，离之中，兑之上，即坤纯阴之三画也。坤之阴体，固隐然见于《下经》矣。

问：《下经》之坤，自合兑离巽外，纯乎三阴，一无所杂。《上经》

① 原图有误，应为上震下巽。
② 原图有误，应为上巽下兑。
③ 原图有误，应为上坎下巽。
④ 原图不清，应为上乾下巽。
⑤ 原图有误，应为上巽下离。
⑥ 此处，缺"井"字。
⑦ 原图不清，应为上乾下兑。
⑧ 原图有误，应为上兑下震。
⑨ 原图有误，应为上兑下巽。

之乾，既合阳卦处，何以又合三阴卦耶？曰：阳，得兼阴；阴，不得兼阳也。如乾之画奇而三，坤之画，偶而六；合三六，成九。乾“用九”者，阳得兼阴也；坤“用”六者，阴不得兼阳也。故乾在《上经》，于主卦，则各以二体合；于各卦，则各以一体合。其所合之上下，皆从阳，而不从阴。在《下经》，又各以一体，合《下经》之主卦。其所合之上下，皆从阴，而不从阳。阳之兼阴，又未始无分辨也。

“乾坤，即阴阳；阴阳，总乾坤”，固矣。六子之阴阳，岂无分属？坎，阳也，宜居《上经》。何以，离亦居《上》？巽兑，阴也，宜居《下经》。何以，震艮亦居《下》？曰：“文王分卦，亦本先天圆图。以乾坤坎离，居四正：乾与坤对，而乾则尊于坤；坎与离对，而坎则右于离，贵阳也。以震巽艮兑，居四隅：震与巽对，而巽上于震；艮与兑对，而兑上于艮，贵阴也。故以四正居《上》；上，阳也。以四隅居《下》；下，阴也。四正在《上》，乾仍与坤对，坎乃与离对，不相异也。四隅在下，震不与巽对，而对艮；兑不与艮对，而对巽，阴阳各不相属。而分析之，此又《下经》之不同于《上经》，而为阴体也。”

黄氏卦序演

八纯卦，正位也。各有所游之十二卦，则八卦之寄位也。八其十五，而为一百二十，与《洛书》纵横之数符。

黄《疏》曰[①]：“余，以《凿度》，参之京房《易传》，始知‘文王《卦序》，固本于洛书’也。阳遁阴中，阴遁阳中，逆顺纵横，变幻不测。兵家，谓‘阴符，为诡道’。仙家，谓‘阴符，为玄门’。信乎，文王微示其缄，而不告人以故，恐滋天下之变端也？噫！《易》之神变无方者，正以错逆为用者也。然至变之内，又有不变之元体者存。古人谓‘《易》，为‘尽性至命’之书’，有以也。”

上篇

䷀乾、䷁坤、䷂屯（坎震）、䷃蒙（艮坎）、䷄需（坎乾）、䷅讼（乾坎）、䷆师（坤坎）、䷇比（坎坤）、䷈小畜（巽乾）、䷉履（乾兑）。

《周易》，首乾坤；六十四卦，皆从乾坤之变而成。乾坤，即太极之元体也。乾坤之后，坎与乾坤相乘，即“五行先水”之义也。乃始以震

① 黄伯端（生卒不详），号元公，著《易疏》五卷，《图说》一卷。“元公曰”“黄《疏》曰”，皆引其著作。

艮，终以巽兑，而归元于乾，主天而亲水也。序位，男先女，长先少，其有“正名辨位”之思乎？

䷊泰（坤乾）、䷋否（乾坤）、䷌同人（乾离）、䷍大有（离乾）、䷎谦（坤艮）、䷏豫（震坤）、䷐随（兑震）、䷑蛊（艮巽）、䷒临（坤兑）、䷓观（巽坤）

天地，有交气。泰否，气交之中也。泰否之后，离与乾坤相乘，即“五行次火”之义。而艮在震先，兑居巽后，所以明“长少之交”也。且随、蛊二卦，震艮与巽兑互交，则《洛书》之飞伏也。随、蛊，位在归魂[①]，与师、比相对。文王，其祖《洛书》之变而为之者乎？乃先之以离，纬之以艮震兑巽，而归元于坤，主地而亲火也。

䷔噬嗑（离震）、䷕贲（艮离）、䷖剥（艮坤）、䷗复（坤震）、䷘无妄（乾震）、䷙大畜（艮乾）、䷚颐（艮震）、䷛大过（兑巽）、䷜坎、䷝离。

《噬嗑》者，何以首也？所以寄明文武火也。乾坤，为万象之大宗；其子为火，其孙为水。故《图》《书》之位，离居上而王南。《图》七数，《书》九数，明火之为阳气也。故天水为《讼》，天火为《同人》。其纬之以震艮，何也？木为火母，土为火子也。震离[②]，为武火。震，阳木；阳木，火之胎也。火生于木，祸发必克，有“用狱”之象焉。艮离[③]，为文火。艮，阳土；阳土，火之相也。转生子气，还以泄藏；《贲》所以“小利有攸往”也。火候，有得、有失，《剥》《复》来焉。且艮土，为火之休气；震木，为火之生气。所以，艮《剥》，而震《复》也。震艮交于《颐》，巽交于《大过》。长先而少后，男先而女后，有兄弟唱随之义焉。《坎》《离》，性命之宫，天地之玄牝也。故《上经》，以乾坤始，以坎离终。《易》，首乾坤。“乾坤，《易》之缊也”。乾坤之交，继之以坎，而以乾与巽兑终之。《泰》《否》，乾坤之交体，继之以《离》，而以坤与巽兑终之。阴阳，迭为用也。《屯》《蒙》之先艮震，何也？震艮，乾坤之继体也。《乾》《坤》十卦之中，震艮一见；《泰》《否》十卦之中，震艮二见；《噬》《贲》十卦之中，震艮三见；有“积微至著”之义焉。自是，而《咸》《恒》《损》《益》十二卦，皆先震艮矣。于是乾坤化讫，而父母之事，终震艮之首十四卦也。所以，明人子“继父母之道”也。

下篇

䷞咸（兑艮）、䷟恒（震巽）、䷠遁（乾艮）、䷡大壮（震

① 《随》卦，为震宫归魂；《蛊》卦，为巽宫归魂。

② 雷火《丰》卦。

③ 山火《贲》卦。

乾）、䷢晋[1]（离坤）、䷣明夷（离坤）、䷤家人（巽离）、䷥睽（离兑）、䷦蹇（坎艮）、䷧解（震坎）。

《上篇》，首乾坤，“天地定位”也。《下篇》，首咸恒，“山泽通气，雷风相薄”也；俱以坎离终，“水火不相射”也。后天之序，其昉于先天乎？《洛书》卦位，乾坤，与坎离为飞伏；震兑，与艮巽为飞伏。《下篇》，咸恒为先，损益为继法，《洛书》也。屯与蒙对，坎离之再变也；遁与大壮对，乾坤之再变也。二篇，列之第二对中：需与讼对[2]，乾合坎也，而为坤、离之游魂；晋与明夷对，坤合离也，而为乾、坎之游魂。文王，次需讼，于屯蒙之后，即次以乾坤。乾坤化始也，历兑巽而坎离，归藏于坎，而以艮震统其始终，阳为政也。

䷨损（艮兑）、䷩益（巽震）、䷪夬（兑乾）、䷫姤[3]（乾巽）、䷬萃（兑坤）、䷭升（坤巽）、䷮困[4]（兑坎）、䷯井[5]（坎巽）、䷰革[6]（兑离）、䷱鼎（离巽）。

损益，何以次咸恒也？《洛书》，震兑居正，艮巽居隅。《咸》《恒》，震兑三变之卦；《损》《益》，艮巽三变之卦也。《遁》《壮》，则乾与艮震交；《夬》《姤》，则乾与兑巽交；《晋》《明夷》《萃》《升》，则皆坤也。《家人》《睽》，则离与巽兑交；《困》《井》，则坎与巽兑交。《蹇》《解》主坎，而以艮震纬之；《革》《鼎》主离，而以巽兑纬之，何卦位之相配也？历艮震而次坎，归藏于离，而以兑巽统其始终，阴为政也。故《夬》《姤》之际，圣人忧之。《夬》《姤》《剥》《复》，乾坤之飞体也。然，皆在《泰》《否》《咸》《恒》十二卦之后。日，历十二时而气变；岁，历十二月而运变。故曰：“天地之交，十之三。”自《噬嗑》，至《革》《鼎》，凡三十卦；乾坤，各居二焉。父母之事，既终；六子，所以乘权而用事也。

䷲震、䷳艮、䷴渐（巽艮）、䷵归妹（震兑）、䷶丰（震离）、䷷旅[7]（离艮）、䷸巽[8]、䷹兑、䷺涣（巽坎）、䷻节（坎兑）、䷼中孚（巽兑）、䷽小过（震艮）、䷾既济、䷿未济[9]（离

① 原图有误，应为上离下坤。
② “对”，指颠倒。贞悔义，也指一对贞悔卦。
③ 原图有误，应为上乾下巽。
④ 原图有误，应为上兑下坎。
⑤ 原图有误，应为上坎下巽。
⑥ 原图有误，应为上兑下离。
⑦ 原图有误，应为上离下艮。
⑧ 原图错误，应为上巽下巽。
⑨ 原图错误，应为上离下坎。

坎）。

《上篇》，首《乾》《坤》;《下篇》，不首《震》《艮》，而首《咸》《恒》，何也？子不敢与父母敌也，故退列十四卦之上。若为父母继志述事者，然孝子之道也。巽对震，艮对兑。文王，先震艮，而后兑巽，明“妻不敢敌夫”也；且反对为偶，又示人以“阴阳升降之机”焉。《震》《艮》六卦，震艮为经，而以离纬之，然未尝无巽兑也；巽兑六卦，巽兑为经，而以坎纬之，然未尝无震艮也；阴阳互根之机也。《上篇》需、讼、颐、大过，《下篇》晋、明夷、小过、中孚，皆八卦游魂之位也。或继乾坤咸恒之后，或开坎离、既未济之先。而始乾坤，以坎离之伏气，终以震兑艮巽之伏气；文王之观变，精矣。乾坤、坎离，包二篇之终始。乾坤，纯气；坎离，中气也。《洛书》卦位。乾连坎而飞离，坤连离而飞坎。其《卦序》所自昉乎？震艮、巽兑，错列于四卦之中；震艮初气，艮兑少气也。《洛书》卦位，震对兑，而飞巽；兑对震，而飞艮；四卦，所以互为伏现也。且咸恒、损益，皆以四卦错成，未尝不与乾坤同化，特不敢专成耳。凡首乾坤者，终巽兑：若乾坤之受以小畜、履；泰、否之受以临、观是也。首震艮者，终坎离：若噬嗑之受以坎离，震艮之受以既未济，是也。咸恒损益，则震兑巽艮杂。然咸恒，则受以蹇解之坎；损益，则受以革鼎之离；又未始不以坎离为化枢也。咸恒，先艮而后震，阳卦也，则以坎终之；损益，先兑而后巽，阴卦也，则以离终之；皆先少而后长。化气，必由稚而壮也。

《上篇》，首乾坤，次坎离，分而对也;《下篇》，首咸恒，终既未济，合而交也。《上篇》，阳先阴后，男先、女后，正其位也;《下篇》，阴先阳后，少先、长后，通其志也。《上篇》，颐、大过，二阴、二阳俱在外，其气分也;《下篇》，中孚、小过，二阴、二阳俱在内，其气合也。易阴阳，而至中位，则为坎离矣。故，以坎离、既未济，终之。

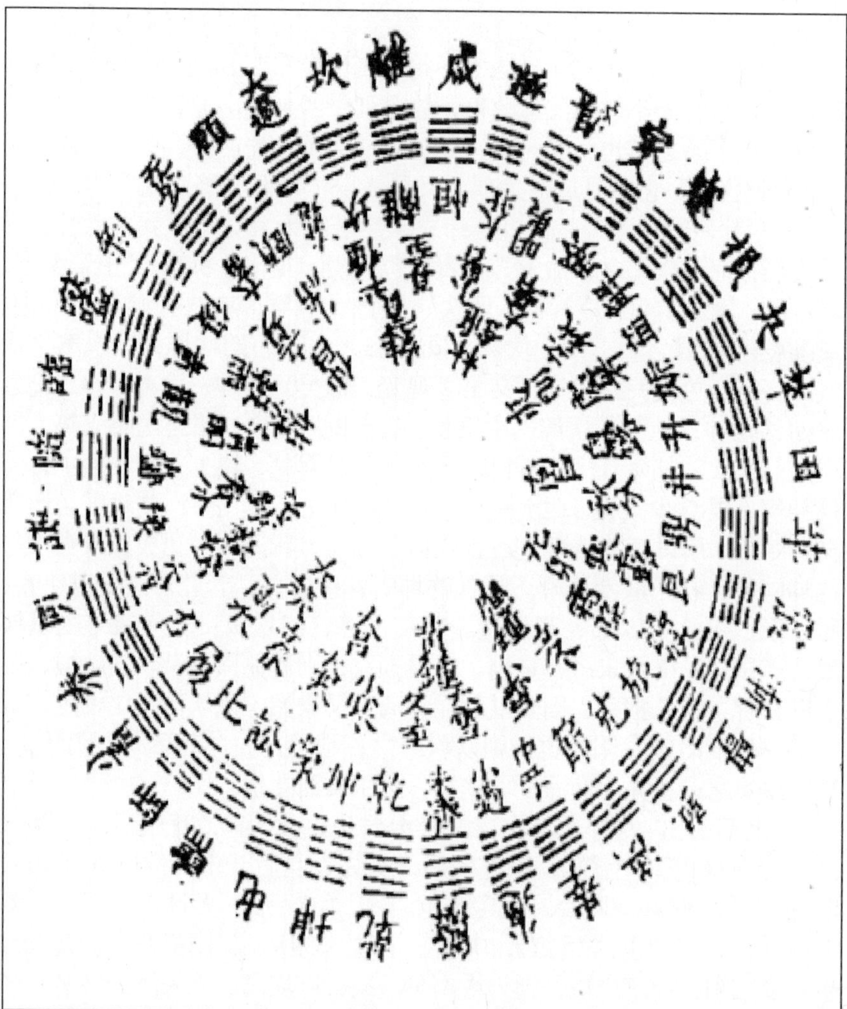

智曰:“《周易》，序上下经，各十八卦，何也？天用三三之九，而九不能齐‘参两’；故倍九，而参两、九六齐矣。此，十八卦之符十八变也。两之，为三十六宫；犹三画卦‘兼三才而两之’，为六爻也。盖老阳策，为四营之九，而阴六之自乘也。微哉！”

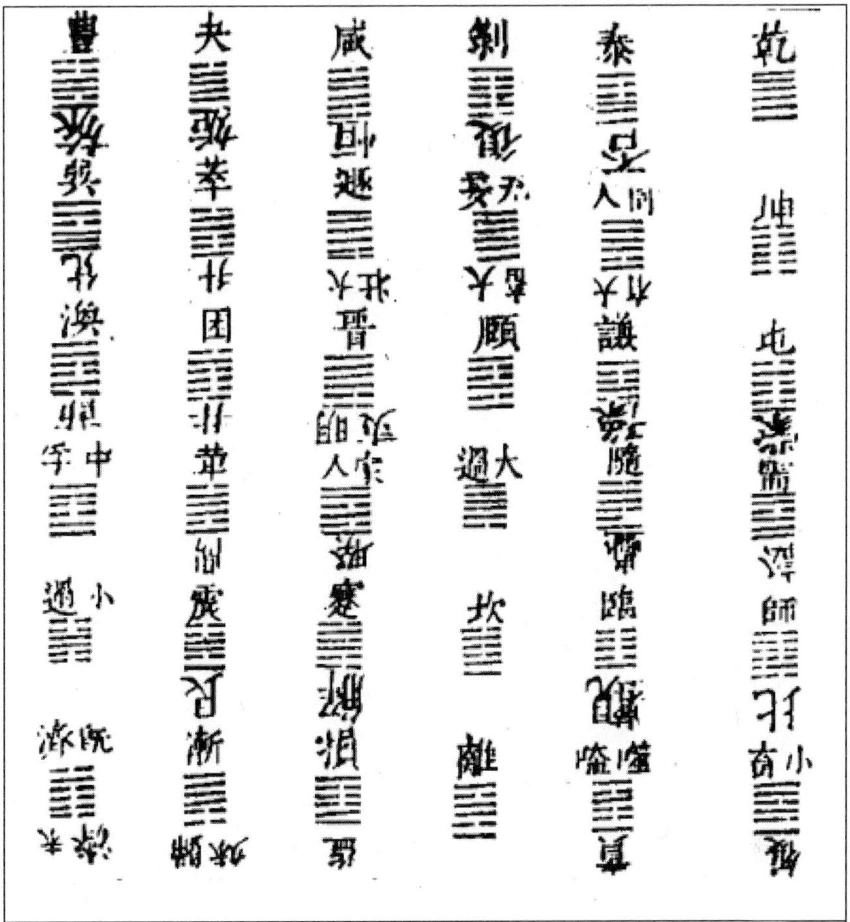

乾 坤 屯 蒙 需 讼 師 比 小畜 履
泰 否 同人 大有 謙 豫 隨 蠱 臨 觀 噬嗑 賁
剝 復 无妄 大畜 頤 大過 坎 離
咸 恒 遯 大壯 晉 明夷 家人 睽 蹇 解 損 益
夬 姤 萃 升 困 井 革 鼎 震 艮 漸 歸妹
豐 旅 巽 兌 渙 節 中孚 小過 既濟 未濟

曰：“以两为节言之：为二卦者，十八节。以三为节言之：为三卦者，十二节。以六为节言之：为六卦者，六节。以九为节言之：为九卦者，四节。以十二为节言之：为十二卦者，三节；是为大三周焉。圆此七十二，以应天时；方此六六，以应地理。何处，不可弥纶？间以二十筹图之，则五四之符也。”

《图解》曰：“合乾坤六子，共得三十六画；此三十六卦，乃三十六画所生。邵子所谓‘三十六宫’也。”元公曰：“反对图，乃阴阳升降之理,《参同契》所喻‘丹书’也。”潜老夫曰：“‘丹书’，其一端耳。《易》之大用，在以阳策三十六，统一切用。而八卦，阴阳各十二画；以‘奇一、偶二’论之，即三十六也。《横图》之数，自一至八，亦三十六也。《大横图》，乾本盪之积数，亦三十六也。七十二候，则倍之；百八者，三之。坤策四之，乾策六之。具策为三百二十者，三十六；一元为三百六十年者，三十六；人一日之呼吸为三百七十五者，三十六；何非三十六宫乎？乾坤、坎离四卦不变，纯气、中气，造化之元也。《上》，终以颐、大过，《下》，终以小过、中孚。二长、二少，交体；以肖坎离，亦不变者。始分，而终亦分；始合，而终亦合。《上经》，主正卦；故正对六，颠对十二。《下经》，主偏卦；故正对二，颠对十六。其二篇，各十八者：三其六，而二其九。天数、地数，屈伸妙哉。合三十六，而阴应六六，阳应四九矣。乾坤，至畜履，六；泰否，至噬贲，六；剥复，至坎离，六；而乾坤之中气，周矣。咸恒，至损益，六；夬姤，至渐归，六；丰旅，至既未六；而乾坤之化事，大周矣。虚舟，以'六贞悔，为乾之中终也'。咸恒，至困井，九；革鼎，至二济，九；乾坤之交终也，此'用九'之序也。又分大三限焉：乾坤，至噬贲，一限；剥复，至损益，二限；夬姤，至二济，三限。限，各十二卦、七十二爻。其应十二月、七十二候乎？八颠不变之卦，今以乾乾坤坤环之；而七十二卦，四百三十二爻；十之，则时法也。二济二老，其冬中而开春乎？谦豫、随蛊，其春分而开夏乎？坎离、咸恒，其夏中藏秋乎？困井、革鼎，其正秋归冬乎？石斋，反复用此历年。《序卦》深几，黔浅自信不及。"

《野同录》曰："开天地，作君师，首习六'险'[①]；至于《畜》《履》，而'类辨''扬遏'，乃所以明《泰》《否》也。既明矣，恐以苛察火驰，即处以'平施'而和乐焉。'随维'消《蛊》，'教思''观生'，乃以明法，乃以文止，总须过《剥》《复》之关，而《畜》《无妄》以学问也。'养生''送死'，惟在竞竞'慎节'，即'不惧无闷'；而'明'常'继'矣。此，《上篇》之'经纶''教养'也。'造端'，所以察至，而'虚受''立方'，为出处明晦之权。言行同异，惟礼辨之；'反修''赦宥'，泯于礼而化矣。然不以德成，而薄视'惩窒''迁改'也。从此施禄、施命，用戒、用积，入困能通。时《革》即《鼎》，不以行高而谢事，不以遘闵而陨心。动静既一，而视历命之微、常变之难，犹鸡鸣风雨也。善俗'知弊'，古今自无疑狱留滞矣。惟有'行事''讲习'，为斯世收散'中节之门庭'，乃处《丰》如《旅》、过而'不留'之大道也。立妙敦本，'度数'皆'德行'矣。礼乐之节，应四时焉。《中孚》'缓死'，二《过》终哀，续中二《济》，伐鬼化狐，总是'《颐》生''颠'死。'习''明'知险，而'思患''慎辨'，以终始其'健''厚''不息'之心行已矣。"

卷之四终。

---

① 屯、蒙、需、讼、师、比六卦，皆有坎卦。

周易时论合编图象几表卷之五

皖桐方孔炤潜夫授编
孙中德、中履、中通、中泰编录

三易考约

《周礼》:“太卜，掌三易。经卦皆八，别皆六十四。”《山海经》曰:“伏羲氏得《河图》，夏后因之曰《连山》。黄帝氏得《河图》，商人因之曰《归藏》。列山氏得《河图》，周人因之曰《周易》。”姚信云：夏因神农，商因黄帝，周因虙戏。杜子春，盖谓:“伏羲、黄帝，造名；夏、殷，因而用之。列山，即连山，古声转耳。”黄甫谧言:“三统是也”。子华子谓:“出一，立两，成三,《连山》呈形,《归藏》御气，大《易》立数。”究可分乎？柴霖傅，谓之《三坟》，曰:“山气形。”“元丰，毛渐得之唐州，北阳民家”，伪也。桓谭《新论》:“《连山》八万言,《归藏》四千三百言。”《唐志》:“《连山》《归藏》，司马膺注。”《世纪》[①]引《连山》曰:“禹娶塗山攸女，生余。”《水经注》引《连山》曰:“有崇伯鲧，伏于羽山。”《周礼疏》曰:“《归藏》开筮，尧降女于舜，又见节卦云:‘殷王其国常毋谷’。”《崇文总目》[②]:“晋，薛正注。今存《初经》《齐毋》《本著》三篇，文多缺乱。”《书正义》引《归藏》曰:“昇毕三日。”《尔雅注》引“两壶两羭”,《疏》曰:“成汤作也。”《选注》引《归藏》曰“君子戒车，小人戒徒”；又引“夏启”，为“璿台”。《庄注》引《归藏》曰:“穆王子，筮卦于禺强。”《御览》引《归藏》曰:“白云自苍梧，入大梁。”“女娲筮张云幕，枚占之曰：吉。”“黄神将战，筮于巫咸。”“明夷曰：夏启乘龙以登天，睾陶占之曰:‘吉’。”凡此，皆托词或古语，而后人附之。刘炫曾作《连山》。《通志》:“《连山》用三十六策,《归藏》四十五策,《周易》四十九策。”朱震曰:“《归藏》‘初经，

① (晋) 皇甫谧著《帝王世纪》。
② 原为“宋中典目”。

乾奭（坤，古作𡊅。此，讹也。），艮兑犖（坎），离蠭（震），巽。’此，二老而少中长也。”薛正曰：“《连山》乾始于子，坤始于午。艮兑巽离，坤兑乾坎，《连山》序也。《周易》，兼用之。”《图解》曰：“《连山》，以‘艮离坎坤震巽乾兑’为次。《归藏》，以‘坤巽离兑艮坎震乾’为次。”余青震曰：“六十配甲，自《比》卦行至乾宫。庚戌，是纯艮相连也；自五子而五亥，至《观》卦终焉。其曰：‘《归藏》，即辟公侯卦气也。’《易考》，则取除四正者，《连山》；除坎离震兑者，《归藏》。”潜老夫曰：“《易》，自具三统；而代分尚之，不独夏商周也。《先天》坤子、艮亥，而乾午主用；《后天》之艮，终丑始寅。坤，主五行之中；乾，统天门之位。子曰：‘夏时之义，坤乾之等，吾以是观之。’‘是’者，《周易》也。”

京《传》：“（商瞿子木，受《易》孔子；五传至汉田何子装[①]；又三传，为孟喜。而焦赣云：‘从孟氏问《易》，顿丘京房君明师之[②]。房授殷嘉、姚平、乘弘，遂为京氏学’。）孔子曰：‘一世二世，为地易；三世四世，为人易；五世六世，为天易；游魂归魂，为鬼易。鬼，为系爻（今作‘克我，为鬼’。）；财，为制爻（我克）；天地，为义爻（即‘生我，父母’。）；福德，为宝爻（子孙）；同气，为专爻（兄弟）。龙德十一月子，在坎，左行；虎刑五月午，在离，右行。’五行生死（即今‘生旺墓例’。），阳入阴，阴入阳，交互相荡，积算随卦起宫，天地之内，无不通也。（乾起巳，坤起亥，震起寅，巽起午，坎起子，离起丑，艮起未，兑起申。）初爻三日，二爻三日，三爻三日，各九日；余一，曰‘闰余’。三旬成月，积月成年，成万一千五百二十策（此，言‘每爻三十策’。《大衍历》，用之）。分三十为中，六十为上，三十为下，总一百二十（倍六十卦）。新新不停，生生相积。故淡泊不失其所，《易》所以断理、定伦也。”晁景迂曰：“《京传》，文字舛讹。余三十四年，乃能以象数辨正之。盖辨三易，谨气候，以观盈虚也。进退以几，而为卦主者，世也。据一起二，而为主之相者，应也。世所位而阴阳转者，飞也。肇乎所配，不脱乎本；以飞何宫之卦，乃伏何宫之位者，伏也。起世而周内外、参本数，以纪月者，建也。终始无穷，以纪日者，积也。会于中，以四为用；备四卦者，互也。乾，建甲子于下；坤，建甲午于上。八卦之上，乃生一世之初。初一世之五位，乃分而为五世之位；其五世之上，乃为游魂之世；五世之初，乃为归魂之世。而归魂之

① 田何（生卒不详），字子装，淄川人，西汉今文易学的开创者。

② 京房（前77—前37），本姓李，字君明，推律自定为京氏，西汉学者，东郡顿丘（今河南清丰西南）人。

初，乃生后卦之初。其建，刚日则节气，柔日则中气；虚则二十八，盈则三十六。至于世、应、飞、伏，死于位，生于时；生于时，死于位，则意遗乎言者也？焦小黄，变四千九十六。管辂，定‘乾之轨，七百六卦；入坤之轨，六百七十二卦。’知之者，将以语康节‘三易’矣。”潜老夫曰：“阴阳交几，其端有例。知其消息，何非道耶？而矜言占验，则流为术数耳。七变藏九，不变主变；游魂、归魂，原始反终，谁知之乎？今之术《火珠林》者，未有能读京《传》者也。余，亦十年，而后通其解。乾统气，故虚五而起积。每卦五变，合上为六；而游、归之变，亦虚五而行。四阳卦当二十四，则所余二十六候也。震坎艮，首虚一位，而自乾巳巳，至艮庚子，则余二十八也。四阴卦，亦然。刚干起月首，故六月得二十六候；柔干中气，则六月止得二十八候。宿则两周，而交南方七宿加参焉。五星，以生为序；故，订而谱之。”

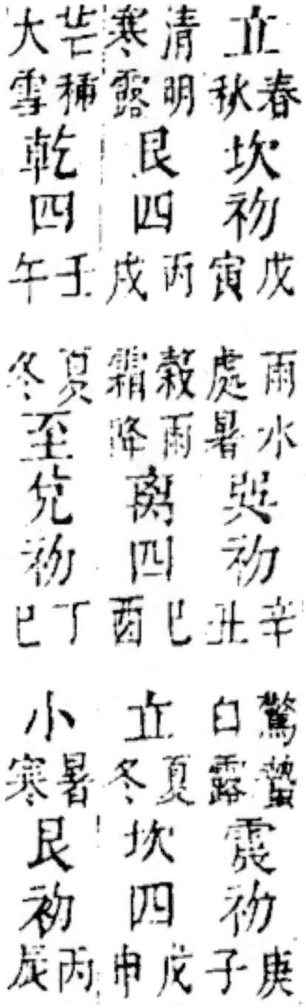

<table>
<tr><td>大</td><td>芒</td><td>寒</td><td>清</td><td colspan="2">立</td></tr>
<tr><td>雪</td><td>種</td><td>露</td><td>明</td><td>秋</td><td>春</td></tr>
<tr><td colspan="2">乾</td><td colspan="2">艮</td><td colspan="2">坎</td></tr>
<tr><td colspan="2">四</td><td colspan="2">四</td><td colspan="2">初</td></tr>
<tr><td>午</td><td>壬</td><td>戌</td><td>丙</td><td>寅</td><td>戊</td></tr>
</table>

<table>
<tr><td>冬</td><td>夏</td><td>霜</td><td>穀</td><td>處</td><td>雨</td></tr>
<tr><td colspan="2">至</td><td>降</td><td>雨</td><td>暑</td><td>水</td></tr>
<tr><td colspan="2">兌</td><td colspan="2">離</td><td colspan="2">巽</td></tr>
<tr><td colspan="2">初</td><td colspan="2">四</td><td colspan="2">初</td></tr>
<tr><td>巳</td><td>丁</td><td>酉</td><td>巳</td><td>丑</td><td>辛</td></tr>
</table>

<table>
<tr><td colspan="2">小</td><td colspan="2">立</td><td>白</td><td>驚</td></tr>
<tr><td>寒</td><td>暑</td><td>冬</td><td>夏</td><td>露</td><td>蟄</td></tr>
<tr><td colspan="2">艮</td><td colspan="2">坎</td><td colspan="2">震</td></tr>
<tr><td colspan="2">初</td><td colspan="2">四</td><td colspan="2">初</td></tr>
<tr><td>辰</td><td>丙</td><td>申</td><td>戊</td><td>子</td><td>庚</td></tr>
</table>

春秋分兑四丁亥

小满雪巽四辛未

大暑寒離初巳卯

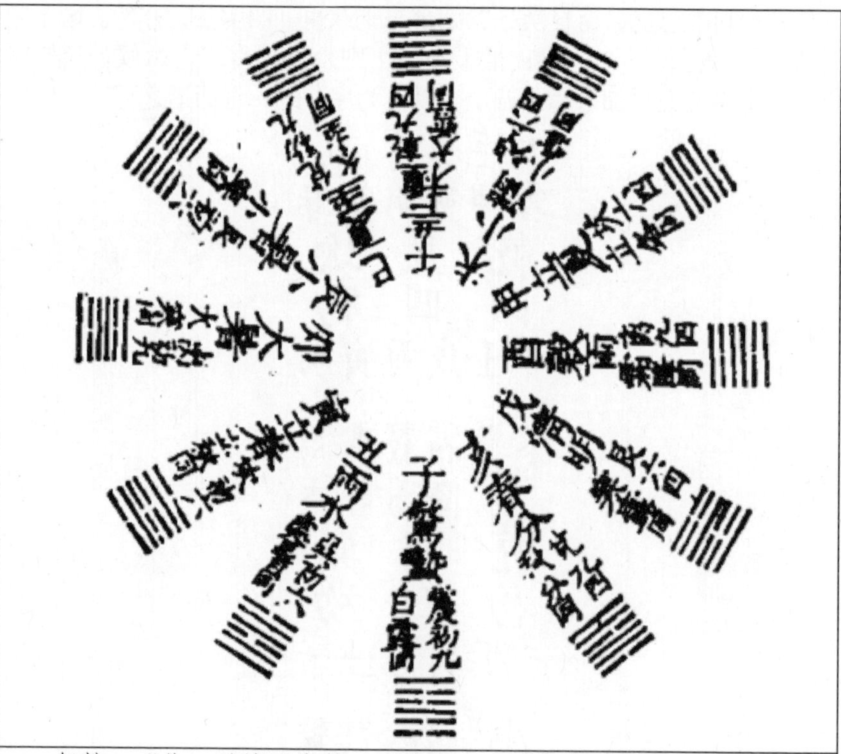

智按："此，以纳甲分卦，以爻支应二十四气。乾，内卦起甲子，外卦起壬午，子午与震同。坤，内卦起乙未，外卦起癸丑，丑未与巽同。此，八卦为六卦。卦初爻与四爻，当两气首。每爻，一候；六卦，则十二气也；再一周，则二十四气也。内不及坤者。乾震同初子、四午；故内用震、外用乾。坤巽，虽同丑未；而巽初丑，坤四亦丑，故复用巽也。轮建月日，则乾统十二，示'无非乾君'也。此，明本卦爻支应气，示'无非坤所藏'也。"

乾 壬戌 壬申 壬午 甲辰 甲寅 甲子 分氣候 十六
建始甲子至己巳 [illegible] 至乙亥 小
甲戌積算起己巳至戊辰 雪積乙亥 [illegible]
五星從位起鎮星 與坤為飛 太白
伏 參宿 位起壬戌 井入辛丑
飛巽

觀 辛卯 辛巳 辛未 乙卯 乙巳 乙未 廿八
癸酉秋分至戊寅立冬 [illegible]
寅至丁丑
熒惑
星宿 降辛未
飛巽

剝 丙寅 丙子 丙戌 甲戌 甲申 [illegible] 三十六
甲戌寒露至己卯春分 [illegible]
卯至戊寅
鎮星
張 降丙子
飛艮

遯 壬戌 壬申 壬午 丙午 丙辰 丙寅 分氣候 廿八
辛未大暑至丙子大雪 [illegible]
子至乙亥
太陰 辰星
尾 降丙午
飛艮

否 壬戌 壬申 壬午 乙卯 乙巳 乙未 三十六
壬申立秋至丁丑大寒 [illegible]
丑至丙子
歲星
降乙卯
飛坤

晉 己巳 己未 己酉 [illegible] 廿八
己卯春分至甲申立秋 [illegible]
申至癸未
太白
[illegible] 降己酉
飛兩伏艮

大有 己巳 己未 己酉 甲辰 甲寅 甲子 三十六
戊寅立春至癸未大暑 [illegible]
未至壬午
太陰 辰星
[illegible] 降甲辰
與坤飛伏

震 庚戌 庚申 庚午 庚辰 庚寅 庚子 三十六
[illegible] 丙子大雪至辛巳小滿 [illegible]
辛巳至庚辰
熒惑
[illegible] 降庚戌
與巽飛伏

豫 乙巳 乙未 乙卯 庚辰 庚寅 庚子 廿八
丁丑大寒至壬午芒種 [illegible]
午至辛巳
歲星
亢 乙未
飛坤

升 癸酉 癸亥 癸丑 辛酉 辛亥 辛丑 三十六
戊辰清明至乙酉秋分 [illegible]
酉至甲申
太陰 水星
[illegible] 降癸丑
飛坤

井 戊子 戊戌 戊申 辛酉 辛亥 辛丑 三十八
辛巳小滿至丙戌寒露 [illegible]
戌至乙酉
歲星
[illegible] 戊戌
飛坎

解 庚戌 庚申 庚午 戊午 戊辰 戊寅 三十六
戊寅立春至癸未大暑 [illegible]
未至壬午
填星
氐 戊辰
飛坎

恒 庚戌 庚申 庚午 辛酉 辛亥 辛丑 廿八
己卯春分至甲申立秋 [illegible]
申至癸未
太白
房 辛酉

大過 丁未 丁酉 丁亥 辛酉 辛亥 辛丑 三十六
丙戌寒露至辛卯春分 [illegible]
卯至庚寅
熒惑
箕 丁亥
飛兌伏坎

隨 丁未 丁酉 丁亥 庚辰 庚寅 庚子 廿八
乙酉秋分至庚寅立春 [illegible]
寅至己丑
填星
斗 計都此南斗也 庚辰

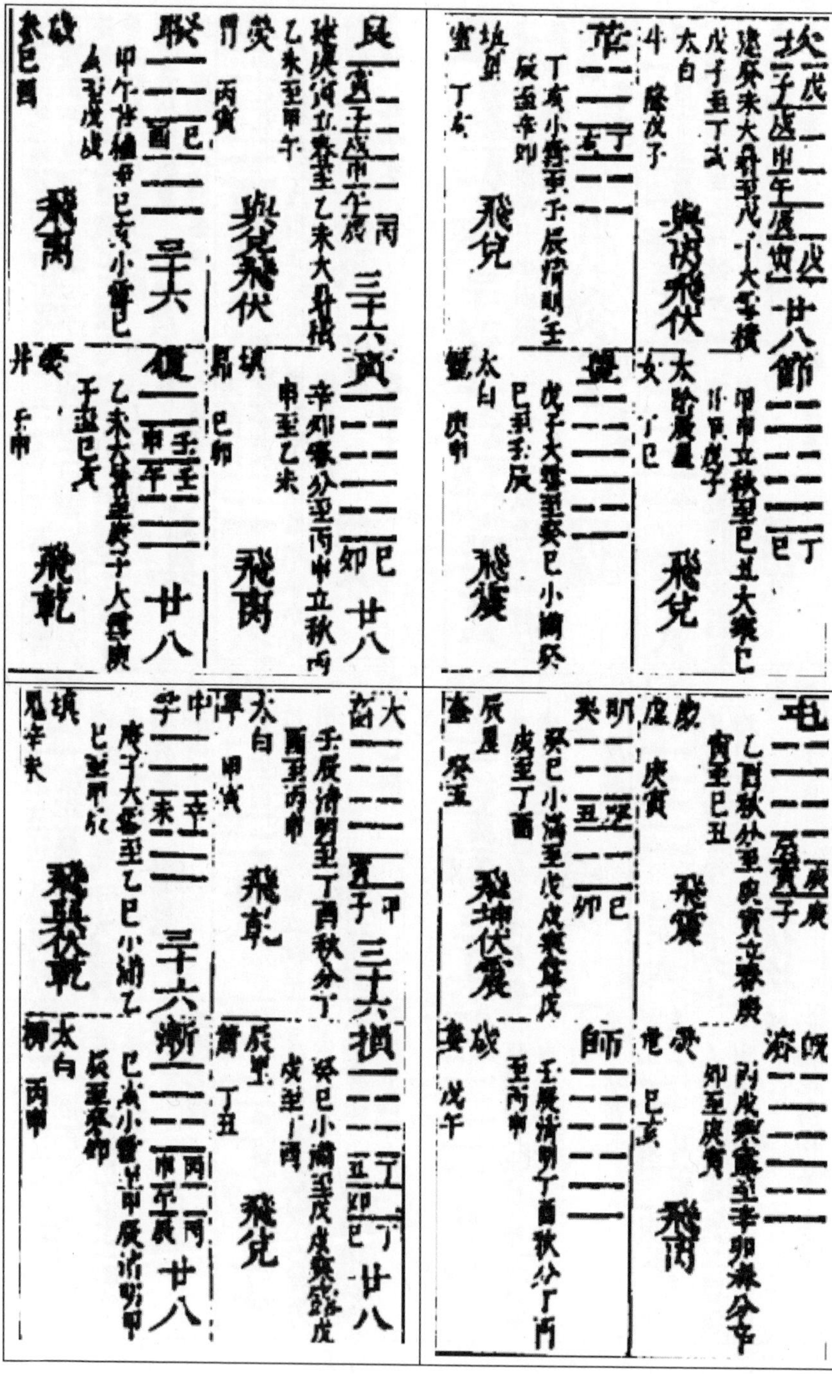

坎 戊子戌申午辰寅 廿八
建癸未大暑至戊子大雪積
戊子至丁亥
太白 降戊子
斗
與離飛伏

節 丁巳
甲申立秋至己丑大寒己
丑至戊子
太陰 丁巳
女
飛兌

革 丁亥
丁亥小雪至壬辰清明壬
辰至辛卯
填 丁亥
室
飛兌

豐
戊子大雪至癸巳小滿癸
巳至壬辰
太白 庚申
壁
飛震

艮 丙寅子戌申午辰 三十六
建庚寅立春至乙未大暑積
乙未至甲午
熒 丙寅
胃
與兌飛伏

賁 己卯 廿八
辛卯春分至丙申立秋丙
申至乙未
填 己卯
昴
飛离

睽 己酉 三十六
甲午芒種至己亥小雪己
亥至戊戌
熒 己酉
參
飛离

履 壬申 壬午 廿八
乙未大暑至庚子大雪庚
子至己亥
歲 壬申
井
飛乾

屯 庚寅 庚子
乙酉秋分至庚寅立春庚
寅至己丑
歲 庚寅
虛
飛震

既濟
丙戌寒露至辛卯春分辛
卯至庚寅
熒 己亥
危
飛离

明夷 癸丑 己卯
癸巳小滿至戊戌寒露戊
戌至丁酉
辰星 癸丑
奎
飛坤伏震

師
壬辰清明至丁酉秋分丁酉
至丙申
熒 戊午
婁

大畜 甲寅子 三十六
壬辰清明至丁酉秋分丁
酉至丙申
太白 甲寅
畢
飛乾

損 丁丑 卯巳 廿八
癸巳小滿至戊戌寒露戊
戌至丁酉
辰星 丁丑
觜
飛兌

中孚 辛丑未 三十六
庚子大雪至乙巳小滿乙
巳至甲辰
填 辛未
鬼
飛巽伏乾

漸 丙申辰 廿八
己亥小雪至甲辰清明甲
辰至癸卯
太白 丙申
柳

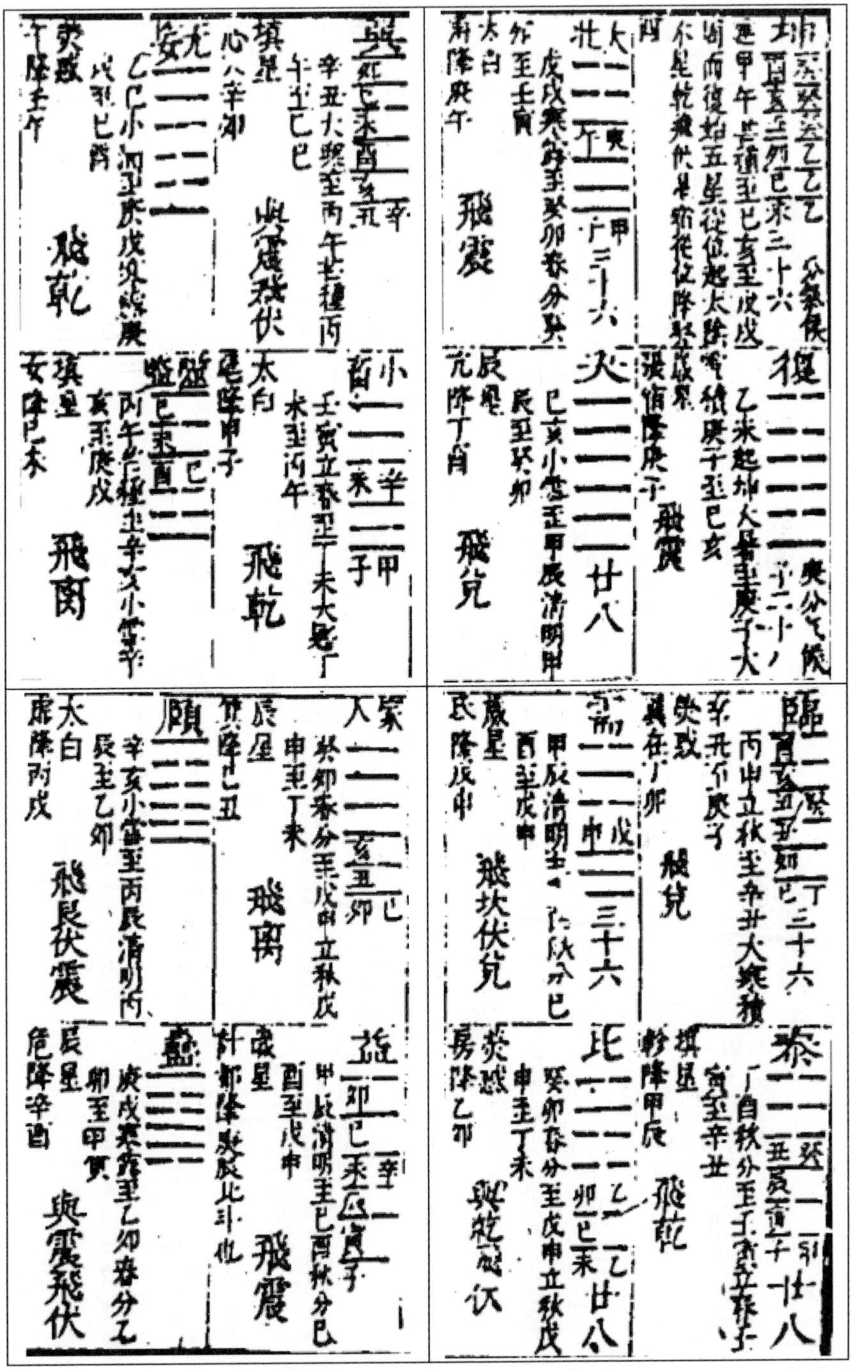

坤 亥癸 癸亥 乙巳 公卦候

酉亥丑卯巳未 三十六

起甲午其積至巳亥至戊戌

卦而復始五星從位起太陰

不是乾飛伏者飛在位降者為飛宿

復 庚 分气候 子 二十八

乙未起坤大暑至庚子大

積庚子至巳亥

張宿降庚子 飛震

大壯 庚 午 甲 子 三十六

戊戌寒露至癸卯春分癸

卯至壬寅

太白

箕降庚午

飛震

夬 廿八

己亥小雪至甲辰清明甲

辰至癸卯

辰星

亢降丁酉

飛兌

臨 酉亥丑卯巳 丁 癸 三十六

丙申立秋至辛丑大寒積

辛丑至庚子

熒惑

翼在丁卯

飛兌

泰 癸 丑亥酉子 卯 廿八

丁自秋分至壬寅立春丁

寅至辛丑

填星

軫降甲辰

飛乾

需 戊 申 三十六

甲辰清明至己酉秋分巳

酉至戊申

歲星

氐降戊申

飛坎伏兌

比 乙 卯巳未 乙 廿八

癸卯春分至戊申立秋戊

申至丁未

熒惑

房降乙卯

與乾飛伏

巽 丑亥 巳未酉 亥丑 辛

辛丑大寒至丙午芒種丙

午至乙巳

填星

心八辛卯

與震飛伏

兌

乙巳小滿至庚戌寒露庚

戌至己酉

熒惑

斗降壬午

飛乾

小畜 辛 未 子 甲

壬寅立春至丁未大暑丁

未至丙午

太白

尾降甲子

飛乾

噬嗑 巳 未 酉 己

丙午芒種至辛亥小雪辛

亥至庚戌

填星

女降己未

飛離

家人 亥丑卯 己

癸卯春分至戊申立秋戊

申至丁未

辰星

箕降己丑

飛離

頤

辛亥小雪至丙辰清明丙

辰至乙卯

太白

虛降丙戌

飛艮伏震

[illegible] 卯巳未 辛 寅 子

甲辰清明至己酉秋分己

酉至戊申

歲星

斗牛降庚辰北斗也

飛震

蠱

庚戌寒露至乙卯春分乙

卯至甲寅

辰星

危降辛酉

與震飛伏

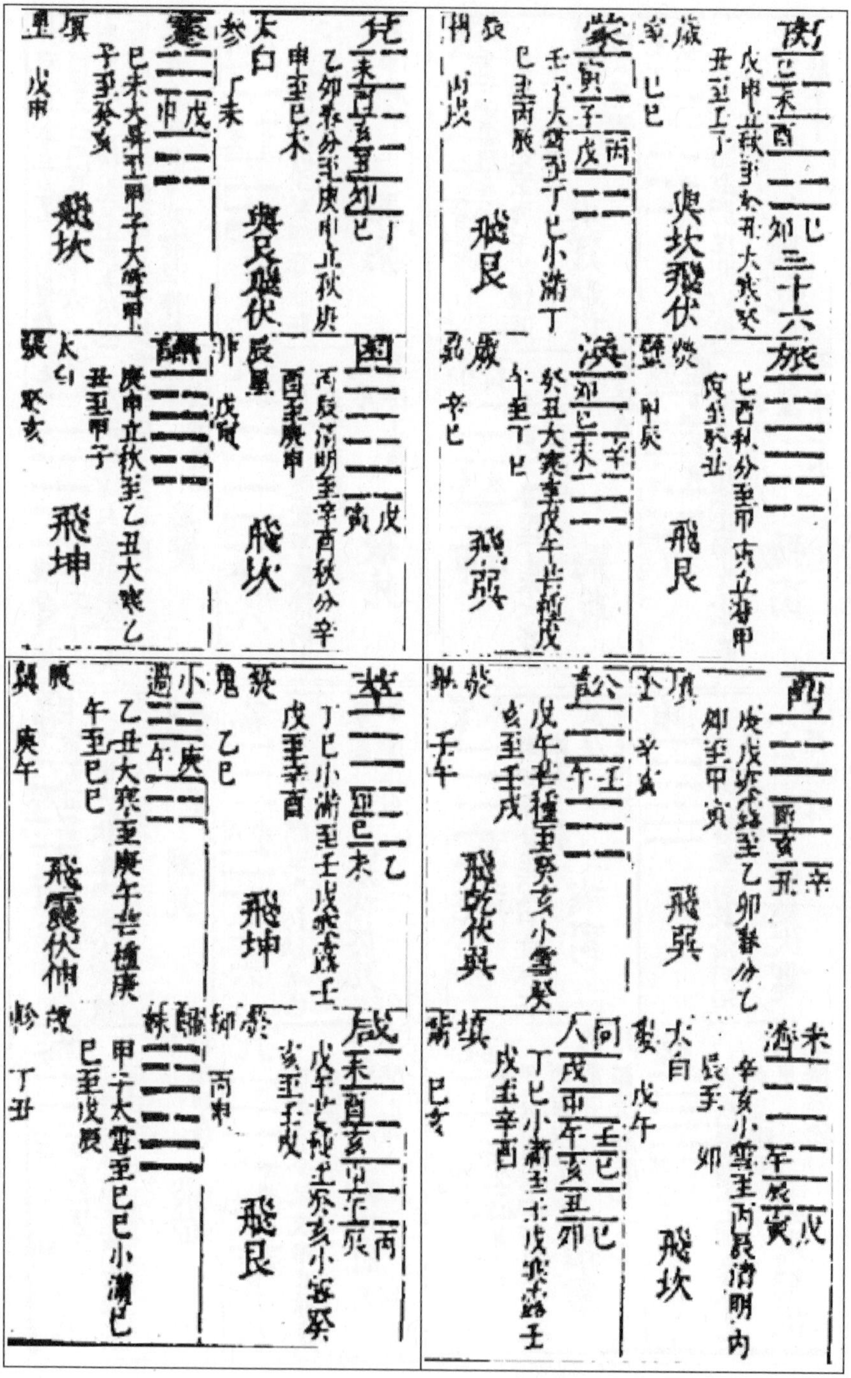

離 己未酉 卯 己
戊申立秋至癸丑大寒癸
丑至壬丁
己巳
與坎飛伏
歲 室

旅 三十六
己酉秋分至甲寅立春甲
寅至癸丑
甲辰
飛艮
熒 頸

蒙 寅子戌 丙
壬子大雪至丁巳小滿丁
巳至丙辰
飛艮
歲 柳 丙戌

渙 卯巳未 辛
癸丑大寒至戊午芒種戊
午至丁巳
飛巽
歲 孔 辛巳

兌 未酉亥 丑卯巳 丁
乙卯春分至庚申立秋庚
申至己未
丁未
與艮飛伏
太白 參

困 寅 戊
丙辰清明至辛酉秋分辛
酉至庚申
戊寅
飛坎
辰星 井

蹇 申 戊
己未大暑至甲子大雪甲
子至癸亥
戊申
飛坎
填 鬼

謙
庚申立秋至乙丑大寒乙
丑至甲子
癸亥
飛坤
太白 張

鼎 酉亥丑 辛
丙戌寒露至乙卯春分乙
卯至甲寅
辛亥
飛巽
填 室

未濟 午辰寅 戊
辛亥小雪至丙辰清明丙
辰至乙卯
戊午
飛坎
太白 婁

訟 午 壬
戊午芒種至癸亥小雪癸
亥至壬戌
壬午
飛乾伏巽
熒惑 井

同人 戌申午 亥丑卯 壬 巳 己
丁巳小滿至壬戌霜降壬
戌至辛酉
己亥
填 胃

萃 丑巳未 乙
丁巳小滿至壬戌霜降壬
戌至辛酉
乙巳
飛坤
熒惑 鬼

咸 未酉亥 申午辰 丙
戊午芒種至癸亥小雪癸
亥至壬戌
丙申
飛艮
熒惑 柳

小過 午 庚
乙丑大寒至庚午芒種庚
午至己巳
庚午
飛震伏坤
歲 輿

歸妹
甲子大雪至己巳小滿己
巳至戊辰
丁丑
歲 軫

卦气值日图

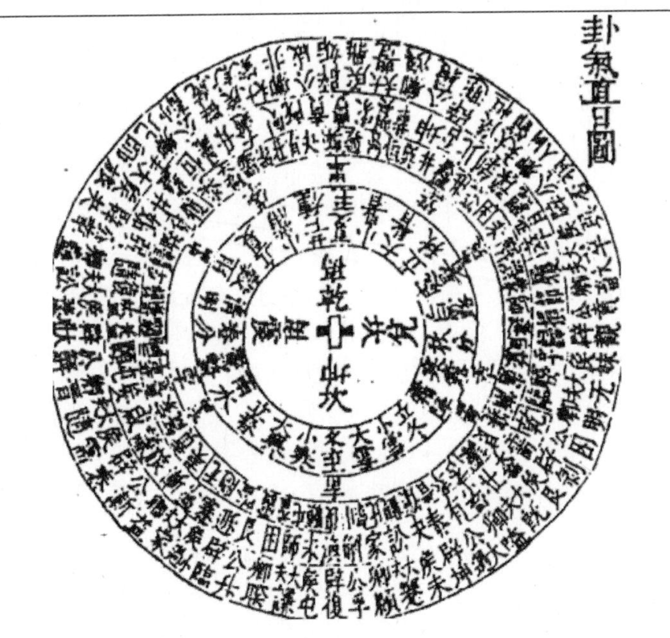

外层，京以辟统公、候、卿、大夫卦。次层，后天八卦顺加，除坎离震兑。内层，邵子“除乾坤坎离四卦”，每爻一气；辟卦，每爻一候。

坎中后十五爻，初气冬至；坎六艮九，二气小寒；

艮十五，三气大寒；艮十五，四气立春；

艮九震六，五气雨水；震十五，六气惊蛰；

震十五，七气春分；震六巽九，八气清明；

巽十五，九气谷雨；巽十五，十气立夏；

巽九离六，十一气小满；离十五，十二气芒种；

离十五；十三气，夏至，离六坤九，十四气小暑；

坤十五，十五气大暑；坤十五，十六气立秋；

坤九兑六，十七气处暑；兑十五，十八气白露；

兑十五，十九气秋分；兑六乾九，廿气寒露；

乾十五，廿一气霜降；乾十五，廿二气立冬；

乾九坎六，廿三气小雪；坎十五，廿四气大雪。

《凿度》《类是谋》[①]《稽览图》，俱言卦气。唐宓曰：“月卦，出孟喜章句，以为‘《易》本于气，而后以人事明之’。”孟康曰：“分至之首，皆得八十分之七十三；颐、晋、井、大畜，皆五日十四分；余，皆六日七分。”

①为《是类谋》一作《筮类谋》，即《易纬筮类谋》。

邵子曰:“三百八十四爻，真天文也。用，止三百六十，以‘乾坤坎离之不用也’。”不用，所以用也；故万物变，而四者不变也。盖自京氏，亦除四卦，以三百六十五度四分度之一，爻直一日，而五度奇。则每度，八十分；五日四分度一，当得四百二十分；六十卦分之，卦各七分，是所谓“六日七分”也。止菴谓:“此，最尽天体。”智按:“此，京减三统日法之一耳。依邵子法，五度四一，当为一千八百九十分；则十卦，卦得三十一分六秒。每两卦相对，寓六十四藏一之象焉。纬占曰：每六气后，余一日三时五十八分，有奇；二十四气，共五日三时，归于气终。此四分历，以九百四十分为日法也。《后天》，坎离震兑四正卦，其用十二；乾坤艮巽四隅卦，其用四十八，数尽则交。六九、七八，合之皆十五。四正用六,四隅用九；以七八居中，六九前后相交焉。此，京氏本法；至今，卦影用之。其以辟统公、侯、卿、大夫，则《太玄》取之环配者也。四维之用，所以维四正；故皆主九，贵其用也。大抵，先天立体，后天主用；全以具爻纳虚相应，原自妙叶。谨衍于后。”

具爻应廿四气纳虚图

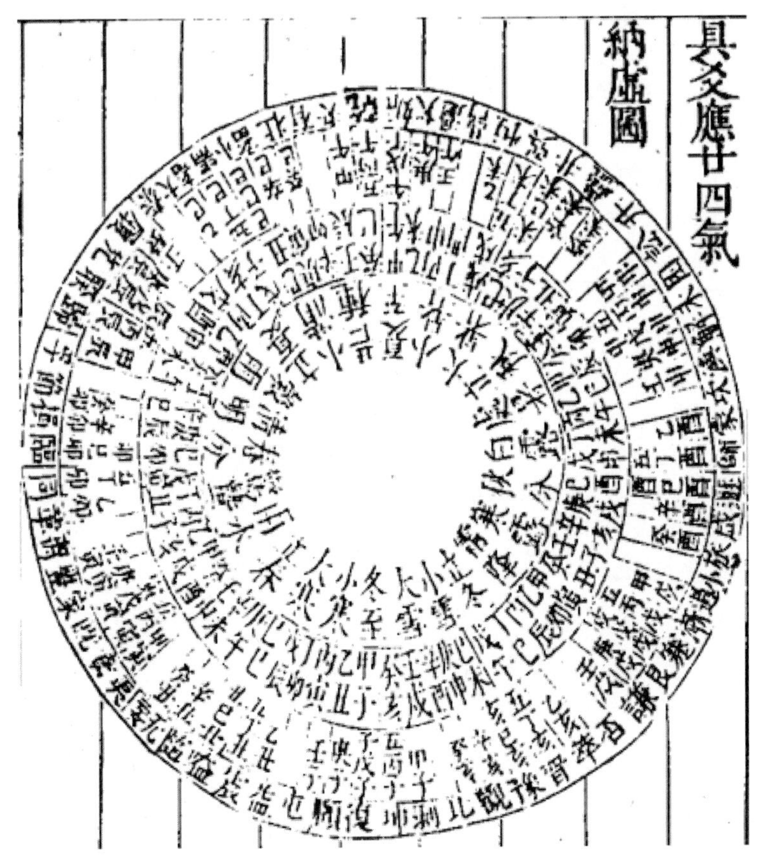

邵子曰："干，幹也；支，枝也。干十，而支十二；则阳数中有阴，阴数中有阳也。"此，言"二五，则阳而阴；三四，则阴而阳也"。潜老夫曰："具爻，配通期，多二十四爻。今以一气虚一爻；则二十四气，虚二十四爻。虚者，合二为一，则十二也；故当'气盈朔虚'之象焉。四而为一，则二十四而六也。"智曰："凡四肢之节，以虚能转；故纳虚之法，纳于气节之间。今历，每气皆十五日二时五刻，原有余赢；故赢爻应之，举一章七闰。闰年四大月，三小月，为三百八十四日。权法十六两一斤，斤亦三百八十四铢。列其恒法，而盈虚在中矣。甲壬阳孤，已癸阴虚。五子、五丑之类，纳一于孤虚之间，则七十二也。纳虚爻二十四，而以二为一，亦七十二也。六十律、六十甲子，与除四之卦，则其体矣。然岁有四千三百二十时，即贞悔七十二卦之十周爻也。今以通期爻、具爻、贞悔爻，三等而与甲子轮之，听其不齐，而五千七百六十自齐矣。此，半其具策，十五闰年，而十六其通期，八卦各两其三百六十，而九十六周甲子也。别详全谱。年也、月也、日也、时也、分秒也，爻与甲子，环轮相续；而积闰气分，盈缩其间，自何碍焉？《易》，真神明之牖。九年前二月十五日辰，即今年正月初一日辰；为月九十七，为日二千八百八十，而四十八周甲子也。此，历家约法也。今五千七百六十，则两其九年，四十八周甲子耳。凡四其九年，合《易》之具策。”

太玄

<table>
<tr>
<td>
天元
中（中孚）周（復）礥（屯）閑（屯）少（謙）戾（睽）上（升）干（升）狩（臨）
羨（臨）差（小過）童（蒙）增（益）銳（漸）達（泰）交（泰）耎（需）傒（需）
從（隨）進（晉）釋（解）格（壯）夷（壯）樂（豫）爭（訟）務（蠱）事（蠱）
地元
更（革）斷（夬）毅（夬）裝（旅）衆（師）密（比）親（比）斂（小畜）彊（乾）
睟（乾）盛（大有）居（家人）法（井）應（咸）迎（咸）遇（姤）竈（鼎）大（豐）
廓（豐）文（渙）禮（履）逃（遯）唐（遯）常（恒）度（節）永（節）昆（同人）
人元
減（損）唫（否）守（否）翕（巽）聚（萃）積（大畜）飾（賁）疑（賁）視（觀）
沈（兌）內（歸妹）去（无妄）晦（明夷）瞢（明夷）窮（困）割（剝）止（艮）堅（艮）
成（既濟）䦯（噬嗑）失（大過）劇（大過）馴（坤）將（未濟）難（蹇）勤（蹇）養（頤）
</td>
<td>
太玄
朱讳“玄”，作“元”；扬雄子云拟。焦弱侯曰：雄，孝平时卒。胡正甫、简绍芳辨之，明矣。张平子、韩退之、司马君实、曾子固，皆重之。
</td>
</tr>
<tr>
<td colspan="2">
玄，三方，九州，二十七部，八十一家。曰“首，犹卦也，当之应天”。中首，“冬至，日在牵牛初”，乃汉历也。王荐，以卦气著论曰：“求其故，下岁日至，可作定也。一动一静之间，复见天地之心。数往知来，数起于此，是《易》理也，即历法也。雄，立‘踦’‘嬴’，原非牵凑。世无知者，乃多议之。”邵子曰：“雄，知历理。”伯温曰：“子云，知《易》之本。”
晁说之，谓：“‘羡’，不当准《临》；‘夷’，不当准《大壮》。”
</td>
</tr>
</table>

李氏曰：“《玄》，故经法也。”止奄曰：“雄，以‘六日七分’为历，则是；房，以之为‘七日来复’，则非。”潜老夫曰：“《类是谋》[①]《稽览图》言之。《纬》，非圣撰；然，阴阳家言‘原有所自’。《三统历》，以八十一为日法；京房藏一，岂无谓耶？子云，盖知‘《易》合参两，而两显参幽。’卦筮，皆立恒法；其密率，则在盈虚损益追差之中。故，

① 应为《是类谋》一作《筮类谋》，即《易纬筮类谋》。

《玄》特以三法衍之，明《图》之用《书》也。每首九赞，直四日半；九十赞，为四十五日。八其《洛书》为通期。益一首，为四日半；益踦之半日，为五日。又益蠃，为半日之半，则四分度一也。方围四，则齐；圆围三，则踦；蠃矣。世，非‘任数失理’者，即‘谈虚冒之理而遗数’者。谁，研极而通变乎？子瞻，喜浅爽，以《玄》艰深而迁怒耳。朱子，以为拙，可。若病其三，彼不服也。以除四之六十卦，而重二十一卦配之；中具‘虚一’之旨，即具‘四分用三”之旨。方虚谷谓‘何故子中至辰中，为天；辰中至申中，为地；申中至子中，为人’？夫岂知‘三四，为十二’，何异‘四三，为十二’乎？知其故，而仍藏参于两，寓其盈虚者，邵子也。石斋，更欲密率推之，可谓‘攻苦研极’。后人，因前人之攻苦研极，而引触会通。何谓‘不善’？”

《玄》蓍三十六策，虚三，挂一左小指中；分余，以三搜之，并余于艻；数其余，七为一，八为二，九为三，六算也。智按：“此六除，而数之也。”范叔明曰：“十取出一，名以为艻；盖虚者三，挂者三，实用三十策也。”解玄者，宋衷、陆绩、范望、王涯、宋惟幹、徐庸，章察、陈渐、张揆、郭元亨、吴秘。司马温公，合为《集注》。许翰，作《玄历》。晁说之，作《易玄星纪图》。

洞极

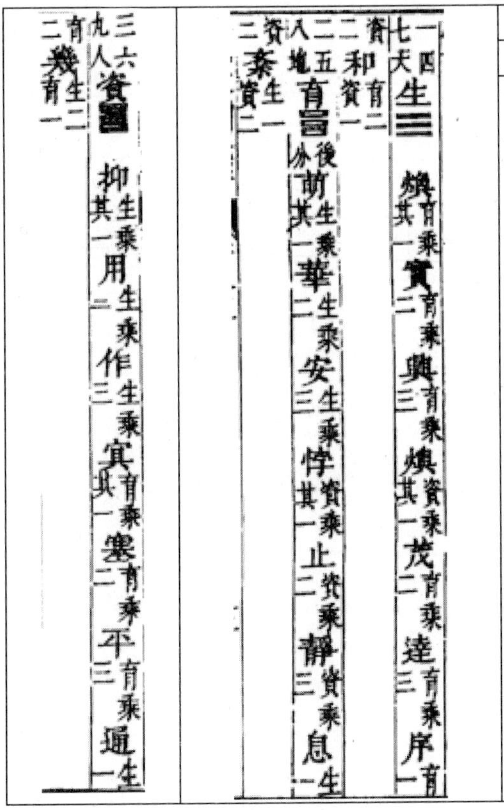

		《洞极》
三六九人資☶ 抑其一生乘 用二生乘 作三生乘 宜其一育乘 塞二育乘 平三育乘 通一生 育生二 二幾育一	一四七天生☰ 煥其一育乘 實二育乘 興三育乘 煥其一資乘 茂二育乘 達三育乘 序一育 資育二 二和資一 二五八地育☷ 後前分其生乘 華二生乘 安三生乘 悖其一資乘 止二資乘 靜三資乘 息一生 資生一 二桼資二	唐，赵蕤注 李邯郸曰：“《洞极经》，关朗家藏，亲受说于林崆峒者。” 晁氏曰[1]：“魏太和中，王虬言于魏孝文，召之，著成《筮论》，已采具《蓍衍篇》下。”

《河图》之文，七前六后，八左九右。圣人以画八卦，全七之三以为离，奇以为巽（“兼三才而两之”。故以三，为《易》之用，言三，犹言一也。奇，余也）。全八之三以为震，奇以为艮；全六之三以为坎，奇以为乾；全九之三以为兑，奇以为坤。正者，全其位；偶者，尽其画（此，犹未见《先天图》也）。稽《洛书》，为三象。一，生之一也；四，生之二也；七，生之三也。二，育之一也；五，育之二也；八，育之三也。三，资之一也；六，资之二也；九，资之三也。天地人三极，各九变，为二十七（有本、有变、有序；此，其变也）。《极数篇》曰：天有十二，地有十五，人有十八（即《洛书》数也。天一、地二、人三，天四、地五、人六，天七、地八、人九。故合一四七，为天十二；合

① 晁说之（1059—1129），字以道，号景迂，著《易玄星纪谱》《易规》《中庸传》《景迂生集》。“晁氏曰”“晁氏云”“晁以道云”“晁以道曰”，皆引其著作。

二五八，为地十五；合三六九，为人十八）。三十有九，则一（除天地人六数外，有三十九。归之于天，盖为三者，十三也）。四十有二，则二（除人三数外，有四十二，归之于地；盖为三者，十四也）。四十有五，则三（《洛书》，全数归人；盖为三者，十五）。生之策，百一十七（凡画，三其三十九也）。育之策；百二十六（三其四十二也）。资之策，百三十五（三其四十五也。按：百之为一日之息）。遗其余，当期之日（遗其七六五也，共十八；而三除，为六。正应气朔，犹三百八十四爻，以廿四爻纳虚，折半以应气朔。邵子，“四分用三”；通期，用二百七十，而阴阳相侵。或六、或十八，亦此故也。此书，不必关子明，而理自得《易》中一端之精处。惜不知先天八卦，以二四六八立体；则，亦何以明“洛之维正”耶？子明《易传》曰：“一不可用，二生可推，三极中而兼两。六来，则一去；以三十与十二明蓍，开百原之端。”故知“《洞极》，非子明手”。季氏，以其八卦、九宫，遂实宋咸之言，以为“壬遁”。夫“壬遁”，何曾不在《易》中？特术者，以占验取资，而不知其故耳）。

元包

震	坎	巽	離	艮	乾	兌	坤
四四	六六	五五	三三	七七	一一	二二	八八
豫 八四	節 二六	畜 一五	旅 七三	賁 三七	姤 五一	困 六二	復 四八
解 六四	屯 四六	家 三五	鼎 五三	畜 一七	遯 七一	萃 八二	臨 二八
恒 五四	既 三六	益 四五	未 六三	損 二七	否 八一	咸 七二	泰 一八
升 五八	革 二二	妄 四一	蒙 六七	睽 二三	觀 八五	蹇 七六	壯 一四
井 五六	豐 三四	嗑 四三	渙 六五	履 二一	剝 八七	謙 七八	夬 一二
過 五二	夷 三八	頤 四七	訟 六一	孚 二五	晉 八三	過 七四	需 一六
隨 四二	師 六八	蠱 五七	同 三一	漸 七五	有 一三	歸 二四	比 八六
共五百七十六 各七十六		各六十八		各六十八		各七十六	

《元包》

《崇文目》："唐，卫元嵩作。盖后周人武功苏源明传，李江注。"张行成曰："苏、李，未达数也。理生数，而论理遗数；譬作乐，而弃音律也。僕学、康节，因旁通此。"

本，以坤乾少仲孟，为序。此，叟列也。八卦，上为不变之世，七变而归魂；十四变，而复本卦。百二十八者，八之十六也。甲子百二十者，八之十五也。十五，为运行之数；十六，为生物之数。六爻皆变者，气之用也；上爻不变者，形之用也。是谓"《归藏》，包卦六十四，包蓍三十六；共百，坤数也。"

三十六蓍（六用成一卦，合乾策六十四卦，计万三千八百二十四。蓍，得先天生物数十之一。智按："此先天数，以具策乘十二，即《三统历》五星会终数。"）。

存本数（一揲，成一爻。每揲，先存二十四蓍；一卦，计百四十四蓍。通六十四卦，计九千二百十六蓍。每卦于乾策中，存坤策数，盖三分用一也。先天存四卦，九千二百十六而开物数。九万二千一百六十者，六十四卦皆为用也。包存数，亦九千二百十六，而用二千三百有四。以六十卦乘之，为十二乘具策之数。是除四卦也，开物九万两千一百六十者；即十三万八千二百四十，除四万六千八十也）。

归奇数（三画卦，老阳九,三女十二,三男十五，老阴十八。六画卦，以此交而重之。六十四卦，总一千七百二十八。为六者，二百八十八。用策十之，为两千八百八十。通四千六百有八，析而十之，得四万六千八十；则《易》轨所用，四会万物之数也。泰积之要，始于起十八，而用数终五十四）。

卦策数（三画，老阴十八,三男二十一,三女二十四，老阳二十七。六画，以此重之。六十四卦，总两千八百八十；则坤策偶之，而又十析之者也。智按:“阴阳爻，各百九十二；以九乘，为千七百二十八；以六乘，为千一百五十二；亦合两千八百八十。倍之，则五千七百六十，为通期、具爻、甲子之会数也。四万六千八十者，四其具策也。”）。

潜虚

<table>
<tr><td rowspan="2">〡〡水 〢〢火 〣〣木 〤〤金 〥〥土 〦〦水 〧〧火 〨〨木 〩〩金 十十土
〡〢火 〢〣木 〣〤金 〤〥土 〥〦水 〦〧火 〧〨木 〨〩金 〩十土 十〡水
〡〣木 〢〤金 〣〥土 〤〦水 〥〧火 〦〨木 〧〩金 〨 木 〩〡水 十〢火
〡〤金 〢〥土 〣〦水 〤〧火 〥〨木 〦〩金 〧十土 〨〡水 〩〢火 十〣木
周易時論合編圖象幾表卷之五 十五
〡〥土 〢〦水 〣〧火 〤〨木 〥〩金 〦十土 〧〡水 〨〢火 〩〣木 十〤金
〡〦水 〢〧火 〣〨木 〤〩金 〥十土</td><td>潜虚</td></tr>
<tr><td>司马君实光，作。张敦实，释《虚》曰：“温公三十年，集注《太玄》，又为《潜虚》，其心学也。”朱子曰：“温公，未竟而卒。今，以范仲彪家藏本，补成之。”</td></tr>
<tr><td colspan="2">始者纯，不改；其次降一、降二、降三、降四；最后，五行生成，各自为配。五行各五，为二十五。存十纯，为四十五。两之，九十；合纯，为百。生成相乘，各六百。天地自乘，各七百五十。生成积数，三千二十五。</td></tr>
</table>

一原，六委；二荧，七焱；三本，八末。四丱，九刃；五基，十冢；谓之“《性图》”者。大性，在此《性图》中。况之以齐，无其位也。

泯造除散余元裒柔刚雍昧（十一），在北，水。容言虑聆觌繇懠得罹耽筹（十一），在西，金。蠢訒宜忱哲戛特偶暱续考（十一），在南，火。徒醜隸林禋凖资賔戒教乂（十一），在西，金。

“《昭》，一土，处报德之维，王丑。《郤》《庸》《妥》三，处常阳之维，王辰。《范》，一土，处背阳之维，王未。《续》《育》《声》《兴》《痛》，五土，处蹶通之维，王戌。《齐》，处其中焉。”按：“《虚》，有五十五名；‘齐’，有名而无位。冬至起元，转而周天，以余终之。除齐元余，无变。所用自哀至散，五十二名；每名七变，犹七爻也，共三百六十四变。以元余当一变四分度之一；蓍，则虚五。”潜老夫曰：“温公，以坤艮丑未，土之本位也；故各分其一。辰，为角起，以三予巽；合西南与东南，即四也。戌以步岁，人用起寅终戌，交于天门，故以五奉乾。合东北与西比，即六也。七变法律，正以明蓍之用七也。五十二，两之，为百四；七七，两之，为九十八；‘盈四缩二’，寓之矣。温公常云：‘图径七，而围三加一，故以余象之。’五五，二十五；又五之，为百二十五。每变百分，是适一度与四分度之一也。京房之百，即一度四分度之二也。通期之外，以四为‘大余’；以一与四分之一，为‘小余’；不，亦当乎？先儒，多有执‘自有反无，为玄虚’者，犹未知‘六十四卦，即大潜、大虚也’。苟明‘寂历同时’‘万法源委’，则‘杂而不越’‘旁行不流’。‘作’‘述’，又何分乎？如实未明‘万法源委’，而但冒言‘知，本无知’；依然，执‘一是不知’而作也。”

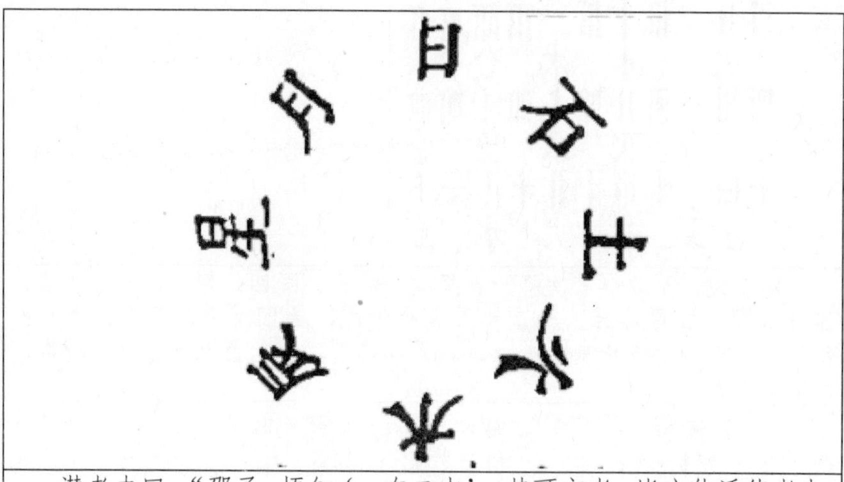

潜老夫曰：“邵子，悟知‘一在二中’。其可言者，皆方体适值者也。故一切物，且以四破言之。其实，三之，皆可三也；五之，皆可五也；六之，皆可六也。研几，必知适值之象数，乃可通推弥纶。但颟顸曰‘皆有、皆无’，此何待说？”

太阳，日，目，暑，元，性，皇。	少刚，石，色，雷，岁，木，《易》。
太阴，月，耳，寒，会，情，帝。	少柔，土，声，露，月，草，《书》。

<table>
<tr><td>少阳，星，鼻，昼，运，形，王。</td><td>太刚，火，气，风，日，飞，《诗》。</td></tr>
<tr><td>少阴，辰，口，夜，世，体，霸。</td><td>太柔，水，味，雨，辰，走，《春秋》。</td></tr>
</table>

<table>
<tr><td colspan="2">日甲月子，星（三十），辰（三百六十），年（一万八百）。复。</td></tr>
<tr><td>月丑，星（六十），辰（七百二十），年（二万一千六百）。临。</td><td rowspan="3">开物，星之巳，七十六。</td></tr>
<tr><td>月寅，星（九十），辰（千八十），年（三万两千四百）。泰。</td></tr>
<tr><td>月卯，星（百廿），辰（千四百四十），年（四万三千二百）。大壮。</td></tr>
<tr><td colspan="2">月辰，星（百五十），辰（千八百），年（五万四千）。夬。</td></tr>
<tr><td colspan="2">月巳，星（百八十），辰（二千一百六十），年（六万四千八百）。乾。</td></tr>
<tr><td>月午，星（二百一十），辰（三千五百二十），年（七万五千六百）。姤。</td><td rowspan="6">开物，星之戊，三百一十五。</td></tr>
<tr><td>月未，星（三百四十），辰（三千八百八十），年（八万六千四百）。遁。</td></tr>
<tr><td>月申，星（一百七十），辰（三千二百四十），年（九万七千二百）。否。</td></tr>
<tr><td>月酉，星（三百），辰（三千六百），年（十万八千）。观。</td></tr>
<tr><td>月戌，星（一二百三千），辰（三千九百六十），年（一十一万八千八百）剥。</td></tr>
<tr><td>月亥，星[1]（三百六十），辰（四千三百二十），年（十二万九千六百）。坤。</td></tr>
<tr><td colspan="2">唐尧始星之癸一百八十，辰二千一百五十七。夏、商、周、秦、两汉、两晋、六朝、南北、隋、唐、五汉、宋、元、明。
日为元，月为会，星为运，辰为世。统十二会，三百六十运，四千三百二十世。一世三十年，则十二万九千六百年。一元在大化，犹一年也。元之元，而穷变生生，本不穷也。经世但著一元之数，举一隅而已。</td></tr>
</table>

自子至巳，为息；午至亥，为消。开物于月寅星已七十六，犹惊蛰也；开物于月戌星戊三百十五，犹立冬也。月巳，终为阳极，阴阳之余空各六；月亥，终为阴极，阴阳之余空各六。凡二十四，以当具爻。除乾坤坎离四正卦，二十四爻，则所存通期也。但举恒法，而消息盈虚在中矣。尧起月巳星癸一百八十，辰两千百五十七。尧，得天地之中数；故，孔子赞“则天、无名之荡、巍”焉[2]。扬雄谓：“法，始乎羲，而成

① “亥”字，原为“玄”字。

② 《论语•泰伯》子曰：“大哉，尧之为君也！巍巍乎！唯天为大，唯尧则之。荡荡乎！民无能名焉。巍巍乎，其有成功也。”

乎尧。”历数，天时，人事，若合符节。盛哉！蔡西山曰[①]：一元之岁，一会之月，一运之日，一世之辰；一岁之分，一月之厘，一日之毫，一辰之丝；皆自然，不假智营力索也。

邵子曰：“圆数一，方数二，奇偶也。六，即一也；十二，即二也（六则，径一围三，而两之；十二，则径一围四，而参之）。圆数，起一积六；方数，起一积八。变之，则起四而积十二也。六者，以六变；八者，以八变；十二，亦以八变（两言‘八变’，地数偶也）。八者，天地之体也（天体数四，地体数四）。六者，天之用也（天用数三，地用数三）。十二者，地之道也（六者，三积，故为天用；十二者，四积，故为地用。一言体，两言用，本奇用偶也）。天变方为圆（变十六，为十二；变十二，为九。），而常存其一；地分一为四（分四，为八；分八，为十六，以至八八。），而常执其方（毁方，则无体）。天变其体，而不变其用；地变其用，而不变其体也。六者，并一，则七也；十二，并四，则十六也。阳主进，故天并一，而为七。阴主退，故地去四，而止于十二也。是阳常存[②]；而阴，常晦一也。故天地之体，止于八；而天之用，极于七（阳常存一，有余分也）。地之用，止于十二也（其一，可晦；其方，不毁）。圆者，裁方，以为用。故一变四,四去其一，则三也。三变九,九去其三，则六也。故，用数成于三，而极于六；体数成于四，而极于十六。”又曰：“一役二，以生三；三去一，则二也。三生九；九，去一则八也，去三则六也。故二役三,三复役二也。三役九；九，复役八与六也。四，以一为本，三为用；十二，以三为本，九为用；十六，以四为本，十二为用。体数具爻，用数通期。有体数之用，二百七十。（去四正，为通期；去二交十五卦，是通期‘四分去一’。）用数之用，二百五十二。（去乾坎离十八爻之数。）二百七十，其百五十六为阳，百十四为阴。实用之数，百五十二阳，百十二阴。”（又去六爻数，得二百六十四。合阳余六，为气盈朔虚。）潜老夫曰：“所言，皆大二也，即大一也。故邵子曰：‘一，非数也。’无体之一，即‘不落有无、不离有无’者也。然，非物则道不显；故以象数、声数，征其几焉。元会运世，以年月日时征之。故知恒法不易，而消息变化藏矣。生死、幽明，犹费隐形影也。秩叙、寂历同时之理，万古不坏矣。切事者，不知‘理数弥纶’之几；言道者，但报‘颟顸浑沦’之冒；厌差别，而以‘苟简’为本，依然‘日用不知’耳。安能‘开物成

① 蔡元定（1135—1198），字季通，学者称西山先生，建宁府建阳县人，著有《律吕新书》《西山公集》等。“西山曰”“蔡西山曰”，皆引其著作。

② 缺“一”字，应为“存一”。

务’‘见天下之颐动’，如数一二乎？”

智曰：“邵子言：‘圆一生六，去一则五也。’《汉书》曰‘十一而道毕’，言‘五六，天地中数也’。二其六，而五其六。关子明，已言‘十二与三十之用’矣。阳盈六，阴虚六；皆六不足，五有余，乃十一之折半相盈缩也。周每余七，中时虚五，共二六也。十二而常虚一，亦五六之间也。天以星度，日纪月量；‘三不齐’，而齐者也。圆不齐，而方齐；气不齐，而岁实可齐；分抄不齐，而甲子直爻可齐。岁差，而差亦有周。因差追齐，因交知几。密法，不逃恒法，而人心之几应焉。适值之数，即至神也。六爻，用五，其旨微哉。具爻也，通期也，贞悔爻也，‘三不齐’也；五十也，四十九也，四十八也，‘三不齐’也；三十也，二十四也，三十六也，‘三不齐也’。《洛书》，一四七也，二五八也，三六九也；此，其本也。声叶，而数亦叶，足征气几。理定，而天不违；神明，不容思议。互几互差，互为交轮，不外‘参两、九六’而已矣。要非浊识黠慧所可语此。”

时：三十分，三百六十秒，一万零八百丝。日：十二时，三百六十分，四千三百二十秒。月：三十日，三百六十时，一万零八百分，十二万九千六百秒。年：十二月，三百六十日，四千三百二十时，十二万九千六百分，百五十五万五千二百秒。世：三十年，三百六十月，一万零八百日，十二万九千六百时，三百八十八万八千分，四千六百六十五万六千秒。运：十二世，三百六十年，四千三百二十月，十二万九千六百日，一百而五十五万五千二百时，四千六百六十五万六千分，五亿五千九百八十七万两千秒。会：三十运，三百六十世，一万零八百年，一十二万九千六百月，三百八十八万八千日，四千六百六十五万六千时，一十三亿九千九百六十八万分，一百六十七亿九千六百一十六万秒。元：十二会，三百六十运，四千三百二十世，一十二万九千六百年，一百五十五万五千二百月，四千六百六十五万六千日，五亿五千九百八十七万两千时，一百六十七亿九千六百一十六万分，两千零一十五亿五千三百九十二万秒①。大时：三十元，三百六十会，一万零八百运，十二万九千六百世，三百八十八万八千年，四千六百六十五万六千月，十三亿九千九百六十八万日，一百六十七亿九千六百一十六万时，五千零三十八亿八千四百八十万分，六兆零四百六十六亿一千七百六十万秒。大日：十二大时，三百六十元，

① 原文缺“百”字。

四千三百二十会，一十二万九千六百运，一百五十五万五千二百世，四千六百六十五万六千年，五亿五千九百八十七万两千月，一百六十七亿九千六百一十六万日，两千零一十五亿五千三百九十二万时，六兆零四百六十六亿一千七百六十万分，七十二兆五千五百九十四亿一千一百二十万秒。大月：三十大日，三百六十大时，一万零八百元，一十二万九千六百会，三百八十八万八千运，四千六百六十五万六千世，十三亿九千九百六十八万年，一百六十七亿九千六百一十六万月，五千零三十八亿八千四百八十万日，六兆零四百六十六亿一千七百六十万时，一百八十一兆三千九百八十五亿二千八百万分，两千一百七十六兆七千八百二十三亿三千六百万秒。大年：十二大月，三百六十大日，四千三百二十大时，一十二万九千六百元，一百五十五万五千二百会，四千六百六十五万六千运，五亿五千九百八十七万二千世，一百六十七亿九千六百一十六万年，两千零一十五亿五千三百九十二万月，六兆零四百六十六亿一千七百六十万日，七十二兆五千五百九十四亿一千一百二十万时，二千一百七十六兆七千八百二十三亿三千六百万分，二京六千一百二十一兆三千八百八十亿零三千二百万秒。大世：三十大年，三百六十大月，一万零八百大日，一十二万九千六百大时，三百八十八万八千元，四千六百六十五万六千会，十三亿九千九百六十八万运，一百六十七亿九千六百一十六万世，五千零三十八亿八千四百八十万年，六兆零四百六十六亿一千七百六十万月，一百八十一兆三千九百八十五亿两千八百万日，两千一百七十六兆七千八百二十三亿三千六百万时，六京五千三百零三兆四千七百亿零零八千万分，七十八京三千六百四十一兆六千四百零九亿六千万秒。大运：十二大世，三百六十大年，四千三百二十大月，一十二万九千六百大日，一百五十五万五千二百大时，四千六百六十五万六千元，五亿五千九百八十七万二千会，一百六十七亿九千六百一十六万运，两千零一十五亿五千三百九十二万世，六兆零四百六十六亿一千七百六十万年，七十二兆五千五百九十四亿一千一百二十万月，两千一百七十六兆七千八百二十三亿三千六百万日，二京六千一百二十一兆三千八百八十亿零三千二百万时，七十八京三千六百四十一兆六千四百零九亿六千万分，九百四十京零三千六百九十九兆六千九百一十五亿二千万秒。大会：三十大运，三百六十大世，一万零八百大年，一十二万九千六百大月，三百八十八万八千大日，四千六百六十五万六千大时，十三亿九千九百六十八万元，一百六十七亿九千六百一十六万会，五千零三十八亿八千四百八十万运，六兆零四百六十六亿一千七百六十万世，一百八十一兆三千九百八十五亿二千八百万年，二千一百七十六兆七千八百二十三亿三千六百万月，六京五千三百零三兆四千七百亿零零八千万日，七十八京三千六百四十一兆六千四百零九亿六千万时，二千三百五十京零九千二百四十九兆二千二百八十八亿分，二晐八千二百十十一京零九百九十九兆零七千四百五十六分亿秒。十六层，积至大元：十二大会，三百六十大运，四千三百二十大世，一十二万九千六百大年，一百五十五万五千二百大月，四千六百六十五万六千大日，五亿五千九百八十七万二千大时，一百六十七亿九千六百一十六万元，二千零一十五亿五千三百九十二万会，六兆零四百六十六亿一千七百六十万运，七十二兆五千五百九十四亿一千一百二十万世，二千一百七十六兆七千八百二十三亿三千六百万年，二京六千一百二十一兆三千八百八十亿零三千二百万月，七十八京三千六百四十一兆六千四百零九亿六千万日，九百四十京零三千六百九十九兆六千九百一十五亿二千万时，二晐八千二百一十一京零九百九十兆零七千四百五十六亿分，三十三晐八千五百三十三京一千千四百七十二亿秒。

三十六宫图

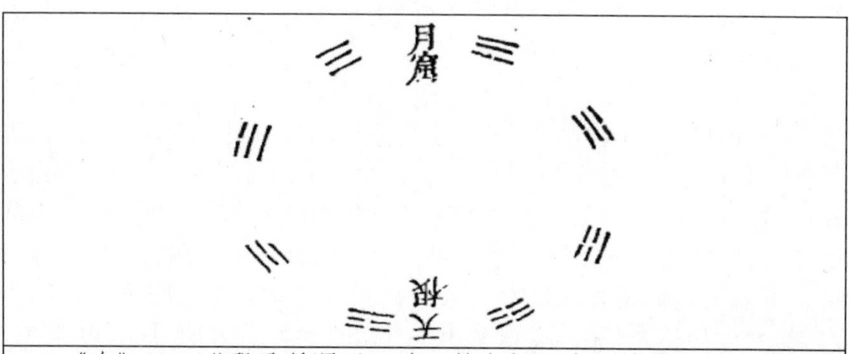

《全》曰：“邵子所谓‘一动一静之间’也。坤震之间，阴极而微阳生，天根也；乾巽之间，阳极而微阴生，月窟也。凡草木之甲拆，必先根而后萌。坤震在下，象‘地下’乎？天包地外，地下有天；凡根愈深，则萌愈畅，故名‘天根’。月之魄，即日之光；其无光处，月之体也。乾巽在上，象‘天上’乎？月望而午，盈极而亏；而月之本体无光者，始微出于北，故名‘月窟’。三十六宫，指八卦之画也。手探足蹑，全体在人；舞蹈，无非此理。”《濯旧》曰：“春夏动，秋冬静；此，化运不已也。”“天地之心”，所以主乎是者，不可“以动静言”。邵子，“动静之间，于《复》《姤》言之。”盖，谓“于此，可见；非‘以姤、复，为天地之心也’。”所谓：“天心，无改移也。”程门所谓“未发之中”，即“一日之间，万起万灭，而其心自若”。孔子之“恸”，孟子之“喜”，中何尝不自若乎？智曰：“邵子弄丸往来，自号‘无名公’；月窟、天根，原非两橛。”

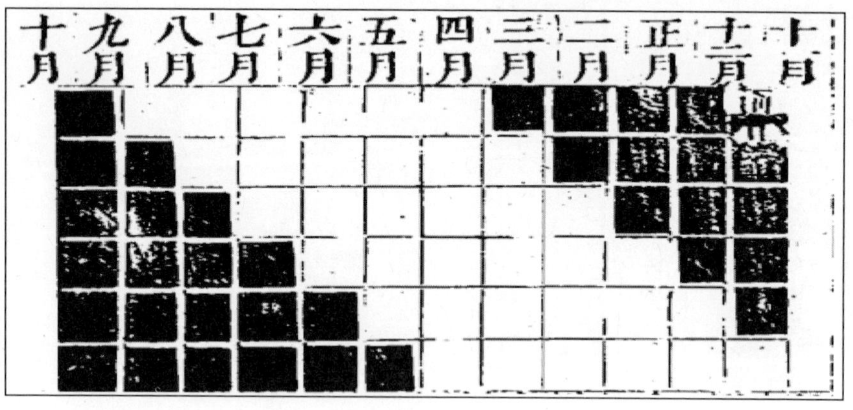

邵子，以一岁之月、一日之辰，配一元之会、一运之世，皆十二也。十二月，三十六旬；分之，则七十二候。十二卦，三十六阳；分之，则七十二画。纵而数之，阳与阳，皆自一而六。横而数之，阳，六其六；又，阳一而阴二。三十六阳，贯乎三十六阴之中。天地间，无非一阳气之运而已。息于复，盈于乾；消于姤，虚于坤，“天行”也。

洪范皇极

癸	實	迅	飾	庶	比	見	成	原	洪范皇极
遇	賓	懼	戾	決	開	獲	冲	潛	九峰，蔡沈著
勝	危	除	虛	豫	晉	從	振	守	原（一一，冬至）。 冲（二二，立春）。 从（三三，春分）。 公（四四，立夏）。 中（五五，夏至）。 用（六六，立秋）。 分（七七，秋分）。 戎（八八，立冬）。 终（九九，冬至）。
囚	堅	弱	昧	升	公	交	祈	信	
壬	革	疾	損	中	益	育	常	直	
固	報	競	用	伏	章	壯	柔	蒙	
移	止	分	郤	過	盈	興	易	閑	
墮	戎	訟	翕	疑	錫	欣	親	須	
終	結	收	遠	寡	庸	舒	華	厲	

方为地，圆应天，一也。每数，当直四日半。有奇，亦《太玄》之卦气；而不以余分，为“踦”“嬴”。潜老夫曰：“每畴之九，则候常虚。故九其八，为七十二候，是以适符。尝以为‘一一与一二之间，则九而

适八；犹六爻，而适五爻也’。重数叶八际，而九九、一一合为冬至；犹之任督之‘五十’，一也。用，则藏其一；而八十卦之‘四分用三’，依然六十耳。”

蓍五十，虚一，分一，挂一。以三揲之，一揲为纲，再为目，纲一函三（一当三，二当六）。以虚待目，目一为一，以实从纲（纲二、目三，则虚“纲一”不用；而用纲之一为三数；又合目三，为六数。如纲一，则纲不用）。再揲，为一会。八揲，四会，以当年月日时（前二会，为大纲目，视其“壮”字为何畴；后二会，为小纲目，视其“壮”字下之第几局）。

《象正》曰：“一一一，为乾；一一二，为兑，自领九类[①]。一二一，为离；一二二，为震，自领九类，依此序之，末归乾统（一畴、三畴、七畴、九畴，以阳主之；二畴、四畴、六畴、八畴，以阴仪主之。五畴，兼用七百二十九卦，五五为中）。其旨，以一三五七九，与二四六八十，阴阳六爻，三五相御，各一百二十五；自乘，为万五千六百二十五。积六十四卦，则万也”（智按：“廿五、三十相乘，各七百五十。古历所云‘天地出符’之数，十二分之，各百廿五）。《图》体、《书》用，去十而行之，极为五十三万一千四百四十一。其得万千六百二十五者，乾也；余，以阴阳自为赢矣。”

潜老夫曰：“九峰，以‘《易》为象，《范》为数’。故，漳浦因之。其实，《易》何非数？而《范》，何非象？讵‘以八八之卦、七七之衍，非数乎’？《易》以《范》围，而藏天于地；即《洛书》亦环八，而中五本藏也。《图》《书》一也，贵‘中一之不可分’也。天数自乘，为万五千六百二十五，当百万之一卦；亦四分、三分，而余一不可分者也。《图》五十五，而两分，二十有七；亦，余不可分者也。然而二十七候，自可旋也。九九于八际，可以虚一，可以虚九，可以虚二十一。故，因漳浦‘合卦于《畴》之《图》’而备之。其曰‘五为纲纪，刚柔合用’。自五五五以上，四十象，得八卦者五；以下四十象，得八卦者五；而五五五中卦，实兼乾坤。于是定曰：‘何畴，非五畴耶？’九列之外，别序配卦；三变，以明八卦交中。互序为统，皆中统也。《洛书》，建中五为极，而前用一二三四，后用六七八九；正用一三九七，纬用二四八六；依然八卦也，知‘尊乾’矣。《先》，乾正南；《后》，乾西北，乃人御也。所谓‘乾统乾坤’之乾，其在中乎？太极，无在、无不在，而以中象之。此皇建所以正位通理，隲叙彝伦。征

① 一，即阳爻。二，即阴爻。

五行于人事，而南明响威，四克自强也。‘平康正直’，则四克可忘；四克，为偏党而乂之耳。今不遽入谱者，犹之等切定音，字随填入。会通《易》《范》，本自易简。”

第五畴之五五。五，则中也。共七百二十九。石斋黄氏，衍为九图；此，其约概。	此，九九八十一方也。第一畴，各加一；二畴，各加二；三四五六七八九畴，各以其数加之。
	一九、一八、一七、一六、一五、一四、一三、一二、一一
	二九、二八、二七、二六、二五、二四、二三、二二、二一
	三九、三八、三七、三六、三五、三四、三三、三二、三一
	四九、四八、四七、四六、四五、四四、四三、四二、四一
	五九、五八、五七、五六、五五、五四、五三、五二、五一
	六九、六八、六七、六六、六五、六四、六三、六二、六一
	七九、七八、七七、七六、七五、七四、七三、七二、七一
	八九、八八、八七、八六、八五、八四、八三、八二、八一
	九九、九八、九七、九六、九五、九四、九三、九二、九一

此，以横序，加卦第一畴，为乾之“乾乾”；以至九畴，皆然。潜老，谨衍此配卦三式。	八第、七第、六第、五第、中、四第、三第、二第、一第
	坤乾、艮乾、坎乾、巽乾、中乾、震乾、离乾、兑乾、乾乾
	坤兑、艮兑、坎兑、巽兑、中兑、震兑、离兑、兑兑、乾兑
	坤离、艮离、坎离、巽离、中离、震离、离离、兑离、乾离
	坤震、艮震、坎震、巽震、中震、震震、离震、兑震、乾震
	坤中、艮中、坎中、巽中、中中、震中、离中、兑中、乾中
	坤巽、艮巽、坎巽、巽巽、中巽、震巽、离巽、兑巽、乾巽
	坤坎、艮坎、坎坎、巽坎、中坎、震坎、离坎、兑坎、乾坎
	坤艮、艮坎、坎艮、巽艮、中艮、震艮、离艮、兑艮、乾艮
	坤坤、艮坤、坎坤、巽坤、中坤、震坤、离坤、兑坤、乾坤

<table>
<tr><td rowspan="10">此，《河图》四象也。《九畴》，依序统之。</td><td>九西、八东、七南、六北、中五、四西、三东、二南、一北</td></tr>
<tr><td>兑乾、震乾、坎乾、坤乾、中乾、艮乾、巽乾、离乾、乾乾</td></tr>
<tr><td>兑离、震离、坎离、坤离、中离、艮离、巽离、离离、乾离</td></tr>
<tr><td>兑巽、震巽、坎巽、坤巽、中巽、艮巽、巽巽、离巽、乾巽</td></tr>
<tr><td>兑艮、震艮、坎艮、坤艮、中艮、艮艮、巽艮、离艮、乾艮</td></tr>
<tr><td>兑中、震中、坎中、中中、坤中、艮中、巽中、离中、乾中</td></tr>
<tr><td>兑坤、震坤、坎坤、坤坤、中坤、艮坤、巽坤、离坤、乾坤</td></tr>
<tr><td>兑坎、震坎、坎坎、坤坎、中坎、艮坎、巽坎、离坎、乾坎</td></tr>
<tr><td>兑震、震震、坎震、坤震、中震、艮震、巽震、离震、乾震</td></tr>
<tr><td>兑兑、震兑、坎兑、坤兑、中兑、艮兑、巽兑、离兑、乾兑</td></tr>
</table>

<table>
<tr><td rowspan="10">此，《洛书》后天位数也。《九畴》，依序统之。</td><td>九南</td><td>八北西</td><td>七西</td><td>六北西</td><td>中五</td><td>四南东</td><td>三东</td><td>二南西</td><td>一北</td></tr>
<tr><td colspan="9">离坎、艮坎、兑坎、乾坎、中坎、巽坎、震坎、坤坎、坎坎</td></tr>
<tr><td colspan="9">离坤、艮坤、兑坤、乾坤、中坤、巽坤、震坤、坤坤、坎坤</td></tr>
<tr><td colspan="9">离震、艮震、兑震、乾震、中震、巽震、震震、坤震、坎震</td></tr>
<tr><td colspan="9">离巽、艮巽、兑巽、乾巽、中巽、巽巽、震巽、坤巽、坎巽</td></tr>
<tr><td colspan="9">离中、艮中、兑中、乾中、中中、巽中、震中、坤中、坎中、</td></tr>
<tr><td colspan="9">离乾、艮乾、兑乾、乾乾、中乾、巽乾、震乾、坤乾、坎乾</td></tr>
<tr><td colspan="9">离兑、艮兑、兑兑、乾兑、中兑、巽兑、震兑、坤兑、坎兑</td></tr>
<tr><td colspan="9">离艮、艮艮、兑艮、乾艮、中艮、巽艮、震艮、坤艮、坎艮</td></tr>
<tr><td colspan="9">离离、艮离、兑离、乾离、中离、巽离、震离、坤离、坎离</td></tr>
</table>

此后，原文缺一页。

五行杂变附

朱子曰：“一落五行，即被气质拘定。各为一物，亦各为一性；而太极，无不在也。”则因之，以为用矣。两间，有逃于五行者乎？精理致用，不得不详。详，则有“惮赜动”者，有“狗赜动”者。术数，末也。然至理之秘，或存于支离差错之中，而彼亦不知其故也。谈道之士，画守“常习通冒”之理，而又不屑此细差别也。于是，汩陈五行、迷乱五纪者，反无以折中而服之。其实，止此《易》之阴阳，蕴为万变；或位之所适，或数之所适，互相错综，而统御、生克交焉。通者曰：“此，位数适配耳”。不知“其适配之，即至理也。”明者，以图书卦策为准，则万法齐矣。图书卦策，安往而非“位数之互相错综”者乎？

汉《艺文志》：“阴阳流，二十一家，出于羲和之官。及拘者为之，则牵禁忌、泥小数，舍人事，任鬼神。五行，五十一家，五常之形气也。”《书》：“初一曰‘五行’，次二曰‘羞用五事’。”言“进用‘五事’，以顺‘五行’也。”五德始终，极无不至；而小数家，因以吉凶行世，寖以相乱。故严君平、关子明之占，皆先言尽人事，而明卦数。

<table>
<tr><td></td><td></td></tr>
<tr><td>潜老夫曰：生亦克，克亦生也。震木，离火，乾金，两《天》不变。震居离位，离居乾位。乾在天门，以用东南。故震离，合“明法”之卦；而乾合二卦，为《无妄》《大壮》《同人》《大有》矣。
《图》之八行，有因四象数位，而适有差几。《书》之八行，因于后天八卦；而水火独尊，二土和节，姑言其概。</td><td></td></tr>
</table>

<table>
<tr><td></td><td>火，燥气；水，湿气；木，生气；金，杀气；土，蕴冲气。地水火风“四大”，亦藏金木。“气形光声”，一行言。“气土水火”，泰西言。</td></tr>
</table>

中五，四列；倍四，为八卦。加四，为十二宫；三其四，而二其六也。或易乾艮；故丑寅属金，戌亥属土。

智谓：“俱是气，俱是所以为气。但分凝形、蕴光、发声之气，与未形、未光、未声之气。盖气自分为三者，而自以一分，共为四也。”

火
木　水　金
土

五音配之，故子又属土，寅丑属金，酉又属水。二其八，为十六；而三其八，则二十四向矣，即两其十二也。三合，本于《洛书》，而生于前四，旺于中四，衰于后四，旋理尽此。其以三八分者，亦然东一卦，西一卦，南北共一卦，亦三八也。

有以四木、四火、四金、四土，而八水者。《乾凿度》，以土居水位。五常，以“信”居北，以“智”统之。“乾，元亨利贞”，以贞司北。盖水土，一五相环也。

五运以对数化，土金水木火相生也。六气，有二火。七音，有变宫、变徵。纳甲，有三说。贵人，阳起子、阴起申，别有图说。贵人，无对；对者，曰天空。太乙，以十六起；六壬，以十二起；奇门，以八起。

每小五之中，各为五行，此世所略也。五六衍干支，为六十，以应藏四之八八卦。盖五其十二也，各加虚，即七十二。故八八全列，而纳虚应天，自然适合者也。律吕也，卦气也，纳音也，皆本诸此。

净阴、净阳五行：乾坤坎离四正，得一三七九，皆奇数，故属阳；艮巽震兑四隅，得二四六八，皆偶数，故属阴。乾甲、坤乙、离壬、坎癸，为阳；而寅戌合离，申辰合坎，皆阳也。艮丙、巽辛、震艮、兑丁，为阴；而巳丑合兑，亥未合震，皆阴也。形家，以四正，无化气；四隅，上下二爻，皆阴阳相配，乃合冲和，有化生之机。故，为四龙天星。

天卦五行：寅甲、卯乙、辰巽、巳丙，属木，为东一卦。申庚、酉辛、戌乾、亥壬，属金，为西一卦。子癸、丑艮，属水；午丁、未坤，属火；水北、火南，共一卦。（又曰："三卦五行"，盖三其八也。东卦、西卦，两相错；而南北为极，以综之。合观十二将，子癸同宫，曰"玄枵"；亥壬同宫，曰"娵訾"；以至一百二十分金，俱以子癸同宫分布。此，重干也；故曰"天卦"。）

地卦五行：《一》曰"三合五行"。乾甲丁，亥卯未，（属木）。坤壬乙，申子辰（属水）。艮丙辛，寅午戌（属火）。巽艮癸，巳酉丑（属金）。阳生阴死，阴生阳死。从此，三合顺逆，共四十八局。

双山五行：乾亥，甲卯，丁未（木）。巽巳，艮酉，癸丑（金）。艮寅，丙午，辛戌（火）。坤申，壬子，乙辰（水）。（即三合，而以两位阴阳婁行也）。无土者，无非土也。

四经五行：以子午卯酉，为四正；寅申巳亥，为四生；辰戌丑未，为四墓；乾坤艮巽，为四维。而甲艮丙壬乙辛丁癸八干，以次隶之。

子寅辰，乾丙乙（属金，为父）。午申戌，坤辛壬（属木，为母）。丑卯巳，艮庚丁（属水，为子）。未酉亥，巽甲癸（属火，为孙）。总以中运四方，而四行藏土，谓之"四经"。乾西北者，北子之维也，而用东南；坤西南者，南午之维也，而用西北；艮东北者，东卯之维也，而用西南；巽东南者，西酉之维也，而用东北。乾维，子寅辰，乃阳支之间一顺数也：水木土，北东也。乾维，干丙乙，则南火、东木，与乾金，三合也。故乾维五位，谓之"金"。坤维，午申戌，乃阳支后半间一顺数也：火金土，南西也。坤维，干辛壬，则自坤而西金、北水，亦顺数也。五行，以木为生气，而坤土受克，即以生之；乾金加克，即以生之。故坤维五位，谓之"木"。艮维，丑卯巳，亦阴支间一顺数也：土木火，东南也。艮维，干庚丁，则西金、南火，与艮三合也。以其终北而合金火，以始东用。故艮维五位，谓之"水"。巽维，未酉亥，亦阴支后半顺数也：土金水，西北也。巽维干甲癸，则自巽而东木、北水，亦顺数也。巽领南西，以终西酉秋成。故巽维五位，谓之"火"。是乾艮，二阳卦维北；坤巽，二阴卦维南。故，两半相次也。

玄空五行：丙丁乙酉（火）。乾坤卯午（金）。亥癸艮甲（木）。戌庚丑未（土）。子寅辰巽，申巳辛壬（水）。

“丙丁乙酉”，属火者；五行，惟火势最炎。丙丁，隶于南离，上下两阳自旺，故不变也。乙，为柔木，生丙火，则气泄于丙，不能自立，而从子化也。酉之顽金，非火炼不成器；故制于火，从官化也。

“乾坤卯午”，金者。乾为金体，纯阳至刚，有君父之道，亦不变也。坤为地母，生金顺从子化。卯，则长男，听父命，而从官也。午，则离炼父金，而从财也。

“亥癸艮甲”，木者。木居东，为五气发生之始。而甲为十干之首，故甲不变也。亥癸阴柔，不能自立，乃生甲木，从子化也。艮，为兄制，从官也。

“戌寅丑未”，土者。二四寄，而丑近艮、未近坤；戌火库，乃土母；俱有本气旺相，而不变也。庚之变土，则以金为世用，随地变易；故近于坤，随母化也。

“子寅辰巽，申巳辛壬”，水者。壬子近乾，得乾金天一所生，居于旺也，故不变也。寅，乃木之初气，受水之生；巳，乃火之初气，受水之克；皆弱，从人之生克而已。申，为水之长生；辛，为水之次母；故，从子也。辰，为水之墓库，近巽，克制而从官也。巽阴木，居水库，是水多木弱，依于母也。

洪范五行：子午卯酉，四正卦不变（寅申辰戌，化水；巳化木，亥化金，乙未仍土）。乾坤不变（艮化木，巽化水）。纳甲论干。（甲辛化水，庚癸化土，乙丙壬化火，丁化金。）“乾，纳甲”。乾与坤交，以坤上下二爻，换乾上下二爻，成坎；故甲随坎化，而属水。“坤，纳乙”。坤与乾代，以乾上下二爻，换坤上下二爻，成离；故乙受离化，而属火。“艮，纳丙”。艮与兑对，以兑下爻，换艮下爻，成离；故丙存本性为火。“兑，纳丁”。兑与艮对，以艮上爻，换兑上爻，成乾；丁受乾化，而属金。“震，纳庚”。震与巽对，以巽下爻，换震下爻，成坤；庚受坤化，而属土。“巽纳辛”。巽与震对，以震上爻，换巽上爻，成坎；辛受坎化，而属水。“离纳壬”。离与坎对，以坎中爻换离中爻，成乾；壬受乾化，当属金。原因纳离，火焰金销，不能自立；故退离原宫，而属火也。“坎纳癸”。坎与离对，以离中爻，换坎中爻，成坤；癸受坤化，而属土也。“乾坤不变”者，以金土为阴阳之宗祖，众卦之父母；退身休明，若亢而变，实不变也。坎离震兑，“四正不变”者，以子午卯酉，专旺四时也。“艮巽用变”者：艮土，易位于震坎东北之界，处身于衰丑、病寅之间，思欲更相代立，自然成山而化木也；巽木，易位于震离东南之界，处身于衰辰、病巳之间，不能自立，而随水库化也。亥，本属水；因金以生，乘金之病，代金之位，故属金。寅，本属木；因水以生，乘水之病，代水之位，故属水。巳，本属火；因木以生，乘木之病，代木之位，故属木。申，本属金；而为水土长生之乡，水遭土克，则金必生水而助之。故，申属水也。辰戌丑未四季，甄陶造化，为厚载之质，其气运行以生万卉，即为水。水动，土静。辰戌，阳之动也，故属水；丑未，阴之静也，故属土。

潜老夫曰：“八干纳卦之变：乾坤，用上下爻，交坎离；坎离，用上下爻，交乾坤者；取象《否》《泰》‘天地定位’也。震艮，用上爻，交巽兑；巽兑，用下爻，交震艮者；取象《咸》《恒》《损》《益》，‘雷风相搏’‘山泽通气’也。坎离，用中爻，交乾坤；乾坤，用中爻，交坎离者；取象二《济》‘水火不相射’也。上古《天皇》《鳌极》等书，安知非《汉志》所载‘阴阳家’‘黄帝’诸目乎？要其理，取化气，用在交合，无不本乎三《易》《九畴》者。坤变，而离火不变，以成乾坤之用。故干无化木，以所用皆生气，而有艮主之；支无化火者，以‘响明’而治四旺，有离主之。此，智信仁义，见用于礼；五生五成，极九藏十之故欤！”

金精鳌极五行

《皇极数·序》云：“五子居庚，故鳌极四方。以金为主，次木，次火，终土，中水。金，正穿水火也。未言其‘甲’，先言其‘庚’。乾金至刚，祖微据始；故，大地无非金也。金轮，即地轮，即天轮也。道家，曰‘金丹’，言‘其阴凝阳气也’。故堪舆，取之。孙淇澳，著论明之。”	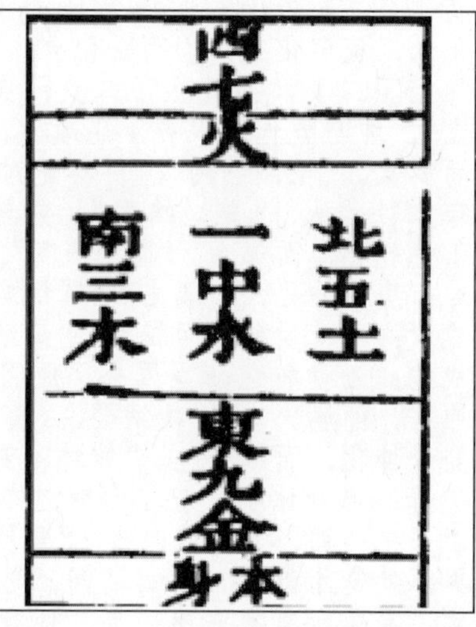

八卦变曜五行

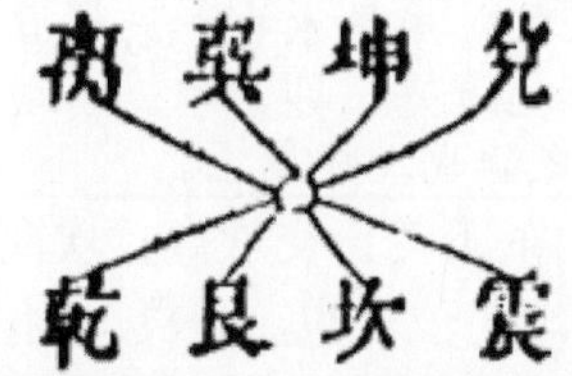	八卦变曜五行
乾与兑对，离与震对，巽与坎对。以乾一变末爻，为兑；兑二变中爻，为震；震三变初爻，为坤；坤四变中爻，为坎；坎五变末爻，为巽；巽六变中爻，为艮；艮七变初爻，为离；离八变中爻，为乾。潜老夫曰：以此一二三四，居两头；而以五六七八，居其中焉。四阳居下，四阴居上，四正与隅相间，非无故也。	贪，巨，禄，文，廉，武，破，左辅，右弼，为九星。辅、弼为一，亦八也。起北斗，加杓外二星蓬、任，冲、辅、英、芮、柱、心、禽；亦，此故也。

《都利聿斯经》，十一曜命五行。

人生之时，加太阳所临宫，顺数遇卯安命，以“帝出乎震”也。苏子由，有说。在藏，为《宿曜经》。

配位，以日当午、月当未，以“上律”也；土当子丑，以“下袭”

也。天道左旋，寅当春木，卯当夏火，辰当秋金，巳当冬水；地道右转，亥木，戌火，酉金，申水当之。壬子，宝瓶；癸丑，摩羯；艮寅，人马；甲卯，天蝎；乙辰，天秤；巽巳，处女；丙午，狮子；丁未，巨蟹；坤申，阴阳；庚酉，金牛；辛戌，白羊；乾亥，双水。此，因西域译名。若“玄枵”之子，则以子癸分宫；“娵訾”之亥，则以亥壬分宫。故过宫女二，与箕三不同。四余者，日月交道也。赤黄相交，处自内出入，曰“阳历口”，曰“罗喉”，亦曰“龙头”。自外入内，曰“阴历口”，曰“计都”，亦曰“龙尾”。月所行，极高极远，则行迟体小。日月孛，其日紫炁者，或谓“生于闰余”，或谓“土木相会”。王子晦曰：土木火，诸星交孛，何不推之？木炁，止九年周天；水孛，九年周天。火罗土计，十八年周天。其术，论宫主、度主，喜恩忌难；然，不可执一也。昼生，视命度主；夜生，视身度主；或以太阴为身星。

角，木蛟；亢，金龙；氐，土貉；房，日兔；心，月狐；尾，火虎；箕，水豹。斗，木解；牛，金牛；女，土蝙；虚，口鼠；危，月燕；室，火猪；壁，水貐。奎，木狼；娄，金狗；胃，土雉；昴，日雞；毕，月乌；觜，火猴；参，水猿。井，木犴；鬼，金羊；柳，土獐；星，日马；张，月鹿；翼，火蛇；轸，水蚓：谓之“演禽”。是氏以为《鲜鹗经》。堪舆、星命，皆用之。约以木金土日月水火，配四方七宿而已，非可执也。耶苏有一法，确“经曜行高、行交者，为近理”云。

珞琭、三命、五行

李虚中，论之。吕才，称“起于司马季主，而建禄、室亼、勾绞、驿马之类；才，已讥之”。晁氏曰：小运之法，本于《说文》；空亡之说，本于《史记》。《丛辰日苑》，盖亦有自来矣。人溺祸福，反不安命。圣贤，虽在阴阳中；岂阴阳所得而制哉？俗糊口而已。

子，癸。丑，己辛癸。寅，甲丙戊[1]。卯，乙。辰，戊乙癸。巳，丙戊庚。午，丁己。未，丁乙己。申，庚壬戊。酉，辛。戌，丁辛戊。亥，壬甲。此，八干合四孟、四仲；而戊己，分四季。又因夏生中央，而戊己复随丙丁也。子午卯酉，四正；故乙丁巳辛癸，移寄四季。《六壬》所用，是也。甲，阳木，生于亥。乙，阴木，生于未，即木库也。丙，阳火，生于寅。丁，阴火，生于戌，即火库也。庚，阳金，生于

① 原文缺“戊”字。此为地支藏干。寅，藏“甲丙戊”。

巳。辛，阴金，生于丑，即金库也。壬，阳水，生于申。癸，阴水，生于卯。辰，水库也。土，亦生申，而库辰，故二戊属之。

玩易杂说

承乘比应。

《全》曰："《周易》，二卦之交，取合辟往来；一卦六爻，取承乘比应；皆两卦之二体、一卦之二体相交之象也。"〇"乘"者，自上乘下；"承"者，以下承上；"比"者，近而相比；"应"者，隔三画而应也。〇以全体言，有以一爻为卦主，而上下五爻皆应者：《大有》，五爻皆应六五；《同人》，五爻皆应六二；《比》，五爻皆应五，曰"上下应"；《大畜》皆"应"，指上九；《小畜》皆"应"，指六四。此皆以一爻主卦，所谓"顺感之义，不与三爻，正因应同也。"〇每卦，以二五相应，三四相比，初上相承乘，为多。而所谓"相求"者，大约以阳倡阴和，为得所求。谓"乘"者，则柔乘刚、刚承柔，多未善也。邵端简曰：如无正应，则于乘承，有相取之道焉。《贲》之二乘初，为"贲其须"；《复》之二乘初，为"下仁"，此亦所谓"相得"者也。又曰："观变动者，存乎应。"应，远者也。阳倡阴和，是为相得，故远而相求。如《睽》之初、四，难而相待；《屯》之二、五，变而相待；《同人》之二、五，艰而相遇，皆是也。《象传》，以应，为"有与"；无应，为"无与"。〇"辨顺逆者，存乎比。"比，近也。而苟焉以求相得，可乎？故曰："近不必比，远不必乖。"项氏曰："阳刚阴柔，近能相得。比之正，吉之大也。有和比者，谓之'近比'。又有舍其正应，而惟于近比者，凶害悔吝矣。"〇李冲曰："志同相应，然事多变动，在乎因时；故，应与无应，各有得矣。《夬》九三，以应上'凶'；《剥》六三，以应上'无咎'；时位使然，不可概论也。《彖辞》二五，'刚中而应'者，凡五卦：《师》《临》《升》二，以'刚中'应五；《无妄》《萃》五，以'刚中'应二也。"〇如《谦》《豫》之初、上，《损》《益》之二、五，既、未济之三、四，皆二卦阖辟往来，其辞皆同；而其象，当取本卦爻之承乘比应也。〇八纯卦，不言正应，以上下二体，刚柔为应，谓"同德相应"者也。而独艮称"敌应"，以"艮止"故也。〇阴阳相求，其中有为间之爻，则两求尤切。

导应论曰：爻，莫重于应，然不可拘。《讼》，有并刚，亦以应者，二五是也；非两造，不成讼也。《睽》，有合不在应，而在无应者：二

“遇巷”、三“无初”，有应者，合反难也；初“自复”、四“交孚”，无应者，合反易也。《咸》，六爻皆应，其义无取，“以虚受人”也。《小畜》，初与四应，不受其畜，不入其党，“复自道”也。《师》之“众”，《比》之“亲”，阴皆应阳，阴之分也；《同人》之“通”，《大》之“尊”[①]，阳皆应阴，阳之愿也。《坤》“应”，取诸“乾”。乾，衣也。五曰“黄裳”，即上亦应乾。“亢”“战”，类也，而龙“同”；地道，“无成”也。《鼎》，下体之应，不利于上体，初“趾”也；四曰“折足”，故五别应上。“金”“玉”类也，而“铉”同；鼎颠，则悖也。“往”者，上应之辞；求苟在下，不嫌言“往”。《屯》，四从初，求以初也。“来”者，下应之辞；主苟在上，不嫌言“来”。《需》，三之上也，“客”于上也。《升》，以“见大人”为义，六五当之；应者“用禴”，承者“用享”，不必言“升”也。《解》，以“去险”为义，六三当之；承者“田”，乘者“解”，应者“射”；三，居险极也。《遁》，以二阴成卦；初、二不著“小人”，概以遁世之事明之，共居遁之中也。《大有》上爻，因五取义，“履信、思顺而上贤”，居有极而乘五也。参五求之，其义见矣。

中四爻

《全》曰：“二三，曰‘刚中’‘柔中’，实贵刚；三四，曰‘重刚’‘重柔’，实贵柔。”〇二，以柔中为善；五，以刚中为善。而《易》于诸卦，乃因九五“刚中”，而并取九二之“刚中”；因六二“柔中”，而并取六五之“柔中”。盖，以二五之中也。三，以“重刚”为善；四，当以“重柔”为善。乃夫子于《乾》九四，而并以九三，为“重刚不中”；于《小过》九四，而并以九三，为刚当位而“不中”[②]。盖，因三四之“不中”也。然观其重二五之“刚中”，未必深取于二；重二五之“柔中”，而未必深取于五。至于，三以刚居下之上，四以刚居上之下，皆不中也。《蒙引》释《小过》之辞曰：“下体之刚，不居二，而居三；上体之刚，不居五，而居四；皆‘失位’也。”

凡二五两爻，有一得正者，其未正者；亦以得正者之应，为正也。如《乾》九二“中正”，指五言，见二五相应之善也。九五，以刚居阳而得中，故曰“中正”、曰“位正当”。九二，以柔居阴而得中，则曰“位中正”；或以刚居之，亦曰“刚中”“重中”也。云峰曰：“《泰》《益》

① “大”，即大有卦。《大有》：“《彖》曰：柔得尊位大中，上下应之，曰大有。”
② “当”应“失”。《小过》卦：“《彖》曰：刚失位而不中，是以不可大事也。”

二三，曰‘中行’。盖指五上之中，而行乎下；二下之中，而行于上；故曰‘中行’。”柔居阴位，刚居阳位，皆为正。全体诸爻，皆不正；此一爻，独正，乃为“正当”，或曰“当”。大抵，九五正当为多；其不正当者，皆以此爻为主。或他爻皆正，独此一爻不正，则曰“不正”，或曰“不当”。卦爻，每以三四，为上下二体交界之间，谓之“介”；其辞，多“悔”“吝”。故曰：“忧悔吝者，存乎介。”

任间、卦主

任，谓“当任也”。在初、三、四、上，四爻内，取一爻为言，若相应，位皆得主，不言“当任”。乾坤二卦，不言当任；屯蒙下，皆有任爻。○间爻，亦取于初三四上。四爻之内，凡言“时义”，即“当任”。大抵，承五与成卦之正。为间者，不从五，亦不从卦主。惟三画卦，震巽，主初爻；坎离，主中爻；艮兑，主上爻。六画卦，有二主爻，则用其尤重者。遇乾坤，则不用；乾坤，已退居也。如离卦，则以所丽二刚，取一爻为主。噬嗑，主九四。丰，主九三。贲，主九三。旅，主九四。睽，主九四。家人，主九三。鼎，乘下体，主九三。革，乘上体，主九四。此其遇震艮兑巽为然。若与坎遇，则于既济，主上体之四；未济，主下体之三，以坎为主也。两离相遇，则主二；遇乾坤，则主三画中之柔爻。○巽主，则初与四；然初不善，而四善。兑主，则上与三；然，三不善，而上善。震，最重初九、九四；虽主上体，亦以初为成震主也。○六爻成质，六位成体；其异、其同，皆由乎时。故曰：“卦者，时也。时者，卦主为之也。”《文言》所谓“时用”“时义”，指此也。

阴阳之位，时成不易；而刚柔之质，往来居之，则有不同。是其刚柔之“过、不及”者，当有以变化之；即二五得中，亦当于中正变化之。乃于诸爻之“过不及”者，相与而后相得；不然，则不相得也。此吉凶悔吝厉，所由生也。

《野同录》曰：“诸家，‘守旧说而不会通’者，执一矣。其偏作‘通冒之语’，而不论卦爻之情者，更执一矣。朱子曰：‘阴阳阖辟，便是《易》。天地阴阳之变，未尝停息。如磨既行，齿都不齐，故生万变。物之不齐，物之情也。’邵子曰：‘泥空终是着，齐物到头争。’故《易》中，只言‘反复’‘往来’‘上下’。是则，朱子何尝执耶？庄生强欲‘齐物'，仍是'不齐齐之'耳。圣人善于因物之理，以理其物；非委之、忽之，而漫曰'不齐齐之'也。"

陈希夷曰："羲皇始画八卦，重而为六十四。不立文字，使人观其象而已。"其后，观象之学不传，卦象难明，人以为笔画而已。然，其学虽不传，而寓其意于笔画之间；即画而求其理，亦可推者。羲之象，在图，为太极、为两仪、为四象、为八卦。以图示人，而使观之者，即观此象也。文王，更置卦位，而亦以象之著见者，为阖为辟、为往为来、变通为象。而推究其象之所自阖而辟、往而来、来而往，所以为阖辟、往来者，以示人。而使人观之者，即观此象也。象，本于理。以此理措乎日用，即制器也，是象之显设也。"制器尚象"，皆谓观象之学。程子曰："理见乎辞；则可，由辞以观象。"后世，能推其辞，以明象，则《易》道可兴。但不得其辞者，众；此，《易》象之所以虽有而难知也。〇辞者，所以言乎象。尚辞，即象；玩辞，即明乎象也。〇文周彖爻之辞，何有"性与天道"之说乎？而其取象之意，则假物与事之辞，以明乎性天而已。故曰：尚乎辞而玩之者，正以其辞，而得其"所以为辞"。"所以为辞"者，即"性与天道"也。

《全》曰："《说卦》曰'爻象动乎内，吉凶见乎外'。此'内''外'，以二卦言：内为正卦，则外为反卦；内为反卦，则外为正卦。爻象，变乎内；而所执之吉凶，即在外，甚矣。变之不常也，而每于动者观之。人不动，何尝有差？只是'一吉'而已。动，可不慎乎？"

先儒曰："变者，必有不变者在。观其变，而得其不变，是'知变'者也。"又曰："圣人以蓍法，教人明理。理则不疑，所谓'决疑'也。"先儒谓："明得理，即法得事。"理一而已，顺则吉，逆则凶。吉者，理得，即心之安处；凶者，理失，即心之不安处。悔吝，在顺逆间；于理有纯疵，即心安、不安之界也。后世，不知"吉凶悔吝系于理"，而以祸福之未来者当之；则以福为吉，以祸为凶。夫吉凶，则致祸福；而不可"以祸福，即吉凶也"。如其顺理心安，则福固吉，祸亦吉；理不顺，心不安，则为祸固凶，福亦凶也。盖，祸福不能自免，而理则至定；此，心可以顺之也。先知而顺之，止焉者圣、神，次焉者君子。《孟子》所谓"顺受其正不立严墙之下"者，占之道，得也。

曰："先儒谓'学《易》，在知时。'时，即学《易》极处，即'时中'也。崔后渠曰'一曲'之见，难与共学。'既主一见，又主先入之见；以此直谈、横议，而不知时，即居'一曲'矣。"

林栗《易说》，尝辨邵子，而朱子辟之。盖包之、生之，同时具备。

言“生”，则有秩叙之几；言“包”，则浑然矣。然“合秩叙，即是浑”，非“废秩叙，以为浑”也。《野同禄》曰：“太极‘所以然之理’，即在‘各时、各位之理’中，所谓‘舍历无寂’者也。偏上，喜言一‘太极胞’；则包之说也，流为荒一，误世不小。栗后，敢于吠朱，皆挟此见。”张理《图说》，以“乾兑离震坤艮坎巽”序布。乾荡，以乾为首；兑荡，则以乾居次位，而以序周其本荡之八，余皆退一位而序之。其中方横列者：以朱子卦变，一阳一阴者，居上下；二阳二阴者，居次；三阳三阴，居中；共，为五横列焉。内变通，则以乾坤反覆相推；阳以次而左升，阴以次而右降。其圆倍乘，则以乾起北；而兑离震，从西而南；坤艮坎巽由北，而东而南。其方因重，则以《方图》覆之：《乾》居东南，《坤》居西北，《泰》居东北，《否》居西南，即黄元公之所取也。何燕泉《易约》，以外循环、内变通，为一图；内方因重，外倍圆乘，为一图。

卷之五终

周易时论合编图象几表卷之六

皖桐方孔炤潜夫授编
孙中德、中履、中通、中泰编录

<table>
<tr><td>五运约图</td><td>先天近取诸身</td></tr>
<tr><td>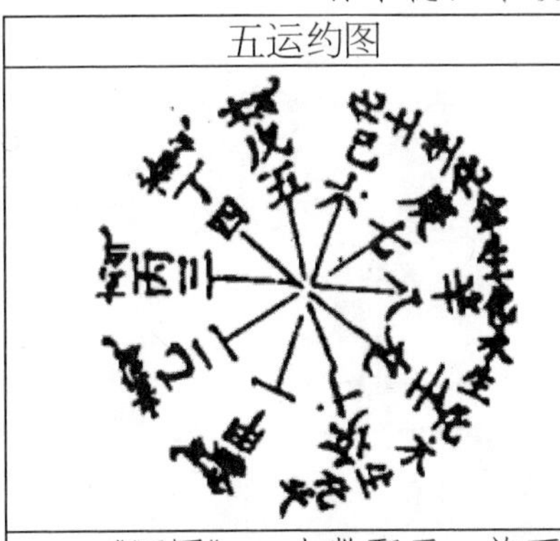</td><td></td></tr>
<tr><td rowspan="4">《河图》，十数配干，旋而相对；先从甲己化土，起而顺生以化，即所云“五种气，交亘于两间”。汉交坤艮，是一征也。谓“三月建辰，以龙主化”者，泥。〇岐伯曰：“太过者，其数成；不及者，其数生。土常以生也。”此，本《河图》以一、二、三、四、五，为生数；六、七、八、九、十，为成数。王砯曰：土旺四季，不得正方[1]；天有九宫，不可至十。故土止言五。今历数、运气所纪是也。其曰“灾一宫”“灾三宫”“灾七宫”“灾五宫”者，本《洛书》也。</td><td>艮，为鼻。“艮其背”，可悟“自心生乱”之籥。可悟“止息、生息”之消息矣。《咸》《艮》，取人身；《颐》《噬》，取口；《观》，取目；《鼎》，取耳目；亦随处取义也。邵取，别详。</td></tr>
<tr><td>后天六气</td></tr>
<tr><td></td></tr>
<tr><td>旧配说，详于后。</td></tr>
</table>

① “方”字，北大本缺，根据文镜本补。

五脏（肝、心、脾、肺、肾。），阴也。六腑（胆、胃、三焦、膀、大、小肠。），阳也。首阳、身阴，而水阳下、火阴上；“负阴抱阳”，而背阳、腹阴（阳中阳，心也；阳中阴，肺也；阴中阴，肾也；阴中阳，肝也；阴中至阴，脾也）。形藏四（一头，二耳目，三口齿，四胸）。神藏五（心藏神，肺藏魄，肝藏魂，脾藏意，肾藏志。又曰：脾藏意与智，肾藏精与志，谓“七神”），是曰“九藏”（手阳，足阴；腰以上阳，以下阴）。

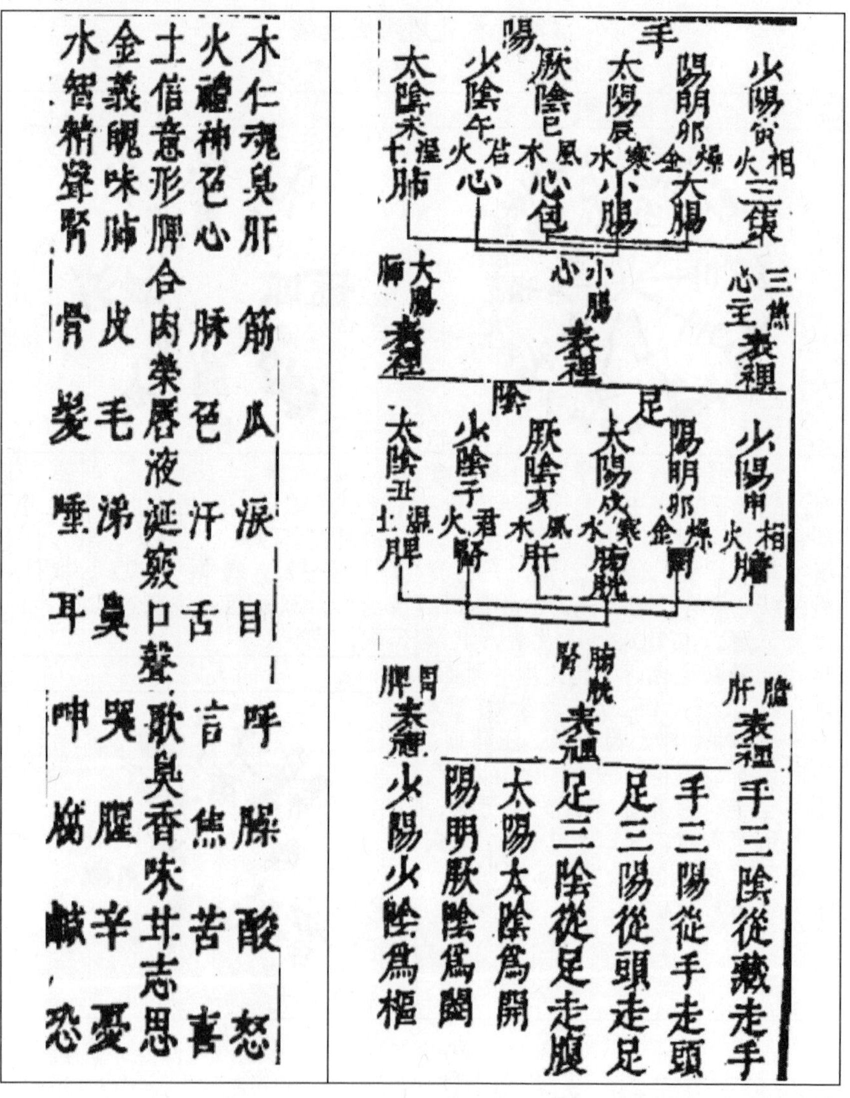

五运六气

鬼臾区曰:“土，主甲己；金，主乙庚；水，主丙辛；木，主丁壬；火，主戊癸。”岐伯曰:“臣览太始天元册文，丹天之气，经于牛女戊分（牛女，在子癸。火气，自子癸，至戊分；故，火主戊癸。）；黅天之气，经于心尾己分（心尾，在甲。土气，自甲，至己分；故，土主甲己。）；苍天之气，经于危室柳鬼（危室，在壬；柳鬼，在丁；故，木主丁壬。）；素天之气，经于亢氐昴毕（亢氐，在乙；昴毕，在庚；故，金主乙庚。）；玄天之气，经于张翼娄胃（张翼，在丙；娄胃，在辛；故，水主丙辛）。”是曰“五运”（主运，甲为干首，故先土运。其运行自首丁壬木，每年木火土金水，各七十二日零五刻；运位相次，万年不易也。客运，如甲己年土运：土为初运，金为二运，水为三运，木为四运，火为五运，以相生序。乙庚年，金：则金初、水二、木三、火四、土五，各七十二日零五刻，周流每年一迁者也）。〇“五阳干之年，大过也；五阴干之年，不及也。太过，以大寒前十三日交，曰‘先天’；不及，于大寒后十三日交，曰‘后天’。平气之年，正大寒日交，曰‘齐天’。”“天，以六为节；地，以五为制。周天气者，六期为一备；终地纪者，五岁为一周。君火以名，相火以位。五六相合，而七百二十气，为一纪。凡三十岁，千四百四十气；凡六十岁，而为一周。不及、太过，斯皆见矣。”

子午	丑未	寅申	卯酉	辰戌	巳亥
歲少陰君火司天	歲太陰濕土司天	歲少陽相火司天	歲陽明燥金司天	歲太陽寒水司天	歲厥陰風木司天
左太陰 右厥陰	左少陽 右少陰	左陽明 右太陰	左太陽 右少陽	左厥陰 右陽明	左少陰 右太陽
左太陽 右少陽	左厥陰 右陽明	左少陰 右太陽	左太陰 右厥陰	左少陽 右少陰	左陽明 右太陰
陽明燥金在泉	太陽寒水在泉	厥陰風木在泉	少陰君火在泉	太陰濕土在泉	少陽相火在泉
大寒至驚蟄	春分至立夏	小滿至小暑	大暑至白露	秋分至立冬	小雪至小寒
初氣 風木	二氣 君火	三氣 相火	四氣 濕土	五氣 燥金	六氣 寒水

“主岁者，纪岁。”在天，三年一降，五年迁正司泉。泉而天，亦

然。“间气者，主纪步。”以六十日八十七刻半有奇，为一步也。如子年君火天、金地，则地左间太阳水，为初气；天右间厥阴木，为二气；司天君火，为三气；天左间太阴土，为四气；地右间少阳相火，为五气；司泉金，为六气。左升而上，右行下旋，而复于中。六气，风初，热二，暑三，湿四，燥五，寒六。此每气六十度有奇者，万年不易之主气也。年之定司，而左右纪步者，每年一迁之客气也。

岐伯曰:“寒暑、燥湿、风火，天之阴阳也；地三阴三阳，上奉之。木火土金水火，地之阴阳也；天生长化收藏，下应之。”“地为下乎？”曰:“地，人之下。”“太虚之中，也冯乎？”曰:“大气举之也。”“风寒在下，燥热在上，湿气在中，火游行其间，寒暑交焉。故虚而生化。”先天者，“太过”，则“制已所胜，而侮所不胜”，命曰“气淫”。后天者，“不及”，“所不胜，则侮而乘之；已所胜，则轻而侮之，侮反受邪”，命曰“气迫”。

平气：木曰“敷合”；火曰“升明”；土曰“备化”；金曰“审平”；水曰“静顺”。
太过：木，发生；赫曦；敦阜；坚成；流衍。
不及：木，委和；伏明；卑监；从革；涸流。

<table>
<tr>
<td rowspan="2">天符，为执法。岁直，为行令。太一天符，为贵人。气生运，曰“顺化”；气克运，曰“天刑”。运生气，曰“小逆”，曰“相得则微”。运克气，曰“不和”，曰“不相得则甚”。运同四孟月，曰“支德符”。太过运，加临司地之气，曰“同天符”。不及运，加司地之气，曰“岁会”。○各以气运加临，为“胜负之差”。“亢则害，承乃制。”（五运相克，为承。）“地气制己胜，天气制胜己。天制色，地制刑。”“天气不足，地气随之；地气不足，天气从之。运居其中，而常先。”“恶所不胜，归所同和；随运归从，而生其病。”“六气之胜，乘其至也。”“感于邪而病。乘年之虚，则邪甚；失时之和，亦邪甚；遇月之空，亦邪甚。重感于邪，则病危。”○“时有常位，而气无必也。初气终三气，天气主之，胜之常也；四气尽终气，地气主之，复之常也。有胜，则有复；无，则否。复已而胜，胜至则复，无常数，衰乃主耳。”○“复至，则不以天地异名，皆以复气为法。”</td>
<td>司天：厥陰風化 少陰熱化 太陰濕化 少陽火化 陽明燥化 太陽寒化
在泉：酸化 苦化 甘化 苦化 辛化 鹹化
司氣：蒼化 不司氣化 黅化 丹化 素化 玄化
間氣：動化 灼化 柔化 明化 清化 藏化</td>
</tr>
<tr>
<td>岁直（“木运临卯”之类，与岁会）。天符（土运上见太阴之会，与天会）。太一天符之会（戊午、乙酉、己未、己丑。天会岁，会运，会三合，为治）。</td>
</tr>
</table>

中
脾土
木
肝
金
肺
北

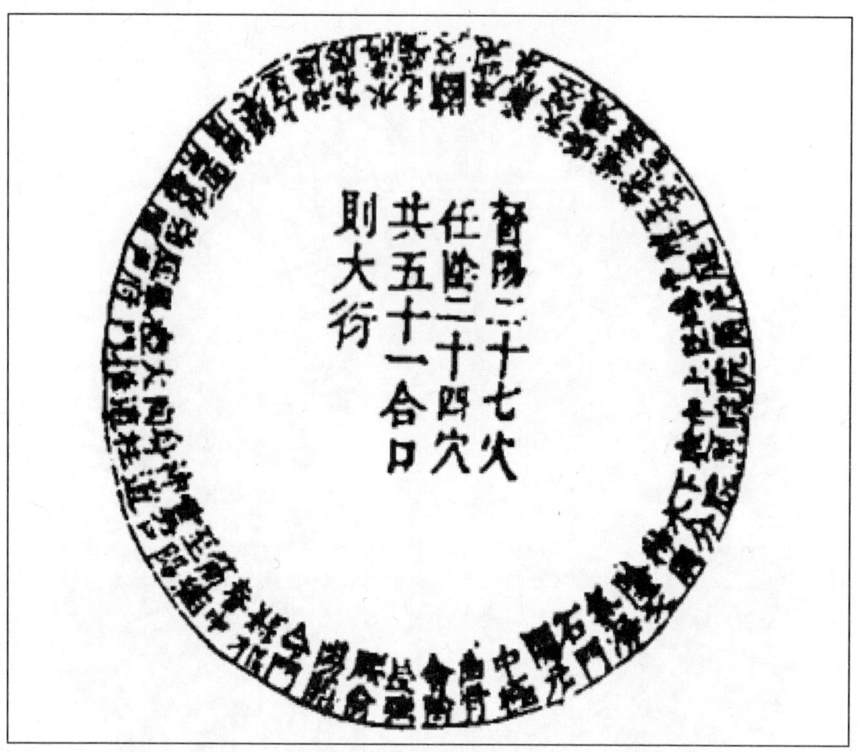

手太阴，肺：起于中焦、中府穴，下络大肠。其支者，从腕后，直出次指内廉，出其端，少商穴。卯时，注大肠。

手阳明，大肠：起于次指之端内侧商阳穴，循指上廉。其支者，缺盆上颈，贯颊入下齿中，上挟鼻孔迎香穴。辰时，注胃。

足阳明，胃：起于头维穴，鼻交頞中，下循鼻外，入上齿中。其支者，入大指间，出其端，厉兑穴。巳时，注脾。

足太阴，脾：起于大指端隐白穴，循指内廉侧白肉际。其支者，从胸别上膈天包穴。午时，注心。

手少阴，心：起于心中极泉穴，出属心系下胁络小肠。其支，上目系。直者，出肺上，腋下，肘内，掌后，小指端少冲穴。未时，注小肠。

手太阴，小肠：起于少泽穴，小指端外侧，上腕。其支，入耳中，别上颊，至目锐，络于顴。申时，注膀胱。

足太阳，膀胱：起于目内眥，睛明穴，上额交巅。其支者，膊内别上，循京骨，至小指外侧，至阴穴。酉时，注肾。

足少阴，肾：起于小指下斜趣足心，湧泉穴，上属肾络膀胱；直者，上贯肝，入肺中，循喉挟舌。本支者，从肺出络心注胸中，俞府穴。戌时，注心包络。

手厥阴，心包：起于胸中天池穴，出属心包下膈，络三。支者，出胁下腋，循膈内行太阴少阴之间入肘中，出中指端，中冲穴。支者，掌中循小指次指，出其端。亥时，注三焦。
手少阳，三焦：起于小指次指之端开冲穴，循手表腕，至目兑眥，耳门穴。子时，注胆。
足少阳，胆：起于目兑眥膧子髎穴，入小指次指之端岐中，窍阴穴。丑时，注肝。
足厥阴，肝：起于大指聚毛大敦穴，上循[①]足跗上廉，上入肺中，期门穴。寅时，注肺。

人身呼吸合天地卦气说

人身，即天地。谁不云然？然，非徒冒言其通理也，试质析之。行于骨节间者，气血而已。气为卫，行脉外；血为荣，行脉中。血，实统于气。而流行气血于十二经、十五络者，皆脉也。八奇经，别脉也，冲气统之。肺为气门，寸关尺浮，中沉之候，平旦也。寸口，其大关键乎？《难经》曰："寸口者，五脏、六腑之所终始。"本清曰：候脉者，必取平旦。虽云"阴阳未动，阳气未散；饮食未进，经脉未盛；脉络调匀，血脉未乱"。然，此其梗概；而习矣，莫之察也。其贯脉行十二时中，寅则注肺，百脉会焉。寸口，肺经也。每日，从寅至申，属阳；从申至寅，属阴。人目动，则行阳；目合，则行阴。寅，乃阴之尽，阳之初。故，百脉变见于寸口，诊法取决于寅时。一年十二月，一日十二时，经脉各有所注，阴阳升降与天地应，医家谁究心乎？音，出于丹田；而字，满于商，亦肺所司也。噫！"人，生于寅"。子舆谓："平旦之气，鸡鸣而起。"岂特可以察脉已哉？听声，知病；听声，知吉凶；犹有先此者。

经络，共长十六丈二尺。手三阳之脉，从手至头长五尺（五合六，为三丈）；手三阴之脉，从手至胸中，长三尺五寸（三六,一丈八尺；五六，方三尺；合二丈一尺）；足三阳之脉，从足至头八尺（六八,四丈八尺）；足三阴之脉，从足至胸中长六尺五寸（六六三丈六尺，五六方三尺，合三丈九尺）；人两足蹻脉，从足至目，长七尺五寸（合一丈五尺）；督、任，各长四尺五寸（合九尺）。共长，十六丈二尺也。人一呼一吸，行六寸；十息，脉行六尺；百息，行六丈；二百七十息，脉行

① 原为"蹓"字。

十六丈二尺。气血，周身一度也；漏水，下二刻焉。至明日寅时，周身五十脉，行八百一十丈，共万三五百息[①]；漏水，下百刻焉；日，行二十八舍也。往，见石斋先生，以《易》追息不得。智，在天雷苗中，豁然“《图》之用《书》”。因知：息数，《洛书》数也。《洛书》，三其三五，是九其五也。二刻而二百七十息，气血一周；则三十其九，而六其《洛书》也。凡九十息，脉行五丈四尺；而又五分之，则十八息，各为丈八寸。此，象限百八之小率也。一日夜，周身五十，而万三千五百息。则为九者，千五百；而三百其《洛书》数也。六十四日，为八十六万四千息；则与万二千五百二十之策，会矣。此，七十五其具策，而百五十其五千七百六十也者。半其具策，而三百八十四爻、通期、甲子、声数，皆会者也。以日法为万,二十七日而二十周，即会矣。其始从中焦，注手太阴阳明，而注足阳明太阴，而注手少阴太阳，而注足太阳少阴，而注手厥阴少阳，而注足少阳厥阴；循环，注手太阴。总属阴阳、阳阴，周而后始。气主呴之，血主濡之；脉在其中，为枢纽也。春秋分，昼夜两停，脉行五十度，合乎正数也。冬至后，昼四十刻，夜六十刻，阴多阳少；则血气凝滞，而脉道迟，止行四十度。夏至后，昼六十刻，夜四十刻，阳多阴少；气血滑利，而脉道疾，反行六十度。若天气暴热，脉行亦疾；天气暴寒，脉行亦迟。喜怒，亦寒暑也。呼吸、声气，亦如之。心平气和，发未发之中节，一天地矣。

“呼，为阳，而应天；呼，出心与肺。吸，为阴，而应地，吸入肾与肝。”而任督应之，十二经应之。盖天五之气，“始自中，原播于诸脉”。而任督，犹为阴阳之海。任，在前二十四穴；督，在背二十七穴。督阳三九，任阴四六。自任之会阴，为二阴间；道家秘之，以为坎离门。开之至也，督之“断交”，与任之“承浆”相合。分之，为二；当合口呼吸，则为一。是则，二十四、二十七，共五十一；而实五十也。会阴，为天地根；断交、承浆，为天地门内事。言“积气七七日，上下唇动”，非此理乎？口，为天地门，以出呼吸，而本于脾之丹田。故呼出心肺，吸出肾肝，而皆丹田所运转也。扁鹊曰：“人受天地之中，以生，所谓‘冲气’也。”声音，用此。一声，去而复来，即一小生死之轮也。

会稽马莳，始悟“营、卫，各有行”，而犹“以宗气，与营同”。潜谷曰：“宗气自主。呼吸与营、卫，为‘三隧’也。人生，‘气海’在胸；即‘八会之气，会于‘膻中’也’，谓之‘宗气’。饮食，而宗气充行于

① “五百”二字，北大本缺。根据文镜本补。

上焦，主呼吸而行脉道。此为一隧，人所以为命也。营气，乃宗气‘阴精’之气，太极之分而为阴也，由中焦而生，故曰‘清者为营’；行于脉中，一日夜脉行八百十丈。此一隧也，营之言‘运’也。卫气，乃宗气‘阳精’之气，太极之分而为阳也，由下焦而生，故曰‘浊者为卫’，行各经分肉之间。此，又一隧也，卫之言‘护’也。营气，出于太阴肺，行阳脉二十五度，行阴脉二十五度，为五十度；周于身，复会于手太阴，所谓‘太阴主内也’。卫气，出足太阳膀胱，行于昼二十五度，行于夜二十五度，亦五十度；周于身，复会于足太阳，所谓‘太阳，主外也’。”

按：“《内经》言‘平旦阴尽[①]，阳气出于目，上头，而下背足。别于目锐，以至上耳，入掌入足心’等云云。‘复合于目为一周’，此言‘腑’也。其言‘肾注于心，心注于肺，肺注于肝，肝注于脾，脾复注于肾，而合于目’。从五行相克而注，此言‘脏’也。”其寅会寸口者，十二经脉也。故，或言“荣卫俱”，而不言“脉”者，正以荣卫行阳，止行周于诸腑；行阴，止行周于诸脏；而身脉，则出入脏腑，循环无已者也。身脉五十度，周身与荣卫，俱始会于寅。譬如，自鸣钟之机轮，轮各自转；百川之流，或合或分，或伏或见，而自不相乱也。大端，不出於呼吸阴阳。夜半，阴陇为重阴；夜半后，而阴衰，平阳受气矣。日中，阳陇为重阳；日西，而阳衰；日入阳尽，而阴受气矣。“目动则行阳，目合则行阴”，即“太极，动而生阳，静而生阴”之理也。《参同契》，以乾坤坎离为宗，而以六十四卦配日数；每日用二卦，一月而六十卦周。其言曰：“月节，有五六[②]，经纬奉日使，兼拜为六十，刚柔为表里。朔旦，《屯》直事；至暮，《蒙》当受。昼夜各一卦，用之依次序。《既》《未》至晦爽，终则复更始。日辰为期度，动静有早晚。春夏据内体，从子到辰巳；秋冬当外用，自午讫戌亥。赏罚应春秋，昏明顺寒暑。父辞有仁义，随时发喜怒。如是应四时，五行得其理。”麻衣子卦画图，乃明“阴阳升降之理，即《参同契》所喻‘丹书’也”。

按：“京、邵，皆藏四卦，以合通期；此，适符之理也。以纳虚，旋具爻；此，亦适符之理也。以贞悔卦，旋三十六宫；此，亦适符之理也。《参同》，主月以寓变化；总之，不离阴阳。自然配合，周天、周身，何往不叶？”

十二经循环，乃分阴阳、昼夜，以相应；而四时周岁，则肝心脾肺肾，乃正分也。医家，一月肝，二月胆，三月包络，四月三焦，五月

① 原文为“尽阴”。
② “节”，原为“即”。

脾，六月胃，七月肺，八月大肠，九月肾，十月膀胱；则十一月、十二月，乃空之邪。此，即四时五行，以一表一里配之也。空“心与小肠一表里”者：心为君主，无所不统；心不用，而用小。心、包络，司火；而正火合，土居中。故人身之水火土，有时相制、相合之妙。用，则多言“甲”“庚”；故，金木为用。甲生于亥，庚生于巳；犹春秋，即冬夏也。其不言“十一月、十二月”者，犹《周礼》六官“冬为司空”，而不与众同职也。论四时之定局，当以五行均之；而以六气旋五运，则三阴、三阳配定矣。《医经》配“十二江河”之水，乃借象耳。子足少阳，午手少阴。一图专言水火、手足、阴阳之位，乃自子至巳，为足；自午至亥，为手也。愚者，故为合图，以明表法；无处非心，而寓于此篇。岂独“呼吸”“声气”“云雨”耶？

《道藏》曰：“三月，先生右肾，而为男，阴包阳也；先生左肾，则女，阳包阴也。其次，肾生脾，脾生肝，肝生心，以生其胜己者。肾，属水；故五脏，由是为阴。心生小肠，小肠生大肠，大肠生胆，胆生胃，胃生膀胱，膀胱生三焦，以生其已胜者。小肠，属火；六腑，由是为阳。其次,三焦生八脉，八脉生十二经，十二经生十二络，生一百八十丝络，丝络生一百八十缠络，缠络生三万四千丝络，丝络生三百六十五骨节，骨节生三百六十五大穴。”周天，合焉。“四月形像，五月筋骨成，六月毛发；七月则游其魂，儿能动左手；八月游其魂，儿能动右手；九月三转身，十月分解。延月生者，贵；不足日月生者，贫薄。”“生后三十二日，一变蒸，生肾气；六十四日，二变蒸，生膀胱气；属水也。九十六日，三变蒸，生心气；一百二十八日，四变蒸，生小肠气；属火二也。一百六十日，五变蒸，生肝气；一百九十二日，六变蒸，生胆气；属木三也。二百二十四日，七变蒸，生肺气；二百五十六日，八变蒸，生大肠气；属金四也。二百八十八日，九变蒸，生脾气；三百二十日，十变蒸，生胃气；属土五也。”“一期岁，齿生、发长。齿者，肾余也；发者，血之余也；爪者，筋之余也；神者，气之余也。”智按：“毛窍八万四千，乃七其十二百倍之秒数也。《藏》言‘九十九万’者，《河》《洛》百数并倚之表也。邵子曰：‘神统于心，气统于脤，形统于首。形气交，而神主乎中，三才之道也。’四支，各有脉；一脉三部，一部三候，应天数也。此，言‘手足各三阴阳，而三其经络也’。”“天之神，栖乎日；人之神，发乎目。寤，则栖心；寐，则栖脤；所以象天，昼夜之道也。”智按：“息通寤寐，得‘用之全’；瞬通寤寐，得‘用之半’。故神栖于肾，寄息于鼻。寐则目不用，而耳独用；熟寐，则耳不用矣。鼻，则何时而不息乎？口、目横，而鼻、耳纵。耳纵，而居偏；鼻纵，而居中。中者，贵也。‘艮为鼻’，‘艮其背’，可以悟矣。《内经》，以息行脉度，与天符焉。自然而然，无所不叶。所谓‘息’者，自心生死之籥也，止息、生息之消息也。‘尽心’‘养气’，《孟子》一之；‘阴平阳秘’，黄帝尚之。《复》‘关’，《随》‘息’，《震》‘省’，《艮》‘时’，‘利用安身，以崇德也’。脉与气血，各分魂魄、阴阳，而统于任督。岂可离耶？虽曰‘神统于心，气统于脤。’其实，神藏气中。《礼》曰：‘地载神气’。乾分坤，以立体，而成用；坤，皆乾也。胎息炼形，非无其故；蜣丸�白，非无其候。圣人，恐民废事逃伦，偏重则惑，故罕言之。而‘时行物生’，‘逆知顺理’；《易》象，自无隐也。希夷、麻衣，适还天地之常，大人，四‘合’[①]。是谓：‘自古以固存月窟、天根之环中。’‘潜’‘飞’，一也。‘息踵’者，‘无息’之‘深几’也。岂矜‘飞举’，为‘世谛’哉？”

潜老夫曰：“人生之贵也，三才奉焉，八卦周焉。《经世》[②]曰：‘千千之人，为细人；一一之人，为巨人。’诚哉，巨矣。顾乃邪辟其范，戏豫其灵，不亦大哀矣乎？《先天》之显象，而隐性也，‘无生者’会之。后天之晦震息兑，居坎半离也，‘长生者’会之。《归藏》，‘顺’其腹；《连山》，‘止’其手；而《大衍》，‘元’其首。五官、百体，具从之矣。夫是‘元首’也，明起，则治之；丛脞，则乱之。乾之尊也，何如哉？然不于其尊卑，而必于其交也，《内经》表之矣。木火土金水，地制也，乃以五运天统之。风热暑湿燥寒，天节也，乃以六气地司之。天地交，而人受之以中，则呼吸通焉；‘通乎昼夜之道’也，万三千五百息。一呼一吸，六爻环焉。凡三其九十，而一周；凡五十，而会寅；凡二十有五，而阴度阳度交；盖‘通身，一《易》也’。呼吸为宗气，四海之要，会于膻中。上焦，主内而不出；故吸清吐浊，真人之‘息以踵也’。‘呼三吸一’者，与人为徒；‘吸三呼一’者，与天为徒也。清者为营，爰有营气，生于中焦，‘腐热水谷’；主，亦内而亦出，宗气之阴精也。浊者为卫，爰有卫气，生于下焦，‘济泌别汁’[③]；主，出而不内，宗气之阳精也。卫宜阴而反阳，营宜阳而反阴者，气交也。得阴阳之中者，宗气也。昙氏证空，‘志壹动气’；老流凝逆，‘气壹动志’[④]；圣人，洗于

①《乾卦·文言传》：“夫大人者，与天地合其德，与日月合其明，与四时合其序，与鬼神合其吉凶。”

②（宋）邵雍著《皇极经世书》。

③“泌”，原为“必”字。

④《孟子·公孙丑》：“志壹则动气，气壹则动志。”

诚敬。既‘持志无暴’者[①]，所谓‘威仪定命’[②]‘宥密基命’[③]者乎。天运，贵其化；化也者，纪岁也。地气，贵其间；间也者，纪步也。化，有正对之分；间，有左右之别。运气，皆用主迓实，借实助主，以施调燮马。大过者，勿令其淫，制极胜也；不及者，勿令其迫，侮所不胜也。天制其色，地制其形。窥其‘胜复’，察其‘微甚’；理其升降，争其邪正；归于‘亢则害，承乃制’而已矣。男女盛衰，介乎七八；府藏幹营，联乎五六‘两腧’[④]，循乎六十一。‘春规、夏矩、秋衡、冬权。’脉络，流乎二十七；部候，彻乎三九。‘如雾、如沤、如渎’之窍节[⑤]，布乎三百六十有五。‘喜怒哀乐’之微，‘淑慝刚柔’之著，无往而不与天地合焉。先天之数，曰‘首腹等其象也’，贤愚所同；其‘尽性至命’，圣人所独也。后天之教，曰‘八德，所以修道’；而动与滔，非圣人不能造焉。故，以震归‘风木’，坎归‘寒水’；尊君火于‘无为’，而置相火于‘成终、成始’之际。夫如是者，运不凭仰，气不随俯，负阴抱阳，保中致和，民无夭扎，物无瘥疠。非他也，三才之道，待人而至矣。”

智曰：“六气配八卦，《医经》图之，而不得其解。尝一推之，八卦，本六卦也；五行，行于水火；而或六、或四，要归于‘一用其两’已矣。六气，实‘寒暑燥湿’四者；而偏多以风热之二，何耶？邵子曰：‘水火，动而随阳。’岐伯曰：‘水为阴，火为阳。’五行尊火，动静归风。人身，以动物，载静理；故以火，为生死。病人者，火也；所以生者，即火也。‘庶征’，五‘若’，以风属思。天地间，以风火，为动用之几[⑥]。随阳者，火也。水木之气，悉从土，而摄于火。火分南北，北用于南。故《经》曰‘火游行其间’[⑦]，又曰‘壮火食气，少火生气。’道家藏丙火，于肾壬，而用丁火己土。可知，‘六气，以风热乘权，而风为首’矣。六气八卦，虚坎震者，阳使阴用，用即偏阴。四正，惟夏秋为用之最盛，以巳亥为键轴。而自巳至亥，阴方也，主用也；自亥至巳，阳方也，主‘不用之用’也。惟以一艮藏根于寅，而暗轮于坤申。此，脾土为心肾之养，而志能帅气之风轮也。此，亦‘阳一、阴二’之说也。”

① 《孟子·公孙丑》：“持其志，无暴其气。”

② 《左传·成公十三年》：“民受天地之中以生，所谓命也。是以有动作、礼义、威仪之则，以定命也。”

③ 《诗经·周讼》：“成王不敢康，夙夜基命宥密。”

④ 《黄帝内经·灵枢》：“五藏五腧，五五二十五腧；六府六腧，六六三十六腧。”

⑤ 《黄帝内经·灵枢》：“上焦如雾，中焦如沤，下焦如渎。”

⑥ “天地间”，原文不清，依文镜本。

⑦ 《黄帝内经·灵枢》：“肾家之少火，游行其间，以息相吹耳。”

律吕声音几表

<table>
<tr>
<td>律娶妻，吕生子；以辟卦证之，始明。详后。</td>
<td>律应卦气相生图

</td>
</tr>
<tr>
<td colspan="2">宫与商，商与角，徵与羽，相去各一。角与徵，羽与宫，相去各二，则音节不和。故角羽间，收一律近徵，比徵少下，曰“变徵”；羽宫间，收一律，少高于宫，曰“变宫”。自宫九寸，三分损一，为徵六寸。徵，三分益一，为商八寸；而不可分，故止三统。乃析七十二分，生羽四十八，止角六十四，则三分余一，故止五音。乃析一，为九厘，为五百七十六；三分损一，得三百八十四，生变宫。三分益一，得五百十二，生变徵。三分余二；此，变声所以止二也。曰和、曰繆，故不为调。约以寸法，则黄、林、太，得全寸；约以分法，则南、姑，得全分；约以厘法，则应、蕤，得全厘；约以毫法，则太、夷，得全毫；约以丝法，则夹、无，得全丝。至中吕之实，十三万一千七十二分。三余二，律之终也。变，则旋起。凡数，始于一，成于三；此后，则两而一变。</td>
</tr>
</table>

黄钟，实九寸。子，一分（数起子,得一也。合计之，此一即当九寸）。黄钟以九纪度法（九丝为毫，九毫为厘，九厘为分，九分为寸）。以三分损益，为生法。以三历十二辰，得一十七万七千一百四十七，为黄钟之实。其十二辰所得数，在子寅辰、午申戌六阳辰，为黄钟寸分

厘毫丝之数。（子，为黄钟之律；寅，为九寸；辰，为八十一分；午，为七百二十九厘；申，为六千五百六十一毫；戌，为五万九千四十九丝。）在亥酉未、巳卯丑六阴辰，为黄钟寸分厘毫丝之法。（亥，为黄钟之实；酉之一万九千六百八十三，为寸；未之两千一百八十七，为分；巳之二百四十三，为厘；卯之二十七，为毫；丑之三，为丝。）径围之分，以十纪法，天地之全数也。相生之分，以九纪法；故三分损益，而用天之奇数也（孟康曰：黄钟律，长九寸，围九分。以围乘长，得积八十一；用十度，为八寸一分）。

林钟，实六寸。丑，三分二（三其法，为三分；两其实，为二也。此则，一当三寸）。三分之实，得三以为法。黄钟下生，倍其三法，得六寸，为未之林钟。取冲居丑（子析三分，每分五万九千四十九。丑于三分得二，是一万八千八十九数，为林钟六寸。以八十一，而三分损一，为二十七者，三。取其二，为五十四，生徵。《管子》："三分益一，为百八，生徵。"半之，即五十四也。郑玄、杜佑，云："下生，倍其实，为十八。"三分十八，为三股；得一股，亦六寸也。十度，为五寸四分）。

太簇，实八寸。寅，九分八（三其法，为九分。四其实，为八也。此则，一为一寸）。三分丑之实，得二以为法。林钟上生，四其二法，得八寸，为太簇（以子一分，析为九分，每分一万九千六百零八十三。寅，于九分之中得八，为十五万七千四百六十四。积八寸，为太簇。三分丑数，每股三万九千三百六十六。加此数于丑数，一十五万七千四百六十四也。五十四，而三分之；为十八者，三。益十八，于五十四，为七十二，生商。《管子》："三分百八，损一生商"，亦七十二也。郑云："上生，四其实，得二十四为法。"三分二十四，而用一股，亦八寸也。十度，为七寸二分）。南吕，实五寸三分；卯，二十七分十六（三为一寸，一为三分）。三分寅之实，得二寸六分，以为法。太簇下生，倍其法，得五寸三分，为酉之南吕，取冲居卯（三分寅数，每股五万两千四百八十八。卯，得二股，为一十万四千九百七十六算。七十二，而三分之；为二十四者，三。损二十四，于七十二，为四十八，生羽。《管子》："三分益一，为九十六，生羽。"半之，亦四十八也。郑云："下生倍实，得十六为法。"而三其一，得三以分其法，乃用十五；得三者五，为五寸。余一，为三分寸之一。十度，为四寸八分）。

姑洗，实七寸一分。辰，八十一分六十四（九为一寸，一为一分）。

三分卯实，得一寸七分为法。南吕上生，四其法，得四寸二十八分（内收二十七分，为三寸），合计，七寸一分，以为姑洗（三分卯数，每股三万四千九百九十二。辰益一股，为一十三万九千九百六十八算。四十八而三分之，为十六者三；益一，为六十四，生角。《管子》以“三分九十六，损一，生角”。亦六十四也。郑云：“上生，四其实，得六十四为法。”而三其三，得九，以分其法；乃用六十三，得九者，七，为七寸；余一，为九分寸之一。十度，为六寸四分）。

应钟，实四寸六分六厘。巳，二百四十三分一百二十八（二十七，为一寸；三，为一分；一，为三厘）。三分辰之实，得二寸三分三厘以为法。姑洗下生，倍其法，得四寸六分六厘，为亥之应钟，居巳（三分辰数，每股四万六千六百五十六。巳得二股，为九万三千三百一十二算。六十四,三分余一。故五音，止五。乃以一为九厘，为五百七十六厘；而三分，每股一百九十二；损一，为三百八十四厘，生变宫。郑云：“下生，倍其实，得一百二十八为法。”而三其九，得二十七；以分其法，乃用一百八；得二十七者，四，为四寸；余二十，为二十七分寸之二十。十度，为四寸二分六厘）。

蕤宾，实六寸二分八厘。午，七百二十九分五百一十二（八十一为一寸，三为一分，一为一厘）。三分巳之实，得一寸五分二厘以为法。应钟上生，四其法，得四寸二十八分八厘（内取十八分。为二寸），合六寸二分八厘，为蕤宾（三分巳数，每股三万一千一百零四。午益一，为一十二万四千四百一十六算。变宫三百八十四厘，而三分之，每股一百二十八；益一，为五百一十二，生变徵。郑云：“上生，四其实得五百一十二为法。”而三其二十七，得八十一。以分其法，乃用四百八十六；得八十一者，六，为六寸；余二十六，为八十一分寸之二十六。十度，为五寸六分八厘）。

大吕，实八寸三分七厘六毫。未，二千一百八十七分一千二十四（二百四十三，为一寸；二十七，为一分；三，为一厘；一，为三毫）。三分午之实，得二寸八厘六毫以为法。甤宾上生，四其法，得八寸三十二厘二十四毫（内收二十七厘，为三分，余五厘；又收十八毫为二厘，余六毫）。合之，为丑之大吕，居未（三分午数，每股四万一千四百七十二。未，损一，得二，为八万二千九百四十四；又倍之，作十六万五千八百八十八算。变徵五百一十二厘，分三股，股得一百七十，而余二。此，变声所以止于二也。若析厘为九毫，得四千六百零八毫，而三分之；益一股，为六千一百四十四毫，生大吕。

郑、杜云："上生，四其实，得二千四十八为法。"而三其八十一，得二百四十三。以分其法，乃用一千九百四十四；得二百四十三者，八，为八十；余一百四，为二百四十三分寸之一百四。十度，为七寸五分七厘。）

夷则，实五寸五分五厘一毫。申，六千五百六十一分四千九十六（七百二十九，为一寸；八十一，为一分；九；为一厘；一；为一毫）。三分未之实，得二寸七分二厘五毫，为法。大吕下生，倍其法。得四寸十四分四厘十毫(内收九分为一寸，余五分；又收九毫为一厘，余一毫。)。合为夷则（三分未之原数，每股二万七千六百四十八。而以八万二千九百四十四，益一股，为一十一万零五百九十二算。以六千一百四十四毫，而三分之，每股二千零四十八毫；损一股，为四千九十六毫，生夷则。郑、杜云："下生倍其实，得四千九十六为法。"而三其二百四十三，得七[①]百二十九。以分其法，乃用三千六百四十五；得七百二十九者，五，为五寸。余四百五十一，为七百二十九分寸之四百五十一。十度，为五寸四毫。）

夹钟，实七寸四分七毫三系。酉，一万九千六百八十三分八千一百九十二（二千一百八十七，为一寸；二百四十三，为一分；二十七，为一厘；三，为一毫；一，为一丝）。三分申之实，得一寸七分七厘六毫三丝为法。夷则上生，四其法，得四寸二十八分二十八厘二十四毫十二系（内收二十七分，为三寸，余一分。又收二十七厘，为三分，余一厘。又收十八毫，为二厘，余六毫。又收九丝，为一毫，余三丝）。合为卯之夹钟，居酉（三分申数，每股三万六千八百六十四。酉损一，得二股，为七万三千七百二十八；倍之，为十四万七千四百五十六算。三分，四千九十六毫，每股一千三百六十五，而余一。乃析毫为九丝，得三万六千八百六十四丝；分三股，得一万二千二百八十八。酉当益一股，即得四万九千五百五十二，生夹钟。郑云："上生，四其实，得一万六千三百八十四为法。"而三其七百二十九，得二千一百八十七以分其法，乃用一万五千三百九；得两千一百八十七者，七，为七寸；余一千七十五，为二千一百八十七分寸之一千七十五。十度，为六寸七分二厘。）

无射，实四寸八分八厘四毫八丝。戌，五万九千四十九分三万二千七百六十八（六千五百六十一，为一寸。七百二十九，为

① 原为"九"。243 乘 3，为 729。

一分。八十一，为一厘。九，为一毫，一，为一丝）。三分酉之实，得二寸四分四厘二毫四丝为法。夹钟下生，倍其法，得四寸八分八厘四毫八丝，为无射（三分酉之原数，每股二万四千五百七十六。戍，益一股，为九万八千三百零呻 。三分四万九千五百五十二丝，每股一万六千三百八十四；损一股，为三万二千七百六十八，生无射。郑云："下生倍其实，得三万二千七百六十八为法。"而三其二千一百八十七，得六千五百六十一，以分其法乃用二万六千二百四十四；得六千五百六十一者，四，为四寸；余六千五百二十四，为六千五百六十一分寸之六千五百二十四。十度，为四寸四分八厘。）

中吕，实六寸五分八厘三毫四丝六忽。亥，一十七万七千一百四十七分六万五千五百三十六（万九千六百八十三，为一寸；二千一百八十七，为一分；二百四十三，为一厘[①]；二十七，为一毫。三，为一丝；一，为一忽）。三分戌之实，得一寸五分八厘七毫五丝六忽为法。无射上生，四其法，得四寸二十分三十二厘二十八毫二十丝二十四忽（收十八分，为二寸；又收二十七厘，为三分；又收二十七毫，为三厘；又收十八忽，为二丝）。合为巳之中吕，居亥（三分戌数，每股三万二千七百六十八。亥损一，得二股，为六万五千五百三十六；倍之，为一十三万一千零七十二算。三分三万二千七百六十八丝，每股一万零九百二十二；而，余乃析丝，为九忽，得二十九万四千九百一十二忽；而三分之，每股九万八千三百零四忽。亥，益一股，即得三十九万三千二百一十六忽，生中吕。若顺而极之，为二十六万二千一百四十四，为黄钟之变。此，即十八变倍爻之数也，再三分余一。故十二藏千三，而中吕为极数。若缕析之六十律，可也。郑云："上生，四其实，得十三万一千零七十二为法。"而三其六千五百六十一，得一万九千六百八十三。以分其法，乃用十一万八千九十八，得酉参者，六，为六寸。余，万二千九百七十四，为析寸之分。按：郑注："于午上生，四其实。盖，四其一百二十八，为五百十二矣。"未，又用上生，四其实，为二千四十八。申，倍之，为四千九十六。酉，四之，为一万六千三百八十四。戌，倍之，为三万二千七百六十八。故，亥复四之，为十三万一千七十二也。更从亥上生，四其实，为五十二万四千二百八十八为法。而三其万九千六百八十三，得五万九千四十九。以分其

① 原为"毫"字。

法，乃用四十七万二千三百九十三；得成参者，八，为八寸。余五万一千八百九十六，为析寸之分，合生黄钟之变。蔡，以三分亥之实，得二寸一分八厘七毫一四五忽为法。中吕上生，黄钟之变。四其法，得八寸七分八厘一毫六丝二忽。盖，蔡本太史公法，而以“厘毫丝忽”约之者也。十度，中吕，为五寸九分六里。）

宮							
宮	黃正	林正	太正	南正	姑半正	應正	蕤正
第二宮	林正	太半正	南正	姑半正	應正	蕤半正	大半正
第三宮	太正	南正	姑正	應正	蕤正	大半正	夷正
第四宮	南正	姑半正	應正	蕤半正	大半正	夷半正	夾半正
第五宮	姑正	應正	蕤正	大半正	夷半正	夾半正	无正
第六宮	應正	蕤半正	大半正	夷半正	夾半正	无半正	中半正
第七宮	蕤正	大半正	夷正	夾半正	无正	中半正	黃半變
第八宮	大正	夷正	夾正	无正	中正	黃半正	林變
第九宮	夷正	夾半正	無正	中半正	黃半變	林半變	太半變
第十宮	夾正	無正	中正	黃半變	林變	太半變	南變
第十一宮	无正	中半正	黃半變	林半變	太半變	南半變	姑半變
第十二宮	中正	黃半變	林變	太半變	南變	姑半變	應變

朱子曰：“律吕，有十二；用时，用七。若更插一声，便拗矣。‘旋相为宫’。若到应钟为宫，则下四声，都当低去；所以有半声，亦谓之‘子声’。近时，所谓‘清声’，是也。”旧曰：“四清声，本立，以避陵慢。”其实，理势不得不如此。以七声，而为一调；以五调，而当一曲。凡十二曲，六十调，四百二十声。其正者，以正律、全声应也；其

半者，以正律、半声应也；变半者，以变律、半声应也；其变者，以变律、全声应也。阳律为宫，则商、角皆阳；至变徵，则变而为羽。阴徵为阴，至阴宫，又变而为阴也。韦昭注《国语》“七音”，就黄钟一均言也；余律，准此。《淮南》曰：“应钟为和，蕤宾为谬。”孔安国注《礼运》“旋宫”，止以十二辰、五声，为六十声；蔡氏，增二变二十四声，合八十四。自唐以来，法皆如此。杨升菴，以《安世诗》《七始》即此。《汉志》引《书》曰：“予欲闻六律、五声、八音、七始咏，以出内五言，女听。”《隋志》“郑译曰：‘周有七音之律’。”鲍业曰“旋宫以七声为均”。谱曰：“以变徵之声，循环正徵；以变宫之律，回演清宫。变徵，以变字为文；变宫，以均字为谱。惟清之一字，生自正宫。倍应声同，终归一律。雅乐成调，无出七声。”约曰：“宫商角，变徵羽，均其清，则合宫声也。”史氏曰：正律，下之半声，即正律之变声，所谓“变”也。○变律，下之半声，即变半之变声，所谓“变半”也。

黄钟空围九分图说

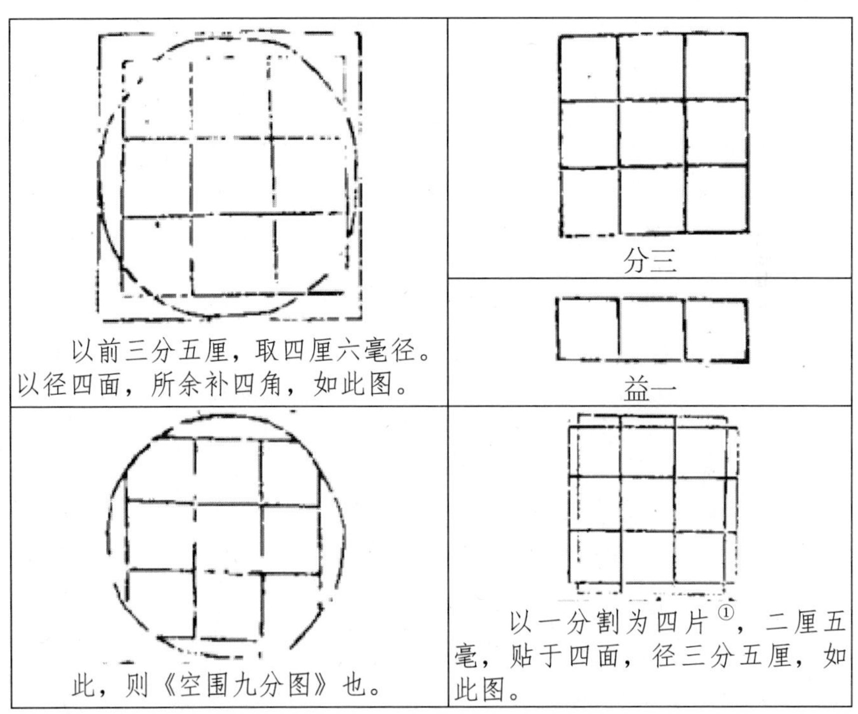

①“为四片”，北大本缺，根据文镜本。

依蔡氏，多截管埋地中；俟验冬至，有气应者，取而计之。以此管，为九分之寸，合八十一终天之数。用以“三分损益”，由此。又以此管，作十分之寸[①]，合天地五位终十之数。乃以十乘八十一，得八百一十分，配九十分管。知此管长九十分，空围中容八百一十分。即十分管长，空围中容九十分；一分管长，空围中容九分。凡求度量衡，由此。乃以此管面，空围中容九分，以平方羃法推之：知“一分，有百厘；厘，有百毫；毫，有百秒；秒，有百忽。”即计一平方分，通有面羃，一万万忽；九平方分，通有面羃，九万万忽。乃以此九万万忽，依《算经少广章》所载宋祖冲之密率乘除，得圆周长的，计十分六里三毫六秒八忽。万万忽之六千三百一十二；又以圆周求径，计三分三里八毫四秒四忽。万万忽之五千六百四十五，又以半径、半周相乘，仍得九万万忽。内一忽弱，通得面羃九平方分也。黄钟之广与长，及空围内，积实皆可计矣。故面羃，计有九方分也。深一分，管则空围内，当有九立方分。深九十分管，计九寸；则空围内，当有八百一十立方分。此，即黄钟一管之实其数，与天地造化，无不相合。

黄帝，使泠纶，取嶰竹，“断两节吹之，制十二篇，以听风鸣，雄雌各六”，交五声，播八音，而乐合矣。“葭灰缇素，以候十二月之中气，而时序矣”。度量权衡，皆以此准。《舜典》所谓“协”也、“同”也。故曰：“黄钟，为万事根本。”伶州鸠曰：“律，所以立均出度也。纪之以三，平之以六，成于十二。”“六律六间”。《汉志》曰：“天之中数，五五为声；地之中数，六六为律。黄钟天统，律九寸；林钟地统，律六寸；太簇人统，律八寸，象八卦。子，为天正；未冲丑，为地正；寅，为人正。三统相通，律皆全寸；五声，流于六虚矣。黄钟为宫，则太簇、姑洗、林钟皆以正声应，无有忽微。不复与它律为役者，同心一统之义。黄钟至尊，无与并也。‘函三为一’，三统，合于一元。故因元而九,三之以为法；十一,三之以为实。夫律阴阳九六，爻象所从出也。五六者，天地之中合，而民所受以生也。故日有六甲，辰有五子；十一，而天地之道毕。”

潜老夫曰：“《史记》云‘子一分、丑三分二、寅九分八’者，上层奇数，‘以三历十二辰’，皆三倍加之，所谓‘律参’也；其下层偶数，所谓‘律两’也。《史记》云：‘下生者，倍其实，三其法；上生者，四其实，三其法。’不过，‘阴位以倍、阳位以四’而已。‘倍’，即三分损一也；损一，即‘倍其实’也。‘四’，即三分益一也；益一，即‘四其

① “十”字，北大本缺，根据文镜本。

实’也。六阳辰，当位自得；六阴辰，则居其冲。其‘林钟、南吕、应钟’三吕之数，在阴方，无所改。其‘大吕、夹钟、中吕’三吕之数，在阳方，则用倍；数，方与十二月之气相应，盖阴从阳也。子寅辰、午申戌，为阳；丑卯巳、未酉亥，为阴。而子至巳，又为阳方；午至亥，又为阴方也。故，《志》以六阳下生，六阴上生。而郑、蔡之法，自蕤宾午，生大吕丑，则吕为上生，正此故耳。知‘戌数，为黄钟之丝’，则知‘《范》《畴》之五十三万一千四百四十一，乃黄钟之忽数也’。自八十一，而参分损益至中吕生子，为二十六万二千一百四十四，既适符‘律两之四’，又适符‘倍爻十八变之数’，岂偶然哉？（《汉志》详言‘九六之义’精矣。郑康成，与《史记》所说，不同。西山曰：郑氏之言，尺寸审度之正法也；太史之言，便于损益而假设之权制也。李文利‘三寸九分’之说，瞿九思更之。其‘凝气升与日准’，何驳？加乎此言，是也。然三分损益，九九旋十二自天也，间之一法也。）吾谓：‘自然之理，自然之数，一合，无所不合。既可如此取之，亦可如彼取之。权制，即至理也。’惟声难定，而声之所协，数即符之；故因数，以考其声焉。而所中之数度，即为‘开物成务’之矩，即寓‘制器尚象’之宜，非徒为诸管设也。‘参天两地’，其能外乎？故，邵子以声定物数。学者，当知声数之理。‘极数知来’，‘听乐知德’，亦无所能外于天地之自然也。”

《律历志》言：“律娶妻，吕生子。”以《易》证之：隔八，乃隔七也。既生之位，乃隔八耳；“七日来复”，正可互征。凡爻极于六，周而复起为七。昼夜、寒暑、阴阳，尽以六位相旋，至六则极，至七则变。故子月一阳生，四月六阳；而五月，又一阴生也。十二辟卦，配十二月。《律吕考》，以乾坤十二爻，配十二律。则知黄钟之“子”，与蕤宾之“午”。一阳交一阴，而生二阴，是为林钟；二阴交二阳，而生三阳；三阳交三阴，而生四阴；以至生十二，皆如之。曰“律娶妻、吕生子”者，姑就“其始”言之也。

八十四调，循环之宫，参两相乘，损益之数。司马迁、班固、《吕览》《淮南》、京房、蔡邕、郑玄、钱乐之、何承天、沈约、刘焯、梁武，说各纷纭。陈旸《乐书》，以孟坚为精密。建阳蔡西山《新书》[①]，朱子赏其“求声气之元，因律生尺”，多近代之所未讲。而杨荐，犹谓“律吕算例”。熊朋来谓：“正变倍半，算家命之”耳。祖冲幂率，本自然也。黄帝断竹两节间声出，“三十九分，吹曰含少；合其无声者，

① 蔡元定著《律吕新书》。

四十二分”，则全律八十一也。此，“子声自中吕变律，四寸三分”。音，则律法九分为寸，正度以十为寸，则“三寸九分”也。班固谓：“天地气合生风，风气正而律定。”缇室候气，以木案加土理律。其为气所动者，灰散；人及风动者，灰聚。存中曰：“冬至，阳气距地面，九寸而止；惟黄钟一管达之。正月，自太簇以上达也。”截管虽多，要有定尺。古“取诸身”。魏汉之取“帝指”，岂其然乎？韩邦奇言：“车工尺不同，则不利载，孰使之哉？”温公起见家礼者，亦误以为十寸。铜龠尺，晋前尺也。一尺，十寸五分八厘。郭守敬，则一尺三寸六分。《新书》，亦误以晋前一尺为十寸耳。愚谓“就今俗调低二试之，更考候气尺可也。”此，有易简之原数，亦有易简之原也。

六律、四钟、三吕，黄钟其根本也。夹、林、应，大、仲、南[①]；钟与吕，相间相对。六律之间，复自有阴阳者。纳音之法，申子辰、巳酉丑，为阳纪；寅午戌、亥卯未，为阴纪。亥卯未之位上，曰“夹钟”“林钟”“应钟”，阳中之阴也。黄钟者，阳之所钟也；夹、林、应，阴之所钟也；故皆谓之“钟”。巳酉丑之位，曰“大吕”“中吕”“南吕”，阴中之阳也。吕，助也。能时出而助阳也，故皆谓之“吕”。阴阳相生，自黄始而左旋，天道也。自子至巳，为阳律、阳吕；自午至亥，为阴律、阴吕。巳方之律，谓之“中吕”。伶州鸠曰：“三间中吕，宣中气。”言“阴阳，至此而中也”（中吕，当读“本”字。作“仲”者，非）。至午，则谓之“蕤宾”。阳常为主，阴常为实。蕤宾者，阳至此而为实也。纳音之法，自黄钟相生，至于中吕而中，谓之“阳纪”；自蕤宾相生，至于应钟而终，谓之“阴纪”。盖中吕，为阳之中；子午，为阴阳之分也。

七音二变，在《先天》，为乾坤艮巽之位；在《后天》，为坎离乾坤之位。本之孔子“乾推始、坤正终”之说。南方正用，而坤以成之；北方正始，而乾续终始之际。故，乾当应钟变宫，以转黄钟之坎；而离当蕤宾之变徵，以交林钟之坤；兑为金商，而列位配羽，以接乾坎双宫。土托亥子，以簇商、洗角，同归二火。离坤之用，岂非“徵至之几”乎？至其旋用，不据本位；八卦，亦旋用，不据本位者也。

字母来日，曰“二半”。陈磏菴，以“日附宫”，来附徵。智，以《十二律图》证之，有自然之符。“来”，为“泥”余；“日”，为“孃”余；商徵之宫，收也。

史愚甫曰：“律吕之数，往而不返。黄钟，不为诸律役[②]。所用七声，

① 原为“中”，根据十二律吕之“仲吕”改。夹钟，林钟，应钟；大吕，仲吕，南吕。
② 原为“後”字。根据蔡元定《律吕新书》改。

皆正律，无‘空、积、忽、微’。自林钟而下，则有半声（大吕、太簇，一半声；夹钟、姑洗，二半声；蕤宾、林钟，四半声；夷则、南吕，五半声；无射、应钟，六半声；中吕，为十二律之穷，三半声）。自蕤宾而下，则有变律（蕤宾，一变律；大吕，二变律；夷则，三变律；夹钟，四变律；无射，五变律；中吕，六变律。），皆有‘空、绩、忽、微’。故黄钟为声气之元。虽十二律、八十四声，皆黄钟所生。然黄钟一均，至纯粹矣。八十四声，正律六十三，变律二十一。六十三者，九七之数；二十一者，三七之数。”

正变、倍半之法。《通典》曰：“以子声比正声，则正声为倍；以正声比子声，则子声为半。如黄钟管正声九寸，子声则四寸半也。”当上生，而所生者短；则，下取此，以为用。然以三分损益法计之，则亦适合下生之数。而自此律，又以正律下生，则复得其本法；而于半律，又合上生之数也。此，惟杜氏言之，他书不及。蔡氏曰：“今按蕤宾以下，中吕上生之所不及，故无变律。而惟黄、大、姑、林、南、应，有之。计正变通十八律，各有半声，为三十六声；其间，又有八声，虽有而无所用，实计二十八声而已。杜氏又言‘变律上下相生，以至中吕，则是又当增十二声，而合为四十八声也。’今雅乐、俗乐，皆有四清声，其原盖出于此。然少八声，且无变律；则，法又太疏矣。《汉志》言：‘黄钟，不为他役。’谓‘他律为宫，则黄钟以变律应，而不用正律也’。日辰，由天五地六而生；律吕，由九寸损益而生。至数之成，则日有六甲，辰有五子，为六十日；与律吕之六十调，若合符节。所谓：‘调成，而阴阳备也’。京氏之‘生六十律’，岂无谓耶？以‘黄钟用九，纪阳不纪阴’言之：六律、五声，究于六十：亦三十六为阳，二十四为阴。”五声，流于六虚；“用六”，即“用九”也。七音，以奉五音；八音，以奏五音；用“七八”，亦用“九六”也。宫商角，三十六调，老阳也；徵羽，二十四调，老阴也。以八十四声言之，则老阳用奇，老阴用偶矣。一阳一阴之中，又自有阴阳焉。元气、元声中合之宰，然亦不能不“制数度，以裁成中节”。可漫言“通冒”云迩耶？

邵子声音概论

邵子声音之学，本受自天叟先生。及至百源研极华山密传，乃始豁然“藏一于四”“藏六于五”“用天于地”；以十二与十六损益，三十六与二十四损益，而天地间之理毕矣。非世之专以“扫二见一”，为“权奇”者，比也。惟以声音表法，最属微至，千古未有解者。伯温、西山、隐老皆曰：“太阳、少阴、太刚、少刚之数，四十（阳数一，衍之为十）。太阴、少阴、太柔、少柔之数，四十八。（阴数二，衍之为十二）以四因四十，得一百六十（日月星辰相因，为十六；以十因十六，亦然）。以四因四十八，得二百九十二（水火土石相因亦十六，以十二因十六亦然）。以一百六十因一百九十二，得三万七百二十，是为‘动植之全数’（细分，属动以百九十二；因百六十，为植）。于一百六十内，去阴柔太少之体数四十，得一百五十二，是谓‘动植之用数’。以一百一十二，唱一百五十二，得一万七千二十四。以一万七千二十四，唱一万七千二十四，得二万八千九百八十一万六千五百七十六，是谓‘动植之通数’。物，有声色气味，可考而见；以类推之，一感一应，惟声为甚。故知声音之数，而万物之数，睹矣；知声音之理，而万物之理，得矣。”智曰：天声唱，地音和，不外乎“一在二中”而已矣；十用七，十二用九，不外乎“四分用三”而已矣。地音於上去，是全用者。夏秋用时，舌齿满也，所谓“正寤在心，天之大寤在夏”也。其曰：“多良千刁妻，宫心”“开丁臣牛〇鱼男”，乃外转也；“禾光元毛衰，龙〇”“回兄君，龟乌〇”[①]，乃内转也，天皆韵也。“古黑安夫卜东，乃走思”“口黄口父步兑，内自寺”“坤五母武普土，老草口”“口吾目文旁同鹿曹口”，乃切母也。“四因四十，去四十八；四因四十八，去四十。”是为天唱地之用音，地和天之用声。盖“四用三”之侵数也。一百五十二者，八其七,八其十二之合数也。一百一十二者，七其九,七其七之合数也。天有千六十四者，七其百五十二也。地平千八者，九其百十二也。地上去三百四十者，十二其百十二也。地入五百六十者，入止五声，五其百十二也。天韵，无“家麻”者；古“家麻”，与“乌阿”合也。

沈存中曰：“十二律，并清宫，当有十六声。今之燕乐，只有十五声。盖本乐高于古乐二律以下，故无正黄钟声。只以‘合’字，当大吕；犹差高，当在大吕、太簇之间。下‘四’字，近太簇，高‘四’字，近夹钟。下‘一’字，近姑冼；高‘一’字，近中吕。‘上’字，近蕤宾；‘勾’字，近林钟。‘尺’字，近夷则；‘工’字，近南吕。高‘工’字，近无射；‘六’字，近应钟。下‘凡’字，为黄钟清；高‘凡’字，为中吕清。下‘五’字，为太簇清；高‘五’字，为夹钟清。法虽如此，然此调杀声，不能尽归本律；故有偏杀、侧杀、元杀之类。

① 邵雍《皇极经世·观物篇》，无“龟”字。

虽与古法不同，推之亦皆有理，知声者皆能言之。”蔡西山《燕乐书》曰：“黄钟，用‘合’字；太簇，用‘四’字[①]；夹钟、姑冼，用‘一’字；夷则、南吕，用‘工’字；无射、应钟，用‘凡’字。各以上下，分为清浊。其中吕、蕤宾、林钟，不可以上下分。中吕，用‘上’字；蕤宾，用‘勾’字；林钟，用‘尺’字。其黄钟清，用‘六’字；大吕、太簇、夹钟清，各用‘五’字。而以下、上、紧别之。紧‘五’者，夹钟清声，俗乐以为宫。此，其取律寸、律数，用字纪声之略也。一宫、二商、三角、四变为宫，五徵、六羽，七闰为角。五声之号，与雅乐同，惟变徵于十二律中，阴阳易位，故谓之‘变’。变宫，以七声所不及，取闰余之义，故谓之‘闰’。四变，居宫声之对，故为宫。俗乐，以闰为正声，以闰加变；故闰为角，而实非正角。此，其七声高下之略也。声，由阳来；阳生于子，终于午。《燕乐》，以夹钟收四声：曰宫、曰商、曰羽、曰闰。闰为角，其正角声、变声、徵声，皆不收；而独用夹钟，为律本。此，其夹钟，收四声之略也。宫声七调：曰正宫、曰高宫、曰中吕宫、曰道宫、曰南吕宫、曰仙吕宫、曰黄钟宫，皆生于黄钟。商声七调：曰大石调、曰高大石调、曰小石调、曰揭指调、曰商调、曰越调，皆生于太簇。羽声七调：曰般涉调、曰高般涉调、曰中吕调、曰平正调、曰南吕调、曰仙吕调、曰黄钟调，皆生于南吕。角声七调：曰大食角、曰高大食角、曰双角、曰小石角、曰揭指角、曰商角、曰越角，皆生于应钟。此，其四声、二十八调之略也。”马贵与曰：“燕乐律，本出于夹钟。十二兼四清，而夹为最清，所谓‘靡靡’也。二十八调，万宝常谓‘非治世之音’。俗又于七角调各加一声，流荡忘返；而祖调，亦不获存矣。”

智曰：“古今，皆时为之也。声音之微，难以辞显。郑译访七音，以苏祇‘五旦’而知之。万宝常议其声，大高非讥其七调之法也。宝常改丝移柱，变为八十四调，百四十四律，终于千八声。试令为之，应手成曲，其声雅淡，不为时好耳。岂为七音、四清可废哉？今之萧笛，皆存七调，所谓‘尺、上、乙、五、六、凡、工’也。尺生六，六生上，上升凡，凡生乙，乙生工，工生五，五生尺。轻之、重之，如六十之加清声。此，则可高、可低。六字轻，即合字；五字轻，即四字；每一调，则闲二字。闲‘凡’‘上’二字，则为平调；闲‘尺’‘乙’，则谓正调；闲‘五’‘尺’，则为梅花调；闲‘六’‘尺’，则为紘索调；闲‘五’‘工’，则为凄凉调；闲‘乙’‘工’，则为背公调；闲‘六’‘上’，

① “太”字，原为“大”字。

则为子母调，是七正为五用也。陈氏，以为‘骈枝’。何殊苏夔之驳耶？且如《周礼》‘圜钟’之乐无商、唐宋二十八调无徵何耶？果如康成‘祭尚柔，商坚刚’耶？果如存中云‘商中声不用’耶？段安昌，杂二十八调，有‘上平声调，则为徵声’。又曰：‘商角同用，宫逐羽声。’此，可漫然耶。《乐典》曰：‘合奏之羽比于角，徵流于商。宫羽清声，为角；商羽中声，为流徵。移宫换羽，角必反宫。’岂不微哉？琴瑟设而不作，以不知节；误解合止柷敔，遂守六声，泥习说者，大氐然耳。征以《易》准，八九相藏，七八相藏，六七相藏，五六相藏，四五相藏。总之，阴阳高下旋用而已。人自有中和声，但不知节而奏之。故堂上之歌，以琴瑟为和；均钟，以丝丝可数也；缓急，易调也。如谓‘无准’，不妨截管候气。”

或问：“琴徵表法，可闻乎？”曰：“琴者，今音审今心，而任之者也。虽谓之‘禁’，可也。”尚宫卦离，故“大琴曰离”。丝丽木若薪火，因所生也，长象“暮日”也。上下音合七十二，象“候”也。五分其身，以三为下，“三两”也。朱雀象翅，翅八寸，象“八风”也；腰四寸，象“四时”也。十三徽，月藏闰也。姜夔，以一至四晖，曰“上准”；四寸半，象黄钟子律。四至七晖，曰“中准”；九寸，象黄钟正律。七至未，曰“下准”；一尺八寸，象倍律也。每一絃各具三十六声。宋分浊声、清声、中声，即此也。朱子以“唐人纪琴，管瑟合字定宫絃，乃下生徵，徵上生商，终于少商”。“下生”者，隔二絃；“上生”者，隔一絃，其调也。散声，隔四而合二声；中晖，得四声。八晖，隔三得六声。九晖，按上，隔二得四声；按下，隔一得五声。十晖，按上，隔一得五声；按下，隔二得四声。逐絃之五声，自东而西，相为次序。一与三，角与散角应也；二与四，徵与散徵也；四与六，宫与散少宫也；五与七，商与散少商也；皆十晖也。三与五，会于十一晖，羽与散羽应也。其三图：一，尺寸、散声之位；一，按声之律位；一，泛声之律位。“文”“武”者，言声也。桓谭，以为文王；释知匠，以为文王、武王加；非矣。陈旸，则谓：“人溺于‘二变七始’之说，七絃有害古制，则有所不知矣。”乐工指法，中晖一絃黄钟，按上为大吕；二絃太簇，按上为夹钟；三絃姑冼，按上为中吕；四絃蕤宾，单弹之；五絃林钟，按上为夷则；六絃南吕，按上为无射；七弦为应钟，按上为黄钟。清歌声应节，以此为准。

崔遵度，泛弓弦，亦“十三徽”。因《笺琴》曰：“《易》，起于一，而成于三，重六。其应也，一必于四，二必于五，三必于六，六而三耳。

琴应，亦然。气节相召，丈絃具之，尺絃亦具之，岂人力哉？”刘晛谓“为夏至声”。智谓：“乐贵堂上，以丝为君；琴以中徽为君，要以无声为大君。所贵其用者，声宫音哀，立廉、立志，听思忠义。彼能断续离合，以随人声，兼八音之音焉。盖天地人之器，用黄钟于蕤宾之夏，故君子不彻也。”

从临岳至龙龈，平分为中；即第七徽，君徽也。从临岳至中徽，平分之，为第四徽；下半之十徽，亦然；此，四分也。临岳至三徽，又平分之，即第一徽；下半之十三徽，亦然；此，八分之一也。首尾，有不用之位，犹之八卦用六卦，四分而用三也。乃以此“大四分一”者，即临岳至四徽也，约而三之，去一不用。自临岳顺一徽下而尽之，为二徽。别以大四分之一者，分之为五，去四不用。自四徽向上尽之，为三徽。复以大四分一者，分之为三，去二不用；自四徽比尽之，为五徽。复以此分而五之，去一不用；自三徽比下尽之，为六徽。定后六徽，犹前六徽也。可知，全琴全中，而必以“藏一用闰”之徽，为中。君徽至临岳，以中吕为中；中吕至临岳，以太簇为中。其夹钟、姑洗、蕤宾、林钟四徽，用泛调取定。下半，如之。自此之外，不复有声。盖，四徽以上，属天；十徽以下，属地；中之二分，属人。以人用宽，犹之十二辰，人居地，用自寅至戌之九也。一徽以上，乃天之天；十三徽以下，乃地之地。此不用者也，总而言之，皆不用之用、用之不用也。声，非木与丝，皆木与丝也。以三百六十度，为琴身，合三百八十四全爻测之：临岳至一徽，得四十八爻，而度则四十五也；一徽至二徽，得十六爻，而度则十五也；二徽至三徽，得十三爻，而度则得十二也；三徽至四徽，得十九爻，而度则十八也；四徽至五徽，得三十二爻，而度则三十也；五徽至六徽，得二十六爻，而度则二十四也；六徽至七徽，得三十八爻，而度则三十六也。八徽至十三，犹之七徽至一也。天统、地统，各用四十八爻，共九十六爻。而人统，专用一百九十二；以徽内言之，则正用“四分之三”矣。通期亦然：余五度四之一，则九十度内加一度半而缩耳。以八分之一者，分为三分，分得十五，为一至二徽之节。故损三分，而为三徽；益六分，而为四徽；又益十二，为三十，则五徽也；损六，为二十四，则六徽也；又益十二，为三十六，则中徽也。曰三十六、曰二十四、曰三十、曰十八、曰十二、曰十五，皆数中节，合之至要者。琵琶、三弦，皆用十三；箫笛，皆用十二之半。音数适当其叶，岂非自然之符也？十二律损益，亦自然生数中节也。但九寸自起，犹之丈絃、尺絃皆十三徽七泛耳。愚者叹曰：“气有五音，而不见；以絃按之，而节表矣。口有经纬，而不知；以字切之，而节表矣。性有常，而不觉；圣教，以事物由之，而中节矣。六十卦之节，以‘制数度’，先于‘议德行’也。微哉！‘天地节而四时成’，先以此教德行，即以此泯德行矣。”

问：“八音、八风，配八卦，有说乎？”曰：“五脏于八之例也。金声尚羽，声春容而音铿；卦兑时秋，其风阊阖。石声尚角，声温栗而音办；立冬卦乾，其风不周。土声尚宫，声合弘而音浊；夏秋卦坤，其风凉。革声，一而隆大，其音欢；卦坎冬至，其风广莫。丝声，尚宫，声纤微而哀；卦离时夏，其风景。匏尚议，声崇聚而音啾愁；冬春卦艮，其风条。竹尚议，其声越，其音温而滥；春分卦震，其风明庶。木声一而茂，其音直；春夏卦巽，其风清明。”此，陈旸本之伶州鸠语及传注也。

音起于西，实用坤之土气，而发乾之金气。故声振始终之金奏，以金为主。《礼》曰：“内金，示和也。”“合外内”之和也。石固土之近金，而藏水火者也；坚实不动，诎然而止，故贵之。与“琴瑟在堂”，“戛击鸣球”，是也。土则“埏埴”，而冲气出焉，亦石类矣。土之冲气，寓磬而清者，奉乾金矣；寓鼓而浊者，“伐坎坎”之北声；此宫君子位者也。“革去故以为器，而群音首焉。”鼓，无当于五声；五声，不得不和。其声，洪而不裂，谓之“隐雷”，其众器之父欤？革与丝，皆取动物之余也。丝，则火附木也。音能离合而不混，拊合堂上，常御琴瑟，合坎离之道也。丝为君，用南方也。匏为母，象植物之生焉。竹节直而有制，心虚而通；此，利制之音所由出也。匏、竹之合清浊，即艮震之司冬春也。众音，皆兼曲折；惟箫笙琴瑟，能随人声委悉，而竹声尤为流利不断。《国语》曰“匏竹尚议”，其此乎？古义、宜、和、我，同声。《诗经》、汉碑可考也。盖音惟此，与人合宜，得义制而和也。木，属“柷敔”一直之音，能让众乐，而能节众乐。巽，居中吕巳位，故常止于阴阳常行之中也。风，主之节八风乎？此其概耳。用以合调，各轮五音，宁拘拘耶？三才言之，中虚无窍者，天也；中实者，地也；有窍者，人也。天地之声，无多变；而人声，万变。琴瑟，则天、地、人之合也。金石皆地，故用为始终。而“柷敔”，为乐中之节奏；以其地声，节天人也。古人，但言“琴瑟尚宫、金尚羽、石尚角”者，举三天而包地也。利制，即商徵也；又宫用于角羽，而商用于徵也。《乐典》所云“合奏之羽比于角，徵流于商”也。宫羽中声，为清角；商羽中声，为流徵；移宫换羽，角必反宫，岂不微哉？即以切言：喉，为天之天；腭，为地之地；唇，为天之人。三阳以动，属人也。齿，为地之人地；舌，为地之人天。二阴以最动，属天也。唇舌牙齿喉，有单举唇宫、舌商者，以言语，惟此主用也。事也、物也、理也，自然轮配，自然流通，更翻变化，原不相碍。拘执者，胶柱而鼓矣；不研极者，以为附会。

问:“柷敔六声，何言节奏？”曰:“误三千年矣。木声清直，不为诸嘹绕铿锵所掩。故能按拍，以节奏众乐之缓急，犹今‘十番’之板鱼也。”州鸠曰:“革木一声。”又曰:“革木以节之。”非若今言“鼓板”乎？非能“一众声”者乎？《荀子》，以“拊柷控揭，为似万物”，而陈氏说之。岂知拊节乐，此亦节乐也？又一证矣。向因注胶合柷敔，为始合终止耳。曾知“合而止之，乃节奏之字法”欤？板覼木鱼，中分细覼。故有舂牍、拊、相，诸器。舂宫教舂牍，如柷小舂谓之“应”，以应大舂所倡之节。又云:“牍以应柷”。则“柷，非三声而毕”，可知矣。牍，以竹为之杀声，使小以节乐；敔，皆亦用竹取其声脆。此，又一证也。

房庶，辨李照、胡瑗说，曰：金石，钟磬也；而变为方响丝竹，琴箫也；而变为筝笛，木柷敔也。贯之为板，由今之器，寄古之声，皆可也。”此，又一明证矣。贵与，亦编九拍版、六版于柷敔之后。胡，以“代抃”唐各乐句；宋，以檀若桑木为之。岂亦祝敔之变体欤？是，亦疑之矣。琴有入慢，正为节促转拍。今不入乐，不知板也。独操之琴，犹清度也。板中长短，岂可听乎？《琴歌》《乐录》，与筝歌同桓伊令串合是也。音乐之节，即四时之节、纬曜之节、卦策之节；皆出天然，而人适中之。宁容丝毫强耶？神明会通，皆表法也。乐不中节，不能成声。人不中节，能成人乎？

等切旋韵约表

脾宫土 肺商金 肾羽水 心徵火 肝角木 喉 齒 脣 舌 腭 日來喻影匣曉邪心從清精明並滂幫泥定透端疑群溪見 禪審林穿照微奉夫非孃澄徹知	等切旋韵约表

见溪群疑，端透定泥，帮滂并明，精清从心邪，晓匣影喻，来日，知彻澄娘，非夫奉惟，照穿林审禅。

《管子》谓：“五音，出于五行。”此，初配位图也。王宗道，以牙为宫。温公，以四时序配《横图》；故，以喉为羽。《韵会》[1]，依之。章道常，又改其半。智按：“《汉书》：‘羽，聚也，为水、为智。’《乐书》曰：‘声出于脤，而齿开吻聚。’此，为确证。今徽传朱子法，以《河图》生序，唇舌腭齿喉，为羽徵角商宫。”律生之待黄钟上旋、南吕回旋，自然符合，即郑渔仲所明《七音韵鉴》也（宫如翁，齿如抵。羽如补，古读“底”。底、提、匙通用，可证）。究竟五音之用，全不拘此等切字头端几系焉。初译之时，取中土字填之。孙炎反切，与婆罗门书之十四横贯，适相符通。吕介孺曰：“舍利，定三十字；守温，加六反。”《纽序》，神珙撰；内，言沈约。升庵云：“珙，在北魏；何引约耶？既无知者，相沿守讹。”《真空玉钥》，见前人反切不合，增立门法。岂知“各时之方言，异乎”？《洪武韵》，改沈约矣；而各字切响，尚袭旧注。智，因作例明之，详见《声原》。

“端”“帮”“精”三列，皆两层；而“见”“晓”二列，止一层。故置两头，又从开激，而至含口。如《华严》，始“侠悉昙迦”；耶苏，始“了”也。“了”义初排，人未明其故耳。首腭、终喉，列一层；舌唇齿，列二层者：舌唇齿相通，腭唇喉相通也。“疑”“泥”“明”“心”，皆喉。其犹“土旺四季”乎？天一生水，三生木，五生土；三阳同类，故腭唇喉通；地二生火，四生金；二阴同类，故舌齿相通。此概也。声，无非喉；而唇为总门，腭为中堂。故宜其近齿，为中门；舌为转键，独能出入灵动，与齿相切。“来日”二变，实符蕤、应。“来”，乃“泥”之余；“日”，乃“禅”“娘”之余；此徵商之究宫也。徵商，会于“知”；而宫角羽，会于“疑”“影”。微唇，可谓开闭；舌，为心苗。冲气，轮于丹田，而上窍于鼻。宫徵羽，为三统。出角、比羽，而清终夹钟，以折摄

① 黄公绍著《古今韵会》。

之二用五，以折摄之参用两，实“以一用六”也。《河图》，变金火，为《洛书》。吾，以悟“金声风火”之橐籥矣。(愚者：智，记。)

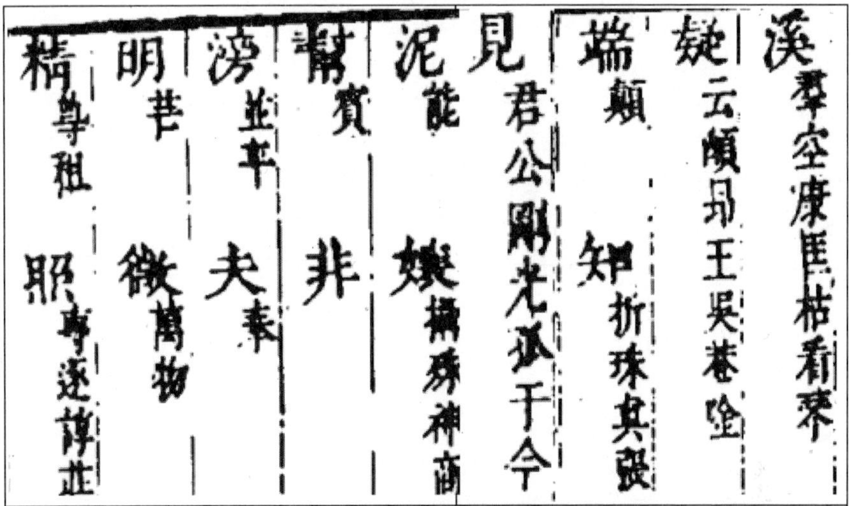

溪 羣空康匡枯看來
疑 云頃昂王吳卷坐
端 顛 知 折珠真跟
見 君公剛光孤干今
泥 能 孃 擁夥神商
幫 賓 非
滂 並平 夫 奉
明 芒 微 萬物
精 尊租 照 專逐諄莊

清 從粗 穿 牀觸春紫
心 邪蘇 審 禪熟純霜
影 喻翁依
曉 匣烘稀 舌上正齒相通 繫唇會宮羽
◎ 喻恩過
來 閉 共二十六母不用非◎則
日 兒如辱廿四也合知照則廿一也

共，二十六母。不用“非”“◎”，则廿四也；合“知”“照”，则廿一也。

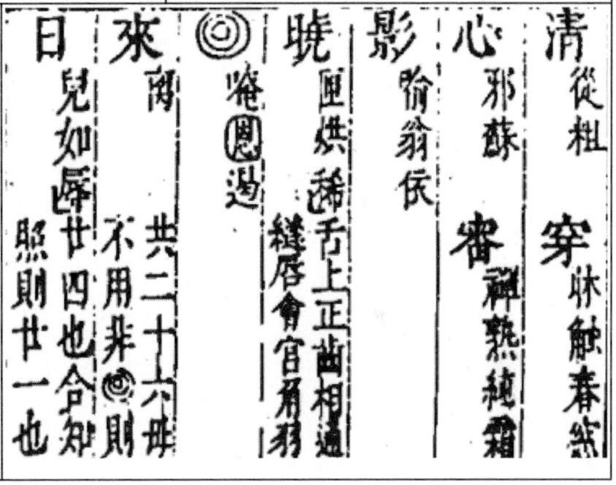

发、送、收，三声；啌、嘡、上、去、入，五声；定论也。中土，用二十母足矣。外域，知七音，而不知“啌嘡上去入”；金尼，亦言“入中土，乃知之”。即古韵，亦平仄互通者也。细别，“知”，以舌卷舐中腭；而“照”，乃伸舌就上齿内，而微缩焉。智谓：“若氊、专之类也”。“娘”，则“尝”“穰”之间耳。“疑”“喻”之分，谓“‘疑’，用力靳腭，声横牙间；而‘喻’‘影’，但虚引喉，与腭无涉也”。《仪礼》“疑立”，即“凝立”。故“儗”“嶷”从之；如真是，以存影。然疑、凝，则同“泥”矣。其以角收，转为宫发乎？智考孙陆于“安”“恩”“咢”“昂”等，俱用“五”字、“乌”字，作切响；而今，半作腭声。果古未精[1]，但趋近似耶。吴音，呼“照”，如“皂”；呼“床”，如“藏”；则同“精”“从”矣。《度谱》曰“知”字，真吹切。“之”字，舌不抵齿。“枝”字，舌抵齿，而颤声。既已有此别音，即当存此音状。“彻”“穿”，对较；当是折、彻、摄，与专、穿、拴之别。“◎”，为喉根而非微，乃外唇最微者。“非”“夫”，皆送气声，以“非”最轻，标外唇之起耳。“微”，用最少，为万物无文、问味等；中原人，多读深喉。“影母”，吴人或切“焚扶”，又“混夫”矣。智按：万物至微，故取此声，无与靡设，莫蔑转。《汉书》，“规抚”即“摸”，可证也。

缝唇，无初发声；深浅，无忍收声。惟商用啌收，而嗑发不用，此一理也。今表“◎”，为折摄中轮，非为外唇风始。故存二十六切，实二十四；若通“知”“照”，则二十一也。直法二十母，以“影”“喻”，合“疑”；而以“晓”，居“夫”“微”之初。此，如琴徽取其响者，纪法也。琴徽空度，有不得声者，讵废度乎？平上去，三十六韵；而入，止得十八韵。然归入，皆可重呼。今欲分“知”“照”者，亦可重呼也。

议增母者，为迮状粗细不同也。今分注其下，因决，曰：“真、嗔、神、谆、春、纯，张、昌、商、庄、窗、霜，则知母之粗细状耳。”商徵之间，是一中声也。刚、康、昂、光、匡、王，角有二状，何不二列乎？它韵更迮，如东之中专，改“知”状；萧之超彻，改“穿”状也。

“不聿”，谓笔。“於菟”，谓虎。“终葵”，为椎。“侎累”，为傀。“轩辕”，为韩。“奈何”，为“那何”，莫为“盍”。“合”音，古矣。然切叶之道，今日明备。圣人，礼乐甚精，而叶切用浑，时也；后人详之，时也；详而讹谬，不得不更详定之，时也。有开絮木棉、饮芥露，诗至长律，书至行草；皆阔阔缅志之源江河，金鱼火鸟之补天汉也。何必，定以古人掩后人乎？

---

① 原为“占”，根据方以智《通雅》改。

○	◡	(	)	⌒
開啌平	承嘡平	轉上	縱去	合入
枰	平	[illegible]	聘	[illegible]

平、上、去、入。以一统三，则曰：“平仄仄”。无余声，声皆平也。平中，自有阴阳。张世南，以声轻清，为阳；重浊，为阴。周德清，以空喉清平，为阴；以堂喉浊平，为阳。智，故以“啌嘡”定例，便指论耳。〇郝京山，以四声后，转一声为五，何如此乎？西儒，谓之“清、浊、上、去、入”。故曰：“翁、嵏、公、东、绷，五声也；开、承、转、纵、合，亦五声也。”阴阳、清浊、轻重，留为泛论。权以“枰”为细声，以“烹”为粗声；“乒”为发声，“枰”为送声；阔则大人，尖则童子。〇本，以无声，为阳；有声，为阴。用，则声发为阳；发，则开阳合阴。字头阳，而尾阴；宫商角为阳，而徵羽阴；宫角羽阳，而商徵阴；又宫阳，而余皆阴。阴阳互根，则全阴全阳矣。

“知”“照”，第二层互用。

“孃”，读穰；同“日”读“尝”，同“审”。

吴幼清、陈晋翁、熊与可、赵凡夫，皆欲加“母”，以迕状不明也。吕独抱、吴敬甫，皆废门法。张司业，定二十字。李如真，存“影”“括”二十一，谓“平有清浊，仄唱不用，故以清秉浊”。此，即指啌阴、嘡阳也。但未明“前人，何以讹耳？”萧尺木，取张说也。

知照穿牀審禪	曉匣	夫非	微	來	日

見溪并解疑喻影	端	透定	泥孃幫	滂並明	精	從清	心邪

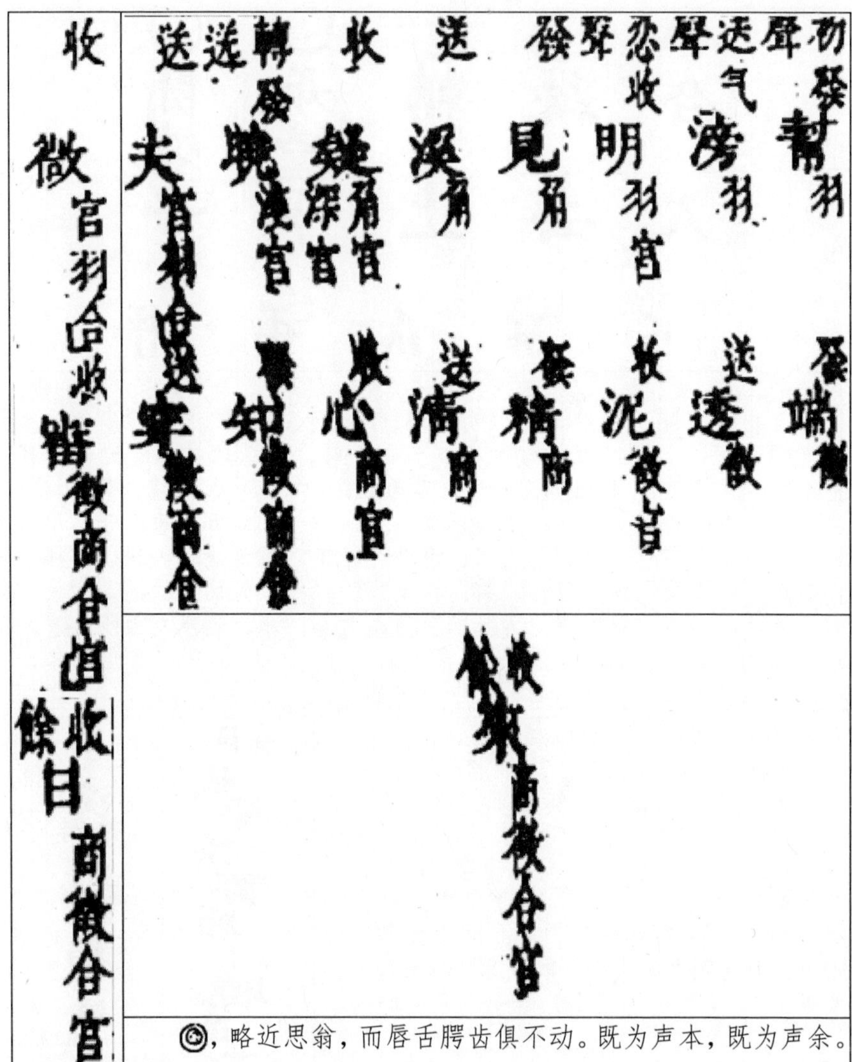

◎，略近思翁，而唇舌腭齿俱不动。既为声本，既为声余。

智，初因邵入，又于波梵摩，得发、送、收三声。后见金尼，有甚、次、中三等。故定发、送、收，为横三；啌、嘡、上、去、入，为直五。此，天然妙叶，不容人力者也（是名“优佗南”是）。风触七处，中土不用◎，而无不用，所谓“折摄鼻脐轮”也。

论古皆音和说

切响，期同母（切上一字）；行韵，期叶而已（切下一字）。今，毋必审其状焉。（粗奔细兵，粗登细丁。状，则公干于见，乌恩于影也。）韵审啌嘡，合摄开闭焉。（合，如“翁”“乌”；摄，如“春”；全开，如“哇”；当闭，如“侵”“监”。又有，侷阿，如“钟”“光”；舌抵，如“支”“珠”之类。旧，以德红，切“东”，则红嘡矣。德翁，切“端”。翁，当公，皆可。）指南于切母一定者，反通其所不必通；于行韵可通者，反限定于一格；且自矛盾，不画一也。详考《经》《传》《史》《汉》《注》《疏》《说文》，沈孙以至藏释，皆属音和。但于粗细不审，而舌齿常借唇缝，常混耳。此，各填其方言，或各代之口吻，然也。（吴越“子”“纸”“专”“擅”不分。南康，“匡”“腔”反用。麻城，以“荒”，为“方”。建昌，“劝”“鏸”为一。江北，“都”“兜”不分。齐秦，“帅”“率”不分。山西，“分”“风”反称。广中，“头”“桃”“留”“楼”“元”“完”不分。闵中，尤駃。然古已有之，如“砥柱”音“止”。《孟子》，作“周道如底”字。“家分底底”，凿说也。提，音“题”。而“好人提提”，与“朱提县”，音“时”。“方”“旁”“无”“模”之相转，则以谐声译语知之。《灌夫传》“首鼠两端”。《西羌传》《邓训传》，皆用“首施两端”，注“犹首鼠也”，则今之吴语也。《诗》“混夷兑矣”，即“昆夷”，又作“串夷”。如此之类，甚多。）

存旧法，考古今，可也。岂守其混与借以立法哉？《日月灯》[①]与字叶四法，仍为前惑者也。二十门，缠绕无论；且以类隔门言之，谓“以端母，切‘知’；〇母，切‘端’。”（如都江，切“椿”字；丁恭，切“中”字；浊甘，切“谈”字；陟经，切“丁”字。）此，不过因孙愐“椿”字一切也。然四切，已违其三矣。（《唐韵》：“椿，都江切；而中，则陟亏切；谈，则徒甘切；丁，则当经切。”）“都江，切椿”，非古读。“都”，如“诸”，则讹耳。（者，古音“渚”；故诸、翥，谐声。如“休屠”，音“除”。盖，中国以所习字，译之；译时；不作“休除”，而作“屠”，以“当时，读‘屠’，如‘除’也”。曹子建，有《都蔗诗》。《六帖》云：“张协，有《都蔗赋》。林下偶谈曰：‘甘蔗，亦谓诸蔗’。”《相如赋》“诸柘巴且”。则证知，古“都”，有“诸”音。又旁推之《诗》“酌以大斗。”郑玄音“主”。古文《易》：“日中见主”。凡字从詹、从

① 吕维祺撰《音韵日月灯》。

单、从亶，皆有舌头、舌上二种之声）。考《说文》"椿，啄江切"，《韵会》"椿，株江切"，非确证乎（椿，从"舂"声。《说文》"舂，书容切"。《韵会》"初江切"。以狗轨、旁舂之蛮，音"窓"也。古，"江"如"工"，"将"如"烘"。后汉谣："江下黄童，天下无双。"则此韵，亦后转也。）？至于"陟经，切丁"，则尤可喷饭。《诗》"伐木丁丁"。陆德明《释文》"陟耕切"。盖，读如"铮"也。《指南》，乃以"丙丁之丁"，附此门法，冤哉？

孙叔然以来，即有经坚、丁颠等转法，《指南》鄙之，岂知其理乎？声，为韵；迮其状，即异。惟真、温、庚、青一韵声，多于翕辟、嘻缝、撮侷、忍送之状，字字皆备。其次，惟先天之韵然，已不如温亨之尽矣。旋韵真、青，正当春、秋二分之候。故其声和平，自然相应；以此调唱，其窍自谐。立南北极，而"旋元"，适以先天合和，亦"用三余一"之符乎？（何谓"真先"？通曰：《国策》"陈轸"，《史》作"田轸"。"陈敬仲"，《世家》作"田敬仲"。《荀子》"田仲史鳝"，即"陈仲子"。《诗》"应田县鼓"。《宋书》引作"应陈县鼓"。《左传》："浑良夫，乘衷甸两牡"。陆德明，音"甸"之证，反《说文》"颠、蹎、阗，以'真'为声""烟、咽，以'甄'为声""驯、紃，以'川'为声""诜、駪，以'先'为声"。孙坚谓："甄""井"，同名；后，乃呼"砖"。《华严字母》第八列，因年、天文并列。可知，西音，亦然。又如沈韵，"元与兜痕"，为一。《汉志》"同并县"；"并"，音"伴"。智按：古，有读"半"，为"笨"者。吴元满，"满"音"猛"。"𬤼"，音"门"，亦足证矣。）

何谓"迮状"？曰：呼见母于东韵，则为（京翁合）；而无其字，故成公。呼见于寒韵，为干；呼见于鱼韵，为居；呼喻于逶韵，为伊；呼喻于汪韵，为昂。呼风于侵，则无声矣。惟唱真青，诸状不迮。是故，平仄，以平为名。身心性情之灵，形于声音，以韵为轮，不知所以平乎？

旋韵十六摄

邵子曰："韵法，辟翕律天，清浊吕地。先闭后开者，春也；纯开者，夏也；先开后闭者，秋也；冬，则闭矣。"晁公武曰："一行撰《五音新书》，以人姓五音，验八山也。卦影用之，心几之徵乎？"竹西曰[①]：元会、呼吸、律历、声音，无非"一在二中之交轮几"也。声音之几，至微。因声起义，声以节应，节即有数。故，古者，以韵解字；占者，以声知卦。无定中，有定理；故随值，则一切可配。缕析，而有经纬；故旋元，则一切可轮。因此表之，原非思议所及。

① 方鸦立（生卒不详），字子建，号竹西。文中"竹西曰""子建曰""《竹西集》曰"，皆引其著作。

切母各狀 宮偈 羽角總 口宮 商和 日商 徵商總 唇腭滲喉多用鼻轉 舌齒折𤫶止用腭穿

奔 兵 幫細 喉腭唇以唇最動故領宮偈 登 丁 端細 ○ 舌徵以舌最動故領

烹 平 滂細 騰 汀 透細 商和

門 明粗 明 能 泥粗 寧

庚 見粗 京 肱 見粗 君 角宮四狀 倫 零 來細 ○ 來乃泥之餘

阬 溪粗 輕 坤 溪粗 羣 尊 精粗 精

恩 疑粗 因 溫 疑粗 云 腭收 逡 清粗 清

亨 曉粗 欣 昏 曉粗 熏 即爲喉發 孫 心粗 心

氛非 分夫 諄知粗 真

文微無粗狀○脣起脣收 春穿 嗔徵○如照徹穿二列止有真韵

醇 申二狀

恂如狀 人日無細狀而有人如二狀乃禪之餘

脣腭激喉在中爲一類 舌齒用喉穿外爲一類

二十五狀 二十二狀

七风六用，五音二变，概也。约为“宫倡、商和”，而已。凡音，在唇腭中，皆谓之宫音；穿齿外，皆谓之商；无非鼻窍也。而羽角合宫，用鼻为多，无不自脐也。而徵商交用，自脐穿出。曾玩《河图》，三阳二阴，分类互根，其始几乎？列，则以“生序”言之。今谱，则天唱地和，分类辨之。特合真文庚清一韵，而指其各母之异状焉。大略，皆有粗、细二状；而见、溪、疑、晓，则有四状。舌齿之合，约为“彻”“穿”。“来”，随“泥”后；“日”，随“禅”后；皆自然，不可强之序也。

调唱者，若以腭喉四状，分为四种，而复分开口、合口；则每韵，八声矣。声为韵迮，多无其字，并不得声，逼纽太窘；从而并之，取所用者而表之。此，即“前用之理”也。学者，先调“啌、嘡、上、去、入”，次明“发、送、收”；次明，精细迮状；次明，翕辟穿彻撮；皆有清浊、轻重焉。“思过半”矣。

几表六卷终。

周易时论合编图象几表卷之七

皖桐方孔炤潜夫授编
孙中德、中履、中通、中泰编录

崇祯历书约

《易》无体，而寓卦策、象数以为体，而用之。圣人，惟言“天地”“日月”“四时”，而“於穆”其中矣。故致理，以象数为征；而历律几微，正盈虚消息之表也。尧之首命，“钦天”“授时”，历数受终，在齐表焉。相沿为台官之学，而言理者忽之。故其器法，遂尔汩淹。汉三造历，唐七造历，宋十八造历。自洛下三统，大明缀率，一行大衍，而郭守敬折中之，可谓精密。明，仍元历，宋濂等较正。嘉靖初，华湘奏岁差三度五十二分五十秒矣。万历中，有欧罗巴人利玛窦，浮海历诸国而至；其国重天学，所云“静天”，即“於穆之理也”。九重天包地球，如脬气鼓豆；其，质测也。子曰：“天子失官，学在四夷。”犹信“礼失，而求诸野”，不亦可当野乎？天启辛酉、壬戌间，岁差议起；徐玄扈，请设专局，集成《崇祯历书》。其法，概可互明；而研极者，观此引触，可以阐明至理。征建开成，夫天九重，地如球。自黄帝《素问》，周公《周髀》；邵子、朱子、沈存中、吴幼清，皆明“地，为浮空不坠之形，大气举之”。则其言，皆中国先圣先贤所已言者。有开必先，后来加详。专缀线算，不出勾股，特少“张衡、祖冲之辈之殚精耳”。《崇祯历书》，征考近核；故约其概，以便观察。

鹿湖潜夫，方孔炤识。

圜中

黄帝《素问》曰：“立于子而面午，立于午而面子；至于，自卯望西、自西望卯，曰北面。立于卯而负西，立于酉而负卯；至于，自午望南、自子望北，皆曰北面。”（自子望北，言：“北方之北，尚有北也”。可以，知“地之圆”。）

岐伯曰：“地为人之下，太虚之中也。”帝曰：“何凭乎？”曰：“大气举之。”（大虚之中，即是太虚之下。圆物中之重者，在乎中心，则中即易下之处。今，以豆入脬而吹之，正在脬之中。）《周髀》曰：“春分至秋分之夜，日内近极，极下常有光；秋分至春分之夜，日外远极，极下常无光。”赵君卿注曰：“北辰之下，春分至秋分，六月见日为昼；此后六月，不见日为夜。”又曰：“北极之下，其地最高，滂沱四隤，而下三光隐映，以为昼夜。天体，亦然。故日运行处，在极北。北方日中，南方夜半；在极东，东方日中，西方夜半；在极南，南方日中，北方夜半；在极西，西方日中，东方夜半。昼夜易处，四时相反。此极左右，夏有不释之冰；此，阳微阴彰。昼夜分岁，物朝生而暮穫。中衡左右，冬有不死之草；此，阳彰阴微。故万物不死，五谷一岁再熟。”（按：此，益证“地之圆”。而北极应地，地如瓜焉，有蒂、有脐。蒂应北极，脐应南极者，皆如轴中，乃其体也。体必贵用，用在腰轮。腰，自为东西南北；而腰轮之南为心胸，即中华也。其喻如鍾，以其不定而有定也。人受天地之中以生，各以所在为中；而北极之南，正当中和用地。岂依崔浩“执北极之下为中国”乎？是与“执混沌，为平泯”，而贱天地之分别者，同一“执一”矣。）

曾子语单居离曰：“天之所生上首，地之所生下首。上首之谓圆，下首之谓方。如谓天圆而地方，则是四角之不相揜也。尝闻之夫子曰：‘天道曰圆，地道曰方。’”（可知“方言地道，而非地形也。”）韩子曰：“东西易面，而人不知，以其迤也。”束晳曰：“人之视天，旁方与上方等。旁视，则天体存于侧；故日出时，视日大也。日无大小，而所存者有伸厌。”（按：日初出，有水土之气浮于地上，故其影大；至高度，则水土之气消，故其形小。今以碗置钱，使人遥望之，不见钱也；以水注碗，则人见钱矣，以水光之浮钱出碗面也。）

邵子曰：“天惟不息，故阁在中。使天有一之或息，则地陷矣。”程子曰：“气莫非天，形莫非地。”朱子曰：天形圆，朝夕运转，极为枢轴。其运转者，亦无形质，但如劲风之旋，升降不息；是为天体，而实非有体也。地，则气之渣滓聚成形质者，以其束于劲风旋转之中；故得以兀然浮空，而不坠耳。”（观此，可知“中华之说，本明”。学者不学，闻“地在空中”，则骇矣。）

宗动天，其最上者，列宿；而下土木火日金水月，相次；故名“九重”。宗动天，一日一周。列宿天，二万四千四百年一周。填星天，廿九年百五十五日廿五刻一周。岁星天，十一年三百十三日七十刻一周。荧惑天，一年三百廿一日九十三刻一周。日轮天，三百六十五日二十三刻一周。太白天、辰星天，具随日周。月轮天，二十七日三十一刻一周。此，以气限分重，非有形隔也。

天包火、包气；而水土合为一丸，即地也。火轻扬，故升于九重天之下。土重浊，故凝于天之中。水轻于土，故浮于土之上。气，承木土，而负火。（智按：气，贯一切实，克一切虚。此，质测家，据已凝形为形论；故，专指虚旋为气耳。）元火附天，极净甚炎而无光；一遇外物冲击，则发光矣；俗所云“天裂流星”，是也。又分上中下三域：上域近火，故大热；下域近水土，为太阳所射，故发暖；中域，上下隔绝，故大寒。然广狭不等：二极之下，寒冷域广；赤道之下，热暖域广；地海合丸，浑天中之一点。谓“地为方”，乃语其性也。

以度分天，即以天度分地。自北而南，为带（言圆者，三轮、六合乃明；故南北称谓，易混。每以“圆瓜”喻之：北极，如瓜蒂；南极，如瓜脐。此，以中国地平，二极斜倚，故呼蒂为北）。一带，在昼长短二界之中；其地甚热，近日故也（即赤道衡）。二带，在北极界内；三带，在南极界内。两处甚冷，远日故也（即本蒂瓜脐之地）。四带，在北极界昼长界之间；五带，在南极界昼短界之间。两处，不冷不热；日轮，不远、不近故也；谓之“正带”（赤道以北，为北极所主；赤道以南，为南极所主。则中华，属北极。然天顶直线，不当北极下也。故，崔浩论“中国，非中”，不知“天以腰轮为用，而中华当心胸之前”，不直“蒂之顶，为中也”。或间腰轮时旋，何以定为正面耶？曰：“卵而伏之，圆物浮之，必有上下，无定分而有定分。故中华当南也。”南用地也。泰西讥“南瞻之说”“日月绕须弥之说”。彼寓言耳，以地为扁，则其所未详也）。

燕京，在赤道北四十度；则北极，高四十八度。大浪山，在赤道南三十六度；则知南极，出地三十六度也。金陵，赤道北三十二度。大东洋、玛八作，赤道南三十二度，正相对也。

地周九万里（地厚，二万八千六百三十七里零二十五分里之九；半径，一万四千三百一十八里零九分里之二。每度，径得二百五十里；每分，径得四里零六分里之一，即六十步。凡积十四秒二十四微，为一里；积二分二十四秒，为十里；积二十四分，为百里。但自赤道至北极，纬度渐狭。然天体高圆不异；则经纬，随处皆然也）。

月距地中心，（四十八万二十五百二十二里余）。辰星距地心，（九十一万八千七百五十里余）。太白距地心，（二百四十万六百八十一里余。其光有消长，如月然。）日距地心，（一千六百零五万五千六百五十零里余）。荧惑距地，（二千七百四十一万二千一百里余）。岁星距地，（一亿二千六百七十六万九千五百八十四里余。四周，有四小星，绕行甚疾云）。填星距地，（二亿五百七十七万五百六十四里余。形如鸡卵，两侧有两小星。）日径大于月，（六千五百三十八倍，又五分之一。此下，皆以径论。）地大于月，（三十八倍又三分之一）。地大于辰星，（二万一千九百九十一倍）。地大于太白，（三十六倍又二十七分之一）。荧惑大地，（半倍）。日大于地，（一百六十五倍又八分之三）。岁星大于地，（九十四倍半）。填星大于地，（九十倍又八分之一）。经星距地，（三亿二千二百七十六万九千八百四十五里有余。此外，即一日一周之天，又高一倍，所谓“宗动天”也。）经星之体大者，六等。（皆大于地。以远，故望之小耳。）天汉，乃细星稠密，若白练然。

天下寒暑，日景五截；赤道下，四时燠。二分为甚，二至稍减。二分表日中无景，一年，两春、两夏、两秋、两冬；草木，一岁再荣、再枯。故自赤道南北，各二十三度半之域，立表；每岁东西南北，日影具到也。日行南北二道之下，其地每岁一极寒、一极暑，而正相反。过此二界，则黄道之所不至，日不经天顶过矣。其地四时皆寒，周圆皆有日景；而以半年为昼、半年为夜，草木朝生暮死。故自赤道南北各六十度，至九十度一带，为二极界内之地，昼夜长短偏胜之极。惟黄道与南北二极之中间，冲和之气钟焉。自距赤十九度，至四十二度，正当其处。此外，皆偏气矣。

（智按:《周髀》曰:“春分日之夜分，以至秋分日之夜，日内近极，极下常有光；秋分日之夜分，以至春分日之夜分，日外远极，极下当无光。故春秋分之夜分，日所照适至极，阴阳之分等也；冬至、夏至者，日道发敛之所生，昼夜长短之所极也。”赵君卿注曰:“北辰之下，春分至秋，六月见日为昼；自此，六月不见日，为夜。”又按:“《隋志》言‘北方有煮羊脾而天明’者，正将近北极下之地也。由此观之，北极之下，偏枯如此。天，以蒂应地体；而天用，正在腰轮。所在各定地平，而子午之针不易，则中国之常为心胸；亦如丁缓所制錘炉之心，外虽转，而彼不动也。”）

大都（今顺天府），北极出地四十度太强；夏至，晷景二尺三寸四分，日出寅正二刻，入戌初二刻，昼六十二刻，夜三十八刻；冬至，日出辰初二刻，入申正二刻，昼三十八刻，夜六十二刻。北京，（即大宁，极出地四十二度强）。上都，（开平府，极出地四十三度少）。东平，（极出地三十五度太）。益都，（极出三十七度少）。登州，（极出三十度八少）[①]。高丽，（极出三十八度少）。西京，（即大同，极出四十度少）。太原，（极出三十八度少）。西凉州，（即甘肃，极出四十度强）。兴元，（即汉中，极出三十三度半强）。安西府，（极出三十四度半强）。成都，（极出三十一度半强）。大名，（极出三十六度）。南京，（即今开封，极出三十四度太强）。河南阳城，（在今汝州西，极出三十四度太弱）。平阳，（极出三十五度少，夏至影一尺五寸）。扬州，（极出三十三度）。鄂州，（武昌，极出三十一度半）。雷州，（极出二十度太）。琼州，（极出一十九度太）。吉州，（江西，极出二十六度半）。

南海，（极出一十五度。夏至，景在表南一尺一寸六分，日出卯初二刻，入酉正二刻；昼五十四刻，夜四十六刻。冬至，日出卯正二刻，入酉初二刻；昼四十六刻，夜五十四刻。）衡岳（极出二十五度。夏至，日在表端，无景。昼五十六刻，夜四十四刻，冬至反是。）岳台（极出三十五度。夏至，景一尺四寸八分，日出寅正三刻，入戌初初刻；昼六十刻，夜四十刻。）和林（极出四十五度，夏至景三尺二十四分。昼六十四刻，夜三十六刻。）铁勒（极出五十五度。夏至，景五尺一分。昼七十刻，夜三十刻。）北海（极出地六十五度。夏至，景六尺七寸八分；日出丑正初刻，入亥初三刻；昼八十二刻，夜一十八刻。冬至，日出巳初三刻，入未正初刻。）以上，郭守敬所测。

洪武间，金陵测得：夏至，日出寅正四刻，入戌初初刻；昼五十九刻，夜四十一刻。冬至，日出辰初初刻，入申正四刻；昼四十一刻，夜五十九刻。

大圜

（天地总名也。水附地，以成珠，而天包气数。岐伯所谓“大气举之”、朱子所云“兀然浮空不坠”，是也。度数经纬，天地相应。圣人之裁成，即生成也。）

周天纵横，皆三百六十五度有奇。北极为天枢，与南极相距

① “八”字，原文缺。

一百八十二度半强。赤道带，天体之紘，距两极各九十一度少强。黄道，斜络于赤道。冬至日，躔黄道距北极一百一十五度有奇，在赤道外二十三度太强。夏至日，躔黄道距北极六十七度有奇，在赤道内二十三度太强。春、秋二正日，躔距两极各九十一度少强，乃黄赤道相交之处也。赤道，分周天之列舍；而黄道，则识太阳之经行。二道度分不齐者，斜正广狭，势使然耳。古今岁差，日躔退移，则经星亦异矣。人处地球，以天顶而分，有东西南北；亦界为三百六十余度，以期合于天行。东西，谓之“经”；南北，谓之“纬”。求经度者，于赤道上测之；求纬度者，于子午线测之。随方用仪，测极出地。每南北弦直行二百五十里，则差一度；东西离三十度，则差一时，所谓“里差”也。

《周髀》曰:“冬至昼极短，日之出入，照三不覆九。夏至昼极长，日之出入，照九不覆三。”“照三”者，巳午未也;“不覆三”者，亥子丑也。此正铁勒、北海，北极出地六十五度之昼夜刻也。

医家“五运，起于月初各节气是也；六气，起于月中各中气”是也。昼夜漏刻，古历有用百二十者。不须发敛，即得加时。西历六十分为度，即此法之半也。

二曜

“著明，莫大乎日月。”而日为君，天得为天，岁得为岁，日而已矣。不明轨度，何以授时？

日循黄道右纪，三百六十五日有奇。而周天黄道，起箕斗间，北距赤道二十三度九十分；迤逦东北，至壁一度，入赤道北；又东北至三十度，则南距赤道亦二十三度九十分；遂折而东南，至轸初度，出赤道南；又东南，旋于尾箕。周而复始，长三百六十五度二十五分六十四秒。其与赤道交也，自南入北，曰“内道口”；自北入南，曰“外道口”。二交之口，随岁差移。冬至前后，日行一度零百分度之五有余，曰“盈段”。其前其后，各十八日，日损一分有奇。春秋分，日行一度无盈缩。夏至前后，日行百分度之九十五不足，曰“缩段”。其前其后，各十八日，益一分有奇。越一岁间，截盈补缩，日得一度。岁行黄道，三百六十五度二十四分二十五秒。不及周天一分五十秒，是曰“岁差”。约六十六年八阅月，而差一度。万历四十年冬至，在黄道箕三度一十九分一十九秒八十微，赤道箕四度四分廿五秒。故内道口在壁一度，外道口在轸初度。

距今丙戌历三十四年，岁差一分三十五秒。冬至，测其内道口，已不在壁，而在室；外道口，已不在轸，而在翼；盖，随岁差移也。

月，循日道右纪。白道，半出黄道外，半入黄道内；相距远者，六度零二分。两环相交，如赤道之于黄道也。其相交处，自内出外，曰“阳历口”，世谓“罗睺”（亦名龙头）；自外入内，曰“阴历口”，世谓“计都”（亦名龙尾）。罗、计，逆行黄道上，每十有八日五十八分五十二秒九十四微五，而移一度。月行一交，移一度四十六分四十一秒八十微四。罗居午，计居子；则月道，出黄道东，古谓“青道”。罗居子，计居午；则月道，出黄道西，古谓“白道”。罗居酉，计居卯；则月道，出黄道南，古谓“朱道”。罗居卯，计居酉；则月道，出黄道北，古谓“黑道”。各分内外，是曰“八道”；并黄道，为九；实，一道也。月行十八年，而遍九道。执谓“春行青道，夏行朱道，秋行白道，冬行黑道”，妄也。月行二十七日五十五刻四十六分八十八秒，而疾迟一周；又行一日九十七刻有奇，共二十九日五十三刻零五分九十三秒，而与日会，则为合朔。其迟疾一周也，名转终。折半，为转中之日。其转终前后，月行疾，日十四度七十一分五十四秒；转中前后，月行迟，日十二度零四分六十二秒；终中之间，月行平，日十三度三十六分八十七秒半。每一转终，行三百六十八度三十七分零五秒五十八微。七五折半为转中之度，所在名曰“孛”，月行最迟处也（合朔以后，月夕西见迟疾不一，或有差三日者，有三因焉。一因月视行度，若视行为疾叚，则疾见；迟叚，则迟见。一因，黄道升降，有斜有正，正必疾见，斜必迟见；一因，白道在纬北，凡在阴历疾见，阳历迟见也。三因之外，又有极出地之不同；以及，朦胧分与炁差诸异。）月行，二十七日二十一刻二十二分二十四秒，为交终。折半，为交中之日。每一交终，行三百六十三度七十九分三十三秒一十九微。六一折半，为交中之度。其交终前六度一十五分三十四秒，曰“正交”；交中后六度一十五分三十四秒，曰“中交”。正交，近罗睺；中交，近计都。月离其度，而与日遇，则日食；与日对，则月食也（日月行二十九日有奇，东西同度。月视行，在于黄道近交；人适视为，同经同纬。则人目与月日相参，直月魄正隔日光于人目，是为日食。非日失其光，月魄掩之耳。太阴距太阳一百八十度，而正与之冲。日行近于两交，地球居日月东西之中，体影间隔，则日光不能照射于月；人目视之，若月失其光，是为月食。非月失其光也，地影隔之耳。然必日月，及于正交或中交；为同度，则食；余，则不能食也。）

五纬

木曰“岁星”，其行约十有二年一周天。法夕伏、合伏，各一十六日八十六刻，各行三度八十六分。晨出东方，疾迟共一百一十二日，行十有七度八十四分，留二十四日。晨退、夕退，各四十六日五十八刻，各退四度八十八分一十二秒半，复留二十四日迟疾；共一百一十二日，行一十七度八十四分，则又夕伏而复见。为一周云（以卯年，居卯宫，建卯月，与氐房心，夜半见东方。辰年，居寅宫，建辰月，与尾箕，夜半见东方。巳年，居丑宫，建巳月，与斗牛，夜半见东方。午年，居子宫；未年，居亥宫；申年，居戌宫；酉年，居酉宫；戌年，居申宫；亥年，居未宫；子年，居午宫；丑年，居巳宫；寅年，居辰宫。各以其年之月，与其宫之宿，夜半见东方。凡五星之行，赢缩与日同。）

火曰“荧惑”，其行约二岁一周天。法夕伏合伏，各六十九日，各行五十度。晨出东方，疾迟共二百八十有四日，行一百六十六度，留八日。晨退夕退，各二十八日九十六刻四十五分，各退八度六十五分六十七秒半，复留八日迟疾。共二百八十有四日，行一百六十六度，而又夕伏为一周。其疾也，日一度有半。

土曰“填星”。约二十九岁一周天。法夕伏合伏，各二十日四十刻，各行二度四十分。晨出东方，疾迟共八十六日，行七度六十五分，留三十日。晨、夕退，各五十二日六十四刻五十八分，各退三度六十二分五十四秒半，复留三十日迟疾。共八十六日，行七度六十五分。而又夕伏为一周，或名地候。

金曰“太白”，其行先后太阳岁一周天。法晨伏合伏，各三十有九日，各行四十九度五十分。夕出西方，疾迟共二百三十一日，行二百五十度五十分，留五日。夕退一十日九十五刻一十三分，退三度六十九分八十七秒。夕退伏六日，退四度三十五分。其合退伏如夕退伏，其晨退如夕退，留五百日迟疾，共二百三十一日，行二百五十度五十分，而又晨伏。其行也，晨先日出东，谓之“启明”；夕后日入西，谓之“长庚”；以辰申为界，晨见于巳位，夕见于未位。

水曰“辰星”，其行亦先后太阳岁一周天。法晨伏合伏，各一十七日七十五刻，各行三十四度二十五分。夕出西方，疾迟共一十七日三十一度五十分，留二日。夕退伏、合退伏，各一十一日一十八刻八十分，各退七度八十一分二十秒。晨留二日迟疾，共二十七日，行三十一度五十分。而又晨伏为一周云（凡五星，在岁行极远之所，必合于太阳，其行为顺而疾，其体见小；凡在岁行极近之所，其行为逆而疾，其体见大。若土木火三星行逆，则冲太阳。金水二星，行逆，必夕伏而合；行顺，必晨伏而合。其各星之顺行而转逆，逆行而转顺之两界中为留。留者，非星不行，乃际于极迟行之所也。留段前后，或顺或逆，皆有迟行。按：小大诸星，各有距太阳若干度分，以为见伏之限。此限度新旧二法各异。如太阳在降娄宫初度，或岁星在十五度，即谓见限。然未必也。诸星有纬南、纬北之分，黄道有正斜、升降之势；各宫不同，何能泥此以定公法？今《崇祯历书》，各星见伏之限，惟以地平为主。缘地平障蔽日光，能使星为见与不见耳。今夫日之下于地平也，其光渐淡，所谓“晨昏”。此晨昏之久暂，四时各各不等，即冥淡矣。而星见时刻又自不等，所以太阳系黄道而下于地平，或有十度，或十五度，甚至三十余度为限者。总之，星在黄道南，必多数度；若在北，必少数度。故统论其因，有四焉：一曰，“太阳下于地平”；一曰，“星在纬之南北”；一曰，“极出地高”；一曰，“黄道升降、斜正”。凡此数者，诸星伏见之大端也。）

按：历，有四余躔度，或曰“孛生于月迟，紫生于月闰。”日者论之，其实无此星也（罗，即白道正交。月自南溯北，交黄道之处，罗之对，即计矣。孛是月行极高、极远之处，其行最迟，其体见小。无有谓“土木相会”者。宋景濂，有《监译西占》一书；中言“土木二星同度，为世运之大限”云。）

太阳之出入于赤道也，南二十三度半而冬至，北二十三度半而夏至，内外不异，而往来有渐兹著。二十四气，每日所躔九服准之；可以知所在赤道高低，因以推所在之北极焉。中通曰：今穆公测至距赤道上二十三度一分。盖谓："黄赤相距远近，行多岁而远，又行多岁而近，固其理也。"

节气	逐日度分	底部（倒书）
日數	一 二 三 四 五 六 七 八 九 十 十一 十二 十三 十四 十五 日	
春秋	○○一一二二二三三四四五五五度	驚蟄
分分	一四二三○二四一三五二四○三五十 / 四八二六○三七一五八二五九二五分	白露
清寒	六六七七八八八九九十十十一十一度	雨水
明露	一四○二五一三九二四○二四○三十 / 九二五八○三五八○二四六七九○分	處暑
穀霜	十一十二十二十二十三十三十四十四十五十五十五十六度	春秋
雨降	五一三五一三五一三五一二四○二十 / 一三三三三三三五二一○入七五三分	立立
立立	十六十六十七十七十七十八十八十八十八十九十九十九十九廿度	暑寒
夏冬	四五一三四○二三四○一三四五一十 / ○七四一七三九四九四八二六九分	大大
小小	廿廿廿廿一廿一廿一廿一廿一廿二廿二廿二廿二廿二度	暑寒
滿雪	二三四○一二三四五○○一二三三十 / 五七九○一二三二一○九七五二九分	小小
芒大	廿二廿二廿二廿三廿三廿三廿三廿三廿三廿三廿三廿三度	至至
種雪	四五五○○一一二二二二二三三十 / 六二八三七二五九二四六八九○○分	夏冬
日數	十五 十四 十三 十二 十一 十 九 八 七 六 五 四 三 二 一 日	

勾陈第三星（入壁二度[1]，距北极三度，赤道北八十五度太）。阁道南第二星（入壁六，距极三十六半，赤北五十三太）。天纲（入壁七太，距极一百零二，赤道南二十半）。奎左北第五星（入奎三，距极六十二，赤北三十四少）。天仓右第三（入奎七太，距极一百零二，赤南十三太）。大陵（入胃三太，距极五十三太，赤北三十九半）。天船西三（入胃五太，距极四十一太，赤道北四十七太）。天囷东一（入胃八少，距极八十五太，赤北二少）。昴（距极六十八少，赤北二十一太）。毕大星（入毕二，距极七十五太，赤北十五太）。五车右北（毕八太，距极四十五太，赤北四十五）。参右足（毕十二太，距极九十八半，赤南九度少）。参左肩（参五少，距极十一太，赤北六少）。狼（井八少，距极一百零六少，赤南十五太）。北河中（井十六半，距极五十八少，赤北三十一半）。南河东（井二十少，距极八十四少，赤北六少）。北河东（井二十少，距极六十少，赤北二十八太）。星（星初半，距极九十七

①“入”字，原为“八”。

太，赤南四半）。轩辕大（张三少，距极七十五太，赤北十四少）。轩辕南三（张三半，距极六十八半，赤北二十二少）。北斗枢（张十五半，距极二十五太，赤北六十二太）。璇（张十五少，距极三十一少，赤北五十九）。太微西上相（翼三，距极六十六半，赤北二十二太）。北斗玑（翼十三，距极三十三少，赤北五十七）。权（翼十三太，距极廿九太，赤北六十少）。太微帝座（翼十三太，距极七一一太，赤北十七少）。衡（轸十少，距极三十一，赤北五十八少）。角南（初，距极九十八半，赤南八少）。开阳（角一少，距极三十二，赤北五十七少）。摇光（角七太，距极三十七半，赤北二十八太）。大角（亢一，距极六十八，赤北二十一太）。招摇（亢六，距极四十九少，赤北四十半）。氐右南（初，距极一百零四，赤南十三半）。氐右北（五，赤南七）。贯索大（氐四太，距极五十六少，赤北二十八太）。市垣梁（房五，距极九十一太，赤南二）。心中（心二，距极百一十五少，赤南二十四太）。市候（尾二太，距极七十六少，赤北十三少）。市帝（尾七太，距极七十四太，赤北十五半）。天棓大（箕四，距极四十少，赤北五十二少）。织女（斗十八少，距极五十一太，赤北三十八太）。河鼓中（斗二十半，距极八十三太，赤北七少）。天津右北三（女二少，距极四十七少，赤北四十三太）。天钩大星（虚二少，距极三十太，赤北六十太）。璧垒（虚三少，距极百九太，赤南十八太）。危北星（初太，距极八十七少，赤北七少）。室北星（初，距极六十半，赤北二十五）。室南星（初一，距极七十八少，赤北十二太）。羽林大星（室九太，距极百六太，赤南十八）。北落师门（十室）。

两间质约

或问："天地之实形。"潜老夫曰："黄帝，明'大气举地'之说；朱子，明'地为浮空不坠之物'。北极之下，半年无光；赤道之下，五谷再熟。盖，自周公《周髀》言之矣。士子不学，而忽闻西儒'脬豆之喻'，乃惊耳。邹衍，以'瀛海环大九州外'；《藏经》，'分四洲'，文长，谓'水际天'；是，皆'以地为扁土'。陋哉！谬哉！两间，皆气也。所以为气者，且置勿论。论其质测，气贯实中，而充塞虚郭。湿者，为水；燥者，为火。火出附天，水浮附地；天地之间，分三际焉。有凝形之气，有未凝形之气。水土之块，太阳蒸之，是成'暖际'；真炎同天，是名‘热际’；中间至冷，名为‘冷际’。金石，则地之坚气；木则，地外之生气也。故，邵子止言‘水火土石’；而后，乃分五行之用焉。气无不旋，旋则为风。人所觉为风者，其惊于地上者也。故合王柏、张文饶之说[①]，与熊三拔之说，而明之。”

问:“海。”曰:“火气，好上。故郁之，则在下；冲出，则在上。日光所蒸，复生火于土中。故木、石、海、井、人、物，莫不有火。是火主升，而生于土；水主降，而浮于土也。虚气，积于天下地上；而水汽凝质，稍轻于土，附地居焉。惟地形最重，凝结水下；万形万质，莫不就之。水既在地，地之圆形，如胡桃然，有凸有凹。海，则地之胡桃凹也，故百川汇焉。”

问“水之下，全为土乎？”曰:“惟火至纯，不受余物，而能入于余物。水土与虚气，则皆相容、相受者也。海水夜明，烧酒能爇，是水有火分也。水体同重，为酒则轻，是水有气分也。积雪消之，沙土下凝，是水有土分也。云气上升，激成雷电；是虚气，有火分也。阴霾昼晦，黄雾四塞；是虚气，有土分也。雨露雪霜，虚升实降；是虚气，有水气也。地中最重，自心以至地面，虚窍甚多；皆水气、火气，与虚所行。虚气，与水火，皆相接无际，而能相化者也。地中之气，与水接，水随气到；即水所不到，而土情本冷，气遇其冷，亦化为水。故地中，皆水也。日光彻地，则生温热，温热入地，积成燥乾。燥乾之极，乘气为火，积火所燃，土石为炉。复乘气出，共成炎上，隔于云雨，郁为雷霆；升于晶明，上成彗孛。此二物者，火之精微，别有洞穴上通。全体俱出，则为西国火山。蜀中火井，若遇石气滋液发生，则成硫礜；泉源经之，即为温泉；火道所经，填压不出，则为火石。故地中，有火也。气水在地，皆因空虚；虽居洞穴，终是地上；实，亦未尝离其本所。火在地中，非从本所而降；盖由檠生，以成济万物，因缘上升，仍归本所者也。”

问:“海何咸？”曰:“卤者，生于火也。火然薪木，既已成灰，用水淋灌，即成灰卤。燥干之极，遇水即咸，此其验也。地中得火，既多燥干；燥干遇水，即成咸味。咸者之性，尤多下坠。试观五味辛甘酸苦，皆寄草木；独有咸味，寄于海水；足征四味浮轻，咸性承重矣。今蜀道盐井，先凿得泉，悉是淡水；以箭隔之，更凿数丈，乃得卤焉。又盐池雨多，水味必淡；作为斗门，泻其淡水，下乃卤焉。咸重、淡轻，

①张行成（生卒不详），字文饶，一字子饶，因学归邵雍，“学康节先生易几十年”，人称“观物先生”。著有《周易述衍》《皇极经世索隐》《皇极经世观物外篇衍义》《易通变》《翼玄》《元包数义》《潜虚衍义》等。文中，“张文饶曰”，皆引其著作。

亦其证也。海于地中，为最卑下，诸咸就之，积咸既多，淡入亦化。海中山岳，或悉是盐，岂独水乎？”

问：“咸既因火，火因于日，日遍大地，大地之下悉盐乎？”曰：“蜀道盐井，三晋盐池。西国有海，名曰地中，实不通海，而是盐水。西戎、北狄，多盐泽，彼以咸故，悉名为海。足征‘大地之下，无不有盐’。”

问：“盐下坠，故蜀井必深。乃今盐池、盐泽何浅也？”曰：“火，自分深浅也。平原泽国，火不地见，盐不地出。惟是高山峻岭，上多亢阳，下多洞穴，地中有火，即成咸矣。今蜀中凿井求盐，或得火井，覆之则火灭，投火则随而上焉。是则井火在下，与水同深，遇水成卤，不遇成火矣。晋中河曲，乃有火石，火石恒热；大行、河西，亦产硫磺；可见晋中火浅。故晋有盐池，亦在浅土；又有小盐刮地作之，略如硝碱也。西地中海，其水亦卤，周数千里。彼其侧近，遂有火山，高数千丈；其上火穴，径千余步，其火炎上，古今不绝。足征‘盐之与火相切则成’，亦复相视以为浅深也。”

问：“水火成咸，何以不热？”“温泉由火，何以不咸？”曰：“卤水不热，向言之矣。火炎成烬，水经其烬，因而得咸，故忘其热。然而海水不冰，亦具有热性矣。火在地中，助于土气，发生万物；五金八石，及诸珍宝，皆由火练而成。自余诸物不可数计。诸物中最近火性者，无如硫磺，水过其上，则成温泉；用疗冷气，与硫同治，故作硫气。其不作硫气者，有所隔别；如重汤煮物，非别有朱砂、礜石也。”此熊说也。愚谓：“礜石温泉，则诚有之。”

问：“咸既火生，何不炎上？”“火所在上，何故遏居地中耶？”曰：“咸能固物，使之不腐；却能敛物，使之不生。地中火暖，多所变化；倘火与咸，俱在地上，则动植之物，皆泯矣。盖日光生热，因热生火，旋用水土壅阏，恒使在下，助生万物；间一发见，即归本所，不得一时游行地上。偶一游行，目为灾异矣。因火之郁下者生咸，亦令性重，恒居在下，归藏于海，为人作味。咸水生物，美于淡水；故海中之鱼，旨于江河之鱼。咸水厚重，载物则强；故入江河而沉者，或入海而浮也。海月入江，验痕深尺；石莲试卤，成则莲浮。可见，咸能载物。浴则肤赤，或至皲裂，盖有燥劲之情，故‘比凡水，为稠密’云。”

问：“潮汐。”曰：“月为阴精，与水同物。凡湿润阴寒，皆月主之。既为同物，势当相就，如呼吸然。潮长之时，江河以及盆盎，无处不长；长则气入，水为之轻；潮降气出，水复故重。今人以瓶盛水，每日权之，轻重不等；则潮升时轻，潮降时重耳。独小水之处，升降甚微，人所不觉也。水族之物，皆望盈晦缩。故月缩而鱼脑减，月满而蚌蛤实也。草木滋润，无不应月。月满气滋，月虚气燥。故上弦以后、下弦以前，不宜伐木为材。是者易蠹，生气在中也。邵子曰：'海潮者，地之喘息也。所以应月者，从其类也。'隐老曰：'潮，非水之体，乃地之气也。'月丽卯酉，则潮应乎东西；月丽子午，则应乎南北。有入海采珠者，为潮所中则病。盖采者入海必及底而止，不幸遇潮则水涌起，其底虚焉。潮高十丈，下所虚亦十丈。以水则虚，以气则实。地气奔腾而上，如火之烁；则水跳而起，如鼎之沸，中人则病。地之喘息，寓息于风，生气也；寓潮于水，死气也。"

问："海水入大火，如益膏油何也？"曰："海咸，本从热干而生，亦自具热干之性。灰水作醎，本从火出，入溺亦醎。盖由身中具有火行，积溺所成，绝似硝碱。故醎者，火情也。溺咸，犹海也。火盛煎逼之，汗亦咸，犹盐井、盐池也。"

"海复为江乎？"曰："江河入海，而海不溢。故之海水之下，地脉潜通，复为江河也。"问："江河何淡也？"曰："水本无味，咸从外合。可合者，即复可离。海水入地，经砂石土滋液渗漉，去矣。又水向下，不可上。其上者，日温随气上腾。月摄因时而长，当其上时皆如蒸馏。今用碱卤之水，如法蒸之，所得馏水，其味悉淡。海蒸成云，雨亦淡水。足征'咸性就下，不随淡升'矣。山出泉以成川，而江河之底，亦随处出泉，不尽由山也，掘井泉眼可征。"

问："山泉。"曰："凡物之情，皆欲化异类为己同类。两物相切，弱者受变。凡山皆以石为体，石中多空，空处气满，穴中最寒。气情本暖，暖气遇寒，变成水体，积久而泻；亦有洞穴深长，潜引地脉通海者。故曰：'山泽通气'，'山下出泉'。"

王柏曰："阴凝阳于内，而不得出，则激搏为雷。阳在外者，不得入，则周旋不舍而为风。与阴夹持，则磨乾有光而为电。阳气正升，为阴气所乘，则相持而为雨。阴与阳得助其蜚腾，则风飏而为云。和气散则为露、霜、雪；不和而散，则为戾气霾曀。阴干于阳，而气薄不能以掩日，则虹见；阳伏于阴，而气结不能以自收，则雹降。月星布气，阴感之则肃，而为霜；阳感之则夜，而为露。风不宜温而温，则雨凝而为雪，阳纵而阴合之也；雷不当出而出，则雪霰交击，阳亵而阴乘之也。将雨则气溢而础润[①]；既雨则气散而土晞。"又曰："山气暮合而为风，水

① "气溢"二字，北大本缺，根据文镜本。

气朝降而为雾[①]。”熊氏曰：“日射地温，而水土蒸为湿气；气情本暖，暖者欲升，复得日温。郁隆腾起，是有火行。火飏如烟，复挟土体，相辅上行；气行三际，中际甚冷，气升至此，因于水土本情之冷，湿结而为云，是云体中具有四行也。凡物体具四行，及将变化，胜者为主。云至冷际，而湿情胜，即化为水，水既成质，必复于地。正如蒸水，因热上升，腾腾作气，云之属也。上及于盖，盖是冷际，就化为水；云之行雨，即此类矣。若水土湿气既清且微，日中上升，即为风日所干；迨至夜时，升至冷际，乃凝为露。夜半寒深，气升稍重，故晨露尤繁。夜有烈风，亦受风损；故大旱之天，夜并无露。”

问：“云不雨，何也？”曰：“气升不等，四行偏胜，或为霾雾，或为雷霆彗孛。风是热乾，与此同本，不得直升，则横惊为风耳。云升化雨，其常也。暵时气多燥干，云起直上，无湿相助，或遇风散，或泯其湿。但存燥干，上为奔星，而已。所以，晴日云高，而反不雨。旱云山屹，行复散失，徒见流光。若气升之温性多，云起遇湿，遽化为水。此，云近地，而得雨者也。高山之上，俯瞰云雨，下视震雷，如水发沤然。”

雪与雨同理。将雪必先微温。不温，气不上升也。冬月冷际甚冷，气升变雪，犹露之为霜也。

雪花六出者，凡物聚方以八圆一[②]，聚圆以六围一，此定理中之定数也。水居空中，在气体内[③]，气不容水，急切围抱，不令四散，水则聚而自保，故成圆体；此定理中之定势也。云遇冷而为雨，初圆甚微，重则点滴。冬时气升，成为同云，遇冷凝冱，悉是散圆；及至下零，欲相归併，不可大合，聊相依附，以六围一，即成花矣。平凑即合，直凑即离，以空中气体，随天旋也。正如湿米磨粉，易令作片，成搏则难。大抵日蒸地气，挟有火情，其势壮猛；土之精者，亦随而上。故云中具有四行，时有偏胜，水盛为多耳。间或火土合气，水情觉少，力势既盛；土之次分，亦随而上，遇冷际而力稍微，土之次分，复归于地，则成霾霜。若火土自升，水云复盛，上阻阴云，逼迫不容；火土之势，上下不得，亦无就灭之理，则奋迅决发，激为雷霆、电是火光。火迸上腾，土经火炼，凝聚成质，质降于地，是劈历之楔矣。就其阴云之中，亦有火土二体，上遇冷际，气变成水；火情挟土，能在气中，与之俱上，是则土之上妙者也。热燥轻微，与火为体，火性炎上，初随气升；气既变水，水将就下，火土二体，不复从之。如蒸水成气，气至甑

① “朝降而”三字，北大本不清，根据文镜本。
② “凡物聚”三字，北大本不清，根据文镜本。
③ “中在气”三字，北大本不清，根据文镜本。

盖，化而为水，仍归釜中，若其热性，自秀甑而出矣。既与雨分，火土相挟，决起而上。亦有火土自升，不遇阴云，不成雷电，凌空直突者。此二等物，至于火际，火自归火；挟上之土，轻微炙干，略似炅煤，乘势直冲，过火便烧，状如药引，夏月奔星是也。其土势太盛者，有声有迹，下及于地，或成落星之石，与霹雳同理焉。若更精厚，结聚不散，附于火际，即成彗孛，势尽力衰，乃灭耳。

雪云甚冷，土微，不能遽上凝雪；而土，亦与焉。故雪水化之，中有沉滓，仍作燥干之味。此明征也。

“雹何也？”曰：“三际，中为冷际；冷际之中，乃为极冷。二时之雨，三冬之雪，盖至冷之初际而零也。冬月气升，其力甚缓，非大地同云，不能扶势，故云足甚广。二时，云足亦阔，云生缓，即雨徐，皆冷之初际也。夏月郁积浓厚，决绝上腾，力专势迅，故云足促狭。隔塍分垅，沟会旋盈，以其入冷深也。升气愈厚，即腾上愈速；入冷愈深，变合愈骤，结体愈大矣。遽升入极冷之际，骤凝为雹；雹体小大，又因入极冷之深浅。雹中沙土，更多于雪。雹体中虚，以其激结之骤，包气于中也。器盛冰雪，外成温润，非极冷与外气相激之征乎？”

“如此，则灾占多事乎？”曰：“《天官书》云‘晕适云风，天之客气；发见，亦有大运’。然，其与政事俯仰，最近大人之符。气几，心几，二而一也。阴阳之气，人事之变，各自为几，而适与之合。岁，有寒暑风雨；而蟪蝼与蜗蠋，当之自灾；可，取譬矣。儒者，求端于天；天人相与，甚可畏也。静深明理之士，触其几而知之，然不欲尽泻。至于圣人，则不为阴阳所转矣。时愆气沴，居夫则病，壮夫则否。周王‘龟焦蓍折’，刘裕‘竿坏幡亡’，又何碍乎？集、京、管、郭、崔浩、戴洋，一端之中耳。关子明之‘如响’，举人事与天道消息之。此，中论也。邵子，观其深矣。‘用三余一’，岂思虑所能测度乎？”

“四行、五行，何纷也？”曰：“因世间可见之五材，而隐表其五气之行。气分其气，以凝为形，与气为对待；此，一之用二也。土行居中，而水火二行，交旋其虚实之气焉，是土为形主。水形流地，火形缘物；而水火，是为燥湿之二气也。金木之形，因地而出；其为气也，列于东西，以为生杀。故举南北之水火，而东西之金木寓矣。气蕴于温，而转动，则为风；吹急，则为声；聚发，则为光；合凝，则为形。是风、声、光、形，总为气用，无非气也。而今，又专言气，与水火土并举者，指其‘未凝形之气’也。实则，五材之形，五行之气，‘二而一’而已矣。就气，以格物之质理；举其所以为气者，以格物之通理，亦

‘二而一’也。费而象数，隐而条理，亦‘二而一’也。合费隐而言之，分费隐而言之，亦‘二而一’也。自非神明，难析至理。”

“此，格物乎？”曰：“一端也。”问：“朱子、新建，孰是？”曰：“《大学》之‘天下’‘国家’，所格之物也；‘身’‘心’‘意’‘知’，能格之物也。以能格之物，格所格之物；即以所格之物，格能格之物。随其交用，本自两忘，‘代明’‘错行’之所以‘於穆’也。或分物理之学，性命之学。会之，性命，亦一物理耶。今所言者，一气之质测也；所以为气者，即在其中。不得已而理之，前民用而表之，伦伦常常，舞蹈而践行矣。圣人之作《易》也，一若撮天地、人事于前，数此策而物之；一若陈卦策于前，数此天地、人事而物之；征之造化也，用之皆成器，通之皆表法也，会之皆心量也。举‘天地未分前’，以格‘天地已分后’；知此‘已分后之天地，即未分前之天地’。一在二中，彼此互格，即无彼此。生死也、呼吸也、有无也、体用也，一也。冒格，既明；惟有‘时宜其细格’，而已矣。《易》，是一部大物理也。以道观天地，天地一物也；以天地观道，道一物也；以物观物，又安有我于其间哉？一法不明，一法受惑。朱子，以‘穷理、尽、至’，为‘存存’之门。‘未致’，乃‘磋磨’也；‘已致’，乃‘饮食’也。新建之‘致良知’，是上冒也。其言‘格去欲、物、你’，则偏说也。道，不域乎闻见，亦不离乎闻见。防人浮惊，逼其切已；闭内捕影，危熏更甚。将谓‘学问多识，为‘长傲、遂非’之资乎？’本空独尊，冥悍不顾，其为‘长傲、遂非’也，尚可言乎？合外内者，即多是一，析薪泯火；此，《无妄》所以‘时’于《大畜》也。象数条理，不可胶柱；将欲避之，逃洸洋耶？生此天地中土之时位，君民政教，皆赖士风。世，即出世。惟有在世言世，‘观会通’，以‘行典礼’；‘制数度’，以‘议德行’。不能博约明察，何由知‘圣人之财成天地，而时措宜民哉？’以‘畏难暱便’之情，袭‘偏上未流’之说，为粪除之黄叶所詚，‘颠颐’迷浚，动扫考亭，杜撰狂谈，掩其固陋，群废‘开物成务’之实法，朝野职学，均何赖焉？是，人牛浪死耳。”

周易时论合编图象几表七卷终

周易时论合编图象几表卷之八

皖桐方孔炤潜夫授编
孙中德、中履、中通、中泰编录
子壻曹台岳再较

极数概

潜老夫曰："'参天两地，而倚数''极其数，遂定天下之象'，是'数之理，在象先'。而人心之几，因倚乃极也。邵子曰：'《大衍》，其算原乎？不过方圆、曲直也；乘数，生数也；除数，消数也。'《系述》曰：数者，道之运也，理之会也，阴阳之度也，万物之纪也。定于幽，而验于明，'所以成变化而行鬼神也'。张行成曰：'理生数。而论理遗数，是作乐而弃音律矣。'黄石斋曰：'学者，动卑象数，故天道不著。'圣人示人条泒，如司徒蒐狩，致众旝下。昼知其物色，夜呼之，名号不失。历律象数，圣人所以刚柔损益之具也。余同西库而信之。归学邵学，殚力不及，以命子孙。"

智曰："圣人体道，而遁于'开物成务'之用中。深几变化，非数何征乎？故六十之《节》，曰：'制数度，议德行'。此言'数，本天之度也'。一二三四五，而万理备矣。大一、大二，亦奇贯偶中之冒也。畏数逃玄，往往执冒。曾知'官骸、伦物之数度'，即'元会、鬼神之数度'乎？大小，幽明，一也。音律、甲子，数用天地之中。发声章色，莫非天地之中也？律，取冬至之中气、正声；此，乐之从中出也。历，取至日之午景、正色；此，礼合内外者也。圣人，知'声未始声、色未始色'。故，制律历、礼乐；而数度，中'费隐之节'焉。声色不大，而声色，皆德矣。虚舟子曰：律历礼乐，即《河》《洛》之秩序，不容思虑者也。物，皆数也；数，皆礼也。圣人不违物理，故天下不能违圣人。'极数知来'，如屈其指，然圣人至此罕言。因数付数，犹因物付物耳。一切物数，信其理自如此。其遍数毛孔，而知之乎？《河》《洛》百点，周公《九章》，实天之节度也。”老父历年，别有折中，兹谨先述其数度之理。次儿中通知算，因命学之。（通，少遭难失学，偶以流寓万西堂，略知算术，后读《周髀》，而知泰西之为郯子也。因侍老父，知此理之出于《河》《洛》，皆秩序也，皆至道也。别为《极数》一编，详则太繁。谨录所闻，以俟研极。不肖中通，跽识。）

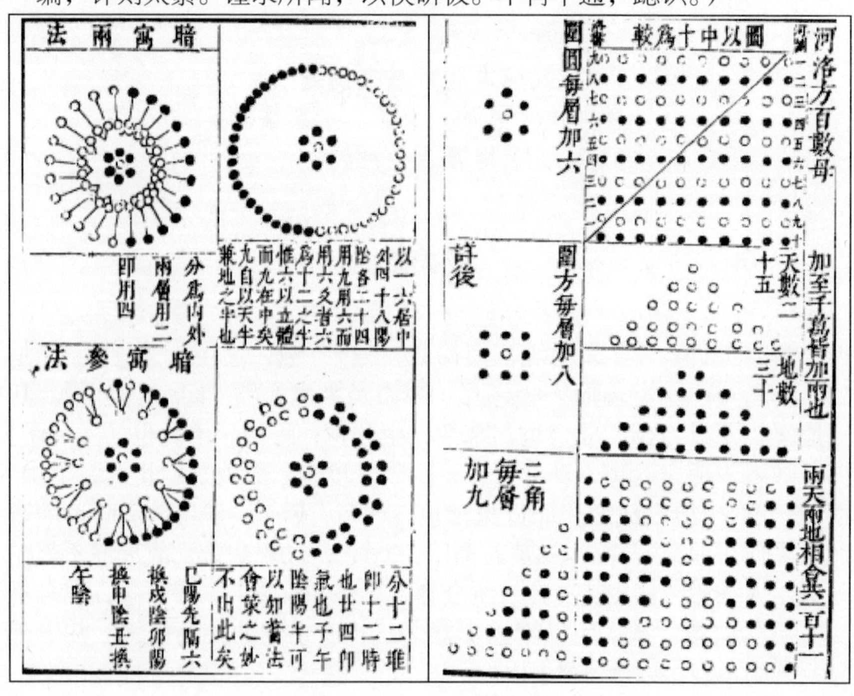

此，阴阳互交也。围一层，为六；围二层，为十二；围三层，为十八；围四层，为二十四；围五层，为三十；围六层，为三十六；围七层，为四十二；围八层，为四十八。是此乃八层围六之数，而合中之一，则九层也。

“二篇之策，万有一千五百二十”。《河图》除一六在中，余四十八为围，每一当二百四十策；以四为一会，则每会当九百六十策；每会内二为体，外二为用，则每一当四百八十策；每会以一为体，一生三为用，则一当三百二十策。一元，十二万九千六百年：环四十八，每一当两千七百年；环十二会，每会万八百年；环二十四，每一当五千四百年；环三十六，每一当三千六百年。以万三千五百之呼吸言之，分为十二时，每时当一千一百二十五息；二十四分，则五百六十二半；三十六分，则三百七十五。

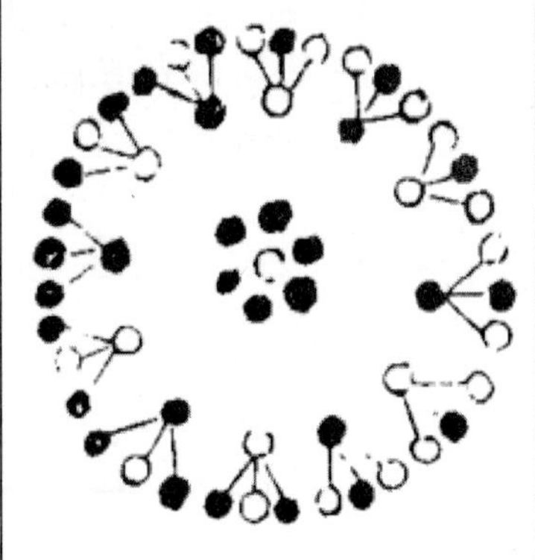

中一围八，二围十六，三围二十四，四围三十二，五围四十，六围四十八，七围五十六，八围六十四，九围七十二，十围八十，十一围八十八，十二围九十六，十三围一百零四，十四围一百一十二，十五围一百二十，十六围一百二十八。

若加之，每围加六

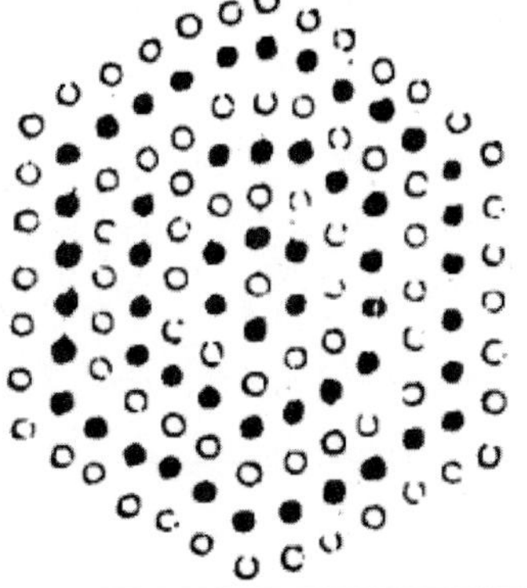

圆一于中，围则必六，六而七。方一于中，围则必八，八而九。朱氏，衍为七七八八；今，更为衍之。

<table>
<tr><td>内八层，共二百；外八层，共四百；合为六百，本一中焉。幂积方分，十六其八八为一千二十四。加十字六十四，又加中一，为千八十九[①]。交道，则千二百廿五，犹之十八开方则十九交道也。</td><td>若加之，每围加八
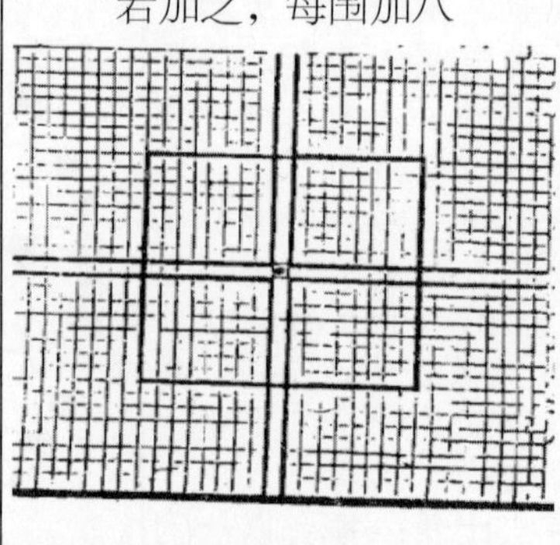</td><td>中一围六，二围十二，三围十八，四围二十四，五围三十，六围三十六，共一百二十六，本中一焉。以一为七，则八百八十二，连中加七[②]。</td></tr>
</table>

<table>
<tr><td>方分，则六十四；交道，则八十一。</td><td colspan="2">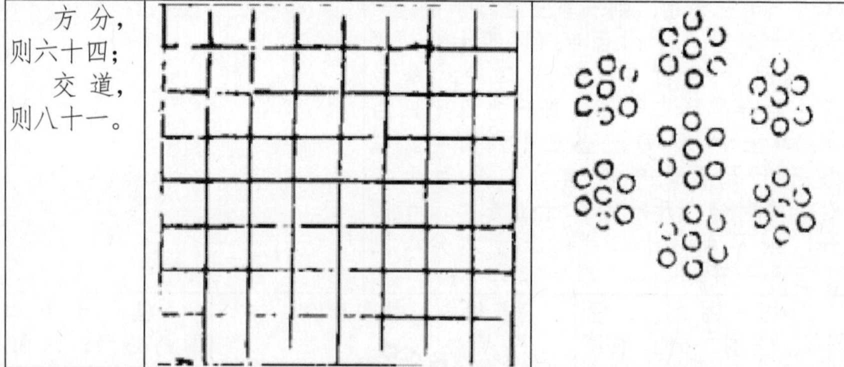</td></tr>
<tr><td colspan="3">内以六十四成方，外围以八加之。加三十六，加四十四，加五十二，加六十，共一百九十二。合六十四，共二百五十六。每一各得六十四，则为一万六千三百八十四。其方，即四其六十四之大方分，而旁径一百二十八者也[③]。若以七七之圆实之，亦可刍童勾股。《汉志》曰："算法用竹径一分，长六寸二百七十一枚，而成六触为一握。"今以一围六至六层，则一百二十七也；图七层，加四十二；图八层，加四十八；图九层，加五十四；合计九层之幂，实为二百七十；加中一，则算枚数矣。</td></tr>
</table>

①1024+1+64=1089。

②126×7=882。

③16384×2=32768。32768÷4÷64=128。

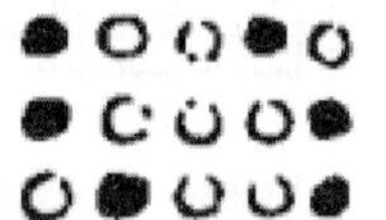 再变，则为震巽艮兑。 此，“兼山”说。	乾三连，坤六断。 此，寓“参伍”之象，即寓“天贯地中，而包乎地外”之象。以卦言，为乾三，为坤二。	九六图说 天 地 三 二 合 合 九 六
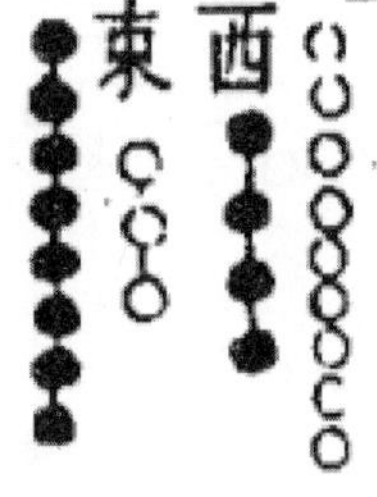 四九，三十六，老阳策。三八，二十四，老阴策。 三统，以四营，乘十八，贵“九六之初会”也。 三乾策，又九之，为六百四十八。 两坤策，又六之，为四百三十二。 共，一千零八十。	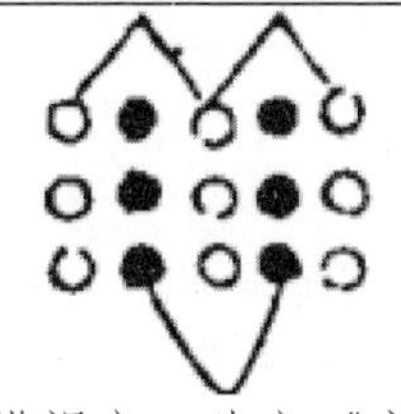 横视之，为六《离》、三《坎》。  中《乾》下动，而旁交，则为二《坎》、二《离》。	潜老夫曰：《河图》，成六之用，在北；成九之用，在西，故西、北，为太阳、太阴。《洛书》“参天”，由北一、东三，而极为南九。“两地”，西南起，二而四，而八，而六。是阳用第三之九，而余第四之七；包含第三之八，而用第四之六。若坤逆旋，西南二，即至西北六，以六奉乾。此，“用九”，所以藏于“用六”爻也。

<table>
<tr>
<td>三陰三陽之卦爲九六明象
可以兩倍九六玩之可以兩其九爻其六玩之
一陽卦之九寓十一是餘二也
一陰卦之六寓七是餘一也
二陽卦之九寓七是餘一也
二陰卦之六寓八是餘二也</td>
<td>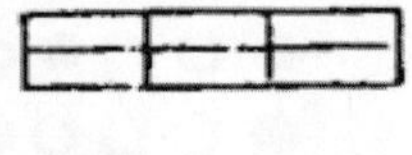

朱子曰：“一画，即具三段；而析之，为六。”朱隐老注邵子，畅其说：以乾中一分，当坤之虚。是，乾得六；坤得四，而虚二。</td>
</tr>
<tr>
<td>潜老夫曰：“凡阳，皆谓之‘九’；阴，皆谓之‘六’。‘惟变所适’言，则九六变，而七八不变也。以象言，则九六之合数，著于图中。一九，俱老阳；四六，俱老阴。然一与四主生，而未实；六与九职成，而已坚；故用九六也。六子，皆乾坤之画，故于乾坤表之。通而观之：万变，不出‘六虚’；则‘用六’，即‘用九’也。六，神于用一；以一含五，而为六。九，神于用四；以含五，而为九。故六爻之位，又合二爻，为一爻；则六爻，藏九爻焉。十二律，参法次之，皆三倍；两法，则一次倍之。一次四倍，二四并用；所以，‘用六’，盖‘参两’之会也。”</td>
<td>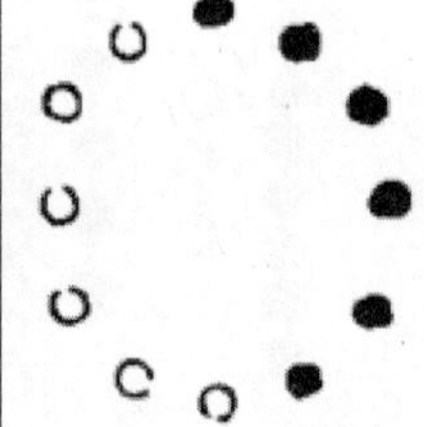
阳六、阴六。而每日，以“寅至戌”九时，趋日；以“亥子丑”三时，趋夜。地上见天，分数亦然，是阳侵“阴之三”也。</td>
</tr>
</table>

《汉志》曰：“天数纪三，故置一得三，又二十五分之六。凡二十五置于天之数，得八十一。以天地合终于十者乘之，为八百一十分，应历一统千五百三十九岁之章数，黄钟之实也。由此起十二律之周径。地数起两，故置一得二，凡三十。置于地之数六十，以地中数乘之，为三百六十，当期之日，林钟之实。”又曰：“黄钟初九，律之首。因而六之，得林钟初六，吕之首。上生六而倍之，下生六而损之，皆以九为法。九六、阴阳、夫妇、子母之道也。”“五声流于六虚。天地之中数也。”泠州鸠曰：“纪之以三，平之以六，成于十二。”潜老夫曰：十二用七，所以虚五；十二虚一，所以用十一。用五六，而知毕于十一矣。黄钟以子一，历参其十一，皆此几也。用九六，而知毕于十五矣。藏十五于十二，依然以九为法，而行其倍于四而已矣。十二，即六虚也。

用九、用六，在《图》为西北二太之象。九之生数为四，而六之生数为一，是用北一、西四之五，即所以用东三、南二之五也。

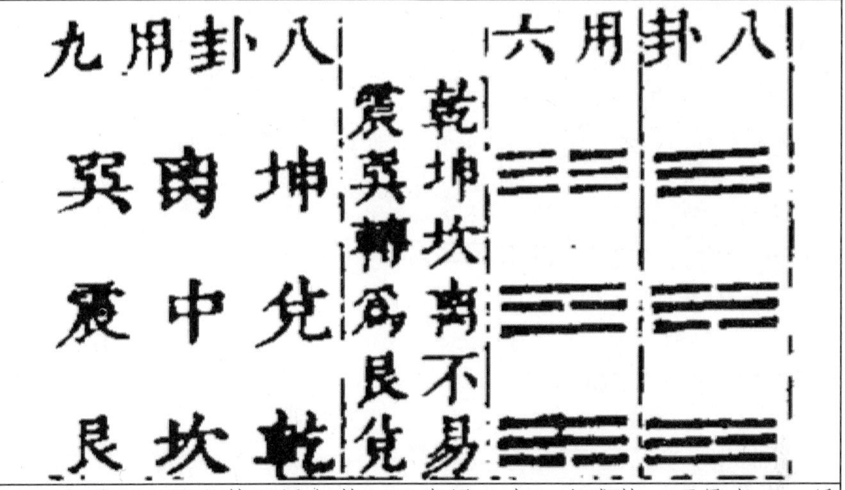

邵子曰："八卦，用六卦，四分用三也。小成卦，不易者四，反易者二，是以六变成八变。"八，为万物之体；六，为三才之用。故曰"用九于六中"。夫六者，两其三也；十二者，两其六也。十二而四分损一，即九矣；九而三分损一，即六矣。六而三分益一，即八矣；六而三分损一，即四矣。《洛书》九宫八卦，则用九于八中，是"用中于旁轮"者也。《河图》用中于旁轮，兼四偶之空，亦八藏九也。

参两说

智曰："天三合九，地二合六；圆一围三而用全，方一围四而用半：此本说也。概当借泰西为问郯，豁李长者之表法。反复卦策，知周公、商高之方圆积矩，全本于《易》，因悟'天地间，无非参两也'。'参两'者，所以用九六也。九六，为十五。十五为三五。三五归一五，五即一也。邵子之旨'一役二以生三'，又役三，而役二也。以二生数，二其天三为六；而六止用五，五岁于用半之四。常维四、而八、而十二、而十六者，载上天以为用也。四恒立，而用三于四中，盈虚在手矣。参两实用，见于《洛书》。前此三千年，未有发明者，故列其概云。'中统四生、四成'之《河图》，既变'中应四正、四偶'之《洛书》。则一极三而为九，三九二十七，三其二十七为八十一。极畡秭，'无出一三九七'者，此以四正之阳'参天'也。两一为二，两二为四，两四为八，两八为十六，两十六为三十二，两三十二为六十四。极畡秭，‘无出于二四八六’者，此以四偶之阴‘两地’也。七六数少而后于九者，先三极之，而以四为归，归于兑乾为终始者也。盖因算黄钟律而得之；因辟卦之七十二，藏百八而得之；因八卦之二十四，藏三十六而得之。则八卦，亦十二卦也；六十四卦，亦九十六卦也；三十六卦，亦五十四卦也。《河图》四周，自乘为八十；而北则不加，南减三五之一，独用也；东二十四，西三十六，乃平用也；即老阳、老阴策也。二少则不会参两矣。十数以内，惟六会参两，故《易》止用六爻。‘兼三才而两之’，则参两也。偶倍，二四而八，中不及六，犹之四偶之参两不敢及五也。三倍，三而为九，中亦不及五七，故卦留七七为蓍。用五，则无非五也。董铢所云：‘两二、一三，为七；两三、一二，为八。’则十数之中，无非‘参两’矣。且就适用之节，举之琴徽，为天地人正声之合。故弦具周天七泛、十三藏闰之度。尺弦具之，丈弦亦具之。一徽至十三，乃四分用三分也。八《洛书》而首尾空二《洛书》也。一徽至二徽，为十五度；二至三，为十二度；三至四，为十八度。四至五，则倍十五之三十也；五至六，则倍十二之二十四也；六至七，则倍十八之三十六也。七为中徽，后半如前半。非此三等数之几征哉？十二者，六之两也，四之三也，九而三分益一也。十八者，九六之会，而卯律参之三分损一也。十五者，《图》之中三五，《书》之交午十五也，三五之会也，进退三之枢也。任其参两而旁罗，归于五与十者，纪之以十为成，五为中也；犹一月三十日，气候之一中、一节也。五六者，十数之中，生成之终始也。月法爻策半甲，其会也；是十其叁，十五其两，而六其五矣。此三十之继十二，为元会日时之大用乎？阳尊九，而九不会；两其九，为十八而会。《易》尚八，而八不会；参其八，为老阴策而会。犹之，十数以内，两其三，参其二为六爻，而天下之变尽矣。由两其六，参其四之时法十二；而推之两其十二为二十四，而参其八亦二十四也，此四六合节，而二十五之天数藏一也。参其十二为三十六，而两其十八亦三十六也，此四九、六六之合，而环宫主阳者也。两其老阴之二十四为四十八，而参其十六亦四十八也，此六其八、而四其十二之合也。两其老阳之三十六为七十二，而参其二十四亦七十二也，是八其九、而六其十二之合也。参其南方二七之十四为四十二，而两其三七之二十一，亦四十二也，此七其六、而《洛》藏三之合也。两其三十，参其二十，为六十，此五其十二、而十其六之合也；甲也，律也，除四之通期卦也。参其三十六，两其五十四，为一百八，此象限也；十二其九、而十八其六之合也。两其七十二，参其四十八，此坤策百四十四也。两其百八,三七十二，此乾策二百十六也。三其三十二，两其四十八，此全爻四破之九十六也。三其三十，两其四十五，通其四破之九十也。两其九十六,三其六十四，此阴阳爻平分之百九十二也。两其百三十五,三其九十，此邵子所常言‘四分三之二百七十’也。百三十五者，三其四十五者，或损十八、或损六而用之；则二百六十四,二百五十二，皆参两可分者也。两其百四十七,三其九十八，是三分通期益二十四之二百九十四也。百四十七者，三其四十九也。三其两千三百四十，而两其三千四百五十六，为六千九百十二者，三十六其百九十二也。三其千五百三十六，而两其两千三百四十，为四千六百八者，二十四其百九十二也。以至参其四万三千二百，两其六万四千八百者，一元之十二万九千六百也。从此无量，安有出于参两、三五错综者哉？言三五者，十数之中，约用生数止矣。至一得五而六,二得五而七,三得五而八,四得五而九,五得五而十；即一二三四五也。十不用，而大一不可见，小一不能加乘。故止用二三四五；而言二即具三矣，列四即具五矣。一切数度，因地立体，而天用之。以天数统地数，故‘但举三五’而已。”

宓山曰:“数之用，皆以一与一相依而用者也。有并倚焉：一与二为三,二与三为五，如《大衍》九十九是也。有乘倚焉：三乘八为二十四,九乘四为三十六是也。有除倚焉:《河图》以九除之，余五；以五除之，则尽是也。有损益倚焉：黄钟三分损益是也。有追差倚焉：九六相差，至十八而追合是也。日差天，月差日，相追岁闰，即以历之，一切征几，皆在乎此。有方圆倚焉，天方图十八重是也。有方立倚焉：如三开方为九，立为二十七是也。有此推倚焉：如兑二、离三，为五；阴乾之一，则后震为四。是勾股三角，弦弧圭黍，幕积切线，皆在方圆开立比推中矣。皆本于图书卦策，故略举其原委。”

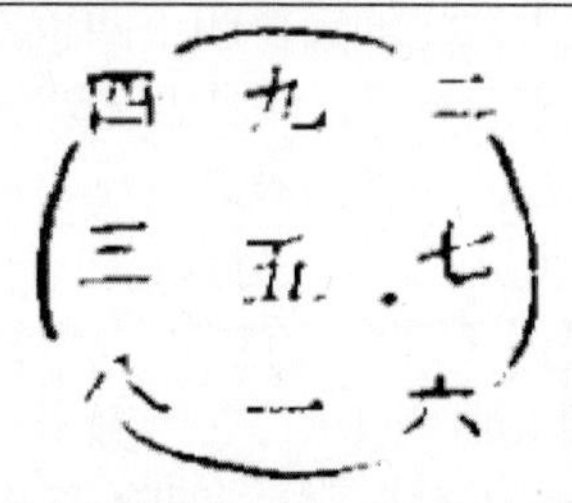	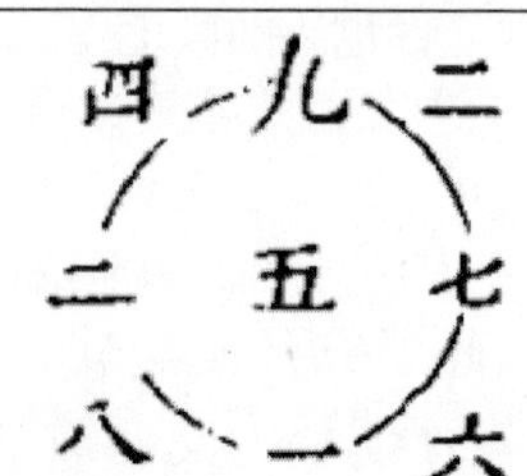
“两地”：二而四，而八，而十六，而三十二，而六十四。千万，无出“二四六八”者。	“参天”：一极三，而九，而二十七，而八十一。千万，无出“一三九七”者。

五合相藏说

智曰:“用此，即藏彼，故作‘互藏说’。舒而万亿，缩而一二，即此而已。一六,三八,二七,四九，皆互藏也。一九,二八,三七,四六，皆互藏也。一十,二九,三八,四七,五六，皆互藏也。”

九十藏：天地之终数也。以通期，为四分度之一，则九十也，地以成天也；十九为一章闰，则天以成地也。《河图》中五配五，而加五因倍；除其十，而为《洛书》，十统于五也。十数极于用九，而十变为一也。

八九藏：方围必八而后方，并中一则九也，八卦并中之象也。此《图》之四正，所以必用《书》之一环八也。《横图》，乾一与坤八相对，乃九也；兑二、艮七，亦九也；离三、坎六，亦九也；震四、巽五，亦九也。《图》除中之十五，不过生数四、成数四，亦八也。《书》尊中五，五前之一二三四，与五后之六七八九，亦八也。用八之方，即用九之圆也。

七八藏：八卦五行，一水，一火，二木，二金，二土。运气，论君火、相火。五方，玄武为龟蛇，为玄冥，乃少昊之二子。人有二脤，是二水也。二水、二火，而木、金、土各一，则七也。五音，加二变，亦七也。水土合用，而与火对也。此卦用八八，而用蓍之七七也。一二三四五，则三为中；六七八九十，则八为中；除十，而以五六七八九言，则七为中也。七八，所以应三之用也。

六七藏：五行分中土为二。五音七调，必用六律。干用干支，以十二折半，则言六；而周，则言七。邵子所云:“余分必七也。”六爻加太极一层，亦七也。七在六中。

五六藏：五运、六气，五色、六章，五子、六甲之类，所常言者。《周礼》六官，而虚司空，皆是也。五方必有六合，故挈三轮之矩。

四五藏：“播五行于四时”。邵子：“一切四列，而五在其中。”

三四藏：四分必用三，余一；以一用三。故上下常贯为一，而止用左右交轮。（一行以“三四为始中，七八为中终。”盖一二三四五六言，则三四为前中；以五六七八九十言，则七八为中后。）

二三藏：叁两互用。

一二藏：一在二中，二即是一。析言：则用七九处，皆用三五，即用一也。统言：则一二三四五六七八九十，总用一也。

四象，八卦，适值数位

河圖戊數自乘	九九八十一	八八六十四	七七四十九	六六三十六
横圖連爻儀象之數	太陽 陽十七 陰十五	少陰 陽十六 陰十六	少陽 陽十六 陰十六	太陰 陽十五 陰十七
爻	十二 三十六	十六 三十二	廿 廿八	廿四 廿四
圜策相乘	三千九 伯一十 六	二千 ○四 十八	一千三 伯七十 二	八伯 六十 四
具策分除	為三百二十 者三十六	為三伯六十 者三十二	為三千八者四 伯十一而餘 二	為四伯八十 者二十四
萬三千五百息分除	為三十六 者三伯七 十五	為三千二者 四伯三千二 半而餘二	為廿八者 四伯八十 二餘四	為廿四者 五百六十 一半
一元分除	為三十六 者一當三 千六百年	為三千二者 一當四千○ 五十	為廿八者當 四千七百千 八年餘十六	為廿四者 一當五千 四百年

河圖四象	九	一	二	八	七	三	四	六
	太陽		少陰		少陽		太陰	
自右而左橫序數	一乾	二兌	三離	四震	五巽	六坎	七艮	八坤
洛書	六	七	九	三	四	一	八	二
小成奇偶	三畫	四畫	四畫	五畫	四畫	五畫	五畫	六畫
大成奇偶	六	八	八	十	八	十	十	十二
圖十數	九	四	二七	三	八	二六	五	十
各卦分數	七五	八二	二四	七三	四六	三一	一九	八十
各邊積數	三十六	百	二百十四	二百廿八	二百[illegible]	六百[illegible]	四佰二十	四百[illegible]
各邊陰陽畫數	三十六 陽十二 陰	廿八陽 二十陰	廿八陽 二十陰	二十陽 廿八陰	廿八陽 二十陰	二十陽 廿八陰	二十陽 廿八陰	十二陽 [illegible]陰
橫積數	四十四	二十五	十六	八十六	六十七	四十八	二十九	百一
文序	一	八十五	十三	一十五	七十五	九廿	二十五	二

邵十二與三十相乘數

乾一 至泰五萬五千九百八十七萬二千

起履十二 兌一佰四十四

至臨六十七萬一千八百四十六萬四千

起同人三佰六十 離十二萬九千六百

明夷二千十五萬五千三百九十二萬

起无妄四千三佰二十 震千八佰六十六萬二千四百

復二萬四千一佰八十六萬四千七佰四萬

起姤十二萬九千六百 巽一佰六十七萬九千六佰十六萬

升七十二萬五千五佰九十四萬二千一佰二十一萬

起訟一佰五十五萬五千二佰 坎二萬四千一佰八十六萬四千七

佰四萬 師八佰七十萬七千一佰二十九萬三千四百四十萬

起遯一千八百六十五萬六千 艮一百一十七萬六千七百六十二萬二千

三百六十一萬 謙二千六佰十二萬二千三百八十八萬三百二十萬

起否五萬五千九佰八十七萬二千 坤三萬一千三佰四十五

萬八十六佰九十六萬三千八佰四十萬

商高积矩图说

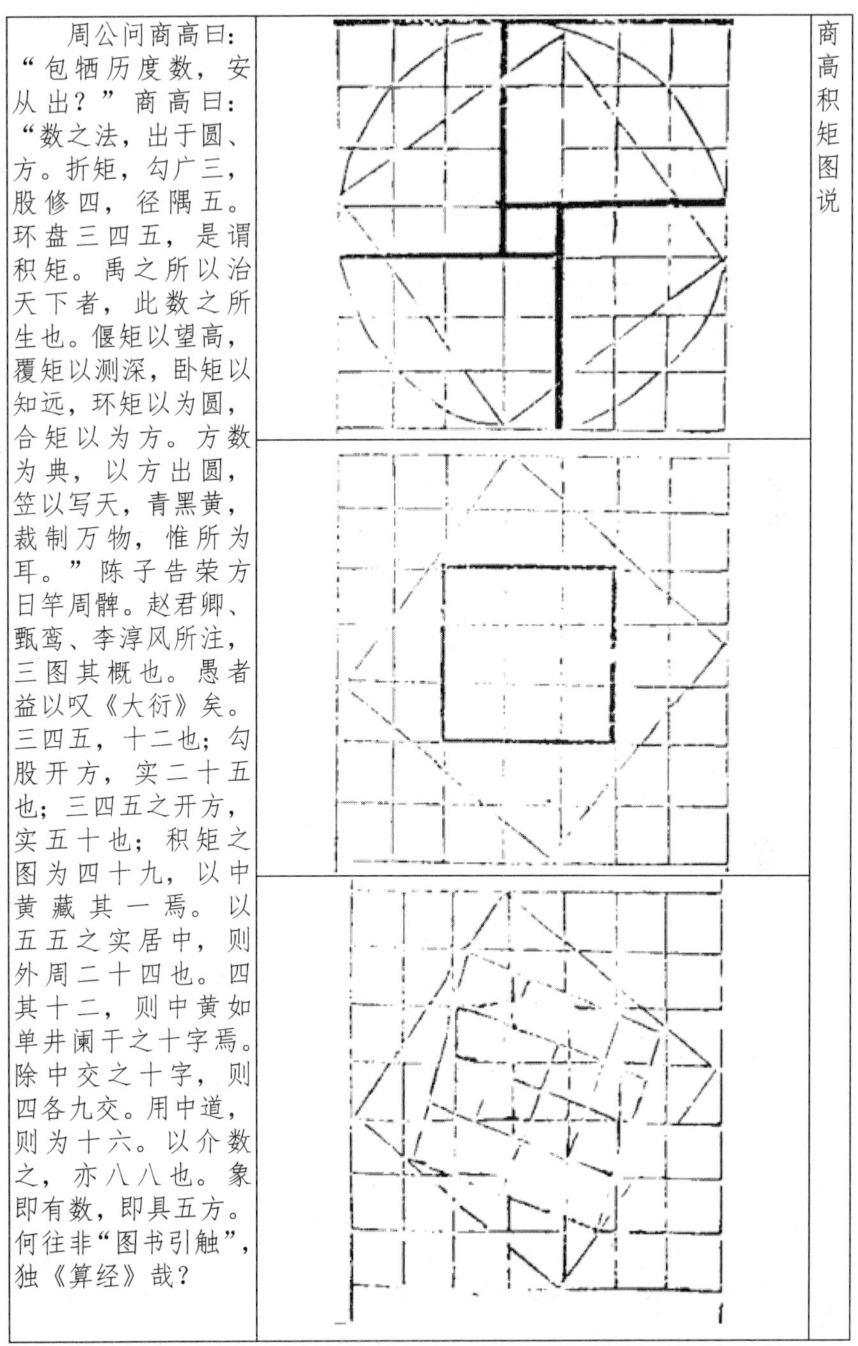

周公问商高曰：“包牺历度数，安从出？”商高曰：“数之法，出于圆、方。折矩，勾广三，股修四，径隅五。环盘三四五，是谓积矩。禹之所以治天下者，此数之所生也。偃矩以望高，覆矩以测深，卧矩以知远，环矩以为圆，合矩以为方。方数为典，以方出圆，笠以写天，青黑黄，裁制万物，惟所为耳。”陈子告荣方曰竿周髀。赵君卿、甄鸾、李淳风所注，三图其概也。愚者益以叹《大衍》矣。三四五，十二也；勾股开方，实二十五也；三四五之开方，实五十也；积矩之图为四十九，以中黄藏其一焉。以五五之实居中，则外周二十四也。四其十二，则中黄如单井阑干之十字焉。除中交之十字，则四各九交。用中道，则为十六。以介数之，亦八八也。象即有数，即具五方。何往非“图书引触”，独《算经》哉？

商高积矩图说

方分，各二二，则一百九十六也。除中黄，则一百九十二也（勾六实三十六，股八实六十四，弦十实一百）。各三三，则四百四十一也。除一，则四百三十二也（勾九，实八十一；股十二，实一百四十四；弦十五，实二百二十五）。各四四，则七百八十四也。除一，则七百六十八也（勾十二，实一百四十四；股十六，实二百五十六；弦二十，实四百）。各五五，则一千两百二十五也。除一，则一千两百也（勾十五，实二百二十五；股二十，实四百；弦二十五，实六百二十五）。各六六，则一千七百六十四也。除一，则一千七百二十八也（勾十八，实三百二十四；股二十四，实五百七十六；弦三十，实九百）。各七七，则两千四百一也。除一，则两千三百五十二也（勾二十一，实四百四十一；股二十八，实七百八十四；弦三十五，实一千二百二十五）。各八八，则三千一百三十六也。除一，则三千七十二也（勾二十四，实五百七十六；股三十二，实一千二十四；弦四十，实一千六百）。各九九，则三千九百六十九也。除一，则三千八百八十八也（勾二十七，实七百二十九；股三十六，实一千二百九十六；弦四十五，实二千二十五）。三开方，则九也；三开立，则二十七也。析其三之一，则十八为长方立；而边条立，九也。又横析三之一，则角立三也；两边各立，六也。方立者，十二也。四开方，十六也。四开立，六十四也。析其四之一，则四十八为长方立，而边条立十六也。又横析四之，则角立四也，两边各立十二也。方立者，三十六也。五开方，二十五也；五开立，百二十五也。析其五之一，则百为长方立，而边条立二十五也。又横析五之一，则角立五也，两边各二十也。方立者，八十也。七开方，四十九也；七开立，三百四十三也。析其七之一，则长方立，为二百九十四，而条立四十九也。又横析之，则角立七也，两边各四十二也。方立者，两百五十二也。约言为自乘，积多奇余秒，赜难析耳。加方圆其中，即天方图也，其法则尽于此矣。六十四卦，人知其扁一层也，彼亦具开立之理焉。扁有纵横，两荡立，又有纵横两荡。乾除其两荡，而用七子，则犹之除边一也；除乾坤，犹之除边二也。积以起数，阴阳可得，而针芾剪补之矣。用以为幂积、刍童、圆容之量，其一端也。大禹、周公，神矣哉。

《大衍序》曰："乾坤之策，三百六十为日度之策。乾坤之用，四十九象为月弦之简，象正月四十九年而退一月，四十九章而退一闰。一曜逆行与蓍相比，岁得之以为月，《易》得之以为闰，故《易》逆数也。”按:“天月十三交，交于六十刻强，故四十九年退一交月也。虽实以四十八年半，而退与月会。然以十九与四十九相因，而交终、闰终，通得相会，在九百三十年内外。约言交终六百岁，而退尽一岁之月；虽有盈缩，而天道大准如斯。故十数之内，开方以七七为奇用，外加一周则九九矣。”

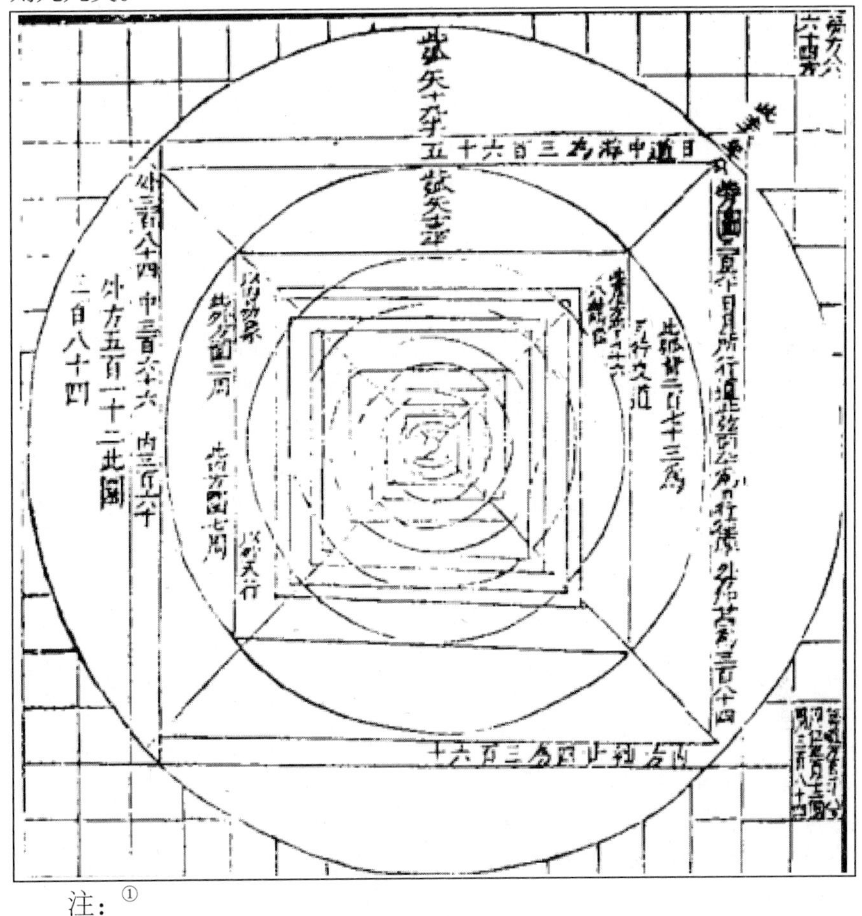

注:①

《正》曰:“《天方图》，无言语文字；而自有图象以来，言语文字，皆从此出。此径围积实，方田圭黍，弦弧面罨，勾股周髀，皆与天经易纬，相为表里。”详见《三易洞玑》。此具其略云:“凡天方图，立六十四，因倍竖之，百二十八，以为径率。规而环圜之，三百八十四。矩而方之，三百六十。规而圜之，二百七十三。矩而方

① 此图不清，又见黄道周著:《易象正》，北京：中华书局，2011 年版，第 529 页。

之，二百五十六。此内方圆七周，卦实之所见也。此外方圆二周，日月星辰之所游也。凡方圜九成，合十八变，而归于极。其方者，皆四分损一以为环；环者，皆十六分损一以为方。大方四周，一百二十八，为五百一十二,四分损益得三百八十四。弧矢之罨十九余强，则外周之弦，抵于次周之皆。圭黍之稜，三分有半；中间空道，实得三分，则外圭之邸，托于内邸之圭。自平极而上，四十有八，减三为五，为四十有五。以八乘之，通期之日道，是天地自然，非可强凿为智也。三分之道，截于八圭；日月所游，在一分四厘而上，故得三百六十五日二分五厘。次层弧背，因复浮上，为二百七十有三。其次层径率，只得九十，以三围之，二百七十。其浮为二百七十有三，犹环分之浮为六十有五也。揉方就环，每减十六分之一；径三围一，每不及圭黍之分。故日月交食，每在二日六分八厘上下；折之为一日三分四厘，是日月交既食甚之限，皆在圭黍半折之中也。外方，四八三十二方，只得方圜两周。弧背弦矢，十九与十三相次，并不得余分。内方，四八三十二方，共得方圜七周。以十六分为两际，外际二八十六方，得方圜两周；内际二八十六方，得圜五周。弧背弦矢，九与七相次，亦不得余分。自是又空圭黍二分，为三十二卦之游道。以二八分为两际：外际一八，得方圜两周；内际一八，得方圜三周。弧背弦矢，以四半、三半相次，虽有余分，而四分中极，表影具尽矣。故‘参两倚数’，《易》之所致用也。规叁而矩两，倚而察之，以得圭黍冲食之路。《乾》《坤》、两《济》，之所从交也。二七、二五、二三，极于一两，是‘三分损益’之所从出也。道未有出于‘三分损益’者也。”潜老夫曰：“恒法立体，而圆有奇余；余盈则藏余虚，久之自差而合。故圣人只表恒法。此《易》所以范于围，而范其围也。专缀尝言纳虚泛差，亦用洒沠命商之法，取其急近得细节耳。温公算律，围径七分而围二十二。此天方径百二十八，而圆围实四百。以每方赢六，故赢二十四也。中方三百六十，则十分损一也。”

期、甲、具爻之会，五千七百六十。○此十五，周三百八十四；而十六，周三百六十也；八其七百二十，而九十六周甲子也。○减半，为二千八百八十。即九年前二月十五日辰，为今年正月初一日辰也。为月九十七，而四十八周甲子也。○又减半为一千四百零四，此十五其九十六，而十六其九十也。○又减半为七百二十，此十五其四十八；而与十六，周四十五相追齐者。○如甲子冬至日子时，为《复》初爻，则至丙寅雨水节尽，约一年零四阅月，而爻与时、与甲子，具齐此概耳。大约一万七千二百八十爻，而与四千三百二十时齐矣。凡四十五周具爻，而四周四千三百二千时；是四十八，周三百六十；而二百八十八，周甲子也。（倍爻齐时，为三万四千五百六十爻。又倍之，为六万九千一百二十爻。六乘五千六十，为三万四千五百六十。九乘五千七百六十，为五万一千八百四十。）

人息具策之会，八十六万四千。〇人一日，万三千五百息。盖十五其九十，为一千三百五十，此乃三百其《洛书》也。〇万三千五百者，十八其七十五也。七十五者，三百之四方一分也。万一千五百二十具策，十八其六十四也。追至四千八百，则七十五与六十四交乘而齐矣。以日息乘具策，为一亿五千五百五十三万；是为七十五者，二百零七万三千六百也；为六十四者，二百四十三万也。今但以七十五乘一千五百二十，又以六十四乘万三千五百，具得八十六万四千，即以齐矣（三百之四分一，与具卦会，为四千八百。）凡六十四日，而人息与具策齐。

通期乘具爻，为一十三万八千两百四十。贞悔乘通期，为一十五万五千五百二十。贞悔乘具爻，为一十六万五千八百八十八（二十四乘三十六，为八百六十四。三十乘三十六，为一千零八十。三十乘二十四，为七百二十。）（八百六十四，与一千零八十相乘，为九十三万三千一百二十）。（八百六十四，与七百二十相乘，为六十二万两千零八十）。（一千零八十，与七百二十相乘，为七十七万七千六百）。	通期乘具爻為一十三萬八千二佰四十 貞悔乘通期為一十五萬五千五佰二十 貞悔乘具爻為一十六萬五千八佰八十八 二十四乘三十六為八佰六十四 相乘為九十三萬三千一佰二十 三十乘三十六為一千〇八十 相乘為六十二萬二千〇八十 三十乘二十四為七百二十 相乘為七十七萬七千六佰

四十九与五十相乘，为两千四百五十（此与两千三百五十二相

乘，为五十八万零五百六十。此与两千四百相乘，为五十八万八千）。四十九与四十八相乘，为两千三百五十二（此与两千四百相乘为，五十六万八千八百）。四十八与五十相乘，为二千四百（二十四其五十，而二十五其四十八，则为一千二百）。二十四自乘，为五百七十六（乃八其七十二也。八其五百七十六，为四千六百零八）。三十六自乘，为一千两百九十六（盖十八其七十二也。四其一千二百九十六，即为五千一百八十四）。三百六十自乘，为十二万九千六。（即进十之数）。七十二与六十四相乘，皆四千六百零八（乃十六其二十四，而三十二其三十六也。七十二自乘，为五千一百八十四。六十四自乘，为四千零九十六）。具策，乃百八十周六十四；而三十二周通期也。半，为五千七百六十（又半之）两千八百八十（又半之）一千四百四十（又半之）七百二十（与具爻、甲、期之数，八分之一觚合。此三十周二十四，而二十周三十六也。）五其三十，而六其二十五，为百五十。五其二十五，为百二十五；自乘为万五千六百二十五[①]；以六十四乘之，为一百万[②]。二十五与三十相乘，为七百五十。

五十五自乘，为三千二十五。四十五自乘，为一千八百四十五。九乘《图》，十一乘《书》，为四百九十五，而《图》《书》会矣，是五百而虚五也。《图》《书》自乘，为两千四百七十五[③]。以三十乘四百九十五，则万四千八百五十。以十二乘四百九十五，为五千九百五十；倍，为万一千八百八十，则多具策一通之数。《大衍》与《书》，会于九百（十八其《大衍》，二十其《书》)。《大衍》与《书》，会于五百五十（十一其《大衍》，而十其《图》。《衍》用四十九，乘《图》《书》会数，为两万四千二百五十五。四十八，分三，为十六。又三分，四百九十五，为百六十五。以十六乘百六十五，为两千六百四十；于是三之，为七千九百二十。而十六其四百九十五，亦七千九百二十也。）通期，三分，为百二十；乘百六十五，为万九千八百；于是三之，为五万九千四百。是三百六十与《图》《书》之合数会矣。具爻，三分，为百二十八；乘百六十五，为两万一千一百二十；于是三之，为六万三千三百六十。是三百二十四爻与《图》《书》之合数会矣。四十五，与五十四会，为二百七十，即邵体数之用。贞悔爻与通期会，为两千一百六十。

贞悔爻，与通、甲、具爻之五千七百六十会，为八千六百四十。

①125×125=15625。

②15625×64=1000000。

③55×45=2475。

四百三十二爻之十六觚。觚为二十七；倍，为五十四，是八稜之一也。通期之四十五，亦稜也。五乘五十四，为两百七十。而六乘四十五，亦两百七十也。则五其贞悔爻、六其通期，亦二千一百六十也。二千一百六十，乃两其一千零八十也。八其两百七十，亦两千一百六十也。此通、具之五千七百六十之半，为两千八百八十，则缩七百二十耳。是两千一百六十，乃三周七百二十也。三周两千八百八十，而四周二千一百六十，则为八千六百四十，而合矣。倍八千六百四十，为一万七千二百八十；则三其五千七百六十也。倍一万七千二百八十，为三万四千五百六十；而三周具策之万一千五百二十，亦为三万四千五百六十。

气、候、老阴阳策之会，为两千一百六十。七十二，为二老策会。而一千零八十者，则十五其七十二,三十六其三十也。为四十八者，二十二周半也；为二十四者，四十五也。至两千一百六十，则三十其七十二也；为三十六者，六十周；为二十四者，九十周；为四十八者，四十五周也。

《三统历》，以八十一分为日法。京房周八十分。一行、《大衍》，以三千四十为日策，三百零四为策分（七十六周，四揲也。四章为蔀，亦七十六。）朱子所算九百四十分，乃《四分历》也。《授时历》，用万，；《太乙》，用一万零五百；泰西，用六十分。依邵子，当用三百六十分。此随人分，而今用万易积算也（晁公武曰：“唐曹氏《小历》万分，本《天竺历》。”）《授时》，岁实三百六十五万二千四百二十五分（万，即日也。）十九年，得六千九百三十九万六千七十五分（邵得，两千四百三十分，六日余二百七十分。）

十六周贞悔爻直日，得六千九百一十二，尚余二十七日。十八周全爻，得六千九百一十二，尚余二十七日。十六章之二十七，合得四百三十二，是十六章；当一十万一千零二十四日，乃两百五十七周贞悔爻也。

四十章，共二十七万七千五百六十日，乃四千六百二十六周甲子也。一章追甲子，则余三十九日。以京邵除四卦之爻追之，当七千七百一十周，三百六十爻也。（以余分言之，四十章，当益二十四日多。）

以三百八十四乘六千九百三十九，得两百六十六万四千五百七十六日。其余为两百三十三万（日也），两千八百分，于年为七千两百九十六年，乃六千九百三十九周贞悔爻也。

十二年（三百六十五日），为甲子日者七十三。外余积三日。二百四十年，甲子整日一千四百六十一 。（二十七章，共得十八万七千三百五十三日。）

以常法言，十二周三百五十四日，共四千两百四十八日。加七周三百八十四日，共两千六百八十八日。总合十九年，共得六千九百三十六日。（于各法短三日。）

授时法，转终二十七日五千五百四十六分。（不及朔策，一日九千七百五十九分九十三秒。）朔策二十九日五千三百五分九十三秒。

十三交得三百五十八万二千零九十八分。每一岁十三交，赢朔策三万八千四百二十六分八十四秒。

十二朔策三百五十四万三千六百七十一分一十六秒。

（《象正》:“二十七日三千六十，即三分六毫，缩二百廿五分七厘一毫，二十九日五千六百三十一。”）

邵子法，月与天会，二十七日一百九十九分八秒。

月与日会，二十九日一百九十一分。

月与天会，不及月与日会，七百一十一分五厘五毫七系四忽八微也。乃一日三百五十一分三厘五毫七系四忽八微也。

每日，五亿五千九百八十七万两千忽。

声数

推声与数，《易》、律、历不能离也。画一，而三倍而六。自初至五为中位，用则取中于此。六则亢，而周于潜矣。策每爻三，故十八也。方州部家用三法，则三四五六用之，故同符也。一律，应辟卦六爻；三月，为十八爻。三月之日，则为十八者五矣。土寄旺于四季，各十八日，则五行各得十八者四。一时得六爻者十五,五行各得六爻者十二。一岁之日乃六十其六爻；一月至日，乃五其六爻也。六甲、五子，亦合六十。六十其六爻，与六十律同法；五其六爻，犹五音之用六律也。干支之会六十，犹参两之始会于六爻也。平声阴阳为啌嘡显然也，仄声则上为阴、去为阳；此前所未发也。仄声之极而收者入之。抑声为阴、起声为阳，论韵则上去自与平叶，诗余词曲所用可证“入声则不叶，必转纽以叶之”。此以知入，为极声，而非与上去同类者也。故论平上去，入则粗。以二十母乘三十六韵，为七百二十；以五声乘为三千六百，与《易》策、元会皆符举。以命历积分消闰，无不可者。二十四乘三十六韵为八百六十四，以五声乘为四千三百二十。以五声轻重为八千六百四十，则与贞悔爻具爻通期甲子会矣。二十一，则三八损三，正参两也（原于两三参，二为六。而六，乃九之三分损一。）两九，参六，为十八。至百二十六，而三七者会矣（六其廿一，而七其十八。）倍为二百五十二（七其三十六，而六其四十二之会也。邵曰："坤以六之一与半奉乾，是侵数也。"）倍为五百有四。（七其七十二，而六其八十四也。八十四调，四其二十一，而七其十二也），调法会矣（曰三六，曰三七，曰三八，曰六六，曰七六，曰七九，皆互用也。）倍，为千有八；而四之，则通期辰法也。三百七十八，则半调之九周，差于通期者十八耳（二其百廿六也，即十八其二十一，而九其四十二也）。八乘为六千四十八，则八十四调乘七十二韵之会也（倍三百七十八，为七百五十六；则二十一其三十六，而十八其四十二。倍七百五十六为，千五百十二；则为八十四者十八，为二十一者七十二，为三十六者四十八也。倍千五百十二即合。）万一千三百四十缩半期，而大会矣（此七九六十三，乃全《易》虚乾、姑洗析分之端也。六其六十三，即赢通期十八者也。二十其三百七十八，而二十一其三百六十，则七百五十六也。二十其七百五十六，而二十一其七百二十，则一万五千百二十，赢《易》策十通期焉。退三千七百廿，则二十一者百八十。故比策缩半期也，是为百二十六者九十，为二十一者五百四十，为三百七十八者三十，为七百五十六者十五，为三十六者三百十五，少策者五周三十六也。三十一年之历，为一万一千三百十日四十五分，是缩数。一月之数而弱也，别积合之。）四百三十五万四千五百六十，则韵、策、声数大会矣（三百六十其六千四十八，为二百一十七万七千二十八；而倍之，即三百七十八其《易》策也。）

律参者，黄钟参法也。（亥一十七万七千一百四十七，为黄钟实。参之，为畴极之数。）律两者，两法也（亥分六万五千五百三十六，此极爻二十六万两千一百四十四之四分一也。中吕之实，即律两之倍。邵法一岁是分，则赢四百十八者也。方其律两，即三乘十八变之爻。以《易》策周二十三，则为二十六万四千九百六十。盖为六十四者，四千一百四十。而赢三乘十八变爻者，四十四其六十四也。若二十二周，则缩千七百零四，是一百三十其六十四也）。五百八十九万八千二百四十，具策与律两之会也。（律两起参，以九为法，又十之；九十其六万五千五百三十六，而五百一十二其具策也。五百一十二，乃八其六十四之午分也。）午为用数，而亥当更转。《洪范》，极五十三万一千四百四十一者，十三。转黄钟之参尊，一不用，犹十二也。十八变爻，亦尊一不用者也。（七百二十九，午数也。八十其午数，而八十一其具策之卦觚，则五万八千三百二十而会矣。黄钟分三寸为五万九千四十九。戌数也，卦觚十六之一也，五万八千三百二十；此，戌数缩一午数耳。二百四十三，其午数是黄钟全是也。参五万八千三百二十于亥缩未之二千一百八十七，是缩三其午也。五其具策，为五万七千六百，缩午律追卦觚之七百二十。参之为一十七万二千八百，缩律是四千三百四十七也。四十六其具策为五十二万九千九百二十，缩律畴数一千五百二十一倍。十八变之大象，则赢五千六百三十二矣。七百二十其午律，为五十二万四千八百八十，缩律畴九其午也。是缩申数，六千五百六十一也。二十亿四千零七十三万三千四百四十，则皆会矣。是《易》具策乘律，是也。）

邵法者：时，三十分。分，十二秒。岁，实十三万一千四百九十分，（一百五十七万七千八百八十八秒。朱子，用九百四十分，即《四分历》也。《四分》为二百三十五分，即邵子之九十分也。《授时历》，万为日法。其岁，实三百六十五万二千四百二十五分；而天周三百六十五度二千五百七十五分，则互移也。盖四分度之一，缩百股中之三股；邵法，则得七十六分二秒八厘。依黄法二十八，是六百二十五其四，而得十八其四也。邵法，于九十分，少二分七秒六厘矣。今，以整积算而后通消之。）盖，三百四十四一周具爻（三百八十四爻，曰具），而余百六十爻也。六十四年，为八百四十一万五千三百六十分（一亿九十八万四千三百二十秒），乃两万一千九百十五周具爻也。倍之，四万三千八百三十，则千四百六十一周具策也。(《易》,

万一千五百二十日，具策六十四年之分，为七百三十周策而缩半。故百二十八年，而分策齐，又倍而声数齐。）十六部，得六十四章，为一亿五千九百八十九万一千八百四十分（一千二百一十六年），乃四十一万六千三百八十五周具爻也。（一章，六千九百三十九日。十八周具爻，十六周贞悔爻，皆得六千九百一十二，皆余二十七日。十六章，当十一万一千零二十四日，则二百五十七周贞悔爻也。四十章，共二十七万七千五百六十日，乃四千六百二十六周甲子，而七千七百一十周通爻也。四其八纪，为七千二百九十六年，则三百八十四章而全爻齐矣。）依朱法，一章，即气朔分齐，而至朔同日矣。（章算二百零六日六百七十三分。七闰四大，得百二十日。三小，每月缩一日八十九分；则月，止得二十八日八百七十一分。故气朔齐若以三大四小。小月得二十九日百四十八分二十五秒，亦合二百零六日六百七十三分无余。）以万法合闰章，则余积四章，当多闰一月矣。一百蔀，而余分尽矣。（章月二百三十五，而七闰在内三大四小。用日六千九百三十二，而岁是十九年，为六千九百三十九万六千零七十五分。依万法除去用日，尚余七日零七十五分，积四章七十六年为一部，得余分三十万零四千三百分，又增一月，而余矣。一百蔀，四百章，七千六百年余分，三千零四十三万分；以万法除得，三千零四十三日；加七千六百年之二百七十七万二千八百日，共为二百七十七万五千八百四十三日，而余分尽矣。）《象正》之旨，卦得四千九十六，为二十六万二千一百四十四。（即，智所谓“律两之方数也”）。举六十年之历岁，四千三百二十周甲子，得二十五万九千二百，无余。缩天三千七百八十，每岁缩六十三,一月缩五辰二分五厘。与日分准，又以四十九归之爻，象每岁天行不及爻象者，十三而强，爻象不得干支者，四十九年而弱。此，六十三之纳虚所始也。（三百一十二辰，而纳虚一度，分辰四十九际。凡行十五岁，而历卦十六，以朔御气，以气御甲者也。）与畴极则倍，象追者也。（五十三万一千四百四十一，为百二十一年，又六月之岁历绌九者也。象追畴积差七千一百五十三以七乘，倍象为三百六十七万一十六，范为三百七十一万九千六百四十七日月，积差共八日五分六厘六毫三丝耳。盖八乘五日十二，而六乘七百二十九之法也，五百五十去十耳。乘八为通期之辰，七百二十九虚一，而乘六为日辰之交会。大象之辰，四千三百六十九；大数之辰，四千三百七十四；此，与体用十六图参两通实互用者。《三统》《大衍》，皆与《易》符。黄公谓：“其不密其目，邵不如《太玄》。”亦谓概也，深心矣。然，以按今八线分奇均洒，何不可析耶？邵之分秒，本乎自然，算家难于积除耳。交侵已发其端，以天进三退两而损益之，则气朔委悉皆中也。通实互推赢缩相追数之神，神于损益而言者，先举其恒法也。凡差之端，差至不差即成一法。道若不相关，而气候自应之、事即应之，此《易》之妙几，而理之不可思议者也。老父，但以具爻、通爻、贞悔爻，并旋甲子；而气朔闰差，自有策分，与之盈虚。此，非“至易简”乎？蓍变三用，以用三等；爻，已自生侵交之数矣。犹之声数相极，而余声不碍其通变也。无万数之皆太极也，无万声之皆寂然也，何容说乎？）

终

周易时论合编卷之一

皖桐方孔炤潜夫论述
孙中德、中履、中通、中泰编录
广昌后学揭暄再较

周易上经

贞悔十八卦①

柴氏曰：“周，从用口，古‘围’字。用，从卜中。盖，天以周为用；用，即其体。”郑康成曰：“《易》道普周，无所不备。”孔仲达曰：“代名也。”安知非“代名适叶，而文王以藏其义乎？”古人寓象，触处皆然。《易》具三统，帝王继有所尚，而实合用也。远古不详，三代为著；今睹《连山》《归藏》之名，其义昭然。《周易》宁以代名，而废其义邪？《说文》：“易，本蜥蜴。”《秘书》说：“日月，为易。”《参同契》，亦然。虞仲翔，主之。赵凡夫谓：“周伯温所定，非也。蜥易之物，亦以此声名。此小物，必在后耳。”升菴，引罗泌云：“散于日下，为‘易’；日上，为‘昜’；相对，为‘明’；对亏，为‘昒’。西曰：‘昒谷’，即‘昧谷’。《史记》‘昧爽’，作‘昒爽’。班固，用‘昒昕’。”智按：“易，即‘陽’字。古，四声通转，旁响亦通。如‘亨’‘享’，一字是也。陽，自分为阴阳，而互用之。陽，即‘一’也；陽，即‘至变易’者也。易，从日月；而一自统二，日自统月。且‘一’之声，即‘易’之声。则‘易’‘陽’通声，明矣。后分别加之：加阝，为‘陽’；加一，为‘昜’。”郑厚谓：“止有一。以一包之为㊀；因有二，而以一包之为㊁；合㊀㊁，则‘易’字也。”孔子曰：“阳三、阴四，位之正也。”《上》，三十；《下》，三十四。盖“奇一”不用，而用“参之全”；

①《上经》三十卦，乾、坤、颐、大过、坎、离六卦，其颠卦不变，则为6贞悔卦；其余24卦，为12卦贞悔卦，共18贞悔卦。

偶二围四，而用其余数也。旧分《上经》天道，《下经》人道。其实，天人一致，分即是合。六十四卦，而藏三十六宫，非“深几”之表法乎？经者，典常之名。加二于水，曰“平”；加三画，为“巠”。“巠”，乃后变也。加糸，则“经”，以贯纬之义。

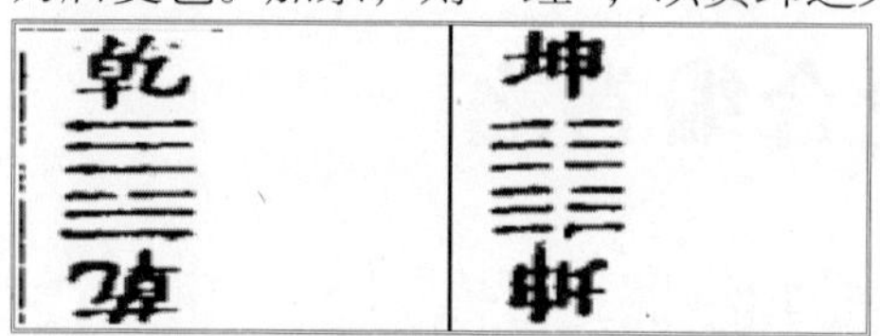

程子曰：“物，无独不对。”[①]通“反对”之义，而“天下之能事毕矣”[②]。文中子，亦取《老子》“反者道之动”。《野同录》曰：“气为阴阳，象为天地，数为奇偶；而贯者，与之‘同时’‘同体’。故孔子尝言‘往来’，以‘用二者，即一也’。”潜老夫曰：“绝对待者，在反对中。羲，止画其“对待”之阴阳；而皆乾、皆坤藏之矣。”景元曰：“‘乾坤定矣’[③]，言‘《周易》，定于乾上、坤下之一对也，’乾主、坤从者也。”“垂衣裳，取诸《乾》《坤》。”“取诸”此也。序说，详前。敬仲曰：“乾者，一画之坤；坤者，两画之乾。”吾谓：“六十四，皆坤也，则皆乾也。”邵子，以“天为用，地为体”。先天，因用生体；后天，因体生用。所谓“至体”者，乃无体之体；实，止有一用耳。醒之曰：“阳，统阴与阳；一，统一与万。”然，二即一之中；又何得不分列之，以交尽其细变邪？用六画者，一极三，而两之也；十二之半也，“参两”之会也。藏九于六，即“藏五于六”者也。《宗一》曰：“颜子，乾；仲弓，坤。曾子，坤；孟子，乾。‘守黑’者，坤；‘南冥’者，乾。”《遡》曰：“乾道奋迅，径情则非。故过‘危即微’之关[④]，而必以‘乾惕’。坤道柔顺；绕指则屈。故通‘文在中’之理，而必本‘直方’。”智曰：“姑分言之：‘静塞’者，坤也；‘圆应’者，乾也。顺其‘序、别’，坤用也；神于‘变通’，乾用也。成物立体者，坤也；无体而随物寓体者，乾也。其实‘专直’‘翕辟’[⑤]，两交一贯，而不得不互析以研之。若执见相高，则偏言乾、偏言坤，皆病矣。谓‘可见之乾，皆坤；不可见之坤，皆

①程颐、程颢著《二程遗书》卷十一：“天地万物之理，无独必有对，皆自然而然，非有安排也。每中夜以思，不知手之舞之，足之蹈之也。”

②《系辞上》：“引而伸之，触类而长之。天下之能事毕矣。”

③《系辞上》：“天尊地卑，乾坤定矣。”

④《尚书·大禹谟》：“人心惟危，道心惟微，惟精惟一，允执厥中。”

⑤《系辞上》：“夫乾，其静也专，其动也直，是以大生焉。夫坤，其静也翕，其动也辟，是以广生焉。”

乾’，可也。执不可见，以为乾，庸非病乎？‘藏密’之道，乾在坤中；而与人随卦言卦、随爻言爻，‘数度’‘德行’，‘统’‘御’同时，适还其‘安生食力’之乾坤而已矣。隐后知先，即无先后，睹闻不及，深入会通；此，‘逆几’也。无先后者，先后历然，适当时位，措宜中节；此，‘顺理’也。”

䷀上下皆乾

止菴杨氏曰：“八纯卦，皆古字。篆，始羲画，仓颉以作六书。”吴仁杰谓：“卦画，即名。朱子然之，何燕泉申之，余故从之。”潜老夫曰：“罗泌谓：‘古有仓帝作书。颉，特黄帝史耳。《凿度》溯古画，不始羲；羲时，著此六十四也。’荒古无稽。此贵自信，一有俱有。”《说文》：“乾，上出也。从乙，物之达也。”从乾，有光明音。《全》曰：“天，古作‘[illegible]’。以人指其中，为[illegible]；讹为一‘大’矣。日行一度，适得上下之中，为‘[illegible]’，陟遥切。旁[illegible]，天半体乃日行；[illegible]，‘过天一度’之形也。乙，即一也，曲其笔耳。體，因體先二切。”按：“古‘真’‘先’通韵。《易》辞，天皆叶人。‘天’‘乾’，通声；后乃分别也。文王《系词》于卦，曰：‘彖’。”升菴曰[1]：“彖，茅犀也；即狶神，善知吉凶，象‘兽希见’，故想像之。”孔《疏》曰：“卦，是悬杙；爻者，‘交疏’之窗也。一窗之孔，六十四；六窗，则具爻也[2]。”智按：“彖，古‘豚’字。《归藏》‘遁’卦，作‘遂’。戴逵兄，‘遂’取名是也。因豚而转，吐乱切之音。”《彖》，言全体；爻，言分体也。爻交、爻列，即肴也；后加肉，作“肴”耳。何子元、郝京山，皆主之。魏子才，作“豙”，从巳亥立意也。升菴，解“卦”字，曰：“圭声，卜义。”造律，量以“六十四黍”为“一圭”；应六十四象，总名卦也。古文“圭”，音“挂”；本“挂”字，从手。智按：“古，皆来韵，皆合齐微韵；则‘卦’，亦读‘圭’，明矣。《说文》：‘从“王”，刻上，作圭。’《字说》：‘作圭，象挂形，乃分立耳。’其实，古从‘二土’，为‘圭’。‘乂’者，五也。二‘乂’，为‘爻’；犹二土也，‘一用二’之义也。‘土圭测景’，转为‘悬挂’之义。二[illegible]之爻，转为‘交肴’之义。此编，有质诂，有通论，有随举，首因见例。”

乾：元，亨，利，贞。

程子曰：“以形体，谓之‘天’；以主宰，谓之‘帝’；以性情，谓

① 杨慎（1488—1559），字用修，号升菴，著《丹铅录》。“升菴曰”“升菴曰”“《丹铅录》云”，皆引其著作。

② 具爻，即六十四卦全体之爻，即384爻。

之‘乾’。”邵子文曰：“无所不主，谓之‘天’。”《揆》曰[①]：“天，其体；乾，其用。圣人教人，法天之用。”《朱子语录》，以“六位”分象。“初、二，谓‘元’；二、三，谓‘亨’；四、五，谓‘利’；五、上，谓‘贞’。以三、四，为‘介’。”此，一端也。《易》道，代错同时；不碍“四句”训之，亦不碍“大通而利，在正固”谓之也。周子曰：“‘元、亨’，诚之通；‘利、贞’，诚之复。”张子曰：“乾之‘四德’，终始万物。‘迎之不见其首，随之不见其后’[②]。”明善公曰：“艮、坤，贵体；而乾，则‘大用藏体’者也。用坤，成物；而始终以艮。此，四时周天，所以用‘三统’乎？”《易意》曰[③]：“一必用四，邵子阐之‘四用三’；而‘不用者一’，即‘以一用三’。此，贞之所以‘终始’也。北水，属智；而以‘贞’表之，以《乾》‘知’统之。《凿度》位信于北；可豁然‘知行’之一、‘诚明’之一矣。”潜老夫曰：“水、土，‘羽宫’之徵。已详《图说》矣。天，‘播五行于四时’；象天环时，以四系一。文王，不溢一辞。尼山注之，即注‘万世之我’也。”智曰：“以‘元亨’，为‘利贞’；即以‘利贞’，为‘元亨’。体贞，而用三；即‘体乾而用四’；即‘体四而用乾’矣。有‘元之四’，有‘亨之四’，有‘利之四’，有‘贞之四’。大元会，小呼吸，皆此‘交轮几’而‘一贯’者也。‘四时行焉，百物生焉，天何言哉？’”

初九，潜龙勿用。（蔡墨曰：“在《乾》之《姤》，言‘此爻变也’。”今倒曰：“变巽，为《姤》；独存，为《复》”。）

《集象》曰：“冯椅，以为象。韩宣，见《易》象与《春秋》，曰‘《周礼》，尽在鲁矣。吾乃今知周公之德，与周之所以王也’。周公系爻，以此为证。”朱子曰：“天气，从地透出；故画，自下起。龙鳞九九，阳数也。以春秋分，为升降。”藏一曰[④]：“四灵，取‘东方之龙’，为象。《易》，贵用也。‘潜龙’，不言‘所在’，无所不在；若‘有所在’，不得名‘潜’。”《五行志》，引《京房易传》曰“‘潜龙勿用’，众逆同志，至德乃潜，厥异风行”，谓“变巽也”。石斋黄氏曰：“‘天行’之健，昼夜各六，永促虽殊；其为十二辰，则一也。六爻者，‘昼夜’之半也。反复而知之，‘初为《姤》《复》’之通例。”邵子曰：“《复》

①钱士升（1574—1652），字抑之，号御冷，晚号塞庵，明嘉善魏塘镇人，著《周易揆》十二卷。“《揆》曰”即引其著作。

②《老子》。

③方大镇著《易意》，文中“《意》曰”，即引其著作。

④左藏一（生卒不详），讳锐，字幼錞，又作右錞，藏一是其别号。方孔炤在《周易时论合编·凡例》中说：“惟有农夫、幼光、右錞，及从子建诒辈，间过径中。”文中“藏一曰”“右錞曰”，皆引其著作。

之一也。'已见'，为用；圣人于此，养其用焉。'包四十有九'者，'一之一'也。动乎'六之下'，为'潜龙勿用'者，'二之一'也。"邓绮，引邵子言："六位，天地之'定位'也。初、上'无位'，除天地之本，而生万物也。故初九，'勿用'；上九，'无位'。天地，用六爻；乾、坤，主之也。六爻，用四位；坎、离，主之也。"黄元公曰："'法界缘起'，直下上升。下者，'初地'也[①]。时位所乘，各有分量。"陆佃，引贾子曰："潜龙入，而不能出；故《易》曰：'勿用'。"东溟管氏曰[②]："尧，已得舜；许，可'持瓢'。孔，笔'斯文'；颜，安'陋巷'。然许，'潜'而'亢'；颜，'潜'而'见'。彼'体潜，而用亦潜'者，不以'可法、可则之迹'示诸人；其言动，亦难为准矣。"孔子曰："'隐而未见，行而未成，是以君子弗用也。'"不用，不足为"潜龙"病。而正令，必诃"蟠窟之龙"；时宜，则得矣。其"发中未发"之潜，则何处、何时不是邪？王文成曰："作一人看，有'显晦'，无'优劣'；作六人看，有'贵贱'，无'优劣'。抑龙而潜，可称'勿用'；非龙而潜，农商尽然，安所称'勿用'哉？依然，有优劣矣。"尔卓钱氏曰："乾，卦始；初，爻始。周公之'潜'，即文王之'贞'，即'夏、商之艮、坤'也。初，为龙首。初潜，即'群龙无首'矣。'勿用'，'藏诸用'也。"智曰："大潜，即大密也。就爻位而论之：初，是'未入事'之潜。"

九二，见龙在田，利见大人。（上"见"，音"现"）。独变离，为《同人》。积变，为《遁》。独存，为《师》。

《集象》曰："二，于'三才'，为'地'位。阳气发动，见于地上，'田'象。'龙在田'，田资龙云雨也。变离'目'，'利见'象。二、五，为'内外卦'之人道阳中，故称'大人'。圣人时雨，'天下文明'[③]。"褚、张，同康成，以为"利见'九五之大人'者"，泥矣。东溟曰："'显君道'者，不敢自有其'君德'。故圣如尧舜，而犹有师臣。'显师道'者，不敢自有其'师道'；师道，归于'天下之大人'。故圣如尼父，而不敢当'作者'。"淇澳孙氏曰[④]："二、五，不分阴阳爻；皆刚中，皆阳也。分爻阴阳，以'三男、三女'之卦，爻从中起，二生三，

① 大乘菩萨"十地"中，以"欢喜地"，为"初地"。

② 管志道（1536—1608），字登之，号东溟，明太仓人，著有《问辨牍》《续问辨牍》各 4 卷，《师门求正牍》2 卷，《惕若斋集》4 卷。文中"东溟管氏曰""东溟曰"，皆引其著作。

③《乾卦·文言传》："见龙在田，天下文明。"

④ 孙慎行（1565—1636），字闻斯，号淇澳，江苏常州武进人，谥文介，著《周易明洛义纂述》《不语易义》等。"淇澳孙氏曰""淇澳曰""淇澳公曰""孙淇澳公谓""文介曰""孙文介曰"，皆引其著作。

三返初。阳卦，三爻俱阳；二为阳，三为太阳，初为老阳。阴，亦如之。此乾二爻，即‘阴阳合德’之《易》，故曰‘龙德而正中。’”潜老夫曰：“隐老注邵子，以‘四维’之‘四中’，则‘地以其正，奉乎天’者也。先中，次孟，次季。天常，去一；地常，存一。此，有微理；与孙说相参。非可以‘初、二、三之序，为碍’。”

九三，君子终日乾乾，夕惕若厉（《说文》，作“夕惕若夤”。《淮南》、班固、张衡，皆引作“厉”），**无咎**。（无，象“天气”。后加茂密，以“蕃无”代之。从无非；旡，音“既”）。独变兑，为《履》。积变，为《否》。独存，为《谦》。应爻。归几，“七变藏九变”者也。

孔子曰：“三世、四世，为人易。”而归魂《大有》，下卦全归，转几在此。《乾》上，为“不变”之世；则三爻，为应。《乾》九三，为六十四卦“人道尽心”之首；故著“君子”，所谓“人其龙也”。干令升云：“昼夜，平分六画；天行，日周而过一度。三，则‘日终向夕’之候。”两乾出入，曰“乾乾”。《文言》，屡用乾道，皆从二体交处，点其睛也。之卦，“履虎”[①]，“惕”象。玄同曰：“乾、坤，中四爻；变、伏，皆坎、离也。坎，‘惕’；离，亦‘惕’者，皆心也。”程《传》曰：“虽言‘圣人事’。苟不设戒，何以为教？作《易》之义也。”朱子曰：“‘厉’，多是阳爻说。”苏子瞻曰：“‘上下’之际也。‘潜’‘见’‘跃’‘飞’，皆待于三；使三不能处此，则乾丧其‘所以为乾’。”《象正》曰：“‘乘龙’‘履虎’，书凛朽御。‘君子’者，‘六龙’之御也。”《见》曰：“‘无咎’，始于此爻。‘惕’，深于‘潜’。其深体忧患乎？”《揆》曰：“‘惕’，竖心从《易》。竖起此心，与日月同运。”潜老夫曰：“知‘夕惕’，则知‘旦气’之源矣；知‘日乾’，则知‘夜气’之源矣；此，‘通乎昼夜之道’也。”智曰：“辅嗣，以‘纯修“下道”，则“上德”废；纯修“上道”，则“下礼”旷’，故‘乾乾’。此，谓：‘滞下，则不可“为龙”；偏上，则不可“为人”。两不得中，是“慎独”之心法’。”

九四，或跃在渊（古文，作“囦”），**无咎**。变巽，为《小畜》。积变，《观》。独存，为《豫》。游魂，为《晋》。

《集象》曰：“‘或’，亦‘人位’也，正当‘心思’之位。心几，乃‘或’者也。‘渊’，则‘跃’所自，应初象。始离下卦，为‘乾道乃

①《乾》卦，九三独变，为履卦。《履》卦：“六三，履虎尾，愬愬哦，终吉。”

革’。”赓之余氏曰[①]：“孔子，以三‘不在’[②]，形容此一‘在’字，可谓‘善于遮表’。庄言‘九渊’[③]，而壶子举‘三渊’[④]；‘性’，犹‘海’也。处此‘上空、下洞、不测’之渊；则转身，有余地矣。《系》言‘深几’；深几，在乎‘转关’。”臣北曰：“三，下卦之‘天’，则曰‘日’。四，上卦之‘地’，则曰‘渊’。”东溟曰：“‘惕’而曰‘若’，在‘有、无’间，‘圣学’之几微也。”元公曰：“‘乾乾’，天性也。贤人‘终日’惺存，犹有‘失之昏夜’者。圣学，寤寐一如。”孙文介曰：“四，‘跃在渊’，晦之于‘人所不见之地’，而后可为用。初，‘潜勿用’，藏之于‘己不容心之地’，而后得吾体。”《象正》曰：“《小畜》可止，而‘或跃’。跃可进，而或畜之；犹‘密云’可雨，而‘不雨’。其‘殷周’邪？”《易意》曰：“潜无处所，‘喜怒哀乐之未发’也。至四，而始见其‘渊跃者’，‘行健不息’之真精，奋‘百世之上’乎？然人得而意之，终不得而窥之。”潜老夫曰：“三，称‘君子’，龙而人之；四，称‘或跃’，人而龙之。盖二爻，居一卦之中，而转不停几之际也。”智曰：“北溟‘水激三千里’，其‘或之’乎？语‘学’‘问’者，喻‘点额’焉，不独拘‘进禹、退益’之事。”

九五，飞龙在天（《史记》，作“蜚龙”），**利见大人**。独变离，为《大有》。积变，为《剥》。独存为《比》。

《集象》曰：“五，于‘三才’，为‘天’；上卦，为‘人’。是‘天人’也，故象‘飞’，尧、舜当之。”藏一曰：“天一之水，产自渊中，乘之而飞，《离》‘日’比《晋》[⑤]，空行无碍，则变化愈神。”孙文介曰：“‘龙’与‘虎’，均赞之五爻中，使人以‘虎之火’，腾‘龙之水’，正也。”王昭素，对宋太祖曰：“臣等占之，则陛下为‘飞龙在天’，臣等‘利见’也。”学者，玩占悟此，“怒而飞”乎[⑥]？朱子曰：“自天子，至庶人；自圣人，至愚、不肖；义，皆有取。专推为‘圣人’，而六位则进退也；位有高下，德无浅深。”荀慈明曰：“‘飞’者，无所拘也。”元公曰：“‘渊渊其渊’，‘性海’静深，不可测也；‘浩浩其天’，‘法界’广

---

①余飏（生卒不详），字赓之，号季节，莆田县人，著《芦中集》等。“赓之余氏曰”“赓之氏曰”，皆引其著作。

②《乾卦·文言传》：“九四，重刚而不中，上不在天，下不在田，中不在人，故或之。”

③《庄子·列御寇》：“夫千金之珠，必在九重之渊，而骊龙颔下。”

④《庄子·应帝王》：“鲵桓之审为渊，止水之审为渊，流水之审为渊。”

⑤《乾》卦，九五爻独变，为《大有》卦。《大有》卦，其上卦为《离》。离，为日。乾宫，游魂，为《晋》卦；归魂，为《大有》卦。

⑥《庄子·逍遥游》：“怒而飞，其翼若垂天之云。”

大，不可穷也[①]。”《易意》曰：“‘飞’者，‘羽翼下垂’之象。‘乘云气’[②]‘负青天而培风’者[③]，谓：‘上不绝上，而时时覆下，因下之“厚载”也’。”

上九，亢龙有悔（《说文》，作“伉”。本户唐切，颈也。今，去声）。独变兑，为《夬》。独存，为《剥》。世爻。

幼清吴氏曰：“喉骨，刚而居高也。绝下，为‘亢’；盈穷，则‘悔’。盈虚、消息，事有适然，未可为俗人道也。”邓绮曰：“上九一爻，近逼夏至，‘日中则昃’。凡物，以中为界；少过，则偏也。以卦位论之：三，为中极。以爻位论之：六，为中极。过中，则变；故六变，而十二也。”玄同曰：“‘亢’‘悔’，皆圣人事。‘放伐’，‘亢’也，以济‘蒸民’。曰‘余恐来世，以为口实’，‘悔’也，以维名教。龙，不能亢，蚓也。不悔，则‘不惕之龙’矣。惟其时也，时则乘之，究不可居。又曰‘誓师，以三千，当不亿’，而曰‘必往’；畏匡‘藜羹不糁’，而曰‘匡人，其如予何？’非‘时乎亢’邪？”智曰：“‘知至’‘知终’之学，必以‘亢’‘潜’得几。此，‘时乘’之‘大用即体’也；故，特著二‘用’。”

用九，见群龙无首，吉。

《集象》曰：“蔡墨，称《乾》之《坤》，曰：‘“见群龙无首”，是以“六爻皆变，为占也”’。”王介甫，尝欲系用九，于“亢龙有悔”之下；而程子非之，以为“六爻，皆用九”。朱子曰：“百九十二，通例；此，首发之。”《蠡》曰：“《乾》爻，不言‘吉’；惟《乾》之《坤》，曰‘吉’。”玄同曰：“龙，神物；而升降，不离于阴阳。雷雨行，而功用显，人不可见；见者，见其尾，而已；故取此象。以数言之：阳数，无尾；阴数，无首。乾用坤，故‘无首’也；乾、坤二用，相剂也。此，‘会六，为一’者，会十二，为一矣；会三十六，为一矣；会四千九十六，为一矣。”东溟曰：“‘六龙’，不分首、尾；犹‘天行’，不分旦、暮也。人心，一毫未化，即非‘天德’；见，以为首矣。惟‘不见其首’，而以‘时乘’之；则触处，可以为首。时潜，而潜为首；时见，而见为首。人见，以为首；‘群龙’，实未尝有首也。无首，无不首，止乎‘分之当然’，行乎‘时之不得不然’；此，之谓‘天则’。

① 《礼记·中庸》：“夫焉有所依，肫肫其仁，渊渊其渊，浩浩其天。”

② 《庄子·逍遥游》：“藐姑射之山，有神人居焉。肌肤若冰雪，绰约若处子；不食五谷，吸风饮露；乘云气，御飞龙，而游乎四海之外。”

③ 《庄子·逍遥游》：“故九万里则风斯在下矣，而后乃今培风；背负青天而莫之夭阏者，而后乃今将图南。”

虽圣人，亦不知其然而然也。”《象正》曰：“乾、坤，用爻；至屯、蒙以下，不用。何也？曰：‘简六子之权，以统于乾、坤’。言：‘后之为六子者，乾坤是统也。’又曰：‘常人，不见也；圣人见之，所以能用。’”《揆》曰：“用‘九’之数，以表‘阳之德’；不尽‘九之位’，以善‘阳之用’。”潜老夫曰：“九、六，用《河图》之生数。此，本论也。叶石林，‘阳，用极；阴，取中’之说，支矣。九六、七八，蓍分老、少。爻，以九、六，当阴、阳者，重老变也。乾奇，三画；而坤偶，六画。坤，自用坤；而乾，兼用坤。以十二，各六言之：乾用九，而侵坤之三。此，九之‘神于用六’乎？以全变，占此爻者，其一端也。全《易》，皆此二‘用’。朱子曰：‘六爻，无浅深’。此，统语也。其曰‘刚而变柔’，乃‘人世适用’之吉道。安得徒标‘统语’，而忌讳‘善世切用之言’邪？”智曰：“邵子曰：‘蓍，以七者，并其余分也。’一八，为九；裁之，为七。故知京房，以‘七变’统‘九变’。六爻，加用，为七。凡‘轮时、旋律’者，尽六而周，则为七。‘六月息’者[①]，举半即岁也；‘七日复’者，周而复也。六画，自二仪始，若连太极，当有七层。太极一层，不用；则用爻，即太极也。知‘太极第一层，不用’者，知‘无首’之旨矣。倪文正，以此爻言‘闰道’，‘知言’哉？故曰：‘极三。而两其三，为六爻，则备矣。’十二之半，尝有赢余，如‘琹之藏十三’也。故于乾、坤二卦，示之。知此矣；则凡六爻，用五而上，即藏‘闰道’矣。此，惟知者可语。”

《彖》曰（玄子云：“当作‘《彖传》曰’。”）：**大哉乾元，万物资始，乃统天。**

杨慈湖曰[②]：“物，即‘乾元’。而曰‘物，资元以始’者，以人‘滞于物’。故，导人‘思其所始’，使忽觉焉；则乾在我矣，无所不通矣。天，即‘乾元’。而曰‘统乎天’者，以人‘执乎天’。故导人‘因天’，思其‘所以统之者’，使忽然觉焉；则，天在我矣。”黄《疏》[③]曰：“万物，为天所包；天，为乾所包。圣人，赞‘乾元’之大，赞乾也。乾，有‘元’；坤，亦有‘元’。元，所同；乾，所独也。天，为乾之所统。故圣人，体乾之德，即能‘乘六龙以御天’。‘统天’者，乾之

① 《庄子·逍遥游》：“水击三千里，抟扶摇而上者九万里，去以六月息者也。野马也，尘埃也，生物之以息相吹也。”

② 杨简（1141—1226），字敬仲，号慈湖，南宋，慈溪人，著《杨氏易传》20卷，又称《己易》，《慈湖诗传》20卷，《五诰解》等。文中“杨慈湖曰”“慈湖曰”“敬仲曰”，皆引其著作。

③ 黄伯端著《易疏》六卷，见《四库全书存目从书》经部第23册，齐鲁书社1997年版。

用；'御天'者，大人之用也。"潜老夫曰："《大学》，言'格'；乾、坤，言'资'。乃叹'统天''御天'，即一'大资格'矣。即终始，无终始，是'统''御'之'大资格'矣。惟真见'画后森然'者，乃是真知'无始'者。'六位时成'，万形随践，而不混不乱，各循其道。此，圣人'统御同时'也。"

云行雨施，品物流形。

仲翔曰："乾，以雷雨，流'坤之形'。"朱子曰："亨也。"潜老夫曰："因形，而知'元''始'；即知：舍流形，无元始矣。'大一'之中气，至精为水。故万物，资'云雨'之气，以生其胎。'天一'之初气，而流转无穷乎？'品物'者，'函三为一'[①]，而品其形也。"

大明终始，六位时成，时乘六龙以御天。

侯果曰："'时乘'者，言'乾乘六气，而随时变化，陶冶四时'。"《乾凿度》曰"日月终始万物"，是其义也。朱子曰："此，圣人之'元、亨'也。"令升曰："'云雨'者，坎也；'大明'者，离也。"文介曰："'变化'，为震；'各正'，为艮；'保合大和'，为巽、兑。六子，为乾'用'；而坎，'资始'焉。"《揆》曰："位，曰'成'；规之、矩之，有'定分'也。龙，曰'乘'；'左之、右之'[②]，无滞迹也。"黄《疏》曰："不言'始终'，而言'终始'；以'微始微终'，为'大明'也。乾金，乾刚；初心，后智，一贯矣。"智曰："'无终始'者，即在'终始'中；犹'无子午'者，即在'子午'中。以巳亥，明子午；而以卯酉，用昼夜。环，为十二时；折半，言六；表法，本明也。可以知，'六位时成'之当前'大明'矣。'时乘'，犹'舞、蹈'也[③]；故明'大始'，必明'小始'。欲明其始，必明其终。子，为寅之始；而亥，乃子之始。所谓'源之源，即流'，是矣。就卦爻之'终始'，而明之；生死、元会，宁有二哉？以时位言，虽道全德备，所乘不过一龙；而'一龙'之中，'六龙'具足。所谓'敦化''川流'[④]，'即六是一'者也。'龙德'，无成心；'时乘'，无定格。不可为首，即在'素位'[⑤]之'时中'[⑥]。若讳言'时位'，而冒言'荒统'，自非圣人'明《易》之旨'。"

①《汉书·律历志上》："太极元气，函三为一。极，中也。元，始也。"

②《诗经·小雅·甫田之什》："左之左之，君子宜之。右之右之，君子有之。维其有之，是以似之。"

③《礼记·乐记》："言之不足，故长言之；长言之不足，故嗟叹之；嗟叹之不足，不知手之舞之足之蹈之也。"

④《礼记·中庸》："万物并育而不相害，道并行而不相悖。小德川流，大德敦化。"

⑤《礼记·中庸》："君子素其位而行，不愿乎其外。"

⑥《礼记·中庸》："君子之中庸也，君子而时中。小人之中庸也，小人而无忌惮也。"

乾道变化，各正性命，保合太和，乃利贞。

苏《传》曰："'不可得而消'者，尧舜，不能加；桀纣，不能亡。非'性'哉？'性之至'者，无以名之，而寄之命也。器之于手，不如'手之自用'。君子于'用是、至是'者不二；亦如'手之自用，莫知其然而然矣'。性至于是，则谓之'命'。情者，性之动也。溯而上，至于命；沿而下，至于情；无非性者。性之与情，非有'善、恶之别'也；方其'散而有为'，则谓之'情'耳。命之与性，非有'大人之辨'也；至其'一而无我'，则谓之'命'耳。其于《易》也：卦，以言其性；爻，以言其情。情，以为'利'；性，以为'贞'。"邓绮曰："邵子云：'天，以"始生"言之，自下而上，"命，出性也"。以"既成"言之，自上而下，"性，反命也"。剥，知"性"；复，知"命"。'八纯卦，世爻，俱在上，谓'八卦之性已成也'。"《全》曰："终，而复始；始，在于'适中之所'，则所谓'天地之中'。"《见》曰："'乾元'，统天，无'终始'也。'大明终始'，明其'即终、即始'也。'乾元'，始而亨；'亨'者，始也。圣人释'元亨'，急接以'终始'，以为'始者，终之始也'。'利贞'者，终事也。圣人释'利贞'，即继以'首出'，以为'始，即在于终也'。首尾相衔，始终一贯；'时成''时乘'，所以'无首'。"又曰："天道西南，皆属坤事；而坤，不离乾。故提出'乾道'，结以'乃利贞'，明'坤之事，皆乾之所为也。'"《招隐》曰："乾'战'后，坎水最淫；非艮土制之，则生气泄于冬，而'来年之生机'不足矣。故'丑、寅'之交，寒冱转甚。"《月令》曰："'水泽腹坚'，则'艮之为'也。'保合太和'，艮事也。'无生之忍'[1]，忍而贞之也。"

首出庶物，万国咸宁。

潜老夫曰："'无首''首出'，'垂衣'之'勋、华'也[2]。'飞''潜'错用，'惕''亢'兼资，'渊''田'互宅；'各正'，所以'时成'；'乘御'，所以'元统'。朱子，以'大明'与'首出'，'属之圣人'。而止菴，更其经文，则不必矣。"

《象》曰：（当作《象传》）**天行健，君子以自强不息。**（晁氏，"健"作"乾"。赵氏《辑闻》云："《集韵》，'乾'，或作'𨺗'。"）

苏《传》曰："天，岂以'刚'，故能'健'哉？以'不息'，故

①《大智度论》卷五十："无生法忍者，于无生灭诸法实相中，信受通达，无碍不退，是名无生忍。"

②勋，放勋，尧名；华，重华，舜名。即"尧舜"也。

‘健’也。‘流水不腐’[①]，用器不蠹，故‘君子庄敬日强，安肆日偷。’[②]强，则日长；偷，则日消。”黄《疏》曰：“天运不积，环流万古，气化日新。君子，天之继也，故‘终日乾乾’。《诂》曰：重卦，取重象。此，独言‘天行’而已。”或曰：“‘自强’，象内乾；‘不息’，象重乾。”《象正》曰：“乾盛阳长，夏之轨也。宅土中而视之，两极，距百八十；益以‘北极出地’之三十六，为二百十六；‘南面’之治也。两极之间，九十余一；各衷二十四，为南、北陆。日月出入，四十九道，分于天中；圣人所手揲，以得经纬也。凡日行余分，赢缩不及。《大衍》视于气朔，以为闰端；一舍之度，概赢三十。故长夏日行，出寅、入戌，中历七舍；昼长二百十六，则夜短百四十四。径周行度，自然而然；故日法天，君子法日。寝兴明发，体道不息，变化万物，而还守其极。故《象》简，而义可通；象备，而词不费。圣人之辞，弥漫天地；皆可‘按象而求、循实而指’也。”徐巨源曰[③]：“一度，当二百五十里；‘九万’，则周天也。其‘游’也，所以‘不息’也。”潜老夫曰：“‘日不及天’，天‘健’矣。言‘九天’者，立‘静天’；言‘其非“九天”，而即“九天”也。’有‘至健，而群健不及’者，皆‘天之健’也。以‘天’，主卦；以‘终日’，主爻。《大象》，不称‘乾’；独以‘乾乾’，主之‘君子’。舍日，无岁；舍时，无日。曰‘时成’，曰‘偕行’，曰‘偕极’，即‘天运时行’之象；而‘所以健’者，可知矣。象也，理也，心也；一也。”

潜龙勿用，阳在下也。

此《小象传》也。胡双湖曰：“《小象》曰‘阳在下’，曰‘阴始凝’。‘阴阳’之称，始此；而‘动静’‘刚柔’‘健顺’‘进退’‘往来’之称，由是而著。‘在下’，‘潜’之至也。‘为百谷王’者，‘处乎人之所恶’，其庶几乎？”孙文介曰：“‘阳在下’，曰‘上而彻下，直包“乾坤之外”，握“旋转之机”者也’。”

见龙在田，德施普也。

《意》曰：“德不可见，而物自被施；则不偏上下而普矣。”元公曰：“阳气发陈，好施而不积。入尘‘普度’，其‘在田’之象乎？”智曰：“‘天下归仁’，莫普乎‘《礼运》之用’。”

终日乾乾，反复道也。（陆德明，“复”亦作“覆”）

藏一曰：“一乾已终，一乾又始。《易》之变化于‘一二、上下、分

①《吕氏春秋·尽数》：“流水不腐，户枢不蠹。”

②《礼记·表记》。

③徐世溥（1608—1657），字巨源，南昌新建人，著《夏小正解》《韵蕞》等。

合’中；用，在‘反复’也。游定夫，读如‘翻覆’。”《潜录》曰：“‘在下’一阳，终古不息。《复》之初体，发则‘施普’。君子‘反复’，以德凝道[①]，以道行德；则‘勿用’与‘施普’，皆其‘终日’之用矣。可‘进’、可‘造’，而盈能‘无首’，正其‘乾乾’‘反复’也。”智曰：“‘反复’，莫密于‘昼夜’。从昼反夜；而夜，复用昼。从昼夜，反乎‘无昼夜’，而复于‘昼夜’。君子‘日乾’，即是‘夕惕’，依然反复于‘以日统夜之道’，而已矣。德，以道用；而化，日普矣。《阴符》‘三反’，非‘刻画此爻’者乎？”

或跃在渊，进无咎也。

能“反复”者，转身有路，特许其“进”。而三、四“人位”之“无咎”，合于一“跃”矣。盖曰“如此而进，斯无咎”云。

飞龙在天，大人造也。（刘向父子，作“聚也”）

张子曰：“成性，则跻圣而开天，乃‘大人自造’之地位。若夫受命，‘首出’；则所性，不存焉。”《易意》曰：“非‘造’，则飞鸟掠空。”

亢龙有悔，盈不可久也。

《易意》曰：“言‘盈’，则藏虚矣。大人，用天；天道，忌‘盈’。‘盈’者，德之‘处于太进’者也。‘上德不德，是以有德；下德不失德，是以无德。’[②]进德，而不知‘退德’；是昂其首，以惧人也。故总结之曰：‘不可为首。’”

“用九”，天德不可为首也。

敬仲曰：“能‘用九’者，中虚无我。”《见》曰：“操纵在我。‘时乘六龙’，是‘用九’也；不用，则首见矣。”

《文言》曰：（周文王之言，而传之，当作“《文言传》曰”）**元者，善之长也；亨者，嘉之会也；利者，义之和也；贞者，事之干也。**

孔子，申“文王之言”，而纪纲人极也。令升云：“‘道义之门’，在此；犹《春秋》之备‘五始’也[③]。”《彖》五字，即命、即性；而尽性，在人。“君子行此四德”，而“乾德”乃成。舍“四德”，无乾；犹舍“四时”，无“太岁”也；故，总申五字焉。元公曰：“四，皆善。而‘元’，为天命之初，故‘长’之。而元，曰‘善’；亨，曰‘嘉’；

①《礼记·中庸》：“故曰苟不至德，至道不凝焉。故君子尊德性而道问学，致广大而尽精微，极高明而道中庸。”

②《老子》。

③《汉书·王褒传》：“共惟《春秋》法五始之要，在乎审己正统而已。”颜师古注：“元者，气之始；春者，四时之始；王者，受命之始；正月者，正教之始；公即位者，一国之始，是为五始。”

利，曰‘义’，言其体也。贞，独曰‘事之干’，‘理，可顿悟；事，未可顿融’也[①]。天下皆知‘善之为善’，而不知‘善之有“不善不择，至善”’，何以‘见性’而‘归元’哉[②]？‘嘉会’，会乎‘元’也。和，为元气；万物，乐而利之。《易》为‘利用之书’，未尝讳‘利’也。《孟子》崇‘义’、黜‘利’，忧天下‘知“自利”，而不知“利人”也’。故，以‘义’正之。‘利物’，则万物各得其所。非以‘利’妨‘义’，而正以‘利’和‘义’矣。贞下起元，万事终始，本身为幹；坚固不动，其君子‘法身’乎？‘元、亨、利’，‘理法界’也；‘贞’者，‘事法界’也。‘贞’，又为理；三[③]，又为事。人之君子，即‘天之君子’也。曰‘理以干事’，事即理也。”《潜草》曰：“‘继之者善’[④]，‘元’事也。‘成之者性’，‘亨利贞’事也。一阳、二阳，为‘刚长’；三阳，为‘道长’；不有‘所以宰其长’者乎？”高忠宪曰[⑤]：“善，自‘资始’以来；而‘元、亨、利、贞’，‘继之’‘成之’。‘元’，特‘善之长’耳。”

君子体仁足以长人（京、荀、董遇，俱作“体信”），**嘉会足以合礼，利物足以和义**（京、荀、陆绩，俱作“利之”），**贞固足以干事**。

文中子曰：“元亨利贞，运行不匮者，智之功也。‘善长’，‘形而上’也；‘嘉会’，‘形而下’也；‘利义’，‘化裁之变’也；‘贞干’，‘推行之通’也[⑥]。”朱子曰：“贞，于人，为‘智’。”《凿度》曰：“五气、五常，仁、义、礼、智、信是也。万物，出于《震》：阳气始生，受形之道也，故东方为仁。成于《离》：阳正于上，阴正于下，礼之序也，故南方为礼。入于《兑》：阳用事，而万物得其宜，义之理也，故西方为义。渐于《坎》：阴气形盛，阳气含闭，信之类也，故北方为信。四游，统于中央；乾、坤、艮、巽，位在‘四维’。中央，所以绳四方行也，智之决也，故中央为智。故道兴于仁，立于礼，理于义，实于信，成于智。”由是论之，则坎，为“信卦”，故曰“习坎有孚。”智，居四

①《楞严经》：“理需顿悟，乘悟并销；事资渐修，因次第尽。”

②“见性”，见《坛经》：“见性之人，立亦得，不立亦得。去来自由，无滞无碍。应用随作，应语随答。普见化身，不离自性，即得自在神通，游戏三昧，是名见性。”归元，见《楞严经》：“归元性无二，方便有多门。”

③元亨利，三者。

④《系辞上》：“一阴一阳之谓道，继之者善也，成之者性也。”

⑤高攀龙（1562—1626），字存之，又字云从，江苏无锡人，世称“景逸先生”，谥号“忠宪”，著《高子遗书》12卷。文中“高忠宪曰”“高景逸曰”“景逸高氏曰”，皆引其著作。

⑥《系辞上》：“是故形而上者谓之道，形而下者谓之器，化而裁之谓之变，推而行之谓之道，举而错之天下之民谓之事业。”

德之先，“环中”而运乎？虞求徐氏曰[①]：“‘大德曰生’，是‘体仁’也；圣人正位，是‘嘉会’也，‘聚人曰财’，是‘利物’也；‘正辞、禁非，曰义’，是‘贞固之事’也。中，通理；旁，通情；惟事合之。《潜录》曰：冬，‘终’也，即‘始’也。天一，水；天五，土；阳，自‘首衔尾’也。环四，一贯；而四，各有五。征之表法，此理历然。”智曰：“天道，‘义’‘利’，为一。人道，以‘义’，为‘利’。‘乡饮’[②]，四方，但分‘仁义’。《系传》‘崇广、智礼’，为‘门’[③]；集乾之‘四时’‘五义’，而‘大成’矣。邵子言‘孟子，深于易’，以其知‘时用’也。‘固而违’者，知，又焉有倚乎？‘无倚’者，‘依仁’‘执中’，皆‘无倚’也。”

君子行此四德者，故曰：“乾，元亨利贞。”

潜老夫曰：“‘行此四德’，即‘乾知’也。不知‘知行之一’，而又贬人‘尚行’者，皆不‘明乎善’，而‘远人废事，以为道’者也。故此《文言》，首表一‘善’，终表‘干事’。表善，即已‘化恶’。以此‘利’之，即以此‘贞’之；则一‘元’包之，而‘亨’其‘无善恶可言’之‘至善’矣。专标曰‘无’，则人将恃‘荒乾’，而为‘恶乾’矣。何以‘长人’、行事乎？‘《易》要无咎’，总贵‘善用’耳。‘元’，如人首；其用，为圆。‘亨’者，‘通’而‘享用’之也，声义皆通。‘利’，如刃刈禾，顺而从也。天干，即幹；木气，‘直体以为用’者。古人‘当名’，俱非无谓。”

初九曰“潜龙勿用”，何谓也？子曰：“龙德而隐者也。不易乎世，不成乎名（《释文》，无‘乎’字）；**遁世无闷，不见是而无闷；乐则行之，忧则违之，确乎其不可拔，‘潜龙’也。”**

陈希夷谓：“十二肖生，皆不能遁；惟龙，能遁。”《订》曰[④]：“设问答，以‘明人道’也。石隐、高隐、智隐、痴隐，皆‘独行’也；唯‘圣而隐’，若神龙然。”泗山邹氏曰[⑤]：“‘忧’‘乐’在心，鬼神莫测，所以为‘潜’。”淇澳曰：“‘潜’者，逸民也；‘勿用’，则圣人‘无

①徐石麒（1577—1645），字宝摩，号虞求，嘉兴人，著有《官爵志》《可经堂集》。

②古代“嘉礼”之一。指乡饮酒礼。

③《系辞上》：“夫《易》，圣人所以崇德而广业也。智崇而礼卑，崇效天，卑法地。天地设位，而易行乎其中矣。成性存存，道义之门。”

④（明）何楷著《古周易订诂》，见《解经处答客问》篇。“《诂》曰”“《订》曰”“玄子曰”，皆引用此书。

⑤邹德溥（1549—1619），字汝光，号泗山，邹守益之孙，著《易会》。“泗山邹氏曰”“邹汝光云”“汝光曰”，皆引其著作。

可、无不可’之义也[1]。龙不可见，‘勿用’则并‘潜’，亦不可见。”《见》曰：“‘不见是而无闷’，名‘心尽处’也，遁如‘龙蛰’耳；‘不见是’者，为鱼、为蛇、为蝘蜓，不得以龙目之矣。”藏一曰：“‘仕、止、久、速’[2]，惟其时，是为‘大潜’。非‘四无’，而绝‘四无’者，孰几之？”本说曰：“潜之时，不以‘易世’之‘忧’，而换‘遁世’之‘乐’。‘易’，治也。”智曰：“‘不易乎世’，言‘虽以天下，终不与易也。’‘乐行、忧违’，至人任性，天地覆坠，曾不变色，故曰‘确’。圣人之‘敝屣’，不碍其为‘深山’、为‘垂衣’也。‘时乘’，皆‘确’也。”

九二曰“见龙在田，利见大人”，何谓也？子曰：“龙德而正中者也。庸言之信，庸行之谨；闲邪（郑，有‘此’字）**存其诚，善世而不伐，德博而化。《易》曰：‘见龙在田，利见大人’，君德也。”**

子瞻曰：“凡可‘闲而去’者，皆‘邪’也。邪，尽去；则其‘不可去’者，存矣。”东溟曰：“大人，与‘天地合德’，亦与百姓同德。‘言中伦，行中虑。’[3]德行、学术，俱通‘天下、人心’之公[4]。或不当事任，亦何敢自任‘作师之道’？但依于‘庸言、行’，而已[5]。后世，高标绝学，导浮启伪，殆‘隐怪’也。”元公曰：“阴，有邪；阳，亦有邪。邪，蛊人心，常自‘妄语’始。故以‘庸言’先之。”藏一曰：“道，正乎中；中，寓诸庸。《乾》言‘诚’，《坤》言‘敬’；《乾》言‘仁’，《坤》言‘义’；皆于下卦之中，表之。”侪鹤赵氏曰[6]：“《中庸》，《易》道也。君子，以‘变易’，济其‘不易’；小人，则窃‘变易’，以‘自肆’，而已。然则‘中庸’，小人之‘利器’也[7]；故言‘闲邪’，而乃能‘善世’。”《潜录》曰：“称‘龙’，甚奇；而真龙，甚‘庸’。‘善世’，人行其‘云雨’也。子思之著《中庸》，于此悟乎？‘口无择言，身无择行’[8]，正‘择善’[9]之‘博化’也。‘不逾矩’，即不逾‘闲’。闲，

①《论语·微子》：“虞仲、夷逸，隐居放言，身中清，废中权。我则异于是，无可无不可。”
②《孟子·公孙丑上》：“可以仕则仕，可以止则止，可以久则久，可以速则速。”
③《论语·微子》。
④“俱”字，北大本缺，根据文镜本补充。
⑤“依于”二字，北大本缺，根据文镜本补。
⑥赵南星（1550—1627），字梦白，号侪鹤，别号清都散客，高邑人，著《赵忠毅公集》《味檗斋文集》《史韵》《学庸正说》等。文中，“侪鹤赵氏曰”，即引其著作。
⑦《礼记·中庸》：“君子中庸，小人反中庸。君子之中庸也，君子而时中。小人之中庸也，小人而无忌惮也。”
⑧《孝经·卿大夫》：“是故非法不言，非道不行。口无择言，身无择行。”
⑨《论语·述而》：“三人行，必有我师焉。择其善者而从之，其不善者而改之。”

非以‘去邪’，为‘酷吏’。明其‘闲’；而邪，自化矣。荒‘潜’、悍‘亢’，竟欲坏‘闲’，以自矜高。故以‘善世不伐’，为‘正中’之‘龙德’焉。”

九三曰“君子终日乾乾，夕惕若厉，无咎”，何谓也？子曰：“君子进德修业。忠信，所以进德也；修辞立其诚，所以居业也。知至至之，可与几也；知终终之，可与存义也。是故居上位而不骄，在下位而不忧。故乾乾因其时而惕，虽危无咎矣。”

朱子曰：“‘忠信’，即诚。必言‘忠信’，始有‘安泊’。”东溟曰：“‘有开必先’之谓‘几’。圣人，不‘动念’，而‘动几’。‘惟变所适’之谓‘义’。圣人，不‘存几’，而‘存义’。‘可与几’，则存者，神。‘存义’，则过者，化。天地，无终；万物，无终。圣学，安得‘有终’？此‘知终’，圣人‘一贯’也。以因言之，‘知至’亦‘知终’矣。”《宗一》曰：“‘知至’，溯而上之‘性命最初’，所谓‘根本智’也；‘知终’，沿而下之‘事业究竟’，所谓‘后得智’也。六十四卦，发挥一‘几’。”《易意》曰：“‘庸’，必表其德；‘中’，必见于业。故‘修辞’，以立其‘忠信’。此，圣人之声教，所以惕‘万世之日夕’也。彼‘诐邪’之巧辞，与‘荒陋’之伪默，皆坏‘中庸之法’者也。‘乾’，知也；‘乾乾’，即行矣。‘居上不骄，下位不忧’，是‘行事因时’之实证也。岂许‘颠倒偏锋，骋“不诚不修”之辞；遗落世故，尊“出位荒业”之知哉’？”郝京山曰：“《论语》括二十篇，而会于知‘承天立教’‘化民成俗’‘立言垂训’三者，尽‘天下之道’矣。是，为‘诚明、知行合一’之学。”

九四曰“或跃在渊，无咎”，何谓也？子曰：“上下无常，非为邪也；进退无恒，非离群也。君子进德修业，欲及时也（郑本，无‘欲也[1]’二字），**故‘无咎’。”**

崔憬曰：“‘无常’‘无恒’者，迹也；君子之‘自信’者，心。”东溟曰：“‘南巢’‘牧野’，人谓之‘行权’，实圣人‘日用进修’耳。”元公曰：“‘无常’‘无恒’，正其几用。”导曰：“‘故无咎’者，所谓‘有伊尹之志，则可。’”

九五曰“飞龙在天，利见大人”，何谓也？子曰：“同声相应，同气相求；水流湿，火就燥；云从龙，风从虎；圣人作而万物睹，本乎天者亲上，本乎地者亲下，则各从其类也。”

秦淮海曰[2]：“南方热，生火；北方寒，生水；西燥，生金；东温，

---

①应为“欲及”。

②秦观（1049—1100），字少游，一字太虚，别号邗沟居士，学者称其淮海居士，江苏高邮人。

生木；中湿，生土。”是知，“水”者，寒之形；“湿”者，土之气。水之于土，妻道也。夫从“妻所好”，故“水流湿”。火之于金，夫道也。妻从“夫之令”，故“火就燥”。或以阴，求阳；或以阳，求阴也。管公明曰：“龙，阳精，而居于渊；阳中之阴，故兴云。虎，阴精，而居于山；阴中之阳，故运风。”张璠云：“龙起，必云；虎出，必风。如蚁徙，必雨；乃雨气，感蚁。蜥蜴聚，必雹；乃雹气，感蜥蜴。夫子，盖倒语成文耳。”元公曰：“圣人同天，故能同物。”东溟曰：“圣人与愚夫、妇，相同之‘声气’，亦惟是‘庸言’‘庸行’耳。”《揆》曰：“《中庸》‘莫不尊亲’，正注此章。”

上九曰“亢龙有悔”，何谓也？子曰：“贵而无位，高而无民，贤人在下位而无辅，是以动而‘有悔’也。”

《遡》曰：“五，贵位，而统民；上，躐五，而在外也。下应为阳，相亢不合，故‘无辅’也。”明卿陈氏曰[①]：“后世人臣处亢，至于为蛇、为虺。有位、有民、有辅，而龙德遂亡，非圣人焉能获此三无乎？此周公之亢也。”东溟曰：“‘贵而无位’，尹辞‘阿衡’[②]，是已；‘高而无民’，‘甘盘遁荒’[③]，是已；‘贤在下位而无辅’，‘伯夷首阳’[④]，是已。悔何也？世，皆‘尹’；则难乎其为‘嗣君’；世，皆‘盘’；则难乎其为‘帝师’；世，皆‘夷’；则难乎其为‘天吏’。圣人，不忍以‘一时之危行’，而掩‘天下万世之通情’，安得‘无悔’？”

“潜龙勿用”，下也。

前《小象传》，以阳气言；此，专以人事言。《易意》曰：“《文言》问答，详言‘心学’也。此，以‘六位时成’言；而‘位’，即是‘时’。阳气一回，以‘时乘六龙’言；而‘时’，即是位。末，重‘成德、见行’[⑤]，总归‘知而不失其正’[⑥]。先详问答，后归‘德行’；则不举‘用九’，用在其中矣。”

“见龙在田”，时舍也。

①陈仁锡（1581—1636），字明卿，号芝台，长洲人，谥号“文庄”，著《四书备考》《经济八编类纂》《重订古周礼》《陈太史无梦园初集》《潜确居类书》。文中“明卿陈氏曰”“明卿曰”“明卿氏曰”，皆引其著作。

②《诗经·商颂·长发》：“实维阿衡，实左右商王。”毛《传》：“阿衡，伊尹也。”

③《尚书·说命下》：“台小子旧学于甘盘，既乃遁于荒野，人宅于河。”

④《论语·季氏》：“伯夷、叔齐，饿于首阳之下，民到于今称之。”

⑤《乾卦·文言传》：“君子以成德为行，日可见之行也。”

⑥《乾卦·文言传》：“知进退存亡而不失其正者，其唯圣人乎？”

项平甫曰[①]："'时'，寓于'田间'也。"《一》曰："圣人当'勋华'；而位，不配德，谓'时所舍'耳。"智曰："圣人，不蟠龙窟；自舍其身，以'学问'普施，为'斯文'立极也。"

"终日乾乾"，行事也。

事外，无道；道外，无事。行无事者，必有事。"进德修业"，非"空惕"也。

"或跃在渊"，自试也。

贵，自信于心耳。能不珍重？

"飞龙在天"，上治也。

"不大声色"[②]，而"民自化"，故曰"上治"。治自上，乃顺。《易意》曰："圣人，不讲'自受用'之学问，必以'治世'为上。"

"亢龙有悔"，穷之灾也。

穷则必灾，达人逃之，畸人冒之，小人昧而幸之。圣人知之，而时其时耳。

乾元"用九"，天下治也。

慈湖曰："非'乾元'，则岂能'用九'，而'不为九所用'？"元公曰："上九，为《乾》世；故不知变，而灾。夫'不变'者，体也；变者，用也。《易》主变化；故再指其用，言之。《洛书》之'飞宫换气'；《阴符》之'神机鬼藏'，皆'乾、坤之用'也。"

"潜龙勿用"，阳气潜藏。

此，四释爻。以"天道"言之，莫微于气，并气亦藏。

"见龙在田"，天下文明。

世界如此，龙斯见矣。李鼎祚曰："阳气上达，而草芽物出；故文泽而光明。"

"终日乾乾"，与时偕行。

建寅之月，三阳用事。"乾乾"者，同"天时"也。损、益，亦著此语。可知，"至"之、"终"之，总此"盈虚、损益"之"因时而惕"也。

"或跃在渊"，乾道乃革。

"乾道"，运而不积；非"革"，或几乎息矣。然，革惟其道，故

---

① 项安世（1129—1208），字平甫，又作平父，号平庵，著《周易易玩辞》《项氏家说》《平庵悔稿》等。"项氏《玩辞》曰""项平甫曰""项平甫云""平甫曰""项氏曰"皆引其著作。

② 《诗经·大雅·皇矣》："予怀明德，不大声以色，不长夏以革。不识不知，顺帝之则。"

曰："革而当，其悔乃亡。"

"飞龙在天"，乃位乎天德。

天数，中乎五；过是，则悔。玄子曰[①]："苍龙，尽于大角；故辰，称'龙'焉。其卦《夬》[②]。犹有上六，所谓'知退'，而'历阶、不尽一等'者也[③]。"尔公曰："'位'，本实字；实者，可虚。'天德'，本虚字；虚者，可实。"

"亢龙有悔"，与时偕极。

《易简录》曰："既'危其灾'，示'亢，非君子之经'。又神其德，曰'与时偕极'；'偕极'，即'偕行'也。此，表'亢，乃君子之权'。"导曰："'偕极'，非大魄力不能。'偕行'，犹'射之中'也；'偕极'，犹'射之至'也。"

乾元"用九"，乃见天则。

《易意》曰："用之神也，如此。然，止是'天之则'也；三'乃'字，警。"

"乾，元"者，始而亨者也。

《彖传》，统赞之，而表"性命"。《文言》，四释之，归重"君子"。此，贵知"始"，则知"性情"；而"美利"，不言矣。仲翔曰："乾始开通，以阳通阴。"

利贞者，性情也。（郑作"情性也"）

辅嗣曰："不为'乾元'，何能'通物之始'？不'性其情'，何能'久行其正'？"元公曰："前二段，两揭'乾元'；明'乾元'之用，在六爻也。此乃总收彖、爻也；故先赞'乾元'之大，后赞'乾之大'。'性情'，即'天气中之真元'，所以重'归元'也[④]。卦，言性，而包情；爻，言情，而显性。"

乾始能以美利利天下，不言所利，大矣哉。

《易意》曰："逆知始，而顺以通之。因'天下之情'，以显性；即以性'天下之情'矣。莫，利于贞矣。'大'，在'不言所利'。"

大哉乾乎！刚健中正，纯粹精也。

此，赞"时乘"者，乾之大也。淇澳曰："'刚健中正'：诸卦，赞

①何楷（？—1645？），字玄子，另作元子，泉州晋江人，著《古周易订诂》。"玄子曰""玄子云""玄子谓""玄子何氏曰""订曰""诂曰""诂云"，皆引其著作。

②十二消息卦，辰月为夬卦。

③《谷梁传·定公十年》："孔子趋而进，历阶而登，不尽一等，举袂而言曰：'吾两君为好会，夷狄之乐何为于此！请命有司'。"

④《楞严经》："归元性无二，方便有多门。"

爻；而乾，独赞卦。'发挥''旁通'；六爻，皆'中正之情'也。"《全》曰："'纯'，如'一丝'之出茧；粹，如'万粒'之同春。《揆》曰：六字赞之，而总谓之'精'。周子，言：'太极之真，二五之精，妙合而凝'。《老子》：'其中有精，其精甚真'，是也。'发挥''旁通'，总谓之'情'。《中庸》'中节'，是也。"羽南曰："情中节，即性。"

六爻发挥（陆，一作"辉"），**旁通情也**。

张子曰："'旁通'，不独六爻；盖，遍被六十四也。"藏一曰："单言爻之'通情'，以见全《易》之性；贵'时乘'之'贞其用'也。"海隺黄氏曰："情，与理错。理有'不可正言'者，得其情，而反复发挥之；可以参互，而乾理皆达。故曰'旁通'，'中旁相通'者也。"郝京山曰："爻情，即人情。夫子赞《易》，亦衹发挥'人道'。"

时乘六龙，以御天也；云行雨施，天下平也。

《易意》曰："止有'时乘'，即是'时成'，故重举之。知始，而不言'所利'者；亦在乎'御之'，而已矣。各通其情，各卜其人，则'各正其性命'矣。'乾道变化'，从亨处见。'云雨'，状'阴阳之交通'。惟通，则平；故终之曰'天下平也'。此，乾之'大德业'也。"

君子以成德为行，日可见之行也（□□写[①]，不赞六爻之克）。**"潜"之为言也，隐而未见，行而未成，是以君子弗用也**。

《易意》曰："此，复申言'成德'，以'日见'之行事，非'冒言''渺论'也。'潜'，是初几。而'高夸藏垢'者，借'逃迹'以'逃心'，反厌'善世之教'。故'畸隐'之行，不顾立范。君子善世学问，自知'勿用之用'，而终弗用'偏潜'也。" 曰："尼山，闻'讥议近死'之论[②]，叹以为龙；而归，即笔削'无所避'。此，弗用其'潜遁之迹'，而善用其'潜遁之神'也。住于'守雌'[③]，'蟠泥'[④]'栖巢'[⑤]耳。"

君子学以聚之，问以辨之，宽以居之，仁以行之。《易》曰："见龙在田，利见大人"，君德也。

慈湖曰："学，不可以不博。不博学，则偏而孤。夷、惠，惟不知'博学''审问'，故不免偏'清'、偏'和'[⑥]。然，亦有'造广大之境，未尽其妙，辄止溺于静虚，而无发动之仁'者，故贵'仁以行之'。如

①原文不清。

②《孔子家语·观周》："凡当今之士，聪明深察而近于死者，好讥议人者也。"

③《老子》："知其雄，守其雌，为天下溪。"

④扬雄《法言·问神》："龙蟠于泥，蚖其肆矣。"

⑤苏轼《后赤壁赋》："登虬龙，攀栖鹘之危巢，俯冯夷之幽宫。"

⑥《孟子·万章下》："伯夷，圣之清者也；伊尹，圣之任者也。柳下惠，圣之和者也；孔子，圣之时者也。"

‘代明、错行’[①]，‘雷电风雨’之变化，而后可以言仁。”《揆》曰：“阳性躁，故居之欲宽。”曰：“两赞此爻，两引爻辞，两称‘君德’；尼山之情，见矣。道以德凝，而‘继善成性’。两‘从’[②]、四‘合’[③]，其在‘师道’之‘统天’‘御天’乎？《礼运》曰：‘人情以为田。’礼乐学问，是君子之‘播种’也。邵子，以‘宽’告伊川[④]。此，正‘痛痒天下’之‘耕凿’也。”

九三重刚而不中，上不在天，下不在田，故“乾乾”。因其时而惕，虽危无咎矣。

东溟曰：“五，行道；二，明道；群，宗之矣。初‘潜’，人所遗；上‘亢’，人所外也。三、四，介于‘相轧之冲’；道在我，位不在我。贤豪，不相师而相夷，又不能‘离其群’也；凶人，不相容而相制，又不能‘决其藩’也。将‘潜’，则以‘立异’訛之；将‘见’，则以‘干誉’议之。‘弗援、弗推’[⑤]，犹忌其‘以立德名世’；‘不尤、不怨’，犹虞其‘以得志加人’；此，皆‘重刚不中’之变态也。遁世，不可；治世，不可；媚世，不可；愤世，不可；执经‘扞格’，不可；离经自废，不可。然，舍‘进德修业’，亦无他法也。故夫子谆谆焉。”

九四重刚而不中，上不在天，下不在田，中不在人，故“或”之。“或”之者，疑之也，故无咎。

《诂》曰：“以乾压乾，亦曰‘重刚’。忧所当忧，故究‘无忧’；疑所当疑，故究‘无疑’。”文介曰：“非惟‘使人不见’，为‘跃’；抑亦‘使人不见’，为‘龙’；所以为‘用九’。”

夫“大人”者，与天地合其德，与日月合其明，与四时合其序，与鬼神合其吉凶。先天而天弗违，后天而奉天时。天且弗违，而况于人乎？况于鬼神乎？

慈湖曰：“‘无思无为’，‘天’，吾之高；‘地’，吾之厚；‘日月’，吾之‘明’；‘四时’，吾之‘序’；‘鬼神’，吾之‘吉凶’。其谓之‘合’也，固宜；其谓之‘勿违’也，又何疑？”《易意》曰：“大人，心通‘天地之先’，而用必后天；事起‘天地之后’，而智必先天。非可衔一‘先天’之名，于‘后天’之上，别立一宗也。深彻几先，则无先后矣。

---

①《礼记·中庸》：“辟如天地之无不持载，无不覆帱。辟如四时之错行，如日月之代明，万物并育而不相害，道并行而不相悖。”

②《乾卦·文言传》：“水流湿，火就燥；云从龙，风从虎。”

③《乾卦·文言传》：“夫‘大人’者，与天地合其德，与日月合其明，与四时合其序，与鬼神合其吉凶。”

④“面前路径须令宽。路窄，则自无着身处，况能使人行也？”

⑤《礼记·儒行》：“上弗援，下弗推。”

四‘与’字中，即‘造造化’。岂徒听之‘造化’已耶？”

“亢”之为言也，知进而不知退，知存而不知亡，知得而不知丧，其惟圣人乎（王肃本，作“惟愚人乎？”）**！知进退存亡，而不失其正者**[①]**，其惟圣人乎！**

孙文介曰：“‘亢’，惟圣人。常人，患得患失，瞻前顾后，旋转枢机，已先乱矣。夫‘不知退’云云者，有一念，无二念也。‘悔’者，圣人知之‘所烛’也。应吉、应凶，应悔、应吝，皆《易》道变化所必趋之势。故六十四卦，爻爻皆吉；惟其‘先见’，则转‘不善’而善，故谓之‘吉’也。”又曰：“‘亢’，亦还为‘潜’‘跃’。孔子老于‘辙环’，‘亢’也；反鲁正乐，‘潜’而‘跃’也。”陈眉公曰：“孔明，亦‘知进不知退’者；留郦，亦知‘不失其正’者。”《揆》曰：“详玩爻词，无不辞‘亢悔之意’。六龙，无‘转身之地’；而上九一爻，乃死句矣。‘放伐’，则‘乾道乃革时’事也。亢者，‘无位’‘无民’‘无辅’；而以‘汤武’，当之乎？”东溟曰：“以时位言，惟二、五，称‘利见大人’；初上与三四，俱处‘危疑悔吝’之地。今古圣人变态，俱在‘六龙’义中矣。‘潜’虽‘勿用’，标‘龙德’以首之。‘见’实‘时舍’，举‘君德’而归之。‘亢’不以‘有悔’，而掩其圣人。‘惕’‘跃’，不以‘不中’，而劣其德业。实，万世圣学提纲也。今人，能以巧说，圆‘六龙’之义；不能以深心，尽一龙之性。”曰：“‘潜’之为言，‘亢’之为言；此，‘始终’之几也。‘藏密’‘同患’[②]，故末揭二‘知’，而收以一‘正’。‘贞元’之‘无先、无后’，明‘莫大于此’矣。”

《时论》曰：“尊卑”而定之者，位其天地，而德其乾坤也。文王，以五字围之；《文言》，以四句翼之；无赘词焉。天，何言？而春、夏、秋、冬乎？地，何利？而西南、东北乎？明表此“仁礼义信”，而人人易知者也。“四德”具，而“六龙”游；“统天”“御天”，而大用见；乾知，即乾行矣。“统”也者，“先”之用而“弗违”也；“御”也者，“后”之用而“奉时”也[③]。二老能用，不自用，显其七、八，藏其九、六。“用九”即八，“用六”即七，变变不变；“首出”，即“无首”矣。六子，皆用二之用；三百八十四，总系“二用之辞”焉。曷用之？惟“乾乾之君子”，能用之。先卿《易意》曰：“君子‘通昼夜而知’，不越‘一心乾乾’，而已。”“见群而无”者，用姤、复，用同、师，用

①原文，为“而不知失其正者”，多一“知”字。

②《系辞上》：“圣人以此洗心，退藏于密，吉凶与民同患。”

③《乾卦·文言传》：“先天而天弗违，后天而奉天时。天且弗违，而况于人乎？况于鬼神乎？”

履、谦，用畜、豫[①]，用有、比，用夬、剥[②]。分乎“六时”；而时中，各有“十二时”者也。且有积变、归、游焉，且有往来、交易焉。恶往而得其首哉？“潜”，“勿用”；《姤》，亦“勿用”；《复》“闭关”，亦“勿用”也；天人之始几也。“见龙”，为“在下”之“中道”；乘“六”之用，以“见”用之。《同人》用众，“文明”学问[③]，遁于《临》矣。三《履》伏《谦》，且归际而“否泰之关”也。君子“日夕”行事，在乎“辨定”而已[④]。“惕若”者，“乘龙”，亦“乘虎”也。“旋视”，而“平称”之[⑤]。履“田”乎？履“渊”哉？“乾道乃革”，《游》而“进”[⑥]，“或跃”之，亦“密云”之侯也[⑦]。《豫》[⑧]，则《壮》《观》自由矣。进而《夬》《剥》，飞空何碍？两“从”、一“本”，二“亲”、四“合”；“圣人作”[⑨]，“大人造”[⑩]，妙哉！以“从类”为“造”“作”，而与之论“声”“气”也。伏“显比”[⑪]，而“大其有”矣[⑫]，何容赘言“无”乎？“天”也，“田”也，“渊”也；龙，无所不在也。飞之“中正”，无得而名焉。穷上，则“亢”；犹“逆鳞”也。知其亢，而“施下”，以“决”之[⑬]；“厚下”，以“安”之[⑭]；悔，而底无悔矣。初，无积变；上积，全反。其所之，仍“五之积”也。故曰：“初上，‘无位’”。此，以乾爻例之。元会，亦然；岁运，亦然；日夜，亦然；呼吸，亦然。六人可论，一人可论；六事

①畜，即《小畜》卦。《乾》卦，九四独变，为《小畜》卦。《坤》卦，六四独变，为《豫》卦。此，用独变。

②乾、坤，初爻独变，为复、姤。二爻独变，为同人、师。三爻独变，为履、谦。四爻独变，为小畜、豫。五爻独变，为的大有、比。上爻独变，为夬、剥。

③《乾》卦，九二独变，为《同人》卦。《同人》卦，《彖》曰：“文明以健，中正而应，君子正也。”

④《乾》卦，九三独变，为《履》卦。《履》卦，《象》曰：“君子以辨上下，定民志。”

⑤《履》卦：“上九，视履考祥，其旋元吉。”《谦》卦，《象》曰：“君子以裒多益少，称物平施。”

⑥晋卦，为乾宫游魂卦。《序卦传》：“物不可以终遁，故受之以《晋》；晋者，进也。”

⑦乾卦，九四独变，为《小畜》卦。《小畜》卦：“密云不雨，自我西郊。”

⑧乾卦，九四独存，为《豫》卦。

⑨《乾卦·文言传》：“云从龙，风从虎；圣人作而万物睹，本乎天者亲上，本乎地者亲下，则各从其类也。”

⑩《乾》卦：“飞龙在天，大人造也。”

⑪乾卦，九五独变，为《大有》卦。《大有》卦，伏卦为《比》卦。《比》卦：“九五，显比；王用三驱，失前禽，邑人不诫，吉。”

⑫《乾》卦，九五独变，为《大有》卦。

⑬《乾》卦，上九独变，为《夬》卦。《夬》卦，《象》曰：“君子以施禄及下，居德则忌。”《杂卦传》：“《夬》决也，刚决柔也。”

⑭乾卦，上九独存，为《剥》卦。《剥》卦，《象》曰：“上以厚下安宅。”

可论，一事可论。六十四卦各具，而不必“具论”者也。程子曰：“六爻，圣自有圣用，贤自有贤用，众人有众人用；君有君用，臣有臣用。”一行曰：“乾盈九，隐乎‘龙战’之中，故不见其‘首’；坤虚十，以导‘潜龙之气’，故不见其‘成’。”皆言时也，素也。一龙，各具六龙；而乘一，即乘六也。周海门曰：“问其龙、不龙耳。”《时论》首叹之曰：“道大矣”。不言“善长”，不言“德业”，则曰“太极”，并无“龙、不龙”也、无“不可”者，非“曼汗”之病首乎？故“统天”，惟明“御天”之法；法，必与民明其“时中”之位。素者，无咎；而“无入不自得“之龙，时乘六六之“六虚”矣。管东溟，以“君、相、师、友四格”，概“六龙”。不龙而处，惟潜无咎，惟友可潜；宁处“友道”，不处“师道”。吾惟圣人之教，终以“学问”为“庸田”。潜于“伦物、雅言”，是真潜也。不则，以潜于“垢污”，荒扫“学问”，为“大潜”；而“鄙夫”与“乡狂”，借口坏教。故曰“庸而不中，则‘亢庸’‘已甚’之说，为‘葬人之田坑’；‘亢潜’‘已甚’之说，反芜天下之田种矣。”

《蠡》曰：“‘乾道变化’，其《易》宗耶？而归于‘元’。‘善长’之元，即‘大哉资始’之元。‘永贞’‘大终’，终此‘元’也。元始、贞终，如环无端，孰见其有？天大于元，圣大于明；万物，必资于元。一元，各正于物，流而分之，则形也；各正而合之，则‘太和’也。‘统天’之纶，自弥；云雨，莫识其端。‘御天’之纶，在辔；‘品物’‘利见’，而转。统五官，御四体，而潜飞者，谁知之乎？行此四也，无非一也。众善，无非‘至善’也。合和有事，无非元也。变，自无而有；化，自有而无。‘尽性、至命’，践形而‘无上下’者也。要以‘穷理好学’，为‘饮食’；虽曰‘豢龙’，可矣。‘龙德’之行于世也，‘隐之时’多，‘见之时’少。隐之用一，而见之用五，‘勿用’已耶？‘勿用’为本，故‘确’。‘乐则行之’，‘首出庶物’之用也。文明之运，‘隐怪’[①]‘奇衺’[②]之所托焉。龙至奇灵，必寓诸‘庸’。君德，不以变化，而废‘闲’也。上下之间，敢曰‘恃天’，而‘愒日’乎[③]？敢曰‘朝闻’；而‘夕’，不‘可’乎[④]？‘来复’之几[⑤]，‘天下归仁’，犹之‘履端于始’也[⑥]；‘存存’之门，两‘无’曰‘义’，犹之‘归余于终’也。

①《礼记·中庸》：“素隐行怪，后世有述焉，吾弗为之矣。”
②《周礼·天官·宫正》：“去其淫怠与其奇衺之民。”
③《左传·昭公元年》：“主民，翫岁而愒日，其与几何？”
④《论语·里仁篇》：“朝闻道，夕死可矣。”
⑤《复》卦，《彖》曰：“反覆其道，七日来复，天行也。”
⑥《左传·文公元年》：“先王之正时也，履端于始，举正于中，归余于终。”

'不骄''不忧'，岂不'日夕千古'哉？'忠信''成言'；而'万世之德业'，惕矣。虽欲不'及时'，其可驻足乎？上'亢'，而下'潜'也；进'飞'，而退'惕'也。为邪，则'离群'矣。见'群龙'，又何邪焉？'飞'，则'声''气'主也。'水流''火就'，坎、离也；'从龙''从虎'，震、兑也；'亲上''亲下'，艮、巽也。六十四之'应''求'，有不类于'天德''天位'之并造者乎？"

《老》言"混成"。"无，为天地之始；有，为万物之母"，[①]是"玄门"之元始也。《南华》三推"未始有"[②]，是"空门"之元始也。"元"始、而"亨"、而"利"、而"贞"，"藏一于四""藏岁于时"者，是"乾门无终始"之元始也。曰"资始"，曰"明始"，曰"元始"，曰"乾始"，昭昭乎？始，不自始；而"亨"、而"利"、而"贞"，莫非始也。"时行物生，天何言哉？"陆公纪曰："乾，'发挥''旁通'于坤；坤来入乾，以成六十四卦。"何"旁"，而非"中"乎？不言"所利"之"利见"，二"大人"，一"君子"，二"圣人"，皆以"不可见"中"见之"矣。后天，即先天之中。有"三天"焉：由"潜"而"见"，"先天之根"也；由"惕"而"跃"，"中天之几"也；由"飞"而"跃"，"后天之极"也。"先后皆中"之中，又有"中、不中"焉。三且"危"，四且"疑"；人位、心位，际此上下。贤人发之，则闭；圣人发之，则通；小人当之，则天下倾；大人转之，则天下平。二、三，曰"诚"；三、四，曰"进""修"，是"见龙"之学问。以"惕"知"几"；而"飞""跃"，皆"潜"；"天""渊"，皆"田"也。知"天且弗违"者，知即"不失其正"矣。何中？何旁？而必告"中正"，此所以"德其四时"也。《蠡》曰："大人，以贤立法，以圣为用。不见'易简之理'，归'贤人之久、大'乎？制之，而名以化之耳。'百物不废'[③]；而道，以德凝[④]。众人'生性'也，情其性也；圣人'成性'也，性其情也。知'生其生'者，知所以蕴'乾坤之门'；知'存其存'者，知所以标'道义之门'。"

智曰："不能名言，而☰之，曰'天'。因而，声其天声，曰'乾'。不能名言其'知天'，而曰'乾以易知'。不能名言其'天行'，而曰

①《老子》："无名，万物之始也；有名，万物之母也。"

②《庄子·齐物论》："古之人，其知有所至矣。恶乎至？未始有物者，至矣，尽矣，不可以加矣！其次以为有物矣，而未始有封也。其次以为有封焉，而未始有是非也。"

③《系辞下》："其道甚大，百物不废。惧以终始，其要无咎，此之谓《易》之道也。"

④《礼记·中庸》："苟不至德，至道不凝焉。故君子尊德性而道问学，致广大而尽精微，极高明而道中庸。"

‘天行健’。《论语》两呼‘苍天’，是尼山之‘全身讲《易》’也。‘时行’，故‘物生’；天，果何以为天乎？时，而已矣。‘庸’之，曰‘行此四德’，所以贯‘文王之四时’也。‘统’之，曰‘时乘六龙以御天’，所以点周公‘乾乾之龙睛’。而龙，其君子以飞跃万世也。君子之‘知至’‘知终’，圣‘知进退存亡’，有‘二知’乎？《乾》内卦，赞‘中正’；《坤》外卦，赞‘文中’；而‘二中’乎？《乾》，盖‘统中旁’，以为‘中’者也。超四、六，而知一；始可谓之‘行四、乘六’；粹一，于‘四、六中’，始可谓之‘精一、贞一’。一弥‘四六’，而弥于‘四六’；知《乾》，所以‘命六十四卦之性’矣。四六纶一，而纶于一；知《乾》，所以‘性六十四卦之情’矣。‘乾乾’，于‘上下之间’；自然亨此‘无上无下’之元。‘学、问、宽、仁’[①]，以确‘君德’；自然贞此‘无内无外’之利。圣人，用《易》‘善世’，以《乾》‘首出’；此，所以‘无首’也。善学乾者，以‘知时’，为‘消息’，自‘不息’矣。”

☷☷上下皆坤

《易意》曰：“凡画，皆坤；所以然者，乾。‘六断’者，其中存‘乾之虚明’也。六画之《坤》，即藏十二画，藏十八画，藏三十六画矣。统指之，曰‘乾在坤中，贯虚于实’。”《说文》：“从土，从申。”邓绮曰：“物生于寅，出阳土也；成于申，入阴土也。阴，生于午。午未申，三阴足；而万物，申坚养成矣。乾坤，皆‘角’声；天地，皆‘徵’声。”

坤（古，作“巛”；《归藏易》，作“奭”）**元亨利**（辅嗣，连下。伊川，断句）**牝马之贞。君子有攸往，先迷；后得主**（虞仲翔、王介甫、吴幼清、俞玉吾、郝楚望、王虚舟，皆以“后得主”为句），**利西南得朋，东北丧朋。安贞吉**。

杨诚斋曰[②]：“坤，三德同乾；‘贞’，则独指一事。”邓潜谷曰：“四时，‘天行’；四方，地维。”张二无曰：“‘四方’之中，仅得其两；阴，用半也。”孔疏所云：“‘丧朋’者，象‘人臣离其党，而入君之朝；女离其家，而安夫之室也。’”元公曰：“乾，表智；坤，表行。智慧，以‘金刚’为体；而诸行，必从柔忍修炼。”故至人以柔为用，常处“天下之牝”，而“守其雌”。龙马、狮象，可以知表法矣。《太玄》云：“阴气方，精阳藏于灵物济成形。”深得坤旨。《遡》曰：“先天，无可说；

① 《乾卦·文言传》：“君子学以聚之，问以辩之，宽以居之，仁以行之。”

② 杨万里（1127—1206），字廷秀，号诚斋，著《诚斋易传》。“诚斋曰”“杨诚斋曰”“廷秀曰”“杨廷秀曰”，皆引其著作。

‘声臭’，即后天。有《易》，而‘后天’即‘先天’矣，后天，始有方位可言。阴，为偶，有‘朋’象焉。以《图》《书》，合《后天》取之：南西之土，坤；东北之土，艮。艮，为‘闭塞’之土；坤，为‘生息’之土。夏秋，‘得朋’；冬春，‘丧朋’；此，‘得’‘丧’之势也。‘得’‘丧’，所以‘迷’。而‘得丧’‘安贞’，即所以‘得主’也。乾，为‘马’；坤配乾，曰‘牝马’。‘安’，‘从乾’而已矣。”施下之曰：“巽、离、兑，其类也；从乾主，以用坎、艮、震。此，刚柔交克，而顺常有度也。”幼清，谓：“主，在卦终；故‘后’乃‘得’之。”此，一端也。“四，为西；三，为南；初，为东；上，为北。”亦一端也。《艺经》“捐闷，三不能比两”者，孔子所造。布“十干”于其方，“戊、己”在西南，其殆斯义乎？此，亦“一端”之象也。明善公曰：“坤，四德；而中，言‘利贞’。朱子连读‘利牝马之贞’，不从程子者，以后有‘分明之义’也。”《易意》曰：“君子，体‘天地之道’，不容歇足；故申言‘利贞’者，明‘后天，师先天之用’也。一落气质，必‘用迷，以醒迷’。安于‘得主’，而‘得’‘丧’，皆安矣。乾，不表‘吉’；而‘用九’，为‘乾之坤’则表之。坤，安‘无首’之贞；故以《象》著‘大终’之吉。”玄同曰：“文王退《归藏》之坤，以配《乾》；而《象》之以‘牝马’，明‘乾行，而坤与之俱行’也。复退‘兼山之艮’，以配震；而《象》之以‘行庭’，明‘震动，而艮与之偕动’也。”《易》，为“作用之书”。又曰：“丹家，谓‘朋’，象双月；凡有‘金月、水月’之分。金月，震庚、兑丁、乾甲，属‘西南’，故‘得朋’。水月，巽辛、艮丙、坤乙，属‘东北’，故‘丧朋’。”复援以论《蛊》《巽》，谓“‘先后甲’，是明满前后，各三日；所以‘终则有始’。‘先后庚’，是生明前后，各三日；所以‘无初有终’。彼，明‘进退火候’耳。”“朋”，篆作 。古，“鳳”作“鹏”；非从“二月”，或作“二贝”，皆后附会。《见》曰：“天道，先东北，而后西南。坤，以‘后’，为利也。坤，任事于‘西南’，而逊功于‘东北’；安坤之分也，贞也。坤在西南，则离火生之，故‘利’；在东北，则震木克之，故‘不利’。夫居东北，制坎水，而受震克者；非艮不能也。坤，不能成；而让‘成’于艮；此，所以‘安贞’也。”潜老夫曰：“巽、离、坤、兑；西南，类行矣。何能不归于‘乾、坎、艮、震’乎？《坤》宫之壮、夬、需，丧乾于东；《坎》代《坤》宫，而丧坎于北；自东而南，复归于北者也。《河图》，坤一在北；《洛书》，坤二在西南；乾用二土，互为‘终始’者也。自北东，而南西，顺也；自西南，而东北，逆也。物先得，而后丧其‘所得’，乃为‘常得’.先迷于得，而后得其‘不迷’，谁知其主乎？‘得’，固‘所以丧’；‘丧’，即‘所以得’，一热、一寒，‘消息’自尔。君子能丧其‘腹中之朋’，即能腹‘天下之朋’。执‘得’，固迷；执‘丧’，更迷。安其‘得丧之贞’，自忘‘得丧’，而顺‘大常之永吉’矣。”

《彖》曰：至哉坤元！万物资生，乃顺承天。

东坡曰：“坤之‘为道’‘为人’用，而‘不自用’；可为和，而不可为倡；故‘君子利往’。往，求用也。”朱子曰：“万物，资乾以‘始’，更资坤以‘生’，‘同时’者也。”慈湖曰：“乾坤一道，‘坤元’，即‘乾元’也。”《易意》曰：“有谓‘程子，但从“坤元”起见，安能“达天”者？’岂知‘舍“坤元”，别无“乾元”哉？’”玄同曰：“孔子，赞《乾》以‘大’，赞《坤》以‘至’；赞尧以‘大’，赞泰伯、文王以‘至’。‘大’者，无外；‘至’者，至而及之，无歉于大也。儒者，刚用柔，故曰‘大人’。道家，阴秘阳，故称‘至人’。”潜老夫曰：“气始、形始，更有始者；‘乾元’，已流形矣。《乾》‘乘’、《坤》‘承’；‘不贰’，所以‘不测’也[①]。《中庸》合之，曰‘悠久无疆’，可谓‘善赞大至者’矣。”

坤厚载物，德合无疆；含弘光大，品物咸亨。

张子曰：“效法自光。”汉上曰[②]：“坤光，即乾之光。”邓绮曰：“冬，为‘含’；春，为‘弘’；夏，为‘光’；秋，为‘大’。”《蠡》曰：“形，不可以及物；及物者，性量也。圣人触物之‘流形’，而明‘天地之性’。”《见》曰：“坤，生物，实‘载物’也。其‘存乎中’者，坤不过‘载之而出’耳。‘含弘’，载之事也；有余于物，乃能含而载之。阴之气，当费于阳；而不见其费，此坤之原也。”

牝马地类，行地无疆，柔顺利贞，君子攸行。

程子曰：“‘行地无疆’，健也。坤，非健；何以配乾？未有‘乾行，而坤止’也。‘其动也刚’，不害其‘为柔’也。”景逸高氏曰：“‘乾知’，用于‘坤能’；君子躬行，为天下法。”

先迷失道，后顺得常。西南得朋，乃与类行；东北丧朋，乃终有庆。

《汉书》曰：“黄钟，‘天正’；林钟，未冲丑，为‘地正’；太簇，寅，为‘人正’。三正正始。地，正适其始纽，于阳东北丑位。《易》曰

---

①《礼记·中庸》：“天地之道，可一言而尽也：其为物不贰，则其生物不测。”

②朱震（1072—1138），字子发，世称汉上先生，湖北荆门州人，著有《周易卦图》三卷、《周易丛说》一卷、《汉上易解》《汉上易集传》八卷、《春秋左氏讲义》三卷。文中，“汉上曰”“子发曰”“子发云”，皆引其著作。

‘东北丧朋，乃终有庆’，答应之道也。”慈湖曰：“君，为臣主；夫，为妻主。后即得之，利莫大焉。”《易简录》曰：“大迷、大醒，是‘寻路’者，非‘差路’者。”孙文介曰：“大人，与天地同德。地，即天也；‘资生’，即‘资始’也。阴溟溟，若迷，无路可寻；惟乾精，入而得，为之主，是《坎》一也。初之‘霜’，是物也。”又曰：“造化，非有两气。行，即阴；所以行，即阳。气行处，方分阴阳。”元公曰：“《易》言‘朋’，皆‘与阴为类’也。《乾》六阳，而不谓之‘朋’；奇独，无对也。坤，始有其‘朋’矣。今以‘终庆’与之，岂植党乎？《需》上，有‘不速之客’，不从‘朋’称；乾内也。《咸》之‘朋从尔思’，犹有‘感阴之惧’乎？《损》《益》‘十朋’，皆互坤体。然‘益我’者，无意；故‘或’之[①]，大其‘无所比’也。”熊南沙曰：“方，其在‘西南’，则安于‘西南’；及其往‘东北’，则安于‘东北’。‘无入不自得’[②]，所以‘安贞’。”《遡》曰：“坤，阴土，宜杀；何以生？艮，阳土，宜生；何以克？盖生，不生于生；死，然后生。死，不死于死；生，然后死。已柔，‘得朋’；戊刚，‘归命’。君子择交敬友，正以庆其‘慎独’。”《正》曰：“‘得朋’‘类行’，坤所以‘成己’也；‘丧朋’‘终庆’，所以‘成物’也[③]。”潜老夫曰：“朱子谓‘天贯地中，而包地外’者也。不可见之阳，已凝为阴；而就坤，以行乾。则凡‘形气之属阴’者，正名为阳；而阴，反退于‘空虚’者然；故‘先迷失道’。盖物有气质，自应失其‘无名浑仑’之道。君子所贵，‘后顺得常’。”智曰：“阳，即与阴，为‘朋’矣。乾至坤中，而始名其‘朋类’耳。‘得朋’，而‘丧朋’；‘丧朋’，而‘终庆’。随类朋来，何非‘无得无丧，而顺安其贞者’乎？”

安贞之吉，应地无疆。

潜老夫曰：“人君，法天，当法其‘元’。人臣，法地，当法其‘贞’。贞，即元也。‘德合无疆’，天道也；‘行地无疆’，地道也；‘应地无疆’，人道也。我心，既已君臣道合；则止有‘臣尽其职’，而‘君垂拱’矣。知此‘万物皆备之我’，即在‘反身’‘强恕’中[④]，反其‘应反’，强其‘应强’，是以‘安贞’。”

《象》曰：地势（古，作“执”）**坤，君子以厚德载物。**

---

①《益》卦：“六二，或益之十朋之龟，弗克违，永贞吉；王用享于帝，吉。”

②《礼记·中庸》：“君子素其位而行，不愿乎其外，素富贵行乎富贵，素贫贱行乎贫贱，素夷狄行乎夷狄，素患难行乎患难，君子无入而不自得焉。”

③《礼记·中庸》：“诚者，非自成己而已也，所以成物也。成己，仁也；成物，知也。”

④《孟子·尽心上》：“万物皆备于我矣。反身而诚，乐莫大焉；强恕而行，求仁莫近焉。”

郭象曰："形分止，势分行。"《洛书》之数，形象祖之；禹师其变，以奠"高山、大川"[①]。元公曰："天，曰'行'；地，曰'势'；从阴阳之变气言之。"玄子曰："若非体厚，则'高者'堕、'下者'陷矣。"《易意》曰："以'天行'，知'地势'；以'地势'，知'天行'。故'上律天时，下袭水土'。此，知'安敦'之学[②]，万世为土，固'厚载物'之势也。"潜老夫曰："语'地势'者，黄帝'大气举之'之说明矣。大地之'六合'，亦分'两戒'[③]；此土之一面，亦分'两戒'。一行，以汉应分野，出入'艮坤之维'。'天行'，即'地势'也。即以'脬豆'之喻，征之。圆卵，亦有上下。自瓜蒂，以流于瓜脐；阳面之棱如此，阴面亦如此；故可以'势'言之耳。地，无行；以六子为行，而地藏其势。《礼》曰：'地载神气，风霆流形，庶物露生，无非教也。'岂逃于'势'哉？亦曰：'厚载，而已。'尊德，而无物，皆'薄道'也。君子'安贞'之应，履卑而旋高。"

初六，履霜，坚冰至。独变震，为《履》。独存，为《姤》。

九家曰："'霜'者，乾之命；'坚冰'者，阴功成也。"京房曰："阴，虽柔顺；用，则坚刚。"令升曰："《姤》五月时，阴气动于'三泉之下'，则必至'履霜'；'履霜'，必至'坚冰'；言'有渐'也。"《参同契注》曰："姤始纪序，'履霜'最先。井底寒泉，午为蕤宾。宾服于阴，阴为主人。"此，夏至之用也。藏一曰："夏，以沸瓶水入井，则成冰；此，可证'井底寒泉'矣。下画，多取'履'象。'霜''冰'，皆阴类。'坤行'，重履；'复礼'，法地。乾亢'无首'，坤视脚下。观玩此象，寒战顿生。"潜老夫曰："《乾》，言'潜''渊'；天，岂离地乎？坤初，称'霜'；《乾》居九月，'霜降'时也。乾，又为'冰'；冰至时，亦日至，有'复'象焉。《月令》《复》候'水泉动'。天地，皆水为始。盖'天一生水，地六成之'。霜雪，皆六出。冰之结解，必遇南风；天地之'交几'也。寒变物情，暑冰清疾。圣人何处，不'欲人善用之'耶？"子瞻曰："始微、终著，阴阳均也。此，独戒者：阴弱易入，易以陷人。子产所云'狎玩多死'者也。"《易简录》曰："《乾》'云''雨'，《坤》'冰''霜'；以'冰霜'之心，成'云雨'之事。"《象正》曰："乾

①《史记·夏本纪》："禹乃遂与益、后稷奉帝命，命诸侯百姓兴人徒以傅土，行山表木，定高山大川。"

②《系辞上》曰："安土敦乎仁，故能爱。"

③《庄子·内篇·人间世》："仲尼曰：'天下有大戒二：其一，命也；其一，义也。子之爱亲，命也，不可解于心；臣之事君，义也，无适而非君也，无所逃于天地之间。是之谓大戒。'"

初，取林钟，以为《姤》；坤初，嫁黄钟，以为《复》；律吕，交相取也。初，为《坤》之《复》，是林钟，而可谓黄钟也。”《见》曰：“阴不凝，则物不成。一阴，‘至凝’之始也；‘冰泽腹坚’，凝之至也。《中庸》言：‘至德凝道。’邵子言：‘天根月窟，根鼓出机，窟鼓入机。’故坤，以‘凝’，为道。”

《象》曰：“履霜坚冰”（《举正》，无“坚冰”二字。《魏文帝纪》，太史许芝引此，作“初六履霜”，亦无“坚冰”字。朱子，从之。），**阴始凝也；驯致其道，至坚冰也。**

《遡》曰：“阴阳，皆道；而圣人，即以‘扬遏’宰之。如坤初，忧阴进；坤上，喜阳生。《复》以‘七日’，明复难；《临》以‘八月’，明消易；其旨一也。”《订》曰：“‘勿用’，即《复》‘关’，欲‘君子难进’也；‘坚冰’，即《姤》‘戒’，妨‘小人之易长’也。”《心易》曰：“造化、人事，各有所取，原不相碍。而今，喜‘阴几毒语’者，便恶‘扶、抑之正言’。何不并孔子‘积善、辨早’一节，删之乎？人心好险，殃必至矣。嗟哉！”

六二，直方大，不习无不利。独变坎，为《师》。积变，为《临》。独存，为《同人》。

《易遡》曰：“‘直方’，为句；叶‘履霜’‘含章’‘黄裳’韵。‘大不习’，为句；孔子《象传》可证；犹之‘后得主’之证《坤·彖》也。陈第，有《易韵》。古人，亦随口叶之；非若‘后之拘’也。柔，则曲刓。六二之‘方’，本乾之‘直’，故特赞曰‘地道’，言‘全不习无不利’也。《乾》二‘学问’，《坤》二‘不习’；‘后得主’，而坤顺乾也。可知：‘时习’，即‘不习之习’矣。”元公曰：“二之‘不习’，‘安行’之圣也。‘直方’，从动名之；‘未动’之先，安可名耶？地，有形碍；而山川之气，升为星辰，谁知其光乎？”《正》曰：“水行于地，舍阻，而就顺；性也，非‘习’也。君子，体善而动，仁不近名，义不近利，柔不为怯，勇不为武。故二，为《坤》之《师》①。”潜老夫曰：“中‘握奇’，而制‘四方’；‘履霜’始，而‘战血’终；《同人》之《师》，直矣。地道含窗，而不知‘有窗’，是‘不习之习’也。”

《象》曰：六二之动，直以方也；“不习无不利”，地道光也。

《招隐》曰：“诸爻，言‘静’；二，独言其‘动’。爻当朱明，离火用事也。”智曰：“‘以’，用也。《乾》之‘直动’，用《坤》之‘方’也。《坤》之‘不习’，本体也；《乾》之‘学’‘问’，所以‘善用’也。

① 《坤》卦，六二独变，为《师》卦。

乾体、坤用，转为坤体、乾用。一部《易》，皆为‘善动’‘前用’；止有‘后天’，并无‘先天’。知，止其所‘不知’，即‘不习’之‘先天’矣。则知之中，皆‘不知者’也；习之中，皆‘不习者’也。何容赘计一‘先天’乎？乾坤合，于二爻表之者，内卦之中；盖‘下学’而‘上达’之表法也[①]。”

六三，含章可贞，或从王事，无成有终。独变艮，为《谦》。积变，为《泰》。独存，《履》。归魂，《比》。

《象宜》曰：“《坤》‘为文’，而三乃‘章’。五，乃‘文’者，刚柔交错而章生。位阳、爻阴，阳气、坤形也。终此下卦，‘章’自能‘含’，犹五之‘文中’也。六二至性，无待言‘贞’。三，居下之上，为《坤》应爻，可以利其‘贞’矣。三，位诸侯，故从‘王事’。在下，故‘无成’。艮‘终’万物；与《谦》三，同。阴数，起二终十；此，‘无首’‘有终’，‘先迷’‘代终’之义也。”《易意》曰：“三为内卦，坤之全体。故时发‘直方’之光，而‘含’《谦》《履》之‘章’；‘从王事’而所有，非隐遁也。”邓绮曰：“《乾》之‘章美’，《坤》可‘含’之；《泰》之‘生长’，《否》可‘贞’之。”曰：“三，为‘天地交际’之处，人身‘屈伸之转’；无往，非《否》《泰》也。虽在下教学，一室传心，皆‘王事’也，所贵‘不居其功’耳。《乾》四、《坤》三，暗‘交用之’，故皆‘或’之。”

《象》曰：“含章可贞”，以时发也；“或从王事”，知光大也。

程子曰：“义所当为，‘以时而发’；非‘含藏’，终不为也。”潜老夫曰：“含艮山，而成《谦》‘终’[②]，所以伏《履》也。有王主之，不堕‘无事’，所以归比也。”智曰：“知‘发之未发’者，‘直方’之光，即发即含。用《乾》之‘知’，终《乾》之‘大’，‘永贞’惕位，是以可之。”

六四，括囊，无咎无誉。独变震，为《豫》。积变，《大壮》。独存，《小畜》。游魂，《需》。

《一一》曰[③]：“‘章’，蕴‘全坤’之光美；‘囊’，具‘全坤’之载量。以人爻也，坤上，为兑；兑‘口’，故‘含’。坤下，即巽；巽

---

①《论语·宪问》：“不怨天，不尤人，下学而上达，知我者其天乎！”

②《坤》卦，六三独变，为《谦》卦。《谦》卦：“谦，亨，君子有终。”九三：“劳谦，君子有终，吉。”

③文中又有“一一集》曰”“《一集》曰”“一曰”。方以智《时论·后跋》中说：“命儿子德、通、履，合前后稿而编录之。”可能，“一曰”“《一集》曰”，引用前稿；“一一曰”“一一集曰”，引用后稿。

‘绳’，故‘括’。处纯阴‘上下之介’，故三表一‘无’、一‘有’；四，则直表二‘无’。”《遡》曰：“‘含’者，妇道；‘括’者，母道。”东坡曰：“处‘上下之交’，非安地也。乾三，以未至上，为危；坤四，以始至上，为危。故三犹‘可贞’，四则殆矣。必自结括，以求两‘免’。出乎‘咎’，必入乎‘誉’；脱乎‘誉’，必罹乎‘咎’。甚矣，‘无咎、无誉’之难也。”侪崔赵氏曰：“道德之广，无术可以求全；宇宙之大，无地可以逃毁。君子，尽其在我，而已。‘毁誉’者，君子之风雨也。”玄子曰：“《庄子》：‘为善无近名，为恶无近刑。’窥此‘反衍’[①]，而‘远害’耳。”

《象》曰：“括囊，无咎无誉”，慎不害也。

《易意》曰：“‘无咎无誉’之词，使人‘慎独’而已。执求‘两免’之术；此，又圣人忧其‘害教’者也。故著之曰‘无咎’，而藏其‘无誉’。”《象正》曰：“《坤》之《豫》也，可知‘建侯行师’。‘括囊’之大者，伐国，不及于左右；建子，不及于妇人。‘豫’者，早也。‘其惟不言，言乃雍’[②]，‘括囊’也。岂独臣道哉？而谓之‘臣道’者，‘不密失身’[③]，在臣子为最著耳。”《易简录》曰：“‘括囊’，是孔子‘述而不作’之宗。”熊鱼山曰：“不必‘黜聪反照’，为慎。即‘仰观俯察’，综核见闻，而‘渊冰’不释，皆其慎之时也。”潜老夫曰：“慎，则‘囊’，可‘括’也；‘簪’，亦可‘盍’也；‘血’，亦可‘去’也。”曰：“无所逃于‘天地之间’，是以‘大戒’为‘囊’，而‘括’之者也。处此‘好忌险阻’之世，怵然为戒，善刀而藏，有知漆园之‘慎独’者乎？吾愿善庄者，先问囊中耳。勿谓‘不学、不修’，而以‘栎樗’感恩‘暴弃’也。”

六五，黄裳，元吉。独变坎，为《比》。积变，《夬》。独存，《大有》。

谢叠山，取“乾衣、坤裳”之说。《荃》曰：“《周礼》‘掌后六服，其曰鞠衣’，注‘黄裳’也。不敢以臣象，又嫌于敌乾；故示配乾为‘后’象，谨‘君臣之辨’也。”《遡》曰：“帝王‘恭默’‘在宥’，皆‘坤用’也，岂必‘后’乎？”郭雍曰：“柔，不害其为君；犹《乾》二有君德，不害其为臣。衣裳，古为一制，贵合用也。《图》《书》，五，

①《庄子·秋水》：“以道观之，何贵何贱，是谓反衍。”

②《尚书·周书·无逸》：“三年不言。其惟不言，言乃雍。不敢荒宁，嘉靖殷邦。至于小大，无时或怨。”

③《系辞下》：“乱之所生也，则言语以为阶。君不密则失臣，臣不密则失身，机事不密则害成。是以君子慎密而不出也。”

为中土；于色为黄。《离》二得之，亦曰‘黄离元吉’。”《易意》曰：“《乾》爻，不著‘吉’，亦不著‘元’；独于《坤》五，著‘元吉’焉。盖舍坤，无乾；舍人，无天。人生，贵‘安贞’而顺天也。二与五，同得坤中。而二居下，守内者也；五居上，当‘中央’之五数。居本无定，旺寄四时，而极自建皇，体自正位。故《乾》之‘元美’，皆蕴此‘中之文’，而‘光被四表’矣。”子建曰：“南蒯叛，李氏筮《坤》之《比》，子服惠伯斥之；则，史为暗斥穆姜之《随》，甚明也。”

《象》曰：“黄裳元吉”，文在中也。

干令升曰：“‘成、昭’之主，‘周、霍’之臣也。”《全》曰：“‘赤舄几几’，‘文在中’矣。霍光不学，故有‘衍山’之祸。”子瞻曰：“‘文’，生于相错。若阴阳之专，岂有文哉？”慈湖曰：“曾子与子贡，俱入厩修容。子贡先入，阍者曰‘告矣’。曾子入，乡大夫皆避位，公降一等而揖之。曾子之文，自中；而子贡之文，自外也。”《易意》曰：“《图》《书》、卦爻，人犹不知其文，而况能见其‘在中之文’乎？”

上六，龙战于野，其血玄黄。独变艮，为《剥》。尽变，《乾》。独存，《夬》。世爻。

《管子》曰：“时冬气寒，寒生水血。”玄同曰：“‘血’者，孕也。未‘离其类’者，未生也。一阳，生子，胎亥。坤阴‘用事’之月，即‘帝战乎乾’之月。于时相遇，‘絪缊’，曰‘战’；感而‘化醇’，曰‘血’。子半阳生，长男为震。震犹在血，而未娩，谓之‘玄黄’。《易》象，坎，为‘血’，取其中实；离，为‘血去’，取其中虚。《需》上，体坎，曰‘需于血’。言‘需时者，犹孕之从容无强也’。《小畜》之四，互离，故‘血去’。再观《渐》三，互坎，曰：‘妇孕’；五，互离，曰‘不孕’。‘血’之为‘孕’，甚明矣。”玄子曰：“阴阳，互藏其宅。‘二之日凿冰’[①]，达微阳也。主于战者，阳也，故以阳言。”朱子曰：“乾无对待，只有乾而已，故不言‘坤’。坤，则不可无乾；在卦外，曰‘野’。仲虎，以此悟‘败茅戎、狩河阳’之书法。”《儿易》曰：“以‘战’得位，以‘潜’奉时；各有其理，不必为‘典要’也。”

《象》曰：“龙战于野”，其道穷也。

《诂》曰：“‘道’，即‘驯致之道’也。初，阴之微，故怵其长；上，阴之极，故著其‘穷’；皆‘驯致’使然也。”《易意》曰：“消息，不能不穷；圣人，不得不‘时宜’其‘穷’。”

用六，利永贞。

---

①《诗经·豳风·七月》：“二之日凿冰冲冲，三之日纳于凌阴。”

仲虎曰：“乾之坤，刚而能柔；坤之乾，虽柔必强。”玄子之师曰：“药物熟用之，活人；学术，亦然。《易》道，‘刚柔相易’，欲变而熟用之也。”《儿易》曰：“一岁既成，三年有闰。‘用六’‘用九’，圣人‘治闰’之事也。闰者，余也。余，生于日月；日月之余，有大、有小。乾、坤之‘用’，有‘九’、有‘六’。合乾坤二‘用’，为三年之闰；合二闰、两宫，治闰之半。《乾》‘九’，治阳；《坤》‘六’，治阴。阳半揲前，阴半揲后；前闰旬五，后闰旬五。前闰‘无首’，系首先月，故曰‘见群龙无首’。后闰‘无终’，极终来月，故曰‘利永贞’。”《野同录》曰：“‘用九，无首’，惟利上根；‘用六，利永贞’，则中、下普利矣。此，君子之学；所以‘藏乾于坤’，为‘大终’也。以数言之，六画之用，统‘十二之用’；以‘用半’，即‘全围’也。用九，起于三；而两其三，依然六也。六其六，则三十六宫；而四九，亦藏之矣。”

《象》曰：用六“永贞”，以大终也。

《隅通》曰[①]：“内卦，贞；外卦，悔。惟乾，善悔；惟坤，善贞。”《易见》曰：“‘大’者，阳也。十月纯阴，即为阳月，故曰‘坤道无成’。夫《乾》‘无首’，乾为坤矣；《坤》‘以大终’，坤而乾矣。”智曰：“阳数，至九而极，有始、无终。阴，十以终之；而十，仍为一也。一爻，曰‘初’；六爻，曰‘上’；藏天之六一也。五、六，为天地之中。必六爻者，六，以终五；而藏十二、十八也。是‘终而无终’，所以‘大’也。六十四卦，皆‘用六’；即六十四卦之‘用九’矣。无非事也，无非物也。坤，即乾之事物也。乾坤，迭用于‘坤即乾’之事物；犹‘混、辟’，细交于‘开辟之昼夜’。故‘利永贞’；‘贞’，即是‘元’。冒言，以夸大者；岂能以‘大终’其条理哉？”

《文言》曰（《释文》，无此三字。）：**坤至柔而动也刚，至静而德方。**（“刚”“方”，叶韵。邓绮句，非。）

子瞻曰：“畜而不发，其极必决，故曰‘沉潜、刚克’。夫物圆，则好动；故‘至静’，所以为‘方’也。言‘主静’者，是从坤道入也。”诚斋曰：“臣道，一于顺，故欲‘柔’‘静’；不顺，则莽、卓[②]。臣节，病于顺，故欲‘刚’‘方’；顺，则张禹、胡广矣。”《阳符》曰：“方生于圆，而规生于矩。智，故谓：‘“方法”之方，出于“方圆”之方。始知，方即是圆。’则乾、坤之‘永贞’，为‘统常变’之‘大常’矣。”

后得主而有常。

足证《象》句。“得主”，则迷亦不迷，可谓“利”矣。刘存宗曰：

①萧山来元成著：《读易隅通》。

②王莽、董卓。

"'乾知大始'，故重'元'；'坤作成物'，故重'贞'。元，知'善长'[①]；贞，合信、智。圣人，于'后天'表'先天'，而'常'之。此，万世所以'得主而有常'也。"

含万物而化光。

《见》曰："凡物生，有光。'所以光'者，阳也；'光之可见'者，阴也。一切草木之华、鸟兽之羽毛，皆阴为之。阴，听乎阳；不知其然而然，故曰'先迷'。"移孝曰[②]："人生如火，遇物即迷。圣人，以道养之，即以道贞之，且有'迷于复'者。'黄中通理'，不以光明化物，岂能使之'安贞'乎？以薪化火，火即含光；谓之'火迷薪、火得薪'，皆可也。必迷失，而后得之，其'势'也。'得主有常'，贵'安贞'而已矣。'穷理尽性'，其'含万物而化光'乎？"

坤道其顺乎！承天而时行。

《易意》曰："'时乘''时行'，归乎'时中'，而'化光'矣。至顺，即大顺也。"《全》曰："'坤柔'二句，言'贞'；'后得主'句，言'利'；'化光'句，言'亨'；'承天时行'，言'元'。盖逆轮，以明其顺。"

积善之家，必有余庆；积不善之家，必有余殃。臣弑其君，子弑其父，非一朝一夕之故，其所由来者渐矣，由辩之不早辩也。**《易》曰："履霜，坚冰至"，盖言顺也**。（《程传》，作"顺"。《本义》，"顺""慎"，通用。）

孙文介曰："春秋，无冰；'陨霜不杀菽'，皆书以为异。夫弑逆，生于不顺；不顺，生于'盈而无上''张大而不知敛'耳。《坤》，不'履霜'；即人生，无立命处。惟'辨之早'，方知人之善恶、家之兴衰，有'不在一身，而推之世世'者。'三代'之兴，'三季'之衰，历历可见。楚望郝氏曰：驯，至不觉之谓'顺'。"《象正》曰："乾坤中分，为月有六。阳动于子，而言'潜龙'；阴动于午，而言'冰霜'。不患其'言之太早'也，圣人之仁也。"《同录》[③]曰："乾用坤五，惟著一'吉'；而尼山，于初爻发'庆殃之戒'，若是其危哉。不辨'阳之统阴'，则'造端'混矣，人尚知'有父'乎？森然'首在上、足在下'，而欲废其冠履，君非赘乎？凡申表其'森然、分辨'者，皆为'君''父'也。语

① 《乾卦·文言传》："元者，善之长也；亨者，嘉之会也；利者，义之和也；贞者，事之干也。"

② 戴移孝（生卒不详），一作迻孝，字无忝。文中"迻孝"，统改作"移孝"。"移孝曰"，即引其著作。

③ 方大镇著《野同录》。

‘积善’者，为天地，理家事也。荒，则轻；轻，则弑矣。孟氏，所以履‘万世之霜’也。高标顿宗，则厌言‘积善’，而不惜荒之。‘祸世争伐’之神奇，孰与‘善世不伐’之迂阔耶？衣食周孔，自肩理学。而专作急口，护‘无分别’，岂非冤枉‘敬谨之臣子’，而阴袒‘叛伦、灭理之毒锋’耶？若曰‘瓮难逃鳖’；则圣人此语，不多事哉？痛矣。”元公曰：“善，莫大于阴；恶，亦莫大于阴。阴德致祥，阴谋胎祸；故圣人于《坤》初发之。《坤》之利，在顺；其病，亦在顺。《见》曰：以阴顺阳，则吉；以阳顺阴，则凶。”潜老夫曰：“上，言理；下，言‘敬’‘义’。顺理，则善；逆理，则不善。”智曰：“‘平旦’之公好恶，即‘夜气’之直心[①]。‘寂历同时’之体，即在‘历然之用’中。今欲‘执寂坏历’，是窃偏权，以莽荡招殃者矣。开眼未全，盲引众盲，宜其痛也。”

“直”其正也，“方”其义也。君子敬以直内，义以方外。敬义立而德不孤（张伦本，有“《易》曰”二字）。**直方大，“不习无不利”，则不疑其所行也**。

程子曰：“‘敬’‘义’夹持，直上达天德。自此‘义形于外’，非在外也。”朱子曰：“彻上彻下，‘敬’‘义’，只是一事。”慈湖曰：“‘无意’者，非意耶？‘直其正也’，言‘安贞’也。‘正’，即是‘敬’；不必如‘邹志完之改’也。合通内外，两‘立’，而中‘不孤’矣。‘正’，当其所安，而已矣。正当臣，则安其臣道；正当子，则安其子道。人生正当人，则安其人道，何疑之有？岂用‘矫輮过激’之习乎？《见》曰：中，无‘回互’；则外，或‘径率’。外，守矩法；则内，多拘牵。‘直’与‘方’，两相妨也。内外如一，‘直’‘方’两忘，‘不习’‘不疑’，一‘直’而已。此，乾合坤之六也。”文介曰：“‘直内’，无可名状；‘奋迅’；未免孤峭。‘敬’，以行‘义’；随时运用，天地同春；故曰‘不孤’。”《象正》曰：“‘德不孤’，虽‘丧朋’，何‘疑’焉？”玄子曰：“凡强为大者，必曰‘无町畦耳’。圣学，《乾》二言‘博大’也，而从‘谨’‘信’始。《坤》二‘不孤’，大也；而从‘直’‘方’始。”李子思云：“诚敬仁义，皆此乾、坤。《乾》进，止五；《坤》退，止二；则仍五也，中也。”畊岩曰：“直心，是敬。敬，不待习，又何所‘疑’？《离》虚，故初著‘履错之敬’[②]；《坎》实，故曰‘习坎’。”

---

①《孟子·告子上》：“其日夜之所息，平旦之气，其好恶与人相近也者几希。则其旦昼之所为，有梏亡之矣。梏之反覆，则其夜气不足以存；夜气不足以存，则其违禽兽不远矣。”

②《离》卦：“初九，履错然，敬之，无咎。”

阴虽有美，含之以从王事，弗敢成也。地道也，妻道也，臣道也。地道无成，而代有终也。

董子曰："风雨者，地之为也。地，不敢有其功名，必上之于天命。"《订》曰："'弗敢'者，非才有不足；于分，有所不敢也。"升菴曰："不言'子道'者，子，有时而为父；妻，无为夫者也。"《揆》曰："乱臣贼子，惟此'敢'之一念。《老子》所谓'勇于敢，则杀'也。'代'者，善继也。"《易意》曰："各尽自己之道，即是天道。'有而不与'①，'不自满假'②，君道亦然。'弗敢'者，惕也，'闇而日章'矣③。"

天地变化，草木蕃；天地闭，贤人隐。《易》曰"括囊，无咎无誉。"盖言谨也。

吕伯恭曰："人与天地万物，同是一气；《泰》见、《否》隐；犹春生、秋落。气至即应，间不容发；初，不待计较也。"文介曰："'变''蕃'，则春夏，即秋冬之成。'闭''隐'，则'舍藏即用行'之义。'洗心藏密'④，即此用世。岂得以秋冬，全用杀机；'闭''隐'，单处乱世？"《易简录》曰："'乾道变化'⑤。此曰'天地变化'。至四，而坤重并力承乾也。'贤人'，是天地开辟、启钥之人；亦天地，'缄縢扃户'之人。圣人，'阖'之斯乾，'辟'之斯坤。"《易意》曰："三四，天地之交；故著'天地'，而叠言谨慎。"

君子黄中通理，正位居体，美在其中，而畅于四支，发于事业，美之至也。

朱子云："冲漠之中，万象森然已具矣⑥。"《荃》曰："洞然事理浑一，更无疑滞，谓之'中通'。"元公曰："道家'黄中'，昉《坤》五也。黄心在中，万物通彻。五官各正其位，以宅乎体之所安，则形全而性尽矣。"《见》曰："'黄中'，则'未发'也；'通理'，其'中节之和'也。"《易意》曰："'北辰居所'⑦，真君存焉。复命于天，顺性御气。'黄理'，即玄理也。《归藏》，而正'皇极'之位；万应，无非'垂裳'之体。西、南、东、北，犹'四支'也；六十四卦，皆'事业'也。圣人使万世之臣子，各体其'冰霜'，各大其'敬义'，各含其'文章'，各

①《论语·泰伯》："巍巍乎！舜禹之有天下也，而不与焉。"

②《尚书·大禹谟》："克勤于邦，克俭于家，不自满假，惟汝贤。"

③《礼记·中庸》："君子之道，闇然而日章；小人之道，的然而日亡。"

④《系辞上》："圣人以此洗心，退藏于密，吉凶与民同患，神以知来，知以藏往。"

⑤《乾》卦，《彖》曰："乾道变化，各正性命，保合太和，乃利贞。"

⑥应为"程子云"，见《二程遗书》卷十五："冲漠无朕，万象森然已具，未应不是先，已应不是后。"

⑦《论语·为政》："为政以德譬，如北辰居其所，而众星共之。"

慎其‘咎誉’，而始终在‘早辨其嫌疑’。此各安生理，所以亨乾坤。‘畅发’之‘美利’也[①]，通此‘黄中之理’而已矣。”潜老夫曰：“《易》贵善用。正其‘用中’之体，自然中其‘时位’之节。‘有物有则’，即‘天则’也。”

阴疑于阳必战（姚信、蜀才，“疑”作“凝”），**为其嫌于无阳也**（“嫌”，郑玄作“谦”。陈士元云：“郑，作‘慊’；董、虞、陆，作‘嗛’；荀，作‘兼’。”），**故称“龙”焉；犹未离其类也，故称“血”焉。夫玄黄者，天地之杂也：天玄而地黄。**

元公曰：“‘疑’者，‘战’之始机也。‘臣弑君，子弑父’，皆起于‘一念之疑’。”《意》曰：“《九家》云：‘无阳亥地也。’《尔雅》云‘十月，曰阳’。此，‘称龙’之特书也。世间有形，皆阴类也。圣人告民，以日为阳。邵子曰：‘阳来则生，阳去则死。’可信，掌持‘天柱、地维’者，全凭阳德。”智曰：“阴阳本交汁也，亦自轮为主客体用，不以交而坏其轮也。‘直方’之体，有何疑乎？用，则疑生嫌矣。骨月之中，水火喜怒，自相制胜；则‘两间’之成坏，‘岁气’之盛衰，‘五行’之生克，莫不与人事同几。即可以‘人事’之嫌疑，而嫌疑之；即可类其‘无情造物’之嫌疑，而化‘有情’之嫌疑矣。‘玄黄’之血，‘纯粹’之精，杂二为一，‘类’自合、离。阴能凝阳，阳即用阴，皆消息也。学问之几，惟从‘坤元’得‘乾元’之消息焉；人事之几，惟从‘阴偶’得‘全围’之消息焉。纯坤之月，即是天门。剥复出帝，尚经阴止；战战‘冰霜’，始终皆血。谁‘迷而得主’乎？”

《时论》曰：上天之载，不可见矣；可见者，地也[②]。“卑而上行”[③]，所以载其“无声无臭”者也。四德，同焉；而先后、失得，有其“方”矣。《象》系“君子”，凡四见。文王，先以之主《坤》；周公，先以之主“人爻”矣。主，何主乎？“乾乾”者，将何往乎？“先后、迷觉”之几，“主宾、义利”之介，“得丧、安危”之间，君子“辨之”；“不疑”，而安之矣。坤尽，复者也；《复》“先”，则“迷”，亦必“得”[④]。坤，交泰者也；《泰》“后”[⑤]，则“富”“祉”、有“命”。天时、地利，干，加于支；西、南、东、北，维其职矣。圆，用于方；知，必“成能”[⑥]。

①《乾卦·文言传》：“乾始能以美利利天下，不言所利，大矣哉。”

②《诗经·大雅·文王》：“上天之载，无声无臭。仪刑文王，万邦作孚。”

③《谦》卦，《象》曰：“天道下济而光明，地道卑而上行。”

④《坤》卦，初爻独变，为复卦。《坤》卦：“君子有攸往，先迷；后得主，利。”《复》卦，《象》曰：“先王以至日闭关，商旅不行，后不省方。”

⑤《泰》卦，《象》曰：“后以财成天地之道，辅相天地之宜，以左右民。”

⑥《系辞下》：“天地设位，圣人成能，人谋鬼谋，百姓与能。”

道，在“效法”[①]；“代终”，即始[②]。文王，以坤自处；乾，“不息”于坤中者也。《蠡》曰：“‘后’，安其分；‘利’，安其德；‘得’‘丧’，安其位。非‘乾乾之君子’，其孰能之？”

天，以动为静；而致“专”于地。地，以静为静；而致“辟”于天[③]。地之柔也，“西南”，虽可“得”；“东北”，亦可“丧”，阴“用其半”也。地之刚也，东“析”、南“因”，西“夷”、北“隩”[④]；均而平，叙而秩，阳“用其全”也。惟其德，以“居方”[⑤]；故其“方”，以辨德也。“地道”之分“先、后”也；《彖》，见于《蛊》；爻，见于《否》[⑥]。同[⑦]、巽、旅，皆坤所“索”也。文王起，而后其天，即“后其地”；以为，先在后中。“西南”之土，“东北”之土，门户“阖辟”为物主也[⑧]。此《归藏》《连山》之皆《乾》也。此，二“土”、二“乂”，之为“卦”“爻”也。有“主乎众变”者，而众常乃役焉：雷常发，风常“桡”，火常“燥”，水常“润”，泽常“悦”，山常“止”[⑨]。以《圆图》《横图》拟之，则位居八；以“月卦”稽之，则候居亥，莫非“后得”也[⑩]。夫“先”之与“后”，“含”之与“发”，非有贰也，行“不逾时”也。乾变而坤化，乾明而坤光；非化、非光，则孤阳不生、孤阴不成。“安贞”之顺，“大元”“至元”[⑪]，岂有分乎？

“三才”之合也[⑫]，统于“中”，继于“善”，素于“位”，生于“积”，极于“杂”，介于“疑”，密于“代”，藏于“隐”，从于“类”。而始终慎辨之，则有理焉；由中达外，有事焉。“臣子”者，事业之始；

---

①《系辞上》：“生生之谓易，成象之谓乾，效法之谓坤。”

②《坤》卦，《文言传》：“地道无成而代有终。”

③《系辞上》：“夫乾，其静也专，其动也直，是以大生焉。夫坤，其静也翕，其动也辟，是以广生焉。”

④《尚书·尧典》：“日中，星鸟，以殷仲春。厥民析，鸟兽孳尾。”“日永，星火，以正仲夏。厥民因，鸟兽希革。”“宵中，星虚，以殷仲秋。厥民夷，鸟兽毛毨。”“日短，星昴，以正仲冬。厥民隩，鸟兽氄毛。”

⑤《未济》卦，《象》曰：“君子以慎辨物居方。”

⑥“先”“后”：《蛊》卦，《彖》曰：“‘先甲三日，后加三日’，终则有始，天行也。”《否》卦上九：“倾否，先否后喜。”

⑦《同人》卦。

⑧《系辞上》：“是故，阖户谓之坤；辟户谓之乾；一阖一辟谓之变；往来不穷谓之通。”《系辞下》：“乾坤，其《易》之门邪？”

⑨《说卦传》。

⑩《先天八卦》乾一、兑二、离三、震四、巽五、坎六、艮七、坤八。《十二辟卦图》，坤居亥，乾居巳。

⑪“大元”，即“大哉乾元”。“至元”，即“至哉坤元”。

⑫“三才”，北大本为“二才”。根据文镜本。

“玄黄”者，事业之终；“庆殃”者，事业之余；而“敬义”者，“通理”之本也。“通理”，则无旁非中矣。中旁皆通；则常、变，皆常矣。《系传》“穷则变，变则通”，取诸《乾》《坤》，以其有“大常”也。合微显、名实，而就事切用，以指之。正“君父”之位，通“忠孝”之理。顺其理，则善；逆其理，则不善。辨之早，则“殃”消，而“庆”长。辨之“不早”，则其“渐”者，在身；而其“余”者，及子孙后世。初之于“家”，而上之于“野”；“家”之于“弑”，而“野”之于“战”。危哉！盖，“理”“欲”其辨也。君子法地以礼，故先辨“善”，又辨“敬”焉，又辨“义”焉，又辨其“中通”焉。曰“敬”，则无“‘放宕’，以为‘善’者”；曰“义”，则无“‘畏葸’，以为‘敬’者”；曰“中通”，则无“‘胶泥’，以为‘敬义’者”。取象于图，则“内直”“外方”，而皆圆者也。事业，贵于“曲成”[①]；而“主敬”，无害“直养”[②]。事业，崇于“圆神”；而“徙义”[③]，不逾“方智”。复何疑乎？《乾》三，“惕终”；《坤》三，“代终”。《乾》四，“跃”而“无咎”；《坤》四，隐而“无誉”。其“不疑”，一也。无非“事业”也，无非“文“也，无非“含”“隐”也，无非“理”也。坤，善奉“乾之智”，以辨乎“八八”之“方”。以坤一位，承乾“六虚”；而“黄中之理”，通矣。观象者曰：“《河图》一龙马，而乾坤分之乎？乾‘龙’，乘坤‘马’乎？”立象而通理，可“无疑”矣。《河图》变《洛书》，而去十之五，为“皇极”“正位居体”矣。“五事”“庶征”，理无疑矣；以“相克”为“相生”之用，理无疑矣。“休征”，阳道；“咎征”，阴道；阳无疑，而阴有疑矣[④]。“狂”战“肃”，“僭”战“乂”，“豫”战“哲”，“急”战“谋”，“蒙”战“圣”。“未离其类”，则“恒若”矣；“从其类”[⑤]，而贺战胜，则“时若”矣。长子生矣，六龙化为一龙矣，从此人间皆“玄黄”之杂血矣。君子以中理旁，以纯理杂，故曰“纯亦不已，杂亦不已”。

智曰：“《乾》系四词，藏一而已。《坤》系‘西南’‘东北’，足耳。何长言耶？曰‘先’‘后’矣，曰‘得’‘丧’矣。重列两‘利’、两‘贞’；而以‘安’为‘吉’矣。有知安之道者乎？天地，主矣。是六十四卦之‘通理’，而于坤中‘畅发’之者也。天自凝地，以凝诸

①《系辞上》：“曲成万物而不遗。”
②《孟子·公孙丑上》：“气以直养而无害，劲以曲蓄而有余。”
③《论语·颜渊》：“主忠信，徙义，崇德也。”
④《尚书·洪范》：“曰休征：曰肃，时雨若；曰乂，时旸若；曰哲，时燠若；曰谋，时寒若；曰圣，时风若。曰咎征：曰狂，恒雨若；曰僭，恒旸若；曰豫，恒燠若；曰急，恒寒若；曰蒙，恒风若。”
⑤《乾卦·文言传》：“本乎天者亲上，本乎地者亲下，则各从其类也。”

‘法象’，而自为之用焉；乾自为坤，以‘立体’，而自为之用焉。坤，皆乾也。乾，岂能一息离坤哉？‘天尊地卑’，而即曰‘卑高以陈’；以此《归藏》为‘藏知崇于礼卑’之《易》用也。‘动静有常’，此藏‘时止’‘时行’之《连山》，于《归藏》者也。子曰：‘吾得乾坤焉。’伏羲画卦，尧舜授时；周公成文武之德，祖宪具千圣之法，皆‘用乾于坤’而‘旋转天地，以为泰’者也。‘积’‘辨’‘敬’‘义’，是‘资生’之常也。以‘迷’为‘专’，而‘后得主’；亦在乎‘正体’‘通理’，而已。主中之主，‘大常’岂有失乎？《乾》终，标‘不失其正’；而《坤》，乃详著其‘迷失’与‘得常’焉[①]。‘直’‘方’者，岂能逃此‘先’‘后’耶？知‘得失’，而‘不疑’；即以‘厚载’其‘无得无失’者矣。一‘无首’，三‘无疆’，‘安’哉？‘顺’乎？”

玄子何氏曰：“天地开，而‘云雷’，见天用；‘山水’，见地质；犹之‘天先地也’。男卦先，而‘震始交’者也。《屯》贞震[②]；故初主‘君道’，以亨坎[③]。《蒙》贞坎；故二主‘师道’，而艮成。中，皆互坤；君、师为统众也。”元公曰：“始交，而震、坎、艮相连。昉于《图》《书》之位；坎，天一也。先震、后艮，序也。”潜老夫曰：“屯、蒙，首用三男；而实坎、离二宫之卦[④]。广成子，于‘屯、蒙，运行日月，得寓象也’。以‘三贞悔’之‘十二节’言之，此与乾、坤为第一限，重政教也[⑤]。”智曰：“屯、蒙，一对；治教，即心法也。贵‘习’乎‘险’，而即‘动’，以止于‘不动’；贵‘正’其‘初’，而以‘明’，养其‘不明’者也。‘经纶’有本，当知‘建侯而难亨’者，为‘主宰

① 《坤》卦，《象》曰：“君子有攸行，先迷失道，后顺得常。”

②“贞”为内卦，“悔”为外卦。《屯》贞《震》，是《屯》卦的内卦为八经卦的《震》卦。

③ 《屯》卦，外卦为坎，又称悔卦。

④ 《屯》卦，为《坎》宫二世卦。《蒙》卦，为离宫四世卦。

⑤ 六十四卦，从颠倒卦来看，只有三十六贞悔卦，上经十八，下经十八。“三贞悔之十二节”，即三卦一组，三十六贞悔卦，共十二组。乾坤之贞悔不变，屯蒙一对即第3贞悔卦。乾、坤、屯蒙，皆在第一组，称为第一限。

造天’之‘光明’。‘果育’有源，当知‘顺巽以应包’者，乃尽‘发、击、接人’之‘正法’。石塘子曰[1]：‘君，全贵师教；师，全用君道。’不明‘主宰，以造天’；天，则芒芒昧昧。无‘将兵、将将’之权，而难长矣。‘膏’之，以‘贤人’之‘理水’；此，‘小贞吉’也。遽以‘无可无不可’之极则，‘施’之；此，‘大贞凶’也。天地，方以‘利欲’，为‘大险坑’‘大桎梏’；开《需》市，置《讼》狱焉。不‘以顺巽者，果而育之；以时中者，养而止之’，又何能‘包’之乎？包，而不‘以实接之’；乃于‘伦常’之外，穿凿深隐，以离岐之，‘童蒙’不已漓乎？不知‘因二，即贞一也’。锢其‘混沌’，以为一；而用‘总杀’之酷刑、暴御，则‘渎困之蒙’且横，而谓‘已甚激佷’，非邪法乎？‘建侯’‘克家’之正始也；伦之，即‘知止’矣。以邪正，立‘万古蓍龟’之刑；而‘修省’之教事，即‘经纶’矣。此，君、师习六《坎》，而‘懿文’‘旋履’之‘中正法’也。”

䷂水雷屯

《说文》：“屯，难也，象草出地。中，读若‘彻’。”《全》曰：“混沌加水，或为‘浑敦’，或为‘昆仑’。徒昏切，专真切，皆通。”智按：“肫，从屯。《礼》曰‘春之为言蠢也，产万物者’，圣也。”《法言》曰：“春者，木之芚。”古，以音通相训。《淮南子》曰：“坤屯，㸗㸰。”张衡《灵宪注》曰：“坤屯，不分。”《尔雅》：“子曰‘困敦’。”《韵书》作“倱伅”，皆“混沌”也。证知，古以坤、屯二卦，连呼之，而转变耳。

屯：元亨利贞，勿用有攸往，利建侯。

始交，而生长子；伏《鼎》，“主器”。初震，上承五；而互坤，“国土”，“建侯”象；互艮，“勿用”象。乾、坤外，具“四德”者，五卦。祇有余词，便与不言所“利”，异矣。重耳，筮“得贞《屯》、悔《豫》，皆八”。司空季子曰：“文武具，厚之至也。震长，曰‘元’；顺嘉，曰‘亨’；内有震雷，故‘利贞’。车上水下，必霸。小事不济，壅也；故‘勿用有攸往’。一夫之行也，众顺而威，故‘利建侯’。”古人，随意解繇耳。开辟、立君、建藩，是“第一事”，故以“初震五王”象焉。震“动”、习“险”[2]；“勿用”，所以用也。“西伯专征”，亦“自道”夫。《遡》曰：“武王甫下车，即封‘尧、舜、禹’后，于蓟、陈、杞，诚有‘不容缓’者。”又曰：“屯，以承乾、坤，而具‘四德’；蒙，则

①白瑜（生卒不详），字瑕钟，号安石，因所居大龙山有石塘湖，故称“石塘先生”。文中“安石白氏曰”“石塘子曰”“石塘曰”，皆引其著作。

②内卦为震，外卦为坎。

不言‘元’。随、革，为上下《经》之中。《临》主‘教思’，而《无妄》本体也。孔子于‘四德’具者，咸释为‘大亨’；避乾、坤也。惟不兼‘利贞’者，仍用‘元亨’。又，《彖》具‘元亨’者，十一卦。阳为主爻者，七;《传》皆释‘大’。‘大’者，阳也。阴为主爻者，四;《传》，皆曰‘元亨’。盖言：‘刚用柔之化也’。”《象正》曰：“‘冰霜’之后，‘战血’已尽；龙起云兴，万物逡逡然得春矣，故谓之《屯》。其‘夏正’乎[①]？《易》，犹《春秋》之义也。贞下起元，王者行事；法天地，合万物。故《屯》交于《坤》；日南至，而春之。”元成曰：“《乾》初，为爻始，而曰‘勿用’。《屯》，居诸卦首，而《彖》曰‘勿用’。二老，二用明，以用教；而复以‘勿用’教用，是《庄子》所叹‘无用之用’也。”

《象》（当作传）**曰：屯，刚柔始交而难生，动乎险中，大亨贞。**

《易意》曰：“爻，即‘交’字。不爻，安有‘三才’乎？习险，自动，贵‘慎其动’。‘始交难生’，天地岂得已耶？‘大亨’，以分判其‘元’，而因以‘贞其元’矣。贵贱、婚媾，皆以‘慎交’，为‘贞动’也。”藏一曰：“《屯》‘难’、《蒙》‘险’，原于鸿荒；故赞称‘草昧’，词系‘童蒙’。‘大哉乾元’，‘始’而即‘亨’。万物之生，‘生’即是‘难’。人生之难，甚于‘始生’。故《孟子》以‘生于忧患’，亨之。”

雷雨之动满盈，天造草昧，宜建侯而不宁。（郑，读“而”，作“能”）

子瞻曰：“物生，必得雷雨。然其作也，使物不知其所从；若害之，而霁见功焉。屯世，务往以求功；争功则愈乱，故曰‘勿用往’。然我不往，而‘天下之往’，皆是也，故‘利建侯’。”《见》曰：“屯，用屯道。曰‘盘桓’，曰‘不字’，曰‘不如舍’，曰‘小贞’，曰‘班如’，皆屯道也。晋文、昭烈，备历险阻，不受人豢，以骧其‘经纶’；惟‘慎重不轻发’者，乃‘百折不挠’者也。‘草昧’‘建侯’，以系人心，非利之也；志不在侯，故‘建而不宁’。更始诸将，纵饮长安[②]；陈涉才数郡，而高居若帝；志可知矣。故‘不宁’之志，即定于‘勿往’之时。”玄同曰：“‘雷雨满盈’，此天所以理人，而泯其欲也。‘不宁’者，虞廷之‘克艰’[③]，文周之‘翼心’[④]，孔子之‘辙环’；皆‘动乎险中’，以‘大亨于世’者也，‘宜’而已矣。”故曰：“‘义之与比’，即是二‘无’；三达，则五达矣；用达，则礼达矣。是谓‘至诚’‘经纶’。”

---

①夏历正月。

②汉更始帝，刘玄。

③《尚书·大禹谟》：“后克艰厥后，臣克艰厥臣，政乃乂，黎民敏德。”

④《诗经·大雅·大明》：“维此文王，小心翼翼。”

《象传》曰：云雷，屯；君子以经纶。（郑、陆，作“论”。荀，作“伦”）

藏一曰：“云者，雨之‘未究’；泉者，水之‘方动’；‘始生而穉’之象。”《易意》曰：“古鼎，多作‘云雷绾绰’之象，藏‘经纶’也。‘云雷’盘欝，丝缕杂错；‘屯结’绸缪，而阴阳不紊。此，‘君长、婚媾’之大经，正；而‘居常几明’之伦，具包矣。‘大人’之造，‘天造’也，始于‘絪缊’。‘肫肫、渊渊、浩浩[①]’，形容‘经纶’，莫如子思之手。”《见》曰：“‘满盈’而雨，则解矣；未解，则骚动如丝棼。挈其端绪，井其条理，在‘君子’矣。”玄子曰：“以‘丝法’治之，大纲既正，万目毕举。‘经’，总而分，象‘雷之自敛而分’；‘纶’，理而合，象‘云之自散而合’。”

初九，磐桓（“磐”，一作“盘”；马、郑，作“槃”），**利居贞，利建侯**。独变坤，为《比》。

朱子，以“初”，为“成卦之主”。《遡》曰：“主卦，每与《象》同辞。马季常，以‘盘旋’，释‘磐桓’；与下‘邅如’正合。张横渠，以为‘柱石’。如‘盘石’‘桓表’‘桓楹’之称。朱子，不取。而杨与何，取震，‘大木’，‘涂’；‘地下柱石’之象。”智按：“汉《张表碑》，有‘畔桓利贞’之语。《管子》‘洀桓’；《诗》之‘伴涣尔游’；《东京赋》‘天马半汉’，皆‘盘桓’音义也。《刘向传》：‘宗族盘互。’《谷永传》：‘百官盘互。’可证，古人通用。依《说文》，当作‘般桓’。《象》曰：‘虽磐桓。’则，马说近之。”《象正》亦谓：“才，足御诸侯；而悚然，恐不足‘建一邦’；‘盘桓’‘不宁’。”《周诰》：“‘极卒宁王图事。’自谓‘不宁’；则，宁者至。”此，“全屯”之道也。毕万，筮《屯》之《比》。辛廖曰：“安而能杀，公侯卦也。孔成子，立卫灵，亦遇此。”史朝曰：“嗣吉，何建？皆寓‘不宁而贞动’之义。”

《象》曰：虽盘桓，志行正也；以贵下贱，大得民也。

陆公理曰：“江海处下，百川归之；君能下物，万人归之。”范希文曰：“光武，以礼下子陵；是《屯》之初，‘以贵下贱’也。”《遡》曰：“居贞者[②]，大居正也；‘志’在‘行正’，民饥犹己。‘遹求厥宁’[③]，而‘日昃不遑’，其文王之‘盘桓’乎？可知，‘以贵下贱’，皆‘雷雨不宁’之志，所以‘行正’也。”

① 《礼记·中庸》：“肫肫其仁，渊渊其渊，浩浩其天。”

② “居”字，北大本不清，根据文镜本。

③ 《诗经·大雅·文王之什》：“文王有声，遹骏有声。遹求厥宁，遹观厥成。文王烝哉！”

六二，屯如，邅如。乘马班如（郑，作“班如”。《说文》，作“驙”），**匪寇婚媾**（古，作“昏冓”；马、郑，作“婚冓”）；**女子贞不字，十年乃字**。变兑，为《节》。积变，《坎》。《坎》宫世。

《遡》曰：“观象，遇《屯》；即见五‘王’、初‘侯’。坎、震，车马；‘乾坤相索’之‘婚媾’当前矣。‘匪寇婚媾’，凡三见。五行，‘克我’者，夫。虽‘寇’，而夫妇矣。东木，西金；震体，变兑，有此象。马融，以‘重婚’，为‘媾’。许慎，循之。《国策》，‘講’皆读‘媾’；可知，古通，因中冓，通媒、问名也。阴阳，不遽配；爻，故隔三。此，为世爻；故以‘常’著之。震，‘馵足’；坎，‘舆眚’，‘屯’‘邅’象。二阴为女，应五，‘婚媾’；乘初刚，而中正‘反常’，故有此象。坎，为‘寇’。‘十’，坤数也。”《易意》曰：“分治其土，代天示公。阳贵、阴贱，阳君、阴民；‘尊阳’之常，昭然矣。而以‘能下之贞’，著‘体民之正’焉。‘草昧’，欲免‘禽兽’；则‘天造’，在‘有别之端’矣。女子，能坚‘不二之心’；则男子，砺节矣。此，‘开天’‘经纶’也。”藏一曰：“如此，人而‘侯’之，即‘大得民’；如此，女而‘字’焉，即‘反常道’。‘磐桓’‘邅如’，正‘经纶’‘不宁’深心。武皓皆十余年，靡且四十年，知‘常’而已。”玄子曰：“初、二异操，而皆许者：太公济世，为仁；伯夷悖伦，为义也。”《象正》曰：“天道亏十，贞女苦老。君子，不以患难易素，《屯》之《节》也。”《见》曰：“初之‘盘桓’，欲得人望，则民心附矣。‘下贱’者，好士也。二应五，而知初之杰；故待初事成，而后往就五。其，子房送汉王出关，乃依韩王成乎？彭越归汉，而楚即败矣；窦、马向东，而嚣即败矣。收天下，在乎得人，势也。”智曰：“‘不宁’之道，宜此‘屯’‘邅’。无可奈何，乃能伤心入髓；而立命，即有出路矣。”虞稷曰：“评‘十九首’者，谓：‘古人深心君臣、朋友之间，而托言夫妇、男女之际。’玩《易》、歌《诗》，信此血性，吾不知有二也。”

《象》曰：六二之难，乘刚也；十年乃字，反常也。

子瞻曰：“‘乘’者，济屯之侯也。二，知有五而已；异于五，则‘寇’矣。”潜老夫曰：“诵张籍之《还珠吟》，亦杜林之漆《尚书》也[①]。伏生、桓荣，其亦顾协之‘伉俪’乎？”

六三，即鹿无虞（虞、王，“鹿”作“麓”），**惟入于林中**（朱郁仪，以为“谁”，讹）；**君子几；不如舍**（“几”，郑作“机”），**往吝**。独变离，为《既济》。积变，《井》。

①杜林，在西州所得的漆书。

坎，为狐豕，丛棘；震，为竹箭；艮手，“即”之。互坤，变险；无“驱禽”之虞官，禽挺入林，人惟陷耳。人位，为“君子”；艮上，为“舍”。《遡》曰：“重《离》，中四爻互《大过》；二《巽》颠倒，象网[①]；约之，肖《坎》。故坎、离、坤，皆象‘田’。”秦失其鹿，天下共逐，羽贪而亡，陈婴智保。陈琳，谏何进召外兵，曰：“《易》称‘即鹿无虞’，谚有‘揜目捕雀’。”此，一几也。塞曰：“崔逞、张砺之‘从禽’，岂不可叹？”

《象》曰：“即鹿无虞”，以从禽也（郭京，作“何以从禽？”）；**“君子舍之、往吝”，穷也。**

《易意》曰：“‘从禽’者，且委身适志矣。尝叹孔文举，不能为张瑢、徐庶，又不能为贾诩，何独悲田横乎？非不‘知几’，不能舍其‘座上之酒客’耳。”智曰：“惕位与几，首济《屯》‘难’；‘知至’，在乎一‘舍’。‘浮云’者，君子之‘括’也。野王二老，对光武曰‘此中多虎，臣每即禽，虎亦即臣’，辞而去。”

六四，乘马班如，求婚媾；往吉，无不利。变兑，为《随》。积变，为《大过》。

卦，二阳各应；故两言“婚媾”。变兑，为《随》；故四，独许“往”。藏一曰：“爻，于三示‘几’；《传》，于四赞‘明’；欲人明审‘居往之几’，利于正也。”《正》曰：“《屯》之《随》。非‘随人’也，‘时’也。水动为泽，云雨已降，龙马贲于下，‘婚媾’成于上，霖雨先后，明于‘随时’者也。”移孝曰：“爻，止六位；而可以百世之事会值之。二，马援也；三，杜林也；四，邓耿也。钉椿摇橹，则难与语。”

《象》曰：求而往，明也。

玄子曰：“知己不足，求贤自辅，‘而往’翼戴，可谓明矣。”《易意》曰：“奸雄，招致人望；豪杰，濡足权门；惟‘明几’者，可免。”

九五，屯其膏，小贞吉，大贞凶。变坤，为《复》。积变，《恒》。

《遡》曰：“‘膏’，为雨。《诗》曰：‘阴雨膏之。’五，‘屯膏’于‘诸阴之小’，侯之能建，彼且膏之。若‘屯膏’于‘初阳之大’，侯之不建；势必，不安而凶矣。俱曰‘贞’者，‘草昧’慎择，俱不失，为贞也。”《谷永传》引此曰：“‘小贞’，臣也；‘大贞’，君也。君吝，则凶；臣吝啬，则吉。”淇澳曰：“‘小贞’，以慎重吉；‘大贞’，以吝啬凶。”魏隺山，以“《周礼》‘大贞’，谓‘大卜’；如‘迁国立君’之事。”羽南氏曰：“此时，利有‘二之小贞’，不利有‘初之大贞’，将以巽位光

① 泽风大过，上为兑，下为巽，全卦看，如二巽颠倒。

乎？此空外之人，所以‘鼠思泣血’也[1]。”导曰：“以此为主藏，则可；岂居上治世所宜？”《正》曰：“《屯》，‘云雷’也；《复》，‘冰霜’也。此，其道不可大，时不可久也。《易》之大者，曰‘元’、曰‘运’；小者，曰‘岁’、曰‘日’。‘贞’者，冬也，穷也。‘小贞’，可为；‘大贞’，不可为也。”《野同录》曰：“屯时，明告‘贵贱’。造端之分，以爵禄、婚姻亲天下，则吉。若闭关高拱，以‘玄穆’，为‘还元’；而鄙屑‘理财、选贤’之事，则凶。所谓‘以精失士，太高不祥’者也。”曰：“时、位，各有其宜。初之《震》阳‘动’，故‘利贞’；五之《坎》阳‘隐’，故吉凶并焉。天造‘经纶’，要以‘不宁’，为‘危微’之宜。”

《象》曰：“屯其膏”，施未光也。

直达光明，施命班爵，此亨《屯》之“经纶”也。下动，宜慎其体；上陷，宜豁其用[2]。

上六，乘马班如，泣血连如。变巽，为《益》。

《宜》曰：“柔处屯极，而下无应。泣尽，继血，宜也。身液，皆水；坎水，为血。”《正》曰：“郑公子忽，辞婚于齐，而因以失国。秦穆曰：‘今之谋人，姑将以为亲。《屯》之泣血，其悔乎？’以是而求贤，推陈发滞，亦犹可感也。”导曰：“同一‘班如’，有应，则可‘往’。宇宙，何可‘一日无人’？”移孝曰：“五，为‘巨桥’‘鹿台’；则上，为‘颠隮’‘泣歌’矣[3]。五，为‘印刓不予’；则上，‘唉而疽发’矣。”

《象》曰：“泣血连如”，何可长也？

《订》曰：“子思，答费子阳曰：‘以一人之身，忧世不治，而泣涕不禁；是忧河水之浊，而欲泣清之也。’新亭藉卉，周顗中坐，相视流涕。王道变色，而言‘戮力’。嗟乎！大不如前‘洒泪’时。此声，亦雷雨矣。”《揆》曰：“田横，似之。”

《时论》曰：三男，继乾、坤，凡六卦。《彖》系四德，凡五见：屯、随、临、无妄、革。而《屯》首六子，以承四德；故“封建”，立焉。以“不宁”者，开屯；以“勿往”者，善动；有始几矣。“天地交”，则为《泰》；“刚柔交”，则为“难”。天气下地，地遇险，未上通也。初，刚破积柔，是《坎》宫之再变也[4]。“交”，始于初；“难”，生于动。难，以亨难。雷从中起，所谓“充满溃乱，澒洞勃健，若将害物，而物以之亨”者也。天地谢亢，而以造之权，予君师；乾坤息战，而以造之

① 《诗经·小雅·雨无正》：“鼠思泣血，无言不疾。”
② 《屯》卦，上坎下震。坎，为险，为陷；震，为雷，为动。
③ 《尚书·微子》：“今尔无指，告予颠隮。”
④ 《屯》卦，为坎宫二世卦。

权，先予侯矣。“盈天地之间”者，惟“草昧”之“万物”。“盈天地之间”者，非“贪淫”之“坎窞”乎？故以“习信”之权，托刚中；而以“颠互开成”之权，托震艮也。景元曰：“屯、蒙十二画，包震、艮于其中。‘经纶’，法震；‘行正’，法艮；故曰‘大亨贞’。”君子本自造屯，而尊权，曰“天”；致其恐惧，曰“宜”。其“始交”而之《比》也，为“比民”也[①]。“磐桓”，以立基；“婚媾”，以聚类；“膏血”，以施下；“乘马”，以匪寇；见“几”，以为取舍，“求明”，以善往来。侯，居贞乎？志，则行矣。以屯治屯，“勿用”，正所以用也。“贞不字”者，知《节》，“不出门庭”者也[②]。侯，方立“万古之常”；岂私图网罗，以强士者乎？《屯》而《济》，则“小人勿用”[③]；《屯》而“未济”，则涉川其“汔”矣[④]。“即鹿”入林之难，虞之有机，动之微也。文祖能舍，孰谓：“丹均，非泰伯耶？”三仁夷望，皆“各以其几”，而“各舍”者也。岂特“窦融、钱俶”，云云乎？“舍”之于三，“求”之于四。“乘马”，在“十年乃字”之后；“婚媾”，在“三年伐鬼”之先。“天下随时”，“求”有必“获”，“在道以明”，得贤得民[⑤]；“经纶”，所以行乾四德也。谁是“作君以养民”者，而“屯其膏”乎？求车、赐胙，其泽不下；“鹿台、巨桥”[⑥]，“徽纆”“厥身”[⑦]。事外知几者，悲“膏尽”而“继血”；《复》，何益乎[⑧]？“识时务者”，在乎“俊杰”。“以贵下贱”，风云相从，逐鹿策马，犹之“飞龙”之声气也。君子以“不宁”居贞，“天下之心”自归，“天下之财”自理，“天下之难”自免；而天地以“大造斯民”之责，奉之矣。纳以雷雨，任以水土；皆有“天下不与”者之光，施也。《易意》曰：“居屯者，独与‘建侯’，不独君择臣，臣亦择君。一，‘贞’；四，‘明’；则难中‘可常’‘可往’矣。初之‘居贞’‘行正’，得‘出震、藏艮’之学也。”

智曰：“‘天，作之君’[⑨]。而君不‘建侯’，是‘私富贵’矣；‘婚媾’

①《屯》卦，初九独变，为《比》卦，

②《屯》卦，六二独变，为《节》卦。《节》卦：“九二，不出门庭，凶。”

③《屯》卦，六三独变，为《既济》卦。《既济》卦：“六三，高宗伐鬼方，三年之克，小人勿用。”

④《未济》卦：“小狐汔济，濡其尾，无攸利。”

⑤《屯》卦，六四独变，为随卦。《随》卦，《彖》曰：“随，大亨，贞无咎，而天下随时。”《随》卦九四：“随有获，贞凶；有孚在道，以明，何咎！”

⑥《史记·殷本纪》：“厚赋税以实鹿台之钱，而盈巨桥之粟。”

⑦《坎》卦，上六：“系用徽纆，寘于丛棘，三岁不得，凶。”《尚书·无逸》：“怨有同，是丛于厥身。”

⑧《屯》卦，九五独变，为《复》卦。

⑨《尚书·周书·秦誓》：“天降下民，作之君，作之师，惟曰其助上帝，宠之四方。”

无常，是‘无父’矣。此，‘开辟’‘经纶’之‘纲举目张’也。圣人，为天地条理之；故作《易》，正以‘经纶’。经纶，必别、必序。而酷以‘绝物’‘輐断’[1]，为‘冷汰’；或专标‘无别、无序’，为‘浑沦’；岂‘《屯》见、《蒙》著’之义耶？漳浦曰：‘始交难生，不果、不育，以为乱贼。’屯、蒙，继乾、坤，而合鼎、革；微微章章，所以防朝带窹舍也。当问曰：‘《春秋》始平隐，怵此“夫妇、父子、兄弟”之难生；故凛“冰霜”，而“不宁”耳？’‘经纶’之天，在‘民视听’，而视听之。天，实无声臭。惟此‘不宁’，是‘屯蒙之心法’也。”

䷃山水蒙

《全》曰：“☶峙上，☵源下。源为山峙，包固其中，有‘沕穆洞达’之形。后人改☵，作工、作永；又作‘澒’，因通作‘鸿’；自有‘永’‘鸿’字。古䷃，名字不传矣。蒙，本篆，魏庄渠《精蕴》详之[2]。‘[illegible]’，即‘鸿蒙’二字。”智按：“古双声分合，如鸿蒙、庙貌、鼉䳒、等埒诸例，合用为双声，分则通用有之矣。冂，即蒙。《说文》作‘冃’，加‘一’于中，即冐也。加豕，而冃之；以豕‘无知之物’也。豕，与亥近。亥，属豕；孩提从亥，其义也。[illegible]，当从豕转声。古，鐘、鏜、穜、種，声通。‘潼关’，即‘衝关’。《汉书》引《诗》‘烔烔’，即‘爞爞’，是也。则‘冡’‘蒙’，为一，明矣。蒙，唐蒙，草也[3]。蒙、幪，后分加耳。故为‘蒙昧’‘蒙茸’之义。东韵，羽，唇声。”

蒙：亨。匪我求童蒙，童蒙求我（马，作“来求我”；陆，作“僮”）；**初筮告，再三渎**（《说文》，作“黩”），**渎则不告。利贞。**

《遡》曰：“治以教化，君重师道；不教，则终‘草昧之兽’矣。不尊师，则狎渎；而天下之心，愈放矣。二，在内为主。礼有来学[4]；来必一诚，‘渎则不告’，所以‘善继其志’也[5]。坎阳，‘我’体也；少男，‘童蒙’也；外至，为‘求’。阳明破暗；坎‘疑’，为‘筮’。‘筮’，言

① 《孟子·离娄上》：“既不能令，又不受命，是绝物也。”《庄子·天下》：“椎拍輐断，与物宛转。”

② 魏校（1483—1543），居苏州葑门之庄渠，故自号“庄渠”，字子才，一作子材，谥恭简，著《大学指归》《六书精蕴》等。“魏子才作”“魏子才以”“《精蕴》曰”，皆引其著作。

③ “唐蒙”，草名，即菟线子。

④ 《礼记·曲礼上》：“礼闻来学，不闻往教。”

⑤ 张载著《西铭》：“知化，则善述其事；穷神，则善继其志。”

‘神明也’；使童奉师，交神明矣。坎，‘再索’；艮，‘三索’[①]，为‘渎’。中虚，肖口，为‘告’。古人‘三人占，从二人言。’[②]不以‘三筮袭卜’，为‘渎’；而以‘一事屡询’，为‘渎’也。《比》之‘筮’，象‘坎再索’，故曰‘原’。《蒙》‘筮’、《革》‘占’，少阳七，少阴八；自乘，合蓍卦也。”《潜草》曰：“屯、鼎，交取二长、二中，乃‘四象之中’也。蒙、革，交取‘二仪之中’，从外加中；而二老、二长，不与也。故为‘筮’‘占’。《蒙》第四，以当‘四揲’；所以藏《屯》‘参’、乾、坤之‘两’也。《革》四十九，以当‘蓍策’；而《鼎》足‘大衍’也。《比》第六，以当‘六爻’，为《坤》之归[③]；而伏离乾之《大有》，故‘原筮’也。离，为‘龟’。《颐》，肖《离》，故初象‘灵龟’。《损》《益》以人道应‘天之否泰’，故象‘朋龟’。屯、比、鼎、有，蒙、损、咸、革，皆峙也。漳浦谓：‘《蒙》之“教学”，其究为《革》“历数”。’圣人作《易》，以‘断天下之疑’，发天下之愦，贵使天下不蒙昧其所疑；则‘筮告’者，所以‘养天下’之初体也。”

《彖》曰：蒙，山下有险，险而止，蒙。

《蠡》曰：“‘人心惟危’，连呼‘险’‘险’；立‘师教’，以止之；而童真，可养矣。故欲‘发其蒙’，而即‘养其蒙’。”元公曰：“蒙者，根本无明也。我山既高，而又有‘血气之险’；止而不进，则是未有‘修治之功’也；故又曰‘蒙’。”

“蒙，亨”，以亨行时中也。“匪我求童蒙，童蒙求我”，志应也。“初筮告”，以刚中也。“再三渎，渎则不告”，渎蒙也。蒙以养正，圣功也。

慈湖曰：“物，非蔽我；我，蔽物耳。‘天有四时’[④]，无非教也。达此，则不蒙矣。‘利贞’者，初不高远幽深，‘事亲长’而已，‘忠信与物’而已[⑤]。《蒙》，不言‘元’；蒙，即元也。”《老子》曰：“明道若昧。”吕伯恭曰：“应，生于感；非‘亢，不与学者接也’。”子瞻曰：“时其可发，而发之；不可，则置之。所以，养其‘正心’，而待其‘自得’也。”《筌》曰[⑥]：“至理，不容拟议。强为之告，彼将入于‘意想卜度’矣，是‘渎蒙也’。”文介曰：“首提‘时中’，乃六十四卦之中也。故诸卦，

①《说卦传》：“坎再索而得男，故谓之中男。”“艮三索而得男，故谓之少男。”

②《尚书·洪范》。

③比卦，为坤宫归魂卦。

④董仲舒著《春秋繁露》：“王者配天，谓其道。天有四时，王有四政，若四时，通类也，天人所同有也。”

⑤“亲”字，北大本不清，根据文镜本。

⑥焦竑（1540—1620），字弱侯，号漪园，又号澹园，又号龙洞山农，著《易筌》六卷。“《筌》曰”“《荃》曰”，皆引其著作。

无复言‘时中’者。《序传》曰：‘物生必蒙。’可以知：‘人生之初，皆可以为圣人’。”《野同录》曰：“先父谓‘“弟子出孝入弟”一节，小学即大学也。’时当开辟，与民分判其‘贵贱造端’，为‘克家’之正法；而浑仑之元，即在此‘应求之志’‘养’之矣。故《蒙》不言‘元’，而直曰‘蒙亨’。王文成，所谓‘精一之节目’，不过‘司徒五教’，‘无有闻见记诵之烦、词章之靡滥、功利之驰逐’[①]，故易于成德。又况镂空吹影，皆‘藏三耳’之类，无故而穿凿其知见，炼狠以逞尊哉？故曰‘蒙以养正，圣功也’。以‘节目’，表‘精一’；即以‘节目’，养‘精一’。‘民可使由，不可使知。’[②]‘三风十愆’[③]，‘具训蒙士’[④]；此，伊尹所以教‘万世之蒙’，而养‘万世之蒙’也。所以然者，何必‘渎告’乎？圣人知之，犹无知也；圣人之‘无知’，即夫妇之‘与知’也。”曰：“‘立象’，无隐；告，即‘不告’。藏罕于雅，是‘养其不告’之正法也。‘渊泉时出’，功即是体。时乎羲，则画；时乎文，则系；时乎孔，则赞。全《易》，无非‘教学’，无非‘圣功’。《坎》‘习’、《兑》‘讲’，《临》‘思’、《观》‘设’，皆‘亨行’‘养正’也。”

《象》曰：**山下出泉，蒙。君子以果行育德。**

周子曰：“‘山下出泉’，静而清也。”《易图》曰：“自冬至之坎，至立春之艮，山水《蒙》也；立夏之巽，夏至之离，风火《家人》也。不曰‘山下有水’，而曰‘出泉’。《蒙》，为《屯》之反。冬至之坎，《月令》所谓‘水泉动也’。”《隅通》曰：“离火生土，而击石得火；火所生者，生火也。艮土制水，而‘山下出泉’；是克水者，生水也；师法也。”《意》曰：“‘果’者，顺其流而决，以正之也；‘育’者，包之、接之，而养之也。以行包知，以德顺道。野人不异，以为‘育’；若决江河，以为‘果’；是‘圣功’也。不‘锢蒙’，不‘苛蒙’；则‘果育’，全在告者。岂可粗视‘克家之功’，而精言玄秘乎？”智曰：“愚尝言：‘源分，而流合。’其所以一者，在地心；发于山顶，则已分矣。故分，即是合。以‘亨利贞’，藏其‘元’者，‘果育’之象也。”

初六，发蒙，利用刑人，用说桎梏（说，音“脱”）；**以往吝**（《说文》，作“遴”）。变兑，为《损》。（张祖厉，以“用说”为句。）

---

① 王阳明著《传习录中·答顾东桥书》。

② 《论语·泰伯篇》：“民可使由之，不可使知之。”

③ 《尚书·伊训》：“惟兹三风十愆，卿士有一于身，家必丧；邦君有一于身，国必亡。”

④ 《尚书·伊训》：“臣下不匡，其刑墨，具训于蒙士。”

《宜》曰："'发'者，近阳也。坎律，为'刑'，穿水'矫輮'[①]；而震'足'、艮'手'连之，'桎梏'象。兑'毁'，'脱'象。"慈湖曰："昏昧束缚；'发'时，痛扫除之。如我无正法，则我犹未免于'桎梏'，安能'脱人'？"《三一稿》曰："权立'顿宗之机'，其言'敲枷锁者'，皆'增一重枷锁者'也。曾知自刑、自说，而执此酷吏以往乎？因邪揆正，可耳。"《遡》曰："初'刑'，上'击'，'弼教'之微权也。中，言'纳妇'；'王道'，本诸'衽席'也。"《意》曰："《损》'欲'，则伏《咸》'虚'[②]，痛之、束之，乃能感发。故二用'时行'；一'往'，则'吝'。'神武不杀'，一张一弛，圣人自洗其心，与治教之正法；惟在用初，而后能'包'耳。"张画子曰："不徒刑之正法也，犹宜以讲说导之。若'桎梏以往'，则初之'幼蒙'，何罪焉？"此，别一说。

《象》曰：利用刑人，以正法也。

《一一》曰："'时中''正法'，贵善'用刑人'耳。《礼》曰：'政者，圣人所以藏身也。'今曰：'法者，圣人所以养蒙也。''羿不为拙射，变其彀率。'[③]法当'慎之于始'。《蒙》'刑'《师》'律'，皆在初爻。《圆图》，蒙、师，正位秋分。"漳浦曰："屯，春也；蒙，秋也。秋者，天地所以告断也。"

九二，包蒙，吉（郑，当作"彪"；陆，作"苞"）。**纳妇吉，子克家**。变坤，为《剥》，积变，《颐》。

《一》曰："乾坤，俱为'包万物'者；泰、姤，所取也。二，亦变坤[④]，伏乾；而坎，为'中胞'；伏离，藏'明'。故有'纳妇''克家'象。'家'，艮象。爻见三男，故云'子克家'。《巽》，见三女，则'史巫纷若'矣。"《易意》曰："道必因二，以一统一。'两间'之理，皆'造端'之所包也。乘时者，贵'子'为政；而太上皇，安享矣。"元公曰："君者，天之'宗子'；师者，天之'肖子'也。故孔、颜、曾、孟，皆以'子'称。"

《象》曰："子克家"，刚柔接也。

《易意》曰："养'童蒙'之天，而理其家事；此，'下学而上达'者之'时中'也。"智曰："必'用桎梏'，而必'说桎梏'，此'刚柔接'也。明伦立法，而阿翁瘖聋，此'刚柔接'也。教学半，此'刚柔

① 《说卦传》："坎，为矫輮。"

② 阴阳全变，为伏。损卦，伏卦为咸卦。《损》卦，《象》曰："君子以惩忿窒欲。"《咸》卦，《象》曰："君子以虚受人。"

③ 《孟子·尽心上》："大匠不为拙工改废绳墨，羿不为拙射变其彀率。"

④ 《蒙》卦，二爻独变，下卦，为八经卦之坤。

接’也。统、别同时，此‘刚柔接’也。”虞稷曰：“夫子具‘克家’之才，鲜‘在阴之和’[①]。故于‘柔接’，有余慕焉。”移孝曰：“《范》‘德’，以‘平康正直’与‘刚克’‘柔克’，为三。‘克’，即‘正直’矣；‘接’，即‘平康’矣。以乾三德，用坤五事，是‘接’也。《中庸》‘合内外’，以和用中；《大学》慊‘好恶’，以格‘至善’，是‘接’也。”

六三，勿用取女（虞，作“娶女”），**见金夫，不有躬，无攸利**。变巽，为《蛊》。积变，《贲》。

《宜》曰：“《河图》，南北，论君臣；东西，论夫妇。金夫、木妇；二，得乾之金体也。艮，反躬，曰‘不有躬’。”郝《解》曰[②]：“三，水性下陷。见坎满者，为‘多金之夫’。舍应下比，变巽风而‘蛊’男[③]，‘行不顺’；故不言‘蒙’。”《象正》曰：“医和曰‘昼选男德，宵静妇德’，言‘谷与蛊之共为飞伏也’[④]。《屯》之《节》，‘女贞不字’；《蒙》之《蛊》，‘勿用取女’，得南指矣。”

《象》曰：“勿用取女”，行不顺也。

《易意》曰：“‘好货财，私妻子’，圣人忧其‘不孝’[⑤]。而况‘诲淫纵欲’乎？‘蛊’之相随[⑥]，惟‘女’与‘金’。‘信誓’‘贿迁’[⑦]，亦失利矣。忍‘厉阶’耶[⑧]？此‘克家’者，所以严‘勿用之戒’，而不偏言‘随顺一切也’。”　曰：“艮方，‘庶征’。‘蒙，恒风若。’[⑨]‘蛊惑’之势，急如瀑流。阳，必用阴；而阳，必制阴。月窟，一阴之‘勿用’，《蒙》先惕之。所以，颜子既闻‘归仁’，犹事‘其目’。彼不问‘行顺、不顺’，而‘渎告自由’者，是《蒙》之《蛊》风也。”

六四，困蒙，吝。独变离为《未济》，积变《离》，《离》宫世。

《竹西集》曰：“《方图》，蒙东、困西，与二济、坎、离并峙，故有此象。”《易意》曰：“此，正不知‘下学上达’之实，而掠虚不告，窃‘混沌’以困人者也。四世、初应，故皆系‘吝’。人生必困，实贵‘怀刑’[⑩]，故著之曰‘独远实也’。‘不克家’者，虽离己、离人，而别矜其

①《中孚》卦：“九二，鹤鸣在阴，其子和之。我有好爵，吾与尔靡之。”
②郝敬著《周易正解》。
③《蒙》卦，六三独变，为《蛊》卦。
④指“谷兴蛊伏”，非“伏卦”而言。
⑤《孟子·离娄下》：“好货财，私妻子，不顾父母之养，三不孝也。”
⑥《蒙》卦，六三独变，为《蛊》卦。
⑦《诗经·卫风·氓》：“信誓旦旦，不思其反。”“以尔车来，以我贿迁。”
⑧《诗经·大雅·桑柔》：“谁生厉阶，至今为梗。”
⑨《尚书·洪范》：“曰蒙，恒风若。”
⑩《论语·里仁》：“君子怀刑，小人怀惠。”

独；乃以‘独尊’，为‘桎梏’耳。困而实学，即‘慎独’矣。”

《象》曰：“困蒙之吝”，独远实也。

陆子曰：“千虚，不博‘一实’。”《全》曰：“下远于二，而上远于上也，阳‘实’也。”

六五，童蒙，吉。变巽，为《涣》。积变，《同人》。

艮，少男，为“童蒙”。“顺巽”，见互。杨诚斋曰：“高宗，自以德为勿类，而学于傅说；武王，自以‘不知彝伦’[①]，而访于箕子；皆‘晦而养以蒙’者也。”《诂》曰：“五于二，学焉，而后臣之。”《正》曰：“古之圣人，盖‘童蒙’自求也。卫武公九十，而儆曰‘尔毋以老耄舍我’。”畊嵓曰：“五，受教于二；成王虚心，当之。太甲，从‘怨艾’入者也[②]。”导曰：“二，以父亲上，故自为‘子’。五，以师处臣，故自为‘童’。”元公曰：“孟氏‘赤子’，老氏‘婴儿’。”函云氏曰：“童女转男，童子南询。”即此表法也。万法、万行，无逃于《易》。京山谓之：“窃与其拳廷，何如‘克家’？”

《象》曰：“童蒙之吉”，顺以巽也。

《易意》曰：“大人，不失‘赤子之心’，言其体也。教学，以大其‘赤子’，乃为‘大人之用’。舍用，无体。故《蒙》以‘克家’之阳中，用正法，而体自‘顺巽’矣。”

上九，击蒙（马、郑，作“击蒙”）；**不利为寇，利御寇御**（荀，作“卫”）。变坤，为《师》

艮“手”，震“动”，“击”象。艮“止”，“御”象。诚斋曰：“‘击’者，攻其包之所已穷。‘三苗’‘三监’，‘蒙而为寇’者也；禹、周，‘击而御寇’者也。”《订》曰：“‘自弃’者，以‘不肖’而包之，亦教诲也。‘自暴’者，顽冥骄梗；不击，则乱我家法矣[③]。三，既墙穴‘穿窬’[④]，不可惑其正应，而纵其‘为寇’也。严拒之，庶穷而返乎？《孟子》之‘辟’，正冀‘其来归’耳。”《正》曰：“周宣公，欲得国子以训诸侯。樊仲曰：‘其称乎？’乃命孝公于夷宫，所谓《蒙》之《师》也。嚣拳，则近寇矣。”《见》曰：“‘时中’而击，是‘御寇’也；不‘时中’，而愈击愈毒，是‘为寇’也。”《易意》曰：“掊圣纵盗，则反击‘御寇之师’；绝物凿空，则先坏‘克家之法’；此，皆反戈‘为寇’者

---

①《尚书·洪范》：“惟天阴骘下民，相协厥居，我不知其彝伦攸叙。”

②《孟子·万章下》：“太甲悔过，自怨自艾。”

③《孟子·离娄上》：“自暴者，不可与有言也；自弃者，不可与有为也。言非礼义，谓之自暴也；吾身不能居仁由义，谓之自弃也。”

④《论语·阳货》：“色厉而内荏，譬诸小人，其犹穿窬之盗也与。”

矣。故圣人于‘童蒙’之上，更著此象。惟‘敦艮’者，以时用击，不‘以“包”废“御”’。八八卦爻，皆‘为冠’‘御冠’之情状，而‘包蒙’‘克’‘接’之方法也。”元公曰：“‘六为贼媒，自劫家宝。’[①]故上九，为童子御之。”

《象》曰：“利用御冠”，上下顺也。

告以“御冠”之法，则“践下”者，顺；“荡上”者，亦顺；而“亨行时中”矣。始终“发”“击”，而“巽”归于“顺”，正所以为“包”也。《荃》曰：“初，《蒙》自二‘发’之‘内障’也。三，《蒙》自上‘击’之‘外障’也。”《揆》曰：“‘互乡之见’[②]，‘初筮’也；‘未尝无诲’[③]，‘包蒙’也。伯禽之抗，‘纳妇’也。‘不言何述’[④]，‘见金夫’也。‘故进之’[⑤]，‘困蒙’也。梦求访落，‘童蒙’也。‘辟杨墨’，‘御冠’也。”

《时论》曰：草昧[⑥]，故蒙。任之，则“禽兽”矣。君，必“作师”[⑦]；而化，乃神于治教中。表其“继善”之生机，以安其异于“禽兽”之生理，是为天地“克家”“养正”者也。无学，则荒；浚深，则凿。忽“司徒”之“木铎”，而骇叩“鲸钟”，岂不“渎”乎？弃“晨昏之饮食”，而逼饵丹膏，岂不“吝”乎？邪法横击，因欲锢童。执愚民“反朴”之激语，则废五教、灰六经，而乃还“洪荒”之“童蒙”矣。岂知“亨行时中”之贞哉？大法既正，应病予药。“鄙夫问我，两端竭焉。”[⑧]“告”“不告”，非“执一”也。先卿曰：“善教继声，贵‘通天下之志’，岂以我骄哉？”“蒙”，何故“昧”？求自不时，使之“尽心”，即以“安心”。“习险”也，“教思”也，“神道”也，“讲习”也，皆所以“养‘克家’‘时中’之正”也。家，以“庸”养“中”；筮，以“诚”养“明”。“初筮”者，圣体也。“发”之，“击”之，无非“包”之，教学相长。岂舍卑迩，有高远乎？岂舍功，而有体乎？山风，“振

①《楞严经》：“现前眼耳鼻舌及与身心。六为贼媒，自劫家宝。由此无始众生世界生缠缚故，于器世间不能超越。”

②《论语·述而》：“互乡难与言，童子见，门人惑。子曰：‘与其进也，不与其退也，唯何甚？人洁己以进，与其洁也，不保其往也。’”

③《论语·述而》：“自行束修以上，吾未尝无诲焉。”

④《论语·阳货》：“子贡曰：‘子如不言，则小子何述焉？’子曰：‘天何言哉？四时行焉，百物生焉，天何言哉？’”

⑤《论语·先进》：“求也退，故进之；由也兼人，故退之。”

⑥《屯》卦，《象》曰：“雷雨满盈，天造草昧。”

⑦《国语·鲁语下》：“天子作师，公帅之，以征不德。”

⑧《论语·子罕》：“吾有知乎哉，无知也，有鄙夫问于我，空空如也，我扣其两端而竭焉。”

育”[1]；山泉，“果育”[2]。“混混盈科”[3]，“不让土壤”[4]；“渊泉时出”，实有源流。万世为家，君子理其家事。初“发”，“惩窒”[5]；中“接”，“刚柔”。以“顺伦”，为正法；以“损欲”，为“朴刑”。有“童蒙”焉，有“蒙妇”焉，中行爻位，以阳包阴，使阴之“安阳宅”也[6]。“克家”者，“乾乾”乎？政府之“奉天君”焉。外内合治，其志应矣。童身之“冦”，最难“御”者，莫溺于“女”，莫惑于“金”。此，逆圣而阻师，《蛊》之道也。童心，滋长“利欲”之“桎梏”，则柔困。童心，误中“狠胜荒狂”之“桎梏”，则刚困。“困而学”[7]，则艮之“实光”[8]；困而怠学，斯“掠虚”而“远实”矣。安得“震用伐鬼”[9]，时行“正法”，因困亨困耶？《涣》居“汗号”[10]，“申命”有终，赤子大人，何远而不近乎？“《蒙》杂著”，而变《师》克[11]；“御冦”利也，“为冦”可乎？中男、少男，坤之所索，二象“顺”焉。彼“不顺”者，与“巽顺”者之两类；吾皆顺以止之，将合同而化矣。故曰：“上下顺也。”观象至此，叹曰：“《蒙》伏《革》，而《离》宫之五变也。法贵明，乃‘养正’也。”守正法者，不明万法源流，以集化之。故正源，反为邪人所窃；而正人，竟为邪流所抑。将欲革面，而彼以“蒙面为高”；“师”，如市贩矣。且纵世人“詈理义”，为“桎梏”焉。意在，駴世以夺“市魁”，而又“暗媚诡才”者；使以“脂滑”之偏锋，护之曰“此激权也”，又冒之曰“皆正、皆邪也”。噫！

智曰：“教，多术矣。大冒，大激，有之。以无明法者，故为‘偏窃者’所惑；而不能统之、用之耳。‘邪法刑人，欲人之正。’敬仲此语，然矣。幸，人常性终不磨灭，故谓之‘良’。良不致，则‘不果、不育’

---

①《蛊》卦，《象》曰：“君子以振民育德。”
②《蒙》卦，《象》曰：“君子以果行育德。”
③《孟子·离娄下》：“源泉混混，不舍昼夜，盈科而后进，放乎四海，有本源者如是。”
④李斯著《谏逐客书》：“是以泰山不让土壤，故能成其大；河海不择细流，故能就其深；王者不却众庶，故能明其德。”
⑤《蒙》卦，初六独变，为《损》卦。《损》卦，《象》曰：“君子以惩忿窒欲。”
⑥《蒙》卦，九二独变，为《剥》卦。《剥》卦，《象》曰：“上以厚下安宅。”
⑦《论语·季氏》：“生而知之者，上也；学而知之者，次也；困而学之，又其次也；困而不学，民斯为下矣。”
⑧《大畜》卦，《彖》曰：“大畜，刚健笃实，辉光日新。”
⑨《蒙》卦，六四独变，为《未济》卦。《未济》卦：“九四，贞吉，悔亡。震用伐鬼方，三年，有赏于大国。”
⑩《蒙》卦，六五爻独变，为《涣》卦。《涣》卦：“九五，涣王居，涣汗其大号。”
⑪《蒙》卦，上九独变，为《师卦》。

之蒙也。凿告之，是‘丧童’矣；无告，以感其初筮，是‘暴弃童’矣。将毁器、废冶，以‘护矿’乎？‘蒙，恒风若’，亦曰‘蒙以养正’乎？‘女’‘金’之‘桎梏’，立意见以纵之，是‘盗曳之冦’也。偏果‘太甚’之法，行之不顺，亦‘桎梏’也。树艮门，以发险机，是‘隐伏之冦’也。然有脱‘桎梏’，以速功，而实‘为冦’者。有不废‘桎梏’，而实脱之者，亦在‘亨行时中’耳。岂定执‘草昧’之‘盱睢’，教‘周孔以后之童蒙’耶？刚柔交接，随流见源；则‘发’‘击’之权奇，又何不可‘虚利之、险用之，而出困以归实乎’？”

周易时论合编卷之一终

周易时论合编卷之二

皖桐方孔炤潜夫论述
孙中德、中履、中通、中泰编录

邓潜谷曰："《需》贞乾，所造者天；其坎，'天德之孚'也[①]。《讼》贞坎，所繇者人；其坎，'天德之陷'也。"玄子曰："上古弱肉强食，人斗智力而已。自有圣人而后，滋生、安生，故'与天地参'。庄生羁兽窥巢，快其说耳。'物生必蒙'，胎卵、苞甲，为其稚而护之，天地之仁也。人生而蒙，早慧非福，暴长非寿。'不养，不可动也'[②]。故渐饲食，以长其体；渐教训，以正其智；必以《需》焉。"郝《解》曰："屯、蒙，言'男女'；需，言'饮食'。'男女'之祸，屯聚不明；'饮食'之祸，需求无厌，安得不《讼》？圣人即以需道，需之；而讼，归'无讼'矣。"潜老夫曰："《方图》，需、讼，在西、北近否、泰之三[③]；师、比，在东、南近坤之三[④]。需、讼，是天地泰、否之关；而师、比，以地道治之也。《需》，伏《晋》而'不进'[⑤]；'自昭'[⑥]，则'光亨'矣。《讼》，伏《明夷》而不亲；'晦明''莅众'[⑦]，则'得中'矣。明天于下而敬义者，'孚'所以'光亨'也。恃天好上而争胜；则'孚窒'，乃

①《需》卦，上坎下乾。贞，即内卦。
②《序卦传》："不养则不可动，故受之以《大过》。"
③《六十四卦方图》，《需》卦，在《泰》之西第三卦；《讼》卦，在《否》之北第三卦。
④《六十四卦方图》，《师卦》之南三卦，《比卦》之东三卦，皆是《坤卦》。
⑤《杂卦传》："《需》，不进也。"
⑥《晋》卦，《象》曰："君子以自昭明德。"
⑦《明夷》卦，《象》曰："君子以莅众，用晦而明。"

险场矣[1]。故师、比，以‘文武治教’之‘懿文’‘辨礼’，岂得已哉？”智曰：“《上经》，终明‘习坎’；而首，即习六坎矣[2]。屯、蒙，以震、艮主‘君师之道’；师、比，以地制立‘文武之法’。此需、讼一对，托天而生者也；即隐伏此‘缓、急、喜、怒’之患难矣。喜则饮食，怒则争讼；缓则怠懦，急则隙成；日日如是。至琐、至常，然以‘刚中’处之，即师、比也；表中正而节之，即畜、履也。言‘任天’者，欲以消其贪争。而‘任天者’必贪争，反用其贪争，亦‘因天制天’之势也。名利至险，苟贪‘后事之吉’，则退一步而让矣。苟争为让，则‘自讼’而‘光明’矣。此‘险阻即易简’之人生大几也。明此几乎？‘血’也，‘冠’也，可‘壶飡’矣[3]。‘逋’也，‘褫’也，‘蜗两角’耳。‘小有言’之灾患，以‘中听’而‘无讼’矣，以‘需窒’之而‘利涉’矣。”

䷄水天需

《全》曰：“后人作需，而䷄不传矣。”智按：“需，为‘遇雨不进，止𩒺’者，许慎说耳。徐玄‘从雨从天’，乃李阳冰之说也。古染、擩、擩、软通声。考《归藏》以‘需’为‘溽’，可证音转；濡、需为一，明矣。今音须，以需、须，皆撮唇也。儒从之，以‘舒徐’‘顺序’为声义，以‘迟缓须待’为需。”

需（《归藏》，作“溽”；李阳冰，作“雨天”；郑玄，读“秀”）：**有孚**（古，一作“㝃”），**光亨，贞吉，利涉大川**。

郝《解》曰：“‘稚养受《需》’[4]，此造化自然之候也。天地以需运，人物以需壮，道德以需成。水以一滴需江河，土以一尘需泰山；浮操不可致远，急促不可令终；此圣人所以‘贵需’也。”《揆》曰：“健，莫如乾；需，亦莫如乾。非有过人力量，未有‘能坚忍宁静’者。”《遡》曰：“坎，中实，为‘孚’。高明内景，天水相涵，故‘光’。乾‘健’，坎‘通’，为‘亨’。知险，‘利涉’。坎水、兑泽、离舟，‘涉大川’象。通言之，则阴阳相间，即山川间之也。水弱而险，生成最先；人世风波，每寓意焉。”《野同录》曰：“夬，在有、壮之先；需，在二《畜》之间；此，《乾》荡‘后半之中’也[5]。五，为卦主，继‘六坎’之‘中正’也。相须共济，善继‘乾父’之‘健’；故《传》以‘不困穷之

---

① 《讼》卦，《彖》曰：“讼有孚窒惕，中吉。”
② 屯、蒙、需、讼、师、比六卦，皆有坎。
③ 《战国策·中山策》：“吾以一杯羊羹，亡国；以一壶飡，得士二人。”
④ 《序卦传》：“物稚不可不养也，故受之以《需》。”
⑤ 《六十四卦方图》而言。

义’，告之。《屯》君、《蒙》师，推心置腹，起死回生；总此‘义’，为汤饮。”

《彖》曰：“需”，须也；险在前也；刚健而不陷；其义不困穷矣。

朱子曰：“后世策士，但言‘出奇应变’。圣人不然，当需则需。”杨诚斋曰：“德与位合，而后可需。‘无位而需’者，伯夷避纣也；‘无德而需’者，秦未亡，而陈涉先亡也。天位正中，而涉功者，文武须暇是也。”邓绮曰：“《乾》亥‘知始’，东行以一入坤，为《坎》；北方‘养阳之所’也。阳，必须‘上下二阴’养之。”邵子曰：“天，不息于冬春，不得生物；人，不息于昼夜，不能办事。息冬含阳，皆含《坎》之‘维心’也，一须二也。”淇澳曰：“饮食所须而生者；而可以生人，可以杀人。盖观《鹿鸣》《嘉鱼》，而知‘太平不易享也’，‘险在前也’。”智曰：“须，面毛也，借为‘相须’。许慎，以‘䇓’别之。凡内与外相须，刚与柔相须，有用与无用相须，犹饮与食相须；皆一于二也。《礼》曰：‘西北，天地之尊严气也。’‘右义偕藏’，‘藏用’也。《后天》，乾始用坎，为《需》。圣人曰‘义不困穷’，怨尤尽消矣。‘时命’[①]，亦滥语耳。”尔公曰：“‘立仁与义’，‘配义与道’，何不‘浑浑噩噩’而自破析之，以言与乎？可知，道必相须而用矣。”

“需，有孚，光亨，贞吉”，位乎天位（郑、虞，作“莅乎”），**以正中也。“利涉大川”，往有功也。**

元公曰：“遇变而持重者，中心实有主张。故有‘任事之孚’，则不为‘小喜’所动；有‘证道之孚’，则不为‘浮缘’所动。”玄子曰：“有‘需于人’者，有‘为人所需’者，五也。‘往有功’，乾，‘有功’也。”玄同曰：“‘需’，即是‘功’，人不见也；于其‘往’，乃‘见之’耳。”《易意》曰：“为人所需，即‘为天所需’。能养人自相须者，真儒者矣。”《见》曰：“需，亦事贼；所贵者，‘光亨’耳。刚健之人，明几不动，亦不介怀；故惟‘光亨’，方‘宴乐’也。‘赌墅’，其矫乎？‘饮醇’，近之矣[②]。”曰：“冠莱公之‘饮博’，胜于平阳；文潞公之‘游宴’，岂同山简[③]？君子须者，‘义’耳。而功即具焉，非荒也。”

《象》曰：云上于天（王肃，作“云有天上”），**需，君子以饮食宴乐。**

---

①《左传·襄公二十八年》：“共其职贡，从其时命。”

②《三国志·吴志·周瑜传》：“与周公瑾交，若饮醇醪，不觉自醉。”

③《晋书·山简传》：山简镇襄阳，“优游卒岁，唯酒是耽。诸习氏，荆土壕族，有佳园池，简每出嬉游，多之池上，置酒辄醉，名之曰高阳池”。

干令升曰:“坤,主‘馈’职;游魂[①],为‘饔腥和味’之象。”弱侯,取“酿酒、饔食”之象。项氏曰:“‘饮食’,以养阳;‘宴乐’,以养阴。”《易意》曰:“饮食入胃,游溢精气,上输于脾;脾气散精,复归于肺;通条水道,下输膀胱,此‘饮食’之取于‘云上天’也。”《正》曰:“君子为‘饮食’,以下逮于民;为‘宴乐’,以上逮于神。精魄旁敷,礼乐郁兴。《诗》曰‘神嗜饮食’‘小大稽首’,是需‘上、下逮’也。”淇澳曰:“‘饮食’,而至‘宴乐’,有妙义焉。王者,非‘平治’,不能歌‘在镐’;士夫,非‘承平’,不能歌‘伐木’;小民,非‘安居’,不能歌‘击壤’。此,需所以为正也。”智曰:“各具碗灶,‘斟酌饱满’[②],教事分艺,皆‘含哺’也。君子信‘蔬水’之恒餐,即‘醍醐’之异味。‘终食’之顷[③],无非‘涉川’。谓之宴‘天地’于‘箪瓢’[④],浮‘大樽’[⑤]于‘溟浪’,不为分外。”

初九,需于郊,利用恒,无咎。变巽,为《井》。

薛仁贵曰:“‘郊’,远难;‘沙’,近难;‘泥’,涉难。兑,为常;常,即‘恒’。”《订》曰:“卦中四画,象‘国中’;初、上,象‘郊’。故《需》初、《同人》上,皆象之。不后一度,不先一度,健而顺行,故曰‘恒’。变巽,‘进退’‘究躁’,故戒之。”藏一曰:“郭有道,不为危言激论近之。”《订》引“太公待清”,为其应爻也。赓之余氏曰:“《横图》,震、巽为中,天地之恒也[⑥]。《屯》二,《传》言‘常’[⑦]。《需》初爻,言‘恒’;《传》,仍以‘常’释之。人好奇异,则失‘天地之中’矣。管宁之为‘潜龙’,语惟经典,‘利用恒’矣。岂患‘小有言’耶?”

《象》曰:“需于郊”,不犯难行也。“利用恒,无咎”(陆,无“无咎”二字),**未失常也**。

智曰:“不安于‘恒常’者,非难近人;人,自犯‘难行’耳。陆通曰:‘祸重于地,莫之知避。’可悟,‘浮云’之‘蔬饮’[⑧],即是‘郊

① 《需》卦,为坤宫游魂卦。

② 《史记·乐书》:“天子躬于明堂临观,而万民咸荡涤邪秽,斟酌饱满,以饰厥性。”

③ 《论语·里仁》:“贫与贱,是人之恶也;不以其道得之,不去也。君子去仁,恶乎成名?君子无终食之间违仁,造次必于是,颠沛必于是。”

④ 《论语·雍也》:“一箪食,一瓢饮,在陋巷,人不堪其忧,回也不改其乐。”

⑤ 《庄子·逍遥游》:“今子有五石之瓠,何不虑以为大樽而浮乎江湖。”

⑥ 《先天八卦横图》。

⑦ 《传》,即《小象传》。《屯》卦六二,《象》曰:“六二之难,乘刚也;十年乃字,反常也。”

⑧ 《论语·述而》:“饭蔬食,饮水,曲肱而枕之,乐亦在其中矣。不义而富贵,于我如浮云。”

外’。”

九二，需于沙（郑，作“沚”；孟喜，作“沙衍”），**小有言，终吉**。变离，为《既济》。积变，《蹇》。

“沙”，濒水而远；水已流衍，在中矣。虞、荀谓：“水中之刚，称沙。”沙能决水，又约不滥。升菴云：“衍，宽平之地也。”如昌衍、鄘衍，皆以此名。《需》，互兑；《讼》，变兑；皆为口，“言”。《需》互，在外，为“人言”；《讼》变，在初，为“自言”。《正》曰：“公父文伯之母曰：‘“祭养尸，飨养上宾”，何鳖之有？而使夫人怒也！’是‘需’而‘有言’也。随会聘周，疑王室之有‘折俎’也[①]。王使原伯告之以礼，士季归而轨秩之书，是‘小言而终吉’者也。非是，则乱。故吉与乱，相济也。”蛟峰曰[②]：“或谓‘王仲淹，慢杨素’。王曰：‘使公可慢，则仆得矣；使公不可慢，则仆失矣。’邴原，始以言为公孙度所忌，后终归邪。‘衍在中’者，谓‘有余于中’矣。”

《象》曰：**需于沙，衍在中也**（“衍”，古作“羡”）；**小有言，以吉终也**。

辅嗣曰：“近，不逼难；远，不后时。履健居中，以待其会。”《见》曰：“志需者，每以‘言之小不忍’，而中败其志者矣。‘衍在中’，则非‘小言’所动也。”

九三，需于泥，致冦至（郑，为“冦”，作“戎”）。变兑，为《节》。积变，《比》。

仲虎曰：“需、渐，皆有待而进。‘郊’‘沙’‘泥’，由平原而水际，非人所安；于‘磐’‘陆’，由水际而平原，非‘鸿’所安。三，危地。《需》遇坎，曰‘致冦’；刚，不中也。《渐》互坎，曰‘御冦’；艮，能止也。”无学尝试，止以速祸；“顾厨标榜”，罹灾必矣。然七国不削亦反，可罪晁乎？“敬”体，互离。《乾》三之“惕”，《离》初之“敬”。朱子曰：“‘敬’大、‘慎’小，自不陷矣。”玄同曰：“需为天民，达可行于天下，而后行之。若谓‘此时不需’，必启‘争攘’，以示‘必需’之意耳。”

《象》曰“需于泥”，灾在外也；自我致冦，敬慎不败也。

玄子曰：“‘狎水’者，勿咎水；‘致冦’者，勿咎冦；‘自我至之’也。”《正》曰：“羊羹弗斟，宋师以奔；庖有肥肉，则死士不附[③]。《需》而《节》，亦有‘烂泥’乎？”曰：“‘独漉独漉，水深泥浊。’不知

① 《仪礼·乡饮酒礼》：“宾升自西方，乃设折俎。”

② 方兆及（生卒不详），字子诒，号蛟峰，室名述古堂。

③ “肥肉”，黄道周《易象正》作“腐肉”。

‘敬慎’，而入水和泥，避迹迹生，能免‘外之灾’乎？知其‘自我’，即‘蹈渊履冰’矣。”

六四，需于血，出自穴。变兑，为《夬》。积变，《萃》。《坤》游。世爻。

《九家》曰：“云，从地出升天，莫不由穴。四，处坎始，‘居穴’者也。血卦，能‘忧’；故‘见几’，而‘顺听’。‘出穴’者，避阳也。”《正》曰：“‘云’‘雨’者，天地之‘膏血’也。需，未出也；夬，则‘决’矣。赵无恤，使伐翟而胜，寻饭有恐色，曰‘非德不当雝，雝不当幸，吾是以慎’。夫简子即戎，而有‘告邑之心’焉。”玄同曰：“‘出穴’者，望君子用，而有以庇我也。”

《象》曰：“需于血”，顺以听也。

“顺天命”，“以听”三阳之进也。智曰：“《坤》宫，游魂之世，血性自不忘初。今徒欲骄‘无事窟’中，其不能‘需于血’，明矣。何‘自’而转身‘出穴’乎？”

九五，需于酒食，贞吉。变坤，为《泰》。积变，《晋》。

坎“酒”，兑“食”，水在火上。一变为《泰》，直少需耳[①]。玄子曰：“礼速客之辞，主人需矣。三阳方来，为客。五，为主人；具‘酒食’以需之，明其为‘主’也。处险不忧，而俟‘同德之援’，‘光亨’‘利涉’矣。《困》二、《需》五，皆象‘酒食’。《需》，正所以处《困》也。集其人，修其具，机定而枢阖；‘须时而发，役不再举’[②]，勿谓‘需于酒食，为易事也’。” 曰：“郑泰之宴客，顾荣之忘忧；士尝以此，免于困穷。又况‘蓼萧’之‘厌厌’，杜蒉之‘扬觯’，《大风》之‘佐饮’，艺祖之‘杯酒’乎？君子以‘素位’，为‘醇醪’；以《六经》，为‘肴蔌’。”倪文正曰：“是可以‘五帝、三王’之道，傅奕饮酒矣。”

《象》曰：酒食贞吉，以中正也。

智曰：“‘祈招愔愔，刑民而无醉饱之心’[③]，‘以中正也’。岂谓‘酒池肉林’[④]，亦‘温克’乎[⑤]？《新序》引师旷对晋平曰：‘管仲断割之，隰朋煎熬之，宾须齐和之，羹熟奉之，而君不食，谁能强之？亦君之力

① 《需》卦，九五爻独变，为泰卦。

② （晋）孙楚著《为石仲容与孙皓书》：“骁勇百万，畜力待时，役不再举，今日之谓。”

③《左传·昭公十二年》：“祈招之愔愔，式昭德音。思我王度，式如玉，式如金。形民之力，而无醉饱之心。”

④ 《史记·殷本纪》：“以酒为池，悬肉为林。”

⑤ 《诗经·小雅·小宛》：“人之齐圣，饮酒温克。彼昏不知，壹醉日富。各敬尔仪，天命不又。”

也。’此‘贞吉之酒食’，合天下以为烹饪，若‘中衢而置尊’矣。”

上六，入于穴，有不速之客，三人来；敬之，终吉。变巽，为《小畜》。

慈明曰："须道已终，云当下‘入穴’也。"《诂》曰："四，外卦之初，出尚有可之；上，外卦之终，出无可之矣。"藏一曰："‘入’，即‘云霓俟望’之人[①]，知君子之必来，而安居以俟之。‘三人’，三乾也。五，当正位，为能召致之客；客以五来，非由上速也。‘敬’，取离，又取坎。《洪范》貌水，作肃；肃，故‘敬’。‘未大失’也，总见三阳宜敬之故。阳知险，而需；阴知敬，而避。缘不论顺逆，皆有出身之路，在人处之何如？"《正》曰："《夬》则‘出’，《畜》则‘入’。‘密云不雨’，‘文德’就矣；而丰功未著，犹有‘酒食’而不敢享也。‘庸蜀羌髳，微庐彭濮’[②]，犹之‘不速’也。《诗》曰‘肆戎疾不殄，烈假不遐。不闻亦式，不谏亦入’，是敬‘不速客’者也。非文王而谁乎？"淇澳曰："‘致寇’，是‘三自反’义[③]；‘不速之客’，是召公戒《旅獒》义。"《揆》曰："君子以需，得遂其进；小人以需，得安其所。"

《象》曰："不速之客，敬之，终吉"，虽不当位，未大失也。

旧，以"阳居阳，阴居阴"，为"当位"。六三，称"不当位"者，十：履、否、豫、临、噬嗑、睽、震、兑、中孚、未济也。《师》五，谓"使不当"，亦指六三。九四，"位不当"者，五：晋、夬、萃、丰、小过也。又《解》九四，称"未当位"；《困》九四，称"虽不当位"；《旅》九四，称"未当位"。六五，称"位不当"者，一：大壮也。六四，称"当位"者，一：临也。又《蹇》六四，称"当位实"；《贲》六四，称"当位终"。九五，称"位正当"者，四：履、否、兑、中孚也。又《涣》九五，称"正当"；《节》九五，称"居位中"，此合例者也。《需》上六，称"虽不当位"；《困》上六，称"未当"；《噬嗑》六五，称"得当"。何耶？潜老夫曰："邵子谓‘初、上，无位’者也。《噬》五，《象》、爻合观，则得矣。《易》，不妨例，而不可以例拘。‘革而当’，是何例乎？圣人观象，而取其义焉耳。"

《时论》曰：此，"天一生水"之卦也。在《屯》，为"云"；在

---

①《孟子·梁惠王下》："民望之，若大旱之望云霓也。"

②《尚书·牧誓》。

③《孟子·离娄下》："君子所以异于人者，以其存心也。君子以仁存心，以礼存心。爱人者，人恒爱之；敬人者，人恒敬之。有人于此，其待我以横逆，则君子必自反也：‘我必不仁也，必无礼也；此物奚宜至哉！’其自反而仁矣，自反而有礼矣，其横逆由是也；君子必自反也：‘我必不忠’自反而忠矣，其横逆由是也。"

《蒙》，为“泉”；在《需》，为“云上”；在《讼》，为“水行”矣。《大象》“涉川”，凡八：需、讼、同、畜[①]、涣、益、孚、蛊；而需，居其首。云天泉地，未成“大川”之时，可以待之而涉；其与天“违行”也[②]，大川已成，不可争涉矣。《需》《讼》之“险”，圣人济之，岂逃之哉？天道光明，地道光大，最初生水，抱其光于“内景”，是“光之有孚”者也。习坎，“孚亨”[③]。乾晦于下，坎孚于上，则晦者明矣。“孚贞”者，光与利之本也。天实生险，不自用险。混沌初开，以“险”予《屯》，制之以“动而勿往”；君师设教，以“险”予《蒙》，制之以“止而不告”；及至《需》，而天出其“健”德，以制之，则涉矣。动而止，犹妨其陷也。“刚健”，而位天位，则化险于夷，涉之利矣。险，非在前；涉，而非健。岂知“中正之酒食，神行于人世之波涛”哉？“涉后”之“立功”，皆“需前”之“立德”也。君子曰：“天地之欲窦，先此口哉？”乳为贪根，而“孚窒”为《讼》，故愿“寡其过”，为“明习”之终。而君师首《需》之莫险于“饮食宴乐”；而即以“饮食宴乐”，为“经纶”“果育”之方焉。须义者曰：“世之治也，《鹿鸣》《湛露》《既醉》《凫鹥》，皆藉‘宴乐’以彰‘光亨’之盛；及其衰也，饕餮沉湎，‘三风十愆’，‘郊’‘沙’‘泥’‘穴’，‘载胥及溺’，而大‘失其常’矣。”人心，以喜为生几；故因其所需，而恒之。变巽，得《恒》之半；防于“言”，慎于“寇”，出于“顺”，终于“敬”，而“中正”“当位”，是日用之“茹吐”也。一变《井》“养”，再变《济》“思”，三变《节》“制”。用恒者，“改邑不改井”也[④]。知“言为风波”，而“勿逐”即“得”矣[⑤]。“致冠”者，“不节若”之“嗟”也[⑥]。“郊”，远于水外；“沙”，衍于水中；“泥”，厄于水下；非“刚健”，孰能“不败”哉？健若畏险，而“有功”之往，实功；险若拒健，而“敬慎”之听，愈乎。四，决[⑦]可出；五，收《泰》“祉”；上，且《畜》“客”[⑧]，而出入终“敬”矣。《意》

① 《大畜》卦。
② 《讼卦》，《象》曰：“天与水违行，讼；君子以作事谋成。”
③ 《需卦》，《象》曰：“需有孚，光亨，贞吉。”
④ 《需》卦，初九独变，为《井》卦。《井》卦：“改邑不改井，无丧无得。”
⑤ 《需》卦，九二独变，为《未济》卦。《未济》卦：“六二，妇丧其茀，勿逐，七日得。”
⑥ 《需》卦，九三独变，为《节》卦。《节》卦：“九三，不节若，则嗟若，无咎。”
⑦ 《需》卦，六四独变，为《夬》卦。夬，决也。
⑧ 《需》卦，上六爻独变，为《小畜卦》。

曰："坎，欲其善，事诸阳也。《坤》宫之交《泰》[①]，而游《需》也[②]。'犯难'之情，伏于'至顺'；'灾外'之位，尊于'至健'。一'穴'也，可以'决'之，而'悦'出[③]；亦可以《畜》之，而巽'入'[④]。何'客'，而非'冠'乎？何'冠'，而非'客'乎？不观'《需》荡二《畜》之间'乎[⑤]？何谓：'泥、沙之郊，非'熙熙''衎衎'者乎'[⑥]？'跻堂'[⑦]、'介福'[⑧]，'单厚''蠲饎'[⑨]，'敬慎威仪'；是'光亨''正中'之'云天'也，即'洼樽土鼓'之享矣。岂必以'茹毛饮血'，为'反朴'乎？岂必以'辟谷夺食'，为'大丹'乎？"

智曰："《庄子》画'吕梁'之'性'，与'醉车'之'天'。'蹈渊'乎？'陆沉'乎[⑩]？其'利涉'也，有以异乎？教，必先'养民之质'也。'需于酒食'，所以泯其'忠信之波'也。《中庸》知味，可以君师为'杯荦'矣。一须二，二须三；天地间，无不'相需'者。有后而先，不用为用。曰'险'、曰'位'、曰'功'，此'人间穴'之'不速三客'也。'恒'初、'敬'终，以吞吐'正中之义'；君子，盖宴万世而乐之矣。"

䷅天水讼

《全书》，卦以一字拟之。智按："古虽形声相因，卦名多以义取，就名论义而已。《屯》《蒙》教养，惟虑此'饮食''言语'之生事耳。'饮食必讼'，'惟口起羞'[⑪]。故圣人以'公言'名卦，使'自讼'焉。毛晃曰：'讼，之于公也。''言'，即'公之视听'矣。'公'，即分别其'厶、公'者也。徐玄引《毛诗》'雅颂'作'讼'。而颂、容通用。可知，古合平仄也。商，齿声。"

---

①《需》卦，九五爻独变，为泰卦。

②《需卦》，为《坤》宫游魂卦。

③《需》卦，六四独变，为《夬》卦。夬，决也。《夬》卦，上兑下乾。兑，为"悦"。

④《需》卦，上六独变，为《小畜》卦。《小畜》卦，上巽下乾。巽，为"入"。

⑤《六十四卦方图》，需卦，位于大畜、小畜之间。

⑥《渐》卦："六二，鸿渐于磐，饮食衎衎，吉。"

⑦《诗经·豳风·七月》："跻彼公堂，称彼兕觥，万寿无疆。"

⑧《晋》卦："六二，晋如愁如，贞吉，受兹介福，于其王母。"

⑨《诗经·小雅·天保》："天保定尔，亦孔之固。俾尔单厚，何福不除？俾尔多益，以莫不庶。""吉蠲为饎，是用孝享。禴祠烝尝，于公先王。君曰：卜尔，万寿无疆。"

⑩《庄子·则阳》："方且与世违而心不屑与之俱，是陆沉者也。"

⑪《尚书·说命中》："惟口起羞，惟甲胄起戎。"

讼：有孚窒惕（马、郑作“咥”，马读为“踬”），**中吉；终凶，利见大人，不利涉大川**。

《宜》曰：“《坎》‘有孚’，在上则通；不通，故‘窒’。《坎》‘加忧’；故‘习坎’者，‘惕中’则吉也。《系辞》不分险健，惟以‘孚窒’而讼；‘惕中’则直，‘内自讼’已[①]。‘利见大人’，则‘使民无讼’矣[②]。《乾》五，‘大人’；互离，‘利见’。离‘舟’、巽‘浮’，本可涉也。三刚在上，舟重遇风，则入于渊，故‘不利’。”玄同曰：“卦下，当论爻虚实。《鼎》初，以阴‘颠’；《井》初，以阴‘漏’；《革》初以阳‘巩’。《讼》下虚，虚则陷，故‘不可涉’也。”胡允曰：“‘中吉’，虞芮相逊也；‘终凶’，雍子纳赂，蔽罪刑侯也。”元公曰：“人生有‘血气之险’，而又载之以强阳，讼所起也。阴阳相争而不解，则‘风霾、水旱之讼’兴焉。”《易意》曰：“公性寓于独性中，而人不能知其始也。饮食争胜，刚柔使气，惟口起患。全身凭生，不通‘中理’；则愈自信，而愈窒矣。惟以‘人爻之惕’，惕之；以‘能惕’之大人，听之。‘卦蓍’者，传‘惕中之命’也。《春秋》者，其拆断之案也。但提‘中吉’，即化‘终凶’。”

《彖》曰：**讼，上刚下险，险而健，讼**。

朱子以“制伺彼己”言之。其内险、外健，则自“一人之情”言。

讼：有孚窒惕，“中吉”，刚来而得中也。“终凶”，讼不可成也。“利见大人”，尚中正也；不利涉大川，入于渊也。

诚斋曰：“物有‘作之而止、止之而作’者，民之‘逊与争’是也。讼者，争之尤也；故圣人止之。‘诚而无诈’者，必无讼；‘窒隙无仇’者，必无讼；‘惕厉怀刑’者，必无讼；‘履中蹈和’者，必无讼。‘吉’者，非‘讼之吉’，‘无讼’之吉也。”朱子谓：“‘刚，自《遁》来居二’。朱升以‘辟卦起变’言，来氏以‘贞悔言综’。玄子，取东坡‘乾来化坤’之说。《易遡》主‘贞悔’，盖不过互换而已。胡艮思并列，而末以‘京变’言之；为取‘刚变柔、柔变刚’也。”潜老夫曰：“一也。《易》者，众法‘分合同时’者也。详《图说》。”

《象》曰：**天与水违行，讼，君子以作事谋始**。

《遡》曰：“《小横》，乾一、坎六；《后天》配《洛》，坎一乾六；故曰‘违行’。”诚斋曰：“仲尼，听父子之讼，而咎‘上教之不行’。甘陵，南北部之祸，始于‘其徒之相非’。牛李，朋党之祸，始于‘其进之相倾’。吴越，世仇之祸，始于‘一矢之相加’。曷为始？曰‘心也’。

① 《论语·公冶长》：“吾未见能见其过而内自讼者也。”

② 《论语·颜渊》子曰：“听讼，吾犹人也，必也使无讼乎。”

故君子讼心。”元公曰：“《洛书》，乾与坎连；然乾飞离[1]，而不飞坎，其气不亲也。故天与水，为《讼》；天与火，为《同人》。”《蠡》曰：“乾坎顺行，为《需》；乾坎倒行，为《讼》。”《正》曰：“讼之兴其于‘结绳之前’乎？‘天与水违’，堕也；从渊视天，疑也。” 曰：“‘可言’之天，一气而已矣。‘天一生水’，气凝形者，下流；未凝形之气，则上腾‘违行’矣。若论其始，则‘所以为天水’者，何尝违乎？统形气者，与分形气者，皆一也。《阴符》曰：‘天之至私，用之至公。’出口、入口，人即是我；平心至此，又何‘争讼之有’？君子曰：‘民不见理，而见事；作事，始知依违。’因其谋而善为谋之，谋于‘作事之始’耳。女子争桑，吴楚连兵；羊斟争羊，宋师败绩。衣冠，聚讼于庙堂；幢席，聚讼于坛坫。斗诤坚固，其势滔天，逞刚设险，机械日生；不如公言，就事断始，始何心乎？然后知‘申韩之为末憯’，而偏言‘黑塞之反伏乱机也’。‘时惕天下’之‘自讼’，而‘中正’矣。主治教者，审所尚耳；故曰‘尚中正’也。”

初六，不永所事，小有言，终吉。变兑，为《履》。应爻。

《宜》曰：“诸爻，乃质成于五；而被其德者，不待‘讯决’，而心自平。故初，不讼；二，‘归’；三，‘从’；四，‘复’。终讼者，上九耳。初以‘孚窒’，小辨则已；故更‘讼’，曰‘事’。《传》，不可成举大义也。此‘不可长’，在事端也。”《正》曰：“见讼，而若饵虎，《诗》所云‘不敢暴虎’者也。鲁叔孙穆子、昭子，用在矣。”明卿氏曰：“人主，不可不决‘小言’；人臣，不可常构‘小言’。”

《象》曰：“不永所事”，讼不可长也；虽“小有言”，其辨明也。

《诂》曰：“明于‘正应’，而不昧于‘所从’，为《离》游之意也[2]。”《易意》曰：“‘筚门圭窦’[3]，明者自胜；‘鼠牙’‘雀角’[4]，自辨即消。君子，岂以‘小言’忽之，而不辨耶？观古今，察伦物；皆以‘格物’，为‘听讼’者也。”

九二，不克讼，归而逋，其邑人三百户，无眚。变坤，为《否》。积变，《无妄》。

《遡》曰：“二以敌五，而讼以‘刚中’安礼。故‘不讼而逋’，去之小邑，以待察也，‘周公居东’也。水，为物归，‘隐伏’，‘逋’象。

①飞，即飞伏。先天八卦，乾南、坤北；后天八卦，离南、坎北。

②讼卦，为《离》宫游魂卦。

③《左传·襄公十年》：“筚门圭窦之人，而皆陵其上，其难为上矣。”

④《诗经·召南·行露》：“谁谓雀无角，何以穿我屋？”“谁谓鼠无牙，何以穿我墉？”

变坤，‘邑户’象。坎‘眚’，变坤，曰：‘无眚’。‘三百’，坤合乾策，举成数也。”智按：“《大衍》曰：‘天地中积千二百，揲四率三百。’凡奇用，属乾；成数，属坤。”《正》曰：“‘谏有五，吾取讽焉。’以姬公《鸮》诗，窜于东山，古人犹谓之‘诮’。故讼用《否》德，归而自守。”玄子曰：“‘三百’，‘下大夫，制骈邑’[①]，可证。”《见》曰：“为同体二阴，应四、上，而激成讼也。‘不克讼’，为两刚近君，不敢‘齿路马’之义也[②]，待罪下邑，而已。”

《象》曰：**“不克讼，归逋”，窜也；自下讼上，患至掇也**。（郑，作“惙”）

曰：“‘自下讼上’，反言‘以明二所以窜伏之故’。嗟乎。‘患之至’，皆人‘自掇拾’耳。”

六三，食旧德，贞厉，终吉；或从王事，无成。变巽，为《姤》。积变，《同人》。

子瞻曰：“食而忘之，不报，犹食言也。”《宜》曰：“‘旧德’，‘天水一气’之始德也。三、上卦成，正‘违行’处，故食‘白水之盟’。‘龙蛇’之诵[③]，非讼乎？‘我有德于人，不可不忘也’[④]。‘不忘’而讼彼，以贪成功，岂‘从王者之义’耶？介推，可耳。”《荃》曰：“此坤三‘无成’之‘旧德’。六十四，皆乾坤之变故也。”《正》曰：“‘匪教匪诲，时惟妇寺’[⑤]。富辰曰：‘以翟女间姜任，且弃旧也。’既而王黜翟后，翟人入周。‘食旧德’，襄王无有焉；‘从王事无成’，富辰之谓矣。”《史怀》曰[⑥]：“郅恽上书王莽，令还位刘氏，几枉虎口。及为汉，将陈俊请礼授以军政，所向有功。恽，耻以军政取位，始终以教授自处。有李通、邓禹之高识，而不与共功名。‘鸿冥’[⑦]‘龙变’[⑧]，近之矣。”

《象》曰：**“食旧德”，从上吉也**。

玄子曰：“舍其二之‘旧德’，以从上九之‘正应’，则‘吉’。”

①《论语·宪问》：“夺伯氏骈邑三百，饭疏食，没齿，无怨言。”

②《礼记·曲礼》：“齿路马，有诛。”

③《后汉书·耿恭传论》：“苏君恩不及嗣，恭亦终填牢户。追诵龙蛇之章，以为叹息。”

④《战国策·魏策·唐雎说信陵君》。

⑤《诗经·大雅·瞻卬》：“哲夫成城，哲妇倾城。懿厥哲妇，为枭为鸱。妇有长舌，维厉之阶！乱匪降自天，生自妇人。匪教匪诲，时维妇寺。”

⑥（明）钟惺撰《史怀》十七卷。《明史·文苑传》：“惺官南都，僦秦淮水阁读史，恒至丙夜。有所见，即笔之，名曰《史怀》，即是编也。”

⑦（汉）扬雄著《法言·问明》：“鸿飞冥冥，弋人何篡焉？”

⑧《淮南子·人间训》：“内有一定之操，而外能诎伸，赢缩卷舒，与物推移，故万举而不陷，所以贵圣人者，以其能龙变也。”

九四，不克讼，复即命，渝，安贞吉。变巽，为《涣》。积变，《家人》。《离》游。世。

《宜》曰："变巽'伏'，故'不克讼'。此《离》游魂，以世爻。乾，变巽，为'复'；与《小畜》初同。反变重巽，为'命'。变而互震，'渝'象。四为近臣，有违于君，即'渝'；而请命，命而改，故'吉'。"《正》曰："《讼》《涣》[①]，可'利涉'矣。然《讼》者，'津市'之道，非可'假庙'也[②]？元咺之讼，晋将戮卫侯；王曰'不可'，乃复卫侯。鲁献十瑴焉，以卫侯归，是亦'不失'矣。"

《象》曰：复即命，渝，安贞不失也。

玄子曰："不失其所有，指初也。"石塘子曰："反复之道，几在初阳。六贞悔之首，著三'复'于二卦焉[③]：二在《乾》荡之中，一在《坎》荡之首。《方图》外围，复至小畜，六卦；又至讼，九卦；'用九''用六'之义也。在《畜》者，'复自道'与'牵复'；在《讼》者，'复即命'。盖《畜》当巳，《讼》当申，为'申命'也。'即'之云者，能'反复阳始'者，即是'天命'也。初，为下卦之始；四，为上卦之始；知'复'而'渝'，亦'不失'矣。"

九五，讼，元吉。变离，为《未济》。积变，《贲》。

《宜》曰："'大人'也，'利见'者，皆'无讼'；故曰'元吉'。犹矜片言'折狱'，非'元'矣。"玄同曰："爻，宜阴阳应。《讼》五，以不应'吉'，见'王者之无私'。爻，宜内外比；而《豫》二以居间'吉'，贵'高人之不染'。"《正》曰："《书》云：'各设中于乃心。'《诗》云：'靖共尔位，正直是与；神之听之，式谷以女。'人者，'质成'者也[④]；鬼神，'听讼'者也。'无曰不显，莫予云觏'[⑤]，卫武之'自讼'乎[⑥]？"

《象》曰："讼，元吉"，以中正也。

潜老夫曰："正，则'濡尾'，亦'元吉'也[⑦]。'迹熄诗亡'[⑧]，则东往载书，不可得而绝矣。天地予物以口，即听人之讼，而公断矣。惟其

①《讼》卦九四独变，为涣卦。应为"《讼》之《涣》"。

②《涣》卦："涣：亨，王假于庙，利涉大川，利贞。"

③全经36贞悔卦，分六组。乾荡，坎当，是就《六十四卦方图》言。《小畜》卦初九："复自道，何其咎？吉。"《讼》卦九四："不克讼，复即命，渝，安贞吉。"

④《诗经·大雅·绵》："虞芮质厥成，文王蹶厥生。"

⑤《诗经·大雅·抑》："相在尔室，尚不愧于屋漏。无曰不显，莫予云觏。"

⑥《论语·公冶长》："吾未见'能见其过而内自讼'者也。"

⑦《讼》卦，九五独变，为《未济》卦。未济卦："小狐汔济，濡其尾，无攸利。"

⑧《孟子·离娄下》："王者之迹熄而诗亡，诗亡然后《春秋》作。"

‘听讼’，而‘无讼’[①]，所以为‘元吉’也。欲高‘无讼之大同’，而焚‘春王正月’之刑书，其可乎？”

上九或锡之鞶带（王肃，作“槃”），**终朝三褫之**（郑，作“三拖”）。变兑，《困》。

《宜》曰：“‘或’者，‘三’也。‘锡’，附命见。离，中虚，‘带’象。‘终朝’，乾象。隔三位，‘三褫’象。变兑‘毁’，‘褫’象。‘鞶带’，革带也。”康成作“拖”，谓“不胜其矜，三拖以夸于人”。晁以道、吴幼清从之。玄子以“解冠为褫”。《雪赋》亦云“褫珮解绅”，是也。则康成意近，而“拖”不必改。《正》曰：“惠王之入，锡郑厉公鞶带，是无为贵锡也；厉之受赐，不拜而出，是无为贵褫也。晋将与秦论成，叔向召行人于员，子朱三争之，抚剑相就，叔向拂衣。师旷曰：‘公室卑矣，其臣不心竞而力竞。’夫‘三褫’之耻，则犹有讼心焉；不如《未济》之贵也。”

《象》曰：以讼受服，亦不足敬也。

带，所以束服，互明之也。赓之氏曰：夸悦于人，乃以自悦。“衣绣夜行”之意[②]，往往如此。圣人曰：“亦不足敬也。”“衮钺”之刺，甚于“赭衣”。《荃》曰：“古，‘一命受爵，再命受服。’[③]二即受禄，令升居三，当受命服；上，以应来讼而争之。”

《时论》曰：居“战”“劳”之交者，《讼》乎[④]？乾，职“战”；而既旋于西北。坎，职“劳”；而流注于东南。《先天》，乾一、坎六；《后天》，坎一、乾六；“相违而行”矣。“三才”始天，“五行”始水，本至顺也。“顺”，则气合；“违”，则形分。阴阳且然，况“人事”乎？有《讼》之“违”，更复有《师》之“顺”。《需》者，“揖让”之终；《讼》者，“征诛”之始也。上下相猜，彼已相敌；内外相助，而“吉”“凶”并陈，“利”“不利”并见。是则险孚健，健孚险；险窒健，健窒险；相持相角，无已时也。将谓：“非造化之”，信乎？“造造化”者，谋曰：“即以《讼》之道，惕其‘自讼’而‘得中’矣。”“惕中”，刚道也；“终凶”，亦刚道也。“人心，险于山川，难于知天”[⑤]。“出乎天”，即“入乎

①《论语·颜渊》：“听讼，吾犹人也，必也使无讼乎。”

②《史记·项羽本纪》：“项王见秦宫室皆以烧残破，又心怀思欲东归，曰：‘富贵不归故乡，如衣绣夜行，谁知之者！’”

③《周礼·春官·大宗伯》：“以九仪之命正邦国之位：壹命受职，再命受服，三命受位，四命受器，五命赐则，六命赐官，七命赐国，八命作牧，九命作伯。”

④讼卦，上乾下坎。《说卦传》：“帝出乎震，齐乎巽，相见乎离，致役乎坤，说言乎兑，战乎乾，劳乎坎，成言乎艮。”“战”“劳”之交，即上乾为劳，下坎为劳。

⑤《庄子·列御寇》。

渊”。“水流不盈”[①]，而成川；激之、湍之，则深暗成渊。“渊谋”，何若夫“谋之有终”乎？作事贵初，自“终吉”矣。《需》二，互兑[②]；《讼》初，变兑。言：“其小者，既有‘违行’，亦有‘违言’；其‘辨明’者，《履》之‘辨上下、定民志’也。”[③]上，不讼下；讼，自下始。下，乌敢讼上哉？遵礼，则“不永所事”矣。刚来自逭，惟其“归逋”，邑众“隐伏”，皆所以避患也。此知“匪人”，而“归”者也[④]。三食其旧，遇“王事”而从之，“无成”也，“未牵”也[⑤]。岂非“饱德靡争”耶？遇时，而守旧者也。四从《涣》，而复游于乾，“天命”在焉。“安贞”奉顺，故“不克讼”，此“散其群而安命”者也[⑥]。“听讼”者，先立乎“光明之地”，然后能照“幽暗之情”，“必也使无讼乎。”[⑦]中听不偏，正断合理，不欲其济胜也？“元吉”，则“有亲”矣。然“健之极”者，讼，不胜、不止也。胜，而“锡”；终不胜，而“褫”。讼，胡可成哉？“鞶带”，“宗庙”之服。上，居“宗庙”之爻。“大憝元恶”[⑧]，争斗于“庙堂之上”，福泽降淫，或有锡之者；“不下带”，而《困》存焉[⑨]？《书》曰“讫富”[⑩]，是谓“终凶”。由其孚窒于“坚刚任性”之说；而终则“倒行逆施”，不自惕耳。君子上观天、下观渊，而我处其中；得不法“乾乾”，免忧患耶？内讼，无讼，是谓“格物”。

智曰：“向疑‘听讼’章，‘知至’为错简。不知，乃‘格古今、格天人、格人我’之大险关也。事，始于‘言辨’，而终于‘褫夺’，兵戈不得不起，贵图太平，故‘畜礼’为重也。人非过此‘自讼之关’者，能‘食旧’乎？能‘复命’乎？尚谓：‘知‘事始’之几，而谋之乎？’善谋者，莫如《大学》。”

---

①《坎》卦，《彖》曰：“习坎，重险也。水流而不盈。行险而不失其信。维心亨，乃以刚中也。”

②需卦，二三四爻互兑卦。

③《讼》卦，初六独变，为履卦。

④《讼》卦，九二独变，为否卦。《否》卦：“否之匪人，不利君子贞；大往小来。”

⑤《讼》卦，六三独变，为姤卦。《姤》卦九三，《象》曰：“‘其行次且’行未牵也。”

⑥《讼》卦，九四独变，为涣卦。《涣》卦：“六四，涣其群，元吉；涣有丘，匪夷所思。”

⑦《论语·颜渊》：“听讼，吾犹人也。必也使无讼乎。”

⑧《尚书·康诰》：“王曰：‘封，元恶大憝，矧惟不孝不友’。”

⑨《孟子·尽心下》：“君子之言也，不下带而道存焉。”《讼》卦上九独变，为困卦。

⑩《尚书·吕刑》：“典狱非讫于威，惟讫于富。”

李仲永曰："古，兵民一道。聚之为'伍、两、卒、旅'[1]；地上水聚，聚则'师'。散之为'比、闾、族、党'[2]；地上水散，散则'比'。将在下，故主二；统在上，故主五。"盱江曰："'六师'之命，军无二将；'六合'之命，土无二主。"《遡》曰："'五从一'之谓，特此下二对，乃特卦爻也。"元成曰："六坎有序[3]：天将雨，必'云雷'上作，'山泉'下应也；俄而'云上天'，俄而'违行'，天自在上，而水已及下矣。下而'地中有水'，为《师》矣；'地上亦有水'，为《比》矣。此，'盈科而进'之坎道也。"潜老夫曰："'用克'，则'坤禅坎子'，而起《师》焉。'用生'，则'坎承坤母'而《比》成焉。《先》《后》合环，则同、有在南，师、比在北。故《杂卦》，以继乾、坤。"智曰："老父谓'需、讼，近泰、否之三；师、比，近坤之三'者[4]，乾以君之，则平荡六为《需》，直荡六为《讼》，是《泰》《否》关前、后'四分之三'也。《坤》，直荡三，为《师》；平荡三，为《比》。是剥、谦辅坤，于巳方[5]，居'四分之一'。而师、比，进居三，以'用三分'也；坤，以'藏之用'也。君神于藏，神于用众。爵禄，与众共之；郡县，与众安之。若善行其'畜''亲'[6]，犹'井田''封建'之意也。故明告之，以'懿文''辨礼'[7]。"

☷☵地水师

《全》曰："帅，本'[illegible]'字，今用'帅'。帅，讹作'币'；而《说文》，乃以'匝'解。"智按："古篆，[illegible]，即狮形。赵宧光，故作'[illegible]'，

---

①《周礼·地官·小司徒》："五人为伍，五伍为两，四两为卒，五卒为旅，五旅为师，五师为军。"

②《周礼·地官·大司徒》："五家为比，五比为闾，五闾为旅，五族为党。"

③屯、蒙、需、讼、师、比，六卦皆有坎。

④《六十四卦方图》，《需》卦，左行三卦后，即《泰》卦；《讼》卦，上行三卦，即《否》卦；《比》卦，左行三卦，即《坤》卦；《师》卦，上行三卦，即《坤》卦。

⑤《六十四卦方图》坤、谦、剥三卦，位于东南巳方。

⑥《师》卦，《象》曰："君子以容民畜众。"《比》卦，《象》曰："先王以建万国，亲诸侯。"

⑦《小畜》卦，《象》曰："君子以懿文德。"《履》卦，《象》曰："君子以辨上下，定民志。"《序卦传》："物畜然后有礼，故受之以履。"

曰‘石鼓文具在也’。借为威众，齿声。”

师：贞，丈人吉（子夏作“大人”，幼清从之。按:《太玄》众首拟师，而赞曰“丈人摧孥”，可证），**无咎**。

康成云:“险道而顺行,《师》义也。”司马主兵，而曰“掌邦政”[①]；“贞”之谓也。兵，寓于农。军伍，会于“司徒”，军礼，掌于“宗伯”；军禁，狥于“士师”。四时有田，六乡皆将，此“师贞”之道也。《宜》曰:“‘贞固’，属冬藏也。汤武之师，‘贞下之元’。圣人以用兵，非‘一元生育’之事；故不言‘元’。况‘亨’‘利’乎?《彖》系‘丈人’，指伏乾，即二爻之‘王’也、‘天’也、‘大君’也。六五‘执言’，而使‘长子’其人也。爻系‘长子’，指互震；则‘刚中而应’，在《师》中之二是也[②]。”《见》曰:“用事久，为‘丈人’。《论衡》曰:‘人，以一丈为正。’”按:“丈，篆作‘支’，从‘老人持杖’形也。”玄同曰:“《易》吉凶论理，故有‘吉无咎’‘元吉无咎’‘大吉无咎’‘凶无咎’之占词；非‘术数，衒祸福也’。嗟夫！后代，功成免咎者，难哉！《诗》歌吉甫、方叔，‘丈人’乎?赵充国、曹彬，近之。”郝《解》曰:“一卦占，则九二为帅，五阴皆从。以各爻占，则一为师众，二为主帅，三、四为偏、裨，五为临敌，六为赏功。以上、下卦占，则二为将，五为君。‘《易》者，变也。’象，未可以执一论。”

《彖》曰：师，众也；贞，正也。能以众正，可以王矣。

《易意》曰:“《乾》赞‘中正’‘各正’,《坤》赞‘正位’‘直正’,《屯》言‘行正’,《蒙》言‘正法’,《需》以‘正中’,《讼》尚‘中正’。而《师》重著之曰:‘贞者，正也’。”《传》曰:“能左右之，曰‘以’。”君师之理《需》《讼》，志在正天下，而使“众正”也。岂徒“出之有名”乎?此，“王、伯”之分也；兵法，其一端耳。“能以众正”，是曰“握奇”。

刚中而应，行险而顺，以此毒天下，而民从之，吉又何咎矣！

《宜》曰:“惟‘丈人’，以‘怀万邦之心’，而命将。惟‘长子’，体‘怀万邦之心’，而帅师。臧律正邦，‘能以众正’；此，‘命将者’之所以‘可王’也。功成，在乎王将。不刚，则怯；过刚，则暴。二，非五应,《师》变《坎》矣。‘险’‘毒’，象坎；‘顺’‘从’，象坤。”郝仲舆曰:“《周礼》:‘疡医，以五毒攻之’。《师》曰:‘毒。’可知，‘不得已’之意。”大黄乌头，良医非其病不用。君不向道，而曰“我善战阵”，尚忍言乎?崔憬曰:“亭毒也。”毒、毓、育，通。

①《周礼·夏官》:“有大司马，掌邦政。”

②师卦，二三四互震。

《象》曰：地中有水，师，君子以容民畜众。

陆绩曰："坎在坤内，坤中众者莫如水，穴地輒水，故以'地中'言。"《易意》曰："水能生人、杀人，可'藏其大半而用之'。朱子谓'藏至险于至顺'，尽之矣。""遂、沟、洫、浍、川"之上，为"径、畛、途、道、路"[①]，"井田"之"明容畜"也。无事，为"比、闾、族、党"[②]；有事，为"伍、两、卒、旅"[③]，"井田"之"暗容畜"也。《管子》所谓"内政，寄军令"。妙于"寄"矣。战国"牛田通粮"[④]，犹其意也。邺侯，欲复府兵，保甲乡屯；未可"斥为末法"，贵得"丈人"耳。潜老夫曰：井田、兵法，皆出《洛书》。《方图》，中一环八，此八阵也。井而田之，"握奇"，犹"公田"也；九州、九野，犹"比例"也。《先》《后》合，师、比于北，此"下袭水土""用地辨方"之大道也；故终六坎。圣人以政藏身，岂虚谈性命乎？《小畜》"懿文"于《履》，《大畜》"新"其《无妄》；"下袭水土"，所以"上律天时"。《象》表"畜"，爻表"律"；可以，知"公容"矣。

初六，师出以律，否臧凶（晁氏云："'否'，多作'不'"）。变兑，为《临》。

知庄子引此，曰："执事顺成为臧，逆为否，否臧则律竭也。"[⑤]《遡》曰："水易取平，黄钟起北。《九家》'坎为律'。《六韬》云：'夜半遣骑至敌垒，九百步；持律管，当耳大呼，有声应管。''武王吹律，推孟春至季冬，杀气相并，而音尚宫。'[⑥]师旷曰'骤歌北风，又歌南风，南风不竞，多死声，楚必无功'，皆其法也。然律始于声；而此，则言'纪律也'。成功，视乎'始出以律'；而'否臧'者不用，小人辨矣。待赏功，而辨小人，不已晚乎？初阴，亦'陷阳者'，故'戒'。"郝《解》曰："甲可，乙否；而众否，其上之所以臧也。"

《象》曰："师出以律"，失律凶也。

古人，不得已而用师，"仁义之师"也。奇谋诡道，"否臧"，即"失律"矣。导曰："初者，'誓师'也。出，以治军；归，而振旅。'经之

---

①《周礼·地官·司徒》："凡治野，夫间有遂，遂上有径，十夫有沟，沟上有畛，百夫有洫，洫上有涂，千夫有浍，浍上有道，万夫有川，川上有路，以达于几。"

②《周礼·地官·大司徒》："五家为比，五比为闾，五闾为旅，五族为党。"

③《周礼·地官·小司徒》："五人为伍，五伍为两，四两为卒，五卒为旅，五旅为师，五师为军，以起军旅，以作田役。"

④《战国策·赵策一》："秦以牛田，水通粮，其死士皆列之于上地，令严政行，不可与战。王自图之。"

⑤《左传·宣公十二年》。

⑥《史记·八书·律书》。

以五事，较之以计，而索其情’[①]，皆‘律’也。”

九二，在师，中吉，无咎；王三锡命（郑，作“赐命”）。变《坤》。积变，《复》。

《周书》曰：“天道尚右，日月西移；地道尚左，水道东流；人道尚中，耳目役心。吉礼左还，顺地以利本；武礼右还，顺天以利兵；将居中军，顺人以利阵。人有中，曰参；无中，曰两；两争，曰弱；弱和，曰强。”[②]“在师，中吉”，此之谓也。《荃》曰：“惟‘在师中’，则‘吉’耳；否则，有‘专擅之罪’。‘锡命’，正见‘将之得专，皆出于君’。”《宜》曰：“以《象》之‘吉无咎’，予二主卦也。自五至二，历位三，‘三锡’‘三驱’，皆此象。‘王’‘命’，以对《同人》之‘乾、巽’取[③]；‘锡’，附‘命’见。”

《象》曰：在师中吉，承天宠也（王肃，作“天龙”）；**王三锡命，怀万邦也**。

郝《解》曰：“无‘王命’，则为专制。《书》‘仲翚帅师’，惟其无君命也。”藏一曰：“《传》申‘怀万邦’，虑或不明‘三锡’之义，疑其志于杀也。‘天宠’，即‘王命’；犹《春秋》‘王必称天也’。”

六三，师或舆尸，凶。变巽，为《升》。积变，《明夷》。《坎》宫归。

程《传》曰：“‘舆尸’，众主也。”古语：“百人舆瓢，瓢必裂。”凡言“舆论”，“舆”为“众”也。师旅当专，二有其任，更以众人主之，凶道也。朱子谓：“挠败，‘舆尸’象。”《宜》曰：“古以车统众，互坤，为‘舆’。‘尸’，主也，伏乾象。三乘刚，而欲逃险，喜幸‘私庇’。如赵穿之挠曳骈，栾书之违荀偃，或有之矣。”南沙谓：“监军中制。”玄子谓：“义复五爻，宜作偏障。”然可通论。玄同曰：“世应者，卦之几也。”《师》三，归魂自《坎》“险”[④]，故“舆尸”。《晋》四，游魂自《离》“躁”[⑤]，故贪进。《大有》之三，归魂自乾，乾吉而伏阴为“小人”是也。

《象》曰：“师或舆尸”，大无功也。

虽曰“或”者，然一营败，而全军必无功矣。若执“众主”之训，则“弟子舆尸”，亦可曰“弟子众主”乎？《揆》曰：“‘抗兵相加，哀者胜矣’[⑥]。人知‘有功’为功，不知‘有功’之为‘大无功’也。”移

① 《孙子兵法》：“故经之以五事，校之以计，而索其情。”
② “强”字，原为“疆”字。《逸周书·武顺》：“两争曰弱，参和曰强。”
③ 《同人》卦，上卦为乾，二三四互巽。乾为“王”，巽为“命”。
④ 《师》卦，为坎宫归魂卦。世爻，在六三爻。下卦，亦为坎。
⑤ 《晋》卦，为乾宫游魂卦，世爻，在九四。“游魂自《离》‘燥’”，不是讲的《离》宫，而是上卦为离。
⑥ 《老子》。

孝曰："'弟子'任事，出入军国，犹'舆一死尸'耳。"

六四，师左次，无咎。变震，为《解》。积变，为《丰》。

《宜》曰："《老》云：'吉事尚左，凶事尚右。'《八阵》：'天前冲，地前冲，在右；天后冲，地后冲，在左。'《诗》云'宛然左辟'，凡让而避必于左。《左传》：'师三宿为次。'古纪律之师，屈人以'不战'，薄其都邑；犹退舍以待其自归，不归乃伐之。文王之'是致是附'[①]，桓公之'师退召陵'也。震，'涂'；坎，'退舍'象。震，亦属左。"来氏曰："乾右、坤左，《夷》之'左腹'，《丰》之'左肱'，是也。"同曰："凡坤在上则隤，'左次'象。或执'偏将军居左'，谓'退听于二，与'左次'不协。"《正》曰："之《解》，'缓也'。"《春秋》书"次"者，六。齐桓三"次"，陉最矣。聂北及匡，未为悖也？"韩厥，次鄗""叔孙豹，次雍榆"，"无咎"乎？得解之意，以用左次，何缓之有？《全》曰："军法，以殿后为左。"

《象》曰："左次无咎"，未失常也。

《意》曰："彘子既败，而随士会以上军殿，晋伐原以示之信，楚退舍以与宋平，君子许之，以其'未失常'道也。"淇澳曰："左，生气。然'左次'，而用必从右；以'死方'，克'生方'也。师营，曰'止'；暂待，曰'次'；以吾顷刻不意，以'绕'、以'冲'也。牧野，攻其后以北，前徒倒戈，所谓'绕其后者'也。城濮，原轸以中军横击，所谓'冲其中者'也。"

六五，田有禽（《系》，作"擒"），**利执言**（郭，作"执之"），**长子帅师**（古，作"率师"），**弟子舆尸，贞凶**。变坎，为重《坎》。积变，《革》。

班孟坚云："禽、兽，通以'禽'，言'为人所禽制也'。坤、坎，皆'田'。"《遡》曰："《师》五前爻实，象'合围之田，有禽'。《比》五前爻虚，象'三驱之田，无禽'。变坎，中肖口，而具艮'手'。"虞仲翔曰："'长子'，谓二；'弟子'，谓三，同坎体，其'弟'也。震，既'候'；《屯》坎，以'嫡子'为'长子'矣[②]。"玄子曰："秦皇汉武，穷兵以索禽兽矣。五，非好大喜功者，患在'弱而多疑'。"程子曰："'任将不专而致败'者，荀林父邲之战、郭子仪相州之败，是也。"《意》曰："鱼朝恩，一观军容；岂惟丧九节度？唐卒以此例亡国矣。宰相握'将将之命'，而中侍握'宰相之命'；后世明鉴覆军，而犹然蹈其故辙，是可痛也。"

① 《诗经·大雅·皇矣》："是类是禡，是致是附，四方以无侮。"

② 屯卦，上坎下震。

《象》曰："长子帅师"以中行也；"弟子舆尸"，使不当也。

《蠡》曰："'使不当'，见非'中行者'之罪也。一'使'字，系'民命之生死'如是。"农父曰[①]："庆郑殒韩，惠公同凶；先轸殉箕，襄公之过也。"曰："裴度，请勿置监，而淮蔡以平。李德裕，请罢监军，而三镇皆定。然赞皇矜忮，未为'丈人'；而晋公，则终不胜镈异、逢吉之诸'小人''弟子'矣。"夏曰："谢万，抚顺荒余；殷浩，用违其才。然即使为'令仆'，亦'舆尸'也。"

上六，大君有命，开国承家；小人勿用。变艮，为《蒙》。

仲翔曰："《同人》，乾为'大君'，巽为'有命'。"令升曰："正'开国承家'之命，于宗庙之爻也。'国'，坤象；'家'，艮《蒙》[②]。"《遡》曰："《师》上坤变艮，曰'承家'；《损》上艮变坤，曰'无家'。卦多阴，曰'小人勿用'；艮，'止'也。'司勋，掌六师赏地之法，以算其功。王功曰勋，国功曰功，民功曰庸，事功曰劳，治功曰力，战功曰多。'"《正》曰："'丈人'畜众，'小人'喜功。胥臣曰'童昏不可使谋'，乱可待也。'未见君子、寺人之令'[③]，《蒙》之所以终也。"《心易》曰："《蒙》三，曰'勿用取女'；《师》上，曰'小人勿用'，何其断耶？世偏好'狙诈'之术，而更'高谭无别'，以容畜之，必乱而已矣。"

《象》曰："大君有命"，以正功也；"小人勿用"，必乱邦也。

子瞻曰："《师》慎始终，慎'小人'也。出，严其律；还，正其功。小人所由用事，先自不以律始，或能奇胜；夫能以奇胜者，岂可与安居哉？"《见》曰："'败而冒功'者，即'暗投君宠'者也。大臣奉君命，论功行赏，则宁拂君命，正在此时。岂惟功臣灰心，后忧大矣？"《野同》曰："乾、坤，始著'小人勿用'；此周公之揭书也，孔子必之。难平君侈，自谓'无妨'，必反厌'大臣之执持'者，'逢迎'是以根深；'销铄'是以易入；'倾辀继路'[④]，'载胥及溺'[⑤]。欲正君命，谁格君心？"权德舆曰[⑥]："西汉，亡于张禹；东汉，亡于胡广。"而不罪莽、操。崔群曰："乱，非在天宝十五年。自开元二十五年，罢九龄、相林甫，此乱本也。"

《时论》曰：井田、封建，自相表里。废阡陌，未为毒；而"弃

①周农父，又有"周农父曰"之引用。

②师卦，上六独变，则上卦，由坤变为艮；全卦变，为蒙卦。

③"令"字，原为"命"字。黄道周《易象正》作"令"。出自《诗经·秦风·车邻》："有车邻邻，有马白颠。未见君子，寺人之令。"

④《后汉书·皇后纪序》："湮灭连踵，倾辀继路。"

⑤《诗经·大雅·桑柔》："谁能执热，逝不以濯？其何能淑，载胥及溺。"

⑥（唐）权德舆著《两汉辩亡论》："亡西京者张禹，亡东京者胡广。"

灰”“驱战”，乃毒。改郡县，未为凶；而“无首”之后，夫愈凶。井田、封建，而以“小人、匪人”为之，能免毒凶乎？圣人，有“不忍言者”矣。圣人，固如“小人、匪人”何也？众，亦忌之；辅，亦忌之；故曰：“师，贞，丈人吉”。“以众正”，非“以独夫正也”。《淮南》曰：“善用兵者，用其自为用也；不善用兵者，用其为己用也。”温公曰：“治‘众’而不以‘刚’，慢而弗振；用‘刚’而不获‘中’，暴而无应。于君，则身危；所施弗顺，则众怒。”《传》曰：“师众以顺为武”[①]。“吉无咎”者，“丈人”福也。君子曰：“水，行地中；众，藏民中。”兵之名，其可耀乎？“容”之，以三时劝农；“畜”之，以一时讲武，斯即“万法四之一表法也”。师取军五之一，旅取师五之一，军取五万中四之一。六军之一，犹五也；五中为一，则倍四为八，此“八阵”“握奇”之始也。声律、纪律，兵械尤重。《师》之“容畜”[②]，《临》在“容保”[③]，以生道杀民，有“教思”焉。《意》曰：“‘师出’，则正其‘律’；师休，则‘正其功’。险于外，犹浅；险于内，独深。起讼、兴师，皆内险也。圣人忧焉，戒以‘否臧之凶’。”程子曰：“臣道，无专。惟阃外之事，则专制之。”初，师既出；二，师在中矣。“三锡”玺书，示“专任”之皆“天宠”也。此，我王之“怀万邦”也。万邦怀天，即“怀王”矣。师《升》而“勿恤”，则抱“虚邑”之悲[④]。师《解》而“来复”，则敦“得朋之信”[⑤]。《记》曰：“阳道，律顺而左旋。”四比初“律”，故曰“左次”。最痛“舆尸”，因此“柔险掣曳”之“弟子”，参挠“长子”者，则“柔猜听荧”之君也[⑥]。《比》之时，禽在“前”，当开“三驱”之网；而“神武”，在乎“不扰”。《师》之时，禽在“田”，当申“三锡”之命。而“师出”，皆怀王德；执言之利，审所将而已矣。五变入《坎》，“重险”防凶；师之所忌，阳用其人，而阴有以变之，故曰“使不当也”。上，功成矣。岂使《蒙》昏乱之乎？始命“有律”，是以终命“有功”；“小人勿用”，凛凛哉。

尝就《易》辞论之：《师》所重者，“锡命”“刚中”也。刚，居三，

① 《左传·襄公三年》。

② 《师》卦，《象》曰：“君子以容民畜众。”

③ 《临》卦，《象》曰：“君子以教思无穷，容保民无疆。”

④ 《师》卦，六三独变，为升卦。升：“元亨，用见大人，勿恤，南征吉。”《升》卦：“九三，升虚邑。”

⑤ 《师》卦，六四爻独变，为解卦。解：利西南；无攸往，其来复吉。《解》卦：“九四，解而拇，朋至斯孚。”

⑥ 《庄子·齐物论》：“是黄帝之所听荧也，而丘也何足以知之。”

为《谦》；居四，为《豫》。刚初，"闭关；而迷之者，以其"君凶"[①]。天地交泰，未能免"告命"乎[②]？《师》含于水，而发于火；则《离》上之"首嘉"，两《济》之"伐鬼"，上下《经》"大业"存焉。炫明，则《晋》止"伐邑"；《明夷》则"南狩"，为一大变矣。《师》以雷豫，亦以雷击[③]；是《益》极招《损》也。《师》以山谦，亦以山冦，是《蒙》极往《屯》也。《萃》"除戎器"，《夬》戒暮庭；《解》冦因《蹇》，《需》致《讼》争，人发杀机，爻"尽情伪"，何往而非师乎？所最切切者，《师》转为《比》，文武交济，错伏《同人》。"类辨"[④]，乃所以"容畜"也，终赖"大君有命"。

危哉！兵乎？"容畜"法坏，秦鞅自毙；而"三户"，开"流贼之铎"矣。郡县传舍，料民太踈，名分实并，迭耗畎亩。三代以下，皆流民成贼；土崩瓦解，"旄头"乘之。哀哉！汉南北军，唐府兵，宋厢兵、禁兵、民兵，明京卫、外卫、边卫，始未尝不分穧异蓑。刀犊母惊，后能免"望屋飞食"耶？"容畜"之似者，屯田也。军田世及，而二三世无审编，则兼并诡射矣。民以躬耕，措年例诸饷；而急更取诸召募，以害耕。括民豢兵，纵兵杀民，掠地攻城；乱自内出，由夫吏残、将虐，纲纪不张。政府，命制文武；而貂珰，潜制宰相。士夫高谈，鄙屑经济，贪称麟凰，畏赞"韩范"[⑤]；贤者建牙，便恚失职。台省"气食"[⑥]，翕舌"怙权"，偶得二三人，疏附奔走，而彼已未亮。成败争于"芒芴"，中朝且执一切文法，纠绳周内之。既任督抚，而御史监之，中贵人禁旅压之，复命阁学统之。即有知兵者，手足何措耶？苟晞之牛，哥舒白驼，弥缝而已。是以兴发万万，委诸"泥沙"；建置频频，位如"草芥"。厮养之役，县金印；穷奇之族，"胙土茅"；岂其中，无一"丈人""长子"耶？顾无如"弟子""小人"何？痛哭，亦何及矣！

智曰："乾坤，'定位'；而《同人》与《师》相对，司春、秋焉。天道克，乃能生；人心克，乃能复。谁战胜乎？消息，贵出政府；而机权旁落，则乱矣。家亲作祟心，亦有'监军之否'焉？逐欲，并扫'臧否'，毁其'正律'，不能'类辨'焉。乌乎《同人》！以毒攻毒之机，

①《复》卦，《象》曰：先王以至日闭关，商旅不行，后不省方。《复》卦上六："迷复，凶，有灾眚。用行师，终有大败；以其国，君凶：至于十年不克征。"

②《泰》卦："上六，城复于隍；勿用师，自邑告命，贞吝。"

③"击"字，北大本不清，根据文镜本补。

④《同人》卦，《象》曰："君子以类族辨物。"

⑤《宋史·韩琦传》："琦与范仲淹在兵间久，名重一时，人心归之，朝廷倚以为重，故天下称为'韩范'。"

⑥《尸子》卷下："虎豹之驹，未成文而有食牛之气。"

反为小人所窃用，岂不殆哉？贵‘将将者，知将而用之耳’。”

䷇水地比

邝氏曰：“二人反从，为‘北’；二人相背，为‘比’；此亦后分，古盖一字。离，则南，篆之讹；加鸟，为‘離’耳。比，为羽，唇声。”智按：“先后天合，师、比，在北；同、有，在南。邝说，亦有间合处。卦名、字名，有以形取、声取者，有‘直以义取’者。止菴作‘𣅀’，何拘也？”

比（去声）：**吉**。**原筮，元永贞，无咎**。**不宁方来，后夫凶**。

《宜》曰：“《师》二，为五众阴顺从，故‘吉’。君在体，‘元永’之即‘贞’。一再审，而知其为乾德之君，则亟比之，勿后也。”玄同曰：“汉祖兴，而绛灌之属，多故人；义若田横，犹然不免；先后之故，可思已。”冯厚斋曰[1]：“《比》《萃》义同。第《萃》，有分权之四，故‘元永贞’在五。《比》，无分权之阳，故‘元永贞’在《彖》。‘原’者，再也，犹《周礼》‘原蚕’、左氏‘原田’、《汉书》‘原席’也。《蒙》，‘刚中’在内卦，则‘初筮’；《比》，在外卦，故‘再筮’。‘不宁’，反坤象；故射示‘诸侯不朝贡者’，为‘不宁侯’。《比》之世，‘不宁之侯’，亦方来。‘方’，‘竝’也，坤象，故亦作‘堃’。”仲翔曰：“‘后’，指上；‘夫’，指五。上，位‘艮背’后，今以‘夫’为通称。”《正》曰：“臣，不如君。反师而胜，君盈于上，臣比于下，能无虑乎？故《比》之有‘不宁’，‘宝龟之遗’告也[2]。先事诫之，推本究之，溯其‘方来’，图其‘终永’，是可吉矣。”

《彖》曰：比，吉也（《本义》疑衍）；**比，辅也，下顺从也**。

玄子曰：“《书》曰：‘惟天生民有欲，无主乃乱’。一家，必有主；况‘天下’乎？有比，则吉。所以吉也，坤、坎为‘舆’，是以言‘辅’。”《意》曰：“孤高无辅，下不顺从，自非吉祥善事，故又曰：‘比，辅也。’”淇澳曰：“先王之比，自比民也。‘不宁’者，急求辅也。”

“原筮，元永贞，无咎”，以刚中也；“不宁方来”，上下应也；“后夫凶”，其道穷也。

杨廷秀曰：“商，以离德亡；周，以同心昌；故曰‘比，吉’。太公避纣，以待文王。马援舍陇归汉，曰‘非但君择臣，臣亦择君’。故曰‘原筮，无咎’。郦生说出横，以‘天下后服者先亡’，故曰‘后夫凶’。”

---

①冯椅（1140—1232），字仪之，一字奇之，号厚斋，南宋学者，著《厚斋易学》等。“冯厚斋曰”“冯奇之云”，皆引其著作。

②《尚书·大诰》：“宁王，遗我大宝龟。”

《意》曰：“‘永贞’，坤用也。夫子曰：‘此坤“永”，其乾之“贞”“元”也。’故以‘刚中’著之。”

《象》曰：地上有水，比；先王以建万国，亲诸侯。

《子夏传》曰：“地得水而柔，水得地而流。《庄子》曰‘水之守地也审’，正‘比’象也。”藏一曰：“《彖》言‘阴比阳’；《象》言‘阳比阴’。‘亲侯’，所以亲民，对《师》取象。”《意》曰：“乾坤后，以一阳居五位、统五阴，惟《比》而已。《坤》宫之归[①]，《大有》相伏。师，以伍起制；民，亦以五家为比。终六《坎》，为第八卦，象制八方[②]。以‘贞悔’言，则第五卦也[③]。中五建极，外列八方，《河图》全用《洛书》；‘封建’与‘井田’表里，故有‘建万国，亲诸侯’之象。”智曰：“天一生水，天五生土；生数之始终相袭，智信合焉。‘下袭水土’，莫亲于‘水土’矣。气，即是水。水藏地中，为《师》；水显地上，为《比》。正以‘承流宣化’，原属一气；‘明德’‘亲民’[④]，显安人心而已。《屯》初‘建侯’。此，言‘众建’；贾生之‘少其力’，殆所以‘亲’之乎[⑤]？虽改郡县，而能讲‘明’‘亲’；则‘承流宣化’，犹是一气也。”《意》曰：“《荀子》‘法先王，不如法后王’。正为置三皇，而法三代也。张江陵引之，贵法汉唐，以其‘事势近也’。知法此卦之旨；则柳子厚《封建论》起莘，亦不必争。”

初六，有孚比之，无咎。有孚盈缶，终来有他（古，作“它”），**吉**。变震，为《屯》。

《宜》曰：“特卦之爻，皆与特应；不以远近，异也。变震，而‘来’；必之最早，故再言‘有孚’。震，为‘缶’；雷雨满，为‘盈’。凡物恶盈；‘孚’，则必求其‘盈’。”《正》曰：“君子始任，必享其禄；致之，不祈其爵，故谓之‘有他’也。天下之失，生于‘饮酒’；其孚，生于‘不荐’。《比》之《屯》，见难多虞，《易》以之始。《未济》之《解》，患过少燕，《易》以之终。故‘盈孚’‘濡首’，初、终异义；‘它吉’‘虞燕’，‘颙若’殊致。辨四‘有孚’者，尽其旨矣。”《见》曰：“初纯诚信，无所观望。故所效虽微，而必获厚酬。鲁之分地于齐，以‘先

①《比》卦，为坤宫归魂卦。

②六十四卦卦序，《比》卦，为第8卦。从内外卦分看，则《比》卦之坎，为第6次出现。

③贞悔，即反对卦。乾，为第1贞悔卦；坤，为第2贞悔卦；屯、蒙一组，为第3贞悔卦；需、讼一组为第4贞悔卦；师、比一组为第5贞悔卦。

④《礼记·大学》：“大学之道，在明明德，在亲民，在止于至善。”

⑤《汉书·贾谊传》：“欲天下之治安，莫若众建诸侯而少其力，力少则易使以义，国小则亡邪心。”

至而多受地'，是也。"

《象》曰：《比》之初六，有他吉也。

《订》曰："以五非正应，称'他吉'；故提出'初六'。若'六一'，则言内矣。"

六二，比之自内，贞吉。变为习《坎》。积变节。

《宜》曰："贞内、悔外。内比者，心比之；外比者，身比之。二，疏远；而四，亲近也。俱'贞吉'者，'原筮'之，而'永贞'也。"《正》曰："'听睹内'者，其外引绝；乃与'衾影'，自为'婚媾'。世见其'渊静'，以谓之'内险'；见其'卬须'[1]，以谓之'多援'，而君子无有也。《传》曰：'礼义不愆，何恤人言？'[2]"

《象》曰：比之自内，不自失也。

慈湖曰："人心自明，逐外则昏。《乾》曰'自强'；《谦》曰'自牧'：《复》曰'自知'；《晋》曰'自昭'；《比》曰'不自失'；皆以明'人心之自灵、自明也'。"玄子曰："五，乃二所自有。"通曰："居下之道，'不自失'而已；不必问，显者之待我何如也？"

六三，比之匪人（王肃本，有"凶"字）。变艮为《蹇》。积变《需》。《坤》归世。

同曰："三，虽间位。与在比中，祇以阴柔碌碌，其比则是，其人则非；故'吉''凶'不著。"《意》曰："《师》终，乃著'小人'之名；《比》三，始著'匪人'之名。持世，变《蹇》，偏言'顺应'。凡不'以人治人'，而高夸最上者，皆'匪人'也；以非人道也，古人所谓'不祥之人'。"《正》曰："阴近险，而委体从之。郤至入周，王叔生见而悦之，召桓公曰：'陈叔必咎'。白公之入，子西主之。叶高曰：'奸人，嗜其疾味。'"

《象》曰："比之匪人"，不亦伤乎？

《一一》曰："隗嚣，不听文渊，乃其命尽。二唐于莽，是可伤也。"蛟峰曰："宋璟在途，不与杨思勖语；李墉，耻由承璀入相，而力辞，为此伤也。杨收，与杨玄价同宗入相，以请托不尽从；而赐死，鄘不愈耶。"

六四，外比之，贞吉。变兑，为《萃》。积变，《夬》。

玄子曰："位在四上，故曰'上'；'刚中'，故曰'贤'。贤、上，皆指五。"《遡》曰："阴爻，皆曰'比之'。"《正》曰："十家五耦，过之必下，谓'或有贤人存焉'。又况于'众萃'者乎？叔向，见司马侯之子，

① 《诗经·邶风·匏有苦叶》："人涉卬否，卬须我友；人涉卬否，卬须我友。"
② 《左传·昭公四年》。

曰：‘而父殁，吾蔑与比而事君矣。’藉偃曰：‘君子比乎？’向曰：‘君子比而不别，比德赞事，比也；引党封己忘君，别也。’君子，内比不违其亲；外比不远其仇。喜怒以众，刑赏以国，故曰‘观其所聚’。”

《象》曰：**外比于贤，以从上也**。

《意》曰：“‘外比于贤’，内外一也；合诸贤人，以事上也。圣人观象，会心人事，不必苦泥象家之‘甲乙刻舟也’。”

九五，显比，王用三驱（郑玄，作“驱”），**失前禽，邑人不诫，吉**。变，重坤。积变，《壮》。

《订》曰：“九五，莫盛于比，众阴皆伏也。先王以‘四时之畋’，不可废，故为‘三驱之礼’。‘驱逆之车’，‘驱出禽兽，使就田也’[①]。《礼》‘天子不合围’，惟禽兽‘顺而来’者，取之。五，‘正’象。坎，为马，为弓矢；坤，为舆，为众；互艮，为黔喙，皆‘驱禽象’云。初、三、四，皆‘比’，为‘三’象。上，为‘后夫’。‘邑人’，指二。坤，为‘邑’；二，人位，乃五之应也。‘宰孔举汤祝网’，可当此象。”元公曰：“比，著私也。初‘孚’，二、四‘贞’；其情私，其道公也。九五，大其心以接物，于群阴若不相涉，可谓‘显’矣。”《遡》曰：“王田不令民，大司建旗国中，井邑各以其赋至；曰‘不诫’，由‘王者无外’[②]。向者舍，背者诛，示‘可比，而民自比；非令之使比也。’‘三苗’‘防风’，不能不取，王者何容心焉？”《正》曰：“《洪范》曰：‘人无有比德，惟皇作极。’《诗》曰：‘克顺克比，比于文王。’惟其‘厚载’，故‘显比吉’也。”

《象》曰：**“显比”之吉，位正中也；舍逆取顺，失前禽也**（郭京作：“失前禽，舍逆取顺也”）；**邑人不诫，上使中也**。

《订》曰：“此，以‘不偏’为善，故云‘正中’。‘逆顺’，以‘向背’言。上六，乘阳为逆；下阴，承阳为顺。是倒解古文法，不必泥郭京也。‘邑人’，不用告诫；则上之中实使之，二五同德相应也。”

上六，比之无首，凶。变巽，为《观》。

六位，初先、上后；六体，初尾、上首。此，以“上下”言，为“无首”；以“始终”言，为“无终”。玄同曰：“上变巽，为《观》。《观》之‘颙若’，乾阳之‘首’，在上也。《比》，阴在上，‘无首’象。”《正》曰：“观者，‘宗庙’之道，‘墟墓’之位也。‘渎神’之与‘渎民’；其败，一也。阴柔在师保，而天子不制；又以党比，罪其臣民，是‘教乱’

① 《周礼·夏官·司马》：“既陈，乃设驱逆之车。”郑玄注：“驱，驱出禽兽使趋田者也。逆，逆要不得令走。”

② 《公羊传·隐公元年》：“王者无外。言奔，则有外之辞也。”

也。当众顺之时，而高位是循。主孤于上，民惑于下，君子忧之。”元公曰：“五阴，比人；九五，‘比于人’者也。上，处比之穷，自外‘王化’。五，自不诫‘前禽之失’；上，自难免‘后夫之凶’。”

《象》曰：“比之无首”，无所终也。

《野同录》曰：“专鸣圆通，而托言‘无首之道’者，此比之不可不‘观其生’者也。五之‘显比’，是‘光明正大’之心学也。严‘人禽之辨’，而万物各得其所。岂以‘垂裳’，而废‘三驱之礼’哉？彼窃太上高论，以废‘三驱之礼’者，是‘比之匪人’也。‘匪人’，即‘禽’矣。”

《时论》曰：《师》，《坎》宫之归也；地归于水，则兵由将统。《比》，《坤》宫之归也；水归于地，则侯以国亲[①]。《大象》称“先王”，始此。释《师》之“忧”，庆《比》之“乐”也。《周礼》“三卜”，一曰“原兆”。“基命定命，大相东土”“卜惟洛食”，“比吉原筮”者也。“膺命抚夏，畏力怀德”[②]，“元永贞无咎”者也。列五分三，建贤任能，“不宁方来”者也。“防风后禹”[③]，谭子后齐，“后夫凶”也。“建”之、“亲”之[④]，岂惟“藩垣”“屏翰”耶？代天食地，与众共之，此一部《周礼》之“元永贞”乎？周公、成、文、武，在《师》后之《比》于《畜》《履》矣。“筮仕”之初，“云雷”[⑤]“盈缶”；“他吉”之来，四来应初，以比于五也。二之《坎》，三之《蹇》，四之《萃》，皆思“以下应上”者[⑥]。“周官建百，内揆岳，外牧伯”[⑦]、“匪其人，惟尔不任”[⑧]，是则“入告于内，顺之于外”者[⑨]。一则曰“贞吉”，有“不失其信”之义焉[⑩]。再则曰“贞吉”，有“观其所聚”之戒焉[⑪]。夫“显比”之世，未尝无“匪人”也。“匪躬”，则完；“匪人”，则伤。比肩同朝，“往来蹇蹇”，惟“反身”耳[⑫]。《比》之“元永贞”也，《坤》之“元永贞”也。天一洋溢，

①《师》卦，为《坎》宫归魂卦；《比》卦，为坤宫归魂卦。

②《尚书·武城》：“诞膺天命，以抚方夏。”“大邦畏其力，小邦怀其德。”

③《国语·鲁语下》：“防风后至，禹乃杀而戮之。”

④《比》卦，《象》曰：“君子以建万国亲诸侯。”

⑤《比》卦，初六独变，为屯卦。《屯》卦，《象》曰：“云雷，屯；君子以经纶。”

⑥《比》卦，六二爻独变，为坎卦；六三独变，为蹇卦；六四独变，为萃卦。

⑦《尚书·周书·周官》：“唐虞稽古，建官惟百。内有百揆四岳，外有州、牧、侯伯。庶政惟和，万国咸宁。”

⑧《尚书·周书·周官》。

⑨《尚书·君陈》：“尔有嘉谋嘉猷，则入告尔后于内，尔乃顺之于外。”

⑩《坎》卦，《象》曰：“行险而不失其信，维心亨，乃以刚中也。”

⑪《萃》卦，《象》曰：“观其所聚，而天地万物之情可见矣。”

⑫《蹇》卦，《象》曰：“君子以反身修德。”

文理土中，荡无反侧，正此“宝位”，岂不显哉？“四方既平，王国庶定；时靡有争，王心载宁”[①]，“三驱”有焉。“徒御不惊，大庖不盈；之子于征，有闻无声”[②]，“失前禽”有焉。“民之质矣，日用饮食”[③]，“不识不知，顺帝之则”[④]，“邑人”有焉。夫《师》，藏“至险”于“至顺”，犹谓之“毒”。此，实“主险”以临“至顺”；而六爻无险之用，乃曰“舍逆取顺”焉。此乾用坤道，文武之成也。“于变时雍”[⑤]，尧之“执中”使之也；“柔远能迩”[⑥]，舜之“用中”使之也。辅嗣曰：“《乾》‘刚’，恶‘首’；《比》‘吉’，恶‘后’；上下犯之矣。”初，能比；故“终来”。上，无比，又何终乎？不“观其生”，乃“无其首”矣。初，从“他”；二，从“自”；三，从“人”；四，从“贤”。从之路，不同；从之心，则一。初、二、四，皆“吉”；三，亦“不凶”者。“匪人”，亦“邑人”也；“驱”之“不诫”，亦“容畜”也。

智曰：“君师皆用一武一文之法，故《师》比《为》‘习坎’之终。‘显比’者，《畜》《履》交《泰》之建极，而‘显即是密’者也。‘三驱’失前，非邵子所云‘四分三之天道’乎？以一用三，以三用一。故三‘诫’一‘舍’，不妨三‘舍’、一‘诫’；而‘全驱不诫’之乾坤，总此中矣。旁窥‘全驱不诫’之意而恃之，遂以圆通苟且，为《比》之无首，而窃托‘群龙之无首’，岂不终凶？周孔著之，此则不诫之大诫欤？”

希夷曰：“《履》以阴践‘艰危’，致《小畜》之‘富安’，臣事也；《无妄》以阳践‘灾眚’，致《大畜》之‘利吉’，君事也。”邓绮曰：“麻衣言：‘《履》，当在《小畜》之前’。盖一柔自《姤》变《同人》，而变《履》，而变《小畜》，而变《大有》；一刚，自《履》变《师》，《师》变《谦》，而变《豫》，而变《比》也。《谦》，既在《豫》上；则《履》，不当在《小畜》下也。且以《大畜》，反《无妄》而居下；则知《小

①《诗经·大雅·江汉》。
②《诗经·小雅·车攻》。
③《诗经·小雅·天保》。
④《诗经·大雅·皇矣》。
⑤《尚书·尧典》。
⑥《尚书·舜典》。

畜》，反《履》而居下，无疑矣。”章本清曰：“师、比二卦，以一阳统五阴；小畜、履，以一阴间五阳。阴上，为‘风行天上’，于此观‘文’；阴下，为‘上天下泽’，于此观礼。‘懿文德’，即阳刚之中，而有‘运旋者’存。‘郁郁其文’[①]，自不可掩，阴含其美也。‘辨定民志’，即阳刚之内，而有‘节制者’寓；‘秩秩’其等，自不可逾，礼由阴制也。刚应柔，而其‘文’著；‘柔履刚’，而其‘礼’严。阳中有阴，刚中有柔；‘博文约礼’[②]，非强合也。”潜老夫曰：“先天竖《圆》，乾尊位上，右巽、左兑。故六坎，交乾坤后；巽兑，交乾以为序。《后天》巳亥，乾巽可轴；而自巽至兑，以为用。”智曰：“《师》《比》之后，乾始合巽兑，而互《离》，故有‘文章节目’之用，以成六六‘一轮之终’[③]。一阴之上下，皆在人位；‘懿文’旋礼，其用悦人以奉天也，宜矣。”

☴☰风天小畜

畜，篆作“蓄”，滋息也，止蓄也，聚养也，省为“畜”。小者，直中而分之也。《订》曰：“自乾、坤而下，屯、蒙、需、讼、师、比，皆三阳，阳卦用事。至此，方见异之，一阴用事，而以《小畜》名焉；尊阳也，亦美阴也。《淮南》：‘玄田，为畜。’玄月田毕，而藏乎？”智按：“省文，随举耳。畜，为舌上穿齿，或取玄声；古，与‘育’‘孝’通。陈氏，引《归藏》，作‘育’。《祭统》曰：‘孝者，畜也。顺于道，不逆于伦，谓之畜。’《援神契》曰：‘庶人之孝，曰畜。’《孔子闲居》‘以畜万邦’，注‘孝’也。”

小畜（勑六反。古本，一作‘蓄’。《归藏》‘小畜’，作‘毒畜’。陈应城，引《韵注〈归藏〉》，作‘育’）：**亨；密云不雨，自我西郊**。

玄同曰：“二《畜》，皆肖《颐》；宜从康成，训‘养’。乾在内，‘天德’也。乾合巽德，人而藏其盛，其养‘小’；乾合艮，往而大止，万宝‘辉光’，其养‘大’。《象传》俱云‘畜德’；止畜，即所以养也。”先儒谓：“文王，志在《明夷》，道在《小畜》。”[④]包容养育，正所以善处“商纣之世”也。象，泽气上蒸于天，得坎半体。阴在天上，为“云”；

①《论语·八佾》：“周监于二代，郁郁乎文哉，吾从周。”

②《论语·雍也》：“君子博学于文，约之以礼，亦可以弗畔矣夫！”

③小畜，履一组，为第6贞悔卦。全书共36贞悔卦，六贞悔为一组，则小畜、履一组，为首轮六贞悔卦之终。

④胡瑗（993—1059），字翼之，因世居陕西路安定堡，世称安定先生，著《周易口义》《洪范口义》《论语说》和《春秋口义》。此，即引其著作。

阴爻、阴位，曰："密云"。巽风扬，而离"日"见，为"不雨"。"不雨"者，雨未达之天下。"自西郊"，西郊，雨矣。文王，以天下为度也。朱子曰："文王演《易》羑里，视'岐周'为'西方'，兑象。"《揆》曰："艮，二阴力分；故阳进与上九合，为'何天之衢'[①]。巽，一阴位正；故阴进而与九五孚，为'施行之雨'[②]。"

《彖》曰："小畜"，柔得位，而上下应之，曰小畜。

《订》曰："六四，柔居柔，'得位'也。成卦之主，体无二阴，以分其应。而'应之'之义，亦各不同：'上应'，指五、上二阳，助其畜者也；'下应'，指三阳，受其畜者也。"淇澳曰："大、小《畜》者，'乾畜'处，力有大小；非谓'艮、巽，能畜乾也'。巽，柔卦；故以九五，为'柔'。"此别一说也。智谓："两端无不，相入相当。善观玩者，随处触会，不必执一。"

健而巽，刚中而志行，乃亨。

慈湖曰："《小畜》以臣畜君，不'健'，不能有为；不'巽'，或至犯难。君臣，未深相知。'志'，何由'行'？伊尹于太甲'自怨自艾'，然后'志行'。天未雷雨，成王未'执书泣'；周公之志，终不得谓之'行'。"《诂》曰："'刚中'，指五；'志行'，指四。四，力尚微；藉九五助畜，于是赞阳出滞，阳所以致亨也。"《见》曰："阴畜众阳，自耻'幸臣'，欲结正中人自树；而君，又罗致士大夫与友也。不降其志，'健巽'能之。王毛仲召客，宋璟中席推疾而去，亦'刚中志行'之一节矣。"智曰："小畜，《圆图》峙巽，而冲交豫、震[③]；《方图》峙《壮》，而冲交豫、观。九卦[④]，起履、终巽，正以'健巽''志行'也。巽司八风，望乾以'健'巳亥；而兑以秋成，返乾。以此阴卦收阳，终'六贞悔'之首轮[⑤]，有以夫？"

"密云不雨"，尚往也；"自我西郊"，施未行也。

《遡》曰："阴阳相求，阳得阴，而化育也；阴行善，而众归之。'上下应'，其'天人之交与'乎？有畜，必施；畜，犹未施耳。君子以是，知'周之德'与'所以王'也。"藏一曰："巽以行健，犹异纣之'合志'耳。"

---

①《大畜》卦，上艮下乾。此处的"艮"，就大畜卦上卦而言。《大畜》卦："上九，何天之衢，亨。"

②《小畜》卦，上巽下乾。此处的"巽"，就小畜卦上卦而言。

③"峙"，是左右并列。"冲交"，是南北而言。

④《系辞下》，三陈九卦。

⑤六十卦，从颠倒卦坎，实36卦。六卦为一轮，以喻"时乘六龙，以御天"。小畜、履一组，为第6贞悔卦，即首轮六贞悔卦之最后一卦。

《象》曰：风行天上，小畜；君子以懿文德。

子瞻曰："畜已而'非其人'，则君子不可有为。独宜'雍容讲道'，如子夏在魏，子思在鲁可也。"《订》曰："天，无处不在。故以人目所及，而分上下耳。风无形，故行其上也。邓伯羔曰：'懿，读为抑'。《国语》：'卫武公，《懿戒》自儆。'韦昭注：'《大雅·抑》之篇也。''抑'，密也，遏也。'摄其威仪'[①]，畜之义也。"元公曰："有形之力，小；无形之力，大。水大胜地，火大胜水，风大胜火，无形也。人心无形，其力最大。故于《小畜》之巽，明之。巽，'为风'。风者，天之劫也。造化之文，皆巽风所变；故君子尚之。"邹德溥曰："风者，天之命令。'风行天下'，令犹未下；天下有风，则以'诰命四方'矣。《诗》曰'矢其文德，洽此四国'，是也。盖指《诗》《书》《礼》《乐》之'文'也。"淇澳曰："不专其迅往，而为'云'、不为'雨'；其小心卷藏，非'至德'能然乎？大畜，以自畜；故六爻，皆'克己'事。小畜，以畜人；故六爻，皆'孚人'事。自畜，无'不可必之功'；故其德全，而极之'多识'。畜人，有'不可必之施'；故其德敛，而约之'懿文'。"《正》曰："吾自'修文'焉耳。"羽南氏曰："'文不在兹乎？'[②]何其'懿'也。"《意》曰："'文'，取离'明'。巽，居巳方；吹接二气，于'南薰'也。雷，间一用；风，则时时入人。揆文奋武，《师》《比》互用；而柔万世者，必此文德。'懿文'，所以'辨礼'也。"

初九，复自道，何其咎？吉。变重《巽》。巽宫。世。

《遡》曰："《象》取，畜'德'；爻取，小人畜君子。非貌取，以收名；即迹縻，而托重。石显，用贡禹；李训，起裴度；是也。初、二，远四，皆以'复'贵。初，为世爻；据'已变之乾'，则健进而应四；还'未变之巽'，斯退伏矣。故曰：'复自道。'"玄子曰："'复'，与《复》卦同义。地气降，必'复'升；天气升，必'复'降。仲翔云：乾称道，即升降不已之道。'高诱《吕览注》云：'天道运转，为乾。初得其位，周匝复始，故曰"复自道"是也。见其畜而后返，不肯由他途以进也。未尝'不应'，而不受畜耳。'"《正》曰："《毕命》'克勤小物'。卫武九十，而自谓'小子'。仲山甫，有大功，而自谓'小心'。《诗》曰'不大声以色'，'自道'之谓也。"《意》曰："阳之'反复道'也，'复礼'也。"石塘曰："《讼》四、《畜》初，详'阳复之说'矣。此，又有

① 《诗经·大雅·既醉》："其告维何？笾豆静嘉。朋友攸摄，摄以威仪。"

② 《论语·子罕》："文王既没，文不在兹乎？天之将丧斯文也，后死者不得与于斯文也；天之未丧斯文也，匡人其如予何？"

‘义’焉。地雷为《复》，巽乾为《小畜》；皆《小横图》之中[①]，交二老也。《姤》《复》相伏；而小畜，特《姤》之叠卦耳。《方图》，泰至坤，而复在中；犹泰至乾，而小畜在中也。‘帝出’之‘震’，阳先复于北方也。”智曰：“道，‘自道’也，‘复’而已。‘何其咎？’特书也。”

《象》曰：“复自道”，其义吉也。

《一一》曰：“外能用阴，而‘复礼’‘由己’。故夫子，著其‘义’焉。”

九二，牵复，吉。变离，为《家人》。积变，《渐》。

《宜》曰：“初，从巽‘复’；二，从初‘复’。巽，绳也。一巽，再巽；而绳相引，曰‘牵’。合‘上下应’，以观二‘自见’‘自作主’，不漫应也。”玄子曰：“三阳同也，故曰‘牵’。故《夬》卦，亦曰‘牵’。变离，‘丽’初，而‘牵复’。”《正》曰：“止于外，闲于家。名利，写于外；则‘簟席’，怡于内。君子之学，若‘取诸宫’[②]，非以为功也；若寄诸邻，非以为人也。”

《象》曰：牵复在中，亦不自失也。

《易意》曰：“著其‘中’焉，又著其‘自’焉，誉‘取于人以为善’[③]。”

九三，舆说辐（古，亦作“輹”），**夫妻反目。**变兑，为《中孚》。积变，《观》。

《宜》曰：“三，近四而体交，三‘夫’、四‘妻’也；‘公养’‘际可’也[④]。‘不能正室’，责备贤者之词。”《九家》曰：“妻乘夫，为不正。中四爻，互《睽》，反目不相视。反离‘目’，见巽；巽，‘多白眼’，知‘反目’也。‘辐’，轮也。坤‘方’，象‘舆’；乾‘圆’，象‘轮’；兑‘毁’，象‘脱’。若《大畜》之‘辐’[⑤]，则轮旁所系之直木，用以辅辐而行；脱之易，系之亦易。卦中，乾、坤，为‘轮’‘舆’；初、上两阳，为‘輹’。輹在轮舆外，为‘脱’。脱而可设，‘有待而行’[⑥]，非‘不行’也。此‘辐’‘輹’之辨。”《诂》曰：“辐，车轑；輹，‘伏兔’。”《正》曰：“非家人，而家人之；其信，犹存焉。季武子取卞，公欲以楚伐鲁，荣成伯曰：‘楚若克鲁，诸姬岂获窥焉？夙，何敢不悛？醉而怒，

①《小横图》，即《先天八卦横图》。乾一、兑二、离三、震四、巽五、坎六、艮七、坤八。中为震、巽。震交坤，为复卦。巽交乾，为小畜卦。

②《孟子·滕文公上》：“且许子何不为陶冶，舍皆取诸其宫中而用之？”

③《孟子·公孙丑上》：“大舜有大焉，善与人同，舍己从人，乐取于人以为善。”

④《孟子·万章下》：“孔子有见行可之仕，有际可之仕，有公养之仕。”

⑤《大畜》卦：“九二，舆说輹。”

⑥《归妹》九四，《象》曰：“愆期之志，有待而行也。”

醒而喜，何怪焉？’取郓之役，楚执穆子既归，武子劳之，日中不出。曾阜曰：‘既免大耻，不忍小忿’‘贾而欲赢，而恶嚣乎？’[①]乃出见之。故《畜》而《中孚》，犹可以‘正室也’。君子之道，不信于国人，犹信于户庭。”

《象》曰：**夫妻反目，不能正室也**。

慈湖曰：“以道事君，初‘安汝止’[②]。二，为过失已形，而‘牵复’之。三，则矢力直谏；上不能堪，而乖矣。”曰：“室虽色，不及于市[③]；短辕长尘，与不能制霍衍者，有间乎？是‘反目’者，犹知其义也。”

六四，有孚，血去惕出（马云：“‘血’，当作‘恤’”。晁以道云：“古，‘血’作‘恤’。”），**无咎**。变纯《乾》。积变，《否》。应爻。

《宜》曰：“主巽，位正、爻虚，与五同体，交孚无异；不行其私，‘善补过’者也。‘上合志’，指五。”玄子云：“卦，得《坎》半体。坎，‘为血’，‘加忧’。然纯乾，则坎全亡，为‘血去惕出’象。京房曰：‘《小畜》之四，三阳连进于一，危也。外，巽体阴柔，道行也。’因曰：‘血，阴物也。’惟‘血去’；则虽阴，而绝‘无阴之累’。‘惕’，《乾》‘惕’也。惟‘惕出’；则非《乾》，而终日皆‘乾之思’。五虽欲不孚信之深，其可得耶？”《正》曰：“《畜》之‘血’，疑也；《乾》之‘惕’，断也。鲁僖之‘雩’也[④]，逐佞臣七，而雨如注。‘桑林’，诘及‘女谒’‘苞苴’。夫以敬跻之朝，而有昌谗乎？不疑不断，小腆大戒。一龙之漦，而洒祸五百年。《周颂》曰：‘桃虫，维鸟。’知此爻，则可以无咎矣。”

《象》曰：**“有孚惕出”，上合志也**。

慈湖曰：“六四，巽体畜君，故相信而和。夫臣进言于君，至于乖忤者，由臣未能无私，或好己胜，不与‘上合志也’。”竹西曰：“风教，全系志力所转。畜，所以‘合’；疑，亦所以合。阳明‘贵志’，志自道也。”

九五，有孚挛如（子夏作‘恋如’），**富以其邻**。变艮为《大畜》。积变《晋》。

《宜》曰：“五，与四同体，实与三阳同德，故应四、化四，而‘富

① 《国语·鲁语》下：穆子曰：“吾不难为戮，养吾栋也。夫栋折而榱崩，吾惧压焉。故曰：虽死于外，而庇宗于内，可也。今既免大耻，而不忍小忿，可以为能乎？”可见，“既免大耻，不忍小忿”，非曾阜之言。

② 《尚书·益稷》：“安汝止，惟几惟康。”

③ 《战国策·韩策二》：“怒于室者色于市，今公叔怨齐无奈何也。”

④ 《说文解字》：“雩，夏祭乐于赤帝，以祈甘雨也。”

以其邻’。变小人为君子，斯之谓‘志行’。象，取巽‘绳’，艮‘手’，离‘丽’，‘挛如’。凡并列，曰‘邻’；虚，亦曰‘邻’。‘不独’，巽，‘近市’也；‘利三倍’，曰‘富’[①]。‘邻’，指四。‘以’，则九五‘左右之力’。”《正》曰：“晋文公，学于胥臣三日，曰：‘吾不能行也。咫闻则多矣。’胥臣曰：‘闻而畜之，以待行者，不益愈乎？’繇余、郯子，学于戎翟，而行信于秦、鲁，故惟学而行之，为‘有邻’也。”民曰：“作‘小人畜君子’解之，谓‘使上九，皆自托于四’，故曰‘邻’。哀贵董贤[②]，使过孔光私第也。上九，阳而受畜，如孔光奏杀王嘉，以侯董贤耳。”

《象》曰：**“有孚挛如”，不独富也**。

《一一》曰：“以刚用柔，而即‘以柔化诸刚’，是公天下以为富有也。”

上九，既雨既处，尚德载（晁氏曰：“卜、京、虞，皆作‘尚得’”，**妇贞厉，月几望**（卜作“近望”。孟、荀、一行本，作“既望”），**君子征凶**。变坎为《需》。

《订》曰：“畜极必变：‘不雨’者，‘雨’矣；‘尚往’者，‘处’矣。变坎，为‘舆’。长女，‘妇’象。此，阳而谓之‘妇’，明其‘实阴也’。‘巽纳辛’月，又坎‘月’、离‘日’相望象。中孚，言‘从乎阳’；归妹，言‘应乎阳’；此，则‘抗乎阳’也。‘几望’者，乘其未盈，而为之戒也。”《荃》曰：“此文王‘三分有二’之象。”《遡》曰：“《蛊》上，微子；《讼》二，周公；《豫》二，范蠡；《小畜》之上，关汉寿以之。汉寿，解白马，申报效，封府库，而即去，是以免‘妇厉之凶’也。”诚斋，谓：“鬻拳、赵盾，谏至兵逆，岂‘人臣之愿’哉？”

《象》曰：**“既雨既处”，德积载也；“君子征凶”，有所疑也**。

《订》曰：“君子，不幸处‘疑阳之地’，尚敢以所处者为是，而放意直前，不反顾乎？凡‘毒锋翻案’之诐词，皆小畜之极，阴疑‘征凶’者也。”郝《解》曰：“义、象，皆非一端。畜君者，好君。六四，近九五；如伊训甲、旦辅成，‘论道而君心自正’者也。至如喜、妲、褒姒，祸延宗社；阴之累阳，夫岂在多？存乎‘人自占’耳。子见南子，以至平、勃、狄、张，分量不同，皆小畜也。”

《时论》曰：阳止阳，曰“大畜”；阴入阳，曰“小畜”。“小”者，柔而得心位乎？“大”者，不辞上下应矣。《小过》“密云“，“彼、我之势”已分。《小畜》“密云”，“自我之权”，“尚往”。雨之为物，雷过

①《说卦传》：“巽，为近利市三倍。”

②哀，即汉哀帝。

则止，风强则散。在天，则滂沱应月；在人，则貌泽应血。应夫妻乎？应上下乎？雨、不雨之间，君子之所未敢征也。将终于不征已乎？《大畜》贵“止”，《小畜》能“懿”。懿者，善也。善用其阴，乃无“茹吐”。本清，于此观“博文约礼”之象；愚，亦于此观“《畜》‘文’、《姤》‘章’”之象。藏遇“含章”，此亦“文‘在中’之德”也。《蠡》曰：“‘健巽’‘刚中’，有其‘德’者，有其‘文’矣。”能令“自我之志”，得“行”；又能“令自彼之志”，得“合”。虽曰“施者未行”，其行也必矣。“自我西郊”，后天之象。风含雨意，从巽向乾，西伯“自道”也。风“从下生上”者，“品物咸章”；风“从上生下”者，性命藏用。是君子“斯文密理、懿畜成德”之时，而“相遇”“申命”，皆本此为“素履”矣。君子象之。初、二，懿于“道”“义”也；三、四，懿于“出”“反”也；五、上，懿于“德”“邻”也。畜以居身，先逢其吉；畜以涉世，后避其凶。《意》曰：“在阳，利乎能‘复’；在阴，利于能‘孚’。”《巽》宫之初，即变乾，以主其卦；则阳复而阴剥，阳牵连而阴孤脱，阳反而阴出，阳挛而阴惕。阴即孚信，而阳犹有所疑耶？二，“牵复”于“家”[1]，言行与初相守也。三，则近四而“得敌”[2]，逼“一索之‘舆’”，丽“交互之‘目’”；而“厉妇”居前，虽成“既雨”，我犹在“郊之西”也。敢曰：“在室之正”乎？《夬》，一阴则“惕号”；《畜》，一阴则“惕出”。《乾》三居“惕”，而四“出”之；亦教以“上合志”之道，合之则双美矣。所望“刚中”之五，化风成山，化小成大[3]。其“志”，曷志？则“挛如”之“志”也。其“行”，曷行？则“富邻”之“行”也。赵汴水曰：“《小畜》九五，进贤之主；《大畜》六五，养贤之主，岂独‘富’乎？”《需》而上[4]，“既雨既处”矣。“脱辐”之“舆”，至是“积载”；“反目”之“室”，纳以“妇贞”；君子犹疑之，而不征也。先正谓：“文王道在《明夷》，志在《小畜》”。焦何意曰：“巽，无意制乾，而不得不制乾。”妇行夫事，臣行君事，去来顺逆，时或非常。“彤弓”专征，宁容不受[5]；祖伊之“告”，微子之“奔”，“月几望”矣。小心“懿恭”，以臣道终，此所以“为文”也。“君子征凶”，周公亦追状其危心乎？

---

① 《小畜》卦，九二独变，为家人卦。

② 《小畜》卦，九三独变，为中孚卦。《中孚》卦：“六三，得敌，或鼓或罢，或泣或歌。”

③ 《小畜》卦，九五独变，为大畜卦。“化风成山”，即上卦巽卦，变为艮卦。“化小成大”，即变小畜卦，为大畜卦。

④ 《小畜》卦，上九独变，为《需》卦。

⑤ 《诗经·小雅彤弓》：“彤弓弨兮，受言藏之。”

智曰："《易》之卦名，四'大'、二'小'[①]。而乾荡有三大、一小焉；《小畜》，居其中之半际焉。《需》，又转《泰》之半际焉[②]。此畜履、夬姤、谦豫、剥复，所以亥巳'君''藏'也[③]。《临》'思'《大壮》[④]，而《升》'积'《大畜》[⑤]，《遁》'浸'知《观》[⑥]，而《萃》'聚'《无妄》[⑦]，所以暗转于寅申也；皆五转一，而应六者也[⑧]。'文'畜[⑨]，以遇品制礼；'多'畜[⑩]，以'教思'《升》'高'。《乾》，盖'懿《大》于《小》'，而以《履》终阴阳之三十画焉[⑪]。故不从麻衣'坤变之例'耳。《乾》具三《大》、一《小》[⑫]，领夏首用龙[⑬]。然而阴卦大、小《过》，由夏收秋；《圆图》《小过》之位，即《方图》《履》位[⑭]，亦欲'《大》"颠"、《小》"宜"'者也[⑮]。正以'无小无大'之'旋元'[⑯]，知'由小成大'之文礼[⑰]；以畜大小之《过》，而'非礼弗履'之《大壮》，'遏扬顺休'[⑱]之《大有》，皆'壮而知非''有而不与'矣。[⑲]"

---

①四《大》：大壮，大过，大畜，大有。二《小》：小过，小畜。

②原文不清，根据《方图》补。

③乾君，坤藏。《六十卦方图》，乾位西北亥方，坤位西南巽方。

④《临》卦，《象》曰："君子以教思无穷，容保民无疆。"

⑤《升》卦，《象》曰："君子以顺德，积小以高大。"

⑥《遁》卦，《象》曰："'小利贞'，浸而长也。"

⑦《萃》卦，《象》曰："'萃'，聚也；顺以说，刚中而应，故聚也。"

⑧《六十四卦方图》而言。如乾始、泰终之最下一行，大壮左行五卦，为泰卦；泰卦上行一卦，为临卦。坤始、泰终之最左一数列，升下行五卦，为泰卦；泰卦右行一卦，为大畜卦。坤始、否终之最上一行，观卦右行五卦，为否卦；否卦下行一卦，为遁卦。乾始、否终之最右一列，无妄卦上行五卦，为否卦；否卦左行一卦，为萃卦。

⑨《小畜》卦，《象》曰："小畜，君子以懿文德。"

⑩《大畜》卦，《象》曰："君子以多识前言往行，以畜其德。"

⑪《六十四卦方图》泰始、乾终之最下一行，按"五转一而应六"，则小畜卦右行五卦，为乾卦；乾上行一卦，为履卦。

⑫六十四卦方图，乾荡之排列。乾，夬，大有、大壮，小畜，需，大畜，泰。

⑬"领"字、"龙"字，原文不清。

⑭"即"字，原文不清。

⑮《序卦传》："《大过》颠也。"《小过》："飞鸟遗之音，不宜上，宜下，大吉。"

⑯《履》卦："上九，视履考祥，其旋元吉。"

⑰"知'由小成大'"等字，原文不清。

⑱"遏扬顺休"四字，原文不清，根据《大壮》卦，《象》曰："君子以非礼弗居"补。或为"遏恶扬善"。

⑲《论语·泰伯第八》："巍巍乎，舜禹之有天下也而不与焉！"

☰☱天泽履

《全》曰："履，从'尸'，音'致'，与'疐'同；从'复'，复行必进也。转意为'践履'。《说文》改'从舟彳，尸声'。"智按："《释名》曰：'履，禮也。饰足以为禮。禮者，體也。'许慎云：'禮，履也，示重祭，豊其器也。'礼，古文'禮'，'本于大一'也。盖理、礼、体、履，声义本通，来母喉舌，蕤宾之用也。尸者，象所依也。孔子特曰：'物畜然后有履。'因其伏《谦》，曰'谦以制礼'。'非礼勿动'，故于乾荡之中，以《大壮》著'非礼弗履'之象焉。"

履虎尾，不咥人，亨。

《遡》曰："《先天》，乾、兑，同太阳；《后天》，乾、兑，同金。伦常一体，严和内外，是礼所以一阴阳也。"又曰："圣人观象，随意皆合。如羲合和严名《履》，而《彖》主'守礼'，爻主'维礼'。'守礼'者，君亲至严勿犯，此羑里意也；'维礼'者，衡行勿纵，此'周公制礼'意也。《彖》，'虎'指君；爻，'虎'指三，不碍其异也。《九家》'艮，为虎'。此取乾严，即乾、兑，西方白虎也。虎首趋前，上口不开，故'不咥'也。人生危几，而柔能茹刚，是亨道也。说，应从'戒慎'中出。凛凛虎咥，而礼始行。"仲虎曰[①]："《易》之词危，莫危于'履虎尾'矣。九卦[②]，以《履》为首，或曰'艮，阳虎，居寅而生物；兑，阴虎，居酉而杀物'。故'履虎'畏'咥'，顺虎养人。"元公曰："圣人无死地，'兕无所投其角，虎无所措其牙'，致柔之用也。老氏、子房以之。"《揆》曰："'《履》不处'[③]，而未尝忘处者，履道也。"

《彖》曰："履"，柔履刚也。

《易意》曰："天地分，而人履其中，何微而不免耶？柔能制刚，刚必用柔，此物理也。履帝位者，亦辨此'柔履刚'之物理，而天下定矣。"

说而应乎乾，是以"履虎尾，不咥人，亨"。

《订》曰："'三与五同功'，故言'应'也。"《庄子》曰："'虎与人异，而媚养己者，顺也。'涉世多危，不为所伤，学术乃见。"关子明曰："'履之而不处'者，其周公乎？"

刚中正，履帝位，而不疚（陆绩，作'疾'），**光明也。**

《荃》曰："乾居上者，不一卦，独《履》言'帝位'，盖《履》

① 胡炳文（1250—1333），字仲虎，号云峰，元代婺源人，著《四书通》《周易本义通释》等。文中"仲虎曰""云峰曰""云峰谓""胡云峰曰"，皆引其著作。

② 《系辞》，三陈九卦。

③ 《杂卦传》。

‘辨’名分。虽以六三阴而名卦；其实臣也，下也。上有九五之君在焉，六三其敢僭诸，严君臣也，如此。”《正》曰：“‘菀柳，尚愒’之《诗》乎[①]？以‘甚愒’之臣，事‘甚蹈’之帝，不媚必咥，何以已之？其亦惟礼乎？”

《象》曰：上天下泽，履；君子以辨上下，定民志。

慈湖曰：“‘变化云为’，无非‘典礼’，决非‘一于清虚净寂者’之所能尽，此《老》《易》之分也。”柴广进曰：“水洄曰泽，大为海。海，从洄环得音者也。”元公曰：“天泽，一气；乾兑，同体。此，以明礼所自始。”《订》曰：“不云‘天下有泽’‘泽在天下’；必曰‘上天下泽’，所以严大分也。贾子曰‘势明则民定，而出于一道。故人争为宰相，不奸为世子，非‘宰相尊、世子卑’也。不可以智求、力争也。寻常之室，无‘奥标之位’，则父子不相别；六尺之舆，无‘左右之义’，则君臣不明；而况其大者乎！’君子所细辨者，‘路马不齿’[②]‘疾行不弟’[③]之类也。天冠、地履，岂待辨乎？”《心易》曰：“末世，托言‘无首无足’者，方欲翻天地、粪帝王，以混人禽，何惜一‘冠履’耶？圣人著此象，早辨其几矣。”《易意》曰：“郄诜云：‘限以势之‘不得不止’，则不期静而自静；纵以势之所‘不得不趋’，则不期动而自动。’‘畏志’[④]‘定志’，同此‘养辨之几’。而末季狂波，偷袭‘礼为盗首’之反语[⑤]，标‘无别之高幡’；而讲学者，乃效其荒冒，鄙屑‘步履’。岂非‘饮人狂药，责人正礼’乎[⑥]？《荀子》曰：‘水深，则表深；表不明，则陷。礼者，表也。’《礼运》言：‘礼本天殽地，得之者生，失之者死。’危哉！微哉！生死，即此辨定矣。‘旋高’之视，《离》‘明’、《夬》‘决’，此所以收‘乾坤首十卦之节’[⑦]，而交天地也。”

初九，素履，往无咎。变坎，为《讼》。

宜曰：“‘履，不处也’[⑧]，故‘往’。丝帛，未加染色，曰‘素’。兑，

①《诗经·小雅·菀柳》：“有菀者柳，不尚息焉。上帝甚蹈，无自暱焉。俾予靖之，后予极焉。有菀者柳，不尚愒焉。上帝甚蹈，无自瘵焉。”

②《礼记·曲礼上》：“乘路马，必朝服。”郑玄注：“路马，君之马。”《周礼·秋官·大司寇》：“其能改过，反于中国，不齿三年。”郑玄注：“不齿者，不得以年次列于平民。”贾谊《新书·阶级》：“礼，不敢齿君之路马，蹴其刍者有罪。”

③《孟子·告子下》：“疾行先长者，谓之‘不弟’。”

④《礼记·中庸》：“无情者不得尽其辞。大畏民志，此谓知本。”

⑤《老子》：“夫礼者，忠信之薄而乱之首。”

⑥《晋书·裴楷传》：“足下饮人狂药，责人正礼，不亦乖乎？”

⑦六十四卦卦序，履卦为第 10 卦。

⑧《杂卦传》。

西方白；应巽中爻，为绳、为白。所谓‘白地受采’[1]。素，正‘礼之本也’[2]。”《易意》曰：“‘糗草’‘玉食’[3]，‘陋巷’‘庙堂’，皆‘素履’也。然时当履下，自以‘淡素’为‘独行’。自上视下，下即上也，‘考旋’其初，而已。”观我氏曰：“不羡富贵，不畔富贵，‘三素’皆然。羡畔两忘，则四位五达，皆吾素也。”玉峡公曰：“吾心，淡素之体，原无富贵、贫贱、夷狄、患难，而位之所遭也。君子视如‘浮云’，自然轻淡。羑里不求自白，而系《彖》明《易》。‘死生不入于心’[4]，是真‘素履’。”

《象》曰：“素履之往”，独行愿也。

竹西曰：“无此‘愿力’，则素而不往，乃死水也；无此‘独行’，则往而不素，早知其变塞矣。龙之潜于六十四卦也，惟此‘素位’，而已。讵谓‘乘龙，非乘虎乎？’‘野鹿标枝’[5]，世忘之矣。然‘素其忠信以往’者，虽撩头编须，虎犹鸥也。”

九二，履道坦坦，幽人贞吉。变兑，为《无妄》。积变，《否》。《艮》宫。应。

《宜》曰：“众，取特；虎，主三。初、二，居虎后；初远、二近。不‘坦’，则见疑；不‘幽’，则见忌。‘幽人’，非枯隐也。体悦行中，在事而若无情者，所谓‘平行无碍者也’。震，‘足’‘大涂’，‘履道坦坦’象。‘幽’，对‘明’言。离‘明’，在上；则下为‘幽’，且无应也。”《订》曰：“惟九二，为‘履道’。九四，以‘惧’免；九二，以‘不惧’免。谚言：‘虎，畏不惧己者’。”

《象》曰：“幽人贞吉”，中不自乱也。

《正》曰：“申繻曰：‘变怪之生，则人之精焰以取之。邪慝动于中，则灵爽乱于上，三辰之灾眚，于是或摄之矣。’故‘中’，则‘无眚’；幽庭舒步，‘猛鸷’之所‘不搏’也[6]。《齐书》曰：‘夜行者独有。’”郝《解》曰：“文王忧勤，有‘海滨’之‘二老’；孔子周流，遇‘荷蓧’之‘丈人’。然文、孔‘中不自乱’，皆‘幽贞’也。若愤世嫉俗，披发

---

①《礼记·礼器》：“君子曰：甘受和，白受采；忠信之人，可以学礼。”

②《礼记·礼器》：“先王之立礼也，有本有文。忠信，礼之本也；义理，礼之文也。无本不立，无文不行。礼也者，合于天时，设于地财，顺于鬼神，合于人心，理万物者也。”

③《尚书·洪范》：“惟辟作福，惟辟作威，惟辟玉食。”

④《庄子·田子方》：“有虞氏死生不入于心，故足以动人。”

⑤《庄子·天地》：“至治之世，不尚贤，不使能，上如标枝，民如野鹿。”

⑥“鸷”字，原为“势”字。于句意不通。黄道周《易象正》作“鸷”。《礼记·儒行》：“儒有委之以货财，淹之以乐好，见利不亏其义；劫之以众，沮之以兵，见死不更其守；鸷虫攫搏不程勇者，引重鼎不程其力。”

佯狂，自以为‘幽人‘，则乱矣。履，所以‘贵中’也。”

六三，眇能视，跛能履，履虎尾咥人，凶。武人为于大君。变重《乾》。积变，《遁》。

《订》曰：“‘眇’，‘一目小也’[①]。离‘目’互，见；‘不中不正’，为偏象。兑变‘震足之中画’，足‘跛’也。”仲虎曰：“《归妹》，初‘跛’，不中也；二‘眇’，不正也。此，并书之，恶‘不中’且‘不正’也。互倒《兑》[②]，乃五咥之也。变刚，巽‘躁’，‘有所作为于大君’之象，‘闳夭行赂，出西伯，赐鈇钺’是也。”《遡》曰：“为治也：三，阴柔而志刚，欲统诸阳；视履不全，计必恣于吞噬，故见治于‘大君’也。邵子‘以当五霸’，叹之也；淇澳‘以当周公’，为其苦心也。然制礼，以‘息邪’为‘正义’。”郝《解》曰：“楚，熊处，所以死于干溪也。”《揆》曰：“巽，春夏交；故《畜·象》曰‘文’。兑，秋冬交；故《履》三，曰‘武’。”

《象》曰：“眇能视”，不足以有明也；“跛能履”，不足以与行也；“咥人之凶”，位不当也；“武人为于大君”，志刚也。

诚斋曰：“圣人于六三，怜其志，而恨其才焉。其‘武人’，而欲有为于吾君，履天下之至危，夫何罪哉？”《正》曰：“‘鼎镬’满堂，‘桂薪’无光。动，则以为不祥。”

九四，履虎尾，愬愬（马融，作“虩虩”），**终吉**。变巽，《中孚》。积变，《巽》。

《一一》曰：“居前，故曰‘尾’耳。是以《老子》贵‘后’。《君牙》曰：‘心之忧危，若蹈虎尾，涉于春冰。’《独漉》曰：‘虎欲啮人，不避豪贤。’念此‘愬愬’，终不忘初；曰‘行愿’，曰‘志行’，真相应矣。”

《象》曰：‘愬愬终吉’，志行也。

《正》曰：“‘宠利’者[③]，杀身之务也。‘堂陛’者，岸谷之路也。范宣子过言，文子杖之。子服它缪谏，孟献子囚之。贤父兄教‘天下之事君’，而后可以行志，非独为‘缓死’也。”

九五，夬履，贞厉。变离，为《睽》。积变，《艮》。《艮》宫世。

《遡》曰：“‘《谦》以制礼’，以《履》之‘全体皆实也’。‘夬’以治‘履’，以《履》之‘上下易位’也。在《履》而当‘夬’位，由‘五为礼教之所从出’，犯而必诛，权在则然；犹有厉者，胜以武耳。故词系‘贞’，赞‘正当’；果其不疚，厉亦光明。”

---

①《说文解字》。

②履卦，三四五，互巽卦，即倒兑也。

③《尚书·太甲下》：“君罔以辩言乱旧政，臣罔以宠利居成功，邦其永孚于休。”

《象》曰："夬履贞厉"，位正当也。

《订》曰："使人谓己虎，可也；而自虎，不可也。天之立君，岂'纵暴于上'哉？'礼乐征伐，自天子出'，亦不必皆有道也。秦皇汉武，不伤于所恃乎？然臣子当知'分定无逃'。退之作《文王拘幽操》，曰：'臣罪当诛兮，天王圣明。'深知圣心矣。"

上九，视履考祥（一，作"详"），**其旋元吉**。变重《兑》。

《遡》曰："上与三应，德足服之矣。不夬三，而以德化三，必至之符，'考''旋'感应。五，博虎；而上，训虎。'《履》，和而至'，故'元吉'也。天'贞观'，应离'日'，'视''考'象。天'圆'，'旋'象。变兑，'和悦'，'祥'象。武王《履铭》曰'行必虑'，正'视履，所以正行也'。"《荃》曰："初往、上旋，而'履'象见矣。践，无不由志；为邪正者，盖所自处如此，则志可知矣。履，不能'离视'；'离视'者，冥行耳。世谓'学贵躬行，而不必知'者，何哉？"高先生曰："孔子《乡党篇》：'动容周旋中礼。'赤子能乎？百姓能乎？故曰：'"大其赤子"，乃以不失；"视履旋元"，民志乃定。'"

《象》曰：元吉在上，大有庆也。

慈湖曰："舜禹有天下，劳勤万物，而曰：'不与'者，'在上而旋'也。孔子志立不惑，知天命，而曰'吾有知乎哉？无知也'，是'在上而旋'也。"《野同录》曰："在上旋下。盖礼教，总以'下学'藏'上达'也。'无可无不可'[①]，'峻极于天'矣[②]。而优优经曲，惟与万世'弦歌''饮食'，辨分而定志焉，是'考旋'也。彼'未至上而旋'者，其视，小也。斗'总杀'之咥锋，是'不祥之眇、跛'也。'踞最上而不考'者，是'不祥之兽荒'也。曾知《礼运》乎？运者，旋也。元者，环中也。苟不'敦厚崇礼，而与万世视之'，安能'大有庆'哉？"履曰："'忘世''出世'之标，首上首耳。归实，惟礼运之田，即履是忘矣。'废学修而夸见地'者，是以视而废履、废考、废旋者也，岂非盲□[③]。"

《时论》曰：《履》，以先天之体，履后天之用者也。《先天》，乾统兑，为《履》；《后天》，兑转乾，为《夬》。《履》在《大圆》，先《乾》八卦。《夬》者，履中之一端也。当四阳壮时，圣人断之曰："非礼弗履"。况五阳之"履帝位"者乎？秉"刚中正"，以成光明，必先去其乱

①《论语·微子》："虞仲、夷逸隐居放言，身中清，废中权。我则异于是，无可无不可。"

②《诗经·嵩高》："嵩高惟岳，峻极于天。"

③原文不清。

者，嘉其“志愿于行礼”者，视其“礼之吉祥”者，然后“上下”乃“辨”，“民志”乃“定”焉。“定位”“通气”，“上下”岂待“辨”哉？天泽正名，其辨自定，帝畏民志。“礼，禁乱所由生。”[①]使川安泽，所以“坊川”也。合外内，以格践，而《履》无非《夬》矣。冠婚丧祭，车服器用，分别等差，莫敢僭越；事天至高，惠泽不匮，礼之所以有养、有辨也。粗迹，皆大本矣。履、泰，望谦、否；升、讼，望无妄、明夷，此四立也。《履》为春入夏之用首也。初，敦“素位”；西色为白，绘后知素。谋始而内“自讼”[②]，人所不及知也，“独行其愿”耳。有“素位”之“不愿”[③]，而后有“素履”之“愿”。君极其明，臣诣其幽；“武人”则“的”，“幽人”则“暗”[④]；礼门义路，不托巧邪，“坦坦之贞”也。铺张在外者，淆乱必在内。二抱“厥中”[⑤]，无“耕获、菑畬”之心焉[⑥]，“自不乱”矣。同一“悦”也，同一“毁折”也。《归妹》，则“跛”“眇”，受赏于“幽人”；《履》则“咥凶”，受制于“武人”；非以三变刚，而志《乾》乎[⑦]？假如“不能，谓能”，或以坚僻雄悍，决绝不反，驾天吼地，而敢作敢为于“大君”之上，灭屑帝王，岂非“礼之贼”乎？秩叙之世，群戴一尊，即大臣论道尚“愬愬然”，敬谨之至；乃以黠知半见贱僭，况逞其间，安得不决之乎？如其指礼，则以“葵丘践土”当之，亦一说也。三四之交，“虎尾”在焉。《象》，取“亨”予卦；而爻取“凶”予三，取“终吉”予四。何“咥，不咥”数变也？卦，天履泽也；爻，下履上也。下恶敢履上乎？要之，“戴天履地”。处以“刚疏之志”，焉往不“凶”？处以“孚信之志”，焉往不“吉”？而大君覆载，亦不贵其悻悻决小人也。《艮》宫，从《睽》得《履》。犹“未娴于礼义”者，位正则决之才，位当则决之权；凌厉、骄矜，不无大过。《意》曰：“尊君抑臣，而同心一德，渺矣。圣人所以保其祯祥，消其乖戾，必底于‘旋元’者，不敢不辨也。”三能眇视乎上，上亦正视乎三者，“明作哲”也。“素”者、“坦”者、“愬愬”者，莫不存乎“考绩”之中焉[⑧]？彼夫见“蔽于天”[⑨]，自谓“虎视”而“厌薄礼教”者，

①《礼记·经解》：“夫礼，禁乱之所由生，犹坊止水之所自来也。”
②履卦初爻独变，为讼卦。
③《礼记·中庸》：“君子素其位而行，不愿乎其外。”
④《礼记·中庸》：“故君子之道，暗然而日章；小人之道，的然而日亡。”
⑤《尚书·大禹谟》：“人心惟危，道心惟微，惟精惟一，允执厥中。”
⑥《履》卦九二独变，为无妄卦。《无妄》卦六二：“不耕获，不菑畬，则利有攸往。”
⑦《履》卦，六三爻独变，为《乾》卦。
⑧《尚书·舜典》：“三载考绩，三考黜陟幽明。”
⑨《荀子·解蔽》：“庄子蔽于天，而不知人。”

皆高而不知“旋元于掺履者也”。夫“乾元”者，旋而元也。“帝位”者，“周旋中规，折旋中矩”[①]，“吉事有祥”，礼莫大焉。《诗》云：“率履不越，遂视既废”，是礼教大成，“神人以和”之“大庆”也[②]。三“志刚”，四“志行”者；未有“臣志不定，而民志先定”者也。人臣而知礼，则民自无“贪乱之志”，而岂有“坏教、叛伦之忧”哉？

智曰：“《乾》直，即《履》[③]，《序卦》所谓‘物畜有礼’者也。故‘平中在北’之《壮》《畜》[④]，以‘履礼’[⑤]‘懿文’[⑥]表之。《坤》直，即《谦》；‘九卦’所谓[⑦]‘《履》以和行，《谦》以制礼’也。故‘平中在南’之《观》《豫》，以‘乐荐’[⑧]‘观设’[⑨]表之。表南北之‘旋卑藏崇’者[⑩]，‘观会通，以行典礼’也。复、升，姤、无妄，东西之会通也[⑪]。故《畜》藏《复》卦，《履》藏《夬》卦，《复》自知《升》，而《观》生‘由豫’矣；‘遇’能决行，而《无妄》《大壮》矣。达天履地，几深于‘旋’；‘旋’所以‘元’；‘元’所以‘神’。而‘视考’之志，始于能‘辨’；‘辨’，则‘定’矣。故‘君师礼乐’之教，贵乎‘致知’。”

景元曰[⑫]：“《上经》，二老交；《下经》咸恒、损益、二济，交六子

①《礼记·玉藻》。

②《尚书·尧典》：“诗言志，歌永言，声依永，律和声。八音克谐，无相夺伦，神人以和。”

③《六十四卦方图》，直上直下论：《履》，位于《乾》上。《谦》，位于《坤》下。

④“平中”指《六十四卦方图》横向八卦的中间。小畜、大壮位于北中，即“平中在北”。豫、观，位于南中，即“平中在南”。

⑤《大壮》卦，《象》曰：“君子以非礼弗履。”

⑥《小畜》卦，《象》曰：“小畜；君子以懿文德。”

⑦即《系辞下》三陈九卦。

⑧《豫》卦，《象》曰：“先王以作乐崇德，殷荐上帝，以配祖考。”

⑨《观》卦，《象》曰：“先王以省方，观民设教。”

⑩《系辞上》：“知崇礼卑，崇效天，卑法地。”方氏藏北于南，藏智于礼，藏高于卑，旋转天地。

⑪《六十四卦方图》《复》《升》位于东方卯位，《姤》《无妄》位于西方酉位。

⑫萧汉中（生卒不详），字景元，元朝泰和人，著《读易考原》。文中“《易原》曰”，即引其著作。

也。”《绎》曰[1]：“首乾、坤，象‘天地位也’；中泰、否，象‘天地交也’。屯、蒙而下，卦全于八。天五为纪，地六为制，积之六五，合阴阳各三十画，二气各平以盈，而天地交。”潜老夫曰：“辟卦，分十二，实‘乾坤也’；而泰、否，为‘人道之关’。除乾坤外，《上经》泰否、临观、剥复，三十六画，‘阴多阳’者十二；《下经》遁壮夬姤，二十四画，‘阳多阴’者十二。盖加乾坤，而《上》具八辟，《下》具四辟，上统三分之二，侵其半也。泰否，阴阳之交，犹乾坤也。《上经》，申《否》七月，酉《观》八月，戌《剥》九月，《坤》亥十月，子《复》十一月，丑《临》十二月，寅《泰》正月相连；而独孤巳《乾》四月，为首。《下经》，卯《壮》二月，辰《夬》三月，午《姤》五月，未《遁》六月，皆以夹《乾》；然先远后近，以《乾》巳为‘中吕之终律，而生变之始也。’《上经》，则《泰》《否》为终始，以夹《坤》于天门；天门，正乾位也。乾在坤中，下为上用。《上经》，合秋冬，用春夏，财成天道之‘藏用’；《下经》，分春夏，藏秋冬，财成人事之‘显仁’[2]；则成‘辅相左右’[3]，即此可征矣。”智曰：“政在‘立春、立秋之际’者，谓《方图》之《泰》《否》，在寅申之二矩曲，与辟卦律应也。《圆图》则《否》在亥初立冬，《泰》在巳初立夏，可知全阴、全阳，而又逐节可财。朱子所谓‘截段之说’也，岂‘漫漫然无所征质’者乎？深几入神，可与言此。”

☷☰地天泰

《全》曰：“泰，篆作‘[illegible]’，见《禹碑》，流通无滞也。”智按：“《说文》：‘泰，滑也。’与‘汰’通，‘伯棼射王汏辀’，是也，又与‘夳’‘太’同。《史籀》复篆作‘夵’，因而作‘夳’，本同‘大’音。《汉书》‘横泰河’，即大河也；‘秦收泰半之赋’，大半也。后加‘水’作‘泰’，别之耳。舌徵，送气声；故‘天地交’，而以‘通泰’名。”

泰：小往大来。吉，亨。

关子明曰：“阖辟、往来，天地降跻，亦若东西之视。作《易》者，其辟‘君子之道’，而通‘小人之阖’乎？”孔仲达曰：“《泰》而四德不具者，物既泰通，多失其节，所以《象》曰‘财成辅相’。”董因，迎重耳，得《泰》之八，“何不济之有？”玄子曰：“‘八’，静也，占

①邓元锡（1529—1593），字汝极，号潜谷，江西南城人，著《五经绎》包括《书绎》《诗绎》《三礼绎》《春秋通》《易绎》。“《绎》曰”“潜谷曰”，“邓潜谷曰”，皆引其著作。

②《系辞上》：“显诸仁，藏诸用；鼓万物而不与圣人同忧，盛德大业至矣哉。”

③《泰》卦，《象》曰：“后以财成天地支道，辅相天地之宜，以左右民。”

此《彖词》。”石斋曰：“此即《乾》之《坤》，以《坤》属《先横》第八也[①]。”

《彖》曰：“泰，小往大来，吉，亨。”**则是天地交而万物通也，上下交而其志同也。内阳而外阴，内健而外顺，内君子而外小人：君子道长，小人道消也。**

朱子曰：“人言‘君子、小人相半，不可治急，急却为害’。殊不然，‘舜汤举皋尹，不仁者远’[②]，自是小人被君子所‘革面’耳。”子瞻曰：“泰，不及‘大壮、夬之盛’也；圣人安于泰者，小人不可胜尽，迫穷则争矣。君子居中，常制其命；而小人在外，不为无措，此泰所以安也。”六初马氏曰[③]：“后世因而谈调停，以便‘容禄养交’矣[④]。”孙文介曰：“‘内君子，外小人’，此用人妙术。天下，君子不数人，小人亦不数人；观望向背者，满目皆是。君子居内，士气争奋，小人不得逞，反乐为用矣。此四之‘邻’，初之‘茅’也。”左忠毅曰：“地，可见；天，不可见。天在下，所以‘托地’也；天在内，所以‘宰地’也。”《隅通》曰：“外之不能，乃决之耳。‘小人道消’，易词耳；小人道忧，难词也。”玄子曰：“消乎？浸乎？‘消’者，化小人为君子也。魏文靖事宋穆陵，进讲《泰》卦，曰：‘在外，而心腹是寄，不为外；在内，而情意不亲，不为内。’”《易意》曰：“‘天地’，可名；则‘君子’‘小人’，可以名矣。《泰》卦并举而揭书之，‘健顺’表其德，‘内外’表其位。惟正名以教之，而万世‘消长’，在此‘衮钺’之‘裁成’矣。”玄同曰：“‘消长’，系乎自心；自心公，则泰。故不曰‘君子长’，而曰‘君子道长也。’”

《象》**曰：天地交，泰。后以财成天地之道财。**（荀爽，作“裁”。本才也。达财、成材，一也。《魏其传》，“财取为用”，注“裁”。同《酷吏传》“上财察”、《汉书》作“财察”），**辅相天地之宜，以左右民。**

康成曰：“‘财’，节也。‘以’者，取其顺‘阴阳之节’，以成物助民也。”朱子曰：“造化儱侗相续，圣人裁之。如一年一周，截作‘四时’之类。”邓绮曰：“二至、二分，四正属天，圆裁方也；四立，四维属地，方成圆也。”廷秀曰：“自乾、坤开辟，屯、蒙以后。《需》，‘结绳’之世；《讼》，‘汲泉’之世乎？畜、履，‘书契’之世乎？泰，‘尧

① 《先天八卦横图》。
② 《论语·颜渊》：“舜有天下，选于众，举皋陶，不仁者远矣。”
③ 马孟祯（生卒不详），字泰符，号六初，桐城人，著有《奏略》4 卷行世。
④ 《荀子·臣道》：“不恤君之荣辱，不恤国之臧否，偷合苟容，以持禄养交而已耳，谓之国贼。”

舜’之世乎？古无圣人，则人类灭矣。”《订》曰：“浑而全者，‘天地之道’；‘裁成’，以品分其‘一本’。截然而分者，‘天地之宜’；‘辅相’，以曲全其‘万殊’。全者，分之；分者，全之；亦‘交通’之意也。”熊南沙曰：“阴阳各三十，而《泰》矣。乾，[illegible]也；坤，[illegible]也；‘左右’之，使无‘过、不及’矣。前之‘懿文’‘履礼’，后之‘类辨’‘扬遏’，皆道、皆宜也。”潜老夫曰：“爻，交也。至《泰》而著‘交’，遂著‘后’焉。《复》藏‘后’，《姤》显‘后’。《泰》在二《图》，司‘春、夏之立’；两称‘天地’，一称‘民’，重民用也。”

初九，拔茅茹，以其汇（古文，作“[illegible]”。董遇本，作“夤”。又傅氏注云：“‘彙’，古‘伟’字，实当作‘[illegible]’。”），**征吉**。变巽，为《升》。

宜曰：“乾，实巽；坤，实震；故象‘茅茹根’也。一说‘猬集须才’，则‘以汇为猬’也，实是‘草木𠦪孛’之貌。”《正》曰：“‘茅’，藉自上者也；‘茹’，组自下者也。以荐郁鬯，亦各其汇者也。‘南征’《升》‘吉’①，义不退也。”

《象》曰：拔茅贞吉，志在外也。

《订》曰：“相安，则小人可化；相激，则君子亦伤。初‘志在外’，以阳感阴；故四为坤首，以阴从阳。”

九二，包荒（古，作“苞荒”。《说文》作“巟”。虞本、同郑玄，读为“康”，云“虚”也。）**用冯河**（凴，冯通），**不遐遗；朋亡，得尚于中行**。变离《明夷》。积变《谦》

玄同曰：“‘包荒’，《明夷》‘用晦’，包阴也。‘冯河’，言‘刚中也’。阴阳交通，则‘朋亡’，‘遐’无所‘遗’，合天下以为类矣。有君子，则人人皆‘中行’，而得所尚矣。《泰》《否》‘包’，象天地。‘荒’，坤象。变坎，为河。五，隔河，故用‘冯’。乾‘健’，‘利涉’象。”幼清，以“荒”，为“衁血”；二，包“祭天之血”。是，又一说。《正》曰：“‘用晦而明’，圣人屡试，观于《多士》《多方》，而知‘周公之勤’也。‘包荒’，仁也；‘冯河’，勇也。‘不遐遗’，知也；‘朋亡’，义也。元公曰：五，为‘中行’之‘后’。二，以‘包荒’善其用，或有疑其心；故《象》推其‘光大’，以明之。”

《象》曰：“包荒”“得尚于中行”，以光大也。

朱子曰：“以其‘中行’，方能如此。”《易意》曰：“非以‘光大’，则‘纳污’‘突梯’，暧昧借口，安能‘得尚于中行’乎？二五交，为《离》明。保《泰》、保《丰》，惟此‘光大之中’耳。”

---

①《泰》卦初九独变，为升卦。升卦：“元亨，用见大人，勿恤，南征吉。”

九三，无平不陂，无往不复，艰贞无咎，勿恤其孚，于食有福。变兑，为《临》。积变，《坤》。坤世。

《宜》曰："三，近坤，曰'平、陂'；地势也。在《乾》，曰'往、复'，天时也。《临》'消不久'，《乾》即藏《遁》；'艰贞'，仍是'包荒''冯河'而已。'食'，犹飧也，兑'口'象。三四，天地交际，故'孚'。孚以交，正《泰》之'福'也。"《正》曰："'食福'者，犹农社也。胼胝而春，刈获而秋，风雨晴潦，无不恤也。"《订》曰："《小畜》，自上畜下；'挛如'之'孚'，五下四孚也。《泰》，自下进上；'于食'之'孚'，三上孚四也。此际交，则交泰矣。"

《象》曰："无往不复"，天地际也（《释文》，作"无平不陂，天地际也"）。

邵国贤《简端》曰[①]："《复》，其见'天地之端'乎？《泰》，其见'天地之际'乎？循环而反，反其始曰'端'；而环，未尝绝也。引绳而适，当其中曰'际'；而绳，未尝绝也。知'无端际'者，可与言'端际'。"玄同曰："《泰》之'食福'，君子'获飧'于小人；《否》之'离祉'，小人'微衷'于君子。" 曰："自任之贤，未免頩面。最难者，此'包荒'之量、'不盈'之平也。但能豁然一际，而'平陂''往复'，如霆逝、蓬飞矣。《坤》宫，持世[②]，为坤转机。'艰'，则自'贞'；'恤'，即是'福'。君子一观造化，即心量与之同然，有'贞夫否、泰、剥、复之一'者矣[③]。故《易》为画出其消息。"

六四，翩翩（古，作"偏偏"。《释文》，作"篇篇"），**不富以其邻，不戒以孚**。变震，《大壮》。积变，《豫》。

《订》曰："《小过》，'飞鸟'。四变，有《小过》之'半'象[④]。"《宜》曰："有'包荒'者，而群阴'翩翩'矣。才展'庶位'[⑤]，虚实相泯；君子忘小人，小人亦忘君子矣。'翩翩'，亦震象。介'命戒'[⑥]，与'富邻'，皆'震，反巽'象。"

《象》曰："翩翩不富"，皆失实也（郭京《举正》，作"反实"。《全书》，从之）；**不戒以孚，中心愿也**。

---

①邵宝（1470—1527），字国贤，号泉斋，别号二泉，江苏无锡人，著《简端二余》等。"《简端》曰"，即引其著作。

②泰卦，为坤宫三世卦。《泰》卦，九三爻为世爻。

③《系辞下》："天下之动，贞夫一者也。"

④"半"字，原文不清。何楷著《古周易订诂》："《泰》六四，变为刚；三四五上，得《小过》全体之半。"所以，此字应为"半"。

⑤《尚书·说命下》："惟说式克钦承，旁招俊乂，列于庶位。"

⑥《孟子·滕文公上》："五月居庐，未有命戒。"

《遡》曰："往外，为'失实'。四，为阴首，率群阴往，为'以其邻'；盖资'富''实'于阳者也。"《见》曰："六四，向为九二所'包'，志未尝不同；及至阴气渐盛，而四之臭味，'不戒以孚'，时势使然。九三，亦何用'恤'之哉？故曰'皆失实也'。"《易意》曰："三、四，为心位。以交际，而各得其'中心之愿'，此所以泰也。使小人，自孚其'小人之中心'；则虽失'阳之实'，而总为'君子之包'矣。君子，岂欲'小人之实'为'阳壮'哉？"

六五，帝乙归妹，以祉元吉。变坎，为《需》。积变，《萃》。

《荃》曰："治泰之事，九二主之；六五，独享其成而已。故二爻言'事'，而不及'福'；五爻言'福'，而不及'事'。'尚'，如'舜尚见帝'；'归'，如'帝女厘降'，其交如此。仲翔云：震，为帝；坤，为乙。甲阳，乙阴也。"左夏子曰："宋伐郑，晋赵鞅将救郑，筮《泰》之《需》，曰：'宋方吉。宋郑，甥舅也。"帝乙"之元子，吉。'此，就姓氏断耳。《纬书》孔子曰：'《易》之"帝乙"，为成汤；《书》之"帝乙"，六世王同名。'《京房传》乃有'汤归妹'之词。荀爽《对策》，张说作《铭》，亦皆因之。其实，古人明理触象，而事'不必刻舟'也。王昭素曰：'商王，以"干"名；此阴爻，故曰"乙"耳。'"郝《解》曰："周公作爻词。据文考，时王为象，则纣父也。"《订》曰："三四易，成《归妹》；中互，本然。《归妹》之《传》，与《泰》相反；寓'归妹'于《泰》者，阴阳之合也。'汤以乙生嫁妹，本天地，正夫妇；夫妇正，则王教兴矣。'[①]"潜老夫曰："《泰》以际交，为人道之损；故《归妹》，居于宫中层。《圆图》之《泰》与《归妹》，相去三卦，主'日出物长之方'；八卦大归，归于《归妹》[②]。五行，甲嫁乙妹，以配庚；故《易》言'金夫'，或言'东、西邻'。凡'君臣、朋友'之交，尝以'伉俪'写之，'阴阳造端'之表法也。"邓氏曰："泰、否，'先天之中'也；《否》《泰》之二、五，'天地之中'也。交、不交，为二《济》焉；故《泰》，独表其'交'象。"

《象》曰："以祉元吉"，中以行愿也。

《正》曰："君，忘其贵；士，忘其贤；国，不骄其家；妇，不骄其夫；'愿行'矣。"轙曰："'中心愿'者，报国之外，不知其他，臣之分也；'中以行愿'者，集思广益，'太阿'独持，君之权也；自是'臣主交尽'。"

---

①引自《易纬·乾凿度》卷下。班昭在《女诫》亦说："治天下，首正人伦。正人伦，首正夫妇。"

②《八宫卦图》，归妹卦，为归魂卦，为六十四卦之"大归"。

上六，城复于隍（子夏，作“堭”。姚信，作“湟”），**勿用师，自邑告命，贞吝**。变艮，为《大畜》。

《宜》曰：“坤，为积土；变艮，故称‘城隍’。沟无水，曰‘隍’；有水，曰‘池’。‘师’‘邑’，坤象。震，主口；兑口，为‘告’。《否》，巽为‘命’。‘复’，与‘无往不复’相应；对《否》而取。”王介甫曰：“小者‘擅命’，故曰‘自邑告命’。”东坡曰：“上，失其卫；下，思‘擅命’；此‘周东迁也’。”《荃》曰：“泰极生否，于三‘见端’，于上‘要极’；警戒也，即‘消长之理’也。守正自保，则止于‘吝’，未必‘逃亡’也。勾践栖会稽，用此道。”

《象》曰：城复于隍，其命乱也。

慈湖曰：“果能翻悔，暴过以诚，亦感天人。乱亡之主，喜于文过。‘天命无常’[①]。人道乱，则天命亦乱矣。”元公曰：“《泰》上之‘命’，《否》四之‘命’，皆天也。天有‘治命’，有‘乱命’；而人谋之尽者，能移之。”

《时论》曰：“四时”，系《乾》；“往来”“消息”，系《泰》。一变而交，翻车旋下；此六六车轮，《上经》中首也[②]。圣人“易简”之词，他卦曷敢望乎？《易意》曰：“上下欲交，阴阳欲交，健顺欲交；惟‘君子’‘小人’凛凛然，不欲其交。实，以‘君子’化‘小人’，而交裁之、交成之也。”天之气，周于“地之气”，常先三候而到焉。当其透黄钟，出太簇；征诸草木，“茅茹”萌焉。斗柄东指，万物咸春；君子，亦有“槮柄”焉，同“志”是也。君子、小人，初无定象。君子，指小人为小；小人，亦指君子为小；其究，小常胜大。六十四卦，更端互辙，无非“为君子计”。圣人曰：“人之处小人，不若‘天处小人，以揜著’[③]；则‘投桃报李’[④]，‘薪槱’[⑤]皆可茹也。人之爱君子，不若‘天爱君子，以光大’，则‘桢幹’下荫，内、外皆同‘包’也。”消之与浸，有“拔”、有“包”，谁非“裁成”耶？道，不可见；而法，可以表。司天地者，惟“后”；通天地者，惟“志”；宜天地者，惟“民”。授时、教养，尽于“懿文辨礼”矣。司“木铎”之君子[⑥]，皆“司后之道”者也。初之“志”，惟虑“在外”之“小人”，犹有嫌焉。何以“拔茹”，而

①《诗经·大雅·文王》：“侯服于周，天命靡常。殷士肤敏，祼将于京。”

②上经，18贞悔卦；泰、否一组，为第7贞悔卦。故为中轮6贞悔卦之首。

③《礼记·大学》：“小人闲居为不善，无所不至；见君子而后厌然，揜其不善而著其善。”

④《诗经·大雅·抑》：“投我以桃，报之以李。”

⑤《诗经·大雅·棫朴》：“芃芃棫朴，薪之槱之。济济辟王，左右趣之。”

⑥《论语·八佾》曰：“天下之无道也久矣，天将以夫子为木铎。”

"允升"之乎[1]？"征吉"而"南"，是"汇材之时"也[2]。二之"光大"，"用晦而明"也[3]。"茅茹"之后，草木蕃芜。"荒"也者，群小所托处也；"河"滔滔矣，四方"遐"矣，"朋"类聚矣。意见"自亡"；而"中行"自"尚"；非侈泰，而捐"辅相"之法也。惟"拔"之而"包"之，自能"冯"之而"尚"之矣。三、四，"天地之际"，盖难言也。以言乎《泰》，则《临》前、《壮》后，其际虽"平"；以言乎《否》，则《临》"凶"、《壮》"丧"，其际及"陂"；奚待"城隍"，而后"恤""其命"哉？"后克艰厥后，臣克艰厥臣。"[4]此，其际也。天道环中，政在"立春、立秋"之候。"于食有福"，"耕获生成"之福也。夫阳之"壮"，常戒其"壮"；若阴之"壮"，则"不戒以孚"矣[5]。阳之"邻"，常"得实而富"；若阴之"邻"，则"失实"而"待富"矣。犹幸其际，三"孚"，而四亦"孚"；初"志在外"，而四"心在中"，"翩翩"可复也。《泰》《否》之中，互《渐》《归妹》。《泰》表"交"象，二五"中行"，是"帝祉"也，是"乾坤之元"也。"邻"哉？"富"哉？"食"哉？"福"哉？过此而乱，必"其命先乱之"；而后乱，"自邑"始。邑，恃城乎？山上之"天衢"[6]，转而地上之"隍复"矣。《否》之《泰》，则"有命离祉"；《泰》之《否》，虽"告命"，而乱不免焉。"尚中行愿"者，以"立极"为"告命"，非听之也。

智曰："文王于《坤·象》著'君子之往'，于《泰·彖》著'往来'；而孔子，则著'消长'焉。周公于《乾》三著'君子'，于《师》上著'小人'；而孔子于《泰·彖》并举之，则是旋天转地，权在君子化小人而已矣。分别内外，此春秋日月也。茹才之道，在乎'包荒'。我自命君子，使人无以自容，而怙才角党，岂光大中行者乎？然遂有委蛇脂韦，以为中行者矣。故'包荒'之中，有'冯河'之自强行健焉。包'睹闻'之荒，而冯'不睹闻'之河，左右逢源，造化在手，岂有小人往来角立之波耶？故曰'告命所以立命，贵在知命。'"

䷋天地否

《全》曰："否，音'鄙'。象木上无叶，下遇口阻塞也。"智按："本

①《泰》卦，初九独变，为《升》卦。《升》卦："初六，允升，大吉。"
②《升》卦："元亨，用见大人，勿恤，南征吉。"
③《泰》卦，九二独变，为《明夷》卦。《明夷》卦，《象》曰："君子以莅众，用明而晦。"
④《尚书·大禹谟》。
⑤《泰》卦，六四独变，为《大壮》卦。
⑥《泰》卦，上六独变，为《大畜》卦。《大畜》卦："上九，何天之衢，亨。"

从‘鄂不’之‘萼’[①]，而加‘口’，为‘浮口’切。故许叔重，以‘鸟否下来’为说；盖四声通，而又转‘丕’‘否’也。卦名、字名，皆有六义；杨太仆，未通此耳。此，以‘反否’为声；与非、匪、莫、蔑、不、弗相转。古人声近，尝借用之，又入声少，故用‘否’也。《泰》《否》，乃‘乾坤交、不交’之大关；‘交’则《泰》，‘不交’则《否》。‘师出律’，则‘臧’；‘不臧’，则‘否’[②]。《诗》曰‘邦国若否’，言‘顺与否也’。《史记》：‘唯唯否否。’证知，古人尝谭。从口谐注，后渐渐分别，定音为‘痞’；是为羽，唇送气声。”

否之匪人不利，（俞琰，以此句读），**君子贞；小往大来。**

《宜》曰：“治，则非天不因；乱，则归孽于人。言‘否之者，非人也。’指，三主卦，居人位言。”仲翔曰：“三，比坤、灭乾，故曰：‘非人’。”程子曰：“‘天地交’，然后‘三才’备。凡生于‘天地之中’者，皆人道也。不交，则不生，是无人道，故曰‘匪人’。吕伯恭，所谓：‘《否》，有天地之形，而无天地之用是也。’天上、地下，贞常在也。‘否’，以‘匪人’致。有如君子法‘乾之刚’，而高以‘决去为贞’，如否何？互巽，‘行权’，故‘不利贞’。”石介曰：“‘否’，‘匪人’所为也，天也。如此言，则人责愈解矣。‘比之匪人’，何以训之？《泰》由天启，故‘小往大来’之词，在前。《否》实人为，故’大往小来’之词，载后。”胡廷芳曰：[③]“乾、坤，十变方《泰》，何其难？《泰》，一变即《否》，何其易？惕矣。”淇澳曰：“纷纷趋乱不止，以‘君子之贞’自恃也。贞者，进退有法；利害祸福，不计耳。然必‘包承’而后，谓之‘大人’。汉冲桓、宋哲徽时，正气日寒，君子不能‘静固默挽’，角力‘雌黄’，卒以否亡。‘君子之贞’，‘不利’，岂小哉？”玄同曰：“‘委蛇’[④]，以覆其‘贞’；乃能群小人，以化小人。不则，小人疑而君子远；化，何由乎？然，惟‘确乎不拔’者[⑤]，乃能如此。可叹，人‘自匪’耳，于‘否’何尤？”

---

①《诗经·小雅·棠棣》：“棠棣之华，鄂不韡韡。凡今之人，莫如兄弟。”郑樵曰：“‘不’，象萼蒂形，與‘萼’通。”

②《师》卦：“初六，师以出律，否臧凶。”

③从《否》卦开始，至此，北大本缺。根据文镜本补。胡一桂（1247—？），字庭芳，号“双湖先生”，徽州婺源人。其学源于其胡方平，治朱熹易学，撰《易本义附录纂疏》《易学启蒙翼传》。文中“胡双湖曰”“双湖曰”“胡庭芳曰”，皆引其著作。

④《庄子·应帝王》：“乡吾示之以未始出吾宗，吾与之虚而委蛇。”

⑤《乾卦·文言传》：“龙德而隐者也，不易乎世，不成乎名；遁世而无闷，不见是而无闷；乐则行之，忧则违之；确乎其不可拔，乾龙也。”

《彖》曰："否之匪人，不利，君子贞；大往小来。"则是天地不交，而万物不通也；上下不交，而天下无邦也。内阴而外阳，内柔而外刚，内小人而外君子：小人道长，君子道消也。

慈湖曰："人君，生长崇高；难知，治乱情状。圣人于是告之，曰'上下不交'，即为'无邦'。"张子曰："直至'天下无邦'，止有隐耳。"蔡伯静曰："《彖传》言阴阳者，惟《泰》《否》，而已。《泰》言'健''顺'，则《乾》《坤》之德；《否》言'刚''柔'，则其质也。"诚斋曰："'不交'之病，非一。君臣相猜，犹'不交之外'者也。德宗言：'卢杞奸邪，朕殊不觉。'此，耳不交于目也。二世笑赵高之'鹿马'，而信其言，以'关东盗为无能'焉。此'目不交于耳'也。一身之中，耳目不交；'否'，可知矣。"

《象》曰：天地不交，否。君子以俭德辟难，不可荣以禄（虞作"不可营"）。

《订》曰："坤'啬'，'俭'象。自处严密，人不得而荣之，乾'高'象也。《化书》曰[①]：俭于心，可以出生死。"淇澳曰："人谓：'俭德，为避世。'不知，是'处否、安天下'之'极则'。"李存我曰："老聃'俭德'，有乎？幼安、元亮，得之矣。"曰："潜于'辙环'之龙，皆俭其'蔬水'之德者也[②]。深山'大麓'[③]，同此'不焦、不溺'之'藐姑'然[④]。岂许羶根鸡豕，笑'帘市为藏拙'耶？故，断之曰'不可荣以禄'。有此'确'本，方言'藏用'。"

初六，拔茅茹，以其汇，贞吉，亨。变震，为《无妄》。

《宜》曰："爻，皆为'俭德之人'谋也。'《遁》退而《否》进'者，否势已定，正有'随时劝导'之用矣。《否》'贞吉'者，时，犹可'用贞'；二三，则'用权'矣。"《正》曰："棘始生而为荔，桃三岁而为蒴。'匪人'之始进，无以别于'君子'也；与气相渐，而'駕''鼠'易貌矣[⑤]。"《见》曰："《泰》，勉其'征'；《否》，戒以'贞'。盖小人始进，本无'坏天下之心'；及至仕宦久而热中深，不得已而为之也。诚，以'君'为'志'，则宦情轻矣。"

《象》曰："拔茅贞吉"，志在君也。

---

①（五代）谭峭撰《化书》，其以万物变化之道而立论，故名《化书》。

②《论语·述而》："饭疏食饮水，曲肱而枕之，乐亦在其中矣。"

③《尚书·尧典》："纳于大麓，烈风雷雨弗迷。"

④《庄子·逍遥游》："大浸稽天而不溺，大旱金石流，土山焦而不热。""尧治天下之民，平海内之政，往见四子藐姑射之山，汾水之阳，窅然丧其天下焉。"

⑤《礼记·月令》："桐始华，田鼠化为駕，虹始见，萍始生。"

初"贞"，应四；而偕四，以承君。

六二，包承，小人吉；大人否，亨。

《宜》曰："杨龟山，以'包承小人'断句。否亦进，而道难直遂；大人于此，变化通之。"玄同曰："'包荒'，法天；'包承'，法地。人心，必同天地，乃能用小人。《易》，惟《乾》《否》之二、五，称'大人'，'不磷、不淄'者也[①]。子文、宁武、平、勃、梁公近之。"郝《解》曰："孔子，'不为已甚'；蒙难，愈亨。世以孟子泰山壁立，观其所以'与王驩、与稷下诸人'者，世以为贞，而愚以为'包之至也'。"元公曰："当讼、否、蹇、困，皆以'大人'予之，乃知'世衰道微，乃吾党树品之日'。"幼清以为"包胥"，谓"苞苴"也；"三，为加食"。别自一说。

《象》曰："大人否，亨"，不乱群也。

虞仲翔曰："此'入兽不乱群也'[②]。"《遡》曰："投烈火者，必真金；惟'大人'能之。岂以'入鸟不乱群'之语，乱'鸟兽不可与同群'之质论邪[③]？"郝《解》曰："孔子与季桓子共事，所谓'入群不乱也'。"《见》曰："君子，每受小人之承顺，不觉入其牢络。为'大人'者，守吾否，可也。小人害君子，必先'乱君子之群'，使自相参差。惟安于否，斯'群不可乱'矣。各自立训。"

六三，包羞。变艮，为《遁》。积变，《乾》。《乾》世[④]。

《遡》曰："以坤，含垢纳污，取'羞'。是大人'衾影'中情[⑤]，'褫裘''唾面'，正其苦行；若小人，且为得计矣。"淇澳曰："'大人'之'光大'，犹《泰》也。《否》，亨为体；而用，在'包羞'。彼方有以自容，而我乃可以徐俟矣。"《订》曰："以三成'否'，所谓'匪人'也。不言'凶咎'者，'凶咎'，总在'羞'中。圣人，以'耻心'动小人，而善收之耳。"郝《解》曰："自非'大人'，乌能'包承'小人，而使之'知羞'哉？"

《象》曰："包羞"，位不当也。

《遡》曰："君子，处此'不当之位'，惟有'俭德'俟时，而已。"《正》曰："微子'不顾行遁'。君子祸败，至'包羞'而痛矣。强力忍

①《论语·阳货》"不曰坚乎，磨而不磷。不曰白乎，涅而不缁。"

②《庄子·山木》："辞其交游，去其弟子，逃于大泽，衣裘褐，食杼栗，入兽不乱群，入鸟不乱行。鸟兽不恶，而况人乎？"

③《论语·微子》："鸟兽不可与同群，吾非斯人之徒与而谁与？天下有道，丘不与易也。"

④《乾》宫，三世卦，世爻在六三。

⑤（汉）贾谊著《新论·慎独》："独立不愧影，独寝不愧衾。"

诟，伊尹之行也；湛毅长虑，伍胥之行也。然‘不当其位’，则可以‘辟难’，不可以‘济否’。”

九四，有命无咎，畴离祉。变巽，为《观》。积变，《小畜》。

《宜》曰：“互巽，为‘命’；乾，为天。‘畴’，即‘俦’也。有‘善包之大人’，精诚之极，天亦应焉；众类，皆受四五之福矣。《泰》《否》二、五，交则为《离》；三四交，亦互《离》。‘畴离’者，中类也。”《订》曰：“过中，则交矣。人处通时，未有念命。艰难，则念命：或以命慰，或以命冀，或以命决。九四之‘有命’，圣人所以鼓‘君子之气’也。‘畴’，同类也。‘离’，丽也。”蔡介夫曰：“九四，‘有命’矣。然必‘无咎’而善类，乃蒙福焉。石介、君实，尚未能尽是道也。”

《象》曰：“有命无咎”，志行也。

曰：“济否，在志；志至此，而得行。或谓‘祉因命见，未是实事’。夫‘志行’，即实事矣。”

九五，休否，大人吉。其亡其亡，系于苞桑（马、荀，作“包桑”）。变离，为《晋》。积变，《大畜》。

《遡》曰：“乾‘圆’，故‘休暇’也。或曰‘人依木息，曰“休”。’五，居《巽》上象。”李鼎祚曰：“艮‘山’，坤‘地’，即田。田上有木，莫过于桑。从生而稙，曰‘包’。变坎，从象。”京氏曰：“桑，有‘衣食之功’；君，有‘覆载之德’。”陆宣公曰：“邦君杌陧[①]，若包桑缀旒。”[②]此，言“危”也。《订》曰：“泰，弗如否；《否》有‘大人’。‘否亨’者，休息之，以观其会，而‘戒心常存’者也。光武‘置二子于度外’，‘休否’也。以十年为远，而惓乎？黄石，存‘包桑’之戒心也。”《易意》曰：“‘其亡其亡’之‘休’，是‘危微’之心学也[③]。”

《象》曰：“大人之吉”，位正当也。

程子曰：“不居‘正当之位’，虽有‘大人之道’，胡为。获麟之泣，情见乎词矣。”淇澳曰：“国家当大坏时，君子反有‘地步’。如《蹇》则‘蹇蹇’，明言‘贞吉’。惟《否》时，形势未见败坏，小人謟訿，常人悠忽；而大人，以为‘危亡且立至’也。二‘否’、五‘休’，深见远识，不止‘君子之贞’，所以为‘大人’。”

上九，倾否，先否后喜。变兑，为《萃》。

---

① 《尚书·伊训》：“卿士有一于身，家必丧。邦君有一于身，国必亡。”

② （唐）陆贽《收河中后请罢兵状》：“邦国之杌陧艰屯，绵绵联联，若包桑缀旒，幸而不殊者屡矣。”陆贽（754—805），字敬舆，人称“陆九”“陆宣公”，唐朝，嘉兴人。

③ 《尚书·大禹谟》：“人心惟危，道心惟微，惟精惟一，允执厥中。”

程子曰:"易乱为心，必有阳刚之才。故《否》上，则'倾';《屯》上，徒'泣'。"《宜》曰:"'倾'，'贞悔'象;'喜'，兑'悦'象。'倾'，从'休'来;'喜'，自惧出。"元公曰:"《泰》终，致'吝';《否》终，至'喜'。天地之机，微矣哉! "又曰:"《否》害气，而夫人之力能休之;人能强天，毋自弱也。"

《象》曰：否终则倾，何可长也?

泰、否相还，故又戒之曰:"何可长也。"诚斋曰:"'否'，已'倾'矣。上九，犹有惧心焉;制其喜，而不敢先。冯异曰'愿陛下毋忘河北，小臣不敢忘巾车'，得之矣。"郝《解》曰:"'倾否'，'存乎其人'。苟'委之天命'，'丧''亡'且至;'何可长'，如此乎? 亦为之而已。泰、否中，互归妹、渐;二中，又互《既济》;二中，又互《未济》;《未》中，又互《既》;以至无穷，皆自然之象数也。"智按:"《三互圆图》，四'立'之三十二位，皆互二《济》;惟泰、否，当巳亥耳。"

《时论》曰:《先天》，乾上、坤下，似《否》;而"反其类"，成《泰》。《后天》，坤上乾下，似《泰》;而"反其类"为《否》。初，皆曰"汇"，后必复倾;否泰，亦循环之常耳。四圣，于《泰·象》深庆气数，而六爻"策勉人事";于《否·象》归罪人事，而六爻"扶赞气数"。则是否之来也，"人定胜天"，可畏孰甚? 卦，自《渐》来。弑君、弑父，非朝夕矣。断之曰:"否之匪人"，何其严也? 《比》之"匪人"，人即比也;《否》之"匪人"，人即否也。天命之否，可回也;人心之否，不可回也。"丑正恶直"[①]，茂恶究讻，岂利"君子贞"耶?《蠡》曰:"'无邦'者，'上下不交'，虽有朝廷，犹亡国也。"《泰》嘉"健顺"，《否》叹"柔刚"。《通书》所云:"柔恶、刚恶，体质已具，不复与论'健顺之德'矣。"《彖》曰:"小人道长。"《象》曰:"何可长。"小人，终何利焉? 《意》曰:"《彖》，以内外取义;常悼'小人之在内'。爻，以上下取义;犹幸'君子之在上'。""阳爻，故吉;阴爻，亦未凶"者，挽其"志"，以尊君;散其"群"，以归大人也。依附之流，秽情深重，诈善获上，伪顺信爻者有之。其黠者，托于"无善无恶"，以"悍然不顾"，为"冥应"。不如是，不足以"饱其名利、藏其富贵"耳。大人而轻谭机用，谬托"委蛇";往往，乱于其群，而不之觉。及其羞恶尽丧，顽钝无耻，且援党与，而收纳之;"吮痈""哺醊"，"包承"且见鄙，岂可以"忍辱之行"借口乎? 志与位，不可逃也;故"公容"之，而又"乾惕"之。《否》时之"茅"，自《泰》初而已然矣。"天下雷行"，

① 《左传·昭公二十八年》:"恶直丑正，实蕃有徒。"

"时育万物"，芝兰吐芳，钩吻亦出甲，固"并行不绝"也。"圣人为君子谋"者，亦有变焉。初，则进之以《无妄》之术，使其慕君[①]。二，则避之以"归逋"之途，相安"无眚"[②]。三，则待之以"不恶而严"；廓然无所"系"也[③]。"天地之际"，"有命"存焉。三阳并列，大《观》在上;《泰》有"祉帝",《否》有"祉臣"也者[④]。上"畴"下，下"离"上；转"不交"，而为"交"也[⑤]。初"志在君"，四"志乃行"；转"不同"，而为"同"也。九五"休"矣，声色不事，翕张在手；非"基命宥密"者[⑥]，有此作用乎？"小来"者，休容之；"大往"者，休息之。"其亡其亡"，"自昭之心"也。危之自平，易之自倾，所以明于"失得勿恤"也。知命者,《否》终"倾"；故《萃》"赍咨"，而后"喜"焉。"包荒"，如"天覆"；"包承"，如"地载"[⑦]。"帝妹"，以坤道"保泰"；"大人"，以乾道"出否"；究竟，"一交"而已矣。六爻，助"大人"以开通;《大象》，助"君子"以泯塞。世情，莫奢于"干禄"，莫祸于"梯荣"。君子既"俭厥德"，复"俭厥身"；因屋舂市，不避奚待？虽曰："真俭德者，不落圣凡，"唾面""褫衮"，无之而非俭乎？"然不指之曰："不可荣以禄"；则"苟且，为明哲"者，比比矣。

智曰："《泰》《否》皆曰'包'者，'胞与之'也。人，即天地也；量同天地，乃能挽回天地。万物一体，有谁'非胞与'乎？天地，恐君子之不悟也；故以'否难'，为'钻锤'。'蛮貊'，可'行'[⑧]；'九夷，何陋？'[⑨]塞北，一爪牛也；东篱，一铁限也。彼其一室一声，皆'包天地'者也。况'乘冥权入异类，以倾万世之否'者乎？孔子避难于'乘桴'，而以'韦编'冯'滔滔之河'者也。孟子避难于'从车'，而以'牖屦'包'两间之荒'者也。然'和光同尘'之包，将混污不辨耶？则堂之《春秋》，与'投阁'之《太玄》等乎？常乐老，岂得比

①《否》卦，初六独变，为《无妄》卦。

②《否》卦，六二独变，为《讼》卦。《讼》卦："九二，不克讼，归而逋，其邑人三百，无眚。"

③《否》卦，六三爻独变，为《遁》卦。《遁》卦，《象》曰："君子以远小人，不恶而严。"《遁》卦："九三，系遁，有疾厉；畜臣妾，吉。"

④《否》卦，九四独变，为观卦。

⑤《否》卦："九四，有命无咎，畴离祉。"

⑥《诗经·周颂·昊天有成命》："昊天有成命，二后受之。成王不敢康，夙夜基命宥密。"

⑦《礼记·中庸》："天之所覆，地之所载。"

⑧《论语·卫灵公》："言忠信，行笃敬，虽蛮貊之邦，行矣。"

⑨《论语·子罕》："子欲居九夷，或曰：'陋，如之何？'子曰：'君子居之，何陋之有？'"

‘醉草劝进者’哉？乡之‘阉然’[①]，皆‘国之常乐老’也。是故，‘鸟兽非群’，必烧《同人》之‘天火’；不朝则野，必涉‘族物’[②]而‘冯河’。屈平‘倾否’，而化为渔父曰‘沧浪之水濯缨、濯足’[③]，是渔父之‘包荒’‘冯河’也。”

景元曰：“交《泰》之后，有离，无坎。”胡氏曰：“需、讼、畜、履，互《离》；至《同》《有》，见《离》；凡‘六离之用’，与坎等矣。”《绎》曰：“《同人》，明而诚也，达天德而仁；《大有》，诚明成性也，体天道而化。‘体仁长人’[④]，曰‘同人’；弘天生民，曰‘大有’。”《遡》曰：“特爻当位[⑤]，与《师》《比》同。‘三锡’，为元戎；‘三驱’，为英主，阳统阴而主武也。明‘宗’[⑥]，为天德；‘交如’[⑦]，为王道，刚用柔而主文也。”《易简录》曰：“乾在上，离之所‘同’也：乾在下，离之所‘有’也。”潜老夫曰：“先天，乾统离为《同人》；后天，离代乾为《大有》。天归于火，是‘同’火也；火归于天，是‘有’天也。有者，应天，同者，应乾。”智曰：“此天用日，以宰天；而日，即天之表法也。《同人》‘中直’‘文明’，‘通天下之志’，故专表《乾》之‘利贞’。《大有》徽柔用刚，顺‘有而不与’之命，故专表《乾》之‘元亨’。不同，为同；不有，为有。可信‘几’‘深’‘神’，自速至[⑧]。”

---

①《孟子·尽心下》：“阉然媚于世也者，是乡原也。”

②《同人》卦，《象》曰：“天火同人，君子以族类辨物。”

③《孟子·离娄上》：“有孺子歌曰：‘沧浪之水清兮，可以濯我缨；沧浪之水浊兮，可以濯我足。’孔子曰：‘小子听之，清斯濯缨，浊斯濯足，自取之也。’”

④《乾卦·文言传》：“君子体仁足以长人，嘉会足以合礼，利物足以合义。”

⑤一卦，只有一阳爻或阴爻。如《师》与《比》，《同人》与《大有》。

⑥《同人》卦：“六二，同人于宗，吝。”

⑦《大有》卦：“六五，厥如，交如，威如，吉。”

⑧《系辞上》：“唯深也，故能通天下之志；唯几也，故能成天下之务；唯神也，故不疾而速，不行而至。”

☲☰天火同人

《全》曰："同，从'冂'，象天；'口'，象地；人在中，省为同耳。"按："《说文》：'从冂口，合会也。'徐铉，引'太保受同'，为'爵名'；汉人分词。此，古徵声送气也。人象形，半喉舌，日母也。同、通，一声；人、仁，一声。天地既交之后，以'同人'名卦，微哉。"

同人于野（古，作'埜'）。**亨，利涉大川，利君子贞。**

玄同曰："《图》《书》，一、六起北，退亦相依，故天与水同；二、七起南，退亦相依，故地与火同。迨'天地位定'，而火在天。水有体，故以形与天分，而为《讼》；火无体，故与天合，而为《同》。"同曰："人者，人禀天地之强阳真火。人同天也，广莫无垠，上光下土，四通六达，心量所同也。乾坤之'龙战于野'；而人之'同人'，亦'于野'。离，伏坎；乾，伏坤；'覆'，神于'载'矣。象，主爻在地位。离目见天，四无障碍，为'野'。伏坎'水'，互巽'舟'，应乾'健'，为'利涉'。'得中应乾'，为'贞'。"淇澳曰："同事，尚易；同道，实难。患难之临，胡越如手，久要勿渝，有几入乎？"

《彖》曰：**同人，柔得位得中而应乎乾，曰："同人"。**

《宜》曰："履、畜[①]、同、有，皆主柔卦；其济，皆以'乾'。此，'知大始'而'得主有常'之义也[②]。不曰'上下应'，不曰'与五应'，而曰'应乎乾'，此，特笔也。"瞿九思曰："六十四，无言'应乎坤'者，无言'坤行'者。独《同人》曰'应乎乾'，曰'乾行'；《震》爻，亦曰'震行'。以先天[③]乾兑离震，皆属阳仪。故独离、兑可曰'应乾'。"元公曰："柔能同人，惟中应乾，舜之'善与人同'也。"《隅通》曰："一阴卦，六；而三云'得位'。阳卦，不云'得位'也，举其异者相告。"

同人曰：（郭京，删之[④]）**"同人于野，亨，利涉大川"，乾行也，文明以健，中正而应，君子正也。唯君子为能通天下之志。**

子瞻曰："野者，'无求之地'也。不援、不拒，是以得其诚同。天非'同于物'，天非'不同于物'也。"又曰："无所不比，为'比'；有所不同，为'同'。"《揆》曰："人人'乾知'，一室千灯也。而'火性

①风天《小畜》卦。

②《坤卦·文言传》："坤至柔，而动也刚，至静而德方，后得主而有常，含万物而化光。"

③先天八卦。

④（唐）郭京著《周易举正》三卷。"《举正》作""郭京作""郭京有"，皆引其著作。

无我，寄于诸缘'[1]，则或邪、或正，惟正则通，通则同。"《野同录》曰："申以'同人'，曰'珍重同人也'。吾筮得'同人于野'，'吾从野人'[2]，'种文明之田'而已，天下归志焉。'通'，即'应'也；'正'，即'中'也。知'乾行'之用柔，水火燥湿，亦'各从其类'耳。"

《象》曰：天与火，同人。君子以类族辨物。

《宜》曰："火，有气无形而炎上，与天同类。《洛书》，乾与离，为飞伏，气所亲也。'祭天燔柴'，以此。然天阳、火阴，非类而类。故'帝厘下土，别生分类；禹别九州，任土作贡。'男女别姓，上下辨礼，士辨志，官辨事；此不妨彼，彼不妨此，此以成彼，彼以成此。若晏子'和同之论'是也。"《意》曰："理一分殊，各物其物，而已。乾坤交后，《同》《有》始用离'明'；'天道'，用于'人道'也。"玄子曰："族属也，法天之大。群族并包，以其同者同之；肖火之明，随物区别，以其异者同之。"《正》曰："'否之匪人，不利君子贞。'至于《同人》，乃'利君子贞'。贞者，君子所甚用也。伯玉、平仲，所谓'君子'也。孙蒯逐君，告伯玉，伯玉出近关；宁喜纳君告伯玉焉，伯玉亦出近关。伯玉似'以贞为不利'，而利其'近于幽人'者。崔杼之难，平仲端委而立于门外；乐高之难，平仲亦端委而立于门外。平仲似'以贞为利'，而利其'近于女子'者。子孔为载书，国人弗顺；子产，请而焚之。及子产作'丘赋'，国人弗顺；子宽以告，子产则不改也，曰'苟利社稷，生死以之'。范宣子为政，黩贿诸侯，子产寓书以砭之。及子产'铸刑书'，叔向亦砭之；子产不毁，曰'侨不才，不能及子孙，吾以救世也'。故子产之'同人而贞'，不可能也；其'不同人而贞'，亦不可能也。"观我公曰："肌肉亲于毛发，筋骨亲于肌肉，'亲亲'不得不'杀'也。金玉贵于铅锡，铅锡贵于土石；'尊贤'不得不'等'也[3]。是所以合'亲疏''贵贱'，而同之也。"戴敬夫曰："鸟亲天，多羽化飞至高极之界；其热风如火，则化矣。"熊氏曰："地中含'土之杂气'，上冲至热界而然。则气薄者，望如'流星'；气厚者，望如'孛彗天裂'耳。足证，'天火'之'同人'。"智曰："夜，火乃见，而正用'日中'。五行尊火，用物而辨。孙登曰：'用光，在乎得薪。''有物有则'，正是

①《楞严经》卷三："阿难。火性无我，寄于诸缘。汝观城中未食之家，欲炊爨时，手执阳燧。"

②《论语·先进》："子曰：先进于礼乐，野人也；后进于礼乐，君子也。如用之，则吾从先进。"

③《礼记·中庸》："仁者人也，亲亲为大；义者宜也，尊贤为大。亲亲之杀，尊贤之等，礼所生也。"

‘玄同’。伏羲之‘类情’，《乾》五之‘从类’也。讵谓‘田野’废‘宗族’，以快其‘夷岳而填壑’哉？《齐物论》所谓‘以明’者，即‘知止其所不知’者也[①]。天以‘不明’，用‘日之明’。圣人法日，以辨‘天下之天’；法天，以柔‘天下之日’。天即日，日即天也。其‘与’也，一矣。”

初九，同人于门，无咎。变艮为《遁》。

《遡》曰：“野，无藩篱；而同人，必有‘发端、归省之地’。发端，自门始；门以内，伦常具焉。于此不同，未有‘能同人’者。故《传》加‘出’字，以赞之。郊，则归著地矣。郊返于门，建之天下、合之家庭，而毫无益焉。夫是之为‘达道’。变艮，‘门’象。初九，即震帝物所出，‘出门’象。”《易意》曰：“门，必限焉。逾此一步，千里一室矣。然室中，即与古今诸公往来，未尝少离，岂必坏‘门限’乎？”

《象》曰：出门同人，又谁咎也？

《绎》曰：“‘门内之治，恩揜义’[②]，以易辟也。出门翛然，萍梗江湖；百尔同人，如出于门。‘咎’，安所生？可以‘知仁’矣。夫子，故加‘出门’。”稷曰：“郭太、仇览，皆游大学。仇曰：‘岂但使人游谭其中？’高揖而去。桑蓬之事，必在四方，况乎出‘世俗之门’，而同‘上观千世、下观千世之人’哉？”

六二，同人于宗，吝。变重《乾》。积变，《姤》。

《遡》曰：“本支同出，曰‘宗’。乾、兑、离、震，同出阳仪，故‘同’。《睽》系‘宗’；爻，皆《离》中者。离丽而阴专，一也。或取‘乾飞离’，则《睽》不叶矣。学有以宗而入；既‘宗’而‘野’，又何‘吝’哉？伏为内姤，拔之转难；攻为外氛，驱之不易。‘咷’‘笑’同时，‘大师克遇’，而终不废‘师、同人之望对’也。”东坡言：“‘媾’，为外应；‘宗’，为同体。”郝《解》以“离丽二阳，为‘宗’”。而又引“孔子去鲁之迟迟，曰：‘吝，亦道也’”。《易见》曰：“卦，惟六二一阴；五阳，皆欲同之。二无所‘宗’，则交滥矣。五，二之‘宗’也。志在于五，故‘吝’。吝，亦交道也。”叟老曰：“二，是‘百折不同’之道，其时位不得不吝耳。”

《象》曰：“同人于宗”，吝道也。

《一一》曰：“执‘宗’、执‘野’，皆‘吝’。‘野’不坏‘宗’，以‘宗’用‘野’；则‘吝’，亦不吝矣。”

① 《庄子·齐物论》：“故知止其所不知，至矣。孰知不言之辩，不道之道？若有能知，此之谓天府。”

② 《礼记·丧服四制》：“门内之治，恩揜义；门外之治，义断恩。”

九三，伏戎于莽，升其高陵，三岁不兴。变震，为《无妄》。积变，《讼》。《离》宫归。

《遡》曰："三、四，皆求同于二者。三忌五，曰'伏升'；四忌二，曰'乘墉'；然其出于中直，则一也。三，以势不敌五，而不敢，故仅免凶；四，以义不克二，而不为，故犹获'吉'。师与同人，《圆图》春、秋分，望对也。天火、地水本合；日月、乌兔，互取者也。《象》，取伏坤，曰'野'；坎，曰'川'。爻，取《师》之坎，曰'戎'；震，曰'莽'、曰'升'、曰'高陵'；坤，曰'墉'。即《师》，亦取《同人》之乾，为'丈人'、为'王'也。乾，为'岁'。自三至五，频遇刚敌，为'三岁不兴'象。"《正》曰："征苗三旬，修德而干舞。密须不恭；周京，以一旅觇之，而来归。禹、文之'无妄'也。"

象曰："伏戎于莽"，敌刚也。"三岁不兴"，安行也。

曰："'敌刚'，恐人误以为'攻二'也。安分而行，即四'反则'之意。同人，以理'通天下之志'；则三、四'危疑'之位，皆'安''义'矣。"

九四，乘其墉（郑玄，作庸），**弗克攻，吉**。变巽，为《家人》。积变，《涣》。

"乘"三之"墉"，以啚二，而"弗克攻"。幼清曰："晋文胜楚，诸侯自从晋；三，欲如此，而非矣。晋悼伐郑，而楚自不能与争；四，欲如此，而非矣。幸有'《春秋》之义'在焉，自反则安矣。"

《象》曰："乘其墉"，义弗克也。其"吉"，则困而反则也。

恐以力，"弗克攻"，故曰"义"。郝《解》曰："变《家人》，反上、伏下，成《困》[1]，故云。"仲虎曰："文十年，书'晋人，纳捷菑于邾，弗克纳。'《谷梁》曰：'弗克纳，其义也。'得此书法。"《见》曰："'莽'，自'伏'；'墉'，自'乘'；'大师克'，而险阻平，可言'同人于野'矣。"《正》曰："周用犬戎，祭公作色；晋先郛莒，惠伯厉声。夫岂'无则，而为之'乎？"曰："'门墙'立法[2]，如'设险守国'。正以困'万世之伏攻'者，而'反则'也。人人自反，则'大同'矣。"

九五，同人，先号咷，而后笑，大师克相遇。变为，重《离》。积变，《蒙》。

《遡》曰："火声无常，故为'咷''笑'。《离》先，故'先号'；变、

①《同人》卦，四爻独变，为《家人》卦。《家人》卦，上巽下离。巽，颠倒，而为兑；离，伏坎；泽水，即《困》卦。

②《论语·子张》："夫子之墙数仞，不得其门而入，不见宗庙之美，百官之富。得其门者或寡矣。"

互《兑》后，故‘后笑’。《旅》反之，故‘先笑’而‘后咷’。卦，望《师》，曰‘师克’。”虞翻曰：“二至五，体始遇也，故‘相遇’。‘师克’，正《象》之‘利涉’‘乾行’也。”淇澳曰：“‘大师克’，即‘同人于宗’之心。凡克，非徒‘自克’，兼欲‘克天下’。惟‘天下归仁’[①]，始谓之‘相遇’，谓之‘通天下之志’。”李子思曰[②]：“出与人同，至‘易简’也，而乃如此。故‘易’中，必‘知险’；‘简’中，必‘知阻’[③]。”玄岳郑氏曰：“师，莫大于‘君心’；而兵革，为小。克，莫难于小人；而敌国，为易。”

《象》曰：**同人之先，以中直也。大师相遇，言相克也。**

二五，中正相应，其理“直”也。“大师相遇”，祇言其“克”。克武，非必用师也。智曰：“知‘本无咷笑’时，则知先矣。知‘咷笑同时’；则知，‘相克’之即‘相生’也。语默出处，知心自同；战胜而肥，全在一克。”

上九，同人于郊，无悔。变兑，为《萃》。

初，出自内，曰“门内”。上，返自外，曰：“郊”。易“郊”，恐混“野”也。“志未得”者，“辙环”不遇。在陈思归，“同野”之志乎？子瞻曰：“以其‘无所苟同’，则可以‘无悔’；以其‘莫与共立’，则‘志’犹‘未得’。”弱侯云：“六二，同于人；而上九，乃不见同。此，二之‘吝’，非上之傲，故‘无悔’。”淇澳曰：“‘大师’之‘克’，‘四勿’之辨也[④]。物有常、有仇，不历‘异之辨’，不知‘同之常’。志之所激，相累、相烦，而不以为‘悔’，故曰‘未得也’。若东汉诸贤，分别甚，则伤明；矫抑至，则伤健；操持峭厉，则伤中正。非君子之贞，而‘涉川’何利焉？《易》序，《同人》于《否》之后，其为‘世道计’固切，其‘为君子计’者尤远。”

《象》曰：**“同人于郊”，志未得也。**

《一一》曰：“‘出世’，乃可以‘同世’；人而极上，则可以‘同世’，而仍为‘出世’之‘同人’耳。至此，则志终无所得，犹卦之终《未济》也。”

《时论》曰：天人大同，而各私其同，一明其本然乎？小大、往来，

①《论语·颜渊》：“克己复礼，为仁。一日克己复礼，天下归仁焉。”

②李舜臣（生卒不详），字子思，隆州井研人，尤邃于《易》，尝曰：“《易》起于画。理事象数，皆因画以见。舍画而论，非《易》也。”著《本传》三十三篇、《群经义》八卷等。见《宋史·李舜臣传》。

③《系辞下》：“夫乾，天下之至健也，德行恒易以知险；夫坤，天下之至顺也，德行恒简以知阻。”

④《论语·颜渊》：“非礼勿视，非礼勿听，非礼勿言，非礼勿动。”

自为“消”“长”[①]；而“天下之志”，常“通”矣。天与火者，天与人也。火，无体；心，亦无体；即物、即心，即辨，即同者也。卦，无水象；何“利涉”乎？《经》曰：“火辰不抚，则火气弱，而木贼乘之。”又曰：“火在北，为水。”“通志”者，蹈水、蹈火，犹平地也。于“野”、于“门”、于“宗”、于“郊”，毋乃畛乎[②]？大野，“无人、无我”之地；门，则“人我所共由”者；宗，又“人我所分处”者。“郊”，似于“野”，岂无居人？为“莽”、为“墉”，则人我之敌也。“莽”“墉”兴，则“大师”起，而“号”“笑”生。莫毒于师；非中正者，能直道而战胜乎？“先进礼乐，野人也。”“无人、无我”之地，寥廓大通，不碍差别。“从吾所好”[③]，“类辨”，所以为“包容”也。志同天下，臣道应乾，“集众思、广忠益”焉[④]。善与人同，岂以“门限”分“町畦”耶？然在下，固“不失亲”，吝亦道也。在上，“太阿”独揽，谗贼蔽贤；此终古所难“类辨”，而终“不寤”矣。乾、离之中，“其动也直”[⑤]。《书》曰：“其弼直，丕应，徯志。”不以“号”“笑”，易我“荃宰”。诛殛、“放流”[⑥]，“震惊朕师”[⑦]，乃彰“断金之利”矣。大同之世，不宜有“戎”；而戎，即在“户牖之间”。郊原之内，为“伏”、为“升”、为“攻”，术亦多矣。“伏”，以敌五“师”；“升”，以瞰二“宗”；“攻”，以乘三“莽”。此则，三之“妄灾”，而非“四方”之“富家”也。《书》曰：“同力度德，同德度义。”四，度其力，则“乘墉”；度其义，则“弗克”。义者，“族物”之则；而“类辨”，所自反矣。初与上，“山泽通气”也[⑧]。一为“出门”之志，近者不亲，不敢交远乎？是，“同”之“尾”也[⑨]。一为“于郊”之志，离群而索居，亦已久矣。是，“同”之“变”也。先廷尉，当魏珰时，筮得“同人于野”，因勒之岩曰：“无心之同，从类而通；惟野可涉，艺兰其中。”

智曰：“非明也，又安知‘诚者、诚之者之一’乎？故‘天地交’

---

① 《泰》卦：“小往大来”，“君子道长，小人道消也。”《否》：“大往小来”，“小人道长，君子道消也。”

② “毋”字，原为“母”字，根据句义改。

③ 《论语·述而》：“富而可求也，虽执鞭之士，吾亦为之。如不可求，从吾所好。”

④ 《三国志·蜀志·董和传》：“夫参署者，集众思，广忠益也。”

⑤ 《系辞上》：“夫乾，其静也专，其动也直，是以大生焉。”

⑥ 《礼记·大学》：“唯仁人放流之，迸诸四夷，不与同中国。”

⑦ 《尚书·舜典》：“帝曰：龙，朕疾谗说殄行，震惊朕师。”

⑧ 《同人》卦，下卦为离，初爻变，则变为艮山；上卦为乾，上爻变，则变为兑泽。《说卦传》：“天地定位，山泽通气，雷风相薄，水火不相射。”

⑨ 《同人》卦，初九独变，为《遁》卦。《遁》卦：“初六，遁尾，厉，勿用有攸往。”

后，伏坎于离。同此一者，即‘类辨’而是一矣。‘通天下之志’，所以明‘包荒之量’也；利涉‘族物之川’，所以明‘冯河之用’也。君子，消长知命，而‘咷’‘笑’‘师遇’，有所不免。种此‘文明’之田，用‘同人’之‘水耕火耨’焉。以春秋，同其天地；而万古之薪，自传光矣。以‘弦歌’，同其‘鼓舞’；而万古之波，平于灌溉矣。

䷍火天大有

《全》曰：“有，从[illegible]，右也；[illegible]生若无，渐渐而有。”智曰：“月，以‘有无’变化。故以从右见月，为‘有’。右，表用也。大有，则有而无有矣。有，属深喉，宫声。”

大有：元亨。

《野同录》曰：“‘天地交’，而著同人、大有，用离‘明’而在上。此，乾坤之全盛，‘照川大同’者也。故六十四卦，惟此独系‘元亨’焉。人道，直‘天地开辟之有’者也。‘天地未分前’之‘元’，即‘亨’于此中矣。《同人》‘类辨’，而顺其‘当有’之‘遏扬’，则‘大有’矣。知否、泰后之同人、大有，即剥、复之无妄、大畜乎？何容更于‘大有’之外，驾言‘无’哉？”辅嗣曰：“圣人体无。无，又不可以训，故不说也。《老子》是有者也，故恒言其所不足。”介甫《老子论》曰：“无，出于自然；人力，可以无与也。治车者，知治其毂辐，而不必及于‘无’也。毂辐具；则无，必为用矣。是‘无之所以为车用’者，以有‘毂辐’也；‘无之所以为天下用’者，以有‘礼乐政刑’也。废‘毂辐’于车，而坐求‘无之为用’，则愚矣。”履曰：“入门辨主，可信‘《大有》扬善，即贯有无’。若断之于无，是‘死贯’也；逃无混有，是‘荒贯’也。”

《彖》曰：**大有，柔得尊位大中，而上下应之，曰大有。**

潜老夫曰：“刚用柔，而柔泯刚；则阴阳相转，而天正用柔。此《乾》归《大有》[1]，所以独尊也。中，在‘和’之中，曰‘大中’。”

其德刚健而文明，应乎天而时行。

仲翔曰：“四时也。卦，与《比》通。”初动成震，为春；二兑，为秋；本离，为夏；比坎，为冬。智按：“天之大瘖，在夏；故冬炼三时，而夏为‘四时之亨嘉’。南方，‘向明’，‘礼合内外’之位也，是曰‘应乎天而时行’。《鼎》《有》相峙，故曰‘元亨’。”通曰：“大中，非但中；大有，即妙有。‘应天时行’，非‘逢时’也。”

---

①《大有》卦，为乾宫归魂卦。

《象》曰：火在天上，大有。君子以遏恶扬善，顺天休命。

朱子曰："自不照见，则'有、无'不可知，何名为有？"明善公曰："大明中天，全赖'继善'[①]'官天'之君子。不'遏'、不'扬'，乾坤毁矣。"顾端文曰："今倡'无善无恶'之说，则善不可为，而恶可横行矣。离有而无，则善且不屑，可以高抗地步，为'谭玄说妙'者树标榜。即有而无，恶且任之，可以放宽地步；为'恣情肆欲'者决堤防，宜乎'乐便而趋之'矣。"高忠宪曰："'无善无恶'之说，以之'明心性'者，十之一；以之'灭行简'者，十之九。今论患执：执善，则拘；执无，则荡；荡之与拘，倍蓰无算。故曰：'不足以乱性，而足以乱教。'"观我氏曰："执'善恶俱息'，是告子也；执'善恶不分'，是'无忌惮'也。立意见，以纵嗜欲者也。"吴日生曰："论'有意'之'必欺'，则无君子；论'独'之必'不可欺'，则无小人。故慎在'择善'。其'伪善'者，即善也；其'不能伪善'者，更善也。"黄蕴生曰："知'为善'，然后优入'至善'。"《野同录》曰："'遏扬'之'休命'，具于先天，而圣人表之。人情乐肆，苦为正理所束，而不敢越也。圣人即以'克艰'者，利之而无害矣。黠滑之流，忽睨'充类已甚、总杀总赦'之宗，于是掊击圣贤、专诟名教，以自取'奇高之名'，巧以'无善无恶'，藏身冥应。而不学、无行，皆拭其污，篾裂帝王，草介君父，荒之曰'一倏而已'。夫一倏'率兽'，非'万古而率兽'耶？贤者，终身奉法，尚不能免。而一旦入此'鸿洞''委蛇'，谓之'绝待'，名利巧饫。今而后，虽禹皋秉法，亦不能使之'安分而善俗'矣。痛哉？彼且逆知'好新便捷、恶理怠学'之人情，虽有正士斥我，终不胜'颖才偏锋'之士，内怜而曲护之。故曰：'此"无忌惮"者，乃媚万世之巧"乡愿"也。'幸有圣人之扬以遏之，必不避名，用中以教，守先待后，命之君子，出则治世，处则训俗；而'揲蓍之天'不死，'生理之火'自传，万古'顺天'之'休命'矣。谁敢奸之？"潜老夫曰："恶遏，而善不自名，谓之'至善'。此'无可名'之'善体'，即在'遏恶扬善'之'善用'中。'遏'，神于'扬'，天地之机也。《荀子》曰：'尊天而颂之，孰与制天而用之？'黄元公云：'无非天命；而赏善罚淫，乃天之休命也。君子"顺天治命"，不"顺天乱命"，故天卒听乎人。'此，可以醒'执一'者矣。"

初九，无交害，匪咎；艰则无咎。变巽，为《鼎》。

《一一》曰："五主大有，谁不相交？孤孑成病；'无交'，亦害。然

① 《系辞上》："一阴一阳之谓道，继之者善也，成之者性也。"

非咎也，所处之地则然。惟有艰难勤力，而已。变巽，‘隐伏’，故不‘交’。郝，以‘为民无交纳贡赋，则害’，此一端也。”《全》曰：“初九，‘无交’于四进五，故亦‘无害’于四也。”张画子曰：“‘无交’，则‘无害’。果能‘克艰’[①]，虽日与世接，何妨乎？”

《象》曰：**《大有》初九，无交害也**。

《易意》曰：“害，从‘不知艰’而生；非，从交而生。初九，能慎之于始，又何咎乎？孤迥执一，而与物绝交，此‘大有’之‘暗痴’也。扬‘艰’，所以‘扬善’也。”

九二，大车以载（子夏、蜀，“车”作“舆”），**有攸往，无咎**。变重《离》。积变，《旅》。

《一》曰：“乾‘轮’，用于坤‘舆’。从《晋》而《大有》，则伏坤取象也[②]。望《比》，亦然[③]。”吕伯恭曰：“震撼、击撞，欲其镇定；辛甘、燥湿，欲其调剂；盘错、棼结，欲其解纾；黯暗、污浊，欲其茹纳，此‘大车以载’也。”杨诚斋曰：“盖轸轮辐，不良不厚者，非‘大车’。文武常变之用，不运不博者，非‘大才’，惟伊、周乎？《遡》以初在下，二为士。初试大夫，‘赤芾乘轩’之象。”

《象》曰：**大车以载，积中不败也**。

《易意》曰：“君臣道合，妙于‘臣之任职’；学问广运，妙于‘积中’。彼讳‘积渐’，而‘好言超顿’者，必‘败车而害世’者也。扬‘大载’，扬‘积中’，所以扬‘克艰之善’也。”

九三，公用享于天子（古亨、享一字。声，亦如七阳八阴之相转），**小人弗克**。变兑，为《睽》。积变，《晋》。《乾》宫归。

《宜》曰：“三，当侯，曰‘公’。当食时，见兑口，‘飨’象。小人归，以伏取。凡卦，九三多具二义，以‘上下之际’也。”《遡》取“公奉玉帛，以享天子，而时修其岁事”云。卜偃为晋文筮《大有》之《睽》，曰：“天为泽，以当日；天子降心，以逆公。《大有》，去《睽》而复，亦其所也。”按：“复者，言归卦也[④]。”《周礼》上公入朝，“飨礼九献，食礼九举”。《诗》曰：“饮酒温克。”“小人骄”[⑤]，则不能“克”矣。《见》曰：“因朝会，而‘黜陟之典’寓之[⑥]，此扬‘功成归主’之善也。”

①《尚书·大禹谟》：“后克艰厥后，臣克艰厥臣，政乃乂，黎民敏德。”
②八宫卦变，而言。
③《六十四卦方图》大有卦位于东南，比卦位于西北。
④《大有》卦，为乾宫归魂卦。
⑤《论语·子路》：“君子泰而不骄，小人骄而不泰。”
⑥《尚书·周官》：“诸侯各朝于方岳，大明黜陟。”

《象》曰：公用享于天子，小人害也。

《一一》曰："居公位，而际《大有》；善用则'享'，否则'害'矣，故戒之。"《正》曰："桓公受胙，陨越下拜。文公受享，进而请隧。夫文则自为公也，而同异不晰；虽未有害，犹之'弗克'也。"

九四，匪其彭（子夏作"旁"、虞作"尫"），**无咎**。变艮，为《大畜》。积变，《剥》。

《集》曰："'彭'，盛也；离火，而变《大畜》也。'匪'者，积变《剥》，而艮'止'也[1]。"玄同曰："二，士夫；三，公侯，皆'天子所有，以左右斯民'者。四，乘三比五，其类彭盛。知为寺宦、宫闱、宠戚之伦，此属不能不有，而不与于政事，故'匪'之。"郝《解》曰："《大有》时，四，为'掌财赋'之贵臣；明于公而无私，则'无咎'矣。"此，扬'有大不盈'之善也。

《象》曰："匪其彭，无咎。"明辨晢也。

曰："明乎'匪之不自有'者，卫青不进贤，亦可；裴晋公私第见客，亦可。郭令公、李西平，尚明此道。况感风雷者，'吐哺'，岂不晢哉？明其志，辨其理，晢于事势也。'匪彭'，应'匪咎'；'艰'，乃能'明'耳。"

六五，厥孚交如，威如，吉。变纯《乾》。积变，《观》。

《宜》曰："特爻[2]，无不'孚'，无不'交'。'威'，火象。'应天时行'，是'孚交'也；'遏扬顺天'，是'威如'也。"子瞻云："柔而能威者，以其无备，知其有余也。夫备，生于'不足'；不足之形见于外，则威削。"成季之生，桓公使筮，遇《大有》之《乾》，曰："同复于父，敬于公所。'"此，扬"阴阳合德"之善也。

《象》曰："厥孚交如"，信以发志也。"威如之吉"，易而无备也。

辅嗣曰："无利于物，物亦公焉；不疑于物，物亦诚焉。"以我之诚信，发彼之诚信也；以我之易和，彻彼之周防也。《订》曰："伏波之论光武，是也。"《见》曰："分则君臣，谊同朋友，故曰'交如'。"

上九，自天祐之，吉无不利。变震，为《大壮》。

《集》曰："五，为变乾，伏坤，故其德全。上，为《壮》观，藏'利贞'，而神之。宗庙之中，歌其福而已矣。"子瞻曰："'信顺''尚贤'，皆六五之德也[3]。上特履之耳，是以不见'致福之由'。"《遡》曰："上，为师傅。武王尊箕子，受《洪范》，受'天佑'也。"智曰："《传》

①《剥》卦，上艮下坤。艮为山，为止。

②卦中只有一个阳爻或阴爻。如《大有》卦六五爻，《同人》卦六二爻。

③《系辞上》："履信思乎顺，又以尚贤也，是以自天佑之。吉，无不利也。"

《系》，三引此爻，谓‘以《大有》之洁净‘元亨’，用《大壮》之洁净‘利贞’也。’《大学》之扬‘止至善’也，是《礼运》之‘大顺’矣。”

《象》曰：《大有》上吉，自天祐也。

《易简录》曰：“《大有》，群心皆应，未足为‘大人’；能尊贤，乃为‘大’也。曰‘上吉’者，明‘关全卦’，非‘止上’也。如《师》上之‘大君’，指五；《小畜》之‘妇’，亦指四也。”《易意》曰：“始终称大有，以始‘艰’贯终也。‘自天’者，人心即天心也。而必扬其‘自天’者，正于歌颂之中，遏人心‘不艰、不积’之几焉尔。”

《时论》曰：既以“刚克”[①]收“柔正之同心”，即以“徽柔”[②]发“众刚之信志”，天之佑也。习坎畜履，天地既交之文明，至此而“信顺”者也。一曰“应天”，一曰“顺天”，一曰“自天”。三称“天”，以大之。《彖》称“元亨”，以大之。正以“遏恶扬善，顺天休命”，建“天地大有”之极者也。说象者曰：“乾、坤之归，自《晋》来也。留五一位，而内体三才，全化君道。”玩易者，明此乎？“伏习、伏比”之飞龙，“被四表，格上下”矣[③]。“伏习”，伏坎也；“伏比”，伏坤也。是四正之会极，“即费即隐”者也。天凝为太阳，当午；而自碎为受光者，以光“皇极”。此“夜用于昼”“天泯于日”之公征也。圣人继善立法，与万世“同人之心”相见，“克爱克威”[④]，时“扬”、时“遏”；岂非“一在二中，传天中之火”乎？圣人曰：“非我命之，天实命之。”《诗》曰：“畏天之威，于时保之。”“秉彝、好德”[⑤]，“惟命”之“休”[⑥]；即“怨艾”[⑦]“放流”[⑧]，亦“惟命”之“休”。“与人为善”[⑨]，是真“无为”，原不废“授时命官”之法典也。圣人忧后世，必有偏上害政。托言“无善无恶”，以压扫“扬遏”之正法者，非“荒命”耶？故《大象》著之。《传》曰：“善钧从众。三卿为主，可谓众矣。”[⑩]然则为害为败，不明不辨，私

---

①《尚书·洪范》：“三德：一曰正直，二曰刚克，三曰柔克。

②《尚书·无逸》：“徽柔懿恭，怀保小民。”

③《尚书·尧典》：“光被四表，格于上下。”

④《尚书·胤征》：“威克厥爱，允济；爱克厥威，允罔功。”

⑤《诗经·大雅·烝民》：“天生烝民，有物有则。民之秉彝，好是懿德。”

⑥《尚书·康诰》：“惟命不于常，道善则得之，不善则失之矣。”

⑦《孟子·万章下》：“太甲悔过，自怨自艾”。

⑧《礼记·大学》：“唯仁人放流之，迸诸四夷，不与同中国。”葛洪，在《抱朴子·用刑》中说：“唐虞之盛，象天用刑，窜殛放流，天下乃服。”

⑨《孟子·公孙丑上》：“取诸人以为善，是与人为善者也。故君子莫大乎与人为善。”

⑩《左传·成公六年》。

昵党与，主势大孤，可恃大乎？“慎初惟终”[①]，“无交害”矣。“克艰”[②]，有四义焉：因《鼎》，而从“出否”之“贵”[③]；因《离》，而进“柔丽”之“明”[④]；因《睽》，而联“噬肤”之宗[⑤]；因《畜》，而笃“辉光”之德[⑥]。为人臣者，无以有已；“积”此“中”，而不败矣。是“黄离”[⑦]乘“四望之车”，而“共毂”[⑧]转“上天之载”[⑨]也。《典》曰：“时亮天功”，即“塈谗说殄行”。夫天下虽有道，安能“一日无小人”哉？小人，害公；公，不害小人。“天子”享“公”，而“小人”亦化“睽”[⑩]，而归“彭”矣。《周官》立三公，“官不必备，惟其人。”[⑪]“用享”之道，即“遏小人之道”也。立政任人，咸归吐哺彭盛矣。天子委重大臣，臣岂可“自有其震主之功”哉？“信”者，人君之“大宝”也。《丰》之《离》，曰：“有孚发若”。《有》之《离》，曰：“信以发志”。由其“中虚”，故“交”；“文明”，故“发”也。“天助”，不外“人助”；《大有》所以《大壮》乎？圣人赞君德，必原于“天”；圣人赞天佑，必原于“尚贤”。一则曰：“大有初九”；一则曰：“大有上九”[⑫]。“穷变，通久”[⑬]取上九，以赞“尧舜”，“大矣哉”。《书》曰：“无疆惟休，亦大惟艰。”“顺天休命”，有不“克艰始”者乎？“祐”，不可倚；“艰”，即“信顺”。“荡荡”大有之天[⑭]，“有而不与”之“天则”也[⑮]。

---

①《尚书·蔡仲之命》：“尔其戒哉，慎厥初，惟厥终。”

②《尚书·大禹谟》：“后克艰厥后，臣克艰厥臣，政乃乂，黎民敏德。”

③《大有》卦，初九独变，为《鼎》卦。《鼎》卦初六，《象》曰：““鼎颠趾”未悖也；“利出否”，以从贵也。”

④《大有》卦，九二独变，为《离》卦。《离》卦，《象》曰：“柔丽乎中正，故亨，是以畜牝牛吉也。”《离》卦，《象》曰：“明两作，离；大人继明照四方。”

⑤《大有》卦，九三独变，为《睽》卦。《睽》卦：“六五，悔亡，厥宗噬肤，往何咎？”

⑥《大有》卦，九四独变，为《大畜》卦。《大畜》卦，《象》曰：“大畜，刚健笃实，辉光日新其德。”

⑦《大有》卦，九二独变，为《离》卦。《离》卦：“六二，黄离，元吉。”

⑧《老子》：“三十辐共一毂，当其无，有车之用。埏埴以为器，当其无，有器之用。”

⑨《诗经·大雅·文王》：“宣昭义问，有虞殷自天。上天之载，无声无臭。仪刑文王，万邦作孚。”

⑩《大有》卦，九三独变，为《睽》卦。

⑪《尚书·周官》。

⑫《大有》卦上九：“《象》曰：大有上吉，自天祐也。”而不是，“大有上九”。

⑬《系辞下》：“《易》，穷则变，变则通，通则久。”

⑭《诗经·大雅·荡》：“荡荡上帝，下民之辟。疾威上帝，其命多辟。”

⑮《论语·泰伯》：“巍巍乎，舜禹之有天下也而不与焉。”

智曰："阴阳、刚柔；岂'善恶'，所可言乎？圣人'新人'生'富有'之业。故'扬善名'以正告之，所以'宰其阴阳刚柔'也。森然'善统恶'者，即寂然'无善恶可言'者也。大其有矣，安容所谓'有无之说'哉？"

周易时论合编卷之二终